SPLENDEURS ET TÉNÈBRES DU MOYEN ÂGE

DU MÊME AUTEUR
CHEZ LE MÊME ÉDITEUR

Un aussi long chemin, 1995.
De deux roses l'une, 1997.
Reines tragiques, 1999.
Tragédies impériales, 2001.
La Vie de château, 2001.
Seigneurs de la nuit, 2002.
Elles ont aimé, 2002.
Des maris pas comme les autres, 2004.
Suite italienne, 2005.
Les Chemins de l'Aventure, 2006.
Les Reines du faubourg, 2006.

CHEZ PERRIN

Le Sang des Koenigsmark :
1. *Aurore*, 2006.
2. *Fils de l'Aurore*, 2007.

CHEZ PLON

Dans le lit des rois, 1983.
Dans le lit des reines, 1984.

Les Loups de Lauzargues :
1. *Jean de la nuit*, 1985.
2. *Hortense au point du jour*, 1985.
3. *Felicia au soleil couchant*, 1987.

Le Roman des châteaux de France :
1. 1985.
2. 1986.
3. 1987.

La Florentine :
1. *Fiora et le Magnifique*, 1988.
2. *Fiora et le Téméraire*, 1989.
3. *Fiora et le pape*, 1989.
4. *Fiora et le roi de France*, 1990.

Le Boiteux de Varsovie :
1. *L'Étoile bleue*, 1994.
2. *La Rose d'York*, 1995.
3. *L'Opale de Sissi*, 1996.
4. *Le Rubis de Jeanne la Folle*, 1996.
5. *La Perle de l'Impératrice*, 2001.

Les Émeraudes du prophète, 1999.

Secret d'État :
1. *La Chambre de la Reine*, 1997.
2. *Le Roi des Halles*, 1998.
3. *Le Prisonnier masqué*, 1998.

Le Jeu de l'amour et de la mort :
1. *Un Homme pour le roi*, 1999.
2. *La Messe rouge*, 2000.
3. *La Comtesse des ténèbres*, 2001.

Les Chevaliers :
1. *Thibaut ou la Croix perdue*, 2002.
2. *Renaud ou la Malédiction*, 2003.
3. *Olivier ou les trésors templiers*, 2003.

Les Joyaux de la sorcière, 2004.
Marie des intrigues, 2004.
Marie des passions, 2005.
Les Larmes de Marie-Antoinette, 2006.

AUX ÉDITIONS JULLIARD

Les Dames du Méditerranée-Express :
1. *La Jeune mariée*, 1990.
2. *La Fière Américaine*, 1991.
3. *La Princesse mandchoue*, 1991.

Les Treize vents :
1. *Le Voyageur*, 1992.
2. *Le Réfugié*, 1993.
3. *L'Intrus*, 1993.
4. *L'Exilé*, 1994.

Juliette Benzoni

SPLENDEURS ET TÉNÈBRES DU MOYEN ÂGE

Romans et récits

BARTILLAT
2, rue Crébillon, 75006 Paris

www.editions-bartillat.com

Avant-propos

Le Moyen Âge !... S'il me fascine depuis l'enfance, je n'ai encore pas réussi à comprendre pourquoi on l'a ainsi baptisé. Car moyen, il ne le fut jamais ! Ni par le jet sublime de ses cathédrales, ni par la violence de ses affrontements, ni par l'intensité de sa foi, de ses passions comme de ses haines. Couvrant quatre siècles d'histoire, il est le temps des plus purs élans mystiques, de la quête de l'impossible, des amours mythiques et des plus belles légendes. Il fut multiple splendeur et profondes obscurités.

Pour ma part, j'avais neuf ans lorsque je l'ai reçu, autant dire, en pleine figure par le truchement de mon premier livre d'Histoire. Il s'est ouvert de lui-même avec l'image de Jeanne d'Arc sur le bûcher de Rouen, le visage tendu afin de baiser la croix à long manche portée par un moine. Après tant d'années, je garde encore présent à la mémoire le choc éprouvé devant ce simple dessin au trait – les livres de classe n'étaient pas aussi somptueux que maintenant ! – qui suggérait tant de choses. Alors j'ai voulu savoir, j'ai voulu apprendre toujours plus. Je l'ignorais encore mais je venais d'avaler le philtre magique de l'Histoire et ne m'en suis jamais guérie. Ce n'est pas un hasard si, trente ans plus tard, la libératrice du royaume s'est retrouvée au centre de *Catherine*, mon tout premier roman.

Le livre que je présente aujourd'hui n'est pas un résumé de cette époque fulgurante. Plutôt une évocation. Quelques récits entre deux romans dont l'un, *Un aussi long chemin*, situe dans le haut Moyen Âge les destins croisés d'une troupe de pèlerins sur la route de Compostelle, tandis que l'autre, *De deux roses l'une*, s'attache à retracer la vie d'une jolie princesse française, devenue reine d'Angleterre – pas pour son bien – et qui reviendra mourir au bord de la Loire où, bientôt, la Renaissance bâtira ses plus beaux châteaux.

Un grand merci aux Éditions Bartillat et, à tous, bonne lecture !

Juliette BENZONI

UN AUSSI LONG CHEMIN

À ma mère

« Il vint vers moi malgré l'éloignement de nos demeures, la longue route et les affres du voyage… »

Ibn HAZAN (XIe siècle).

Préface

Juliette Benzoni n'est pas seulement l'amie de toujours et la compagne d'édition. Elle est aussi pour moi un personnage peu commun, une personnalité singulière, tonique et cordiale, à laquelle on s'attache d'autant plus qu'elle est susceptible de vous dérouter. Elle sait aussi bien se dérober lorsqu'on la cherche, et vous reprend au lasso quand on pourrait s'éloigner.

Avec sa chevelure blonde et argentée, ses yeux rayonnants, son visage épanoui, sa silhouette généreuse, elle nous fait penser à ces dames que les peintres du XVIIe siècle faisaient apparaître en Diane Chasseresse dans les galeries de châteaux du Val de Loire.

Cela me porterait à croire que Juliette est une chasseresse de personnages, une véritable cavalière de la plume. Elle enfourche ses livres, et sa plume est un aiguillon. La galopade commence au premier mot, et s'arrête au poteau d'arrivée où se trouve inscrit le mot « faim ».

Alors Juliette descend de cheval, et pour peu qu'on soit là au moment où il faut, elle sait vous mitonner devant le fourneau – qui n'est plus celui des rêves et de la sorcellerie – des cuisines moyenâgeuses revues et corrigées par Brillat-Savarin.

Mais le mot fin, signifie aussi commencement : cela fait cinquante fois en trente ans, qu'elle remonte sur son cheval imaginaire, pour conduire dans les châteaux, les masures, les landes et les forêts, ces hordes d'amantes passionnées, de sorcières endiablées, de chevaliers bretteurs et fornicateurs, afin que l'héroïne, entre les moines et les démons, les roublards et les assassins, finisse toujours par avoir le dessus. Dans les écuries de course romanesque, cinquante chevaux piaffent dans l'attente de nouvelles aventures, de nouvelles images.

Car Juliette n'est pas seulement la magicienne des mots, elle est aussi et surtout l'alchimiste des images ce qui lui vaut une attention toute particulière des faiseurs d'épopée cinématographique.

Alors que tant d'autres montent et redescendent au gré des modes et des sondages, elle se maintient dans le giron du succès et possède sans l'avoir cherchée, une manne d'adeptes qui ne cesse de l'implorer en disant : « encore une, et vite, s'il vous plaît ».

La passion est son lot, et l'Histoire son lieu de référence permanente. La vérité du temps y côtoie sans cesse la vérité du cœur... Et ses romans rejoignent aisément les propos de son professeur de métaphysique, qui dans le pensionnat de jeunes filles en fleurs où séjourna Juliette, terminait ses cours en lisant à ses élèves époustouflées, les romans d'Agatha Christie ! Le Bon Père ne savait peut-être pas qu'une de ses élèves saurait un jour mêler les bons sentiments aux terreurs haletantes des romans policiers.

Ainsi ses romans imaginaires sont-ils pour toutes les femmes, et ses romans historiques sont-ils de tous les temps.

Née dans le monde des petites filles modèles, Juliette sait nous entraîner dans le monde des femmes passionnées. Élevée dans le monde des jeunes filles amoureuses, elle a vécu dans le monde des hommes autoritaires et impitoyables. Aussi puise-t-elle dans sa propre vie, un roman neuf, toujours recommencé.

Avec *Un aussi long chemin*, j'ai suivi Juliette de part en part. C'est un de ses plus beaux romans, que l'on commence, et que l'on poursuit en demandant à l'auteur de ne jamais en terminer.

La belle Marjolaine qui fait mourir d'amour tous ceux qui la rencontrent, suscite la passion d'un de ces hauts barons du Moyen Âge, aussi prompt à courir les femmes qu'il les abandonne, et cette passion, ses flux et ses reflux, suit le chemin de Compostelle, où derrière les protagonistes, se dessine cette épopée médiévale à la fois noble et populaire, divine et mécréante.

Un vrai roman d'époque, qui n'en finit pas d'être présent, un vrai tableau animé qui bouge devant notre regard ébloui.

Christian de BARTILLAT.

Première partie

Deux cœurs lointains

1

Marjolaine et son fantôme

Marjolaine se réveilla en sursaut et regarda autour d'elle. Le feu était mort et la chambre plongée dans les ténèbres. Seule, l'étroite fenêtre garnie de parchemin huilé se dessinait très vaguement dans l'obscurité.

La jeune femme se sentait mal à l'aise, tout à coup, et envahie par une curieuse angoisse. C'était comme si une main, encore nouée autour de sa gorge, était venue la prendre au fond de son sommeil pour la ramener sans douceur à la réalité de cette nuit d'hiver. Une main, mais aussi un bruit inhabituel qu'elle ne parvenait pas à définir.

Elle tendit l'oreille et n'entendit que le vent. Chargé de pluie, il enroulait ses bourrasques autour de la grande tour carrée neuve où s'abritaient les cloches de l'abbaye de Saint-Denis toute proche. Habituellement, ses hurlements faisaient apprécier infiniment l'abri d'une chambre bien close et les douceurs d'un lit moelleux...

Le silence se prolongeant, la jeune femme, rassurée, allait se réinstaller dans le nid chaud et douillet où l'attendait son sommeil interrompu quand un bruit de pas, au-dessus de sa tête, la fit se dresser, plus tremblante que jamais. Cette fois elle n'avait pas rêvé. Quelqu'un marchait là-haut, à pas lents et lourds, qui ne songeait aucunement à se dissimuler et qui faisait craquer les planches du grenier.

La gorge sèche, Marjolaine sentit une coulée de sueur froide glisser le long de son dos nu. Comme si sa vie même dépendait du moindre bruit, elle ramena le drap et la couverture de peau de loup contre sa poitrine avec d'extrêmes précautions et en s'efforçant désespérément d'empêcher ses dents de claquer.

Là-haut, les pas s'arrêtaient, mais un autre bruit se faisait entendre par-dessus les plaintes du vent : celui de peaux desséchées que l'on défroisse, que l'on plie et que l'on jette en tas avant de les lier ensemble pour les emporter. Cette fois, Marjolaine gémit de terreur et, lâchant drap et couverture, appliqua sur sa bouche ses deux poings fermés dans lesquels elle planta ses dents.

Ce bruit, elle l'avait entendu de nombreuses fois, mais de jour. C'était le même exactement que faisait Gontran Foletier, son époux, lorsqu'il venait choisir, pour une commande, parmi les paquets de peaux qu'il entassait à chacun de ses retours des grandes foires aux sauvagines. Il préférait, en effet, entreposer le plus gros de ses achats dans sa maison de Saint-Denis où les risques d'incendies étaient beaucoup moins grands, à cause du verger, du jardin et des communs dont s'entourait la demeure, que dans sa très belle mais étroite et fragile maison de la Cité. C'était bien le bruit familier de son pas pesant, solennel même pour les déplacements les plus simples et qu'il voulait majestueux. À croire que Gontran était revenu, bien qu'il eût rendu à Dieu son âme et que, depuis trois jours, son corps épais eût commencé à redevenir poussière sous les dalles de l'église Saint-Barthélemy, à Paris, dont il était marguillier !

La première idée de la jeune femme avait été qu'un voleur s'était introduit dans son grenier pour faire main basse sur la réserve des précieuses fourrures. Mais c'était à peu près impossible. Il aurait fallu, pour cela, franchir le mur qui entourant la propriété et qui était d'une belle hauteur sans atteindre toutefois celle des murailles de l'abbaye auxquelles le petit domaine s'appuyait par un côté. Et puis il y avait les chiens du jardinier, des molosses capables de dévorer un homme tout vivant et qu'on laissait libres de vagabonder à leur aise la nuit tout autour de la maison. Or, justement, Marjolaine venait d'en entendre un qui fonçait en grondant à travers les flaques d'eau, courant sans doute après un matou imprudent. Personne ne pouvait atteindre la maison quand ces deux fauves étaient lâchés, hormis Gontran lui-même.

Quant à ladite maison, le pelletier, en homme de précautions craignant aussi bien les voleurs pour ses fourrures que les galants pour sa trop jeune et trop jolie femme, avait pourvu ses portes de grosses pentures de fer et de bonnes serrures servies par des clefs qui ne quittaient pas sa chambre ou sa poche. Enfin, l'échelle qui permettait d'atteindre les greniers par l'extérieur était retirée chaque soir et enfermée dans une grange dont les portes étaient encadrées justement par les niches des chiens.

Au grenier, les allées et venues continuaient, tout à fait délibérées. C'étaient celles d'un homme qui est chez lui et qui agit en maître ; Marjolaine, ses grands yeux bleus dilatés par la crainte, s'efforçait désespérément de trouver une explication au phénomène, cherchant dans sa mémoire quelles pouvaient bien être les oraisons jaculatoires contre les esprits malins car, pour elle, la chose ne faisait aucun doute : tout mort qu'il était, c'était Gontran qui se promenait au-dessus de sa tête.

Mais elle avait si peur qu'aucune bribe de latin, si petite fût-elle, ne lui revenait et elle restait là, incapable de bouger, serrant les dents pour les empêcher de claquer tandis que se poursuivait là-haut le sabbat des peaux défroissées. Il fallait pourtant faire quelque chose ! Au moins appeler Guillot, le valet qui couchait dans une soupente près du poulailler et puis, peut-être, essayer d'avoir un peu de lumière car, dans cette obscurité, l'inexplicable vacarme devenait affolant.

Tremblant de tous ses membres, Marjolaine trouva tout de même le courage de s'extraire tout doucement de son nid moelleux. Le froid humide lui tomba sur le dos comme un suaire mouillé et elle eut la chair de poule. En tâtonnant, elle chercha la longue robe de drap bien fourrée de menu vair qu'elle avait l'habitude de mettre au saut du lit, ne la trouva pas, chercha ses pantoufles et ne les trouva pas davantage. Pourtant, elle était certaine de les avoir disposées, l'une sur l'escabeau disposé non loin du lit et les autres au pied même de son lit.

À genoux sur la jonchée de paille qui couvrait le carrelage, la jeune femme avança avec précaution, glacée jusqu'à la moelle, cherchant toujours ses vêtements. La robe avait dû glisser à terre. Et puis, quand elle s'était couchée, le chat Grimbert était venu ronronner sur son lit. Comme il n'était plus là, c'était peut-être lui qui, en s'en allant, avait déplacé la robe et les pantoufles. Et cette maudite chambre, à présent, paraissait immense !

Au bord des larmes, Marjolaine songeait sérieusement à regagner son lit et à s'y blottir en remontant la couverture par-dessus sa tête pour ne plus rien entendre quand un faible rai de lumière glissa sous sa porte accompagné de pas légers mais précipités.

La porte grinça à peine en s'ouvrant. Une forme blanche, tenant une chandelle qui semblait agitée par un vent de tempête tant elle tremblait, parut sur le seuil, entra tandis qu'une voix chevrotante chuchotait :

– Dame... Dame Marjolaine ! Êtes... êtes-vous éveillée ?

Un cri de satisfaction lui répondit. La flaque de lumière répandue sur le sol par la chandelle avait permis à Marjolaine d'apercevoir sa robe et ses pantoufles disséminées à travers la chambre ; elle se rua dessus.

Une fois sa fragile nudité bien à l'abri dans les chaudes fourrures, Marjolaine considéra la jeune fille qui se tenait toujours sur le seuil, ses nattes rousses raides d'effroi, serrant d'une main contre sa poitrine la couverture qui l'enveloppait et s'efforçant de maintenir, de l'autre, sa chandelle toujours agitée par la tempête de sa frayeur.

– Vous... vous avez entendu ? grelotta-t-elle.

– Oui. Entre, ferme cette porte et essayons de ranimer ce feu, dit assez calmement Marjolaine qui, à ne plus se sentir seule et noyée dans l'obscurité, reprenait courage.

Et comme Aveline, sa jeune chambrière, semblait incapable du moindre mouvement, elle alla la prendre par la main, récupérant au passage la chandelle que sa visiteuse venait de lâcher. Elle la conduisit jusqu'au lit où elle la fit asseoir, puis se redressa, l'oreille au guet.

– Écoute ! On n'entend plus rien.

En effet, un silence total régnait à présent au grenier. Plus un bruit de pas, plus un froissement de peau. Le son des voix sans doute avait effrayé le mystérieux visiteur et, en ce cas, il s'agissait peut-être bien d'un voleur :

– Le... fantôme est parti ? souffla Aveline.

– Sotte ! Pourquoi serait-ce un fantôme ?

– Notre maître a... été assassiné. Il est mort sans avoir eu le temps de faire sa paix avec le Dieu tout-puissant. Sa pauvre âme doit être en peine.

– On ne lui a pourtant ménagé ni les prières, ni l'encens, ni les cierges, ni les aumônes aux pauvres, et j'ai déjà donné une belle somme à l'église afin qu'une messe soit dite, chaque jour, pour son repos, fit la jeune veuve avec rancune. Moi, je crois plutôt qu'on en veut à ces belles peaux de martre et de renard qu'il gardait là-haut.

– Un voleur ? Qui ne prendrait pas plus de précautions pour n'être pas entendu ? Oh ! c'est... c'est impossible !

– Alors, il faut voir.

– Voir ? Oh non !

Recroquevillée sur le lit, roulée en boule comme un hérisson poursuivi, ses nattes rousses dépassant seules du paquet de couverture, Aveline avait choisi de ne plus rien voir, de ne plus rien entendre. Mais une petite réserve de vaillance insoupçonnée, héritée peut-être de ses ancêtres, petits seigneurs indigents mais braves, était venue à Marjolaine. Se précipitant à la fenêtre, elle l'ouvrit et, passant à demi le corps par l'étroite ouverture, sans se soucier du vent ni de la pluie, elle se mit à hurler :

– Guillot ! Colin ! Jeannet !... Au secours !... À l'aide !

Un double et féroce aboiement lui répondit. Elle aperçut, en bas, les deux molosses de Colin qui, leurs pattes arrière plantées dans une flaque d'eau, s'efforçaient de monter à l'assaut de la maison en s'étranglant à moitié de fureur. Le tableau de ces fauves déchaînés fortifia son courage. Si quelqu'un avait réussi à s'introduire dans le grenier, il aurait du mal à en sortir vivant. Puis, pensant à la trappe qui ouvrait sur l'intérieur de la maison et que desservait un petit escalier, elle y courut, emportée par une poussée d'héroïsme parfaitement inattendue, après avoir raflé au passage la hachette à fendre les bûches posée contre le manteau de la cheminée.

L'imprudence qu'elle commettait lui sauta à l'esprit quand elle se retrouva au pied dudit escalier, sa hachette d'une main, sa chandelle de l'autre. Si quelqu'un lui tombait dessus de là-haut, elle atteindrait sans doute son heure dernière, d'autant que, la porte de la maison étant verrouillée, personne ne pouvait venir à son secours du dehors. Rebroussant chemin, elle regagna sa chambre dont elle barricada la porte de son mieux au moyen d'une bancelle puis retourna à sa fenêtre, juste à temps pour voir surgir le valet, le jardinier et le porcher qu'elle avait appelés. Vêtus seulement de leurs braies et d'un sac jeté sur le dos contre la pluie, ils accouraient, encore mal réveillés.

La voix enrouée de Guillot monta de la cour vers la fenêtre éclairée :

– Qu'est-ce qu'il y a, dame ? C'est vous qui avez appelé ?

– Qui voulez-vous que ce soit ? Je crois qu'il y a un voleur dans le grenier. Prenez des bâtons et des haches et allez voir !

– Comment qu'y serait entré ? flûta Jeannet le jeune porcher. L'échelle n'a point quitté la grange. J'viens de la voir !

– Où est dame Aubierge ? reprit Guillot. Est-ce qu'elle n'aurait pas bien veillé à la fermeture de la maison après que j'ai eu fait ma dernière ronde, avant le couvre-feu ?

– Qui parle ici de dame Aubierge ? gronda une sorte de faux-bourdon dans les profondeurs de la bâtisse.

Ce fut immédiatement suivi d'un grand remue-ménage de clefs tournées et de verrous tirés puis la porte de la maison s'ouvrit et une imposante personne apparut avec la majesté d'une nef de haute mer entrant au port les cales pleines. Elle en avait la coque noire et pansue et le couronnement de toile blanche. Dame Aubierge venait de faire son entrée sur la scène du drame.

C'était, dans la maison, une puissance et même une espèce de génie tutélaire. Elle avait été la sœur de lait de Gontran Foletier et, depuis la mort de dame Foletier mère, Aubierge la remplaçait aux commandes des deux maisons du pelletier royal. Femme de tête autant que de décision, il n'était aucun détail domestique qui ne lui fût étranger, qu'il s'agisse du nombre des torchons, des pots de confitures ou des poules de la basse-cour. Colin, le jardinier, prétendait même qu'il ne faisait pas bon être une mite dans la maison de Gontran car dame Aubierge connaissait le nombre exact de poils composant chacune des fourrures de la garde-robe de son maître, et elle était capable d'en demander compte à l'imprudente qui oserait en consommer un seul.

Telle qu'elle était, la grosse dame se savait à peu près irremplaçable, et l'idée d'abandonner si peu que ce soit de ses attributions entre des mains trop jeunes, donc inexpérimentées, ne l'avait même pas effleurée lorsque Gontran avait épousé, par pure concupiscence, la jeune et ravissante Marjolaine des Bruyères, fille d'un petit seigneur besogneux des environs de Laon. Il eût été sans doute absurde, et peut-être dangereux, de remettre entre les mains d'une gamine des intérêts d'une telle importance.

Celle-ci n'avait même pas songé, d'ailleurs, à en réclamer la charge. Elle était encore très jeune – à peine quinze ans ! – lorsqu'on l'avait pratiquement vendue à Gontran et elle s'était installée dans la belle maison de son époux avec le naturel d'un petit chat, tout juste sorti d'une froide rivière et qui trouve un coin bien chaud pour se sécher et passer la mauvaise saison. Pour rien au monde elle se serait avisée de réclamer la plus infime parcelle d'un pouvoir domestique dont elle n'avait pas la moindre envie. Même si son époux lui inspirait une sorte d'horreur, c'était assez agréable de n'avoir rien à faire d'autre que de se parer pour aller aux offices ou siéger dans la grande salle où Gontran aimait à recevoir amis et clients, s'asseoir pour déguster la bonne cuisine ordonnée par dame Aubierge – une cuisine aux épices rares dont on n'avait pas la moindre idée chez les Bruyères – et se promener ou dormir quand l'envie lui en prenait. Évidemment, il y avait les nuits et elles représentaient autant de cauchemars, plus ou moins longs d'ailleurs suivant la quantité de vin ingurgitée au souper par le pelletier. Cela constituait une pénible corvée, mais guère plus rude, au fond, que celles dont Marjolaine était chargée dans le vieux manoir paternel où les fumées de cuisine passaient encore par un trou pratiqué dans le toit [1] et où ses occupations les plus habituelles, en

1. La cheminée n'étant apparue que depuis peu, il n'y en avait que dans les maisons riches.

dehors de la prière, consistaient à mener les oies au pré et à éplucher les légumes, principalement les raves qui constituaient le fond ordinaire des soupes et ragoûts au lard dont se nourrissait une famille qui comptait plus d'enfants que d'écus.

L'apparition d'Aubierge, dans la cour de la maison, ramena un silence momentané. Elle leva la tête, aperçut Marjolaine à sa fenêtre.

– C'est vous qui avez appelé, dame Marjolaine ? Qu'y a-t-il donc ?

– Il doit y avoir un voleur dans le grenier. J'ai entendu remuer les peaux qui y sont rangées. On les a traînées vers l'ouverture où est la poulie !

– Ça me paraît difficile ! marmonna la grosse femme en s'efforçant de distinguer l'ouverture incriminée qui semblait toujours aussi hermétiquement fermée par son volet de bois. Par où diable aurait-il pu passer ? Mais on va voir ça ! Ne bougez pas, dame ! Allons, Guillot, Jeannet ! Avec moi ! Toi, Colin, reste ici avec tes chiens et veille à ce que personne ne sorte par là-haut !

– N'ayez crainte, dame Aubierge, personne ne passera ! dit le jardinier qui rassemblait déjà dans sa poigne les colliers de ses molosses, lesquels d'ailleurs s'étaient calmés comme par enchantement à l'apparition d'Aubierge dont Colin prétendait qu'ils avaient une peur bleue.

Le groupe formé par la femme de charge, Guillot et Jeannet, disparut à l'intérieur de la maison. L'escalier protesta comme sous une charge de cavalerie. En dépit du conseil d'Aubierge, Marjolaine quitta sa chambre, timidement suivie par Aveline dont la curiosité avait été plus forte que la peur, à présent qu'elle se sentait défendue par une vraie puissance. Tout le monde se retrouva sous l'échelle aboutissant à la trappe du grenier.

– C'est à moi de passer le premier, dit Guillot dans un beau mouvement de courage, dicté par la certitude qu'Aubierge ne manquerait pas de l'envoyer en tête de file.

Elle s'écarta avec un hochement de tête. Guillot grimpa comme un chat, éclairé par les chandelles de ceux qui, le nez en l'air, suivaient son ascension. La trappe, sans doute bien graissée, n'émit pas le moindre cri quand, avec un soin prudent, le valet commença à la soulever. Sa tête et le haut de ses épaules disparurent dans le trou noir tandis qu'en bas chacun retenait son souffle.

– Alors ? émit dame Aubierge.

– Je... je ne vois rien !

– Tu ne risques pas de voir grand-chose, poltron, si tu restes là ! Allons, avance ! J'arrive !

Avec une agilité étonnante chez une femme si imposante, Aubierge se lança sur les échelons qu'elle gravit rapidement, non sans les faire crier de douleur sous son poids. Marjolaine suivit, relevant d'une main sa dalmatique et s'appuyant de l'autre aux montants. Pour ne pas être en reste, Jeannet et Aveline grimpèrent à leur tour et, bientôt, tout le monde se retrouva dans le grenier plus ou moins courbé suivant la hauteur de sa taille.

– Il n'y a vraiment rien, dit Aubierge qui venait d'éprouver la fermeture de planches de la lucarne sous pignon. Personne n'est entré. Vous êtes certaine de n'avoir pas rêvé, dame Marjolaine ?

– Non, je n'ai pas rêvé ! s'insurgea la jeune femme. Et la preuve, elle est là ! Regardez ces paquets de peaux de renard et de menu vair ! Ils étaient bien rangés, bien empilés là et, à présent, les voilà dispersés.

Aubierge fronça les sourcils. C'était vrai. De son vivant, Gontran Foletier avait toujours veillé à ce que sa réserve de peaux fût toujours bien en ordre, et elle-même y donnait ses soins depuis qu'il avait quitté ce monde, n'ayant guère confiance dans le jeune Étienne Grimaud, le neveu du défunt pelletier, qui devenait naturellement son successeur à la tête de la pelleterie après avoir été son premier garçon.

Un long moment, elle contempla l'éparpillement des peaux semblables à de grandes feuilles abandonnées par quelque arbre géant au seuil de l'hiver. Puis son regard tourna sous ses épaisses paupières rougies et plissées par trop de travaux fins accomplis à la chandelle, rejoignit Marjolaine qui se tenait debout au milieu du grenier, très droite dans sa longue robe couleur de ciel d'orage, les mains au fond de ses manches mais si pâle, tout à coup vivante image d'une terreur contrôlée par un miracle de volonté. Elle sentit que dans un instant la jeune veuve s'effondrerait.

– Aucun voleur n'est entré ici, dit-elle à regret. Redescendons s'il vous plaît, dame Marjolaine, vous allez prendre froid.

Et puis, comme tout de même elle était bonne et pieuse chrétienne et qu'il est des gestes de protection que l'on ne maîtrise pas en face d'un danger, surtout obscur, elle traça sur elle-même un large signe de croix qui eut le don étrange de déchaîner un double hurlement : Aveline et Jeannet qui venaient enfin de comprendre se ruaient dans l'escalier au risque de se rompre le cou.

Le grenier fut déserté avec quelque précipitation. Bien qu'il soit assez courageux, Guillot était aussi gris que la robe de Marjolaine. Il resta le dernier pour refermer la trappe, murmurant qu'il viendrait ranger tout ça le lendemain.

– Certainement pas ! grogna Aubierge. Demain, maître Étienne sera prié de venir emporter tout cela à Paris. Ça n'a plus grand-chose à faire ici, d'ailleurs, et au moins notre maîtresse ne sera plus réveillée par ces peaux quand... quand le vent les dérange !

Se penchant vers Marjolaine, elle ajouta, baissant la voix de plusieurs tons :

– Au jour venu, dame Marjolaine, il faudra aller à l'abbaye demander des messes... beaucoup de messes, j'en ai peur. Et aussi faire aumônes. Quelque chose me dit que votre défunt époux a bien du mal à se faire ouvrir la porte du Paradis par Monseigneur saint Pierre. Faut l'aider un peu si l'on veut dormir tranquille.

Marjolaine sentit ses cheveux se dresser sur sa tête. Un fantôme ! C'était bien un fantôme qui habitait ce grenier, qui avait erré au-dessus de sa tête et qui le ferait sans doute nuit après nuit. Ne disait-on pas qu'un homme assassiné ne trouve pas le repos tant que justice n'a pas été rendue ? Le fantôme de Gontran ! Ainsi, non content de lui avoir fait vivre des années de dégoût physique, il allait continuer d'une autre façon à lui empoisonner l'existence ? Jamais elle ne pourrait le supporter.

Luttant contre la panique qui s'emparait d'elle, la jeune femme trouva seulement la force de hocher la tête puis, resserrant autour de son corps l'épais tissu doublé de fourrure, elle reprit d'un pas mal assuré le chemin de sa chambre. Elle avait froid, tout à coup, froid jusqu'à l'âme, bien plus froid qu'elle n'avait jamais eu chez son père quand le vent du nord entrait par les fissures de la chambre haute, située au sommet de l'unique tour trapue où elle s'entassait avec ses sœurs, comme une portée de jeunes chiots, dans le pêle-mêle d'un châlit grand comme un enclos à moutons. C'est qu'alors ses rêves lui tenaient chaud.

C'étaient des rêves d'adolescente, pleins d'innocence et de naïveté, des rêves un peu fous aussi où le rôle principal était tenu par le jeune comte Adam de Marchais, le maître du puissant château voisin. Un vrai château, celui-là, avec de gros murs faits de parpaings bien appareillés que le père du comte Adam avait fait venir à grands frais et à grandes suées de ses serfs des carrières de Compiègne, dans les premières années de ce XIIe siècle. Un château qui avait quatre tours d'angle et un énorme donjon bien carré, si haut que, lorsqu'on le voyait de loin, dominant la plaine chevelue de forêts, il avait l'air d'un doigt menaçant brandi vers le ciel, plus imposant, bien sûr, que la modeste tour de l'église paroissiale de Marchais. Pas grand-chose à voir avec le modeste manoir de la Pêcherie, domaine de sa famille, qui bossuait à peine l'étendue herbeuse des marais de Samoussy !

Et le seigneur Adam, lui aussi, était un vrai seigneur. Dût-elle vivre mille ans, Marjolaine n'oublierait jamais ce jour d'hiver où elle l'avait vu passer sur les petites levées des marais de Samoussy à moitié gelés.

Il venait vers elle à contre-jour d'un gros soleil rougeaud et poussif, marchant au pas précautionneux de son destrier moreau, un peu tassé sur sa selle comme le font les hommes trop grands. Sous la cape d'épaisse laine brune bordée d'un galon doré, ses larges épaules encore anguleuses tendaient la tunique de cuir où s'étalait – croissants d'or sur fond rouge – l'emblème que son grand-père avait, à la croisade, choisi pour lui-même et ses descendants [1].

En le voyant venir vers elle, Marjolaine avait eu peur, si peur qu'elle avait bien failli tomber dans le marais pour chercher refuge derrière une touffe de roseaux. Barbe, sa nourrice, lui avait appris depuis longtemps la crainte de ces soudards errants qui hantaient parfois les campagnes, ribauds maraudant pour leur propre compte et plus habiles à trousser une fille qu'à faire la charité. Elle allait donc se précipiter dans l'eau quand quelque chose de plus fort qu'elle l'avait retenue : le visage du cavalier, à présent assez proche pour qu'elle pût le distinguer. Un visage mince aux traits fins, étonnant sur pareille carrure, des yeux glauques, gris-vert comme l'étendue trouble du marais, et par-dessus tout cela une tignasse noire que le vent échevelait. Tel qu'il était, il était apparu à l'adolescente comme la plus belle chose du monde, détrônant d'un seul coup le seigneur Aubry, son père, que Marjolaine avait jusqu'à présent considéré comme l'échantillon le plus achevé de la beauté mâle.

Le petit chemin, tracé sur la levée, n'était pas large et bientôt promeneuse et cavalier se trouvèrent face à face. Tiré de la vague méditation où l'avait plongé le pas paisible de son cheval, Adam de Marchais fronça un sourcil mécontent et grogna à l'adresse de la gamine en sabots qui l'empêchait de passer.

– Allons, petite, fais-moi place !

– Je... je voudrais bien, seigneur, mais il faudrait que j'entre dans l'eau et elle est bien froide.

La voix était douce avec des inflexions qui ne sentaient pas la campagne. Le jeune homme se pencha sur sa selle pour mieux voir celle qu'il

1. Les emblèmes peints sur les écus allaient devenir rapidement des armoiries.

avait prise d'abord pour une petite serve quelconque. Sous le capuchon, il aperçut de doux cheveux d'un blond presque blanc, un petit nez rougi par le froid et, sous de grands cils soyeux, les prunelles les plus bleues qu'il eût jamais vues.

– Qui es-tu ? Et que fais-tu dans le marais à cette heure ? La nuit va bientôt tomber.

– Je m'appelle Marjolaine des Bruyères. J'habite là-bas, ajouta-t-elle, tendant le bras vers la silhouette trapue de la Pêcherie.

Il avait eu un rire bref, un peu dédaigneux.

– Ah ! La nichée de messire Aubry et de dame Richaude ! Et quel âge as-tu, damoiselle ?

– Douze ans, messire. Bientôt treize. À la prochaine Saint-Jean.

– Quelle grande personne !

Brusquement, le comte se pencha sur le cou de son cheval, tendit les bras et enleva de terre la fillette qui, dans sa soudaine ascension, perdit l'un de ses sabots. Il l'assit devant lui et scruta son visage.

– On dirait que tu es déjà mignonne. Tu as de bien beaux yeux, petite, de beaux cheveux et...

De sa main libre, car de l'autre il la tenait contre lui, il caressa doucement sa poitrine, s'attardant aux rondeurs naissantes avec un petit rire tandis que ses yeux pers devenaient plus troubles encore.

– Tudieu ! fit-il d'une voix un peu rauque. Tu feras une belle fille qu'il fera bon mettre dans son lit, plus tard.

Sans cesser sa caresse, il la serra plus fort contre lui, l'enveloppant de sa chaleur d'homme et d'un agréable parfum de cuir et de paille fraîche, puis posa soudain sa bouche sur les lèvres tendres qu'il sentit trembler.

Il s'y attarda longuement sans que l'enfant, stupéfaite et vaguement inquiète, réagît. Alors il la détacha de lui et la reposa à terre, mais de l'autre côté de son cheval.

– On se reverra plus tard, Marjolaine des Bruyères, quand tu seras assez grande pour savoir rendre un homme heureux. À présent, rentre vite. Le soleil est parti et la lumière baisse. Ta nourrice a dû te dire que les mauvaises fées erraient la nuit sur les marais...

Néanmoins, elle le regarda s'éloigner, au trot allègre de son cheval cette fois. Elle tremblait des pieds à la tête, mais le froid n'y était pour rien. Le tremblement venait du plus profond d'elle-même. On aurait dit qu'il prenait naissance dans son ventre et, en même temps, elle se sentait triste tout à coup, avec une horrible impression d'abandon. Elle aurait voulu être encore contre Adam, sentir encore son odeur et la dureté de son bras autour d'elle et la douceur de sa main sur ses petits seins qui lui faisaient un peu mal, et la caresse de sa bouche...

Bientôt, il disparut complètement et Marjolaine se trouva vraiment seule. Elle chercha alors son sabot mais, ne le retrouvant pas, comprit qu'il avait dû tomber dans l'eau. Il allait falloir rentrer sur un sabot et un bas de laine, sans compter l'algarade qu'elle aurait avec sa mère pour lui apprendre à avoir soin de ses affaires.

Pour comble de malheur, il se mit à neiger et le vent souffla plus fort. La terre se couvrit d'une mince couche blanche, les branches des arbres qui poussaient ici ou là craquèrent dans le vent, mais Marjolaine ne sentait ni le froid humide ni la douleur que les pierres du chemin causaient à son pied. Elle revivait encore l'instant merveilleux où Adam de Marchais l'avait prise dans ses bras et, sans cesse, elle se répétait la promesse qu'il lui avait faite. « On se reverra ! » Et, dès ce jour d'hiver, le jeune comte habita la grande chambre de la tour, bien caché au fond de la mémoire et du cœur de Marjolaine. Mais elle ne revit pas Adam de Marchais.

En épiant les nouvelles qui venaient à la maison, en écoutant parler son père qui avait assisté à l'événement, elle apprit que, peu après leur rencontre, il avait été armé chevalier par le comte de Vermandois et qu'il était parti avec lui pour rejoindre le roi à Paris. C'était en l'an 1137 et le jeune roi Louis VII, qui venait d'épouser la duchesse Aliénor d'Aquitaine ramenait sa jeune épouse dans la ville. Il fallait que les plus grands seigneurs d'alentour vinssent faire leur cour, saluer la nouvelle reine qui arrivait avec une grande réputation de beauté et d'élégance. Une réputation qui se communiqua bientôt à sa cour, son entourage et à la vie que l'on menait à Paris.

Mais tout cela, ces bruits lointains du temps, ne parvenait à la Pêcherie que par petits fragments qui n'apaisaient pas la faim de savoir habitant Marjolaine et ne faisaient qu'emballer à vide son imagination. À mesure que s'éloignait dans le temps sa rencontre dans le marais hivernal, les rêves de la fillette devenaient douleur et désenchantement. Comment, à la brillante cour de la reine, Adam de Marchais pourrait-il se souvenir encore de la promesse qu'il lui avait faite ? Il devait y avoir tant de belles dames autour de lui, tant d'accortes damoiselles portant soies et velours. Toutes choses auxquelles les filles du pauvre sire Aubry ne pourraient jamais atteindre, sinon en rêve.

La vie, dans le manoir au bord des eaux dormantes, des joncs, des roseaux et des lis d'eau, n'avait vraiment rien de comparable avec ce qu'elle devait être chez le roi.

Vêtues comme moinillons, de bure l'hiver, de grosse toile l'été, Marjolaine et ses sœurs devaient, entre les interminables prières et offices auxquels les obligeait la dame des Bruyères, participer aux travaux ménagers multiples rendus nécessaires par la vie quotidienne d'une famille ne comportant pas moins de onze enfants et par une désespérante absence d'or ou d'argent, parfois même de bronze, dans l'escarcelle paternelle.

Les terres du seigneur des Bruyères étaient pauvres, avares et se composaient surtout de marais. Elles consentaient tout juste – et encore en rechignant beaucoup ! – à produire de quoi nourrir la maisonnée et à empêcher de mourir tout à fait de faim les trois ou quatre serfs qui les cultivaient. Aussi le personnel domestique du manoir se limitait-il à Barbe, la nourrice des enfants et à sa nièce Jeannette, une gamine de l'âge de Marjolaine qui ne montrait guère plus de dispositions qu'elle pour le travail domestique.

Dame Richaude, la mère de la nichée, s'efforçait néanmoins de tenir son rang. Cela consistait pour elle à garder de sévères distances avec son entourage, même avec ses enfants, à préserver autant que faire se pouvait la blancheur de ses mains en leur évitant les travaux pénibles et en les enduisant quotidiennement de graisse de mouton, à fréquenter l'église beaucoup plus que la cuisine et à rendre de temps à autre, vêtue de ses meilleurs habits, de cérémonieuses visites à sa parentèle de Laon ou des environs.

Ces jours-là, elle empruntait l'unique cheval du domaine, se faisait escorter par l'écuyer de son époux, le vieux Géraud monté sur l'unique âne, ce qui gênait considérablement les travaux du jour et obligeait le baron à errer, morose et à pied, sur ses terres. En résumé, dame Richaude planait sur sa maisonnée comme un grand oiseau noir dont les coups de bec étaient toujours à craindre, bien que l'on eût, en sa présence, l'impression que ses regards, braqués en permanence vers le ciel, ne voyaient pas grand-chose de ce qui se passait sur la terre.

Ce parti pris d'indifférence agaçait prodigieusement le baron Aubry son époux, car c'était un homme sans imagination et uniquement attaché aux biens de ce monde qui cependant lui faisaient si souvent défaut. Il aimait manger, boire, faire l'amour et chasser. Aussi les aspirations spirituelles, si prodigieusement éthérées de son épouse lui échappaient-elles complètement. Il lui arrivait même de se demander si elle se serait jamais aperçue de son existence si, d'aventure, il ne s'était avisé de lui faire onze enfants.

Pourtant, quand il l'avait épousée, un quart de siècle plus tôt, sire Aubry s'était senti en droit d'espérer des nuits réconfortantes, à défaut de jours fastueux puisque Richaude n'était pas plus fortunée que lui. Grande et déjà plantureuse dès l'âge de seize ans, elle avait nourri pendant plusieurs semaines les rêves amoureux du solide garçon de vingt ans qu'il était alors.

C'était à Laon, à la procession de la Fête-Dieu, qu'il avait vu la jeune fille pour la première fois. Vêtue de lin candide, ses cheveux bruns épars couronnés d'églantines, elle suivait à pas comptés, une chandelle de trois livres à la main et chantant un cantique, la chape dorée de l'évêque entourée de toute une troupe de filles de son âge.

Mais Aubry n'avait vu qu'elle et, tout de suite, l'avait admirée passionnément. Non à cause de ses yeux baissés dont les cils mettaient une ombre bien douce sur ses joues, ni à cause de son maintien modeste et virginal mais bien à cause des deux seins épanouis, drus et gonflés de sève, qui relevaient agressivement le tissu de sa robe, et du balancement envoûtant d'un bassin somptueux porté sur de hautes jambes dont les plis du tissu dessinaient parfois la forme fugitive.

Il n'était d'ailleurs pas le seul à la regarder avec émoi et, s'il ne s'était agi de la nièce d'un chanoine, les propositions déshonnêtes ne lui eussent certainement pas manqué. Mais, pour pauvre qu'elle fût, la maison de Pasly imposait le respect et, sur le passage de la procession, les hommes, les moines et même les enfants de chœur devaient se contenter de jeter, par en dessous, des regards fort peu chrétiens à l'étonnante adolescente.

Aubry, lui, en avait perdu le boire et le manger. Il s'en était ouvert à son confesseur qui s'en était ouvert à une vieille tante de la damoiselle, qui s'en était elle-même ouverte au chanoine. Toutes ces ouvertures avaient abouti à une demande en mariage en bonne et due forme qui avait été acceptée d'autant plus volontiers que la jeune Richaude n'avait pas un denier de dot et que l'on se demandait même s'il se trouverait un couvent pour l'accepter.

C'est ainsi qu'un beau soir, Aubry des Bruyères, le sang à la tête et des fourmis au bout des doigts, avait pu contempler dans son lit et dans toute leur splendeur naturelle les seins, les hanches et les cuisses qui l'avaient si longtemps empêché de dormir. Il s'en était emparé avec l'ardeur d'un chamelier mourant de soif qui trouve une cruche d'eau fraîche en plein désert, s'attendant au moins à rencontrer, les premières formalités de dépucelage accomplies, un enthousiasme convenable car il s'entendait assez bien aux choses de l'amour. Sans être bâti sur le modèle d'un dieu grec, il arborait une figure agréable sur un corps blond, mince et bien musclé.

Or, à cette belle brune si évidemment faite pour les joies de l'alcôve, il n'avait pas arraché le plus petit soupir de contentement. Les yeux grands ouverts, raide comme un bâton et rigoureusement inerte, elle avait subi sans broncher les assauts flatteurs qu'il lui avait prodigués. Bien plus, quand elle avait pensé que son époux en avait terminé pour cette nuit, elle avait sauté à bas du lit, s'était revêtue hâtivement d'une chemise et, pieds nus, avait couru jusqu'au petit oratoire attenant à la chambre nuptiale pour s'y abîmer dans une prière agrémentée de tous les signes d'une fervente contrition. Aubry, éberlué, put même la voir se frapper la poitrine à plusieurs reprises avec une certaine énergie. Le tout en vue d'obtenir de Dieu le pardon des pratiques condamnables et même damnables auxquelles venait de se livrer son époux.

Et il en fut ainsi chaque fois qu'Aubry prétendit exercer sur Richaude ses devoirs d'époux. Naturellement, avec une femme aussi pieuse, les enfants vinrent avec une grande régularité. Richaude les bénissait d'ailleurs car ils lui permettaient, à partir du troisième mois de grossesse de se refuser à Aubry, bien obligé alors de s'en aller voir ailleurs si l'herbe était plus verte.

Le résultat fut qu'il y prit de plus en plus de plaisir car, à mesure que passait le temps et que grandissait la famille, les charmes opulents de la belle Richaude fondaient et s'aplatissaient considérablement. Au bout d'un certain nombre d'années, la trop affriolante damoiselle de Pasly donna naissance à la dame des Bruyères, grande et sèche personne, macérée dans la dévotion, parfumée à l'encens et à la cire d'église, et plate comme une planche.

Au milieu de cette vaste nichée d'enfants, Marjolaine qui était la cinquième, après deux garçons et deux filles, constituait une réussite exceptionnelle. Tous les autres étaient soit très bruns comme leur mère, soit un peu rousseaux comme leur père. Elle seule fut d'une blondeur argentée de clair de lune. Elle seule eut ces magnifiques cheveux de lin soyeux que les légendes prêtaient aux fées. Elle seule eut, au milieu d'une collection d'yeux noirs ou couleur de châtaigne, de larges prunelles d'un étonnant bleu-vert, lumineux et changeant comme les profondeurs marines lorsqu'un rayon de soleil les traverse. Elle seule eut un visage comme on en imagine aux anges avec, tout de même, dans le dessin des yeux en amandes légèrement étirés vers les tempes et dans celui des lèvres quelque chose qui n'était pas sans évoquer les stigmates quelque peu soufrés d'un diablotin.

Sans hésiter, dame Richaude avait attribué cette exceptionnelle beauté à ses prières et à sa longue contemplation intérieure des splendeurs célestes car elle se croyait inspirée et n'était pas très loin de se prendre, sinon pour une sainte, du moins en bonne posture de le devenir un jour. Cette enfant si belle ne pouvait être que le signe tangible de la dilection céleste et, tout naturellement, elle avait pensé que, le Seigneur Jésus lui paraissant le seul gendre souhaitable, Marjolaine irait orner l'un des couvents de la région lorsque le temps en serait venu pour elle.

Sire Aubry, lui, ne voyait pas la chose de la même façon. L'étrange blondeur de sa fille lui donnait à penser parce qu'il se souvenait clairement d'une vieille histoire entendue dans sa famille aux jours bienheureux de l'enfance : l'une de ses aïeules aurait été congrûment violée, entre un incendie et le sac d'une abbaye, par un géant blond aux yeux bridés, sentant furieusement la graisse d'armes et l'huile de poisson, qui était arrivé jusqu'à elle dans un curieux bateau pourvu d'une arrogante tête de dragon. De cette aventure, heureusement sans lendemain, étaient sortis deux jumeaux aux cheveux de lin et aux yeux couleur de mer, ceux-là mêmes qui paraient si royalement la petite fille. Et le brave Aubry espérait, pour sa part, que la lumineuse beauté de son enfant attirerait quelque riche et puissant seigneur qui saurait lui donner – car il aimait beaucoup sa Marjolaine – un cadre digne de sa beauté et de sa gentillesse. Le comte de Marchais, par exemple, lui aurait bien plu mais, sitôt armé chevalier, le séduisant Adam avait quitté la région pour suivre son suzerain naturel afin de se trouver plus près du soleil, et l'on parlait vaguement, dans le pays, d'un éventuel mariage avec une damoiselle de Marle. Aubry avait alors rengainé ses rêves sans se douter le moins du monde du fait que sa fillette avait déjà attiré l'attention du puissant seigneur. Pas pour le bon motif malheureusement, mais de cela non plus il ne se doutait pas. Et Aubry, sans renoncer pour autant à trouver un époux selon ses vœux, avait remis à plus tard l'obligatoire bagarre avec Richaude, se contentant d'opposer un veto formel quand elle avait mis sur le tapis la question du couvent convenable pour Marjolaine. Un veto tellement net même que la dame, peu habituée à de telles manifestations d'énergie chez son époux, en était demeurée pantoise, montrant une mine si offensée que le brave homme s'était hâté de corriger son interdiction par un : « Nous avons bien le temps... »

Et il avait repris ses études comparatives touchant la noblesse un peu argentée des environs de Laon.

Il n'avait pas eu le temps de les mener bien loin car, de la façon la plus imprévisible qui soit, un épouseur s'était présenté. Celui-là n'était pas noble le moins du monde, mais il était fort riche. C'était un bourgeois de Paris, un maître pelletier de quarante-cinq ans. Il se nommait Gontran Foletier et, pour sa première rencontre avec sa future épouse, il avait bien failli se faire écharper...

Un jour d'été où la chaleur était particulièrement lourde, Marjolaine, qui gardait les oies, s'était endormie à l'ombre d'un saule dont la verte chevelure descendait jusqu'à l'eau morte du marais ourlant la levée de terre qui rejoignait la Pêcherie et l'ancienne voie romaine reliant Reims à Laon. À cause de la température, le costume de l'adolescente était assez sommaire et se composait uniquement d'une chemise de toile coulissée autour du cou et d'un jupon de futaine. Ses jambes étaient nues et, pour mieux sentir la fraîcheur de l'herbe, elle avait retiré ses sabots qui pendaient à une branche, au-dessus de sa tête.

Elle dormait de si bon cœur qu'elle ne sentait même pas les mouches qui se posaient tour à tour sur son petit nez ou sur son mollet découvert. De même, elle n'entendit pas approcher le cavalier qui venait par le chemin. Cette fois, d'ailleurs, il ne s'agissait ni d'un beau jeune homme ni d'un puissant destrier, mais d'un bourgeois déjà mûr et d'une paisible mule digne d'un abbé mitré.

En fait, n'eût été le haut bonnet agrafé d'une belle escarboucle qui le coiffait et d'où dépassaient des frisons aussi grisonnants que prétentieux, l'homme aurait fort bien pu passer pour un chanoine. Il en avait la mine matoise, le teint fleuri et la bedaine somptueuse largement étalée sur de vastes cuisses, le tout enveloppé d'une belle robe de soie bleu outremer bordée d'un superbe galon brodé à mille fleurs mais regrettablement marquée, aux aisselles, des auréoles de la transpiration.

Tel qu'il était, l'ensemble présentait l'image terrestre de maître Gontran Foletier, pelletier du roi, qui s'en revenait de faire oraisons à Notre-Dame de Liance [1] dont la réputation miraculeuse s'étendait alors sur tout le royaume.

1. Actuellement Notre-Dame de Liesse.

Non que maître Foletier eût une grâce particulière à obtenir de la Mère de Dieu, mais le révérendissime abbé Guy de Liance, seigneur du lieu et doyen du chapitre de Laon, était de ses bons clients et il venait de lui livrer, en vue de l'automne à venir, une pelisse doublée de renard. D'un récent pèlerinage en Terre sainte, le seigneur Guy avait en effet rapporté, en sus de maux divers, une grande frilosité qui, même au cœur de l'été et dès que le soleil disparaissait, le faisait se couvrir comme un oignon. Par la même occasion, le pelletier, quelque peu mécréant quand personne ne le voyait mais fort pieux, avait profité du voyage pour brûler quelques cierges et se faire octroyer de ces nobles bénédictions toujours utiles à engranger lorsqu'on est l'un de ces marchands qui déplaisaient si fort au Seigneur Jésus au cours de sa vie terrestre.

Engourdi par la chaleur et par le vin dont, après vêpres, on lui avait octroyé de généreuses rasades au moutier de Liance, Gontran somnolait doucement, laissant au pied sûr de sa mule le soin de suivre le chemin étendu comme un ruban capricieux entre les marais de Samoussy. Ce fut seulement quand l'animal, arrivé à un petit carrefour où le sentier se divisait en deux, s'arrêta, ne sachant lequel choisir, que le pelletier ouvrit un œil.

Or, il entrevit soudain un si joli spectacle qu'il se hâta d'ouvrir l'autre. À quelques pas du chemin, une jeune fille, la plus jolie qu'il eût jamais vue sans doute, dormait à l'ombre d'un saule, sa joue reposant sur son bras replié. Elle était même si jolie que le cœur de l'homme se serra : un petit visage aux traits délicats, auréolé par la masse soyeuse d'une chevelure d'un rare blond argenté, une bouche tendre qui souriait dans le sommeil, révélant des dents fraîches, de douces paupières prolongées de cils incroyablement longs.

Le corps empaqueté dans de grossiers vêtements sans forme définie était invisible, mais les jambes que révélait la jupe retroussée par un involontaire mouvement du sommeil étaient si fines, si blondes, si roses que Gontran n'eut plus la moindre envie de dormir. Bien réveillé, il descendit doucement de sa mule et s'approcha à pas de loup, envahi par la brutale envie de goûter à cette petite paysanne endormie comme à une source fraîche rencontrée en chemin.

Le cœur lui cognait lourdement dans la poitrine. Il se pencha, souleva d'un doigt la futaine qui n'en montrait pas assez à son idée. Ce qu'il découvrit dans l'ombre bleue du tissu lui mit la tête en feu et sans plus de formalités, avec un grognement qui anticipait celui du plaisir, il s'abattit sur Marjolaine.

Réveillée à son tour par cette masse étouffante qui lui tombait dessus, l'enfant poussa un hurlement.

– Tais-toi, petite, tais-toi ! bafouilla Gontran qui essayait de se dépêtrer de sa belle robe un peu trop longue. Tais-toi... je te donnerai des dragées.

Il aurait dit n'importe quoi, emporté par un désir qu'il entendait assouvir à tout prix, mais le cri de la fillette avait réveillé les oies qui dormaient un peu plus loin dans les grandes herbes du marais.

Croyant à un appel, les dignes volatiles rejoignirent docilement leur gardienne mais, ne trouvant plus à sa place qu'une masse agitée de soubresauts dont partaient des cris et des halètements, elles se lancèrent bravement à l'attaque du postérieur de Gontran. Mordu, pincé, assailli de battements d'ailes, le pelletier affolé ne songea plus qu'à se débarrasser de ses tourmenteuses. Il réussit à se relever, libérant sa victime qui en profita pour en faire autant, quand il se retrouva brutalement rejeté dans la poussière : la lanière d'un fouet brutalement enroulée autour de son cou, qu'il crut arraché, venait de le cueillir au moment où il retrouvait son équilibre et le rejetait à terre, la peau brûlée par la cruelle lanière.

Geignant et endolori, il se retrouva le nez sur les guêtres poudreuses du manieur de fouet, un long garçon brun qui le guignait avec gourmandise, dardant sur sa grasse personne le double feu meurtrier d'un curieux regard jaune.

Pendant ce temps, retranchée derrière le saule où elle avait cherché refuge dès qu'elle s'était sentie libérée de l'étreinte du gros homme, la fille s'efforçait, en rassemblant ses oies, de maîtriser le tremblement nerveux qui secouait tout son corps. Elle sanglotait nerveusement sans pouvoir s'arrêter, encore ravagée de dégoût au souvenir de ce corps suant qui avait prétendu la soumettre à son caprice. D'un doigt machinal, elle frottait, à travers le tissu de sa jupe les endroits de ses jambes où s'étaient posées les mains de son agresseur. Et, à voir celui-ci écrasé dans la poussière aux pieds de son frère, elle éprouvait une sorte de joie sauvage ; il était bon qu'il payât la peur affreuse qu'il lui avait fait sentir.

Mais quand le fouet claqua pour la seconde fois, arrachant un hurlement à sa victime, quand elle comprit, à l'expression des yeux de Renier, qu'il allait sans doute battre à mort le gros homme comme elle l'avait vu faire une fois à l'un des rares serfs du domaine paternel, elle retrouva la peur que lui avaient toujours inspirée son frère aîné et sa froide cruauté. Alors, d'une petite voix timide, elle osa murmurer :

– Laissez-le aller, mon frère, je vous en prie ! Les oies m'ont gardée. Il n'a pas eu le temps de me faire de mal.

– Cela prouve que vos oies ont plus d'esprit que vous ! Quant à savoir s'il vous a fait dommage ou non, qu'en savez-vous ? Notre mère en vous examinant nous renseignera là-dessus. D'ailleurs, seule l'intention compte à mes yeux et, tout compte fait, j'ai bonne envie de brancher ce gros cochon puis de le saigner, rien que pour voir s'il ferait du bon boudin !

Maigre comme un chat sauvage et presque aussi méchant, Renier des Bruyères, l'aîné de la nichée, était redouté dans toute la région. La pauvreté des siens qui lui interdisait le chemin fort onéreux de la chevalerie le faisait souffrir comme une brûlure mal soignée qui se creuse et s'enflamme toujours davantage. Il s'en vengeait, ou du moins il essayait car rien ne parvenait à apaiser cette incessante irritation, en ne permettant à personne d'ignorer sa noblesse ou de lui manquer. À défaut de l'épée, il avait fait du fouet et de la hache ses armes favorites, lançant l'un ou l'autre avec une égale habileté.

Sans le connaître, rien qu'au son de sa voix, Gontran ne se trompa pas sur la réalité de sa menace.

– Je jure par la bonne dame de Liance que je n'ai rien fait que bousculer un peu cette jouvencelle, bredouilla-t-il. Est-ce péché, pour un homme, que de vouloir prendre un peu de plaisir avec une petite paysanne rencontrée d'aventure ?

Un sourire hargneux découvrit les dents aiguës de Renier.

– Non, s'il s'agit d'une paysanne, encore que nos filles terriennes ne soient pas faites pour les porcs tels que toi. Mais quand un malandrin s'attaque à fille noble, c'est le gibet qui l'attend et tu vas avoir le tien. Au fait, qui es-tu ?

Terrifié, Foletier déclina fébrilement ses titres, fonctions et qualités, allumant un tremblant espoir en constatant que le terrible regard dont il avait si peur perdait peu à peu de sa cruauté au profit de la ruse.

– Un bourgeois de Paris, hein ? dit enfin Renier.

– Oui, seigneur ! Pelletier de notre Sire le roi Louis, que Dieu nous veuille garder en santé.

– Tu es riche, alors ? C'est l'évidence, d'ailleurs.

Du bout de sa lanière, il désignait la robe de soie et les chaussures de beau cuir souple et ouvragé.

– On le dit, fit le pelletier rendu prudent, en bon commerçant, par le marché qu'il sentait venir, mais je le suis moins qu'on ne le prétend. Si une petite somme pouvait apaiser votre juste colère et me faire pardonner de la damoiselle.

Cette fois le frère de Marjolaine rit franchement, mais ce rire-là réveilla les craintes de Gontran : si les loups riaient, cela devait donner quelque chose d'approchant.

– Une petite somme ? Tu n'estimes pas ta vie à très haut prix, marchand ! Quoi qu'il en soit, c'est à mon père qu'il appartient de te dire ce que ça va te coûter. Marche devant et ne bronche pas. Je conduirai ta mule. Quant à toi, Marjolaine, passe en tête et file à la maison ! Tu diras à Barbe de t'appliquer vingt coups de verge pour t'apprendre à courir les chemins à moitié nue, comme une serve.

La petite ouvrit de grands yeux. Elle n'était jamais vêtue autrement l'été, sinon pour entendre messe ou vêpres, et c'était bien la première fois que Renier lui reprochait son costume car aucune de ses sœurs n'allait autrement. Mais sachant qu'il ne faisait pas bon répliquer lorsque son aîné prenait un certain ton, elle baissa la tête, rameuta ses oies et s'en alla le plus vite qu'elle put vers un châtiment qu'elle ne craignait guère. Barbe était sa nourrice et l'aimait trop pour lui faire grand mal. Et elle avait hâte de s'éloigner du théâtre d'une scène dont elle tremblait encore.

Cependant Gontran, imaginant que des flots de sang allaient couler, trouvait le courage de plaider pour elle :

– Oh non ! gémit-il. Il ne faut pas lui faire de mal. Elle a une si jolie peau.

– À laquelle tu aurais bien voulu goûter, hein ? gronda Renier de nouveau menaçant. Allons ! Avance si tu ne veux pas tâter encore de mon fouet.

Poussant un soupir à faire envoler les feuilles, maître Foletier se mit en marche mais, curieusement, il n'avait plus très peur. Il oubliait ce qui le menaçait pour contempler la jeune fille qui avançait devant lui, à la tête de son troupeau d'oies. Quand elle s'était relevée et qu'il avait pu la voir en pleine lumière, il avait, en dépit de sa terreur, reçu un choc violent. Elle était encore plus belle, plus désirable qu'il ne le croyait... Sous la chemise rude, il distinguait parfaitement deux petits seins ronds et drus, aux pointes insolentes et une taille si fine que les paquets de fronces de la jupe en forme de sac ne parvenaient pas à l'épaissir. Et puis il y avait ces yeux, ces larges prunelles transparentes couleur d'eau claire, ces cheveux de soie nacrée, ces longues jambes dont il se rappelait si bien la nerveuse finesse. Et Gontran, matérialiste sanguin aux appétits grossiers facilement éveillés et aussi vite apaisés par la magie de sa fortune, se retrouva soudain confronté à un problème trop difficile pour son arithmétique sentimentale habituelle.

Jusqu'à présent, quand il avait envie d'une fille, il la prenait moyennant une pièce d'argent ou quelques peaux bien fourrées, suivant le prix auquel s'estimait la belle. Cette fois il devinait que, ni pour or ni pour argent, il ne pourrait obtenir ne fût-ce que quelques minutes auprès de cette adorable créature. Une fille de la noblesse ! Plus belle que toutes les plus belles ! Et lui qui se jugeait aisément irrésistible, qui se trouvait volontiers magnifique et grand quand il faisait un présent en échange d'un moment d'abandon, voilà qu'il découvrait l'humilité. Cette petite Marjolaine était aussi inaccessible que les vierges sévères aux draperies savantes dont se peuplaient peu à peu les églises.

Il en éprouvait un dépit amer qui augmentait à mesure que se rapprochaient les toits verdis de la Pêcherie. Il en oubliait presque le garçon aux yeux mauvais qui marchait sur ses talons. La vie l'avait gâté, jusqu'à présent et il n'aimait pas, il ne savait pas essuyer un échec. Inaccessible, la petite gardeuse d'oies, qu'il eût sans doute oubliée une heure après l'avoir violée, lui devenait à présent indispensable et, plus il la regardait. plus il se refusait à y renoncer.

En bon commerçant, il savait le prix des choses et la puissance de l'or judicieusement distribué et, quand il franchit la barbacane rustique ouvrant sur la basse-cour du manoir, il avait décidé de ce qu'il allait faire.

Un coup d'œil aux murs où les lézardes dessinaient d'étranges réseaux, à la cour mal nivelée, à la volaille lancée à l'assaut du tas de fumier, à tout ce qui proclamait l'évidente pauvreté du maître des lieux, le confirma dans ses intentions. Il y avait peut-être là une partie intéressante à jouer.

Aussi quand Renier, d'une bourrade vicieuse, lui fit franchir la porte basse d'une salle qui l'était encore plus et l'envoya pratiquement bouler aux pieds d'un homme en souquenille brune qui buvait de la cervoise, assis à même la pierre d'un âtre éteint pour avoir plus frais, Gontran ne se laissa-t-il pas abattre par l'adversité. Avec une étonnante souplesse pour un homme de sa corpulence il se releva et fut debout presque aussitôt après avoir touché le sol. Et, sans laisser à son bourreau le temps de placer un mot, il dévida à messire Aubry le petit discours qu'il avait préparé chemin faisant et qui tenait en trois phrases : il était riche, il aimait Marjolaine et il avait l'honneur de la demander en mariage.

Le mot frappa tellement les deux autres qu'ils restèrent un instant sans réaction. Renier eut une sorte de hoquet. Son père déglutit trop vite, s'étrangla et torcha à sa manche une moustache dégoulinante de mousse. Tous deux considérèrent le pelletier avec une sincère stupéfaction.

– Qu'est-ce qu'il a dit ? s'informa le maître de la Pêcherie ?

– Il dit qu'il est riche et qu'il veut épouser ma sœur, traduisit Renier.

– Et d'où sort-il ?

– De Paris ! coupa Gontran qui commençait à se fatiguer de se voir traiter avec une humiliante désinvolture. De Paris où je suis pelletier du roi ! Cela vaut bien, j'imagine, un hobereau désargenté.

Dédaignant de lui répondre, Aubry se tourna vers son fils.

– Où l'as-tu trouvé ?

– Sur le chemin de Liance, père. Il...

Le jeune homme hésita. Il n'était pas stupide et la proposition inattendue du Parisien avait non seulement fait tomber sa colère, mais ouvert devant lui une étrange perspective, une perspective qui se refermerait immédiatement si jamais Aubry apprenait dans quelle posture le pelletier avait été découvert.

– Eh bien ? fit Aubry impatiemment.

– Il était auprès de Marjolaine et lui contait fleurette. Cela ne m'a pas plu. Je me suis fâché. Je l'ai un peu malmené et l'ai obligé à venir jusqu'à vous.

Tandis qu'il parlait, son regard impérieux mettait Gontran au défi de présenter une autre version des faits. Mais il pouvait être bien tranquille de ce côté-là : il y avait, au mur de la salle et au-dessus de la tête du maître de céans, tout un assortiment de haches, d'épées, de glaives qui semblaient, eux, en parfait état et avec lesquels il n'avait pas la moindre envie de faire connaissance. D'autant que cet ours n'avait rien de bien rassurant.

Aubry considéra d'un œil dubitatif la masse somptueuse du nouveau venu, sa belle robe de soie un peu ternie évidemment, mais qui n'en annonçait pas moins un possesseur de bourse bien remplie. Et il y avait si longtemps qu'il n'avait vu un homme vraiment riche qu'il ne résista pas à l'envie de rester en sa compagnie quelques instants encore.

Posant son gobelet vide entre ses pieds, il tira de côté sa lourde carcasse pour faire à l'autre une place sur la pierre grise.

– Seyez-vous là ! grogna-t-il. Et causons ! Va dire qu'on nous apporte encore de la cervoise fraîche, ordonna-t-il à son fils.

En dépit de l'envie qu'il avait de surveiller la conversation, Renier quitta la salle sans trop se faire prier. Il y avait urgence pour lui d'aller dire deux mots à sa sœur afin que, par des gémissements intempestifs, elle ne vînt pas s'aviser de jeter bas le brillant mais fragile édifice qu'il était en train de mettre sur pied. Pour ce garçon pauvre mais affamé de richesse et de gloire, menacé de traîner interminablement une vie misérable au milieu des marais de Samoussy, le gros Gontran représentait une chance inespérée. S'il voulait vraiment épouser la blonde Marjolaine, il faudrait qu'il crache une grosse somme d'argent grâce à laquelle la famille reprendrait quelque figure dans le pays. Renier pourrait alors, sans avoir honte de ses loques, entrer dans quelque noble et riche maison pour y faire l'apprentissage des armes et, plus tard, se faire acheter le ruineux haubert et le non moins ruineux apparat qui entourait l'adoubement d'un chevalier. Le père pourrait avoir, lui aussi, des armes neuves et participer aux tournois locaux dont sa pauvreté l'éloignait mais qui, grâce à sa force, lui permettraient sans doute de gagner quelque argent. Ensuite, on pourrait partir faire croisade en Terre sainte, s'y tailler peut-être un fief, tandis que les jeunes frères et sœurs trouveraient de bons moutiers pour y mener sainte vie.

Les rêves du garçon l'emportaient plus loin, toujours plus loin, vers une gloire dorée qui l'arrachait à lui-même. Hélas, ces beaux rêves se heurtèrent brutalement à la figure horrifiée de Marjolaine quand il vint lui dire que le gros homme l'aimait, voulait l'épouser et que l'attaque répugnante dont elle gardait le vilain souvenir n'était que la manifestation un peu maladroite d'un amour qui ne savait plus se contenir.

– Moi ? Épouser ce gros homme suant ? J'aimerais mieux être nonne à Laon comme le voudrait notre mère.

Considérant ses espérances en miettes, Renier qui un instant s'était senti devenir bon, généreux, sociable et fraternel – chose qui depuis l'enfance ne lui était jamais arrivée – retrouva d'un seul coup toute sa méchanceté. Empoignant les longues nattes que Barbe, après avoir appliqué vaguement deux ou trois coups de verge à Marjolaine, venait de tresser de frais avec un soin amoureux, il s'en servit pour soulever de terre la jeune fille qui gémit tandis que des larmes jaillissaient de ses yeux. Mais ni les plaintes ni les larmes ne pouvaient attendrir Renier qui, n'eût été la valeur marchande qu'il venait de lui découvrir, aurait volontiers étranglé sa sœur.

– Pauvre sotte ! Qui vous permet de dire ici votre volonté ? Cet homme est riche, très riche ! Grâce à lui nous pourrions tous sortir de ce taudis boueux, vivre enfin, manger de bonne nourriture et porter de beaux vêtements. Et vous, vous malheureuse idiote, vous auriez une vraie maison, chaude et bien ornée, de belles robes, des servantes, vous seriez riche et considérée.

– Ce n'est qu'un bourgeois et je suis fille noble !

– À quoi vous sert votre noblesse ? À croupir ici jusqu'à ce que vos cheveux tombent, que les maladies du marais pourrissent votre corps ? Qui viendra vous chercher ici ? Adam de Marchais, au nom duquel vous rougissez chaque fois que notre père le prononce ? N'y comptez pas ! Il épouse à la prochaine Pentecôte une cousine du comte de Vermandois, riche de bonnes terres et de beaux écus. Il n'a que faire d'une souillon de marais, fût-elle aussi noble qu'une fille du grand Charlemagne. Quant à vous, n'imaginez pas que vous pourrez entrer au couvent de Laon comme le rêve follement notre mère : la dot qu'il faudrait payer nous jetterait tous sur les grands chemins.

Les paupières closes, Marjolaine, les traits tirés par la souffrance, ressemblait à une jeune martyre. Mais elle avait encore plus mal à son amour qu'à sa pauvre tête.

– Lâchez-moi, balbutia-t-elle. J'épouserai qui vous voulez.

Stupéfait d'une si rapide victoire et incapable de deviner la part de désespoir qui entrait dans une décision aussi soudaine, Renier reposa sa sœur à terre avec une douceur inattendue et même, d'une main maladroite, essuya les larmes qui coulaient encore.

– Vous êtes une bonne fille, bafouilla-t-il, ne sachant plus trop quoi dire. Un jour vous me remercierez quand vous vous apercevrez que j'ai fait votre bonheur.

2

Un seigneur en Vermandois

– Frotte plus fort ! grogna le baron. Après toutes ces journées à cheval je dois bien avoir un pied de crasse ! Allons, du nerf !

La Perrine gloussa et redoubla d'énergie. La brosse, presque aussi dure qu'une étrille, mais soigneusement enduite de bon savon de Marseille fait de suif et de fines cendres de hêtre, frictionna vigoureusement le dos que lui tendait Hughes de Fresnoy, assis dans le grand bac de pierre empli d'eau chaude. Pour mieux atteindre son objectif, Perrine s'était agenouillée sur le bord, ce qui lui assurait un équilibre instable mais permettait d'atteindre toute la large surface de peau qui rougit d'un seul coup, tandis que l'eau se criblait de flocons grisâtres.

Quand dos et poitrine furent de même couleur, et que les longues jambes poilues eurent été soigneusement étrillées l'une après l'autre, Hughes se leva pour que la fille pût laver le reste de son individu, mais il ne se rassit pas. L'eau avait disparu sous une épaisse couche grise et, pour le rincer, Perrine lui jeta sur la tête trois ou quatre seaux d'eau.

Hughes sortit alors du bain et s'enveloppa pour essuyer le plus gros dans un drap de toile rude qui n'épongeait pas grand-chose. Il le rejeta au bout d'un instant et, tandis que Perrine lâchait la bonde de la cuve qui commença de se vider dans la rigole creusée en plein milieu de l'étuve, il alla s'étendre à plat ventre sur une grande planche où il attendit, la tête reposant sur ses bras repliés.

Rejetant en arrière, du poignet, la longue mèche blonde trempée de sueur qui lui retombait obstinément dans la figure, Perrine le rejoignit, tenant dans ses mains de grosses poignées d'herbes sèches et odorantes avec lesquelles elle entreprit de le frictionner de nouveau pour achever de le sécher. La peau du baron atteignit la couleur d'un homard tout juste sorti de l'eau bouillante.

Ouvrant un œil, il s'exclama :

– Cette fois, tu n'y as pas été de main morte ! M'as-tu seulement laissé encore un peu de peau ? Ça commence à cuire.

Le gloussement de Perrine se changea en une sorte de hennissement joyeux.

– Ce que vous êtes douillet pour un chevalier ! Mais l'huile va arranger ça.

Dans une niche creusée dans le mur, elle alla prendre une petite jarre de terre. L'huile rousse et parfumée coula sur le dos rouge. Puis Perrine en enduisit ses mains et se mit à masser doucement, longuement, le grand corps abandonné devant elle. C'était un corps magnifique, aux muscles longs et durs mais dont la peau, aux endroits que n'envahissaient pas les toisons noires et dévorantes, avait des douceurs enfantines. La fille aimait ce moment de son ouvrage qui la récompensait du rude effort accompli durant le bain et qui préludait, de si troublante façon, à ce qui allait venir quand, dans un moment, dans une seconde, Hughes se retournerait et, en s'étirant avec un bâillement de fauve, soupirerait :

– Continue.

Les mains chaudes et douces recommencèrent leur lent va-et-vient sur chaque muscle de la poitrine, du ventre plat, des cuisses gonflées de chair solide. Perrine haletait doucement, trempée de transpiration autant que par le brouillard chaud qui emplissait l'étuve. Elle guettait les signes avant-coureurs de l'émotion qu'elle savait si bien faire naître. Le plaisir d'amour faisait partie, découlait tout naturellement de la détente qu'apportait le bain, et le maître, Perrine le savait bien, n'en avait jamais assez.

Étalé sur sa planche, Hughes avait l'impression de flotter sur un nuage, tandis que les mains de la fille disposaient de lui à leur gré. Personne ne savait, comme elle, effacer la fatigue, insuffler une nouvelle ardeur à un corps exténué. Les yeux clos, le seigneur de Fresnoy retenait son souffle, uniquement attentif au cheminement lent mais de plus en plus précis des caresses sur sa peau. Il ne sentait même plus la blessure, encore fraîche cependant, que la lance de cet imbécile de Jean Pellicorne lui avait infligée à la cuisse lors du dernier tournoi de Saint-Quentin.

Soudain, sans même ouvrir les yeux, il leva les bras. Ses doigts rencontrèrent la toile trempée qui couvrait les épaules de Perrine et la firent glisser aisément car elle ne portait qu'une chemise largement ouverte. Elle mit à l'aider un empressement presque sauvage, tandis que les grandes paumes emprisonnaient ses seins aux mamelons durs comme des billes d'agate. Puis avec un soupir plein d'attente, elle vint se glisser contre lui pour qu'à son tour il pût disposer d'elle à son plaisir.

Trois quarts d'heure plus tard, Hughes de Fresnoy poncé, coiffé, parfumé, rasé, à l'exception de la longue et mince moustache noire qui retombait de chaque côté de la bouche et lui donnait un peu l'air d'un Mongol, faisait son entrée dans la grande salle du donjon où l'on venait de corner l'eau.

Se sentant d'humeur aimable, il s'était vêtu avec plus de soin que d'habitude, poussé peut-être par un léger remords envers sa femme, Hermelinde, qui ne cachait pas son dégoût lorsqu'il venait à table avec des houseaux crottés et sa tunique de cuir où demeuraient, indélébiles, les traces de graisse d'armes laissées par la broigne de fer, ou même l'une des tuniques de laine ou de lin sans beaucoup d'ornements qu'il affectionnait. Enthousiasmée par les nouvelles modes apportées par la coquette reine Aliénor, Hermelinde s'efforçait de les implanter chez elle et d'y plier son époux.

S'y conformant, pour une fois, Hughes avait revêtu, sur de longues et étroites braies de lin blanc, une chemise brodée au col et un long bliaud de « velous [1] » dont le bleu éclatant était encore relevé par de larges bandes de broderies noires et blanches ornant le bas du vêtement, les deux longues fentes de devant et de derrière et les larges manches pendantes. Mais aucune force humaine n'aurait amené Hughes à chausser les pigaches dont il jugeait parfaitement grotesques les longues pointes recourbées et, sous sa robe élégante, il portait une paire de heusses, de hautes bottes en souple cuir d'Espagne d'un beau rouge incarnat. Ses cheveux noirs soigneusement peignés et lustrés descendaient en souples volutes jusqu'à son cou puissant. Une large ceinture de cuir retenait un glaive court à la romaine.

Son entrée ainsi équipé souleva un vif intérêt chez ceux qui l'attendaient groupés auprès de la monumentale cheminée où brûlait un tronc d'arbre. Gerbert, son jeune frère, qui mâchonnait un brin de paille à demi étendu sur un banc eut un léger sifflement admiratif, assorti d'un clin d'œil amusé révélant que le jeune homme n'était pas dupe de ce grand déploiement de somptuosité. Ersende, la femme de Gerbert, sourit franchement

1. Velours.

tandis que les damoiselles qui servaient la châtelaine et sa belle-sœur baissaient les yeux et rougissaient comme si le baron leur avait fait quelque proposition déshonnête. Seule, Hermelinde, après avoir considéré un moment sans rien dire les six pieds de splendeur de son époux, fronça le nez, renifla et, le plus imprévisiblement du monde, éclata en sanglots qui jetèrent un froid sur l'assemblée.

Les damoiselles et Ersende entourèrent la châtelaine pour lui prodiguer leurs bons offices, tandis que Hughes, d'abord surpris par le curieux résultat de ses efforts vestimentaires, haussait les épaules avec agacement et rejoignait son frère.

– Qu'est-ce qu'elle a ? Je suis en retard, je le sais bien, mais est-ce une raison pour fondre en larmes ?

Les yeux verts de Gerbert, qui étaient sa seule ressemblance avec son frère, pétillèrent de gaieté.

– Je ne sais pas si tu l'as remarqué ou si tu le fais exprès, mais chaque fois que tu réclames la Perrine pour l'étuve, tu arrives en retard et tu fais toujours toilette comme si tu allais à un festin !

– Tous les repas, chez moi, sont des festins ! grogna Hughes. Et il est normal, après le bain, d'aimer à revêtir des vêtements propres, confortables et même élégants.

– Allons, allons ! Pas avec moi. Je te connais trop bien, reprit le cadet en baissant la voix. Oserais-tu jurer que tu n'as pas couché avec Perrine dans l'étuve ?

– Je ne me parjurerais pas pour ça ! Bien sûr que j'ai fait l'amour avec elle ! De plus chaude garce, je n'en connais pas à dix lieues à la ronde.

– ... où cependant tu connais tout ce qui porte cotillon ! susurra Gerbert.

Ignorant l'incident, Hughes jeta un regard noir sur Hermelinde qui semblait reprendre peu à peu ses esprits.

– C'est une vraie femme, elle ! Je n'en dirais pas autant de tout le monde.

Pourtant, quand il l'avait épousée, dix ans plus tôt, il était bien persuadé de faire le meilleur mariage possible. Il avait alors dix-huit ans et Hermelinde en avait seize. Elle était assez belle alors, d'une beauté saine et vigoureuse de fruit encore vert, mais qui promettait un bel épanouissement, et qui pouvait tenter un homme sensuel, surtout doté d'un appétit d'amour aussi vorace. Et puis elle était la fille du puissant comte de Ribemont et elle apportait, en terres et en argent, un beau douaire.

La première fois qu'Hughes l'avait vue, c'était à un tournoi donné dans les lices de Saint-Quentin, assise auprès de sa mère dans la tribune des dames. Sous une chevelure châtain clair tressée en nattes épaisses et entrelacées de fils d'or et de perles, Hermelinde montrait un visage très rose aux maxillaires puissants, mais où la bouche, très rouge, saignait comme une blessure. Les yeux, gris et brumeux, étaient alors apparus au jeune homme pleins de mystère, d'un mystère presque aussi attirant que les seins durs et pointus qui tendaient la soie de sa robe à longs plis.

Il avait eu brusquement envie de cette fille qui lui jetait, par en dessous, des regards furtifs tout en passant nerveusement, de temps en temps, un bout de langue rose sur ses lèvres gonflées de sève. Et, durant les joutes, il avait accompli des prouesses plus grandes qu'il ne s'en serait cru capable. Les adversaires tombaient devant lui comme épis de blé au temps des moissons et il avait remporté un énorme succès, plus la couronne du vainqueur que, du bout de sa lance, il avait déposée sur les genoux de la jouvencelle afin qu'elle eût la gloire de la poser sur sa tête aux acclamations de tous.

Le mariage s'était décidé très vite. Le comte de Ribemont avait accueilli avec faveur les ouvertures que deux parents âgés du candidat étaient venues lui faire. Le baron de Fresnoy était de bonne et antique race, sa châtellenie était riche, puissante et étendue et, comme par un fait exprès, les terres que Ribemont destinait à sa fille cadette en étaient proches voisines. On tomba donc rapidement d'accord et, Hermelinde ayant fait savoir qu'elle n'avait aucune répugnance à mettre sa main dans celle d'un si preux chevalier, les noces eurent lieu à la Saint-Jean suivante.

Quand l'épousée avait ôté pour lui sa chemise, dans la chambre d'honneur de Ribemont ornée de belles toiles brodées et de grands bouquets de fleurs champêtres, de lys d'eau et de chèvrefeuille, Hughes avait cru, de bonne foi, que son mariage allait vraiment lui apporter une félicité totale. Sa femme lui plaisait et les premières nuits furent agréables.

Malheureusement, les suivantes le furent de moins en moins car si Hermelinde était vraiment amoureuse de son époux, lui ne l'était guère : elle lui plaisait, sans plus. En outre, et en dépit des leçons qu'il tenta de lui donner, elle avait, de l'amour, une conception essentiellement égoïste et, si elle exigeait beaucoup de son mari, elle ne faisait rigoureusement rien pour lui rendre la pareille. Enfin, étant de plus haute maison que lui, elle considérait comme une chance pour le baron de l'avoir épousée et entendait qu'il lui exprimât, sous forme d'étreintes répétées, une éternelle gratitude.

Hughes, qui aimait les filles ardentes, fut bientôt las de ce corps geignant qu'il retrouvait, chaque nuit, les bras en croix dans son lit et qu'il lui fallait labourer fastidieusement pendant des heures, sans aucun profit d'ailleurs, car les mois passèrent sans que la nouvelle dame de Fresnoy fît seulement mine d'être enceinte. Les mois, puis les années...

La déception d'Hughes fut amère. Que lui servait d'être le maître d'une des plus puissantes et des plus riches châtellenies du Vermandois et même du nord de la France s'il était dans l'impossibilité de la transmettre, un jour, à ses enfants ? Son frère Gerbert, de trois ans plus jeune que lui et qui, étant de constitution délicate (il avait coûté la vie à leur mère), fût peut-être entré dans les ordres s'il n'était tombé amoureux d'Ersende de Cérizy et ne l'avait épousée deux ans après le mariage Ribemont, avait déjà un fils, Robert, et deux filles, Isabelle et Mahaut, alors que le ventre d'Hermelinde restait désespérément plat.

À vrai dire, plat, il ne l'était plus guère. Pour se consoler de ses déboires conjugaux, l'épouse d'Hughes se mit à grignoter des sucreries à longueur de journée, et des déboires, elle en avait. Plus le devoir conjugal devenait pour son époux... un devoir qu'il rendait le moins souvent possible et plus, se sentant frustrée d'un plaisir dont elle se montrait gloutonne, elle devenait acariâtre et gourmande. Les scènes et les crises de larmes alternaient avec de grandes débauches de pâtisseries. La cuisine du château ne cessait de confectionner pour elle fouaces, tartes, beignets et pains d'épice qu'elle dégustait avec délices, oubliant d'ailleurs le plus souvent d'en offrir à Ersende, aux enfants ou à ses damoiselles.

Dans les débuts, quand elle avait commencé à s'arrondir doucement, Hughes avait trouvé un certain regain de plaisir sur un corps devenu merveilleusement blanc et moelleux comme un édredon. Mais quand un édredon est trop gonflé, on flotte dessus ou l'on s'y perd, et le baron se déclara bientôt excédé de cette trop grande abondance de chairs molles et improductives. Il conseilla donc à Hermelinde de reprendre la saine habitude de le suivre à la chasse, bien qu'il doutât de trouver un cheval assez solide pour la porter. Une vigoureuse mule peut-être, dans les premiers temps, ferait l'affaire.

Cette proposition eut le don de déchaîner des déluges de larmes et une consommation intense de prunes de Damas fourrées que la comtesse de Ribemont avait envoyées en présent à sa fille. Hughes, alors, abandonna la question, laissant à Ersende le soin d'essayer de faire entendre raison à sa belle-sœur. Mais il dut offrir une nouvelle robe pour se faire pardonner.

Car, devenue obèse, Hermelinde n'en était pas moins coquette. Non seulement ses femmes ne cessaient d'élargir ses robes, mais les marchands flamands avaient appris le chemin du château de Fresnoy et ne semblaient pas disposés à l'oublier. Pailes, samits, cendals [1], damas, velours et mousselines s'entassaient par larges pièces dans ses coffres et coûtaient fort cher au baron qui eût volontiers répudié une épouse aussi dispendieuse qu'encombrante. Mais le retour d'Hermelinde au logis paternel eût offensé la famille de Ribemont et, outre qu'il était fort puissant, Hughes aimait bien le comte Anselme IV. Et puis, il n'avait aucune envie d'amputer ses terres d'une dot qui concourait largement à la richesse et à la splendeur de sa maison. Mais, quand il voyait la frêle et gentille Ersende occupée à quelque broderie avec ses damoiselles, chantant avec elles une chanson de toile, tandis que ses enfants, assis à ses pieds, les écoutaient bouche bée ou s'efforçaient d'attraper les beaux écheveaux de couleur et que, d'autre part, il portait ses regards sur Hermelinde étalée sur le large banc abondamment garni de coussins qu'il lui avait fait faire ou couchée dans son lit, un beignet ruisselant de miel au bout des doigts, il lui prenait des envies de meurtre et il préférait alors rejoindre l'une des servantes dans la paille des écuries ou quelqu'une de ses jolies vassales dans les environs du château.

Il ne rencontrait guère de cruelles. Bien que ses cheveux noirs et sa peau brune, éclairés il est vrai par des yeux vert-océan, fussent en opposition formelle avec l'idéal masculin d'une époque attirée surtout par les héros solaires des chansons de geste ou des romans de la Table ronde, sa haute taille et sa musculature puissante attiraient les regards féminins que retenait l'éclat d'un ironique sourire à belles dents blanches. En outre, ses mains, son corps savaient à la perfection les tendres rites de l'amour et, une fois tombées dans le piège de ses bras, les belles y fondaient comme beurre au soleil.

Une fois la semaine, pour ne pas offenser sa belle-famille, il s'astreignait à honorer sa femme d'une visite nocturne qui le laissait plus rompu qu'une longue chevauchée. Il dormait ensuite comme une souche car il avait besoin, pour s'encourager à l'ouvrage, d'ingurgiter force pots de vin cuit aux herbes, bien assaisonné au poivre et autres épices orientales propres à stimuler l'ardeur amoureuse. Hermelinde l'accueillait alors avec un

---

1. Les pailes étaient des tissus brochés provenant d'Orient comme les samits qui se présentaient sous forme de demi-satins faits de six fils de couleur. Le cendal était une sorte de taffetas.

mélange d'enthousiasme et de dégoût car si elle aimait qu'il lui fît l'amour, elle détestait la puissante odeur de vin qu'il traînait alors avec lui.

Le lendemain, en général, Hughes avait mal au cœur et mal à la tête, mais il s'en libérait en piquant une tête dans l'eau froide de l'étang du château, en avalant là-dessus une bolée de bouillon chaud puis, enfourchant son cheval Roland, s'en allait courir la campagne en quête de quelque jolie fille dont le corps ferme et frais le remettrait complètement d'aplomb.

Pendant ce temps, Hermelinde se traînait jusqu'à la chapelle du château afin d'y confier au père Rinaldo, le chapelain, ses douleurs, ses déceptions et même ses angoisses car, à mesure que passait le temps, elle en venait à penser qu'Hughes était un suppôt de Satan, ce qui n'avait rien d'étonnant pour un homme au poil si noir ! et qu'elle se damnait petit à petit en s'abandonnant à une étreinte dont, cependant, elle ne pouvait se passer.

Ce père Rinaldo était un petit bonhomme d'environ quarante-cinq ans, brun et joufflu, que le comte de Ribemont avait ramené de Sicile quand il s'y était arrêté au retour de la quarantaine qu'il avait effectuée en Terre sainte. Il avait suivi Hermelinde au moment de son mariage pour continuer à veiller sur une âme qu'il proclamait d'élite et propre à coiffer, avec le temps, l'auréole de la sainteté. Rinaldo avait un curieux nez en trompette mais des yeux de velours sombre et des mains d'une extrême douceur qui traçaient les bénédictions avec une onction sans pareille. Quant à ses oreilles, elles accueillaient larmes et plaintes avec une sérénité admirable, tandis que ses lèvres un peu fortes distillaient suavement, par l'organe d'une voix de jouvencelle, consolations lénifiantes et exhortations à la sainte patience qui ouvrirait un jour, devant la châtelaine, les portes d'or du Paradis.

Les confessions d'Hermelinde duraient toujours un temps interminable car le père Rinaldo exigeait qu'elle mentionnât tous les détails de ses nuits avec le baron avant de lui donner l'absolution. La dame y prenait d'ailleurs un certain plaisir car elle avait l'impression de revivre, alors, ces minutes diaboliques mais savoureuses. Tel qu'il était, elle adorait le chapelain dont le secours, au fil des années, lui devint indispensable.

Hughes, pour sa part, le détestait. Il n'aimait guère la gent ecclésiastique qu'il trouvait trop riche, trop puissante et trop envahissante, et son aversion trouvait son point culminant avec le chapelain de sa femme. Mais il le tolérait comme un mal nécessaire, au même titre que la gourmandise d'Hermelinde et ses dépenses vestimentaires car, au retour de ses tête-à-tête avec le petit prêtre, la châtelaine lui paraissait plus calme et plus détendue. Il avait à peu près la paix jusqu'à la semaine suivante où tout recommençait.

Ce jour-là, quand il jugea que sa femme avait suffisamment pleuré, il se dirigea d'un pas ferme vers le banc où elle gisait, rompit doucement le cercle des dames qui lui bassinaient les joues et les yeux puis, lui offrant son poing fermé, déclara gracieusement :

– J'ai faim ! Me permettez-vous, ma mie, de vous mener à table ? La venaison froide ne me vaut rien et à vous non plus.

Hermelinde renifla, se moucha, regarda le poing brun et nerveux qui attendait qu'elle y posât sa main avec des yeux gonflés de larmes et pleins de réprobation, puis revint au visage souriant de son époux.

– Co... comment, hoqueta-t-elle, pouvez-vous me faire cela ?

– Vous faire quoi, ma mie ?

– Ne prenez pas cet air innocent ! Je sais bien pourquoi vous réclamez presque toujours la Perrine pour vous donner le bain quand vous allez aux étuves !

– Moi aussi. Parce qu'elle est la meilleure masseuse de tout le pays, fit Hughes imperturbable, et que j'aime, lorsque je me lave, que ce soit bien fait. Ne me reprochez-vous pas sans cesse d'être peu soigné de ma personne ?

– Se laver ne prend point autant de temps ! Vous couchez avec elle ! Je le sais ! On vous a vus.

– Qui « on » ? dit le baron dont la voix se durcit légèrement.

– Vous n'imaginez pas que je vais vous le dire ? Je le sais, voilà tout.

– Quand on accuse, mieux vaut apporter des preuves ou, à défaut, faire entendre ses témoins. Dame, reprit-il d'un ton moins cassant, si vous souhaitez que notre bonne entente dure encore de longues années, évitez de prêter l'oreille à des ragots de basse-cour. Vous devriez savoir que le maître d'un grand château, comme la maîtresse d'ailleurs, est en butte à bien des ambitions, bien des calculs, bien des jalousies aussi. Rien n'est trop perfide, ni trop vil pour tenter de nous séparer. Allons, séchez vos larmes ! Vous les versez en pure perte et le dîner sera immangeable.

Soutenue par Ersende dont les yeux bleus riaient mais dont le petit visage demeurait grave, Hermelinde consentit enfin à quitter son nid de coussins, mais elle refusa la main que lui offrait son époux et se dirigea d'un pas solennel vers le bassin et l'aiguière que deux de ses damoiselles lui offraient, balayant la jonchée de paille fraîche qui couvrait le sol sous les plis lourds du bliaud de samit pourpre rehaussé de riches broderies de Chypre qu'elle portait sous un pélisson d'hermine. Ses longues nattes qu'elle gardait toujours pendantes comme les jeunes femmes, se refusant à les relever en chignon comme le faisaient les femmes plus mûres, étaient entremêlées de fils d'argent et de pierres fines assorties à celles qui bosselaient le cercle d'or posé sur son front.

En dépit de la graisse, elle gardait grande allure et eût pu prétendre encore à une certaine beauté car la peau de sa gorge, de ses épaules et de ses bras, objet de soins constants et préservée des intempéries, demeurait blanche et satinée, si une couperose précoce n'eût déjà envahi ses joues et les ailes de son nez. Hughes la suivit en soupirant et alla prendre place auprès d'elle dans le banc seigneurial, tandis que les valets chargeaient la table bien nappée de blanc de poissons et de pâtés de toutes sortes.

Le repas se déroula en silence. Hughes et sa femme partageaient le même tranchoir comme Gerbert et Ersende et les damoiselles ou les écuyers deux par deux, mais ils évitaient soigneusement de se regarder, se détournant fréquemment pour boire chacun à sa coupe. Celle d'Hermelinde était plus souvent vide que celle d'Hughes qui se défiait un peu du vin blanc de Laon qui était traître et lui coupait les jambes. Il lui préférait la bière que l'on brassait au château ; aussi, la plupart du temps, faisait-il coupe à part.

Le châtelain et la dame gardant le silence, personne n'osa parler, même Gerbert et son épouse qui se contentaient de se sourire des yeux. Seuls le pas des serviteurs, le cliquetis des couteaux, le bruit mat des plats que l'on posait sur la table ou celui des mâchoires exerçant leur office se faisaient entendre.

Ce silence était inhabituel car Hermelinde, prenant toujours un vif plaisir aux repas, en profitait pour bavarder comme une pie, commentant la qualité de la cuisine ou du vin, donnant ses préférences et comparant, la plupart du temps, avec les fastes culinaires du château de Ribemont qu'elle proclamait sans égal. Ce jour-là, elle n'ouvrit la bouche que pour y introduire la nourriture et garda les paupières obstinément baissées.

Cette attitude agaça Hughes, lui coupa l'appétit à mi-repas et, quand on apporta les desserts, il se leva brusquement, pria les dames de continuer à festoyer et se dirigea rapidement vers le lave-mains, suivi immédiatement par son écuyer Bertrand armé d'une serviette et les yeux en points d'interrogation.

– Va me seller Roland et attends-moi dans la cour, lui dit le baron tout en s'essuyant les mains, gardant les yeux sur la table, où, à son ordre, nul n'avait bougé.

Hermelinde, les paupières toujours baissées, continuait à manger comme si de rien n'était, mais les autres femmes ne savaient trop quelle contenance prendre. Gerbert en profita pour rejoindre son frère après avoir vivement pressé la main de son épouse.

– Où vas-tu ? lui demanda-t-il. Nous ne jouerons pas aux échecs, cet après-dîner ?

– Non. Nous jouerons ce soir, si tu le veux bien. Il faut que je sorte. J'étouffe ici.

Les yeux sur Hermelinde, Gerbert murmura :

– Tu ferais peut-être mieux de rester. Prends garde, Hughes ! Tandis qu'elle lui bassinait les yeux, tout à l'heure, ta femme a dit à Ersende qu'elle était lasse de toi, qu'elle irait se plaindre à sa mère et lui demander refuge !

Le baron haussa les épaules.

– Anselme de Ribemont ne le lui permettra jamais ! Il sait que si quelqu'un doit se plaindre, c'est moi et non elle qui n'a pas rempli ses devoirs envers moi et la châtellenie en ne nous donnant pas d'enfants !

– Il le sait, oui. Mais les femmes se soutiennent entre elles et Ida ne t'aime guère. Elle espérait mieux pour sa fille.

Sarcastique, le rire d'Hughes claqua.

– Le comte de Bohain ? Je sais ! Mais il a le double de mon âge et l'on dit qu'il a pris, devant Édesse, une mauvaise maladie ! Si c'est là ce qu'Ida de Ribemont souhaite à sa fille.

– Il est plus riche que toi et si l'on t'enlevait les terres d'Hermelinde, tu ne ferais pas une très bonne affaire. Anselme t'aime bien, oui, mais il aime encore plus la paix et, contre Ida, il ne gagne pas souvent la partie.

– Cesse de trembler, comme un gamin, devant une femme ! Qu'Hermelinde retourne chez sa mère, qu'Anselme l'accepte et j'en appelle au comte de Vermandois, notre suzerain à tous. Et s'il faut aller jusqu'au champ clos, j'irai ! Mais on ne me reprendra pas ce qui m'appartient de bon droit.

Écumant de rage, il quitta la salle sans rien vouloir entendre de plus. Gerbert préféra ne pas insister et le laissa aller. Avec un haussement d'épaules résigné il rejoignit sa femme, tandis que le baron dévalait l'étroit escalier du donjon, franchissant le pont-dormant qui le reliait à sa

« chemise [1] » et atterrissait dans la cour où Bertrand, impassible, tenait en bride Roland, le puissant cheval moreau, qui était le compagnon favori de son maître. Bertrand était d'ailleurs toujours impassible. Peu causant, au point que parfois on pouvait le croire muet, employant plus volontiers les grognements et les interjections que les paroles, c'était un garçon du Nord. Placide et blond autant que le baron était brun et turbulent, sec et long comme un échalas, il avait un visage agréable que ne déparait pas un long nez fouineur dénonciateur du péché mignon de l'écuyer qui, pour être discret et peu bruyant, n'en était pas moins curieux comme un chat et avide de se renseigner sur tous et sur toutes choses. Sa grande faculté de demeurer immobile le faisait parfois confondre avec une tapisserie et il arrivait que, trompé par son silence, on se laissât aller à parler devant lui, oubliant que, s'il était volontairement muet, il n'était pas sourd pour autant. Un courage tranquille et une humeur égale en faisaient pour le baron un serviteur qu'il appréciait autant que son cheval.

Quand Fresnoy apparut, Bertrand lui tendit la bride, mais déjà il s'enlevait en voltige avec une telle impétuosité qu'un sinistre bruit de soie déchirée souligna le mouvement : les élégantes mais fragiles braies de soie n'avaient pas résisté à l'ardeur cavalière de leur propriétaire. Une flamme joyeuse s'alluma alors dans l'œil bleu de Bertrand qui n'alla pas jusqu'au sourire : il avait depuis longtemps appris à apprécier la densité exacte des nuages d'orage qui chargeaient parfois le regard du baron.

Déjà en selle, celui-ci essaya de se retourner pour constater le désastre, n'y parvint pas naturellement et demanda :

– C'est grave ?

– C'est ouvert jusqu'à la taille. Mais la robe cache bien.

– Cela m'apprendra à m'attifer comme un damoiseau pour apaiser les humeurs d'une pécore.

Et, piquant des deux, il fonça vers le grand pont-levis, mettant en fuite les poules et la portée de jeunes cochons qui s'ébattaient dans la basse-cour. Habitué à ces sorties fracassantes, Bertrand suivit à la même allure.

Pendant un moment, tous deux galopèrent à travers la large vallée coupée de boqueteaux noircis par l'hiver. Bertrand, toujours silencieux, se gardait bien de poser la moindre question. Il attendait simplement que l'on fût à certaine croix de chemins pour savoir quelle serait leur destination. Si l'on prenait à droite, cela voudrait dire que l'on allait chasser

1. Enceinte de murailles qui isolaient le donjon à l'intérieur même du château.

– en équipant Roland, il n'avait eu garde d'oublier l'épieu accroché à la selle –, mais si l'on prenait à gauche – côté cœur – cela aurait une tout autre signification.

Il fut vite délivré de ses doutes : arrivé à la croix Hughes embouqua le chemin de gauche à un train d'enfer et plongea, les cottes au vent, à travers une basse futaie. L'écuyer suivit avec un soupir. C'était bien du baron de choisir tout juste un jour où le torchon brûlait chez lui pour s'en aller conter fleurette à cette jolie dinde ! Comme si sa partie de main chaude avec la Perrine ne lui suffisait pas pour la journée !

Dix minutes plus tard, les chevaux freinaient des quatre fers à l'entrée d'un long bourbier qui s'enfonçait sous un tunnel de branches si bas de plafond et si étroit qu'il ne pouvait être question de le parcourir à cheval. Il fallait mettre pied à terre, et cheminer à la queue leu leu. La forêt, à cet endroit, était dense et enveloppait comme une épaisse courtine une tour solitaire, lieu de résidence habituelle d'un chevalier, Gippuin Le Housset, dont les exploits en tournois avaient occupé les échos de la province et même de la cour durant le précédent règne.

Résidence habituelle mais non actuelle car le seigneur Gippuin, alléché par les récits, tous plus fabuleux les uns que les autres, de ceux de ses amis ayant fait « le voyage » et saisi par le « mirage doré » de l'Orient, s'en était allé faire quarantaine sous la bannière de Foulque d'Anjou, roi de Jérusalem. Cela, à seule fin de se prouver à lui-même sa valeur intacte, aux soldats infidèles de l'émir Zengi qu'il valait à lui tout seul tous les preux de la Table ronde et à ses habituels compagnons de beuverie qu'il était capable, autant qu'un autre, de meubler son donjon d'aiguières et de plats d'or, de soies brodées et d'affriolantes esclaves sarrasines qui lui tiendraient chaud au lit quand sa dame aurait ses mauvais jours. Et, raflant la majeure partie des écus de la maison, il était parti tout fringant pour Marseille d'abord, et pour les grandes aventures ensuite, laissant au logis ladite dame sous la garde conjuguée et concentrique de sa teigneuse forêt, d'un large fossé vaseux, d'une muraille de huit pieds d'épaisseur, de quatre soldats à la limite d'âge, et d'une nourrice plantureuse dont l'air endormi cachait la ruse d'une portée de renards. Plus épisodiquement enfin, d'un ermite de la forêt qui abritait ses patenôtres dans une hutte de bûcheron à quelques toises du château où il occupait la double fonction de confesseur et de pique-assiette.

La dame de la tour répondait au doux nom d'Osilie. Passablement sotte comme l'attestait le vide absolu de ses larges yeux de génisse, elle n'en était pas moins de ces créatures dont les formes moelleuses attirent irrésistiblement la main de l'homme. Riche en tétons qu'elle avait hauts et fermes, et plus encore en croupe, dame Osilie représentait comme une rente que la nourrice Brusseline avait entrepris d'exploiter convenablement – avec la bénédiction tacite de l'ermite Gobert – pour le plus grand bien de la maisonnée.

En effet, trois ou quatre mois après le départ de son maître, Brusseline s'était avisée d'une grande disette d'argent au fond du vaste coffre, bien bardé de serrures où l'on avait l'habitude de le conserver. Elle en avait éprouvé un coup terrible. Le chevalier n'étant plus là avec ses grands coups de lance ou d'épée qui faisaient bouillir si richement la marmite, de quoi allait-on vivre ? Les bois couvraient la majeure partie des terres des Le Housset et le reste ne rapportait pas grand-chose. Il y avait le gibier, bien sûr, mais les rhumatismes faisaient des ravages dans la « garnison » et l'on avait toutes les peines du monde en hiver, à tirer les hommes de leur coin de cheminée. Et si l'on ne trouvait pas bien vite une solution, sire Gippuin, en rentrant de guerre – s'il rentrait jamais –, ne retrouverait plus au logis que de petits tas d'os desséchés au lieu de la belle créature qu'il y avait laissée.

Questionnée, la belle créature en question avait écarté les bras d'un geste navré, traduisant une impuissance totale à résoudre le problème et s'était mise à pleurer. Elle avait toujours été accoutumée à une savoureuse paresse qui la tenait au lit de longues heures avec, pour distraction, de petits repas qu'on lui montait à n'importe quel moment du jour, avec une prédilection marquée pour les pâtisseries légères.

C'était ce régime qui entretenait l'éclat de son teint et la douceur de sa peau et, quand il apparut qu'il allait falloir en changer, Osilie ouvrit les vannes d'un profond chagrin qui acheva d'affoler sa nourrice. Le matin où Brusseline s'aperçut, en bouclant la ceinture d'Osilie, que cette ceinture commençait à flotter, elle décida de passer à l'action après en avoir conféré avec le saint homme qui, dans sa hutte, commençait à s'inquiéter de sa nourriture à venir.

Ce fut l'ermite qui, s'arrachant à sa solitude, s'en alla trouver le haut et puissant seigneur de Fresnoy pour attirer son attention sur la grande misère qui menaçait une noble dame et faire appel à sa charité. Brusseline, en effet, n'ignorait pas plus que les autres commères de la région le penchant marqué du baron pour les jolies femmes.

– Si jeune, si belle, abandonnée dans cette tour forestière cernée par les loups ! pleura l'ermite. Cela fend le cœur et, certes, Notre Seigneur bénirait celui qui viendrait en aide à cette détresse et lui permettrait d'attendre dignement le retour de son valeureux époux.

De tout ce discours, Hughes n'avait retenu que quatre mots : « si jeune » et « si belle ».

– J'irai demain, promit-il.

Il n'y manqua pas.

Quand il arriva, peu avant l'heure de sexte, il se trouva en face d'un spectacle – soigneusement mis en scène par Brusseline – qui lui parut plein d'intérêt.

Assise au coin d'une énorme cheminée où brûlait un maigre feu, ses longs cheveux blonds croulant sur ses épaules et sa gorge curieusement découvertes, si l'on tenait compte de la température, Osilie regardait tristement, de ses grands yeux mornes, une platée de raves fumantes posée sur ses genoux et qui était censée représenter son unique repas. Une robe de velours violet, fort usée, un voile troué l'habillaient et, quand Hughes s'approcha d'elle pour la saluer, il put voir que de grosses larmes roulaient sur ses joues.

C'étaient de vraies larmes et la dame Le Housset n'avait aucunement besoin de se forcer à pleurer car, peu confiante dans ses talents de comédienne, Brusseline venait de lui dire que c'était tout ce qui restait à manger dans la maison.

Ce tableau navrant émut d'autant plus le baron que, voyant surgir devant elle cet inconnu, Osilie se mit à sangloter et qu'à chaque sanglot ses seins, mal protégés par une robe négligemment lacée, menaçaient d'apparaître dans toute leur gloire.

Pour mieux consoler la dame, Hughes s'agenouilla devant elle ce qui, compte tenu de sa haute taille, lui permit de dominer de près le phénomène. Quant à Osilie, l'apparition dans une si lugubre circonstance de ce jeune et beau seigneur richement vêtu le lui fit prendre pour un envoyé du Ciel et, quand il la prit dans ses bras pour baiser ses lèvres, elle n'eut pas le plus petit réflexe de défense, s'abandonnant au contraire avec un soupir bienheureux. Refuse-t-on quelque chose à un messager céleste ?

Un instant plus tard, tous deux faisaient l'amour avec enthousiasme sur la jonchée de paille fraîche que Brusseline, toujours prévoyante, avait doublé d'épaisseur ce matin-là. Ils n'avaient pas encore échangé une seule parole mais, de cet instant, dame Osilie et sa maisonnée n'eurent plus de soucis à se faire pour le contenu de leur garde-manger et le renouvellement de la garde-robe.

Cette première expérience avait ouvert, en effet, au baron des horizons inattendus. Osilie était peut-être sotte, elle n'en était pas moins femme et pourvue d'avantages non négligeables. Sans doute sa conversation était-elle limitée mais, pour tout ce qui touchait aux jeux de l'amour, elle faisait preuve d'une érudition exceptionnelle. Enfin, ayant retrouvé une vie exempte de soucis matériels, elle montrait un caractère d'une grande égalité et c'était toujours avec le même sourire lent qu'elle accueillait un amant dont les visites n'étaient pourtant pas d'une extrême régularité tant il se montrait éclectique dans ses goûts amoureux. Mais Osilie n'aurait jamais eu l'idée de lui en faire reproche, ce qui le reposait des aigreurs conjugales.

C'était donc vers ce havre, à la fois douillet et silencieux, qu'Hughes se précipitait après la scène du château. Il venait, comme cela lui arrivait plusieurs fois le mois, chercher auprès de la moelleuse Osilie le calme et le voluptueux confort qu'elle s'entendait si bien à lui dispenser. Aussi fut-il presque scandalisé de la trouver en larmes.

Étendue à plat ventre sur son lit, dame Le Housset pleurait à creuser les cailloux et avec tant de constance qu'elle ne releva même pas la tête quand le pas, pourtant bien connu, froissa la jonchée de paille qui couvrait le sol de sa chambre.

Fort ennuyé car il avait son compte de drames et de criailleries pour la journée, Hughes faillit rebrousser chemin sur la pointe des pieds pour s'en aller chercher réconfort auprès de certaine belle meunière des environs, mais Osilie avait négligé de s'habiller ce matin-là et son corps dodu formait, avec la fourrure noire dont était couvert le lit, un si joli paysage blond que l'appétit du baron s'en trouva réveillé.

Négligeant alors les formules de politesse, il tendit les mains vers les monts roses qui le tentaient, mais quand il voulut s'en emparer, Osilie poussa un long cri d'horreur, glissa sur le lit comme une anguille et, saisissant sa chemise, la plaqua contre son corps.

– Ah ça, ma mie, quelle mouche vous pique ? protesta Hughes déçu. N'êtes-vous plus ma douce amie ?

– Non, je ne le suis plus et n'aurais jamais dû l'être ! Dieu me punit, Dieu me punit !

Et de pleurer de plus belle, tout en essayant de venir à bout de la vaste chemise dont elle ne trouvait pas l'entrée, ce qui donnait lieu à toutes sortes de contorsions bien agréables à regarder.

– Vous tenez vraiment à la remettre ? fit Hughes hypocritement. Je vous aime mieux sans.

– Plus jamais vous ne me verrez sans ! Plus jamais ! Il faut faire pénitence en attendant la mort qui ne saurait manquer de m'advenir lorsque sire Gippuin reviendra de guerre.

Agacé, Hughes saisit Osilie d'une main, la chemise de l'autre, et entreprit d'introduire l'une dans l'autre, serra le cordon qui coulissait le haut du vêtement et obligea Osilie à s'asseoir sur le lit.

– Vous dites des folies, grommela-t-il. À présent, causons !

Il s'assit auprès d'elle et l'attira contre lui pour la rassurer en lui tapotant les cheveux. Le nez contre son aisselle, Osilie se remit à larmoyer, trempant sans vergogne le beau bliaud de soie et entrecoupant ses sanglots de mots apparemment incompréhensibles mais qui, à la longue, finirent par composer une phrase somme toute assez claire : la dame était enceinte.

Il ne fallut pas longtemps à Hughes pour comprendre le problème dans son ensemble. Et il était de taille ! En effet, il y avait au moins huit mois que le seigneur Gippuin était parti pour les grandes aventures et, bien que son intelligence ne dépassât pas une honnête moyenne, il serait peut-être difficile de lui faire avaler un enfant à naître, même s'il se présentait au pont-levis le soir même.

Pour se donner le temps de réfléchir, Hughes demanda :

– Savez-vous, ma mie, de quand date cet événement ?

– Bien sûr je le sais, répondit Osilie avec empressement. Cela remonte au jour de ma fête quand vous m'avez fait présent de cette belle ceinture parfilée d'or et si merveilleusement ornée de grenats. J'étais si heureuse et nous nous sommes aimés avec tant d'ardeur.

Hughes sentit ses cheveux se dresser sur sa tête et, pour la première fois, regretta ses générosités.

– Mais, cela fait trois grands mois, il me semble ?

– Vous croyez ? Ah, c'est bien possible.

– Comment si je crois ? Et vous ne vous en êtes pas aperçue plus tôt ? C'est incroyable ! Toutes les femmes savent, et tout de suite, quand elles sont enceintes.

– Ah ?

Il la regarda avec une surprise vaguement inquiète. Était-elle vraiment aussi sotte ou faisait-elle semblant ?

– Mais enfin, vous avez bien dû constater que vos... que les petits ennuis de chaque mois ne se présentaient plus ? Et, sinon vous qui êtes innocente, Brusseline a dû s'en apercevoir ?

– Elle ne m'en a rien dit. Et puis ces choses ne sont pas toujours très régulières.

– Dans ce cas, comment vous en êtes-vous aperçue ?

Ce simple mot eut le don de lâcher à nouveau les vannes des larmes.

– J'ai mal au cœur ! J'ai affreusement mal au cœur et les confitures que j'aime tant me font horreur. Oh, messire Hughes, qu'allons-nous faire ? Que vais-je devenir ?

Elle s'accrochait à lui et, sentant venir une crise de panique, il s'efforça de lui prodiguer toutes sortes d'apaisements et de lui jurer qu'il ne l'abandonnerait pas. Cela prit du temps mais quand, une heure plus tard, il se disposa à la quitter, Osilie, apaisée, reposait sur son lit, ses petites mains dodues jointes sur un ventre qui semblait déjà un peu moins plat. Au moment où il lui posait sur le front un dernier et chaste baiser, la dame releva sur lui un regard où pétillait une certaine satisfaction.

– C'est une catastrophe pour moi, mais vous, cher seigneur, vous devez être content ?

– Content de vous voir pleurer ?

– Non. Content de savoir que vous pouvez avoir un enfant et que si vous n'en avez pas encore, c'est uniquement parce que la dame de Fresnoy est bréhaigne.

– Mais je n'en ai jamais douté.

Il avait, pour cela, les meilleures raisons. À travers la province, on pouvait en effet trouver ici et là, en cherchant bien, trois ou quatre enfants de blonds pourvus de cheveux noirs et d'yeux verts.

– En outre, ajouta-t-il, il va falloir cacher cet enfant lorsqu'il naîtra, ne fût-ce que pour le soustraire à la légitime colère de sire Gippuin. Et j'espère de tout cœur qu'il ou elle n'aura pas le mauvais goût de me ressembler. Donc, je n'ai aucune raison d'être content.

Les yeux pâles d'Osilie le considérèrent avec une espèce d'avidité rusée qu'il ne leur connaissait pas encore.

– Ce ne serait pas un si mauvais goût ! Je veux dire, de vous ressembler.

– Comment l'entendez-vous ?

Osilie laissa retomber ses paupières comme un rideau et considéra attentivement ses doigts croisés.

– Oh, c'est simple. Puisque votre épouse ne peut porter de fruits, la venue d'un enfant de noble lignage pourrait être pour vous une excellente occasion de la répudier. En outre, ne serait-ce pas la meilleure solution pour moi ? Sire Gippuin, mon époux jusqu'à ce jour, ne pourrait s'en prendre à l'enfant d'un si haut seigneur et il ne lui resterait qu'à me répudier pour me punir. Ensuite, rien ne s'opposerait plus à notre bonheur.

Hughes la considéra avec une stupeur qu'il ne songeait même pas à dissimuler.

– Cette brillante idée est-elle de vous ?

Elle lui jeta un coup d'œil offensé.

– Mais naturellement. C'est une idée toute naturelle, il me semble. La dame ne peut vous donner d'enfant, moi je vous en donne un, il est donc tout naturel que je prenne sa place.

« Miséricorde ! » pensa Hughes. Ainsi c'était cela qui couvait dans cette cervelle qu'il avait toujours jugée légèrement obtuse. Lui faire répudier la fille du puissant comte de Ribemont – et la dot qu'elle lui avait apportée – au bénéfice d'une Osilie Le Housset qui ne lui apporterait même pas de quoi acheter un haubert neuf. Cela expliquait en tout cas que l'on eût attendu tout ce temps pour s'apercevoir d'une grossesse que l'on espérait bien fructueuse.

Hughes sentait monter en lui une colère folle mais, au lieu de s'y abandonner, il s'obligea à une douceur pleine de bénignité mais quelque peu narquoise.

– Il y a pourtant une chose qui semble vous échapper, ma chère. C'est que mon mariage avec dame Hermelinde ayant été béni et consacré – comme le vôtre d'ailleurs – il ne se peut rompre aussi aisément.

– Bien sûr que si ! Et justement au cas où l'épouse est incapable de procréer. L'époux est alors tout à fait en droit de demander sa répudiation et notre Sainte Mère l'Église y souscrit d'autant plus volontiers.

– Qu'on la paie plus cher ! grogna Hughes de plus en plus méfiant.

Cette sotte d'Osilie donnait tout à fait l'impression de réciter une leçon. Restait à savoir qui avait bien pu la lui souffler et il voulut en avoir le cœur net.

– Vous me tenez là langage de clerc ou même de procureur. Cela ne vous ressemble guère. Et surtout ne vous convient pas. Vous vous trompez.

– Et moi je vous dis que non, s'écria la dame qui commençait à s'énerver. Je vous dis que cela se peut ! Brusseline et surtout le bon père Gobert me l'ont bien expliqué.

Hughes faillit pousser un soupir de soulagement. C'était donc cela. L'ermite qui savait si bien attendrir les âmes sensibles sur le sort cruel des jolies femmes esseulées par la croisade, et ces deux drôlesses avaient soigneusement mitonné leur petite affaire dont le but, éclatant d'évidence, tendait à les installer tous derrière les murs solides et bien pourvus de toutes choses du château de Fresnoy.

– Ainsi, c'est le bon père Gobert ? fit Hughes au bout d'un moment. Eh bien ma chère, tenez-vous en repos. Je vais me mettre à sa recherche afin de parler de tout cela avec lui. Est-il chez vous à cette heure ?

– Oh non ! Il doit être à son ermitage à prier pour les pécheurs et pour le bien de tous ceux que sa sainteté protège. Voyez-le vite, mon doux ami, et mettons-nous d'accord au plus tôt afin que notre fils puisse venir au monde dans des conditions dignes d'un futur baron de Fresnoy.

Elle parlait comme un livre à présent. Ricanant intérieurement, Hughes quitta Osilie avec la ferme intention d'avoir avec le malencontreux ermite un entretien qui ne manquerait pas de laisser au saint homme un cuisant souvenir. Il n'aurait pas trop de toute sa sainteté pour se protéger de l'orage qui était en train de s'accumuler sur ses imprudentes épaules.

Un peu surpris de voir son maître revenir si vite, Bertrand quitta docilement le coin de feu où il se chauffait tout en faisant un sort à un gros oignon méthodiquement étalé sur une tranche de pain en compagnie d'une tranche de lard et d'un pot de vin de Laon. L'écuyer ne détestait pas ces haltes un peu longuettes dans la cuisine du Housset où régnait habituellement Brusseline qu'il tenait pour une femme avisée et bien-disante car elle connaissait quantité de chansons et de contes bien propres à faire passer joyeusement le temps avec l'appoint d'un pot de bière ou de vin frais. Le tout d'ailleurs sans que Bertrand cultivât le moindre doute sur la moralité de la nourrice qu'il avait toujours jugée plutôt douteuse.

Mais, ce jour-là, Brusseline était absente et, réduit à la seule compagnie d'une souillon, Bertrand se disposait à s'ennuyer stoïquement quand le retour du baron vint changer le cours légèrement somnolent de ses pensées. Un baron qui paraissait tellement en colère que Bertrand jugea plus prudent de ne poser aucune question. Il se contenta de vider son pot d'un trait et, emportant le reste de sa tartine, il suivit Hughes au-dehors.

On repartit donc mais, au lieu de prendre l'habituel chemin du retour, on s'en alla battre les taillis d'alentour avec tant de désordre et d'agitation, d'ailleurs, que l'écuyer, de plus en plus surpris, se hasarda à demander ce que l'on cherchait.

– L'ermite Gobert ! gronda Hughes. Le damné ermite, que le diable l'emporte ! Je croyais savoir que sa tanière était de ce côté ? ajouta-t-il avec un geste vague qui englobait, en gros, les quatre horizons.

– C'est par là, dit Bertrand en montrant un étroit sentier à demi caché par les branches des buissons mais qui longeait un ruisseau.

– Comment le sais-tu ?

– On apprend de ces choses quand on fréquente les cuisines.

Suivant le sentier, ils trouvèrent en effet sans peine le repaire de l'ermite, un petit oratoire à demi ruiné auprès d'une sorte de hutte assemblant bizarrement le bois, la pierre et le chaume. Mais de Gobert point ; l'habitant de ces lieux ne se trouvait ni en prières dans son oratoire ni dans sa champêtre demeure dont d'ailleurs la porte, faite de grosses planches bien jointoyées, s'ornait d'un solide loquet renforcé d'un cadenas que Bertrand, amusé, agita.

– Qu'est-ce qu'un ermite peut bien avoir à renfermer si soigneusement ? fit-il en riant. Pour quelqu'un qui a dû normalement faire vœu de pauvreté il a l'air de s'entendre à protéger son absence de biens terrestres.

– En tout cas, il n'est pas là, grogna Hughes après avoir, pour la forme, secoué vigoureusement la porte qui ne bougea pas d'un pouce.

– Vous tenez beaucoup à rencontrer ce bonhomme, sire Hughes ? Il n'est pourtant guère intéressant.

– Il l'est beaucoup plus que tu ne l'imagines. Je te jure qu'il m'intéresse en ce moment et qu'il a, lui, tout intérêt à me rencontrer le plus vite possible et à me laisser mettre bon ordre à ses sottises.

On attendit un peu. C'est-à-dire que le baron exécuta à grandes enjambées cinq ou six tours de l'ermitage, dans un sens puis dans l'autre, ce qui ne fit qu'augmenter son impatience et son irritation. En plus, il avait froid. Un nuage s'installa au-dessus des arbres et quelques gouttes d'une pluie glaciale se mirent à tomber. Hughes en eut assez et se dirigea vers son cheval.

– Rentrons ! Il se fait tard. On reviendra demain.

Les deux cavaliers coupèrent à travers la forêt pour rejoindre le grand chemin dans lequel ils s'élancèrent au galop. Tout au long du parcours, Hughes remâcha silencieusement sa colère et son inquiétude. Il ne desserra pas les dents, mécontent de lui-même, des autres en général et singulièrement de cette Osilie qu'il avait crue si sotte et si commode et qui venait de se révéler bien plus encombrante qu'il ne l'imaginait. Comment diable allait-il faire pour s'en débarrasser, car c'était cela qui importait ! Et le plus tôt serait le mieux.

Si Gippuin Le Housset consentait à ne pas reparaître au logis avant la naissance de l'enfant, celui-ci pourrait être discrètement confié à une bonne nourrice avant d'être remis, plus tard, à quelque couvent afin d'y vivre dans la quiétude et le recueillement une existence qui n'aurait jamais dû voir le jour. En admettant toutefois que la mère soit d'accord, ce qui n'était pas certain, tant s'en faut, si l'on s'en tenait aux dernières et si étranges idées que l'on avait installées dans sa tête légère. Évidemment, si Gippuin revenait avant l'événement, il n'y avait aucun doute sur la suite qu'il conviendrait de donner à l'affaire : Hughes et lui se retrouveraient en champ clos jusqu'à ce que l'un d'eux mordît définitivement la poussière.

Dans un sens, Hughes aimerait assez cette solution car, autant il se sentait assuré sur le terrain des armes, autant il redoutait le marais piégeur des ruses féminines. Mais, s'il n'en mourait pas, il aurait encore à faire face au juste courroux d'Hermelinde aux oreilles de laquelle il fallait à tout prix éviter que cette affaire ne vînt. Car les oreilles d'Hermelinde n'étaient que le prolongement de celles de sa mère, la dame de Ribemont qui était tout à fait capable d'ameuter la province pour la lancer aux basques d'un gendre qu'elle n'aimait pas.

Ces pensées amères n'arrangeaient pas l'humeur du baron et nourrissaient la rancune que lui inspiraient les bons conseils de l'ermite quand, juste au moment où il débouchait dans la basse-cour de son château, il aperçut Gobert droit devant lui. Appuyé sur un long bâton, le capuchon de sa robe de bure rejeté sur le dos et la tête en arrière, la figure de fouine de l'ermite contemplait le donjon de Fresnoy de l'air indécis de quelqu'un qui ne se résigne pas à prendre un parti.

Le bruit que firent les chevaux en franchissant le pont-levis le fit retourner et, reconnaissant le baron, il se précipita vers lui en agitant son bâton et en donnant tous les signes d'une joie extravagante que l'autre ne partagea guère. Et pas davantage Bertrand.

– Qu'est-ce qu'il fait là ? marmotta l'écuyer.

C'était exactement ce que se demandait Hughes, non sans inquiétude, mais déjà Gobert arrivait.

– Ah ! sire baron ! Que vous voilà donc à propos ! J'étais venu jusqu'ici pour vous parler d'une affaire grave et on m'a dit que vous étiez sorti. En dépit de ma déception, j'hésitais à vous attendre encore, vu l'heure tardive.

– Vous avez à me parler, saint homme ? Ça tombe bien parce que moi aussi j'ai à vous parler. Par ici, s'il vous plaît.

Et pêchant Gobert par son capuchon, il le décolla de terre et, mi-voltigeant, mi-sautillant, il lui fit parcourir au trot de son cheval toute la vaste cour jusqu'aux étuves dans lesquelles il le propulsa un peu rudement après avoir jeté sa bride à Bertrand.

– À nous deux, maintenant ! s'écria-t-il, tandis que l'ermite allait s'étaler plutôt que s'asseoir sur la large planche où, ce matin, Hughes avait reçu les soins attentifs de la Perrine...

– Que vous ai-je fait, sire baron ? bredouilla Gobert, affolé par une entrée en matière si peu conforme à son éthique personnelle et par l'allure franchement menaçante de ce beau seigneur dont il n'avait eu pourtant qu'à se louer jusqu'à présent. Pourquoi me traiter si mal, moi qui vous suis si dévoué ?

À vrai dire, Hughes, planté au seuil de l'étuve, qu'il barrait de ses larges épaules, les poings sur les hanches et les jambes écartées, avait l'air aussi peu rassurant que possible.

– Je vais te dire ce que tu m'as fait, saint homme. Ou plutôt ce que tu n'as pas fait. Pourquoi ne m'as-tu pas dit que dame Le Housset était enceinte ? Tu as bien su venir me trouver quand vous creviez tous de faim ?

– Mais je venais justement vous l'apprendre, monseigneur !

– Aujourd'hui ! Au bout de quatre mois ! Et pourquoi pas plus tôt ?

– Eh bien, justement, parce que je n'en savais rien. C'est seulement ce matin que Brusseline m'a appris ce malheur, tandis que notre pauvre dame pleurait à faire pitié. Alors j'ai pensé qu'il fallait faire quelque chose et ma première pensée...

– À été pour moi ? Il fallait venir m'apprendre tout de suite la grande nouvelle, n'est-ce pas ? flûta Hughes, contrefaisant le fausset de l'ermite. Puis, changeant de ton : Eh bien, mon bonhomme, tu mens effrontément pour un homme soi-disant voué à Dieu ! Ta première pensée – en admettant que ce soit vraiment la première –, tu l'as employée à donner d'étranges conseils. Des conseils dont le plus beau est celui-ci : me faire répudier mon épouse pour donner sa place à celle de Gippuin.

– Euh, l'idée était de Brusseline, mais je l'ai approuvée entièrement comme étant peut-être la volonté de Dieu.

– Ah non ! Ne va pas mêler Dieu à cette histoire.

– Pourquoi pas ? fit l'autre avec une douceur si mielleuse qu'elle acheva d'exaspérer le baron. Si dame Osilie vous donne le fils que votre malheureuse épouse n'a jamais pu vous offrir, n'est-il pas normal qu'elle devienne dame de Fresnoy après une double répudiation ?

– Et Gippuin, dans tout ça, qu'est-ce que vous en faites ? Il pourrait avoir envie de trucider son épouse adultère. Ce n'est pas un personnage spécialement commode et ça m'étonnerait que les infidèles aient arrangé son caractère.

– Il ne reviendra peut-être pas ?

– Que voilà encore une pensée chrétienne, saint homme ! Mais je veux bien raisonner avec toi. D'abord rien ne dit qu'Osilie accouchera d'un fils et rien ne dit non plus que la dame de Fresnoy, mon épouse, ne me donnera jamais d'héritier. Nous sommes jeunes l'un et l'autre. Quant à la répudier, elle et la riche dot de bonne terre et de bons écus qu'elle m'a apportée, il n'en est pas question ! Oublies-tu de qui elle est la fille ? On ne remplace pas une Ribemont par une Osilie. Qu'est-ce que celle-ci m'apporterait en échange ?

– Je vous l'ai dit : un fils. C'est un trésor.

– Ouais. Assez de fariboles ! Écoute-moi attentivement, Gobert.

Et, pour mieux fixer, sans doute, l'attention de son adversaire, Hughes alla l'empoigner de nouveau par le col de sa robe et le secoua vigoureusement en dardant sur lui des yeux féroces.

– Tu vas retourner d'où tu viens et tu vas employer toute ta cervelle et toute ton adresse à persuader dame Osilie et Brusseline d'abandonner leurs rêves fumeux. Jamais, tu as bien compris, jamais je ne donnerai à Osilie la place de mon épouse. On rirait encore de moi dans deux ou trois siècles.

– Mais enfin, l'enfant ?

– Quoi l'enfant ? Je donnerai l'argent pour que sa mère l'élève ou le fasse élever comme elle voudra. Si c'est un fils, quand il sera en âge, je le prendrai peut-être ici comme page. D'autre part, si Gippuin Le Housset revient avant l'accouchement, je me battrai avec lui comme le veut l'honneur d'un chevalier, ce qui veut dire que j'engagerai ma vie pour la réputation de la dame. Mais rien de plus ! Tu as bien compris ?

– Oui, j'ai compris. Mais je prierai pour que vous changiez d'avis s'il vient un beau garçon.

– On n'en est pas là. File à présent. Et ne t'avise pas de parler à qui que ce soit en sortant. Et surtout ne reviens plus si tu tiens à ta peau car je suis très capable de te l'arracher pour l'accrocher à ce beau chêne qui est près de ton ermitage où elle fumera gentiment, tandis que ta cabane flambera !

Gobert ne se le fit pas dire deux fois et disparut avec la vivacité d'une souris poursuivie par le chat. Poussant un soupir de soulagement et persuadé d'avoir convenablement réglé une situation délicate, Hughes sortit à son tour pour regagner la chambre des hommes et s'y débarrasser de ses oripeaux définitivement hors d'usage.

Dans la cour, il rencontra Bertrand qui revenait de l'écurie.

– Je ne sais pas ce que vous avez fait à Gobert, fit celui-ci, mais je n'aurais jamais cru qu'un ermite pouvait courir si vite !

Cependant, dans l'étuve, quand la porte eut claqué et que le bruit des pas du baron se fut éloigné, le frère Rinaldo déplia précautionneusement son corps replet et légèrement ankylosé, qu'il avait aplati provisoirement derrière les grandes cuves lors de l'entrée tumultueuse du seigneur des lieux et de son captif. Heureusement, la robe noire qu'il mettait pour ce genre d'expédition se fondait bien dans les ombres de l'étuve qu'aucun feu n'éclairait.

Le chapelain était venu là pour y rencontrer discrètement, comme cela lui arrivait de temps à autre les jours où l'on avait chauffé l'étuve, certaine fille de basse-cour, solide commère aux formes généreuses, appliquée au travail comme à l'amour, peu farouche et forte en gueule, à laquelle il se plaisait à administrer des sacrements d'un genre bien particulier.

D'abord terrifié par l'arrivée inopinée du baron Hughes, Rinaldo avait bientôt trouvé un intérêt si vif à la conversation que le hasard lui permettait de surprendre, qu'au bout d'un moment il aurait refusé de donner sa dangereuse place même pour la plus riche abbaye des environs.

Rendu à la solitude, il se retint de danser de joie car, avec ce qu'il venait d'entendre, il tenait enfin le moyen, si longtemps cherché, d'amener dame Hermelinde à en finir avec un mariage qui ne lui causait que déboires et que lui, Rinaldo, avait toujours déploré car il abhorrait Hughes de Fresnoy au moins autant que celui-ci le détestait.

Le plan du chapelain était simple : obliger Hermelinde à se plaindre à sa mère, dont il savait parfaitement comment elle réagirait et obtenir ensuite la dissolution du mariage. À condition d'être habile et d'y mettre le prix, c'était une chose très possible et Rinaldo, pour sa part, se faisait fort, en fouillant les généalogies des deux époux, d'y découvrir un empêchement majeur par cousinage à un degré prohibé. Ensuite de quoi, Hermelinde et Rinaldo retourneraient vivre pour un temps dans cet admirable château de Ribemont où la vie était plus agréable qu'à Fresnoy – trop militaire au goût du moine – avant que la jeune femme ne convolât de nouveau en beaucoup plus justes noces avec celui que Rinaldo souhaitait lui voir prendre pour époux : le riche, puissant, et vieux comte de Bohain qui n'était ni très beau ni en très bon état, mais qui convoitait la dame et sa dot depuis longtemps et qui saurait récompenser généreusement l'habile homme capable de lui apporter les deux. Et surtout, on serait débarrassé à jamais de cet odieux baron Hughes, qui donnait toujours au chapelain l'impression affligeante de n'avoir chez lui d'autre importance que celle d'une vieille croûte de pain oubliée par une servante négligente.

C'étaient là de ces choses qu'un Sicilien de bon cru ne pouvait pardonner. Eût-il été plus courageux qu'il eût, par une nuit sans lune, poignardé discrètement son ennemi. Mais le courage n'était pas sa vertu dominante et il avait une peur horrible des conséquences toujours possibles de son acte : s'il était pris, il périrait dans les supplices que lui administreraient joyeusement les hommes du baron, trop heureux de venger sa mort, d'abord, et ensuite de se distraire un moment. C'était un trop gros risque et, à la réflexion, Rinaldo en était venu à penser que priver Hughes de Fresnoy de la riche dot de sa femme serait une vengeance presque aussi savoureuse que de l'entendre gargouiller un court instant avant d'expirer. Et combien plus subtile !

Or, voilà qu'elle venait d'apparaître, cette possibilité de vengeance, il convenait donc de ne pas la laisser filer.

En sortant des étuves, frère Rinaldo s'assura que personne ne le voyait puis, retroussant sa robe à deux mains, il prit sa course vers la barbacane d'entrée, bien décidé à rattraper coûte que coûte le curieux visiteur de tout à l'heure et à le ramener chez la dame de Fresnoy. Tout en courant, il combinait déjà, dans sa cervelle rusée ce qu'il allait dire à cet homme, visiblement terrifié, pour le ramener au château. Le mieux serait sans doute de dire que le baron, ayant oublié un détail important, le réclamait. Cet ermite, qui semblait simple comme une chèvre, ne mettrait certainement pas en doute la parole d'un religieux paré du titre prestigieux de chapelain du château.

Au moment où il franchissait le pont au triple galop sous l'œil intéressé des soldats de garde, il aperçut la petite silhouette brune qui, appuyée sur sa canne, commençait à se fondre dans les ombres du soir. Craignant de le perdre, il accéléra encore l'allure et appela :

– Hé ! Là-bas ! Holà saint ermite ! Attendez-moi !

Un point de côté lui coupa momentanément le souffle et il dut s'arrêter pour reprendre haleine, peu habitué à mener pareil train. Mais, au bout du chemin, Gobert s'était arrêté auprès de la corne d'un bois et attendait. Dédaignant alors la douleur et pleurant presque de joie à l'idée de la scène qu'il allait déclencher, Rinaldo reprit sa route et le rejoignit.

En dépit de l'espèce de tranquillité d'esprit qu'il avait tirée de son entrevue avec Gobert, Hughes passa une soirée morose. En rentrant, il avait eu l'idée de faire sa paix avec Hermelinde, mais elle ne parut pas au souper et fit savoir qu'elle était souffrante et ne souhaitait pas être dérangée. Même la douce Ersende toujours prête à aider les cœurs ou les corps en détresse ne fut pas admise auprès de la dame.

– Je crois qu'elle boude, confia-t-elle à son beau-frère. Cela ira mieux demain. Vous n'avez qu'à vous arranger pour lui faire un menu présent.

Hughes fit la grimace. Hermelinde, justement, n'aimait pas les menus présents et ne daignait sourire que lorsque le cadeau était d'importance, donc coûteux. Et Hughes en était justement parvenu à un moment où il trouvait les femmes par trop ruineuses.

Seule consolation : ce soir-là il ne vit pas davantage don Rinaldo. Le chapelain, à ce qu'on lui dit, était enfermé chez lui où il s'abîmait en prières pour le rétablissement de sa paix conjugale. Hughes ignorait totalement qu'après avoir mis Gobert en lieu sûr, le Sicilien, altéré de vengeance, avait quitté discrètement le château muni d'une lettre d'Hermelinde et galopait, sous une pluie battante, en direction de Ribemont. Tandis qu'Hughes passait la soirée à jouer aux échecs avec son frère Gerbert, Rinaldo, insoucieux pour une fois des incommodités d'une chevauchée, courait après sa vengeance comme un âne après une carotte.

L'orage que le Sicilien avait si soigneusement préparé allait éclater le lendemain.

3

Le crime

Marjolaine des Bruyères épousa maître Gontran Foletier un jour de mai fleuri de l'an 1140.

La fête fut belle car le pelletier, tout fier d'avoir conquis – aisément somme toute – si ravissante et si noble créature, fit les choses en grand et ne lésina pas. Ainsi Marjolaine put voir s'aligner, ce jour-là, autour de la table du plantureux repas, toute sa parentèle vêtue de neuf et arborant la mine béate des âmes fraîchement sorties du Purgatoire qui voient s'ouvrir devant elles les portes du Paradis.

Il n'y avait pas que la famille : la maison elle aussi avait sa part. Des ouvriers travaillaient sans relâche – sauf pour le jour du mariage – à redonner un brin de jeunesse à la vieille Pêcherie. Quant à l'artisan de cette heureuse fortune, Renier des Bruyères, il venait de prendre du service comme écuyer chez le seigneur de Marle. Il n'assistait pas au mariage car il ne tenait pas à ce que l'on sache trop, parmi ses nouveaux camarades, que sa sœur épousait un bourgeois.

Celle-ci, pourtant, avait vraiment l'air d'une reine. Vêtue d'une superbe robe de soie d'un beau pourpre profond, un voile de mousseline de même couleur retenu par un cercle d'or et de rubis posé sur ses cheveux blonds dénoués, Marjolaine ressemblait tout à fait à une image de sainte quand elle apparut à la tête de son cortège de fillettes et de jeunes filles où figuraient en bonne place ses deux sœurs aînées, Marie et Madeleine, partagées entre le contentement et l'envie, et les quatre plus jeunes : Marthe, Micheline, Mathilde et Monique, la petite dernière de la famille dont les yeux noirs brillaient comme des étoiles aux approches de la belle fête. Quant aux jumeaux de dix ans, Nicolas et Augustin, ils n'étaient pas loin de se prendre pour des hommes et posaient sur toutes choses des regards impérieux de propriétaires.

Seul, messire Aubry devait faire effort pour cacher sa tristesse. Si riche qu'il fût, le fiancé se voyait fort loin de l'idéal caressé par son beau-père, et il avait fallu l'insistance de toute la famille – dûment chapitrée et entraînée par Renier qui avait su circonvenir même l'altière Richaude, sensible à l'idée de faire de nouveau figure auprès de ses parents laonnois – pour qu'il se laissât arracher son consentement. Au repas de noces, il bâfra sans mesure et but comme une éponge à seule fin d'oublier que dans bien peu d'heures, le gros Gontran allait poser ses mains grasses et son ventre en futaille sur le joli corps frais et pur de sa petite fille.

Il y réussit assez bien et, quand les dames emmenèrent Marjolaine jusqu'à la chambre nuptiale, Aubry des Bruyères, ivre à faire peur, choisit de rouler sous la table pour y cuver, au rythme de ronflements en faux-bourdon, la plus gigantesque beuverie de sa vie.

Malheureusement pour elle, Marjolaine n'était pas ivre quand, après lui avoir dénoué les cheveux et l'avoir parfumée, les dames la glissèrent nue entre les draps de belle toile de Flandres sur lesquels on jeta des fleurs et des guirlandes. Elle était même très éveillée quand Gontran, rouge comme une citrouille, de vin et de désir trop longtemps contenu, vint se camper auprès du lit et, d'un doigt un peu tremblant, rejeta les draps pour contempler sa jeune femme.

Émerveillé par tant de blondeur et par cette douce chair nacrée qui brillait dans l'ombre du lit, tendrement dorée par la lumière de la chandelle qu'il tenait haut, mais pas tellement ferme, le pelletier resta là un long moment, soufflant et hoquetant, bavant de concupiscence. Les yeux agrandis d'horreur, Marjolaine le regardait, osant à peine respirer, les doigts crispés sur l'une des fleurs qui parsemaient le drap. Tout son être n'était que prière affolée, prière pour que la mort vînt la prendre, tout de suite, et lui évite l'affreux contact. D'ailleurs, eût-elle été moins pieuse et moins effrayée par les flammes de la damnation éternelle, qu'elle l'eut choisie, cette mort tant souhaitée, quand elle avait appris que l'on allait la donner en mariage à celui que Renier voulait tuer pour avoir tenté de la prendre. Elle avait tant regretté alors de n'avoir pas laissé son frère le pendre à l'arbre voisin ! À présent, elle lui était livrée avec tous les droits de disposer d'elle, simplement parce qu'une bénédiction était tombée sur leurs deux têtes et que le bourgeois avait donné de l'or !

Au bout d'un moment, Gontran posa sa chandelle au chevet, fit glisser l'espèce de dalmatique brodée et parfumée dont il s'était emballé et apparut monstrueusement nu à la pauvrette qui, cette fois, ferma les yeux de toutes ses forces, cherchant contre toute espérance à disparaître dans les profondeurs du matelas et souhaitant sincèrement que cette masse énorme l'étouffât sous son poids afin que la prochaine aurore, ni aucune autre, ne brillât plus jamais pour elle.

Hélas, elle ne mourut pas ! Ni quand les mains grasses et indiscrètes de l'époux pressèrent ses jolis seins, ses douces cuisses, son ventre si tendre, ni quand sa bouche aspira la sienne en baisers gloutons et mouillés, ni quand le gros corps s'affala sur elle, ouvrant ses jambes nerveusement serrées d'un coup de genou brutal, ni enfin quand il la déflora avec la bestialité maladroite du mâle qui ne peut plus se contenir. Sans même paraître s'apercevoir des larmes qui trempaient le petit visage convulsé. Ce fut seulement quand il l'abandonna pour se mettre à ronfler, largement étalé sur le dos, qu'elle eut un peu l'impression de remonter des profondeurs de l'enfer.

Non, elle n'en mourut pas. Ni cette nuit-là ni les suivantes qui furent tout aussi abominables car Gontran, doué d'un appétit fort gourmand, se gorgea sans retenue de ce printemps qu'il tenait dans son lit, obligeant, soir après soir, sa femme-poupée à une bataille nocturne aussi rebutante qu'épuisante. Le résultat en fut qu'après deux mois de mariage Marjolaine, qui avait finalement choisi de se laisser mourir de faim, n'était plus que l'ombre d'elle-même et avait pris en horreur ce qu'elle s'imaginait être l'amour.

Ce fut Aubierge qui la sauva en tançant vertement son ancien nourrisson.

– Voulez-vous donc la tuer ? Si vous ne la laissez reposer et se remettre, non seulement elle ne vous donnera jamais les beaux enfants que vous êtes en droit d'espérer, mais encore je ne la vois guère durer plus que la prochaine Toussaint.

– Quel mal y a-t-il à ce qu'un époux prouve chaque nuit son amour à sa jeune et jolie petite femme ?

– Aucun, si la jeune et jolie petite femme est assez solide pour le supporter. Celle-ci est trop jeune et jolie, elle ne le sera plus bien longtemps si vous ne vous contenez. Mais regardez-la donc ! Elle tient à peine debout et les cernes de ses yeux lui mangent toute la figure ! Vous êtes lourd à porter pour un corps aussi menu.

La grosse figure poupine de Gontran s'allongea (il ne maigrissait pas, lui, et rattrapait à table ses exploits nocturnes, pillant deux fois plus vite que d'habitude le garde-manger de la maison). Un instant, Aubierge crut qu'il allait se mettre à pleurer.

– Que vais-je devenir si je ne peux faire l'amour chez moi ? Sûrement, je tomberai malade.

– Hé ! Que ne reprenez-vous le chemin des bourdeaux, pour un temps tout au moins ? Allez user votre trop grand appétit avec quelques filles solides, bien membrées, aux tétons bien épanouis et à la cuisse charnue. Pendant ce temps, je referai une santé à votre petite dame qui en a grand besoin. Cela ne doit pas être tellement agréable de coucher avec un petit chat écorché.

– C'est vrai ! admit Gontran. Elle est si menue qu'à certains moments je la perds dans le lit. Et puis il faut avouer qu'elle n'est guère experte au déduit, ni bien experte ni bien vaillante. Tu as raison, nourrice, je vais aller, à la nuitée, faire visite à la Loisel. Il y a longtemps qu'elle ne m'a vu. Et puis je vais bientôt partir pour les foires aux sauvagines. Ça te laissera largement le temps de requinquer ma dame. Prends-en bien soin !

– N'ayez crainte. Et, quand vous reviendrez, usez-en avec plus de modération : une fois la semaine par exemple jusqu'à ce qu'elle ait dix-sept ou dix-huit ans et soit devenue une belle plante bien solide à laquelle vous ferez une ribambelle de marmots !

De ce jour, l'enfer de Marjolaine se mua en une sorte de paradis douillet dont Aubierge se révéla l'efficace ange gardien. Bien soignée, bien nourrie, dormant presque toutes ses nuits seule dans le grand lit, la jeune femme retrouva rapidement sa belle mine et le goût de la vie. Elle prit plaisir aux jolies robes, à la maison confortablement feutrée de grandes tapisseries représentant des scènes religieuses et même – luxe inouï rapporté en Europe par les Croisés ! – de quelques tapis d'Alep ou de Damas qui faisaient la gloire des murs de la grande salle. Car il ne serait venu à l'idée de personne de jeter ces rares merveilles sur le sol pour y être souillées journellement. Les dalles de pierre, toujours rigoureusement frottées et aussi blanches que le lait, devaient se contenter de paille en hiver et de jonchées d'herbes odorantes quotidiennement renouvelées l'été.

Autant pour tenir compagnie à la jeune femme que pour s'occuper plus spécialement de son service, dame Aubierge engagea une chambrière pour Marjolaine et c'est ainsi qu'Aveline fit son entrée dans la maison du pelletier. Fille d'un des paysans de l'abbaye de Saint-Denis avec laquelle Foletier entretenait d'excellentes relations, elle était rousse comme une carotte, ronde comme une noisette, avec des yeux de même nuance perpétuellement étonnés quand ils n'étaient pas terrifiés. Car Aveline, froussarde de nature, avait peur de tout : des souris, de la justice divine, des hommes à cheveux noirs, des chiens, des chevaux et par-dessus tout de dame Aubierge dont le regard sévère et la voix forte lui causaient d'horribles transes quand, par hasard, ils s'adressaient à elle. Mais elle était gentille, affectueuse, dévouée et, justement à cause de cette grande peur qu'elle avait de la gouvernante, elle s'initia à son travail à une vitesse prodigieuse. En outre, elle s'attacha tout de suite à sa jeune maîtresse dont elle était à peine l'aînée et dont elle admirait passionnément la beauté et la blondeur irréelle.

Amusé par le joli contraste que faisaient, dans sa maison, ces deux adolescentes, Gontran Foletier les avait surnommées la lune et le soleil. Il eût d'ailleurs volontiers goûté aux taches de rousseur et aux fossettes d'Aveline, mais sachant que cela risquerait de lui attirer les foudres d'Aubierge qui ne badinait pas sur la tenue respectable de la maison, il avait jugé plus prudent de s'abstenir. La vieille femme pouvait être extrêmement désagréable quand l'envie lui en prenait.

Et le temps était passé. Marjolaine avait grandi et s'épanouissait comme une fleur de serre. Mais, à la grande déception de Gontran, elle n'avait pas encore donné de fruits. Il la traitait à présent avec grande révérence, s'obligeait à ne lui rendre visite que deux fois la semaine et avait mis une sourdine à sa passion amoureuse si fatigante pour elle. Cela avait créé d'ailleurs en lui une sorte d'ennui dû à une trop grande monotonie. C'était un peu comme s'il allait à la messe. Encore les offices où abondaient jolies filles et femmes accortes lui paraissaient-ils plus réjouissants que cette Vénus aux yeux de Sainte Vierge, aussi totalement inerte qu'une poupée de bois sur laquelle il s'évertuait à jour et heure fixes et qui ressemblait si fort à une martyre livrée aux lions.

Lassé de cet exercice mais attaché tout de même par le peu qu'il avait de cœur à cette ravissante créature, il finit par la considérer comme le plus bel ornement de sa maison et s'en alla voir ailleurs si l'air était plus pur. Des filles de bourdeaux il passa aux femmes mariées, prit une maîtresse, puis une autre. La dernière en titre était tout juste l'opposé de Marjolaine.

Grande et plantureuse, Jacqueline Ancelin était de ces femmes qui font retourner sur leur passage n'importe quel homme. La croupe ample, le sein provocant, le cheveu nocturne attestant, chez cette fille de Poitevins, les bontés d'une aïeule pour l'un des cavaliers infidèles d'Abd-el-Rahman, une ombre de duvet couronnant ses fortes lèvres rouges, elle avait en marchant certain balancement des hanches capable de donner des idées au plus soliveau des soliveaux. Ce n'était pas le cas de Gontran. À peine eut-il vu Jacqueline dans la maison de son époux qu'il prit feu encore plus vite que le jour où il avait rencontré Marjolaine.

Ausbert Ancelin, le propriétaire de cette merveille, était tonnelier de son état. Un bon tonnelier d'ailleurs, avantageusement connu à plusieurs lieues à la ronde mais, travaillant surtout pour l'abbaye de Saint-Denis, il avait choisi de s'installer au hameau de Cercelles [1] connu, comme son nom l'attestait, pour l'excellence des cercles de tonneaux que l'on y fabriquait. Et c'est en allant commander des tonneaux que Gontran rencontra Jacqueline.

La belle ayant répondu par des œillades assassines à ses travaux d'approche rendus forcément discrets par les six pieds de muscles et de nerfs du mari, il poussa plus loin son avantage et, le temps des vendanges venu, alors qu'Ausbert travaillait à pleins bras pour la cave de l'abbé Suger, il culbuta Jacqueline dans un petit bois touffu, un peu émerveillé d'arriver si vite à ses fins. Mais à vrai dire le tonnelier n'était pas un propriétaire heureux car, bien qu'il fût de belle mine, de plus cocu que lui, cela ne devait pas se trouver facilement dans toute la province. Et, naturellement, il ne s'en doutait même pas.

Étant douée d'une riche nature, Jacqueline aimait les hommes, même le sien auquel elle ne ménageait pas les heures savoureuses quand elle avait le temps. Mais il suffisait qu'une main habile sût l'effleurer aux bons endroits pour lui mettre la tête à l'envers et le ventre en folie. En outre, elle s'ennuyait ferme dans son village et rêvait d'habiter Paris. Avoir mis la main sur Foletier, l'un des plus riches bourgeois de la ville, lui donnait des espérances. D'autant que, pris pour elle d'une véritable passion, il se mit à lui faire des cadeaux comme toutes les femmes aiment à en recevoir, mais que Jacqueline pouvait difficilement porter parmi les siens.

La mauvaise saison étant venue mettre un terme obligatoire aux ébats champêtres que, d'ailleurs, Gontran n'aimait guère, le pelletier avait déniché, à Stains, près des étangs qui avaient donné leur nom au village et à la limite des vignobles de Pierrefitte, un cabaret où l'on pouvait se réjouir sur de bonnes couettes de plume en buvant le vin nouveau entre deux tendres assauts. De larges rétributions assuraient au couple la discrétion de l'hôte et Jacqueline n'avait guère qu'à traverser le fameux bois de leurs premières étreintes pour retrouver son amant.

1. Aujourd'hui Sarcelles.

Or, un jour de mars 1143, huit jours avant la nuit d'angoisse vécue par Marjolaine et sa maisonnée, Gontran qui se trouvait alors dans sa maison de Saint-Denis (où, à cause du voisinage, il se rendait de plus en plus souvent et où il entreposait beaucoup de marchandise) vit venir à lui une vieille femme. Elle était chargée, par Jacqueline, d'un message urgent : Ancelin était convoqué chez le prieur de Saint-Ouen qui tenait les terres et les vignes pour la puissante abbaye tourangelle de Marmoutiers, afin d'y donner tous ses soins à une grande tonne qui faisait la gloire de cette cave réputée. Il en avait au moins pour deux jours et naturellement coucherait sur place. Le bien-aimé Gontran ne voudrait-il pas venir passer avec sa tendre Jacqueline cette nuit qui serait leur première nuit d'amour complète et qui permettrait à l'ardente créature de gâter son amant plus encore que de coutume ? Et puis, pour une fois, elle pourrait enfin se parer de toutes les belles choses qu'il lui avait offertes et qu'à son grand regret elle devait tenir cachées. Elle porterait ses bijoux et rien d'autre, et tous deux feraient l'amour sur les belles fourrures qu'il lui avait données.

Mis ainsi en appétit, Gontran eut bien du mal à attendre la tombée de la nuit. Enfourchant sa mule, il se hâta dès que le pâle soleil hivernal eut disparu, vers ce qu'il pensait être la grande nuit de sa vie. Mais il ne devait jamais la vivre.

Alors qu'il s'avançait à pas de loup vers la porte de la maison après avoir dissimulé sa mule à l'abri d'un boqueteau, il reçut à la nuque un coup si violent qu'il l'envoya non seulement à terre mais dans l'éternité. Un voyageur attardé qui passa peu après sur le chemin le trouva là, les bras en croix, le nez sur la pierre du seuil et fit grand vacarme pour appeler à l'aide. Ausbert Ancelin, qui n'était jamais parti pour Saint-Ouen, sortit au bruit que faisait l'autre, découvrit le cadavre et, tout naturellement, se baissa pour ramasser l'arme abandonnée à côté. Avec une immense stupeur, il découvrit que c'était, taché de sang et souillé de cheveux gris, son plus lourd maillet de tonnelier. Dès lors son sort était scellé : l'assassin ne pouvait être que lui, qui, las de porter ramures à faire envie à un dix-cors, avait abattu le larron qui s'en venait à domicile lui voler sa femme et son honneur. Tout le monde à Cercelles lui donna raison, mais il n'en fut pas moins arrêté et conduit dans la geôle de l'abbé de Saint-Denis, seigneur haut et bas-justicier de toute la région dépendant de sa grande abbaye. Depuis, le malheureux Ancelin attendait le jugement qui, selon toute vraisemblance, l'enverrait à la potence si aucune voix ne s'élevait pour tenter au moins de le défendre.

Marjolaine, pour sa part, apprit avec étonnement mais sans le moindre chagrin la fin tragique d'un époux auquel, en dépit de la vie confortable qu'elle lui devait, elle n'avait jamais pu s'attacher. Qu'il eût des maîtresses ne la gênait pas, bien au contraire, et, au fil des jours, elle en était venue à les considérer comme des assistantes de bonne volonté qui la déchargeaient en partie des obligations pénibles d'une vie d'épouse. Même réduits à deux par semaine, les épanchements amoureux de Gontran lui étaient toujours un cauchemar et ce n'était jamais sans une profonde angoisse qu'elle voyait venir la nuit lorsque c'était jeudi ou dimanche.

Bien plus, dans les circonstances particulières créées par la mort de Foletier, elle avait découvert, non sans se le reprocher sévèrement, que sa sympathie allait tout entière au meurtrier et même qu'elle lui était reconnaissante de l'avoir délivrée d'une chaîne qui lui semblait de plus en plus lourde à traîner. Aussi, quand on lui eut montré Ausbert Ancelin, les fers aux pieds et aux mains, pleurant désespérément sous la garde de deux archers et jurant sur son âme qu'il n'avait pas tué Foletier, l'avait-elle plaint de tout son cœur. Un instant, il avait relevé la tête et elle avait rencontré un regard si douloureux que sa conviction en avait été emportée : un assassin ne pouvait avoir ce candide regard de bête perdue. Aussi décida-t-elle dès cet instant de tout faire pour le sauver.

– Quiconque se conduit comme un larron doit s'attendre à être traité comme un larron, déclara-t-elle fermement.

Cette attitude inhabituelle eut pour résultat immédiat de surseoir au procès d'Ancelin qui eût été suivi d'une rapide exécution. Cela valut aussi à dame Foletier les critiques prudentes des commères du quartier Saint-Barthélemy, encore que l'on mît le plus souvent sa réaction sur le compte du dépit et de la jalousie – c'était un si bel homme que maître Foletier ! – mais, chose curieuse, cela lui valut aussi une sorte de respect de la part d'Aubierge. La femme de charge était à cent lieues d'imaginer que ce joli bibelot rapporté de pèlerinage par Gontran pût avoir sur la justice et l'humanité des idées d'une sagesse aussi austère. Et elle se rangea à son point de vue avec la vigueur qu'elle mettait en toutes choses, ce qui fit taire instantanément tous les caquets. Il n'était jamais sain de se faire une ennemie de dame Aubierge.

D'ailleurs, après avoir vu, elle aussi, le prisonnier, elle se prit à réfléchir et n'hésita pas à confier à sa jeune maîtresse le fruit de sa pensée.

– Monseigneur Jésus et Madame la Vierge ont dû vous inspirer, dame

Marjolaine, quand vous avez si hautement refusé d'exercer votre droit de vengeance.

– La vengeance n'appartient qu'à Dieu, coupa vertueusement la jeune femme, toujours aussi fermement accrochée à ses hautes idées.

– D'abord, oui ! Et puis, si vous voulez le fond de ma pensée, je n'arrive pas à croire que cet Ancelin soit coupable. Il sue l'innocence par tous les pores de sa peau, ce malheureux.

– C'est aussi l'impression que j'aie eue. Pourtant, il faut bien qu'il y ait un coupable. Quelqu'un a tendu un piège à maître Foletier. Et si ce n'est le mari trompé...

– Ça pourrait bien être quelqu'un d'autre, quelqu'un qui aurait intérêt à voir maître Foletier quitter ce monde.

Aubierge avait parlé lentement, doucement, en détachant bien les mots, comme quelqu'un qui pense à haute voix et sans regarder Marjolaine ; peu à peu son regard rejoignit celui de la jeune femme et s'y planta. Le soupçon qui habitait Aubierge s'y épanouit brusquement et les yeux de Marjolaine s'agrandirent car elle venait de comprendre à qui la gouvernante pensait. Or, elle avait eu elle-même cette idée-là mais, la jugeant téméraire et peu chrétienne, elle s'était bien gardée de la formuler. Cette fois, elle osa.

– Vous pensez à Étienne, n'est-ce pas ? Moi aussi j'y ai songé mais cela paraît impossible. Il aurait fallu qu'il soit au courant de l'aventure de mon époux et personne ne la savait.

Aubierge haussa les épaules.

– Étienne sait toujours tout ce qu'il a besoin de savoir. Quant à moi, il y a beau temps que je m'en méfie. Il est trop calme, pour son âge, ce garçon-là. Trop docile aussi, et il l'a toujours été. Un caractère que l'on cache si bien – car ses regards ont parfois démenti ses actes ou ses paroles quand il ne se croit pas observé – ne peut que réserver des surprises.

Marjolaine regarda Aubierge avec stupéfaction.

– Pourtant, il vous traite comme une seconde mère, avec respect et affection ?

– Trop ! Je suis assez vieille pour savoir faire la différence. Or, il est l'héritier de son oncle puisque celui-ci est mort sans enfants. Et je sais qu'il craignait de vous voir donner un fils à maître Foletier.

Cette fois, Marjolaine ne répondit rien car Aubierge venait d'exprimer tout haut ce qu'elle pensait tout bas. Étienne Grimaud, fils de Gerberge, la sœur de Gontran, et d'un écrivain public, avait été recueilli par son oncle à la mort de ses parents victimes tous d'eux d'une mortelle épidémie du mal des ardents qui avait ravagé Sens en l'an 1126. L'enfant avait alors trois ans et Gontran, son unique parent, le confia à Aubierge qui l'avait élevé. Sans grande peine d'ailleurs : peu bavard, silencieux même, riant rarement, écoutant beaucoup, observant encore plus, le garçon s'était plié, sans élever jamais la moindre protestation, à la vie qu'on lui imposait, qui n'avait d'ailleurs rien de pénible, et au métier qu'on lui préparait. Car, tout naturellement, quand Étienne avait eu dix ans Gontran avait commencé à l'initier au travail de la pelleterie.

Adroit et intelligent, le garçon était vite devenu le bras droit de son oncle et caressait doucement l'idée d'en être un jour l'héritier, quand le pelletier, revenu de son expédition à Notre-Dame de Liance, avait annoncé son mariage bientôt suivi de l'entrée effective de Marjolaine dans l'empire domestique de la rue Saint-Barthélemy et du clos de Saint-Denis.

Si Étienne avait éprouvé quelque déception, il n'en montre rien, accueillant au contraire sa jeune tante avec la déférence normale d'un subalterne envers la nouvelle maîtresse du logis. Par contre, si maître de lui-même qu'il fût déjà, il n'avait pu cacher tout à fait l'admiration que lui inspirait sa beauté et la jeune épousée n'avait pas aimé le regard plein d'une avidité féroce qu'elle avait surpris parfois posé sur elle. Ils auraient pu être amis, voire complices car trois ans seulement les séparaient mais, à cause de ce regard-là, Marjolaine avait toujours préféré se tenir à l'écart d'Étienne.

À présent que Gontran n'était plus là, Étienne lui faisait peur, bien qu'il n'eût strictement rien changé à son attitude envers elle, et c'était pour cette raison qu'elle avait choisi de s'établir à Saint-Denis, lui laissant la libre disposition de la maison de la Cité que d'ailleurs le commerce des peaux occupait en grande partie. Par souci des convenances, Aubierge suivit la jeune veuve, laissant à sa fille Péronelle, qui était fort entendue en la matière, le soin de la maison et du nouveau maître.

Cependant Marjolaine découvrit qu'aucune preuve possible n'étayait ses soupçons et qu'elle ne pouvait apporter le moindre secours au malheureux Ausbert Ancelin. Celui-là n'avait que sa bonne foi et ses larmes.

En pensant à toutes ces choses, la jeune femme acheva enfin la longue nuit qu'avait troublée si fort le mystérieux visiteur du grenier. Aveline, qu'elle garda auprès d'elle, finit par s'endormir, roulée en boule à l'un des bouts du vaste lit, remplaçant le chat Grimbert qui avait dû profiter du remue-ménage de tout à l'heure pour chercher aventure sur les toits alentour. Marjolaine, pour sa part, était restée étendue sur le dos, bien droite, dans la chaleur douillette du lit, les couvertures remontées jusqu'à ses yeux qui n'avaient pas réussi une seule fois à se refermer, l'oreille au guet, cherchant à démêler, par-dessus les plaintes du vent, si les peaux recommençaient à s'agiter au-dessus de sa tête. Mais plus aucun bruit suspect ne se fit entendre jusqu'à ce que le chant du premier coq, bientôt relayé par tous ceux des environs, vînt donner le signal du lever pour les travailleurs des champs, des vignes et des courtils. Il y avait longtemps déjà que, dans l'abbaye voisine, les moines avaient chanté matines. Ils devaient à présent se préparer pour laudes qui se chantaient quand paraissait l'aurore. D'ailleurs, les sons argentés de la cloche annonçant l'office s'égrenaient dans la nuit. Comme par enchantement le vent se calma, cessant ses râles comme si le son divin venait d'apaiser une souffrance. Il y eut un petit moment de grande paix que troublèrent un instant les aboiements des chiens que Colin faisait rentrer pour leur donner à manger. Puis tout se tut à nouveau.

Marjolaine ferma les yeux. Elle n'avait toujours pas sommeil, mais elle essayait de chasser une image importune qui, depuis l'aventure de la nuit, s'implantait en elle et la hantait. Elle revoyait Colin tel qu'il lui était apparu cette nuit, sous la lumière de sa lanterne : vêtu seulement de ses braies et d'un mauvais sac posé sur ses larges épaules et qui ne cachait rien de sa puissante musculature. En dépit de la frayeur qui la tenait alors, l'épouse mal déflorée de feu Gontran avait été surprise par la beauté de ce torse viril dont la peau, à la lumière de la chandelle, avait des reflets d'or. Elle en éprouvait un trouble étrange qu'elle ne comprenait pas mais qu'elle souhaitait effacer.

Elle n'effaça rien, bien au contraire car elle s'endormit et bascula sans transition dans un rêve absurde : Colin, encore plus nu que tout à l'heure, se glissait dans son lit et s'enroulait autour d'elle comme un serpent ou comme le lierre autour du vieux pommier du verger. Sur toute la longueur de son corps, Marjolaine sentait le poids de celui de Colin, sa chaleur, mais elle n'éprouvait ni dégoût ni répulsion. C'était au contraire une sensation agréable car le corps du garçon était dur et lisse et il bougeait doucement contre elle en une lente caresse presque immobile qui lui parut délicieuse et qui alluma dans les profondeurs de son corps un feu étrange qui était un besoin et un appel. Un début de spasme la réveilla brusquement, haletante, trempée de sueur et le cœur fou.

Elle se dressa sur son lit et prit dans ses mains ses seins qui lui faisaient mal. Elle vit alors qu'Aveline, bien réveillée cette fois, était en train d'allumer le feu dans la cheminée et ne la regardait pas.

– Pourquoi allumes-tu le feu ? dit-elle d'une voix dont le peu d'assurance lui fit honte. Il me semble qu'il fait terriblement chaud ici.

– Chaud ? Vous êtes certaine de n'avoir pas la fièvre, maîtresse ? La pluie et le vent qui ont fait rage toute cette nuit étaient si froids que tout est glacé et humide dans la maison. Dame Aubierge a ordonné de grandes flambées partout.

Marjolaine ne l'écoutait pas. Rejetant draps et couvertures, elle courait vers la fenêtre dont elle arracha presque le panneau dans sa hâte de trouver l'air frais et, fermant les yeux avec un soupir de soulagement, l'aspira à longues goulées avides.

– Dame ! fit Aveline scandalisée, songez que l'on peut vous voir.

La jeune femme ouvrit les yeux et constata, non sans horreur, que quelqu'un en effet la regardait. Colin était là. Planté devant l'étable, ses yeux pleins d'étoiles étaient levés vers la fenêtre et contemplaient, émerveillés, le joli spectacle de ce corps dont il ne voyait que la moitié. Avec un gémissement de détresse, Marjolaine se rejeta en arrière, claqua le panneau et ordonna :

– Fais-moi monter un bain ! Je veux aller à la première messe !

– Il faut le temps de chauffer l'eau, maîtresse. Le bain ne sera pas prêt avant un moment.

– Qui te parle d'un bain chaud ? Je veux un bain froid. Et tout de suite !

L'effarement ouvrit d'un même mouvement les yeux et la bouche d'Aveline.

– Maîtresse, vous êtes sûre de n'être point souffrante ? Un bain froid, par ce temps, et quand vous avez sûrement un peu de fièvre ? Ce n'est pas...

– C'est toi qui vas être souffrante si, dans cinq minutes, tu ne m'as pas obéi ! Et prépare-toi à me suivre à l'église ! À moins que tu ne préfères le fouet ?

Le fouet, jamais Marjolaine n'en avait fait usage. L'idée même ne lui en serait pas venue, mais elle avait un air si résolu tout à coup qu'Aveline jugea prudent de ne pas discuter. Elle disparut, ses nattes rousses volant derrière elle, bien persuadée que l'aventure de cette nuit avait complètement dérangé l'esprit de sa jeune maîtresse.

Elle fit si bien qu'une demi-heure après, Marjolaine était dehors, Aveline sur ses talons, trottant vers la grande basilique encore en construction.

Elle marchait vite, le nez dans le vent qui s'était réveillé, moins rude que cette nuit heureusement, essayant d'éviter les énormes flaques d'eau et cherchant à maîtriser, en vue de la confession qu'elle voulait faire avant l'office, la déroute de son esprit. Son corps, lui, s'était calmé. Le bain froid – moins qu'elle ne l'aurait cru toutefois car Aveline avait tout de même jeté dedans, sournoisement, un seau d'eau chaude pour quatre d'eau froide – avait calmé sa brûlure mais n'avait pas apaisé le sentiment de honte et de dégradation qu'elle éprouvait.

C'était de cette honte qu'elle voulait se laver en allant s'agenouiller au tribunal de la pénitence. De cela et, peut-être aussi de la peur que lui laissait cette nuit inquiétante, une peur qui reviendrait, elle en avait la certitude, lorsque tomberait le jour. Jamais elle n'avait eu autant besoin de Dieu. C'était du moins ce qu'elle pensait, traduisant en appel vers la divinité le profond désir de protection qu'elle éprouvait.

Tout en marchant, elle se livrait à un sévère examen de conscience pour être sûre de ne rien oublier quand elle serait devant le prêtre. Elle pensait que, peut-être, la solution au problème que lui posait Gontran pourrait être celle que sa mère avait, jadis, choisie pour elle. À l'abri des murailles d'un couvent, plus rien ne l'atteindrait, homme ou fantôme, car personne n'a jamais entendu parler d'un couvent hanté et rien non plus n'évoquerait les dégoûtantes manifestations de l'amour charnel, si dégradant, même en rêve.

Comme chaque fois qu'elle se rendait à l'église, Marjolaine s'était habillée avec un soin tout particulier dans son inconscient besoin d'être belle et admirée. Sur une chemise de fine toile des Flandres, si fine que la teinte de sa peau apparaissait en transparence, Aveline lui avait passé une robe d'épaisse soie noire brodée ton sur ton, puis elle avait déposé sur ses épaules une grande cape de drap fin doublée de vair, attachée sur la poitrine par un large fermail rond en or ciselé. Quant au grand voile de tête qui enveloppait sa chevelure sévèrement tressée et ses épaules, il était de cet arachnéen tissu de Mossoul dont les Croisés avaient rapporté l'usage et le secret en Europe. Qu'il fût noir ne faisait qu'exalter la lumineuse blondeur de la jeune femme, et plus d'un regard admiratif ou envieux la suivit au long du chemin encombré de bestiaux, de villageois et d'ouvriers charriant des pierres ou du sable quand elle pénétra dans l'enceinte de l'abbaye pour gagner la chapelle provisoire où se disaient les offices en attendant que les travaux de la basilique fussent achevés.

Six ans plus tôt, en effet, en 1137, l'abbé de Saint-Denis qui était déjà le grand Suger, conseiller très écouté du feu roi Louis VI et fort peu écouté du jeune roi Louis VII, avait entrepris la reconstruction de l'église dont la dernière inauguration datait de Charlemagne. Elle était devenue beaucoup trop petite et nettement insuffisante pour les grandes foules qui s'y entassaient à chaque pèlerinage. En outre, elle menaçait ruine. Il y avait eu des accidents : des femmes, des enfants, des hommes même avaient péri piétinés, étouffés ou assommés au pied des châsses où reposaient les reliques des saints.

Jusqu'à l'an 1140, Suger, décida de conserver la nef centrale édifiée jadis par ordre de Pépin le Bref et à se contenter d'allonger l'église par les deux bouts, avait fait élever la superbe façade, les deux tours qui la surmontaient et l'étonnant narthex où, pour la seconde fois en France, la croisée d'ogives faisait son apparition, ce qui donnait à l'ensemble une extraordinaire légèreté. Ensuite, Suger s'était attaqué au transept, au chœur et à la crypte, ce qui constituait un énorme ouvrage. Mais grâce au grand rassemblement d'artisans, d'ouvriers et d'artistes que le bouillant abbé avait su réunir, son œuvre avançait vite et il espérait bien, avec l'aide de Dieu, pouvoir l'inaugurer dans un an, c'est-à-dire en 1144.

Cette construction fascinait Marjolaine et elle s'y intéressait comme tous les gens d'alentour, prenant plaisir à voir s'élever les grandes merveilles qui allaient chanter si haut la gloire de Dieu et l'habileté de ses maîtres d'œuvre. Et, quand elle se rendait aux offices, elle ne manquait jamais de faire quelques pas en direction des chantiers pour voir naître, sous les mains calleuses des tailleurs de pierre et des sculpteurs, les fleurs, les rinceaux, les animaux fantastiques et les figures de saints. Cela, jusqu'au jour où elle se reconnut dans un petit visage de pierre qu'un jeune homme achevait de polir avec des gestes presque tendres. Or, ce visage paré de longs cheveux s'érigeait sur un corps de femme, mince et délié mais sans autres vêtements que ladite chevelure.

Sous le coup de l'émotion, Marjolaine était devenue toute rouge et elle ouvrait la bouche pour faire entendre son indignation quand le jeune homme qui la regardait en souriant avait dit, sans s'émouvoir :

– Notre mère Ève ! Elle est belle, n'est-ce pas ?

– C'est là notre mère Ève ? balbutia la jeune femme.

– Elle-même ! Dans sa redoutable et divine beauté. Elle prendra place dans l'un des tympans, trop haut pour qu'on la reconnaisse, avait-il ajouté avec un petit clin d'œil.

Il semblait si content de son œuvre que Marjolaine n'avait pas eu le courage de se fâcher. D'ailleurs, peut-être se trompait-elle, peut-être n'était-ce pas vraiment son visage. Mais, à présent, quand elle apercevait le jeune sculpteur, elle détournait son chemin pour ne pas passer auprès de lui. Depuis ce jour, d'ailleurs, elle évitait le grand chantier.

Contrairement à ce qu'elle espérait, la messe ne lui apporta pas l'apaisement et le réconfort qu'elle en attendait. Elle avait souhaité se confesser en arrivant afin de recevoir la sainte communion mais, curieusement, au moment d'aborder l'un des moines pour lui demander de l'entendre, elle se sentit retenue par une gêne inexplicable. Elle avait l'impression qu'elle n'arriverait jamais à trouver les mots qui lui permettraient, sans mourir de honte, d'avouer ses rêves diaboliques. Et puis il y avait l'histoire de cette nuit, les bruits inexplicables, le fait que, sans doute, l'âme coupable de son époux revenait hanter la maison, réclamant des prières, des messes mais peut-être aussi le châtiment du criminel. Or, celui que l'on s'apprêtait à faire expier le crime n'était pas le bon, Marjolaine en aurait mis sa main au feu. Ce n'était donc pas auprès d'un simple moine qu'il lui fallait vider son cœur et laver son esprit car si certains, en bon chemin pour la sainteté, possédaient la douceur naïve de jeunes agneaux, d'autres, elle le savait d'expérience, étaient de redoutables imbéciles et totalement obtus.

Celui qu'elle avait failli aborder était l'un de ceux-là et la jeune veuve préféra se passer de communion plutôt que d'avoir affaire à lui. Après la messe, elle verrait le révérend abbé. Lui seul avait assez de sagesse pour démêler ses idées embrouillées.

Forte de cette résolution, elle écouta l'office avec une distraction tout à fait inhabituelle, mélangeant les répons, en oubliant certains et se trémoussant sur ses genoux qui lui semblaient envahis par les fourmis, sous l'œil de plus en plus inquiet d'Aveline qui ne comprenait rien à l'attitude étrange d'une jeune femme qui, ordinairement, se conduisait à l'église avec la sagesse émerveillée d'un ange.

Mieux encore : à peine le célébrant eut-il, se retournant vers les fidèles, prononcé l'*ite missa est...* et tracé sur leurs têtes inclinées une large bénédiction que Marjolaine, se relevant, se précipitait vers la sortie sans même prévenir sa servante qui, tout à fait effarée cette fois, la suivit en courant.

À peine hors de la chapelle, la jeune femme se dirigea avec décision vers le chantier et interpella le premier ouvrier qu'elle rencontra :

– Je désire voir le seigneur abbé. Pouvez-vous me dire où il se trouve ?

– Le seigneur abbé est vieux et sage, moi je suis jeune et fou. Ne préférez-vous pas parler avec moi ?

– Oh ! c'est vous ? fit Marjolaine qui, très contrariée, venait de reconnaître, trop tard, son admirateur au ciseau.

– Qui, moi ? Vous ne savez même pas mon nom... dame Foletier !

– Puisque vous savez le mien, vous savez aussi que je pleure mon époux mort et je trouve bien hardi à vous d'oser me parler !

– C'est vous qui m'avez parlé la première ! Pour votre gouverne, on m'appelle Gilbert. Vous pourriez faire comme tout le monde et m'appeler ainsi.

Agacée, Marjolaine ne put s'empêcher tout de même de constater que l'insolent sculpteur était de visage avenant, de corps bien découplé et qu'il avait les yeux bruns, assortis à ses cheveux, les plus vifs et les plus gais qu'elle eût jamais vus.

– Je n'ai aucune raison de vous appeler. À présent, répondez à la question que je vous ai posée ou laissez-moi passer ! L'un de vos compagnons mettra peut-être meilleure grâce à me renseigner.

Avec un soupir, Gilbert laissa retomber le bras qu'il avait étendu devant lui jusqu'à toucher un pieu d'échafaudage pour barrer le chemin devant la jeune femme.

– Quand on est aussi belle, on devrait être plus généreuse, fit-il, et votre défunt ne mérite pas tant de larmes, en admettant que vous les versiez vraiment. Allez, à présent ! Le seigneur abbé est à la maison d'œuvre. Je viens de l'y voir entrer.

Et se détournant sans attendre qu'elle se fût éloignée, il reprit son maillet et son ciseau, et se remit à son ouvrage : un chapiteau dont il faisait fleurir la pierre blanche.

Étonnée de se voir plantée là sans plus de façons, Marjolaine le regarda travailler un instant, ouvrit la bouche pour une parole admirative touchant le talent du jeune homme puis, se ravisant, la referma, haussa les épaules et reprit son chemin de l'allure digne qui convenait à une grande bourgeoise. Aveline, muette, trottait toujours sur ses talons.

La jeune femme trouva en effet l'abbé de Saint-Denis dans la grande maison servant à la fois d'entrepôt, d'atelier et de bureau pour les maîtres d'œuvre de la basilique. Debout devant un grand coffre dont il avait, d'un geste vif, rejeté les rouleaux de plans qui l'encombraient, il alignait avec un ravissement visible toute une collection de pierres précieuses, topazes et grenats particulièrement beaux qu'il tirait d'un sac en peau de daim.

C'était un petit homme roux, faible de constitution et même malingre, et qui semblait toujours sur le point de passer de vie à trépas, mais son énergie n'en était pas moins active. Il la tirait de son origine terrienne et entendait bien continuer à vivre son étonnante existence le plus longtemps possible, cette existence qui l'avait mené de la maisonnette de torchis d'un paysan d'Argenteuil jusqu'au Conseil des rois et jusqu'à cette puissante abbaye de Saint-Denis à laquelle, étant mal vu du jeune roi et surtout de la reine Aliénor, il consacrait à présent tout son temps.

Entendant derrière lui les pas du moine qui introduisait Marjolaine, il s'écria sans se retourner :

– Voyez comme Dieu est bon, frère Augustin ! Nous manquions de pierres fines pour satisfaire à la demande des orfèvres lorrains que nous avons chargés de ciseler cette grande croix d'or qui doit rayonner dans le chœur de notre église et voilà que le comte Thibaut de Champagne vient de nous faire porter toute une collection de pierres superbes ! Elles sont toutes plus belles les unes que les autres, et quelle lumière magnifique elles prendront dans la lumière des cierges ! En vérité, le comte est d'une grande générosité.

– Il doit avoir quelque chose à se faire pardonner ! marmonna frère Augustin qui, apparemment, ne croyait pas à la gratuité des dons seigneuriaux.

Sans cesser de mirer ses pierres, Suger se mit à rire.

– Ne préjugeons pas, mon frère, ne préjugeons pas ! Pourquoi donc le comte Thibaut, nous sachant en peine, n'aurait-il pas simplement, et pour l'amour de Dieu, décidé de nous aider ?

– Une chose est certaine : Votre Révérence a de la chance, il suffit qu'elle ait besoin de quelque chose pour qu'il se trouve tout de suite quelqu'un disposé à lui venir en aide. Mais puis-je rappeler à Votre Révérence que je lui amène dame Foletier ?

Lâchant ses pierres, l'abbé se retourna, ébauchant un sourire confus.

– C'est vrai, mon Dieu ! Pardonnez-moi, ma fille. J'étais en train de pécher par orgueil. Pour la maison de Dieu, bien sûr, mais ce n'est pas une raison pour laisser attendre les âmes en peine. Laissez-nous, frère Augustin.

Le moine se retira tandis que Marjolaine s'agenouillait devant l'abbé pour baiser l'anneau qu'il offrait à ses lèvres puis, au lieu de se redresser, gardait sa pose d'humilité. Il s'en étonna :

– Relevez-vous, voyons ! Et prenez place, ajouta-t-il en poussant vers elle l'unique escabeau.

– C'est que... je suis venue demander une grâce.

Suger sourit.

– Une grâce se demande aussi bien assis qu'à genoux, sauf, bien sûr, lorsque l'on s'adresse au Seigneur ! Allons, mettez-vous là et dites-moi ce qui vous tourmente.

Il n'ajouta pas « dites-le vite ! » mais, au regard qu'il jeta vers le coffre, Marjolaine comprit qu'il avait hâte de retourner à ses pierres.

– Je suis venue, Monseigneur, demander la grâce de l'homme que l'on accuse d'avoir tué maître Foletier. La pensée de ce qu'il endure en prison m'ôte le sommeil. Souffrir dans son corps lorsque l'on souffre déjà dans son cœur...

– Vous connaissez cet homme ?

– Non.

– Alors comment pouvez-vous savoir qu'il souffre dans son cœur ?

– Comment ne souffrirait-il pas, ayant appris de façon si publique le péché de sa femme ?

Elle mit tant de compassion dans ses dernières paroles que Suger releva un sourcil surpris.

– On dirait que votre sympathie va davantage au meurtrier qu'à sa victime ? N'est-ce pas étrange si l'on considère qu'il s'agit de votre époux ?

– Je n'ai jamais prétendu aimer maître Foletier. Il m'a achetée comme n'importe quelle peau de bête et si ma sympathie va plutôt à ce malheureux Ausbert Ancelin, c'est parce que je suis certaine qu'il n'est pas le vrai coupable.

– Où prenez-vous pareille idée ?

Sentant venir une bataille, Marjolaine prit une profonde respiration et serra ses mains l'une contre l'autre.

– S'il avait tué, je crois qu'il aurait pris la fuite. Quel homme sensé resterait tranquillement dans son lit en sachant un cadavre couché à sa porte ?

– Il a dit qu'il était au lit, mais qui l'assure en dehors de la femme adultère dont c'est l'intérêt ? Le crime venait peut-être tout juste d'être commis lorsque le corps a été découvert.

– Je ne crois pas. D'après ce que l'on m'a dit, maître Foletier était roide. Un mort ne le devient pas tout de suite.

L'abbé considéra la jeune femme avec curiosité.

– Vous avez déjà vu beaucoup de morts pour savoir cela ?

Elle leva sur lui l'eau claire de son regard.

– Notre temps n'est guère pitoyable et les justices seigneuriales sont rudes. Il n'est pas rare, dans les campagnes d'où je viens, de trouver des pendus aux arbres ou d'autres sortes de morts dans les buissons. Il y a aussi les loups, et l'hiver et la misère.

– Vous oubliez l'arme du crime. Votre mari, ajouta Suger en appuyant intentionnellement sur le possessif, a été tué avec l'un des outils d'Ancelin.

– Pour mieux le désigner à la justice. Bien que cela soit d'un raisonnement enfantin. S'il avait tué, maître Ancelin, fit-elle en retournant sa perfidie à l'abbé et en insistant sur le « maître », n'aurait pas choisi l'un de ses outils et, à plus forte raison, ne l'aurait pas abandonné auprès de sa victime. Vous qui n'hésitez pas à œuvrer, de vos mains, à cette belle église, Monseigneur, vous savez bien à quel point l'homme qui travaille aime et respecte ses outils. Dans n'importe quelle maison on peut trouver un couteau, une serpette ou une cognée pour la vilaine besogne.

Cette fois, Suger ne répondit pas tout de suite. Visiblement, le raisonnement de Marjolaine faisait son chemin.

– Il se peut que vous ayez raison, admit-il enfin mais, en ce cas, qui est le criminel ?

Marjolaine garda le silence quelques instants. C'était chose grave que porter une accusation de meurtre et elle se rendait parfaitement compte de ce qu'elle ne possédait rien sur quoi étayer sa conviction. Il était plus facile, en s'appuyant sur la logique, de défendre Ausbert Ancelin que désigner un coupable.

– Je n'ai aucune preuve, soupira-t-elle enfin. Je sais seulement que quelqu'un d'autre avait le plus grand intérêt à la disparition de maître Foletier.

– Quel intérêt ?

– Sa maison de pelleteries, sa fortune.

Elle n'ajouta pas « sa femme », craignant que l'abbé ne la pensât trop présomptueuse.

– N'êtes-vous pas héritière ?

– Certes, mais seulement du douaire que l'on m'avait constitué, ce qui représente une belle fortune. Mon époux avait un neveu qu'il a fait élever comme son fils. Ce garçon qui est entendu aux affaires de la maison se trouve désigné pour en devenir le maître puisque Foletier n'avait pas de fils.

– Et il est mort sans en avoir. En revanche, il avait une jeune et bien jolie femme capable d'en tenter plus d'un. Une femme que sa mort fait libre et riche mais qui ne saurait tenir commerce de pelleterie. Comment s'appelle ce garçon ?

Les quelques syllabes eurent du mal à passer. Marjolaine avait l'impression qu'en les prononçant elle les criait sur la place publique, appelant le bourreau à les entendre. Mais il y en avait un autre que le bourreau attendait déjà et elle se décida.

– Étienne Grimaud. Mais, encore une fois, Monseigneur, je n'ai aucune preuve. Rien qu'une impression.

– Il vous plaît, cet Étienne Grimaud ?

Les yeux gris de l'abbé s'enfoncèrent brusquement comme une vrille au fond du regard de la jeune femme qui sentit son cœur s'affoler.

– Mais non, pas du tout ! Je ne l'ai jamais aimé.

– Tandis que vous en aimez peut-être un autre ?

– Un autre ? Mais quel autre ?

– C'est à vous de le savoir. Un autre que vous aimeriez épouser après vous être débarrassée de ce Grimaud qui, selon la coutume corporative devrait, pour le bien de la maison, épouser la veuve ?

Un flot de sang empourpra le visage de la jeune femme. Oubliant le respect qu'elle éprouvait l'instant précédent pour cet homme, elle se releva brusquement et jeta :

– Je ne veux épouser personne, Votre Révérence ! Personne, vous entendez ? Ce que mon époux m'a appris de l'amour ne me donne pas envie d'en savoir davantage et je serais peut-être déjà partie pour un couvent afin d'y vivre dans le seul amour valable s'il ne s'était produit, cette nuit, un fait étrange.

– Lequel ? fit Suger toujours aussi raide.

– Le fantôme de maître Foletier est venu hanter le grenier. Il a essayé d'emporter les peaux précieuses qui s'y trouvent. Et ne me regardez pas comme si j'étais folle : toute la maison l'a entendu et nous avons fouillé le grenier. C'est pourquoi je suis venue ce matin. Son âme est mal contente parce que vous ne tenez pas le vrai coupable...

– ... ou parce que nous tardons trop à le punir ! Je ne crois pas aux fantômes, dame Foletier, mais je sais que d'étranges choses peuvent se produire s'il plaît à Dieu. Vous comprendrez néanmoins que je ne peux, sur des données aussi fumeuses, relâcher Ausbert Ancelin.

– Mais vous ne pouvez pas davantage le pendre ! Ce serait un crime. Et si vous me supposez des pensées suspectes, demandez à dame Aubierge ce qu'elle en pense, Marjolaine à bout d'arguments.

Elle regardait avec angoisse ce petit homme tout-puissant qui, pareil à Dieu lui-même, pouvait d'un mot, d'un geste, décider du sort de centaines d'êtres humains ? Il n'en avait pourtant pas l'air. Toujours assis sur son coffre, la mine soucieuse, il se rongeait les ongles.

– C'est peut-être une idée, fit-il enfin. Puis il poursuivit, comme se parlant à lui-même : Ausbert Ancelin a demandé à être entendu en confession et il jure de son innocence. C'est la raison pour laquelle je ne lui ai pas encore fait appliquer la question.

– Un bon moyen pour faire avouer un innocent, fit amèrement la jeune femme.

– Il arrive surtout qu'elle fasse avouer un coupable. Et il faut que je prenne une décision. Rentrez chez vous, ma fille, et envoyez-moi dame Aubierge ! Il y a longtemps que je la connais et j'ai grande confiance dans son jugement.

Il descendit enfin de son coffre et, tournant le dos à Marjolaine, reprit le sac de peau dont il recommença à sortir les pierres, une à une. Comprenant qu'il n'y avait rien à ajouter, la jeune femme salua et sortit si rapidement qu'elle faillit renverser Aveline qui bayait aux corneilles en faisant les cent pas devant la maison d'œuvre.

– Viens-t'en ! lui jeta-t-elle. Nous rentrons.

4

Hughes, son chapelain, son évêque...

On venait de corner l'eau pour le repas du milieu du jour quand le son d'une trompe se fit entendre à trois reprises devant le château. Arrivé pour une fois le premier devant les bassins, Hughes était occupé à se laver les mains.

– Qui donc nous arrive là ? fit-il avec bonne humeur car, d'un naturel hospitalier, il ne détestait pas les arrivées inattendues qui mettaient un peu d'animation dans une existence fatalement monotone quand il n'y avait ni tournoi en vue ni autre occasion d'en découdre avec les voisins.

Il s'essuya les mains puis, rejetant la serviette sur le bord du bassin que lui tenait Bertrand, il se hâta vers l'escalier afin d'accueillir lui-même, comme le voulait l'usage, l'hôte que le hasard, sa réputation d'hospitalité ou l'amitié lui envoyait.

Hélas, sa belle humeur ne résista pas à la vue d'une vaste litière aux rideaux d'épaisse toile brodée, solidement fermée, qui faisait son entrée dans la cour escortée d'une troupe armée dont les hommes portaient la marque de Ribemont. Une litière qui ne pouvait raisonnablement contenir que sa belle-mère car c'était là le moyen de transport pour une femme ou pour un ecclésiastique.

Quand les rideaux s'ouvrirent, force fut de constater que c'était bien Ida de Ribemont, redoutable et redoutée entre toutes les belles-mères, qui lui arrivait là et Hughes, étouffant un soupir accablé, s'en alla en traînant les pieds jusqu'à l'équipage pour y offrir, toujours comme le voulait la politesse du temps, la main à l'arrivante.

Geste que, d'ailleurs, elle refusa avec la grimace de dégoût que l'on réserve généralement aux choses malpropres.

– Ma fille est là ? demanda sèchement la dame.

– Où voulez-vous qu'elle soit ? repartit aimablement Hughes qui sentait la moutarde lui monter déjà au nez.

– Évidemment ! Bien que j'eusse préféré qu'elle fût ailleurs.

Sans plus s'occuper de son gendre, Ida de Ribemont entreprit de gravir dignement l'escalier du donjon et force fut à Hughes de la suivre. Cela lui évita de voir le frère Rinaldo sortir discrètement de la litière dans laquelle il avait dormi tout le temps du voyage et se perdre dans la petite foule que les nouveaux arrivants avaient réunie. Le frère souhaitait avant tout regagner son logis où il avait à faire.

– Quel bon vent vous amène, ma mère ? dit le baron en s'efforçant de se montrer courtois.

– Un vent de justice. Et cela m'étonnerait beaucoup que vous le trouviez bon, baron. Ah, ma fille, vous voilà !

Hermelinde accourait au-devant de sa mère, guérie comme par enchantement. Les deux femmes s'étreignirent au seuil de la grande salle avec un enthousiasme qui trahissait, au moins chez Ida de Ribemont, une intense jubilation.

Ainsi rapprochées, la ressemblance entre mère et fille apparaissait : toutes deux possédaient les mêmes mâchoires légèrement carnassières, les mêmes yeux couleur de nuage, mais le goût forcené de la puissance marquait chaque trait de la dame de Ribemont, tandis que le visage de sa fille reflétait seulement l'obstination et un autoritarisme puéril. Mais, peu observateur, Hughes se contentait de déplorer les seules ressemblances qui, lorsqu'il regardait sa belle-mère, lui offraient une idée assez nette de ce que serait un jour son épouse.

Donnant toutes les marques de la joie la plus vive, Hermelinde voulut conduire sa mère vers les bassins avant de la mener à la table toute dressée, mais celle-ci refusa.

– Je suis venue vous chercher, ma fille, non m'asseoir à la table d'un homme sans foi dont les débauches sont la fable de la province et qui vous trahit ouvertement. Vous ne sauriez rester ici plus longtemps sans manquer à la dignité de votre sang !

Les mots avaient sonné comme un défi en champ clos et la figure du baron s'empourpra sous la poussée d'une brusque colère.

– Puisque vous semblez n'être venue que pour m'insulter, dame, soyez certaine que je ne vous prierai aucunement de vous asseoir à ma table. Vous pouvez repartir comme vous êtes venue. Quant à votre fille, elle restera ici.

– J'ai droit autant que vous, s'écria Hermelinde, d'inviter ma mère à une table qui est mienne autant que vôtre. Sa place y sera toujours marquée au plus haut !

– Si je veux ! À présent, taisez-vous, Hermelinde ! Quant à vous, dame Ida, j'attends que vous m'expliquiez votre arrivée tempétueuse car vous semblez en user ici comme si vous étiez chez vous, ce que je ne tolérerai pas.

– Je suis la mère de votre femme. J'ai le droit de veiller à son bonheur.

– Si vous avez quelque chose à me reprocher, d'où vient que ce soit vous qui veniez ici ? Les affaires d'hommes se règlent entre hommes. Où est le comte Anselme ?

– À Lille, auprès du comte de Flandre qui l'a prié à une grande chasse aux loups. Voilà pourquoi je suis ici car cette affaire ne souffrait aucun retard !

– Quelle affaire ?

Hughes avait conscience de l'espèce de stupeur que la dispute provoquait chez ceux, familiers ou serviteurs, qui assistaient à la scène, mais il puisait un certain réconfort dans le fait que son frère Gerbert, Ersende, Bertrand et ses principaux officiers se regroupaient tout naturellement derrière lui, exactement comme s'il s'agissait de livrer bataille. En fait, c'en était bien une.

– On va vous expliquer ! fit aigrement Ida de Ribemont.

Puis, se haussant sur la pointe des pieds, elle parut chercher quelqu'un dans l'assemblée et appela :

– Frère Rinaldo ! Frère Rinaldo, êtes-vous là ?

– Je... je suis là, noble dame, fit le chapelain en s'avançant, les yeux baissés et les mains au fond de ses manches.

– Allez donc nous chercher cet homme de Dieu que le Seigneur, dans sa justice, a daigné mettre sur votre chemin.

Rinaldo s'esquiva un instant et revint, traînant après lui Gobert visiblement terrifié et qui roulait des yeux effarés. Des yeux qui s'affolèrent en reconnaissant le baron Hughes. Du coup il voulut échapper à la poigne de Rinaldo pour s'enfuir, mais celui-ci le tenait bien.

– Non, saint ermite, dit le moine. Un homme de Dieu se doit de proclamer la vérité en tout lieu et à toute heure, même si cela est difficile.

– Mais quelle vérité ? gémit le malheureux qui n'osait même pas tourner les yeux vers le baron dont le visage n'avait rien de rassurant. L'entrée inattendue de l'ermite venait de faire naître chez Hughes l'une de ces terribles colères, rares heureusement mais qui, parfois, s'emparaient de lui et le menaient aux limites de la folie. Que ce misérable qu'il avait menacé des pires sévices osât paraître sous son toit, en sa présence et en position d'accusateur, voilà ce qu'il ne tolérerait pas. Il eut un mouvement pour s'élancer vers lui, mais Gerbert le retint.

– Que veux-tu faire ? souffla-t-il. Il faut que tu le laisses parler si tu veux avoir une chance de sauver ton mariage.

Hermelinde d'ailleurs prenait la parole.

– Je veux, dit-elle, que vous répétiez ici, devant tous, ce que le frère Rinaldo a entendu dans l'étuve de ce château et que vous m'avez déjà rapporté.

– Dame, plaida Gobert, j'ignorais qui vous étiez. Le moine est venu me chercher quand je repartais chez moi pour me dire que le seigneur baron voulait me dire quelque chose. Vous m'avez joué et fait manquer à la parole que j'avais donnée.

– La parole d'un bonhomme comme vous ? fit dédaigneusement Ida de Ribemont. Parlez à présent si vous ne voulez pas qu'on vous y force.

– De toute façon, s'écria Rinaldo, je peux tout répéter car j'ai tout entendu ! Il n'aura qu'à dire si c'est vrai.

Échappant à son frère d'un coup d'épaules, Hughes venait de s'élancer mais pas sur Gobert. Sa fureur à présent se tournait vers le Sicilien, ce misérable prêtre capable d'aussi noires machinations et dont il découvrait à la fois la haine et la malveillance. Avant que quiconque ait pu s'interposer, l'homme râlait sous sa poigne, la gorge serrée entre l'étau de ses doigts nerveux.

– Ah, tu as tout entendu ? Ah, tu peux tout répéter !

– Grâce ! râla l'autre, pitié ! Laissez... moi ! A... à l'aide no... noble dame... Aaaah !

Ida de Ribemont n'avait pas attendu cet appel. Les griffes en avant, elle s'était jetée sur son gendre, essayant de desserrer l'étreinte qui étouffait Rinaldo.

– Lâchez cet homme ! hurla-t-elle. Lâchez-le ! C'est un moine. Un homme de Dieu. Lâchez-le ou vous en rendrez raison.

– À qui ? À vous ? Seul votre époux peut me demander raison.

Elle le griffait et, d'une bourrade, il l'envoya rouler sur le sol juste aux pieds de sa fille qui, avec un hurlement, se précipita sur elle pour lui porter secours. Pendant ce temps Gerbert et Bertrand s'étaient à leur tour jetés sur Hughes pour essayer de lui faire lâcher prise, mais le baron n'entendait rien. La mâchoire serrée, l'œil plein d'éclairs, il continuait à secouer le moine dont les plaintes devenaient de plus en plus faibles.

– Pour l'amour du Ciel, lâchez-le, mon frère, supplia Gerbert. Vous savez bien que vous ne pouvez pas faire ça !

Brusquement, comme si la foudre venait de tomber sur lui, le baron se figea. Ses mains s'ouvrirent et Rinaldo en glissa pour s'étendre, comme un pantin désarticulé, sur les dalles de la salle. Il ne bougeait plus et, sans perdre un instant, Bertrand fut sur lui, essayant de le ranimer au milieu d'un silence qui se faisait de plus en plus pesant. Au bout d'un temps que nul ne put déterminer, il releva la tête vers Hughes qui n'avait pas bougé.

– Sire, souffla-t-il, le moine est mort...

Si peu qu'ait résonné sa voix, elle alla réveiller toute la combativité de la dame de Ribemont qui, étendue sur une bancelle, reprenait ses esprits en buvant du vin épicé.

– Misérable ! hurla-t-elle. Vous avez tué un moine ! Vous avez tué un homme de Dieu. Vous en répondrez !

Le baron tourna vers elle un visage de pierre.

– Je n'ai pas à en répondre. J'ai, ici, droit de haute et basse justice. Cet homme, l'un de mes serviteurs, m'a trahi. Il n'est pas un de mes pairs qui ne me donnerait raison.

– Ce n'était pas votre serviteur, mais le nôtre qui avait suivi ici notre fille. Et les hommes d'Église n'appartiennent à personne. C'est à l'évêque, à qui je vais sur l'heure porter ma plainte, que vous en répondrez. Et l'on vous jettera en noire prison, et l'on vous...

– Dites à votre mère de se taire si elle ne veut pas subir le sort de cette racaille de moine ! fit Hughes se tournant vers sa femme.

Mais celle-ci, à présent, le considérait avec des yeux pleins d'horreur et ne pouvait rien répondre. Ida se leva.

– Nous ne resterons pas un instant de plus dans cette demeure ! Venez, ma fille ! Vous seriez ici en danger.

– Vous êtes ma femme, vous devez rester ici, dit Hughes d'un ton égal.

Hermelinde alors éclata en sanglots.

– Non ! Non, je ne resterai pas ! Vous avez tué pour rien. Je savais ce qui s'est dit dans l'étuve. Je savais que vous aviez engrossé la dame Le Housset et qu'elle veut que vous me chassiez pour prendre ma place. Eh bien, je la lui laisse ! Et je ne veux plus vous voir jamais. Jamais.

Appuyées l'une sur l'autre, les deux femmes, l'une vociférant et l'autre sanglotant, s'engouffrèrent dans l'escalier sans que Hughes ait fait la moindre tentative pour les retenir. Il se sentait las, tout à coup. Incroyablement fatigué comme il ne l'avait jamais été après les plus dures, les plus longues passes d'armes. Passant sur son front où perlait une sueur glacée une main qui tremblait un peu, il regarda tous ces visages tendus vers lui, sans autre expression que la stupeur ou le chagrin. Puis son regard tomba sur la dépouille de Rinaldo qui gisait toujours à ses pieds.

– Emportez-le ! Qu'on lui fasse des funérailles convenables...

À son tour, il se dirigea vers la porte, titubant légèrement sur ses longues jambes comme un homme pris de boisson. Mais déjà son frère l'avait rejoint et le soutenait silencieusement.

Ils allaient atteindre la porte quand l'ermite, en dépit de sa frayeur, osa s'approcher.

– Sire, fit-il d'une voix qui s'étranglait. Je vous jure que je ne savais pas... je ne voulais pas.

Hughes eut un petit rire sec.

– Ne crains point ! Il ne t'arrivera rien. Ce n'est pas toi qui avais machiné ça.

Et il passa. Aidé par Gerbert, il remonta dans sa chambre et se laissa tomber comme une masse sur le vaste lit qui gémit sous son poids. Les fumées de sa grande colère se dissipaient tout à fait, le laissant anéanti. Il se sentait la tête vide, les membres sans force. Il fallut que Bertrand, qui l'avait suivi, le soulevât pour lui faire boire un peu du vin qu'apportait son frère. Mais quand le liquide toucha ses lèvres sèches, il en but à longs traits, vidant le gobelet jusqu'à la dernière goutte avec l'impression rassurante que la vie revenait dans son corps et que le vin bousculait le sang dans ses veines.

En lui rendant le récipient, il leva les yeux sur Gerbert.

– Je n'aurais pas dû faire ça, hein ?

– Non. Tu n'aurais pas dû. Cela n'arrange rien de l'avoir fait taire. De toute façon Ida de Ribemont voulait emmener Hermelinde et savait tout. Elle voulait seulement t'humilier sous ton propre toit.

– Tu as raison. C'est elle que j'aurais dû tuer.

– Je ne crois pas que cela aurait arrangé tes affaires. C'est déjà suffisamment grave comme ça. Dieu sait ce que l'évêque dira.

– Eh ! grogna Hughes. Qu'a-t-il à faire d'un moine sicilien ?

– Tu sais bien que les gens d'Église se tiennent entre eux. Ta malchance vient surtout de ce qu'Anselme est à Lille. Lui présent, les choses ne se seraient pas passées ainsi.

– Tandis que maintenant, il peut me demander raison de l'offense faite à sa maison sans que je puisse en appeler au suzerain ! Dans quel pétrin me suis-je fourré ? Et tout ça, pour une Osilie Le Housset !

Il y eut un petit silence puis Gerbert, presque timidement, demanda :

– C'est vrai cette histoire de grossesse ? Tu as...

– Fait un enfant à la femme de Gippuin ? Oui, c'est vrai. Enfin, elle le dit !

Avec un soupir, Gerbert secoua la tête, alla se verser un pot de vin qu'il avala d'un coup, puis revint s'asseoir sur un coin du lit d'où il considéra son frère avec l'attention que l'on réserve en général à un phénomène curieux. Puis, brusquement, il se mit à rire.

– Est-ce que tu deviens fou, gronda l'aîné ? Je ne vois vraiment rien de drôle dans cette histoire.

– Si. Toi ! Ce tantôt tu envisageais superbement l'idée de renvoyer Hermelinde à sa mère et de mener le seul genre de vie que tu aimes : les filles et les batailles. Or, Ida est venue te débarrasser de ton épouse, en outre tu vas te retrouver avec au moins deux combats sur les bras : Anselme de Ribemont et Gippuin Le Housset et tu fais une tête de carême ! Tu devrais être content...

– Content ? Et l'évêque ? Crois-tu qu'il va, lui aussi, me demander raison en champ clos, les armes à la main ? Il va lâcher sur moi les foudres de l'Église si d'aventure ma belle-mère a auprès de lui quelque crédit. Il va m'excommunier. Peut-être même ira-t-il jusqu'à l'Interdit ?

– N'exagère pas ! Tu n'as pas tué un évêque ! Rien qu'un moine. Et étranger encore.

– Tu sais bien que cela ne compte pas. C'est la tonsure qui compte.

– De toute façon, l'évêque n'a pas intérêt à te frapper trop durement et à se faire un ennemi de plus. Il a déjà bien assez à faire depuis que les habitants de sa ville ont fait rétablir par le roi leur charte communale. Et aussi avec les brigandages du sire de Coucy qui ne manque pas une occasion de faire main basse sur ses biens extérieurs à la ville. Il ne souhaite guère se faire assassiner au fond d'un tonneau comme son prédécesseur.

Le bruit d'une troupe qui se rassemblait tira Hughes de son lit pour l'amener jusqu'à l'étroite ouverture qui tenait lieu de fenêtre. En bas, l'escorte d'Ida se reformait autour de la litière dans laquelle il vit monter Hermelinde drapée dans une grande mante fourrée, cependant que ses coffres étaient empilés dans un chariot. Ainsi sa femme quittait sa demeure sans un mot d'adieu, sans lui accorder à lui-même la moindre chance de se défendre. Ses poings se crispèrent d'impuissante colère. Cela ressemblait trop à un prétexte saisi au vol.

– Comment peut-elle partir ainsi ? fit-il avec un haussement d'épaules. Nous ne formions pas un très bon ménage, mais je la croyais tout de même attachée à moi.

– Mais elle l'est ! affirma Bertrand qui regardait aussi et depuis plus longtemps dans la cour.

– À quoi vois-tu cela ?

– Quand elle est sortie, elle pleurait. Elle a levé la tête pour regarder par ici.

– Elle pleure peut-être, mais elle part. À présent, il va me falloir affronter son père et je ne te cache pas que cela me sera dur. Un ami de dix ans ! L'homme que je respecte le plus au monde ! Je crois, Dieu me pardonne, que s'il me tue, il me rendra service.

Anselme IV, comte de Ribemont, apparut à Fresnoy une semaine plus tard, environné de l'appareil guerrier qui lui était habituel, ce qui ne signifiait pas qu'il eût, pour autant, des intentions belliqueuses. Mais mieux valait tout de même se méfier.

Descendant de cheval dans un grand bruit de ferraille, il s'avança pesamment vers Hughes qui, grave et sur la défensive, venait à sa rencontre suivi de son frère et de son écuyer.

À quarante-cinq ans, le comte était un homme grand et lourd dont la silhouette massive évoquait aisément celle d'un ours. Il en avait la force et la carrure. Mais, quand, dans la broussaille roussâtre qui lui mangeait les trois quarts du visage, on rencontrait l'éclat de son regard couleur de noisette, on en venait à penser que cette redoutable enveloppe pouvait servir de façade à quelque chose de beaucoup plus gai. Et c'était l'exacte vérité car, preux chevalier et redoutable guerrier, Anselme de Ribemont n'en était pas moins joyeux compagnon. Il s'était acquis en outre la réputation d'un homme foncièrement humain, ménager du sang de ses soldats comme de la sueur de ses serfs. Ce qui était loin d'être fréquent.

Hughes était aussi grand que lui et, quand ils furent face à face, leurs regards se trouvèrent à même hauteur. Pour une fois, celui de Ribemont était sévère ; Hughes le soutint sans broncher, sans même articuler une parole, attendant que l'autre annonçât ses intentions. Allait-il lui jeter au visage l'épais gant de cuir qu'il avait glissé à sa ceinture ? Mais Anselme n'était pas l'homme des gestes inconsidérés.

– Où est ta courtoisie, Hughes de Fresnoy ? grogna-t-il au bout d'un instant. Tu ne me souhaites pas la bienvenue ?

– Je te la souhaiterai de grand cœur si tu le désires. À toi de voir.

– Essaie toujours !

Hughes eut un demi-sourire.

– Soit ! Si tu viens en paix, tu es ici chez toi. Dois-je ordonner de dresser les tables où veux-tu seulement que nous allions au verger débattre de nos affaires ?

– J'entrerai volontiers chez toi si tu veux faire prendre soin de mes hommes et de mes chevaux. Et je crois que j'accepterai un gobelet de vin.

Tandis que Gerbert donnait les ordres nécessaires, Hughes précéda son visiteur jusqu'à la salle où les servantes s'activaient déjà à dresser les tréteaux sur lesquels on placerait les grandes planches et on étendrait les nappes, cependant que des valets plaçaient dans l'énorme cheminée un tronc d'arbre coupé en plusieurs morceaux. Puis il se tourna vers lui.

– Permets-tu à mon écuyer de prendre ton heaume ?

– Et aussi mon manteau, et même mon épée ! Nous n'allons pas nous battre. Mais éloigne tes gens. Nous devons parler sans témoins.

Un geste du baron fit disparaître la valetaille puis, tandis que Bertrand s'en allait chercher un pot de vin et des gobelets, Anselme de Ribemont alla offrir à la flamme ses mains rougies et ses braies de cuir qui se mirent à fumer, répandant une désagréable odeur de cuir mouillé et de graisse chaude.

Lorsque Bertrand eut quitté la salle, Anselme se retourna et considéra d'un œil inquiet son gendre qui semblait attendre qu'il parlât, à demi étendu sur un banc et apparemment indifférent à la suite de l'entretien.

– Quelle histoire ridicule ! soupira-t-il. Je n'arrive pas à comprendre comment tu as pu te fourrer dans pareil pétrin.

– Oh ! Je reconnais que c'est surtout de ma faute. Mais on m'y a aidé.

– Tu sais qu'Ida est allée se plaindre à l'évêque Martin ?

– Elle n'a pas perdu de temps. J'espérais seulement que tu pourrais l'en empêcher, qu'elle se contenterait d'un duel entre nous. Enfin... j'osais l'espérer en souvenir de notre amitié...

– Tu avais raison pour l'amitié. Quant au duel, pas question, justement à cause de ce qui nous lie. Mais je ne suis rentré de Lille qu'hier au matin. Le mal était fait. Tu vas avoir à répondre devant l'évêque du meurtre public d'un religieux.

– Un misérable qui m'a espionné, dénoncé, après avoir comploté contre moi durant des années. Je suppose qu'il était à la solde de Bohain. Celui-ci n'a renoncé ni à ta fille ni à sa dot !

– Bohain n'est pas près de devenir mon gendre. Jusqu'à présent c'est toi le tenant du titre.

– Pas pour longtemps. Je n'ai pas d'illusions. Tout ça parce que j'ai couché avec une autre femme !

Anselme eut un étroit sourire qui ne lui tira qu'un coin de la bouche.

– Tu sais, nous le faisons tous à un moment ou à un autre. Ne fût-ce que besogner une servante quand la dame est enceinte ! Voilà pourquoi je dis que cette histoire est ridicule ! D'ailleurs, si j'avais été là, Ida ne serait jamais venue faire ici cet esclandre qui a causé tout le drame.

Il parut lutter soudain contre des mots difficiles, déglutit plusieurs fois, puis finalement lâcha :

– D'autant que la dame Le Housset ne vaut vraiment pas une tragédie domestique. Ce n'est pas, et de loin, une vertu.

– Comment ça ? Que sais-tu d'elle ? fit Hughes choqué.

Conscient, en attaquant l'honneur d'une femme noble, de proférer une énormité, Ribemont se tirailla les moustaches, fourragea dans sa barbe et, finalement, choisit d'éclater d'un énorme rire, un peu forcé à vrai dire, mais qui s'en alla résonner jusque dans les hauteurs du donjon et fit envoler les corneilles.

– Parce que tu te croyais son seul doux ami ? Mais, malheureux, sache que si Gippuin revient un jour de croisade il aura toutes les peines du monde à passer sous la voûte de sa maison forte tant ses cornes sont hautes et drues !

– Une femme seule ! s'écria Hughes scandalisé. Comment peux-tu !

– Il est bon de faire entendre, de temps en temps, la vérité même si elle est difficile à entendre et encore plus difficile à dire. Sache que, si j'en crois ce que j'ai entendu chez le comte de Flandres, nous sommes au moins trois à nous être portés au secours d'une noble dame dans la misère.

– Nous ?

Anselme prit un air modeste et retourna se chauffer.

– Eh oui ! Moi aussi je la connais. Pas autant que toi, bien sûr, car je n'ai dû aller que deux fois à sa tour où l'on m'avait dit qu'elle manquait du nécessaire. La dernière fois, c'était environ un mois avant la Noël. Ce qui fait...

– Que tu as peut-être autant de chances que moi d'être le père de l'enfant qu'elle attend ?

– Peut-être. C'est ça que je suis venu te dire, Hughes, et c'est pour ça aussi que je refuse de te rencontrer en champ clos pour nous entretuer. Seulement tu comprends bien que je ne peux pas me confier à mon épouse ni à ma fille. Je me suis borné à leur dire ma façon de penser à l'une comme à l'autre. Surtout à l'autre d'ailleurs qui, n'ayant pas encore porté de fruit, devrait songer à se montrer plus discrète et moins arrogante.

Le donjon s'écroulant subitement sur sa tête n'aurait pas ahuri Hughes plus que les confidences de son beau-père. Ainsi Osilie, en l'amour de laquelle il avait cru, trompait non seulement son mari, mais le trompait lui aussi ? Il éprouvait un vague dégoût à découvrir que cette eau qu'il croyait innocente et assez limpide pouvait laisser remonter des profondeurs vaseuses. Mais il était trop soulagé pour en éprouver réellement de la colère. De tout ce qu'Anselme lui avait dit, il ne voulait retenir qu'une chose : le comte de Ribemont ne pouvait que refuser de garder chez lui la dame de Fresnoy et ne lui permettrait pas la séparation.

– Alors, fit-il sans songer à dissimuler sa satisfaction, Hermelinde va revenir ici ?

Un nuage rembrunit le visage du comte qui secoua sa grosse tête chevelue.

– Non. Pas maintenant tout au moins. Je n'ai pas pu obtenir qu'elle m'accompagne. D'ailleurs je n'y tenais pas, étant donné ce que j'avais à dire. S'il n'y avait eu sa mère, je te l'aurais déjà renvoyée, sous escorte au besoin, car sa place est chez son époux. Mais Ida s'y oppose. Elle espère que l'évêque te punira sévèrement et elle ne veut pas que sa fille subisse les effets d'une punition qu'elle ne mérite pas.

– C'est raisonner en mère. Je ne peux pas le lui reprocher.

Se levant, le baron rejoignit son beau-père près de la cheminée.

– Quant à toi, je te remercie d'avoir eu assez confiance en moi pour m'apprendre la vérité sur Osilie. Je l'apprécie d'autant plus que tu pouvais te montrer doublement offensé de voir ta fille trompée par une femme dont tu étais l'amant...

– Pas à ce point-là, je te l'ai dit ! Je lui dois quelques moments agréables, mais ce n'était pas une habitude...

– Tu as été moins bête que moi ! C'est égal, ce pauvre Gippuin, qui est vaillant chevalier, ne mérite pas un sort pareil et j'ai regret, à présent, d'avoir contribué à l'encorner. Mais laissons cela. Accepteras-tu maintenant de prendre place à ma table ?

Apparemment soulagé lui aussi, Anselme de Ribemont s'étira largement, ce qui fit grimacer les mailles de son haubert.

– Pour sûr ! J'ai une faim du diable ! Et j'ai soif aussi. Buvons encore et fais-moi chercher mon écuyer pour qu'il vienne me débarrasser de cette ferraille. Il est temps de nous divertir.

On festoya tard dans la nuit. Ersende, qui avait tenu avec grâce la place vacante de la maîtresse du logis, s'était retirée depuis longtemps avec les damoiselles que l'on buvait encore autour des longues tables chargées de reliefs de toute sorte. Et ce fut seulement le lendemain après-midi que Ribemont, la langue pâteuse et la tête lourde, se décida à reprendre le chemin de ses domaines avec une escorte qui n'était pas beaucoup plus fraîche que lui.

Il mettait le pied à l'étrier pour se hisser sur son cheval quand un messager portant les couleurs de l'évêque de Laon sous une couche de poussière et des macules de boue fit son entrée dans la cour du château. Un instant plus tard, il remettait au baron de Fresnoy l'ordre de venir, le mardi suivant, jour de la Sainte-Félicité, répondre des accusations portées contre lui.

– J'aurais bien voulu t'éviter ça ! soupira Anselme. Si mon épouse n'était allée te dénoncer, l'évêque n'en aurait jamais rêvé. Veux-tu que j'aille avec toi ?

– Pour avoir droit à une éternité d'ennuis domestiques ? Jamais ! Ce moine est mort de ma main, même si je ne voulais pas réellement le tuer. Un homme doit savoir répondre de ses actes.

Lancée fièrement dans le vent du matin au début d'une journée qui, éclairée d'un petit soleil encore fragile, annonçait le printemps, la phrase était belle et ronde, vaguement héroïque et ne manquait pas d'allure, mais ce qu'elle sous-entendait était déjà beaucoup plus difficile à vivre. Quand, au jour fixé, le baron de Fresnoy fut introduit dans la grande salle capitulaire du palais épiscopal de Laon, il se sentit beaucoup moins assuré qu'il ne voulait le paraître. Car, même si, en apparence, Hughes avait tendance à faire étalage de quelque désinvolture en face de l'Église, il n'en était pas moins l'un de ses fils à peu près soumis et, surtout, il n'ignorait pas quelles redoutables menaces elle pouvait faire peser sur un seigneur temporel, si riche et si puissant fût-il, puisque les rois eux-mêmes comptaient avec elle au point, parfois, de se courber sous la menace de ses foudres.

Hughes avait remâché ces pensées peu récréatives, tandis qu'escorté de Gerbert, de Bertrand et de quelques soldats, il grimpait la rampe menant aux portes de Laon. L'antique ville romaine de Bibrax était bâtie sur une colline d'où l'on découvrait un immense horizon de plaines et où se rejoignaient Île-de-France, Picardie, Vermandois et Champagne. Le roi y possédait un palais où il ne venait guère, sinon jamais, et seul le puissant évêque, dont la demeure montrait sa tour carrée au-dessus des chemins de ronde, juste au bord du ravin, régnait ou s'efforçait de régner en autocrate sur un peuple turbulent de liniers, de chanvriers et de potiers d'argile qui s'entendaient à merveille à créer le désordre dès que l'on faisait mine de leur reprendre les franchises qu'ils avaient obtenues de haute lutte.

Le baron y pensait encore lorsque, franchies les défenses du palais épiscopal, il pénétra, seul, dans la grande salle capitulaire, lourdement voûtée de plein cintre, où l'évêque tenait sa justice. Elle s'ouvrit soudain devant lui, immense et vide comme une nef de cathédrale avec ses stalles rangées contre les murailles et, au bout, très loin, un siège de pierre où, mitre en tête et crosse en main, se tenait un homme sans âge, plutôt corpulent, et qui eût peut-être été petit sans sa haute coiffure. Un homme qui le regardait venir avec des yeux aussi froids que la pierre de ses murs en la seule compagnie de deux moines bénédictins en robe noire qui se tenaient de chaque côté de son trône.

Sa voix gronda jusqu'au baron qui n'avait point encore quitté l'ombre de la porte.

– Approchez, baron de Fresnoy !

Un pas, puis un autre et encore un autre, le talon des bottes résonnant sur les dalles. Le chemin semblait interminable qui menait à ce juge mitré. Hughes le parcourut, le regard fixé sur la belle croix pectorale, d'or ciselé et d'améthystes grosses comme des prunes, qui brillait d'un éclat neuf sur la soie violette. Il n'y avait pas si longtemps qu'il avait vu Martin et il ne connaissait pas ce joyau. Se pouvait-il qu'il fût le présent de certaine noble et riche dame qu'il connaissait bien, par contre ?

Enfin, il fut devant l'évêque et plia un genou respectueux, attendant ce qui allait suivre.

– Nous avons appris avec douleur, mon fils, commença l'évêque d'un ton pompeux et en omettant de l'inviter à se relever, le crime affreux dont vous vous êtes rendu coupable, crime d'autant plus haïssable qu'il a été perpétré contre la personne d'un prêtre de la Sainte Église.

Apparemment, Martin avait décidé de fulminer ses reproches sur le coupable sans lui permettre de l'interrompre un seul instant, et Hughes, rongeant son frein, dut se résigner à le laisser déverser sur sa tête, et cela pendant un grand quart d'heure, les reproches les plus sanglants et les comparaisons les plus injurieuses avec les pires sacripants dont les méfaits illustraient tristement l'Ancien et le Nouveau Testament. Comparé tour à tour à Caïn, à Goliath, à Achab, à Hérode et à Judas Iscariote, le coupable sentit passer sur sa tête le vent des catastrophes à mesure que se développaient les savantes périodes de l'évêque. Après une telle diatribe, ce petit homme rageur allait à coup sûr l'excommunier et mettre son fief en interdit, à moins qu'il ne l'envoyât lui-même, le plus simplement du monde, au bourreau.

Enfin Martin s'arrêta, d'abord pour reprendre haleine et ensuite parce qu'il n'avait plus rien à dire. Hughes entreprit alors de se défendre. Ce fut beaucoup moins long et beaucoup plus clair : il se borna à expliquer, aussi simplement que possible, l'affreux tour que lui avait joué Rinaldo puis exprima, avec la contrition qui convenait, ses regrets sincères de s'être laissé entraîner à un geste aussi grave. Enfin, il attendit, n'ayant, lui non plus, rien d'autre à dire.

L'évêque se pencha vers l'un de ses moines puis vers l'autre, opina du bonnet et, finalement, déclara solennellement :

– Relevez-vous, baron de Fresnoy, et préparez-vous à entendre, en bon chrétien, votre sentence. En expiation du crime exécrable dont vous vous êtes rendu coupable, vous paierez à notre Trésorier dix livres d'argent fin [1] afin que messes soient dites pour le repos de l'âme de votre victime partie vers son Créateur sans avoir reçu les consolations de l'Église...

– Oh ! Un si saint homme en avait-il tellement besoin ?

– ... après quoi, gronda Martin en le foudroyant du regard, vous prendrez la Croix et, puisque vous semblez aimer à tuer vos semblables, vous vous en irez en Terre sainte afin d'y combattre l'infidèle pour la plus grande gloire du Christ-Roi !

Miséricorde, la Croisade ! Hughes n'y avait jamais pensé car il se sentait peu attiré par les mirages brûlants de l'Orient mystérieux et leur préférait de beaucoup les petits brouillards matinaux de ses bonnes terres de Fresnoy. Les récits qu'il avait pu entendre de ceux qui revenaient le confortaient encore dans ses goûts casaniers. En effet, l'enthousiasme

1. La livre d'argent correspondait à 491 g de métal.

batailleur qui arrachait, ici ou là, un baron, un chevalier à sa tour et à sa glèbe pour l'envoyer au hasard des grands chemins et au péril de la mer jusqu'à ces terres brûlées qu'ils atteignaient parfois, lui semblait assez sujet à caution. Car s'il était inspiré par le désir sincère de servir Dieu et de protéger les pauvres pèlerins, le plus souvent ce bel enthousiasme s'adressait surtout au mirage doré du pillage et des femmes à la peau couleur d'ambre que l'on violerait joyeusement dans les maisons infidèles pour la plus grande gloire de Dieu. Maître d'un beau fief, d'un solide château et de bonnes terres, Hughes n'avait aucune envie d'abandonner tout cela à la concupiscence toujours possible d'un voisin – et malheureusement Gerbert, bien que vaillant, n'était pas un homme de guerre – pour s'en aller galoper à la poursuite d'une fortune hypothétique dont il n'avait pas grand besoin.

Bien décidé à batailler pour ne pas y aller, mais conscient du fait qu'il allait falloir mener une délicate négociation pour obtenir d'être dispensé de croisade, Hughes commença par s'incliner avec humilité.

– Les dix livres d'argent seront portées demain, seigneur Martin, mais, avant de quitter cette salle, j'ose implorer Votre Révérence de consentir à m'accorder un moment d'entretien...

– Eh bien, parlez !

– D'entretien sans témoins.

L'évêque commença par froncer le sourcil. Visiblement hésitant, il commença par tripoter sa belle croix neuve, marmonna quelque chose entre ses dents, se racla la gorge et se pencha derechef vers ses moines qui, agitant leurs têtes tonsurées d'un air grave, prirent tout de même le chemin de la sortie.

– Voilà, nous sommes seuls, fit-il avec humeur. Qu'avez-vous à dire ?

– Tout d'abord, je demande permission d'aller prendre, dans le vestibule, un petit coffre que j'ai laissé aux mains de mon écuyer.

Permission accordée, Hughes alla jusqu'à la porte, fit un signe à Bertrand et le délesta d'une boîte, de dimensions réduites, qu'il portait sous son manteau. Puis il revint à l'évêque devant lequel il plia de nouveau le genou.

– Tout-puissant et bon seigneur évêque, dit-il avec hypocrisie, je veux tout d'abord vous redire combien j'ai regret et douleur de ma lourde faute. La colère m'a emporté plus loin que je ne l'aurais voulu devant le désastre que ce malheureux avait causé chez moi en mettant ma dame au courant d'une aventure sans grande importance au fond.

– Il vous plaît à le dire ! Sans importance quand il s'agit d'adultère et que cet adultère est sur le point de porter fruit ? Votre maîtresse est enceinte à ce que l'on m'a dit... et aussi que vous songiez à lui donner la place de votre légitime épouse ? Tout cela, en vérité, est de peu d'importance !

– L'idée de me séparer de dame Hermelinde, mon épouse, ne m'a jamais effleuré, fit Hughes sèchement. Nous n'avons pas encore d'enfants, certes, mais nous attendons sans impatience qu'il plaise à Dieu de bénir notre union quand il le jugera bon. Quant à celle qui est aujourd'hui en attente, je désire pouvoir lui donner l'aide dont elle pourrait avoir besoin tout en cessant, avec elle, nos relations coupables.

Il prit une longue respiration car l'instant délicat était venu, puis ajouta aussi doucement qu'il put :

– Voilà pourquoi, j'ose supplier humblement Votre Révérence de consentir à modifier sa sentence, toute juste et bénigne qu'elle soit, en renonçant à m'envoyer pour le moment en Terre sainte.

– Quoi ! Vous osez en appeler de mon jugement ? s'écria Martin du ton qu'aurait pu prendre Salomon si un lévite quelconque s'était avisé de le contester.

– Nullement, saint évêque, nullement ! J'ai trop de respect pour vous. Tôt ou tard, d'ailleurs, j'en viendrai à prononcer le vœu de croisade pour l'honneur de Dieu et la sauvegarde des pèlerins mais, à l'heure présente, je souhaite demeurer afin de veiller, justement, à ce qu'il n'arrive aucun mal à la malheureuse que j'ai entraînée dans le péché.

– Eh bien, vous partirez quand elle aura mis l'enfant au monde !

– Ce n'est pas suffisant. Songez que son époux peut revenir. En ce cas, qui la défendra de sa juste colère ? Qui l'affrontera en champ clos comme il se doit en pareil cas ? La malheureuse est sans famille, sans défense. Il faudra bien que je me constitue son champion pour lui éviter la mort.

Martin allait dire quelque chose, mais Hughes le prit de vitesse.

– En témoignage de mon respect filial et en gage de ma bonne foi autant que de mon repentir, je me suis permis d'apporter, pour le trésor de l'Église, ce modeste présent.

Il prit le coffret sous son bras et le présenta ouvert à l'évêque. En dépit de son attitude pleine de majesté, celui-ci ne résista pas à la curiosité et tendit le cou.

– Qu'est-ce ?

– Un trésor familial, souvenir du grand roi Hughes, en l'honneur de qui j'ai reçu mon nom et qui l'avait offert à mon aïeul après son élection au trône.

Et Hughes exhiba un large cercle d'or guilloché, d'un beau travail mérovingien, enrichi de quatre améthystes et d'une topaze, qu'il avait en fait gagné à Évrard de Fonsommes, au jeu des tables [1] quelques mois auparavant. Peut-être pourrait-on en faire une couronne pour quelque statue de la benoîte Sainte Vierge ?

– Voyons cela !

Martin prit le bracelet, assez large pour cercler le bras d'un homme vigoureux et le fit jouer un instant dans la lumière des gros cierges qui éclairaient la salle. Puis, sans en avoir l'air, il l'approcha de sa croix pectorale pour voir, sans doute, si la teinte violette des améthystes s'harmonisait. Il brûlait certainement d'envie de passer le cercle d'or à son poignet. Mais il remit la chose à plus tard, reposa le joyau dans son coffret qu'il referma et posa auprès de lui sans parvenir à dissimuler tout à fait un air de satisfaction qui l'empêcha de reprendre le ton abrupt d'auparavant.

– L'intention est louable, mon fils, et nous vous remercions de vouloir honorer Notre Dame. Mais de là à vous dispenser de partir en croisade ! Dix livres d'argent ne sont pas une punition suffisante : il est bon que vous soyez puni de façon publique et sur vous-même.

– On ne punit pas un chevalier en l'envoyant guerroyer, seigneur évêque, et je serais déjà parti si je n'étais retenu ici par les obligations que vous savez.

Un gros pli se creusa entre les sourcils de l'évêque.

– J'entends bien, j'entends bien. Mais il faut que je vous punisse. La justice l'exige et...

Il s'arrêta à temps. Peut-être allait-il ajouter : « Et je l'ai promis à la dame de Ribemont. » Il y eut un petit silence qu'Hughes se garda bien de troubler et, finalement, l'évêque s'écria, comme si l'inspiration venait de lui venir :

– Passons pour la croisade momentanément. Mais, en attendant, faites pèlerinage ! Allez à Rome, par exemple.

– C'est très loin et, encore une fois, je dois veiller à...

– À Compostelle de Galice, alors ?

– C'est presque aussi loin.

L'évêque eut un geste d'agacement.

– Prenez garde à ne pas lasser notre patience ! Vous ne faites guère preuve de bonne volonté.

---

1. C'était en quelque sorte l'ancêtre du jeu de dames.

Nouveau silence au bout duquel il proposa d'un ton maussade :

– Écoutez bien ceci car c'est ma dernière offre : vous irez à Tours, prier au tombeau de notre saint patron vénéré, le grand saint Martin.

Hughes n'en espérait pas tant, et il retint le large sourire qui lui venait.

– Avec joie, mon seigneur ! Avec une très grande joie et avec toute la reconnaissance...

– Je n'ai pas fini, vous irez donc à Tours, mais vous paierez douze livres d'argent !

Interloqué d'abord puis indigné, Hughes de Fresnoy se retint de dire à l'évêque ce qu'il pensait de son chantage. Mais cela aurait grandement compromis la fin d'une négociation dont il n'avait pas tellement lieu d'être fier, car il l'avait menée avec une duplicité et une fourberie qui n'avaient rien de très honorable. Il avait, lui, chevalier adoubé, menti à un serviteur de Dieu, et cela avec une constance remarquable.

Tout en se livrant aux respectueuses salutations d'usage, il songea qu'évidemment il se tirait de l'aventure quelque peu appauvri mais somme toute satisfait. Par contre, il allait lui falloir confesser son chapelet de mensonges à son chapelain. Du moins quand il en aurait retrouvé un, ce qui ne pressait pas autrement.

Huit jours plus tard, le baron de Fresnoy partait pour Tours en compagnie de son écuyer Bertrand.

5

Où Étienne propose un marché...

Une surprise attendait Marjolaine au logis. Étienne était là. Assis sur la pierre de l'âtre, une écuelle entre les genoux, il trempait des châtaignes dans du lait. Il n'était pas arrivé depuis longtemps car son nez était encore bleu de froid et de menus points de givre brillaient ici et là dans ses cheveux couleur de paille.

Il se leva poliment à l'entrée de sa jeune tante et la salua comme il convenait. Il était exactement le même que d'habitude, avec son visage plat et large où les yeux étroits mettaient deux taches verdâtres et la bouche mince qui souriait rarement mais, à partir du cou, les choses changeaient. Ainsi l'habituelle tunique de laine brune avait fait place à un beau drap d'Arras, épais et soyeux, d'une chaude couleur de prune mûre, la chaussure de cuir souple s'était affinée et, posée sur un escabeau, il y avait une cape doublée de vair, visiblement neuve et ornée d'un large fermail d'argent où brillaient des améthystes. Enfin, dans l'attitude du garçon, généralement si modeste, il y avait une assurance nouvelle, quelque chose de triomphant que Marjolaine flaira, comme le chien flaire un danger encore lointain.

Elle planta son regard clair bien droit dans celui du visiteur.

– Peste, mon neveu ! Comme vous voilà mis. Mais vous risquez de gâter vos habits sur cette pierre souillée de cendres. Dame Aubierge aurait dû vous conduire dans la salle.

L'incriminée, occupée à surveiller la préparation d'un pâté d'anguilles au verjus, releva un regard courroucé.

– Voudriez-vous pas aussi, dame Marjolaine, que je donne à ce morveux du monseigneur ? La salle ? Voyez-moi cela ! Et pour quoi faire, s'il vous plaît ?

Marjolaine se permit l'ombre d'un sourire.

– Mais, pour y recevoir comme il convient l'héritier de mon défunt époux. N'avez-vous donc rien remarqué ? Ce n'est plus notre petit Étienne qui nous arrive là : c'est maître Grimaud.

– Maître Grimaud ? Depuis quand est-il passé maître ? La mort de maître Foletier ne lui a pas pour autant conféré la maîtrise et, dans ces conditions, la cuisine est toujours assez bonne pour lui. D'ailleurs, dès son entrée, il a réclamé à manger.

– J'a... j'a... j'avais froid et f... faim ! protesta Étienne qui, lorsqu'il s'énervait, avait tendance à bégayer. Mais je... je ne refuse pas la... la salle, ma... ma tante car j'ai à p... parler de choses importantes... qu'on ne peut dire dans une cuisine ! acheva-t-il tout d'une traite en jetant à Aubierge un regard meurtrier.

– Dans ce cas, venez ! soupira Marjolaine en ouvrant la marche. Dame Aubierge nous fera porter du vin chaud pour achever de vous réchauffer.

Dans la salle, un grand feu flambait dans la cheminée neuve, éclairant les peintures géométriques des murs et la grande tenture de lin, brodée jadis par la mère de Gontran, qui constituait le principal ornement du fond de la pièce. Marjolaine vint tendre ses mains à la flamme après avoir, du geste, invité Étienne à prendre place sur une bancelle.

– Eh bien, fit-elle calmement, qu'avez-vous à me dire, mon neveu ? Je vous écoute.

Étienne ne répondit pas tout de suite. Peut-être cherchait-il ses mots ! En outre, Aubierge venait d'entrer, portant sur un plateau le vin chaud embaumant la précieuse cannelle, et des gobelets. Elle fit toute une affaire de reposer le tout sur un dressoir, d'emplir les gobelets. Étienne la regardait faire et, de toute évidence, il n'ouvrirait pas la bouche tant qu'elle serait là. De son côté, la gouvernante souhaitait visiblement pouvoir mettre son grain de sel dans la conversation. Ce fut Marjolaine qui dénoua la situation.

– J'allais oublier, dame Aubierge ! Le seigneur abbé de Saint-Denis que je quitte à l'instant souhaite recevoir votre visite le plus tôt possible. Laissez la cuisine aux filles et allez-y. Il est à la maison d'œuvre.

Le soupir d'Aubierge aurait fait tomber des murs moins solides.

– J'y vais, fit-elle.

Et elle sortit non sans jeter sur Étienne un coup d'œil qui en disait long sur ses sentiments intimes. Mais l'ordre que Marjolaine venait de donner fournissait au jeune homme une entrée en matière inespérée et il sauta dessus.

– Vous avez vu monseigneur Suger ? demanda-t-il.

– Je le quitte.

– Ah ! Et vous a-t-il dit quand il compte enfin faire justice de l'assassin de mon oncle ? Un tel retard est scandaleux et fait jaser.

– Je ne conseille pas à ceux qui « jasent » d'aller le faire trop près de ses oreilles. Le seigneur abbé est un homme de Dieu, mais il peut avoir la main lourde. Quant à pendre Ausbert Ancelin, il faudrait pour cela être sûr de sa culpabilité.

Une brusque bouffée d'indignation empourpra le visage pâle du neveu de Gontran.

– Sûr de sa culpabilité ? Mais, il a été pris pratiquement la main dans le sac.

– Vous trouvez ? S'il fallait pendre tous les gens qui, un beau matin, trouvent un cadavre à leur porte, on refuserait du monde chaque jour aux fourches patibulaires. Il y a bien assez de bandits qui courent les rues la nuit.

– Et l'outil ? L'outil qui a servi à tuer ? Il n'appartenait pas à ce misérable peut-être ?

Marjolaine répéta ce qu'elle avait dit tout à l'heure :

– Un outil se vole ou s'emprunte.

– Allons donc ! Cela ne tient pas debout ! Cet homme est l'assassin. Qui voulez-vous que ce soit d'autre ?

La sainte indignation qui s'étalait sur le visage plat du garçon souleva le cœur de Marjolaine et lui donna envie de lui taper dessus.

– Ne soyez donc pas si prompt à condamner autrui, mon neveu ! Vous savez ce que dit la Sainte Écriture : ne juge pas, si tu ne veux pas être jugé. Laissez plutôt ce soin à monseigneur Suger qui est prud'homme et plein de sagesse. S'il décide qu'un complément d'information est nécessaire, c'est qu'il a ses raisons.

– Ses raisons ? Je voudrais bien les connaître ! Quant à vous, dame Marjolaine, je vous trouve bien peu ardente à la recherche de la vengeance.

– Quel mauvais chrétien vous faites ! Voilà que vous mélangez encore tout : la vengeance appartient à Dieu. D'ailleurs, pendre un innocent ne ressusciterait pas maître Foletier. Méditez un peu tout cela, mon neveu.

Étienne rougit encore un peu plus : il venait d'avaler d'un coup tout le contenu de son gobelet, d'où Marjolaine conjectura que le moment était venu pour lui de faire connaître le but de cette visite inhabituelle. En effet, il se racla la gorge puis lâcha, non sans se remettre à bégayer, ce qu'il n'avait pas fait tant que la colère lui avait dénoué la langue.

– Ne... ne pourriez-vous... cesser de m'a... appeler votre ne... neveu ? Les cir... constances ne sont plus... les mêmes !

– Je ne vois pas en quoi ? Me devez-vous moins de respect parce que votre oncle n'est plus ? fit Marjolaine avec quelque hauteur.

Brusquement, la timidité d'Étienne s'envola comme se lève un voile de brume. Marjolaine en eut conscience au frisson prémonitoire qui glissa le long de son dos, à la courte flamme qui brilla un instant dans les yeux du garçon.

– Le temps du respect est passé, lui aussi, dit-il d'une voix redevenue curieusement ferme. C'est à présent celui de l'amour.

– De quoi ? dit Marjolaine qui crut avoir mal entendu. Mais, comme il se rapprochait d'elle, et que ses mains levées vers elle tremblaient bizarrement, elle jugea plus prudent de se lever du fauteuil où elle était assise pour en faire le tour et s'en instituer un rempart.

– De l'amour, répéta Étienne, pas désarçonné le moins du monde. Mon oncle est mort : je suis son neveu et l'héritier de son négoce comme vous êtes par votre douaire, héritière d'une belle part de sa fortune. La coutume veut que vous deveniez ma femme et moi je ne souhaite rien de mieux. Quand nous marions-nous ?

Le mariage ? Déjà ? Il y avait décidément quelque chose de changé dans le silencieux et timide Étienne ! Et Marjolaine comprit qu'il allait falloir se battre. En dépit de l'angoisse qui lui venait, elle s'efforça de paraître toujours aussi calme, comme il est d'usage de le faire avec les enfants coléreux ou avec les fous.

– La coutume n'est pas absolue, mon cher Étienne. Quant à vos sentiments envers moi, pour flatteurs qu'ils soient, ils n'entrent pas en ligne de compte car il y a un troisième élément que vous semblez décidé à négliger : moi. Moi, qui n'ai pas la moindre envie de vous épouser.

– Et pourquoi cela, s'il vous plaît ?

– Mais parce que je ne vous aime pas.

– La belle affaire ! Est-ce que, par hasard, vous aimiez mon oncle quand vous l'avez épousé ? Laissez-moi vous dire qu'il n'y paraissait guère.

Marjolaine comprit que sa garde était faible, qu'il fallait trouver autre chose et que seule, peut-être, une volonté bien trempée pouvait la libérer de ce garçon visiblement amoureux et qu'elle savait têtu.

– En effet, je n'aimais pas maître Foletier, dit-elle. Mais mon père avait ordonné ce mariage et je devais obéissance absolue à mon père. À présent je suis veuve et maîtresse de moi-même par-devant Dieu comme par-devant la loi des hommes. Et je dis que je ne deviendrai pas votre femme. Contentez-vous de ce qui vous revient et, d'ailleurs, vous fait riche. Et laissez-moi vivre comme je l'entends. Fondez une famille et oubliez-moi.

– Les biens de l'oncle ne doivent pas sortir de la famille. Si vous alliez vous remarier et les porter à un autre, ce serait une malhonnêteté.

– Dites plutôt que vous ne supportez pas l'idée qu'une partie pourrait vous échapper ! N'insistez pas, Étienne. J'ai déjà dit que je ne vous aimais pas. Ne m'obligez pas à le répéter car je ne veux pas vous désobliger.

Si Marjolaine s'attendait à le voir se troubler, bégayer, pleurer peut-être, elle se trompait lourdement. Tout ce qu'elle vit fut un insolent sourire.

– Que vous m'aimiez ou non est sans importance, Marjolaine. Ce qui compte, c'est que moi je vous aime.

– Que savez-vous de l'amour ? Êtes-vous seulement capable d'aimer ?

– Cela aussi, tout compte fait, est sans importance. Vous êtes très belle et j'ai eu envie de vous le jour de votre mariage. Ce jour-là, je me suis juré qu'un jour je vous tiendrais dans mon lit et vous n'imaginez pas ce que je suis capable de faire lorsque je me suis promis quelque chose.

Le regard vert plongea, impitoyable, dans celui du garçon qui vacilla puis se détourna.

– Je crois que si, fit tranquillement Marjolaine. Mais quoi que vous ayez fait dans ce but ou dans un autre, cela ne vous donnera pas la victoire sur ma volonté. Et ma volonté est la suivante : jamais vous ne serez pour moi autre chose que le neveu de maître Foletier.

– Vous en êtes certaine ?

– Tout à fait certaine.

– Rien ne vous fera changer d'avis ?

– Rien !

– Pas même la possibilité d'être enterrée vivante pour le meurtre de votre mari ?

Un silence pesant comme une pierre s'abattit sur la grande pièce calme. Même le feu cessa de crépiter comme si l'horreur des paroles qui venaient d'être prononcées l'avait gelé. Marjolaine pour sa part crut avoir mal entendu.

– Qu'est-ce que vous venez de dire ? articula-t-elle enfin.

– Que si vous n'acceptez pas de m'épouser, vous serez accusée d'avoir fomenté l'assassinat de votre mari. Vous serez condamnée à mort et, vous le savez, les juges, trouvant la pendaison peu bienséante pour les femmes, préfèrent les enfouir convenablement sous quelques pieds de terre.

Marjolaine eut besoin de tout son courage pour lutter contre la brusque terreur qui l'envahissait. Elle y parvint, non sans peine, en serrant très fort ses mains l'une contre l'autre.

– Il y a un instant, fit-elle d'une voix blanche, vous réclamiez la tête d'Ausbert Ancelin pour le même crime. Il faut savoir ce que vous voulez.

– Je vous l'ai déjà dit : vous ! fit l'autre avec impudence. Au fond, Ancelin ne m'intéresse que jusqu'à un certain point : il fait un coupable très convenable, mais je renoncerai à lui sans peine si vous refusez de devenir mon épouse bien-aimée.

La jeune femme haussa les épaules et se détourna pour ne plus voir cette figure qui lui faisait horreur.

– Sottise ! Je ne vois pas du tout comment vous pourriez faire.

– C'est pourtant fort simple : la Jacqueline Ancelin peut être prise de remords et, avec beaucoup de larmes se souvenir d'un fait qu'elle avait oublié à cause de la peur affreuse que lui inspire l'assassin qui l'a menacée de mort : c'est elle qui a vendu l'outil de son époux... et c'est vous qui l'avez acheté !

– Qui croira une fable pareille ?

– Tout le monde, si elle l'affirme avec assez de force et assez de larmes mais, sur ce point, je lui fais confiance : c'est une excellente comédienne. Mon oncle en a su quelque chose. En outre, que sait-on de vous ? Que vous êtes fille noble, que sans sa fortune vous n'auriez jamais, si jeune et si belle, épousé un pelletier. Dans les quartiers on aime à rester entre soi. Une créature comme vous ne peut inspirer que la méfiance ou la passion. Les hommes vous regardent trop doucement et les femmes pas assez. À part cette vieille folle d'Aubierge et votre Aveline, soyez certaine qu'il n'y en a pas une, vous m'entendez pas une seule, qui ne soit prête à vous croire sorcière ou pire encore ! La mise en accusation de la veuve trouvera tous les échos que je voudrai. Plus encore, peut-être, car une fois l'accusation lâchée, je ne pourrai plus rien pour vous ! Alors choisissez, mais choisissez vite !

Marjolaine savait qu'il avait raison, qu'on ne l'aimait guère, que ce soit à Paris ou à Saint-Denis. Les femmes, en effet, avaient pour elle plus de regards obliques et venimeux que de sourires, tandis que la concupiscence était l'expression qu'elle rencontrait le plus couramment sur le visage des hommes. Elle savait qu'il y avait là un danger réel, mais elle avait trop de courage pour se rendre ainsi sans combat.

– Confidence pour confidence, beau neveu, il ne fait plus aucun doute pour moi que vous avez, peut-être de votre propre main, tué mon époux.

– Pas peut-être ! confirma Étienne avec un sourire cruel. C'est bien moi qui l'ai tué après avoir volé le fameux maillet. Voyez-vous, il se trouve que la belle tonnelière avait aussi des bontés pour moi et, à présent, elle me mange dans la main grâce à certaines promesses que la mort de l'oncle me permet de tenir. Que voulez-vous, c'est une femme qui aime la toilette et qui en a assez de son hameau crotté. Tout comme elle en avait assez de l'oncle et même de son imbécile d'époux. Elle a d'autres ambitions. Un seigneur du voisinage, il me semble.

– Alors, elle refusera de m'accuser puisque cela signifierait le retour au logis de son mari.

– Que vous êtes simple, ma pauvre ! En ce cas, Ancelin pourrait ne plus jamais sortir de sa prison. Un suicide, cela s'achète aussi, vous savez ?

Cette fois, Marjolaine ferma les yeux, malade de dégoût et d'horreur. Elle avait l'impression de s'être penchée sur le plus puant des trous à purin. Pourtant, même contre cela elle entendait lutter encore. Elle rouvrit les yeux, toisa Étienne :

– J'ai aussi le choix du couvent. J'y songeais déjà, en vérité, car les hommes tels que je les vois ne me plaisent guère. Dieu, au moins, est sans surprise.

Le sourire s'accentua, inspirant pour la première fois à Marjolaine une folle envie de tuer. Étienne hocha négativement la tête :

– N'en soyez pas trop sûre. D'ailleurs, je ne vous permets pas le couvent ! C'est moi ou la fosse.

– Le choix est mince. Eh bien, je vous rendrai réponse demain.

– Pour... pourquoi pas tout de suite ? bredouilla Étienne visiblement déçu.

– Parce que j'ai besoin de réfléchir cette nuit. Après tout, conclut froidement la jeune femme, peut-être préférerai-je la mort. J'ai besoin de savoir si le contact de la terre ne me sera pas plus supportable que le vôtre. À présent, partez !

– M... mais !

– Demain, vous dis-je ! Même heure, même lieu ! Je vous attendrai.

Il comprit qu'il n'y avait rien de plus à en tirer et n'insista pas davantage. Reprenant sa cape, il la jeta sur son dos et sortit, non sans lancer un dernier regard à la jeune femme. Debout près de la cheminée, les bras croisés sur sa poitrine, elle fixait les flammes, sur le fond ardent desquelles son fin profil se découpait avec une grâce et une jeunesse exquises. Grimaud eut envie de se jeter sur elle, de la forcer là, sur la jonchée de paille fraîche et de foin odorant qui couvrait les dalles, mais il se maîtrisa. Rien ne servirait de brusquer les choses. Mieux valait sans doute laisser la nuit – et ses terreurs – passer sur Marjolaine. Elle lui inspirerait une crainte salutaire des ténèbres lourdes et gluantes qui l'attendaient.

Il eut, de la main, en franchissant le seuil, un geste dérisoire.

– À demain donc ! claironna-t-il. Je crois que vous ferez le bon choix. Je suis un assez bon garçon, vous savez ? Et puis je suis jeune et je vous aime !

Cette déclaration sans tendresse, jetée presque comme une insulte, n'arracha même pas à Marjolaine un haussement d'épaules. Non qu'elle fût indifférente mais elle demeura, durant un temps dont elle ne put apprécier la durée, privée de toute réaction et de tout sentiment. La cynique et cruelle menace d'Étienne, l'impudence tranquille avec laquelle, se sachant seul avec Marjolaine, il avait avoué son crime, tout cela enveloppait le cœur et l'esprit de la jeune femme d'un carcan glacé. Elle se sentait éteinte comme si l'on avait soufflé son âme à la façon d'une chandelle.

En rentrant de l'abbaye, Aubierge la retrouva à la même place, debout près de la cheminée, le regard fixe, les bras abandonnés le long du corps et si pâle qu'elle paraissait pétrifiée. Et tout de suite la brave femme s'affola, prit Marjolaine dans ses bras, constata que ses mains étaient glacées et que de lourdes larmes glissaient lentement au long de ses joues blanches.

– Mais qu'est-ce qu'il vous a fait ce vilain, mon agneau ? Qu'est-ce qu'il vous a fait pour vous mettre dans cet état ? Sainte Vierge bénie ! Mais regardez-moi cela ! Elle est toute glacée, toute pareille à ce bonhomme que les enfants ont fait avec de la neige la semaine passée, sur le parvis de l'abbaye !

Sans que la jeune femme opposât la moindre résistance, Aubierge la fit asseoir, courut à la cuisine, revint avec un chauffe-doux qu'elle mit sous ses pieds, puis avec un bol de vin très chaud qu'elle lui fit avaler avant de se mettre à lui frictionner le dos et les bras, ne s'arrêtant que lorsqu'elle eut vu les couleurs revenir à son visage.

– Là, voilà qui est mieux ! À présent, il faut tout me dire.

Ce fut vite fait. Marjolaine avait trop besoin d'une épaule pour y poser sa tête, d'une oreille pour y déverser sa peur et son angoisse. L'une et l'autre faillirent bien lui manquer car, en apprenant l'incroyable machination ourdie par Étienne Grimaud, Aubierge crut se pâmer tout de bon. Mais c'était une femme qui récupérait vite : trois signes de croix, l'absorption vertigineuse de tout ce qui restait de vin aux herbes et elle était à nouveau prête à affronter la vie et les hommes.

Elle trouva tout de suite une solution radicale.

– Il faut nous débarrasser de ce misérable !

– C'est aisé à dire, bien moins à faire, dame Aubierge ! Qu'on le trouve mort et la femme parlera. Elle doit être bien payée. Je gage qu'il lui a donné toutes ses économies.

– ... ou ce qu'il a pu voler en vendant clandestinement des peaux ! Alors, il faut trouver la femme.

– C'est impossible ! Elle est cachée paraît-il. Peut-être même chez ce seigneur dont Étienne prétend qu'il lui veut du bien...

– Si bien cachée qu'elle soit, le seigneur abbé devrait avoir le pouvoir de la faire chercher.

– Et que dira-t-elle ? Elle m'accusera.

– À moins qu'on ne lui fasse avouer son mensonge sous la torture ! On a des moyens et, si elle avoue avoir trafiqué avec l'héritier de la victime, on pourrait lui poser d'autres questions. Ne fût-ce que si elle admet vous avoir vendu l'outil.

– Il n'y a aucun crime à vendre un innocent outil à une dame mystérieuse et riche quand on est une pauvre femme sans cesse à court d'argent. En outre, il se peut qu'Étienne ait raison quand il dit qu'on ne m'aime guère.

– Possible. Mais moi je vous aime et je suis capable de retourner les plus solides commères.

Avec un sourire triste, Marjolaine caressa sa joue ridée.

– Pas en face des hommes de justice, ma pauvre amie. On en a trop grand-peur. Et quand cette peur s'accorde avec l'envie de nuire à quelqu'un, personne ne peut grand-chose. Il faut que je trouve une autre solution.

– Vous n'allez tout de même pas accepter d'épouser ce monstre ? demanda Aubierge inquiète.

– À aucun prix ! Même si je dois y laisser la vie. Mais j'avoue que, pour l'instant, je ne sais pas du tout ce que je vais faire. Peut-être fuir cette nuit, aller m'enfermer dans un couvent éloigné dont je ne sortirai plus. Si Étienne me dénonce, cela n'aura plus d'importance puisque la justice des hommes s'arrête au seuil de la maison de Dieu.

– Autrement dit, ce sera une autre sorte d'enterrement et ce misérable pourra profiter en paix de la totalité des biens de sa victime. Je vous jure bien, moi, qu'il n'en profitera pas longtemps.

– À moins qu'il ne vous supprime vous aussi, ma pauvre Aubierge. Croyez-moi, il est capable de tout. Alors, à quoi bon vous exposer inutilement ?

– C'est ce que nous verrons. Quelle histoire, mon Dieu ! Et moi qui étais si contente de vous rapporter une bonne nouvelle !

– Laquelle ?

– Le pauvre Ancelin ne sera pas pendu ! Monseigneur l'abbé, avec qui j'ai parlé longuement, a décidé de s'en remettre au Seigneur pour trancher la question, aucune preuve n'existant de l'innocence ou de la culpabilité de ce malheureux. Un jugement de Dieu en quelque sorte.

Marjolaine fronça le sourcil.

– L'ordalie ? Je n'aime pas cela car, selon la façon dont on la pratique, elle ne signifie rien. Des innocents paient alors pour les vrais coupables qui n'y sont pas soumis. Que va-t-on faire subir à ce malheureux Ancelin ? On va le jeter à l'eau, le faire marcher sur des socs de charrue rougis au feu, lui faire traverser un buisson enflammé ?

– Rien de tout cela. L'esprit du seigneur abbé est trop éclairé pour se payer d'une telle monnaie. Il va remettre seulement le prisonnier à la merci de Dieu : maître Ancelin partira en Galice avec le pèlerinage de Saint-Jacques-de-Compostelle.

– Vraiment ? fit la jeune femme dont le visage s'éclaira comme sous un rayon de soleil. Quel homme de bien est monseigneur Suger ! La route est dangereuse à ce que l'on dit, mais la plus grande partie de ceux qui s'y engagent en reviennent vivants.

– Ce sera plus difficile pour votre protégé, dame Marjolaine. Ancelin doit partir pieds nus, enchaîné et gardé. Je crois, moi, qu'il a peu de chances de s'en tirer.

Le regard de la jeune femme se couvrit d'un nuage.

– Pieds nus et enchaîné ! Mais pourquoi ? N'est-ce pas tenter de peser sur le jugement de Dieu ? Et nous savons, nous, qu'il est innocent puisque le coupable a avoué. Qu'il parte pour Compostelle, c'est bien car, au fond, cela le mettra à l'abri des entreprises de ses ennemis, mais pas enchaîné, pas pieds nus. Il risque d'en mourir avant le tombeau de l'apôtre.

– L'abbé ne peut pas faire autrement. C'est déjà beau qu'il lui évite la corde. Songez que l'homme est réputé coupable et que c'est faire preuve d'une grande mansuétude que de le laisser en vie.

– Pour combien de temps ? sanglota Marjolaine.

– Je vous en supplie, calmez-vous ! L'homme est jeune et solide. Les autres pèlerins l'aideront. Il faut cesser de vous tourmenter pour lui à présent que vous êtes certaine qu'on ne le pendra pas. Oubliez-le ! C'est à vous qu'il faut songer, à vous qui êtes en si grand danger.

– Que puis-je faire ?

Soudain très lasse, Marjolaine se laissa tomber sur un escabeau. Un instant, elle avait oublié la menace qui pesait sur elle pour ne songer qu'à l'homme si injustement condamné. À présent le choix impossible qu'on lui infligeait s'imposait de nouveau à elle avec une insistance d'autant plus cruelle. La voix d'Aubierge lui parvint comme perdue dans le brouillard.

– Pourquoi n'iriez-vous pas à la Pêcherie ? Vous avez un père, des frères. Ils vous protégeraient.

– Pas contre les gens du roi, et c'est le premier endroit où Étienne me ferait chercher. En outre, mon père est malade. J'ai appris qu'il boit beaucoup depuis mon mariage. C'est ma mère à présent qui mène tout à la maison et elle n'a pas envie de se souvenir trop souvent de sa fille bourgeoise.

– Après tout ce que cela lui a valu ? Ce n'est pas possible, mon agneau, vous vous trompez.

– Oh si, c'est possible.

C'était même certain. Une fois le manoir de la Pêcherie rénové et les coffres familiaux plus confortablement remplis par la générosité de Foletier, dame Richaude avait subtilement espacé des relations qui, à la mort du pelletier, étaient devenues pratiquement inexistantes. Renier, le frère aîné, qui avait brillamment servi sous le seigneur de Marle et qui promettait de devenir un guerrier exemplaire, allait être prochainement armé chevalier. Son adoubement, qui ouvrirait pour lui la voie des fructueux tournois et des aventures lointaines, était à présent la grande affaire de sa mère. D'autant que l'on parlait aussi, pour lui, d'épousailles avec la plus jeune des filles du seigneur d'Ostel.

Mais ni pour la chevalerie ni pour les noces de Renier, on ne se souciait, chez les Bruyères, de voir figurer Marjolaine et son peu décoratif époux, bien que la bourse du pelletier parisien eût été mise à contribution discrètement pour le ruineux équipement du futur chevalier. Et la mort de Gontran ne changeait rien à la chose, bien qu'elle soulageât grandement la noble dame en supprimant un créancier qui risquait, à la longue, de devenir encombrant. Quant à Marjolaine, le grand deuil où elle se trouvait dispensait de l'inviter à des fêtes. Ce que l'on n'eût pas fait de toute façon, sa situation la mettant en quelque sorte au ban de la famille.

Par la suite, sans doute, dame Richaude se réservait de faire de nouveaux appels à la bourse de sa bourgeoise de fille, tout en la maintenant tout de même à une certaine distance d'une noblesse dont elle était déchue...

Tout cela, Marjolaine le savait et s'en attristait, mais elle était certaine que, dans de telles conditions, il ne pouvait être question pour elle de demander asile à la Pêcherie, et encore moins si elle se retrouvait sous le coup d'une accusation de meurtre. Une pareille tache, en effet, se révélerait indélébile et replongerait tous les Bruyères mâles et femelles dans les ténèbres extérieures où il n'est que pleurs et grincements de dents. Autrement dit, dans une situation encore plus désastreuse que celle dont le mariage de Marjolaine les avait tirés.

Indignée, Aubierge qui, au demeurant, n'avait guère d'illusions sur les sentiments maternels de la dame des Bruyères, en appela solennellement à la vengeance du Ciel, mais admit, non sans regrets, qu'en fait on en était toujours au même point.

– Il faut pourtant trouver une solution, soupira-t-elle en se penchant pour tisonner les braises de la cheminée et y remettre quelques bûches. Vous ne pouvez épouser l'assassin de votre mari, mon agneau, ni vous laisser condamner sottement à... oh ! c'est tellement affreux que je ne peux même pas prononcer ces mots-là !

Elle s'arrêta soudain, le tisonnier brandi comme si une inspiration céleste venait de la frapper.

– Et si j'allais un peu raconter tout ça au seigneur abbé ?

– C'est inutile. Tout à l'heure, quand je lui ai confié ma conviction de l'innocence de ce pauvre Ancelin, j'ai bien vu qu'il était très surpris, sinon indigné. Il doit penser que je m'accommode trop aisément de mon veuvage et de là à accueillir favorablement une accusation d'incitation au meurtre...

– Mais elle ne tient pas, cette accusation ! Il suffit de vous connaître.

– Et justement il ne me connaît pas. Pas assez, tout au moins, dit Marjolaine doucement. Je suis, pour lui, une fille pauvre qui a épousé par intérêt un homme riche.

– ... sur l'ordre de ses parents !

– Qu'en sait-il ?

– Allons donc ! Comme si, de nos jours, une fille de noblesse pouvait se marier sans la bénédiction des siens.

– Peut-être. Mais je peux avoir souhaité ce mariage. Il existe aussi des enfants difficiles pourvus de parents faibles.

– C'est ridicule !

Découragée, Aubierge se laissa tomber sur la pierre de l'âtre aux pieds de la jeune femme et se mit à pleurer. Elle sentait bien qu'il n'y avait pas grand-chose à faire, que le piège, pour grossier qu'il fût, avait été bien tendu et qu'à moins d'un miracle, il faudrait que Marjolaine en passât par l'une ou l'autre voie de cette alternative : épouser l'immonde Étienne ou se laisser exécuter d'abominable façon.

Durant un long moment, le silence ne fut troublé que par le crépitement du feu, les sanglots de la gouvernante et le bruit que faisaient les servantes, occupées au ménage dans les hauteurs de la maison ou au soin de la volaille dans la basse-cour. Immobile sur son siège, Marjolaine se laissait aller à un engourdissement de tout son être qui apaisait un peu les battements angoissés de son cœur. Elle n'avait pas le courage de chercher les mots qui eussent consolé Aubierge et elle la laissait pleurer parce qu'elle ne savait pas quoi lui dire. D'ailleurs était-ce elle qui avait le plus grand besoin de secours ?

Au bout d'un moment, celle-ci se releva lourdement, essuya ses yeux à un coin de son tablier et soupira :

– Il faut que j'aille veiller au dîner, dame Marjolaine.

– Je n'ai pas faim du tout.

– Il faudra vous forcer. L'esprit marche mieux quand l'estomac reçoit son content. Ensuite, j'irai prier monseigneur Saint-Denis et madame la Vierge et la Bienheureuse Aubierge, ma sainte patronne, et Notre Doux Seigneur de nous prendre en pitié.

Elle se dirigea vers la porte en traînant les pieds, courbée sous le poids d'un chagrin qui la dépassait. Mais, au seuil, soudain elle se retourna.

– Que Dieu me pardonne ce que je vais dire, dame Marjolaine, mais il me semble que la meilleure solution est encore d'épouser ce chenapan parce que, voyez-vous, la mort n'offre pas d'issue. Un mariage, on peut toujours en sortir et, s'il ne tient qu'à moi, cela ira peut-être plus vite que vous ne pensez. Il est des recettes, des herbes que l'on peut accommoder. Il y a aussi les champignons.

Marjolaine l'arrêta d'un geste.

– N'en dites pas plus, ma bonne Aubierge. Je vous crois bien capable de mettre votre âme en péril pour me sauver. Mais cela, je n'en veux à aucun prix. Il faut que je trouve toute seule ce que Dieu attend de moi. Allez, à présent, je vais monter me changer.

En quittant la salle, Marjolaine trouva Aveline derrière la porte. Assise sur la dernière marche de l'escalier, elle pleurait comme une fontaine, sa tête rousse enfouie dans son tablier.

– Eh bien, mais que fais-tu là ? s'exclama la jeune femme.

La petite releva vers elle un visage tout brouillé de larmes.

– J'ai tout entendu, hoqueta-t-elle. Je... je ne veux pas que vous... mouriez !

Sa désolation était si évidente que Marjolaine ne put s'empêcher de sourire.

– Alors tu veux que j'épouse Étienne, toi aussi ?

– Oh non ! Pas ça non plus !

– Je n'ai pas beaucoup de choix, tu sais ? Que ferais-tu à ma place ?

– Il faut fuir ! Il faut s'en aller loin, très loin, là où il ne pourra pas nous retrouver. Car, bien sûr, j'irai avec vous !

C'était la première fois qu'Aveline la peureuse laissait paraître son affection pour sa jeune maîtresse. Il fallait qu'elle aimât bien fort Marjolaine pour lui proposer de s'en aller ainsi avec elle au loin, au péril des chemins, n'importe où mais là où ni Étienne ni le bourreau ne pourraient les atteindre.

Marjolaine se pencha sur le rond visage mouillé et l'embrassa, puis s'assit sur la marche à côté d'Aveline.

– Où pourrions-nous aller ?

– En pèlerinage, par exemple. Là où l'abbé veut envoyer le pauvre maître Ancelin. C'est loin ?

– Très loin. Et puis le pèlerinage ne part qu'à Pâques. Et, de toute façon, Étienne ne me permettra pas de m'éloigner. Tu as entendu ? Je dois lui rendre réponse demain, sinon...

– Alors il faut partir cette nuit, tout de suite.

– Toutes les deux sur les grands chemins ? À la merci des brigands ? Nous sommes trop jeunes.

– Et puis surtout vous êtes trop belle. C'est difficile de passer inaperçue quand on a votre figure. Tout le mal vient de là.

Marjolaine regarda la petite avec étonnement.

– Tu es sûre ?

– Si je suis sûre ? Je pense bien ! Si vous étiez un laideron ou simplement une fille ordinaire, l'Étienne vous laisserait bien tranquille. D'ailleurs, maître Foletier ne se serait pas assotté d'amour pour vous. Et puis, vous voyez bien qu'il y a pas beaucoup d'hommes ou de garçons qui ne vous regardent doucement.

– Tu exagères. Je m'en serais aperçue.

– Mais vous vous en êtes aperçue ! Prenez le garçon qui taille les images à l'abbaye et les amis de maître Foletier qui savent si bien vous regarder par en dessous quand ils viennent festoyer à la maison. Et Colin, le jardinier qui passe des heures la nuit devant votre fenêtre à rêver aux étoiles, même quand il n'y a pas d'étoiles et qu'il pleut à plein temps, ou qu'il neige, ou qu'il gèle.

– Colin ?

Marjolaine ne put s'empêcher de rougir, se rappelant soudain le rêve qu'elle avait fait à la fin de la nuit. Ainsi, le jeune homme lui aussi pensait à elle ? Et peut-être même était-il malheureux à cause d'elle ?

– Eh oui, Colin à qui j'ai vu des larmes de colère dans les yeux quand, au verger, le maître vous baisait la bouche ou vous mettait la main sur le sein. Même que ça ne devait pas vous être tellement agréable à vous non plus.

– Pas tellement, non. Mais c'était mon époux et il avait tous les droits.

– Des droits que l'Étienne il veut s'adjuger en héritage. Marchez, dame Marjolaine ! Depuis que je vous sers j'ai bien souvent pensé que, dans certains cas, c'était pas un cadeau du ciel d'être trop jolie. Il aurait fallu que vous soyez la dame d'un jeune et beau seigneur qui vous aurait aimée, servie, adorée comme notre reine Aliénor prétend qu'il faut en user avec les dames et qui vous aurait gardée bien à l'abri d'un château où vous auriez été la reine des fêtes. Mais, à présent, vous n'avez même plus votre vieil époux pour vous protéger des galants.

– Et aucun jeune et beau seigneur n'acceptera plus jamais de prendre pour sa dame la veuve d'un bourgeois. Il faut donc me défendre seule. Le malheur, c'est que je ne sais pas comment. Je ne peux tout de même pas, en un seul jour, vieillir ou devenir laide.

Elle s'arrêta brusquement, traversée par une idée terrible mais qui, peut-être, arrangerait tout, lui laisserait une vie à consacrer à Dieu et écarterait d'elle l'impensable idée d'unir, pour éviter une mort qui l'épouvantait, son sort à celui d'un assassin.

Marjolaine se releva et obligea Aveline à en faire autant.

– Va me chercher Colin et amène-le dans ma chambre. Je veux lui parler.

Aveline brûlait visiblement de poser des questions et de se faire expliquer un ordre aussi étrange, mais Marjolaine savait prendre certain air que n'eût pas désavoué dame Richaude et qui ôtait toute envie d'indiscrétion. La petite partit sans demander son reste, tandis que sa maîtresse remontait lentement vers sa chambre tout en songeant à cette idée qui ne pouvait lui avoir été inspirée que par le Seigneur en personne.

Un instant plus tard, Colin pénétrait dans cette chambre dont il rêvait si fort, selon Aveline. Celle-ci le fit entrer puis, sur l'ordre de Marjolaine, s'éclipsa non sans désappointement. D'autant que la jeune femme lui avait formellement interdit d'écouter aux portes.

– Vous m'avez demandé, dame ? bredouilla le garçon en martyrisant le bonnet qu'il avait ôté de sa tête en entrant.

– Oui. Aveline prétend que je peux compter sur ton dévouement. Est-ce vrai ?

Une étincelle s'alluma dans les yeux gris du garçon et les fit vivre subitement d'une ardeur inhabituelle, mais ce fut tout. Sa voix demeura paisible pour répondre :

– Commandez, dame ! Vous jugerez par vous-même.

– Bien. Alors ce soir, après vêpres et quand la nuit tombera, tu selleras ma mule et tu te prépareras à m'accompagner. Mais tu ne diras rien à personne.

– Je ne dirai rien si c'est votre vouloir. Où irons-nous ?

– Je veux aller près du nouveau marché aux Champeaux [1]. Connais-tu l'endroit et ceux qui l'habitent ?

– Je le connais mais ce n'est pas un lieu où il faut aller la nuit. Surtout une dame.

– Il faut pourtant que j'y aille. J'y veux voir un homme dont on m'a parlé, qui possède d'étranges pouvoirs et sait faire bien des merveilles. On l'appelle Sanche le Navarrais, ou Sanche le Mire.

Le visage de Colin vira d'un seul coup au rouge ponceau.

– C'est Sanche le Sorcier qu'il faut dire, et tout ce qu'il mérite, c'est une pile de rondins et une brassée de fagots entassés devant sa maison pour y mettre le feu ! En tout cas, je ne vous conduirai pas chez cet homme-là. C'est déjà bien trop que vous sachiez qu'il existe.

– Que lui reproches-tu toi ? T'a-t-il fait quelque chose, à toi ?

1. Ce marché devait devenir plus tard les Halles de Paris. Il se tenait hors les murs de la ville, près de ce qui est devenu le cimetière des Innocents. Louis VI l'avait installé en 1135 et Louis VII l'avait agrandi en 1141 pour y installer les marchés de la place de Grève et de la place Baudoyer qui encombraient trop la ville.

– À moi non. Je sais même des gens qui prétendent, ou plutôt qui chuchotent, qu'ils ont été guéris par lui de vilaines maladies, mais on dit aussi qu'il sait faire des monstres pour les foires et pour les confréries de mendiants. On dit qu'il sait empêcher les enfants de grandir pour qu'ils deviennent des nains qu'on lui paie très cher.

– On dit cela, vraiment ? Comment se fait-il, alors, qu'il ne soit pas déjà en prison ou même brûlé ? Notre roi Louis, que l'on dit si pieux et si prud'homme, devrait-il laisser vivre à sa porte ce suppôt du démon ?

– Notre sire l'ignore sûrement. Quant aux gens du quartier, ils en ont peur et se tiennent bouche cousue. D'ailleurs on dit qu'un important personnage le protège et qu'une fois – il y a bien six ou sept ans – il a été dénoncé. Le guet est venu le chercher. Mais le lendemain matin il était revenu chez lui comme si de rien n'était et le dénonciateur a été trouvé égorgé dans les fossés de la ville. Alors, les gens préfèrent le supporter. D'autant qu'il sait rendre quelques services.

– Quel genre de service ?

– Faire passer l'enfant d'une fille, ou guérir les coliques – ou je ne sais quoi d'autre. Moi je ne suis jamais allé chez lui et vous n'irez pas davantage. Et d'abord, pour quoi faire ?

– Cela ne te regarde pas ! fit Marjolaine avec hauteur. Ce n'est pas à toi de poser des questions. Si je veux voir cet homme c'est que j'ai, pour cela, mes raisons. Mais, dis-moi, aurais-tu peur ?

– Je n'ai peur de personne, sauf pour vous, dame ! Ce Sanche est un mauvais homme. Il porte le mal sur sa figure qui est noire et tordue mais qui doit être encore moins noire que son âme. Vous ne pouvez aller chez lui.

– Est-ce là ton obéissance, ton dévouement tant vantés ?

– C'est justement parce que je vous suis dévoué que je ne vous conduirai pas chez le diable.

Il y eut un court silence, puis Marjolaine haussa les épaules.

– Fort bien ! Tu ne m'y conduiras pas. D'ailleurs tu ne me conduiras plus nulle part car, dès demain, tu quitteras cette maison.

Le dos de Colin, si droit l'instant précédent, se plia sous sa condamnation comme sous le fouet, tandis que des larmes montaient à ses yeux.

– Dame ! implora-t-il, vous savez bien que j'aime mieux mourir que quitter votre service. Vous savez bien que je suis prêt, à n'importe quel moment, à vous suivre jusqu'en enfer si vous l'exigez.

– Je ne t'en demande pas tant. Seulement de m'accompagner chez ce Sanche. Mais je ne t'interdis pas de prendre de quoi nous défendre en cas de besoin.

Elle leva la main pour le congédier, mais il ne bougea pas.

– Eh bien, qu'attends-tu ?

– Avec votre permission, dame, j'aimerais vous demander quelque chose ?

– Quoi ?

– Qui vous a parlé du Navarrais ?

– Cela a-t-il de l'importance ?

– Oui. Parce que c'est un péché d'apprendre à une dame telle que vous qu'il existe des gens tels que lui.

– Ne dis pas de folies. Madame la reine elle-même entend parler de bandits, de sorciers et de pire encore peut-être. Je ne suis ni si fragile ni si précieuse.

– Pour moi, si !

Elle eut un sourire.

– Tu n'es qu'un enfant. Va, à présent, et songe à exécuter scrupuleusement mes ordres. Et pas un mot à qui que ce soit.

Il sortit cette fois et Marjolaine écouta décroître le bruit de ses pas. Puis étouffa un soupir. Pauvre garçon ! S'il soupçonnait seulement ce qu'elle comptait faire chez Sanche le Mire, il refuserait avec horreur et rien sans doute, ni prières ni menaces, ne pourrait le convaincre de l'accompagner, cette nuit. Pourtant c'était la seule issue que lui laissait le piège trop bien tendu dans lequel Étienne l'avait jetée, la seule qu'elle pût emprunter sans encourir la colère de Dieu.

Lentement elle se leva, alla jusqu'à un étroit miroir d'argent poli qui mettait une lumière près de la fenêtre et s'y contempla longuement, passant sur les contours de son visage et sur la douceur de ses joues une main qui tremblait un peu. Ce qu'elle avait décidé l'effrayait et l'angoissait même, mais cela représentait le prix de sa liberté car c'était l'unique et rapide moyen qu'elle possédât de faire lâcher prise à Étienne et d'éviter l'abominable mort dont il la menaçait. Elle aurait sans doute le droit, après cela, d'aller où elle voudrait. Dans un couvent peut-être, une fois rempli le devoir qu'elle se traçait afin de réparer, dans la mesure de ses moyens, le mal fait par le neveu de Gontran : partir, au jour de Pâques, avec les pèlerins de Monseigneur saint Jacques afin de veiller, autant qu'elle le pourrait, sur l'homme injustement condamné et d'essayer d'empêcher que ce terrible voyage soit pour lui le dernier.

Avec un soupir, Marjolaine s'arracha au trop joli reflet du miroir, ce miroir que demain elle donnerait à Aveline. Puis elle alla s'agenouiller devant une petite Vierge de pierre noire que Gontran lui avait offerte au moment de leurs épousailles, qui emplissait de sa silhouette une niche creusée dans le mur et devant laquelle une veilleuse brûlait aux heures d'oraisons. Sur son genou, Marie portait l'enfant-Dieu, aussi raide qu'elle-même mais, en dépit de la gravité un peu sévère de leurs deux visages, Marjolaine aimait cette petite statue et lui adressait la meilleure part de ses prières.

Cette fois, plus que jamais, elle éprouvait le besoin d'obtenir le secours divin pour affronter jusqu'au bout l'épreuve terrible qui allait venir. Durant des heures, elle demeura là, priant éperdument, presque avec affolement dans les premiers instants, puis de plus en plus calmement à mesure que le lénifiant engourdissement des longues oraisons pénétrait ses nerfs. Sa porte demeura close tout le jour car elle refusa de se laisser distraire, que ce fût par Aveline inquiète de ce soudain besoin de réclusion ou par dame Aubierge qui prétendait l'obliger à se nourrir. Mais quand revint la triste nuit d'hiver, Marjolaine avait atteint une sorte de sérénité, un peu factice peut-être mais qui, l'obligeant à se sublimer, lui faisait rejoindre ce chemin étrange qui mène au martyre joyeusement accepté.

Lorsqu'elle se releva, les genoux raidis mais l'esprit flottant très loin au-dessus de la terre, Marjolaine était plus fermement que jamais ancrée dans sa décision de rencontrer Sanche le Navarrais et d'en obtenir ce qu'elle voulait. Et quand vint le moment de rejoindre Colin, ce fut avec des gestes fermes et précis qu'elle enroula un voile sombre autour de son visage et s'enveloppa d'une épaisse et ample cape noire. Puis, sur un dernier signe de croix, elle quitta sa chambre.

6

Sanche le Mire

La maison de Sanche le Navarrais ou le Mire était située non loin de la route de Flandre, entre le nouveau marché aux Champeaux et l'antique cimetière vieux de deux siècles au moins, que l'on appelait depuis peu le cimetière des Innocents. Cela tenait à ce que l'église voisine, élevée par le feu roi Louis VI le Gros et dédiée alors à saint Michel, avait changé de nom par la grâce de son fils, Louis VII le Jeune, qui jugeait préférable de placer plutôt l'église sous l'invocation des jeunes victimes d'Hérode le Sanguinaire. C'était une maison biscornue et un peu de guingois qui ressemblait assez à une vieille en bonnet légèrement prise de boisson par la vertu d'un toit pointu et décalé. Mais c'était un logis fait de bonnes pierres car il n'était rien d'autre qu'un ancien tombeau romain écroulé dont l'habileté du Navarrais avait su tirer un logis convenable. Et, si la porte était basse elle n'en était pas moins armée de pentures de fer qui lui assuraient une solidité à toute épreuve et garantissaient l'occupant des voleurs et bandits de tout poil, auxquels la mauvaise réputation de l'ancien tombeau n'aurait pas inspiré une crainte suffisamment salutaire.

Dans les ombres incertaines de la nuit, la maison et l'unique œil rouge qui découpait l'étroite fenêtre évoquaient la forme monstrueuse d'un cyclope accroupi ; Marjolaine, en la découvrant, sentit un désagréable frisson glacé courir le long de son dos. Le lieu était sinistre avec son horizon barré par les murs de Paris. Le brouillard nocturne les grandissait encore en cachant les chemins de ronde et les feux des guetteurs. Plus lugubre était le pilori tout neuf que l'on avait installé à l'un des angles de la halle dont les carcans vides semblaient toujours attendre quelque victime et rappelaient perpétuellement la cruelle justice du temps.

Marjolaine n'avait pas besoin de ce rappel pour y songer. Pourtant, arrivée devant la porte du Navarrais, elle resta là un moment à la regarder avec autant d'angoisse que si elle eût été la porte de l'enfer. Son cœur battait à tout rompre dans sa poitrine que la peur étreignait.

Avec l'instinct de ceux qui aiment, Colin sentit son hésitation.

– Dame, souffla-t-il, retournons ! Il est encore temps. Croyez-moi, vous n'avez rien à faire dans cette maison et seul le mal peut vous y advenir.

– Il m'adviendra plus grand mal encore si je n'y entre pas. Il faut que j'y aille. Aide-moi plutôt à mettre pied à terre car je n'y vois goutte. Puis tu m'attendras ici.

– Ça, n'y comptez pas. Je ne vous laisserai pas entrer seule chez ce sorcier.

– Ne me rends pas les choses plus difficiles, Colin ! Tu sais bien que tu dois m'obéir.

– Je sais. Eh bien, vous me chasserez demain si vous voulez, mais cette nuit je resterai auprès de vous. Je dois vous garder et je ne manquerai pas à mon devoir. J'en jure le Dieu tout-puissant !

Marjolaine comprit qu'elle n'en viendrait pas à bout si facilement et elle se reprocha d'avoir choisi Colin pour cette expédition nocturne, plutôt que Guillot ou n'importe quel autre serviteur. Mais il était vraiment le seul qu'elle eût envie de traiter en ami et, pour ce qui l'attendait, c'était justement d'un véritable ami dont elle avait le plus grand besoin. Mais qu'allait-il dire, qu'allait-il faire quand il saurait quel genre d'aide elle était venue chercher auprès du Mire ?

– Écoute-moi bien, Colin. Si je te laisse entrer avec moi, ce sera à une seule condition.

– Dites toujours.

– Quoi que tu puisses voir ou entendre, tu ne diras pas un mot, tu ne feras pas un geste. Ce que je vais demander à cet homme est une chose terrible, mais retiens bien ceci : c'est pour moi une question de vie ou de mort.

– De... mort ? Vous ?

– Moi. Je te supplie de me croire, Colin. Un danger terrible me menace si cet homme ne fait rien pour moi : je devrai choisir entre un mariage abominable et le bourreau. Je ne peux pas t'expliquer.

– N'expliquez rien, mais sachez que je suis prêt à tuer quiconque vous menace. Allons-nous-en !

– Non. Tant qu'il me restera une chance d'échapper sans crime, on ne tuera personne, fit-elle si durement que Colin baissa la tête. À présent, tu choisis de rester à moi ou de partir sur-le-champ. Mais sache que si tu m'empêches de faire ce que je veux, je choisirai la mort et je te maudirai tout le temps qu'il me restera encore à vivre. À présent, choisis !

Pour toute réponse, Colin cogna sur la porte, de son poing fermé, avec tant d'énergie qu'il l'ébranla.

– Allez seule, alors ! J'attendrai ici. Vous n'aurez qu'à appeler si vous avez besoin de moi.

– Qui va là ? fit à l'intérieur de la maison une voix volontairement assourdie.

– Une dame, répondit Colin, une dame qui veut vous parler.

– Elle a une drôle de voix, la dame. Nommez-vous !

– Je suis dame Foletier, intervint Marjolaine. Je vous en prie, ouvrez-moi !

Silencieusement, la maison ouvrit sa bouche rougeoyante qui parut à la jeune femme la gueule même de l'enfer. Quant à l'homme qui y inscrivait sa silhouette contrefaite, il semblait tellement accordé à son ambiance que Marjolaine eut un mouvement de recul. Petit, tordu, sec comme un vieil olivier dont il avait la couleur, Sanche le Navarrais, avec son visage grimaçant, ses yeux de braise, sa barbe pointue et ses cheveux noirs qui pendaient raides sous son bonnet noir fourré, offrait du diable une image presque trop réussie. Mais sa voix, à la fois profonde et veloutée, était une joie pour l'oreille et distillait une étrange douceur.

– Entrez, dame, dit-il courtoisement. La maison vous est ouverte. Vous n'avez rien à craindre de moi.

Alors, elle entra et, avec une soudaine décision, referma la porte derrière elle, se coupant ainsi volontairement du reste de l'univers. Le sort en était jeté et elle était prête à affronter le destin qu'elle se choisissait. Plus rien ne devait la faire revenir en arrière.

Lentement et comme attirée par le regard étincelant du Mire, elle descendit les quelques marches qui menaient à l'unique pièce ronde, un peu en contrebas et qui était l'ancienne chambre funéraire. Le tout sans rien voir du décor cependant étrange de cette encore plus étrange demeure : ni la table, faite d'une dalle de pierre qui supportait un étonnant bric-à-brac de fioles, de bottes d'herbes, de pots fermés par des morceaux de vessie de porc, de vases aux formes bizarres, ni le foyer central flambant autour d'un trépied de fer dont les fumées se perdaient dans les hauteurs de la voûte pour rejoindre le trou pratiqué sur le toit, ni le grand coffre peint de couleurs vives, ni la chaire d'ébène poli garnie de coussins d'un rouge fané qui se dressait, superbe et insolite, dans cet antre de sorcier au milieu d'un menu peuple d'escabeaux plus ou moins bancals.

Ce fut pourtant vers elle que le regard de Sanche conduisit sa visiteuse avant que, du geste, il lui fît signe de s'asseoir, restant debout devant elle, les mains perdues au fond des manches de sa robe noire usagée et de coupe presque monastique, mais dont les plis étaient resserrés autour de son corps maigre par une belle ceinture de cuir ouvragé.

Un moment, tandis qu'en déroulant lentement le voile qui enveloppait sa tête Marjolaine s'efforçait de calmer les battements désordonnés de son cœur, Sanche scruta le ravissant visage, si pâle sous le cerne las des yeux, qui se révélait à lui, mais sans rien laisser paraître de ses impressions. Simplement, il attendait que sa visiteuse parlât.

– Je vous remercie, finit-elle par dire d'une voix un peu enrouée, de me recevoir à une heure si tardive car vous ne savez même pas qui je suis.

– Croyez-vous ? Comment ne pas connaître la jeune et noble épouse d'un des plus riches bourgeois de Paris quand chacun s'accorde à vanter sa beauté et que...

D'un geste agacé, la jeune femme coupa court au compliment. Entendre parler de sa beauté était bien la dernière chose qu'elle souhaitât à cette heure.

– Que savez-vous encore ? demanda-t-elle.

– Rien de plus que tout un chacun : que votre époux est mort voici peu de jours, qu'il a péri de male mort et que l'on a pris son assassin. Je sais aussi que vous vous refusez à exercer votre droit à la vengeance ou à la justice.

– Je n'ai pas à me venger d'un homme qui n'a rien fait, ni à mon époux qui lui avait volé sa femme, ni à moi-même. Quant à la justice, elle est aveugle et croit n'importe quoi. Mais je ne suis pas venue ici pour parler de ce drame. Je suis venue vous demander votre aide.

– Contre qui ?

– En vérité contre personne, sinon peut-être contre moi-même.

Sanche haussa les épaules.

– Elle vous est acquise si je le peux et si vous me payez !

– Vous aurez de l'or. Puisque vous savez tout, vous devez savoir que je suis riche.

– Je le sais. Que voulez-vous ?

Cette fois, le moment vraiment difficile était arrivé et les doigts de la jeune femme se nouèrent convulsivement.

– On dit, commença-t-elle, que vous tenez commerce de philtres, de charmes et autres choses défendues par l'Église.

– Cela se peut, fit le Navarrais avec une moue dédaigneuse, mais on ne saurait avoir besoin de « ces choses » lorsque l'on vous ressemble.

– On dit aussi que vous savez empêcher les enfants de grandir, que vous savez tordre les membres pour faire un estropié, changer un visage au point qu'une mère ne pourrait plus reconnaître son enfant. Que vous pouvez à votre gré guérir ou détruire.

À l'étonnement de Marjolaine, l'homme se mit à rire.

– N'en dites pas plus ! Je sais depuis longtemps ce que l'on dit de moi et, depuis plus longtemps encore je sais à quel degré de sottise peuvent atteindre les ragots de carrefours. Mais, après tout, j'y trouve ma tranquillité : la peur est une bonne protection. À présent que voulez-vous ? conclut-il non sans rudesse.

– Je veux que vous me rendiez laide !

– Quoi ? Vous voulez...

– Devenir laide, oui ! Affreuse ! Je veux que l'on cesse de me regarder avec envie, haine ou désir. Je veux que vous fassiez de moi un monstre qu'aucun homme n'ait envie d'épouser. Voilà ce que je veux. Le pouvez-vous ?

Abasourdi, Sanche considéra longuement cette admirable créature qui, avec des larmes dans la voix, réclamait la laideur comme tant d'autres, disgraciées de nature, l'imploraient d'apporter une amélioration à leur aspect. C'était incompréhensible. À moins que cela ne représentât un nouveau piège tendu par ses nombreux ennemis. Il fallait voir.

– Il est bien plus facile de détruire la beauté que de la créer car elle est le privilège de Dieu.

– Dieu ? Vous parlez de Dieu ? Vous ?

– Pourquoi pas moi ? Parce que je suis aussi laid qu'un diable ? L'enveloppe d'un homme et son âme ne sont pas toujours en accord parfait. Et vous, vous privilégiée entre toutes, vous que le Créateur a favorisée d'une beauté comme on en rencontre peu, voilà que vous en faites fi ? Voilà que vous la repoussez ?

– Qui vous dit qu'elle est l'œuvre de Dieu ? sanglota Marjolaine. Elle ne m'a apporté jusqu'ici que souffrance et malheur et, demain, si vous ne m'aidez pas, elle m'apportera la mort, la plus horrible des morts. Elle me fait horreur.

Brusquement le Mire se pencha, saisit entre ses doigts osseux les minces poignets de sa visiteuse pour l'empêcher de cacher entre ses mains son visage, déjà ruisselant de larmes.

– Regardez-moi ! ordonna-t-il durement. Ouvrez les yeux et regardez-moi ! Je veux savoir, vous entendez ? Je veux tout savoir de vous si vous voulez que je vous aide car ce que vous demandez me semble le plus damnable des péchés, et je n'en chargerai pas mon âme sans savoir pourquoi. Parlez : pourquoi voulez-vous devenir un objet d'horreur ? Croyez-vous que ce soit un bonheur que de traîner à travers une vie entière un visage comme le mien ? Et je suis un homme ! Allons, parlez !

Alors Marjolaine parla. À cet homme dont la figure évoquait Satan lui-même, elle fit la confession totale qu'elle n'avait pas pu se résoudre à faire, le matin même, à un prêtre de Dieu. Elle dit tout : comment elle avait été contrainte d'épouser Foletier, l'horreur de ses nuits, puis les concupiscences incessantes qu'elle rencontrait sur son chemin et, pour finir, le meurtre de son mari et l'aveu cynique fait par Étienne Grimaud. Enfin le marché abominable qu'il lui imposait.

– À présent vous savez, conclut-elle en essuyant ses yeux au revers de sa manche, et je pense que vous pouvez comprendre. Si je deviens laide, Étienne se détournera de moi et je pourrai au moins aller m'enfermer pour le reste de ma vie dans un couvent afin d'y vivre dans la paix de Dieu.

– Quel âge avez-vous ?

– Je crois que j'ai dix-sept ans.

– Dix-sept ans ! Et vous parlez de vous enfermer pour le reste de vos jours dans un couvent. N'avez-vous donc jamais songé à l'amour ?

– Autrefois, si. Ce que j'en sais à présent ne m'inspire que dégoût et répulsion. L'amour est une monstruosité sale et répugnante. Je vivrai en paix quand les hommes se détourneront de moi et me rendront l'horreur qu'ils m'inspirent.

– Pauvre ! Vous ne savez pas ce que vous dites ! Mais pourquoi en ce cas ne pas fuir, dès cette nuit, pour un bon couvent ?

– Parce que je voudrais essayer de réparer un peu le mal fait à un innocent à cause de moi. Je voudrais partir à Pâques, avec ceux de Compostelle de Galice, afin d'adoucir le calvaire d'un malheureux et essayer de le sauver. Le couvent ne viendra qu'après.

– J'ai compris. Mais ne savez-vous pas que, pour vous rendre laide, il faudrait vous faire souffrir ? N'avez-vous pas peur de la douleur ?

– Si, mais je me suis efforcée de m'y préparer. Avec l'aide de Dieu et de Madame la Vierge, j'espère pouvoir la supporter.

Sanche se redressa et, tournant le dos à la jeune femme, se dirigea vers le foyer central qu'il tisonna avant d'y rajouter un fagot et quelques bûches. Puis il prit un pot de fer dans lequel il jeta quelques ingrédients avant de le déposer sur le trépied.

– Qu'allez-vous me faire ? chuchota Marjolaine d'une petite voix écrasée d'angoisse.

– Je vais vous montrer quelque chose. Attendez-moi ici.

Avant que Marjolaine, surprise, ait pu protester, il était sorti, fermant soigneusement la porte derrière lui. Quand il revint, au bout de quelques minutes qui parurent autant de siècles à la jeune femme, il traînait après lui un homme en haillons, encore plus laid que lui-même par la vertu d'un énorme ulcère qui lui dévorait la moitié du visage. Le nouveau venu avait une jambe de bois et puait comme l'étal d'un tripier par forte chaleur.

– Voici Adam le Picard, fit le Mire en amenant le misérable devant Marjolaine qui, révulsée reculait le plus qu'elle pouvait au fond de son fauteuil. Comment le trouvez-vous ?

– C'est vous qui ? ...

– Oui, c'est moi, dit Sanche avec une note de satisfaction dans la voix que la jeune femme trouva effroyable.

– Oh non ! Tout de même pas ça !

Le Mire se contenta de sourire. Alors, un stupéfiant miracle se produisit : les doigts osseux posés sur la figure d'Adam firent quelques gestes rapides. Et soudain l'affreux ulcère disparut comme par enchantement, laissant paraître une figure matoise, pas très belle sans doute mais parfaitement saine, tandis que le magicien jetait sur la table un morceau de peau tachée.

– Ce n'est pas possible ! Je rêve ! souffla la jeune femme dont les yeux effarés allaient du Navarrais à son bizarre compagnon.

Celui-ci s'esclaffa :

– Bien sûr que si c'est possible ! Avec le Mire tout est possible, ma jolie. Du grand art, hein, ma figure ?

– Mais pourquoi ?

– Parce qu'à la porte de l'église où j'implore la charité, mes malheurs font grand effet aux âmes sensibles, surtout quand je dis que j'ai reçu de la poix sous les murs d'Antioche pour la gloire du Christ. Ça me rapporte gros. Mais faudra voir à pas me vendre, la belle. Ça pourrait te coûter cher ! En attendant, à ton bon cœur.

Il tendait une main dans laquelle Marjolaine, encore mal remise de sa frayeur et de sa surprise, mit une pièce d'argent que l'autre fit sauter avec une adresse de chat.

– Grand merci ! Dis donc, Sanche, faudrait voir à me remettre en état. J'ai à faire cette nuit.

– Assieds-toi là.

Le miracle se reproduisit mais dans le sens inverse. En quelques minutes, l'ulcère fut remis en place, consolidé, et Adam le Picard avec un clin d'œil complice à l'adresse de Marjolaine clopina vers la porte et disparut comme un cauchemar, laissant derrière lui un silence stupéfait. Mais l'angoisse s'était envolée comme par enchantement du cœur de Marjolaine qui découvrait soudain des perspectives insoupçonnées, un avenir qui pouvait ne pas être d'horreur et de souffrance vécu sur les pierres glacées d'un moutier. Perdue dans ses pensées, elle en oubliait que le temps passait et Sanche la ramena à l'heure présente.

– Eh bien, que décidez-vous ? fit-il. La nuit avance.

– Pardonnez-moi. Mais c'est tellement incroyable. Pourquoi faites-vous cela ?

– Je vous l'ai dit, pour de l'argent. Adam m'a bien payé pour ce travail et j'aime l'argent. Sans compter que, du temps où nous vivons, il vaut mieux en avoir.

Marjolaine prit alors, dans l'aumônière pendue à sa ceinture, une bourse assez ronde qu'elle mit dans la main immédiatement tendue pour la recevoir. Sanche la soupesa puis, l'ouvrant, fit couler sur la dalle une douzaine de pièces d'or qui brillèrent sur la pierre grise.

– Je crois que je vais faire merveille, jeune dame ! Votre amoureux pensera que vous vous êtes brûlée au vitriol romain ou à l'huile bouillante, comme l'avait fait cette sainte dont j'ai oublié le nom pour échapper aux entreprises d'un proconsul romain. Cela m'étonnerait qu'il ait encore envie de vous épouser. D'ailleurs, j'ai commencé à préparer ce qu'il faut, ajouta-t-il en se dirigeant vers la mixture qu'il avait mise à cuire et qu'il retira du feu.

– Dites-moi, fit-il au bout d'un moment, est-ce que l'homme qui vous accompagne est sûr ?

– Tout à fait. J'en réponds comme de moi. Il m'aime lui aussi.

– C'est bien ce que je pensais. Aussi vaudrait-il mieux le mettre dans la confidence car il s'agite beaucoup, là dehors. J'ai eu du mal à le faire tenir tranquille tout à l'heure quand je suis sorti et je n'ai pas envie qu'il me fasse un mauvais parti, ou pire encore, lorsqu'il découvrira votre nouveau visage. Ce garçon est capable de me tuer.

– J'y pensais, dit Marjolaine. Il vaut mieux l'appeler et tout lui dire.

Lorsque Colin entra, son œil orageux s'adoucit considérablement en découvrant Marjolaine assise, paisible et souriante dans sa chaire confortable. Son soupir de soulagement aurait pu s'entendre à dix pas.

– Viens ici ! ordonna la jeune femme. Prends cet escabeau et assieds-toi. Ce que j'ai à dire est grave car tu vas tenir ma vie entre tes mains.

– N'ayez crainte elle sera bien gardée.

Tandis que le Mire procédait aux préparatifs de la transformation, Marjolaine mit Colin au courant du péril qui la menaçait et lui expliqua ce qui venait d'être décidé. C'est dire qu'en quelques instants le jeune homme passa de la fureur au désespoir pour finalement s'apaiser et se mettre à réfléchir. Finalement, il se tourna vers le Navarrais.

– Tu jures qu'elle ne souffrira pas ? Qu'elle ne sera pas réellement abîmée ?

– Sur tout ce que tu voudras, garçon. Sous l'emplâtre que je vais lui mettre, elle sera aussi belle et aussi pure qu'à cet instant. Mais il vaudra mieux que tu ne la regardes pas quand j'en aurai fini. Et puis, dans quelques jours, il faudra qu'elle revienne ici.

– Pourquoi ?

– Parce que, si grave qu'elle soit, une brûlure finit toujours par guérir, il faudra que je la remplace par une cicatrice. Je suppose, ajouta-t-il en se tournant vers Marjolaine, que vous n'avez pas l'intention de retrouver votre aspect naturel avant de partir pour Compostelle ?

– Non. Cela me sera protection contre les dangers de la route et des hommes. Je ne le retrouverai qu'au moment d'entrer au couvent que je choisirai au retour. J'en jure.

– Non ! cria le Mire. Ne jurez pas. Je vous le défends. Sinon je vous laisse comme vous êtes. Vous ignorez ce que la vie vous réserve et vous n'avez pas le droit de prendre ainsi un engagement aveugle. Peut-être qu'au retour vous n'aurez plus du tout envie de devenir nonne. Et, si vous voulez mon sentiment, le tombeau de l'apôtre me semble un bon endroit pour y accomplir le miracle de votre guérison.

Marjolaine rougit de colère.

– Une tromperie ? Une tricherie ? Quelle honte ! Jamais je ne ferai pareille chose.

– Vous auriez tort. Saint Jacques ne vous tiendrait certainement pas rigueur d'un petit miracle supplémentaire ajouté à sa liste déjà longue. Et cela vous mettrait définitivement à l'abri des entreprises du neveu. Vous pensez, une miraculée ! Alors ne jurez pas car, après tout, rien ne dit que vous reviendrez vivante de ce long et dangereux voyage.

– Moi, je serai là, et je veillerai, s'écria Colin. Et peut-être qu'au bout du chemin, dame Marjolaine comprendra que vous avez raison.

Occupé à étirer la vessie de porc qu'il venait de tremper dans sa mixture, Sanche s'arrêta et regarda la jeune femme en souriant.

– Vous vous appelez Marjolaine ? Quel joli nom ! C'est celui d'une plante dont les bienfaits sont connus depuis bien des siècles. Elle a de toutes petites fleurs blanches et roses et elle répand un parfum à la fois suave et revigorant. Elle soigne quantité de maux, elle donne du goût aux mets les plus fades et les anciens Grecs pensaient même que, plantée sur les tombes, elle assurait le repos de l'âme des défunts. C'est une plante de mon pays que l'on trouve peu par ici et j'ignore qui a eu l'idée de vous nommer ainsi, mais je crois que vous êtes destinée à faire beaucoup de bien sur la terre. À présent, à l'ouvrage !

Il était bien près de minuit quand Marjolaine et Colin regagnèrent le clos de Saint-Denis où veillait dame Aubierge à qui la jeune femme avait bien été obligée de dire qu'elle sortait sous peine de retrouver toutes portes closes. À sa grande surprise, elle trouva aussi Aveline. La petite, craignant d'entendre encore le fantôme, avait refusé d'aller se coucher.

Chemin faisant, la veuve de Gontran et son serviteur étaient convenus de la nécessité qu'il y avait à mettre également dans le secret Aubierge et la jeune Aveline. Leur fidélité ne pouvait être mise en doute et leur ignorance aurait rendu les choses trop difficiles. Mais, pour tous les autres, dame Foletier, désireuse de se vouer à Dieu et d'éviter d'épouser un homme qu'elle n'aimait pas, avait choisi le martyre en détruisant elle-même une beauté qui ne lui avait causé que déboires et chagrins.

L'une impassible et sombre, l'autre les yeux écarquillés de stupeur, les deux femmes écoutèrent le bref récit que leur fit leur maîtresse. Quand ce fut fini, Aubierge se contenta de dire, désignant le voile noir qui emballait la tête de la jeune femme :

– Laissez-moi voir.

Marjolaine s'exécuta et découvrit son visage dont presque tout le côté gauche disparaissait sous ce qui ressemblait, à s'y méprendre, à une brûlure fraîche, large comme une main. Cela étirait la bouche et le coin d'un œil, s'avançait sur le menton et se perdait dans les cheveux. Aveline poussa un cri d'horreur, mais dame Aubierge se signa avec une sorte d'enthousiasme.

– Loué soit Dieu qui vous a inspiré cette idée, mon agneau, soupira-t-elle. Vous voilà sauvée ! Jamais l'Étienne n'acceptera de passer sa vie auprès d'un visage à ce point abîmé. Mais arrangez-vous pour qu'il ne voie pas trop le côté droit qui est à peu près intact. Il pourrait se contenter d'une femme de profil. À présent, reste à lui préparer une digne réception.

En dépit de l'assurance insolente dont il avait fait étalage la veille, le cœur d'Étienne Grimaud lui battait un peu vite quand il descendit de sa mule, à l'heure convenue, devant la maison de Marjolaine. Et les rencontres qu'il fit, une fois franchie la porte du courtil ne le réconfortèrent guère. Guillot et Jeannet, les deux jeunes valets, s'enfuirent avec un cri inarticulé comme s'il avait la peste, la fille de cuisine se signa précipitamment, la fille de basse-cour cracha dans sa direction et, pour finir, il trouva le seuil de la maison barré par la haute silhouette de dame Aubierge qui le regardait venir, les bras croisés sur sa vaste poitrine avec un air d'autant moins rassurant que la lame d'un long couteau brillait dans l'une de ses mains.

Quand il approcha, la gouvernante ne s'écarta pas pour lui livrer passage. Ses yeux se rétrécirent encore dans son visage où se voyaient des traces de larmes.

– Qu'est-ce que vous venez faire ici ? gronda-t-elle, vrillant sur lui deux yeux gris comme pierre qui le clouèrent au sol.

– En voilà un a... accueil ! Je... viens voir da... dame Marjolaine.

Du coup, Aubierge décroisa les bras et la pointe de son couteau s'en vint menacer le bout du nez de l'héritier.

– Et il ose prononcer son nom, ce gueux malfaisant, ce suppôt de Satan, cette vomissure de l'Enfer ! S'il ne tenait qu'à moi, misérable avorton, tu y retournerais sur-le-champ, en enfer. J'aurais dû t'étouffer sous un oreiller ou te jeter dans un grand feu quand ton pauvre saint homme d'oncle t'a rapporté ici pour y susciter, en remerciement, le malheur et la désolation.

Fut-ce l'indignation de se voir reçu de la sorte ou la surprise, bien inattendue, d'entendre sanctifier aussi hardiment la mémoire de feu Gontran, toujours est-il qu'Étienne retrouva quelque assurance, cessa de bégayer et attaqua à son tour :

– Vous avez la langue bien pendue, ma commère ! Rangez donc votre couteau et m'annoncez à votre maîtresse car c'est à elle que j'ai affaire.

– Ma commère ? Non mais pour qui se prend-il, ce mal venu, ce chenapan ! Je t'en donnerai des commères !

Et sans autre forme de procès, Aubierge, le couteau brandi, fondit sur Étienne qui ne l'évita que de justesse et se mit à courir dans tous les sens à travers la cour, poursuivi par une furie déchaînée qui, ne se possédant plus, lui eût sans doute fait un mauvais parti si Colin n'était apparu à cet instant, sortant de l'écurie. Il attrapa Aubierge au vol, la maîtrisa et lui ôta son couteau.

– Souvenez-vous, dame Aubierge, dit-il avec une sévère tristesse. « Elle » a donné des ordres.

– Pas à moi. Personne d'ailleurs ne peut m'empêcher de faire ce que veut la justice.

– Si ! « Elle ». Il faut lui obéir et elle défend qu'on lui fasse quoi que ce soit. Sinon, ajouta Colin avec une menaçante douceur, vous pensez bien qu'il serait déjà mort.

– Mais enfin ! hurla Étienne d'autant plus furieux qu'il avait eu plus peur. Qu'est-ce que vous avez tous ? Qu'est-ce que j'ai fait ? Je... vais être... votre maître et épouser la v... veuve de mon oncle comme le prescrit... la cou... coutume !

Le poing du jardinier se noua au col du jeune homme et le souleva de terre pour l'amener au niveau de son visage.

– Jamais tu ne seras mon maître, Étienne Grimaud. J'aimerais mieux me jeter dans la Seine. Quant à ce que tu as fait, on va te le montrer. Tu veux voir ta victime ? Eh bien, tu vas la voir ! Elle t'attend. Mais arrange-toi pour ne pas lui faire plus de mal encore car, aussi vrai que je m'appelle Colin, ma cognée te fendra le crâne, malfaisant !

– Là... lâchez-moi ! râla Grimaud, lâchez-moi, vous m'étranglez !

– Vraiment ? J'ai bonne envie de continuer. Mais ça irait trop vite. Au fait, il me semble que vous avez demandé que je vous lâche, maître Grimaud ? Voilà !

Et, ouvrant les mains, Colin abandonna Étienne à la flaque de boue dans laquelle il s'étala, au grand dommage de sa belle robe neuve et de son manteau bien fourré.

– Je vous ferai pendre ! Bandit, maraud !

Colin haussa les épaules et se mit à rire.

– Et dire qu'il croit me faire peur, ce pourri ! Mais j'irai au gibet en chantant « Alléluia ! », maudit, si avant j'ai eu le bonheur de te voir les bras en croix et ta vilaine cervelle à trois pas. Allez, ouste ! Relève-toi et va voir notre pauvre petite dame.

Moitié porté, moitié traîné par Colin, Étienne, complètement éberlué et plus mort que vif, entra dans la maison et se retrouva devant la porte d'une chambre sans même savoir comment il avait monté l'escalier. Là,

Aveline, muette et triste elle aussi, ouvrit devant lui le battant de chêne. La voix de Marjolaine curieusement feutrée lui parvint comme du fond d'un mauvais rêve.

– Entrez, Étienne Grimaud. Je vous attendais.

Il entra et se crut d'abord en présence d'un fantôme. La jeune femme vêtue de blanc, la tête entièrement enveloppée d'un voile, blanc lui aussi, était à demi couchée dans le grand lit, appuyée sur des carreaux [1] et des oreillers. Le jour d'hiver entrait parcimonieusement par l'étroite fenêtre et n'éclairait que faiblement la blanche silhouette sous l'ombre des courtines. Un peu de lumière venait aussi d'une veilleuse qui brûlait sur un coffre auprès d'un pot à tisane, d'un bol et d'une boîte à onguent, mais ne faisait que renforcer l'atmosphère étrange et un peu fantastique de cette pièce close où flottait une odeur indéfinissable d'encens et d'herbes sèches.

Figé au seuil et s'efforçant de maîtriser le tremblement de ses mains, Étienne restait là, n'osant avancer, regardant cette apparition à laquelle la peur que lui avait inspirée Colin ôtait toute apparence humaine.

– Allons entrez, reprit la voix qu'il avait peine à reconnaître. N'êtes-vous pas venu chercher une réponse ?

– C'est que... je... si vous êtes souffrante, dame, je... je reviendrai plus tard !

Il se détournait, déjà prêt à courir vers l'escalier, mais la retraite lui était coupée. Par Aveline d'abord, qui n'eût pas représenté un grand obstacle et près de l'escalier par la silhouette beaucoup plus redoutable de Colin qui attendait, adossé au mur.

– On vous a dit d'entrer, gronda-t-il sans bouger de sa place. Faut-il vous aider ?

– Je... non, c'est inutile.

Et il entra. Derrière lui, Aveline referma la porte dont il ne s'était pas éloigné, ne sachant quelle contenance prendre en face de cette forme blanche et rigide qu'aucun geste n'animait.

– Approchez. Je suis souffrante, il est vrai, mais j'ai tenu à vous annoncer moi-même que vous avez gagné, que je suis prête à vous épouser puisque c'est votre volonté.

La joie subite qu'il éprouva balaya d'un seul coup la vague angoisse qui lui serrait la gorge depuis que cette porte s'était ouverte devant lui.

1. Coussins carrés.

– C'est vrai ? Vous acceptez ! Marjolaine ! Marjolaine, je suis si heureux. Mon Dieu, je n'aurais ja... jamais cru que c'était po... possible !

– N'avez-vous pas fait tout ce qu'il fallait pour cela ? Eh bien, à présent, venez près de moi et me donnez le baiser de fiançailles.

– Alors, ôtez ce voile. Laissez-moi vous contempler. Oh, Marjolaine ! Je suis si amoureux de vous.

– C'est tout naturel.

Avec des gestes lents, elle commença à dérouler le voile qui enveloppait sa tête. Ses yeux apparurent les premiers, et de claires et soyeuses mèches de cheveux. Puis d'un seul coup le voile tomba et Marjolaine se pencha pour qu'il la vît mieux.

Il allait s'élancer vers elle mais, brusquement, il s'arrêta, tout élan coupé, tandis qu'un cri d'horreur traversait sa gorge et éclatait, emplissant la chambre.

– Non ! Non ! Ce n'est pas vrai !

Ce qu'il découvrait était affreux : une énorme plaie qui allait d'une tempe au menton ravageait tout un côté de ce visage, si ravissant la veille encore, une plaie toute fraîche qui parut horrible à l'homme terrifié et qui, en guérissant, ne pourrait laisser que de profondes, d'irréparables cicatrices.

Impassible, Marjolaine regardait l'homme se dissoudre dans une affreuse terreur, mais sa voix demeura aussi calme, aussi froide quand elle dit :

– Eh bien, ne souhaitez-vous plus embrasser votre fiancée ?

Il eut un geste d'affolement qui repoussait l'affreuse image.

– Comment est-ce arrivé ? Qu'avez... vous fait ?

– J'ai accompli la volonté de Dieu et aussi celle de mon époux dont l'âme en peine vient chaque nuit hanter cette maison. Ce que vous avez fait l'a été à cause d'une fatale beauté qui ne doit plus causer d'autres drames. Je me suis punie d'avoir, sans le souhaiter, causé la mort de maître Foletier, mon époux. Vous serez puni en passant le reste de votre vie auprès du monstre que j'espère être devenue.

– Non ! Non ! Jamais ! Faites ce que vous voulez. Entrez dans un couvent ou restez dans cette maison à votre idée, mais je ne veux plus vous voir. Je vous rends votre parole et vous n'aurez plus rien à craindre de moi.

Il y eut un silence coupé par la respiration haletante du garçon. Puis Marjolaine murmura :

– Voulez-vous dire que je suis désormais libre de ma vie, de ma personne ?

– Oui, je le dis ! Nous ferons ce que vous vouliez. Je mènerai le négoce des peaux. Vous resterez chez vous. Mais, par pitié, re... remettez ce voile !

– Comme vous voudrez. Mais sachez que je n'ai pas l'intention de rester ici car je n'ai pas fini d'expier. Si vous me le permettez, fit-elle en appuyant intentionnellement sur le dernier mot, je souhaite me joindre aux errants de Dieu qui partiront, à Pâques prochaines, pour le sanctuaire de monseigneur saint Jacques, en Galice, afin que, par son intercession, j'obtienne le pardon d'un crime que je n'ai pas commis, mais que j'ai inspiré sans le vouloir.

– Je n'ai rien à vous permettre ! Je l'ai dit, vous êtes li... libre. Partez, si vous en avez la force. C'est une excellente idée et je veillerai à vos é...équipages.

– Merci, mais c'est inutile. Je n'ai pas l'intention de voyager comme une grande dame. Je vous sais gré de l'intention. Eh bien, adieu. Que Dieu et l'âme en peine de mon époux vous pardonnent, s'ils le peuvent !

Elle pensait qu'il allait sortir, mais il ne bougeait pas. Visiblement il avait encore quelque chose à dire, rassuré par la présence du voile blanc. Enfin, il se décida.

– Vous ne direz rien ?

– De ce que je sais ? Non. Ce n'est pas à moi à confesser votre crime, mais à vous quand le remords aura fait son œuvre. Et il la fera, j'en suis certaine. Moi, je vais essayer de racheter ce que vous avez fait. La vengeance n'appartient qu'à Dieu.

Cette fois, il sortit après l'ébauche d'un salut gêné, refermant sur lui la porte aussi doucement que si cette chambre renfermait un cadavre. Avec un soupir, Marjolaine se laissa aller sur ses oreillers et ferma les yeux, écoutant les battements désordonnés de son cœur. Elle les rouvrit au bout d'un moment, les leva vers le plafond. Cette nuit encore, elle avait entendu le bruit des peaux remuées. Gontran était sans doute très mécontent de la solution qu'elle avait adoptée, mais il faudrait bien qu'il comprenne que c'était la seule possible si elle voulait vivre encore et vivre autrement que dans la honte et le dégoût.

Peut-être allait-il se faire entendre encore cette nuit, en dépit des prières qu'elle avait fait demander à Saint-Denis ? Mais cela n'avait plus d'importance car Marjolaine n'avait plus peur du fantôme.

Bientôt, elle serait loin sur un chemin qui l'effrayait et l'attirait tout à la fois, mais elle n'y serait pas seule car, à présent plus que jamais, Colin et Aveline souhaitaient l'accompagner. Elle savait bien qu'elle n'aurait pas le courage de refuser cette affection dont la chaleur lui faisait tant de bien. Elle allait tourner, pour longtemps sans doute et peut-être pour toujours, le dos à une vie douillette mais dangereuse et qui ne lui plaisait plus, si elle l'avait jamais tentée, passant par un homme tel que Gontran Foletier.

Évoquant son défunt époux, une idée saugrenue lui vint : pour un pur esprit, il ne faisait guère preuve de clairvoyance en venant semer la terreur dans l'innocente maisonnée de sa femme au lieu de s'en prendre au sommeil de l'assassin. Une fois Marjolaine partie, il faudrait bien, s'il tenait essentiellement à hanter quelqu'un, qu'il se décidât à se manifester chez Grimaud.

On pouvait en douter. Il n'avait jamais été fort intelligent, maître Foletier, et, pour être désincarné, son esprit n'avait peut-être pas fait beaucoup de progrès.

Le voile empêchait Marjolaine de respirer. Elle l'ôta puis posa, très doucement, un doigt sur sa joue gauche. Alors seulement, elle se mit à pleurer. De soulagement sans doute en pensant au mortel péril évité, mais aussi de crainte devant un avenir qui lui apparaissait sans joie, tout entier consacré à l'austère devoir. Un avenir où il n'y avait plus de place pour la ravissante et insouciante Marjolaine des Bruyères ni pour la petite épouse trop parée de maître Foletier. Un avenir qu'il lui fallait à présent chercher par le vaste monde, au péril des grands chemins, noble qui n'avait plus le droit de l'être et bourgeoise que les bourgeois n'acceptaient pas. Alors qu'elle eût tant aimé, comme une enfant malheureuse, rentrer simplement à la Pêcherie pour y retrouver la chaleur de la tendresse paternelle et la douceur de ses rêves d'autrefois.

Deuxième partie

Les voies du Seigneur

7

Deux yeux couleur de mer

C'était comme un soleil irradiant le chœur de la vieille basilique encore vaguement romaine. Le tombeau de Martin, apôtre des Gaules, reflétait la lumière des centaines de cierges allumés autour de lui sur le revêtement d'or, d'argent et de pierreries qui l'habillait. L'antique sarcophage en était tout recouvert et, chaque jour, à travers la grille dont on l'avait protégé, des mains implorantes se tendaient vers lui, avides de toucher les plaques de métal ciselé que leur contact polissait continuellement.

Il y avait alors plus de sept cents ans que, sur les bords de la Loire et tout près de la cité de Tours, le corps de Martin, soldat romain devenu par amour de l'humanité évêque et confesseur, de Martin l'homme au manteau partagé un soir d'hiver, attirait les foules venues de tous les horizons pour implorer leur guérison. On disait qu'il avait ressuscité trois morts et rendu la santé à quantité de malades incurables. Des lépreux, des infirmes, des déments que l'on appelait des lunatiques et même des possédés du démon avaient été délivrés de leurs maux par le seul contact du tombeau. Aussi, les pèlerins venaient-ils toujours plus nombreux vers cette espérance et il était de plus en plus difficile de protéger le sanctuaire.

Depuis la mort du thaumaturge, survenue vers l'an 400, trois bâtiments s'étaient succédé au-dessus de sa sépulture : un modeste oratoire de bois d'abord, puis une véritable église élevée par l'un de ses successeurs, mais qu'un incendie avait détruite en respectant toutefois le sarcophage, enfin une basilique, celle que l'on pouvait contempler, élevée, après les terreurs de l'an Mille, par la piété de l'évêque Henri de Buzançais. Pour les moines de l'abbaye voisine qui l'entretenaient, il ne faisait aucun doute qu'il allait falloir procéder bientôt à une nouvelle construction car l'église, déjà, menaçait ruine. On avait fermé le transept sud dont les trop grandes foules avaient ébranlé les murailles.

Comme d'habitude, l'église était pleine à craquer lorsque Hughes de Fresnoy et son écuyer Bertrand s'efforcèrent d'y pénétrer. Des hommes, des femmes, des vieillards, des enfants et surtout des malades s'y entassaient, attendant patiemment leur tour d'approcher le tombeau sacré par le déambulatoire qui entourait le chœur. Ils chantaient à plein gosier les louanges du grand saint Martin, tandis que des moines s'efforçaient de canaliser leur foule et de convaincre ceux qui étaient arrivés au but de laisser la place aux autres. Ce n'était pas toujours facile car certains prétendaient demeurer là jusqu'à ce que leurs vœux fussent exaucés et se cramponnaient aux grilles en suppliant qu'on voulût bien les laisser là.

Peu patient de nature, Hughes entreprit de se frayer un passage. Il voulait, comme tout un chacun, faire ses dévotions dans le célèbre sanctuaire, comme on lui avait ordonné de le faire, mais surtout il souhaitait se débarrasser de ce qu'il considérait comme une corvée : se confesser à l'un des prêtres présents et, ensuite, obtenir le « billet » signé qui attesterait auprès de l'évêque de Laon l'accomplissement de la pénitence imposée. Après quoi, il n'aurait plus qu'à rentrer aussi vite que possible dans son cher Fresnoy. Mais pas trop vite tout de même, afin de pouvoir jouir un peu des agréments de ce beau pays de Loire où la vie semblait si douce et qui, en cette mi-avril, se parait de bien jolie façon d'herbe verte et fine et de jeunes feuilles fraîches au milieu desquelles commençaient à paraître les fleurs des arbres fruitiers.

En bon noble sûr de son droit et de ses prérogatives seigneuriales, il se mit à jouer des coudes pour s'enfoncer comme un coin, dans la masse humaine et, en général, misérable, tandis que Bertrand réclamait :

– Place ! Place pour le noble baron de Fresnoy !

Certains s'écartèrent et Hughes put avancer, mais bientôt il se trouva devant une sorte de barrière : des hommes, des femmes portant uniformément de longs manteaux sombres et, pour la plupart, de larges chapeaux dont une coquille de plomb marquait le retroussis. Il était facile de voir qu'il s'agissait là d'une troupe de pèlerins de Saint-Jacques en route pour Compostelle car les vêtements étaient encore neufs et les mines vigoureuses. Ceux-là avaient dû quitter Paris à Pâques, Paris où se rassemblaient alors, chaque année, tous ceux qui venus des pays du Nord, du Nord-Ouest ou du Nord-Est souhaitaient prendre ensemble, pour être mieux protégés des dangers et des mauvaises rencontres, la longue route que l'on appelait le Chemin d'Étoiles parce qu'elle suivait la Voie lactée. Le « Chemin de Saint-Jacques » comme les Rois mages avaient, jadis, suivi l'étoile de Bethléem.

Partis pour un si noble dessein, ceux-là n'étaient nullement disposés à céder la place à un quelconque seigneur et ils firent la sourde oreille aux appels de Bertrand. Il semblait impossible de franchir la barrière des manteaux noirs. Apercevant un prêtre, Hughes, entêté, voulut forcer son chemin jusqu'à lui, donna un violent coup d'épaule qui lui attira la protestation indignée d'un homme de haute taille à la barbe grisonnante, vêtu avec une rigueur toute monastique mais dont la voix, profonde et cultivée, était de celles qui savent ordonner. En même temps, jaillissait le cri d'une femme sur le pied de laquelle Hughes venait de marcher.

Poliment mais fermement, le pèlerin pria le bouillant seigneur de se tenir tranquille et d'attendre son tour comme tout le monde.

– Tous ici, nous avons parcouru une route déjà longue, soutenus par l'espoir d'une halte vivifiante auprès de ce saint lieu. Tous ici nous attendons sans impatience en chantant les louanges du Seigneur Dieu. Faites comme nous, mon frère !

– Je veux seulement parler à ce prêtre. Laissez-moi passer !

– Vous voyez bien qu'il prie. Ne le troublez pas.

– Mais je suis pressé. Très pressé même.

Et il voulut avancer de nouveau, mais le pèlerin le retint d'une main singulièrement vigoureuse pour un homme déjà âgé.

– Néanmoins, vous attendrez, mon frère. Le Seigneur a dit que les premiers seraient les derniers. Que vous soyez baron est de peu d'importance. Il n'y a ici que des hommes et vous troublez la prière et la joie de ces pauvres gens.

En effet, plusieurs pèlerins se tournaient vers eux, mi-curieux, mi-indignés. La femme dont le pied avait reçu Hughes et qui n'avait pas pour autant interrompu sa prière se retourna. Alors Hughes oublia totalement pourquoi il était là.

Jamais encore il n'avait vu d'yeux semblables à ceux qui le regardaient sévèrement par-dessus le bord d'un voile blanc drapé de façon à ne laisser voir qu'eux et une soyeuse mèche de cheveux d'un rare blond argenté, qui avait glissé de la coiffure jusque sur un sourcil.

Une fois dans sa vie, Hughes avait pu contempler la mer et en avait gardé une impression inoubliable. C'était dans la baie de Saint-Valéry où il s'était rendu pour un tournoi par un beau jour d'été. Et, durant un temps dont il avait été incapable de déterminer la durée, il était resté assis sur la plage, fasciné par l'immensité mouvante dont il ne pouvait pas dire si elle était plus bleue que verte, plus verte que bleue. À la nuit tombante seulement, quand la teinte magique était devenue bleu foncé puis violette, il était allé rejoindre les autres pour le festin. Mais pour une fois, il n'avait pas bu plus que de raison et, au lever du jour, il était retourné sur la plage. Hélas, le temps était gris, la mer couleur de mercure, houleuse et crêtée d'écume. C'était beau aussi, mais ce n'était plus pareil.

Or, les yeux de l'inconnue possédaient cette merveilleuse couleur et, en les contemplant, Hughes, incrédule, retrouvait l'enivrante sensation de paix et de bonheur qu'il avait goûtée sur la plage de Saint-Valéry.

Inconsciente de l'effet produit, la jeune femme au voile blanc se retournait vers le tombeau après avoir foudroyé l'importun du regard et reprenait son cantique tout en continuant à avancer, presque imperceptiblement. Hughes, alors, trouva tout naturel de la suivre, prit rang derrière elle et n'en bougea plus, sans voir le coup d'œil surpris que lui lançait le grand pèlerin, étonné d'une si soudaine accalmie.

Un moment plus tard même, sa voix, hésitante d'abord car il y avait bien longtemps qu'il n'avait chanté de cantique, rejoignait celle des pèlerins. Habitué depuis longtemps aux imprévisibles sautes d'humeur de son maître, Bertrand en fit autant.

Malheureusement, Hughes chantait faux, et entendre soudain derrière elle ce malappris qui avait failli lui écraser les pieds se mettre à écorcher une musique pieuse qu'elle aimait particulièrement acheva d'indisposer Marjolaine. La belle et pieuse envolée de son âme partie rejoindre les hauteurs célestes s'était dissipée d'un seul coup, chassée par cet imbécile qui non seulement lui avait fait mal mais offensait à présent ses oreilles en admettant qu'il n'offensât pas celles de Dieu.

Se penchant vers Aveline qui avait mal dormi la nuit précédente à cause de la trop grande fatigue et qui somnolait appuyée à un pilier, elle chuchota :

– Viens, nous rentrons.

– Mais, et le tombeau ? Nous ne l'avons pas encore touché.

– Nous irons après les vêpres.

Habituée à suivre Marjolaine sans jamais chercher à comprendre la raison de ses évolutions parfois inattendues, Aveline quitta docilement son pilier, assez satisfaite, au fond, à l'idée de regagner la maison-Dieu de l'abbaye où les dames hospitalières prenaient si gentiment soin de vous. Se faufilant habilement et renonçant à regagner le grand portail obstrué par la foule, les deux femmes réussirent à rejoindre le portail du transept nord, proche voisin des murs d'enceinte de la petite cité de « Martinopolis », consacrée au culte du saint et édifiée tout près de Tours. Longeant la haute tour Charlemagne qui couronnait l'église, elles se dirigèrent vers l'abbaye.

Odon de Lusigny, le grand pèlerin qui était en quelque sorte le chef des pèlerins de langue d'oïl, les vit partir mais ne chercha pas à les retenir, devinant que l'intrusion du baron avait déplu à cette jeune femme à laquelle il s'intéressait depuis le départ comme à un cas peu banal, une sorte de rareté sur ce chemin de Compostelle qu'il entreprenait pour la troisième fois.

Les lamentations des servantes et les bavardages habilement dosés de dame Aubierge avaient tissé, en effet, autour de Marjolaine une sorte d'auréole tragique assez proche d'une réputation de sainteté. Le voile blanc que la jeune femme portait continuellement sur la tête et qui ne laissait libre que les yeux quand elle se trouvait dans un endroit obscur inspirait tout à la fois la crainte et le respect joints à une espèce d'horreur sacrée. On disait que la jeune veuve du pelletier avait, de ses propres mains, détruit une beauté trop parfaite afin de demeurer fidèle à la mémoire d'un époux assassiné. On disait aussi que son visage n'était qu'une plaie affreuse. On disait encore qu'elle s'en allait en Galice, moins pour obtenir une guérison qu'elle ne souhaitait pas que pour prier afin de gagner le salut et le repos de l'âme inquiète du mari volage. On disait enfin... Mais que ne disait-on pas quand, dans l'imagination populaire le goût du merveilleux se mêlait à cet étrange besoin de pénitence et d'incessante rédemption qui était l'une des caractéristiques des gens de ce temps-là ?

Pour sa part, Marjolaine avait un peu honte d'une réputation acquise à trop bon compte, mais elle découvrit aussi qu'en la lui octroyant, Aubierge avait fait preuve de sagesse en lui assurant une certaine tranquillité, sans compter le respect de ses compagnons de voyage.

D'autant que ceux-ci avaient pu remarquer, dès le départ, la sollicitude pleine de miséricorde que la veuve de la victime montrait au meurtrier supposé. On voyait là l'expression d'une charité chrétienne parvenue à son plus haut degré, bien que l'homme condamné au pèlerinage dans les pires conditions eût tout ce qu'il fallait pour inspirer la pitié.

Marjolaine, pour sa part, savait bien qu'elle n'oublierait jamais le matin d'avril pluvieux où, sous des rafales de vent aigre, les pèlerins s'étaient réunis pour entendre la messe et recevoir l'ultime bénédiction devant le portail délabré des deux vieilles églises, Notre-Dame et Saint-Étienne, qui marquaient le centre de l'île de la Cité [1]. Si délabré même, que nombre de riches bourgeois, dont feu Gontran Foletier, jugeaient ces églises indignes de leur ville et pensaient qu'il serait temps de les jeter bas pour en construire d'autres.

Pour bien montrer qu'il n'était pas un pèlerin comme les autres, Ausbert Ancelin avait été amené au lieu du rendez-vous dans une charrette, comme s'il devait aller au gibet. Un moine chargé de le surveiller tout au long du voyage l'accompagnait.

Le condamné avait dû, avant la messe, faire une sorte d'amende honorable qui d'ailleurs n'en avait pas été une, car il s'était contenté de clamer son innocence à tous les échos. Et pour la première fois, Marjolaine avait pu voir de près cet homme dont le sort tragique, et tellement injuste, la hantait depuis la mort de Foletier. Elle débordait de compassion pour lui, une compassion qui se mêlait de honte puisqu'elle n'avait pas le courage de risquer la mort pour tenter de faire éclater son innocence. Mais elle savait que les mesures d'Étienne étaient bien prises et qu'Ausbert Ancelin n'aurait pas été sauvé pour autant...

Le pèlerin forcé était un homme vigoureux, de trente-cinq ans environ, mais deux mois passés dans les geôles de l'abbaye, et surtout le chagrin et l'angoisse de son sort immérité, l'avaient considérablement amaigri et pâli. Grand et blond comme le sont souvent les Normands dont il avait du sang, il paraissait osseux et sa peau avait une vilaine couleur d'un gris jaunâtre. Il avait un curieux visage sans réelle beauté, mais non dépourvu de charme par la vertu de traits singulièrement expressifs striés d'une multitude de rides précoces. Ces rides étaient dues surtout à l'heureux caractère d'Ausbert qui, jusqu'à son malheur récent, avait aimé à rire et à chanter tout au long du jour quand il maniait les outils d'un métier auquel il portait un véritable amour. Le rire s'était éteint, mais les plis tracés par les joies d'autrefois n'étaient pas encore effacés.

Les moines de Saint-Denis avaient lavé le pénitent avant le départ et lui avaient donné une tunique et des braies décentes pour remplacer les vêtements pourris par la prison, mais ils n'avaient pas jugé bon d'y ajouter un manteau, et le malheureux tremblait visiblement sous l'aigre brise de

1. Notre-Dame de Paris, dont l'évêque Maurice de Sully devait entreprendre la construction vingt ans plus tard, occupe l'emplacement de cette double église.

ce matin de Pâques précoces, brumeux et froid. Ses pieds nus, qu'une chaîne, assez longue pour permettre la marche et assez légère pour n'être pas une entrave, reliait l'un à l'autre, étaient déjà maculés de boue et, s'il s'efforçait de faire bonne contenance, le chagrin marquait son visage mangé de barbe et surtout ses yeux bruns rougis par trop de larmes dont le regard avait perdu tout éclat.

Marjolaine, alors, s'était approchée de lui, fendant le cercle de curiosité qui s'était formé autour de sa misérable silhouette. Elle portait sur son bras un grand manteau de bure bien épaisse qu'elle avait jeté sur ses épaules, et un chapeau de pèlerin qu'elle avait placé sur sa tête. Le tout sans se soucier des murmures mi-approbateurs, mi-scandalisés de l'assistance. Certains savaient qui elle était et peut-être aurait-elle essuyé quelques injures s'il n'y avait eu ce masque du voile, dont, déjà, on se chuchotait la provenance.

Le moine chargé de la garde du condamné avait voulu protester.

– Si le seigneur abbé n'a pas jugé bon de donner de manteau, est-ce à vous, ma fille, de le faire ?

– Le seigneur abbé, dit-elle d'une voix haute et claire, a remis cet homme au jugement de Dieu qui, s'il le juge bon, lui permettra de revenir vivant. Il n'a pas dit qu'il était défendu de lui faire la charité, car ce serait prévenir la décision du Seigneur. D'autres auraient fait, sur la route, ce que je viens de faire ici. Et c'est mon devoir de chrétienne de porter secours à mon prochain dans le besoin.

Quelque chose alors s'anima dans le regard d'Ausbert Ancelin.

– Dame, balbutia-t-il d'une voix timide et douce qui contrastait avec sa carrure, pourquoi faites-vous cela ? pourquoi vous soucier de moi que vous seulement pouvez haïr ?

– Parce que, sur le salut de mon âme, je crois que vous n'êtes pas coupable du crime dont on vous accuse, Ausbert Ancelin, répondit-elle, haussant encore la voix pour qu'on pût l'entendre sur le parvis [1]. Et que, si Dieu doit disposer de vous, encore faut-il éviter de paraître lui dicter son jugement.

Deux larmes roulèrent alors sur les joues ravagées du malheureux.

– Dame, fit-il encore, même si je dois mourir dans un instant, je jure sur le salut de mon âme qui m'est plus cher que tout, je jure que je n'ai pas tué votre époux.

1. Qui était à peu près le sixième du parvis actuel.

– J'en ai toujours été certaine. Soyez en paix, pauvre homme, et songez à vous garder en vie afin que puisse éclater votre innocence.

Une acclamation avait alors salué ses paroles. Une bande d'escholiers descendus de leur montagne Sainte-Geneviève ovationnait la jeune femme, huant la justice des moines et clamant, dans le vent du matin, le nom de leur ancien maître, Pierre Abélard, mort l'année précédente au prieuré de Saint-Marcel sans avoir eu droit de reprendre un enseignement qui attirait à lui de grandes foules.

– Maître Abélard n'aurait pas permis cette honte ! cria l'un d'eux, un grand garçon qui paraissait leur chef. Enlevez la chaîne ! La route est assez dure et longue pour qu'un homme y laisse la vie.

– Les moines de Saint-Denis ne s'y connaissent pas plus en justice qu'en histoire ! cria un autre. Ils haïssaient Abélard parce qu'il les empêchait de nier les Actes des apôtres et qu'il prêchait la vraie charité !

– À bas les moines ! À bas Suger ! Honte à eux ! Et damnation si l'homme est innocent !

– Le Christ a dit : « Apprenez de moi que je suis doux et humble de cœur ! » Où est leur douceur ? Où est leur charité ?

Le tumulte commençait à s'installer. Certains, parmi les pèlerins, protestaient. Des soldats s'avancèrent vers les étudiants, mais ceux-ci, braillant de plus belle, s'égaillèrent comme une volée de moineaux et s'enfuirent à travers les vignes dont se couvrait leur montagne, regagnant en hâte leur collège où ils se savaient inexpugnables. L'agitation se calma dès qu'ils eurent disparu. Les prêtres, devant Notre-Dame, tracèrent une dernière bénédiction sur les bourdons que tendaient les pèlerins et l'on partit, justement par le chemin qui, à travers les vignes, montait vers le sommet de la savante montagne.

Le chef des pèlerins entonna l'antique chant de marche qui retentissait depuis deux cents ans déjà sur la route de Saint-Jacques et rythmait si bien la marche.

E ultreia
E sus eia
Deus aia nos [1].

Ceux qui allaient à pied venaient en tête, groupés d'instinct derrière cet Odon de Lusigny dont les nombreuses croix et coquilles qui couvraient son

1. Et outre, et sus, Dieu nous aide.

manteau et son chapeau proclamaient qu'il était un habitué des chemins sacrés. Ensuite venaient ceux qui feraient la route à cheval ou à dos de mule et qui devaient retrouver leurs montures, de l'autre côté de l'eau, au chevet d'une petite chapelle dédiée à saint Séverin qui avait été jadis précepteur du jeune prince Clodoald échappé aux fureurs de son oncle Clotaire.

Colin attendait là avec trois vigoureuses mules destinées à Marjolaine, à Aveline et à lui-même. Mais quand il eut rejoint les deux femmes, tous trois continuèrent la route à pied, ainsi que Marjolaine l'avait choisi, au moins pour cette première étape, les mules ne devant servir, dans son esprit, qu'en cas de trop grande fatigue.

Ceux qui partaient étaient une soixantaine, hommes et femmes venus de Flandres, de Champagne et même d'Allemagne ou d'Angleterre. Ils avaient rejoint ceux de Paris qui n'étaient guère qu'une dizaine. Ils se groupaient par région ou par affinités, chaque groupe se donnant un chef, mais certains choisissaient de voyager à l'écart afin peut-être de se sentir plus seuls en face de Dieu, mais sans trop s'éloigner de façon à bénéficier tout de même de la protection des autres.

Hormis Odon de Lusigny qui l'avait accueillie, Marjolaine n'avait guère, au départ, prêté d'attention à ses compagnons de route. D'ailleurs, durant toute la première étape, on avait beaucoup prié afin que Dieu accorde à ces errants un heureux voyage et elle s'était associée passionnément à cette prière commune. Elle lui donnait une occasion nouvelle de remercier le Seigneur pour lui avoir inspiré l'idée salvatrice de rencontrer Sanche le Navarrais. Sans lui, où serait-elle à cette heure ? Liée, le désespoir au cœur, à un homme qui lui faisait horreur ou bien morte. La seule idée de ce qui aurait pu lui arriver si elle avait choisi le martyre la réveillait encore la nuit, trempée de sueur et le cœur fou, croyant sentir sur elle pour l'étouffer lentement le poids de la terre grasse.

Elle s'était efforcée de pardonner à son inquiétant neveu, comme l'exigeaient les lois de la pénitence et celles du pèlerinage et, en ce qui la concernait personnellement, elle y était arrivée, mais elle ne pouvait pardonner le crime commis et moins encore les souffrances de l'homme dont, à quelques pas derrière son dos, elle pouvait entendre tinter les chaînes. Et si elle espérait de tout son cœur qu'Ausbert Ancelin sortirait vainqueur de l'épreuve, elle ne pouvait s'empêcher d'espérer que, tôt ou tard, la justice divine s'abattrait, redoutable, sur le véritable coupable.

Passé Longjumeau, ses odorantes tanneries et son joli pont sur l'Yvette, on atteignit le prieuré clunysien de Longpont, élevé un siècle plus tôt par une pieuse dame, Hodierne de Montlhéry, et l'on y vénéra, avant de reprendre la route, une antique statue de la Vierge et de l'Enfant trouvée miraculeusement jadis au creux d'un chêne et déjà l'objet d'un culte fervent au temps des druides.

On y fit aussi l'acquisition d'un nouveau pèlerin : un jeune garçon à l'œil vif et à la mine éveillée dont le nez retroussé s'ornait d'une abondance de taches de rousseur. Il déclara s'appeler Nicolas Troussel, être le neveu du prieur de Longpont et « escholier » de son état, ainsi que l'attestaient sa robe de clerc et l'écritoire pendue à sa ceinture. Sous l'œil vaguement scandalisé de ses nouveaux compagnons, il commença, en prenant place parmi eux, par retrousser sa robe dans sa ceinture, montrant de longues jambes maigres mais solides, puis, saluant les dames du petit groupe parisien – en l'occurrence Marjolaine, Aveline, une certaine Modestine Mallet qui faisait le chemin avec Léon, son époux, et une autre femme qui répondait au nom d'Agnès –, il envoya à la ronde un ample salut accompagné d'un large sourire. Enfin, empoignant son bourdon, il se mit en marche, sifflant gaiement l'une de ces chansons de toile que les femmes aimaient à chanter en filant.

Il ne siffla pas longtemps. Non sans rudesse, Odon de Lusigny lui signifia que seuls les cantiques avaient droit de cité dans les rangs des pieux voyageurs et Nicolas se le tint pour dit.

– C'est dommage, chuchota-t-il à Aveline près de laquelle il avait déjà choisi de s'établir, sans doute par attirance pour leur commune couleur de cheveux, un cantique n'est pas très entraînant pour marcher d'un bon pas.

– Alors ? fit la jeune fille indignée, que venez-vous faire ici, messire ? Ne comptez-vous pas prier tout au long du chemin ?

– Je compte surtout voir du pays, lui confia Nicolas avec un sourire si désarmant qu'elle n'eut pas le courage de lui en tenir rigueur. Tout seul, je n'irais pas loin. Et j'ai grande envie de voir tout ce qui se cache derrière l'horizon.

Le garçon pouvait avoir dix-sept ou dix-huit ans et ses yeux bruns pétillaient de malice. Marjolaine, qui avait entendu, ne put s'empêcher de sourire sous son voile. Son premier sourire depuis bien longtemps, mais la pensée de faire route avec un compagnon aussi joyeux n'avait, après tout, rien de triste. Quant à Nicolas, il joignit de bon cœur sa voix à celle des autres qui entonnaient le premier cantique de la journée, tandis que l'on repartait, sous un vent léger et frais qui chassait les brumes matinales et laissait espérer un peu de soleil.

À présent, Marjolaine connaissait mieux ceux qui composaient le petit groupe des gens de Paris. Elle savait que le moine revêche et visiblement mécontent de la corvée, qui accompagnait Ausbert Ancelin, se nommait Fulgence. Que le couple de merciers entre deux âges, si pieux qu'ils semblaient ne connaître d'autres paroles que celles de la Bible ou les litanies des saints, avaient pour nom Léon, surnommé le Borgne à cause d'un œil perdu dans un accident, et sa femme Modestine.

Il y avait encore un petit homme rond et d'aimable figure nommé Isidore Bautru dont l'aspect extérieur était celui d'un bon vivant que l'on pouvait imaginer placide et qui, cependant, paraissait habité d'une excessive nervosité et d'une perpétuelle inquiétude. Il sursautait au moindre bruit un peu fort et, durant les marches, il ne cessait de se retourner comme s'il craignait de voir arriver quelque chose ou quelqu'un.

Un autre personnage était une veuve d'une quarantaine d'années, Agnès de Chelles, dont le maintien discret et les habits convenables annonçaient une femme de bon lieu, mais dont le visage doux et régulier trahissait une incurable tristesse. Elle parlait peu ou pas du tout, priait tout au long du chemin, mêlant rarement sa voix aux chants religieux, et il n'était pas rare de voir ses yeux se remplir de larmes. Il y avait aussi un malade dont on ne savait rien, sinon qu'il voyageait dans une grande litière fermée portée par des mules et gardée par quatre hommes aussi muets et aussi peu communicatifs que des portes. Au long de la route, la litière fermait la marche, laissant même une certaine distance entre elle et le cortège des pèlerins. À l'étape, elle était toujours portée à l'écart, dans une grange par exemple, et l'occupant n'en sortait pas. On lui portait sa nourriture et seul le chef des pèlerins allait, chaque matin, voir comment il se portait.

Un tel comportement ne pouvait qu'exciter les curiosités. Le bruit courut qu'il s'agissait de quelque grand personnage peu désireux de se mêler au commun de ses compagnons. On le laissa bientôt dans son superbe isolement, encouragé en cela par la mine volontiers hargneuse de ses gardes. Plus tard, on en vint à se poser des questions au sujet de sa maladie et l'écart se creusa davantage encore.

Enfin, il y avait un jeune couple qui s'était annoncé comme venant du village de Suresnes, à l'ouest de Paris, et s'en allant remercier monseigneur saint Jacques d'avoir fléchi l'humeur contraire de leurs familles qui ne s'aimaient pas. Eux s'adoraient visiblement. L'amour irradiait chacun de leurs gestes, chacun des regards qu'ils échangeaient.

Quant aux autres pèlerins, venus de régions plus lointaines, on ne se liait guère avec eux, les différences de langages ne rendant pas facile la communication. Mais il n'allait pas falloir bien longtemps au jeune Nicolas Troussel pour se procurer une abondante documentation sur les plus intéressants d'entre eux.

Par Orléans où les pèlerins communièrent dans le miraculeux calice de saint Euverte et où Odon de Lusigny les régala du récit des étonnants miracles d'un saint dont bien peu connaissaient l'existence, on gagna Cléry, Beaugency, Blois, Amboise et finalement Tours où il était convenu que l'on resterait au moins trois jours pour se remettre des fatigues du chemin et soigner ceux qui étaient malades, ou meurtris.

Ainsi fallut-il, en dépit des furieuses protestations du frère Fulgence, déferrer et coucher Ausbert Ancelin dont les pieds étaient en sang. L'une de ses blessures s'était infectée et le faisait beaucoup souffrir. Mais si intransigeant était le moine que Marjolaine dut faire appel à l'autorité du chef des pèlerins pour obtenir que le malheureux reçût les soins dont il avait si grand besoin.

Aussi, en quittant l'église avec Aveline, Marjolaine souhaitait-elle autant s'éloigner d'un importun que rentrer voir comment allait son protégé qu'elle n'avait pas trouvé bien ce matin. Ausbert avait de la fièvre et son pied était enflé. En outre, Marjolaine n'avait pas aperçu Fulgence dans la basilique et elle se méfiait à présent de sa hargne : cet homme devait souhaiter que son prisonnier mourût au plus vite, ce qui lui permettrait de regagner Saint-Denis sans faire l'interminable chemin.

Les deux femmes allaient atteindre le porche de l'hôtellerie abbatiale où logeaient les pèlerins quand elles entendirent quelqu'un qui courait derrière elles. En même temps, on appelait :

– Damoiselle ! Damoiselle ! Je vous en prie, attendez-moi !

Marjolaine tourna la tête et, à son grand mécontentement, s'aperçut que le rustre de tout à l'heure l'avait suivie. Voyant cela, elle hâta le pas au lieu de s'arrêter. Mais l'homme se mit à courir et, s'ils arrivèrent ensemble devant la porte, du moins réussit-il à en barrer l'accès.

– Je vous en prie, souffla-t-il un peu haletant, rien qu'un mot !

– Tout à l'heure, dit la jeune femme, j'ai quitté l'église parce que votre agitation troublait ma prière. Et voilà que vous osez me poursuivre ? Je n'ai rien à vous dire. Passez votre chemin !

– Moi aussi je voulais prier et vous m'en avez empêché.

– Quel mensonge éhonté ! Moi, je vous ai empêché de prier ?

– Vos yeux l'ont fait. Je les ai vus et j'ai oublié Dieu, saint Martin et même ce que j'étais venu faire ici.

– Vous parlez comme un insensé et je n'entends rien à ce que vous dites. Passez votre chemin, vous dis-je !

– Pas sans avoir appris de vous au moins votre nom. Je veux savoir qui vous êtes, d'où vous venez, où vous allez.

– Je vais où Dieu me mène et je n'ai, moi, aucune envie de savoir qui vous êtes.

– Pourtant, je le dirai. J'ai nom Hughes, baron et seigneur de Fresnoy et bien d'autres terres en pays de Vermandois. Jusqu'à ce jour, je me croyais ambitieux et libre. Mais depuis que j'ai vu vos yeux, je ne suis plus libre et n'ai d'autre ambition que de vous servir.

Hughes avait mis tant d'involontaire passion dans ces quelques mots, tant d'inconsciente sincérité que la colère de la jeune femme s'apaisa un peu. Elle sentit qu'en elle quelque chose vibrait d'une curieuse palpitation. Alors elle regarda plus attentivement cet inconnu qui disait des choses folles avec assez de conviction et d'ardeur pour laisser croire que sa vie risquait d'en dépendre.

Elle vit que ce grand gaillard aux yeux farouches mais d'une si joyeuse couleur de feuilles printanières était beau. Dans un genre sauvage peut-être, mais son sourire pouvait avoir toute la gentillesse et l'innocence d'un sourire d'enfant quand le pli ironique de sa bouche ne l'accusait pas.

Malgré elle, Marjolaine lui rendit son sourire, ce que le voile dissimula. Mais ses yeux étincelèrent dangereusement et Hughes crut revoir la mer sous le soleil.

– Sire baron, dit-elle plus doucement, vous ne devez pas prendre souci de moi et moins encore me servir car je suis de plus modeste condition que vous et mon chemin n'est pas le vôtre. Je ne fais que passer ici, en route pour le sanctuaire de monseigneur saint Jacques dans les terres lointaines de Galice.

– Oh non ! Ne me dites pas que vous voulez aller là-bas, que vous comptez faire cette interminable et dangereuse route, vous qui semblez si fragile, si délicate ?

– De plus fragiles que moi l'ont faite. À présent, laissez-moi passer, seigneur. Je vous en ai dit bien plus que je ne le souhaitais.

– Non, puisque vous ne m'avez pas confié votre nom.

– Alors, ce seront mes dernières paroles. J'ai nom Marjolaine des Bruyères, damoiselle en effet, mais veuve de défunt maître Gontran Foletier, qui fut pelletier en la grande ville de Paris.

– Je savais bien que vous étiez fille noble, s'écria Hughes, enchanté de son propre jugement. Quant à ce pelletier dont je ne comprends pas... Oh ! Laissez-moi vous parler encore.

– Non, coupa derrière lui une voix grave. Plus un mot ! Laissez-la en paix.

Hughes, tout de suite furieux, fit volte-face et se retrouva nez à nez avec le grand pèlerin.

– De quoi vous mêlez-vous, compère ?

– De ce qui me regarde car je suis le chef de ce groupe de pèlerins. Pour le reste, je suis Odon de Lusigny, chevalier et banneret, ce qui me donne droit de parler d'égal à égal avec un baron. Aussi, je vous dis de laisser cette jeune dame aller tranquillement son chemin car elle, a pour cela, payé bien chèrement. Allez, ma sœur.

Devant Marjolaine et Aveline – qui s'était d'ailleurs désintéressée de la question pour sourire à Bertrand dont la haute silhouette doublait celle de son maître –, Odon ouvrit la porte de l'hôtellerie et les fit entrer, puis se disposa à les suivre, mais Hughes l'arrêta.

– Ne pouvons-nous parler encore un moment ?

– De quoi, mon Dieu ?

– Eh bien, de cette dame, dit Hughes avec une gêne qui lui était bien inhabituelle et qui fit lever les sourcils de Bertrand, témoin muet de la scène. Ne croyez surtout pas, ajouta-t-il vivement en voyant l'autre hausser les épaules, que je lui veuille déplaire ou l'importuner si peu que ce soit. Mais je voudrais en savoir plus. Je n'ai jamais rencontré quelqu'un comme elle.

– Je le crois volontiers.

Mais, soudain, le regard d'Odon de Lusigny s'attacha à l'annulaire gauche de Fresnoy où brillait un large anneau d'or. Il fronça le sourcil.

– Êtes-vous marié ?

– Oui, encore que mon mariage soit bien malade.

– Cela ne change rien au fait et, dans ce cas, je ne comprends pas ce que vous pouvez vouloir de dame Marjolaine.

– Je ne le sais pas moi-même, mais ce que je sais bien c'est que ce n'est rien de mal. Simplement, je l'ai vue et il me semble à présent qu'elle fait partie de ma vie.

– Non, vous ne l'avez pas vue vraiment. Vous obéissez seulement au caprice d'un instant. Alors, croyez-moi, le plus sûr moyen de lui plaire c'est encore de suivre le conseil qu'elle vous a donné : allez votre chemin et ne pensez plus à elle.

– C'est impossible ! Mais, tout à l'heure, vous avez dit que cette jeune dame avait payé chèrement le droit de suivre sa route en paix. Cela signifiait quoi ?

Le grand pèlerin hésita un instant puis, comprenant qu'il ne viendrait pas à bout de cet obstiné sans lui jeter au moins quelques miettes, il se décida.

– Dans notre groupe, nous respectons et admirons beaucoup dame Marjolaine, mais beaucoup moins pour la beauté de ses yeux que pour celle de son âme. Vous n'êtes pas de Paris et vous ignorez qu'elle est veuve depuis peu, que son époux, l'un des plus riches bourgeois de notre ville, est mort assassiné par un homme dont il avait séduit la femme, mais dont on dit aussi qu'il était épris de la très jeune épouse de son rival. Très jeune et très belle.

– Je l'avais compris.

– Non. Vous n'avez rien compris et, comme nous tous, vous ignorez ce que cette pauvre enfant cache sous son voile qu'elle ne quitte jamais. Il paraît que, pour échapper au désir des hommes et demeurer fidèle à son époux, elle a brûlé au vitriol la moitié de son visage.

Le double cri d'horreur d'Hughes et de Bertrand n'interrompit pas son récit et il continua :

– Aussi sommes-nous très honorés d'être ses compagnons pour le saint voyage qu'elle accomplit d'ailleurs, non pour elle-même, mais pour le repos de l'âme de son époux et par charité.

– Par charité envers qui ?

– Ausbert Ancelin, le meurtrier de maître Foletier, a été condamné à faire le pèlerinage pieds nus et enchaîné. Dame Marjolaine qui est persuadée de son innocence s'efforce de l'assister de son mieux.

– Pourquoi ? Elle aime cet homme ?

Le regard d'Odon pesa un univers de mépris en se posant sur le baron.

– Je vous parle d'une sainte ! Que venez-vous me parler d'amours humaines ? À présent j'en ai assez dit. Allez prier au tombeau, baron, et puis retournez chez vous. Nous sommes les errants de Dieu. Vous êtes un homme avide de jouissances terrestres comme je l'ai été moi-même jadis. Un monde nous sépare.

Et, cette fois, tournant résolument le dos à Fresnoy, Odon de Lusigny rentra dans l'hôtellerie.

En se dirigeant vers la grande salle où les dames hospitalières logeaient les femmes, Marjolaine passa devant la salle des hommes et s'arrêta, attirée par les éclats de voix qui s'en échappaient car elle avait cru reconnaître la voix aigre du frère Fulgence. Passant alors la tête par la porte entrouverte, elle découvrit la double enfilade d'alcôves fermées par des rideaux verts, vit que celle d'Ausbert Ancelin était ouverte et que le malheureux était le centre inconscient d'une véritable bataille qui mettait aux prises son geôlier et dame Léonarde, la supérieure des hospitalières.

– Cet homme n'est pas là pour se prélasser dans un lit, hurlait le frère, mais pour subir la pénitence d'un crime et apprendre si Dieu entend le laisser en vie. J'exige donc qu'il se lève à l'instant et vienne avec moi faire dévotion au tombeau du saint !

– Et moi je m'y oppose ! Se lever quand il n'a même pas sa conscience ? Ce malheureux est peut-être mort plus qu'à moitié. Croyez-vous que notre grand saint Martin serait heureux de le voir expirer auprès de son tombeau ? Il brûle de fièvre et ne peut poser pied à terre sans de grandes douleurs.

– Tant pis ! Si saint Martin souhaite le guérir, il le guérira, mais moi j'ai ordre de veiller à ce qu'il expie son forfait. Et je vais le lever.

Il se penchait pour arracher les couvertures, mais déjà Marjolaine s'était élancée et, les bras en croix, barrait l'accès du lit.

– Et moi je dis que vous n'y toucherez pas, dussé-je ameuter toute l'hôtellerie pour la prendre à témoin de votre cruauté. Vous avez l'ordre de veiller à ce qu'il ne s'échappe pas, à ce qu'il aille jusqu'au bout du chemin : vous n'avez pas reçu ordre de le tuer car je vous rappelle qu'il n'est pas condamné, sinon à s'en remettre au jugement de Dieu. Si le Seigneur veut qu'il meure, il mourra, mais sans votre assistance.

La fureur du moine se tourna instantanément vers elle.

– Une fois de plus, femme, vous vous interposez entre moi et mon prisonnier. Vous oubliez la condition de votre sexe et, en outre, il est impudique, pour une veuve, de porter tant d'intérêt à un homme, surtout quand cet homme a tué son époux.

– Je dis, moi, qu'il est innocent et je ne cesserai jamais de le dire.

– Ce qui vous rend suspecte au premier chef. Vous le défendez trop et l'on pourrait imaginer que votre indulgence n'est peut-être que de la reconnaissance, sinon un sentiment plus tendre. De là à penser qu'il était peut-être votre amant...

– Vous n'avez pas honte, mon frère ? tonna Odon de Lusigny qui venait d'entrer dans la salle.

– Honte de quoi ? De dire ce que chacun pense ?

– Vous aggravez votre cas en proclamant que tous ces braves gens, partis avec nous pour le service de Dieu, nourrissent les mêmes idées sordides que vous. Laissez cet homme, frère Fulgence, j'en aurai soin moi-même et allez seul au tombeau pour déverser devant lui vos péchés de cruauté, de calomnie et de jugement téméraire. Dieu serait à plaindre s'il n'avait que des serviteurs tels que vous.

– Alors, vous aussi osez vous opposer à moi, le mandataire du très haut et très puissant seigneur Suger, abbé de Saint-Denis ?

– J'ose en effet et j'oserai plus encore si vous ne vous tenez en paix. Tant que je mènerai notre troupe, ceux qui la composent recevront de moi aide et secours car je m'en tiens pour comptable. Et personne, moi vivant, n'essaiera de dicter à Dieu sa conduite. Sinon je vais trouver de ce pas l'évêque de Tours qui se trouve être un peu mon cousin pour lui demander de vous relever de votre mission et de me la confier. Choisissez.

– Vous n'avez pas le droit ! Vous n'êtes ni prêtre, ni moine, ni...

D'un geste brusque Odon écarta sa robe de pèlerin, découvrant dessous une autre robe, plus courte, barrée sur la poitrine d'une grande croix rouge.

– Je suis chevalier du Temple ! Moine et guerrier de Dieu, j'ai plus de droits que vous. Et si, pour ce voyage, j'ai choisi d'oublier ce que je suis, ne m'en faites pas souvenir. Et oubliez-le vous aussi !

Comprenant qu'il était battu, Fulgence choisit de disparaître, tandis qu'Odon refermait sa robe et souriait aux deux femmes.

– Puis-je vous demander, mes sœurs, de garder le secret ? Il n'a rien de répréhensible car je fais ce voyage par ordre du Grand Maître, mais je préfère que l'on me croie simple pèlerin.

Rassuré par leurs réponses, il sortit à son tour, tandis que dame Léonarde et Marjolaine revenaient se pencher sur le blessé. Ausbert reposait dans une pénible torpeur traversée par instant de longs frissons et de paroles indistinctes. Il était très rouge et semblait souffrir.

– Il me paraît bien mal, dit Marjolaine inquiète. Ne peut-on rien faire pour le soulager ?

– Nous ne faisons que cela, bougonna l'hospitalière. Notre sœur apothicaire renouvelle trois fois par jour l'emplâtre de farine et de miel pour tenter de faire sortir l'humeur de ce pied qui est cause de tout le mal, mais cela ne semble pas donner de grands résultats.

– Si vous permettre, murmura derrière les deux femmes une voix hésitante agrémentée d'un fort accent étranger, je peut-être faire quelque chose.

Elles virent alors qu'un petit bonhomme, presque aussi bizarre que son discours, avait brusquement poussé sur les dalles du dortoir. Sur son corps aussi large que haut, il portait une robe qui avait dû être blanche autrefois, mais qui avait subi tant de vicissitudes et d'intempéries que cela ne se voyait plus guère. Ses cheveux montraient la peau du crâne par une curieuse tonsure en forme de hache. Ils ressemblaient à un toit de chaume frais et retombaient en frange sur son front. Quant à la figure, cuite et recuite par trop de soleil et de vent, elle semblait taillée un peu n'importe comment par un sculpteur négligent qui avait jugé bon de faire obliquer le nez vers la droite. Mais les yeux, du bleu candide des fleurs de lin, trouaient le cuir brun de ce visage comme deux minuscules fenêtres ouvertes sur un ciel d'été.

Voyant que les dames le regardaient avec curiosité, il rit et salua gauchement, les mains au fond de ses manches.

– Vous pouvez quelque chose pour ce malheureux, étranger ? demanda Léonarde. Pouvez-vous nous dire qui vous êtes ?

– Je être Bran Maelduin. Je venir grande monastère à Bangor, dans île d'Irlande. Je savoir un peu médecine.

Le visage sévère de l'hospitalière s'éclaira d'un sourire de bienvenue.

– Nous connaissons bien ici le puissant monastère de Bangor, mon frère. Voici peu de temps, nous avons eu le bonheur d'accueillir ici son ancien prieur, l'évêque d'Armagh. Pardonnez-moi si j'écorche son nom, très difficile : Ma... Malachie, je crois ?

L'Irlandais fronça un sourcil indigné.

– Quoi vous dire ? Quel nom ? Chez nous dire MaolMaodhog Ua Morgair. Pas difficile du tout. Je être sa cousin et je rejoindre lui, après sacré voyage, chez grand abbé Bernard.

– Si vous préférez parler latin, proposa Léonarde qui avait quelque peine à suivre le discours du petit moine que l'accent rendait d'une audition épineuse.

– Merci grandement mais facilitation coupable ! Je ici pour prière et pénitence mais aussi pour le apprendre. Montrez le pied à moi.

– À nouveau on souleva l'emplâtre qui couvrait la peau rouge et enflée par l'œdème. Bran Maelduin se pencha dessus, renifla, tâta d'un doigt aussi léger qu'une aile de papillon, hocha la tête et finalement déclara :

– Pas beau. Vous avoir racine... euh... *lilia candida ?*

– Des oignons de lis ? Nous en avons au jardin, mais naturellement ils sont enterrés en attendant de fleurir dans un mois.

– Vous chercher ça ! dit-il en montrant ses deux mains aux doigts écartés. Vous laver terre, vous porter ici.

– Vous voulez qu'on déterre dix oignons de lis ? s'écria Léonarde scandalisée. Mais le frère jardinier ne voudra jamais ! Il les réserve pour la Très Sainte Mère de Dieu.

– Si pas déterrer *lilia,* fit Bran Maelduin péremptoire, bientôt enterrer homme. Chercher racine, cuire deux dans lait et seigle farineux puis mettre sur pied. Trois le jour ! ajouta-t-il en montrant trois doigts.

– Il faut faire, trois fois par jour des cataplasmes avec deux oignons cuits dans du lait avec de la farine de seigle ? traduisit Marjolaine. C'est bien cela ?

Enchanté d'être si bien compris, l'Irlandais secoua énergiquement la tête et dédia à la jeune femme un large sourire.

– Oui. Il faut faire.

– Eh bien, soupira dame Léonarde résignée, on peut toujours essayer.

Et elle s'en alla circonvenir le frère jardinier. Puis avec l'aide de Marjolaine qui s'était mise à son service, elle prépara le premier cataplasme que l'on appliqua tiède sur le pied du malade, sous l'œil approbateur de Bran Maelduin qui s'était institué garde-malade pour surveiller l'effet de son traitement. Il s'installa sur un tabouret au chevet d'Ausbert, toujours à demi inconscient, après avoir réclamé un grand pot de tisane de sauge qu'il entreprit de lui faire boire.

– Je rester là, dit-il à la jeune femme qui lui demandait s'il avait encore besoin d'elle. Vous peut aller.

Ainsi rassurée sur le sort de son protégé, Marjolaine décida de retourner achever son pèlerinage au tombeau de saint Martin et se rendit dans la salle des femmes pour y chercher Aveline. Mais la petite suivante, trop contente d'un instant de repos, s'était roulée en boule sur sa couchette et dormait avec tant d'application que la jeune femme n'eut pas le courage de la réveiller.

Resserrant son voile autour de la tête, elle quitta la salle et suivit le large couloir qui coupait en deux l'hôtellerie abbatiale. Elle n'était pas loin de la porterie quand elle s'entendit appeler par une voix timide accompagnée d'un trottinement de souris. Elle s'arrêta et sourit à la petite femme qui accourait vers elle.

– Iriez-vous par hasard à l'église, dame Marjolaine ? demanda celle-ci.

– En effet. Je n'ai pas pu, tout à l'heure, aller vénérer le tombeau parce qu'il y avait trop de monde. Cela sera peut-être plus facile maintenant.

– Je n'ai pas pu y aller du tout. J'avais un terrible mal de tête et mon époux était très mécontent d'y aller seul. Puis-je vous accompagner ?

– Vous sentez-vous mieux ?

– Oui. Et puis si je ne rejoignais pas maître Mallet, il se fâcherait sûrement. Je ne suis pas ici pour me dorloter.

Fidèle à son nom, Modestine était une petite femme sans âge, sans aucun relief et totalement effacée par la personnalité acariâtre de son époux sans laquelle on ne l'eût jamais remarquée. Elle était grise de cheveux, de teint, de vêtements et ressemblait davantage à une ombre qu'à un être vivant. Elle et son mari, Léon Mallet, merciers dans le quartier Saint-Leufroy à Paris, avaient pris le départ pour Compostelle en accomplissement d'un vœu pour remercier de la guérison quasi miraculeuse de Modestine, ainsi qu'ils l'avaient confié à leurs compagnons de route.

À regarder la mine de la mercière, Marjolaine pensa à part elle que, sans doute, elle n'allait pas beaucoup mieux mais qu'elle redoutait suffisamment la colère du mari pour se faire violence. En outre, elle pensait certainement qu'en se faisant accompagner d'une autre femme, Léon ne manifesterait pas trop sa mauvaise humeur en la voyant arriver tellement en retard.

– En ce cas, dit-elle gentiment, allons-y ensemble.

Modestine remercia d'un sourire timide mais, comme toutes deux franchissaient le seuil de la maison-Dieu, elle s'arrêta soudain et, très confuse pria Marjolaine de bien vouloir l'attendre un instant : elle avait oublié son escarcelle dans son alcôve, ce qui l'empêchait de faire aumône comme il se devait.

– Dépêchez-vous alors, dit la jeune femme un peu contrariée, sinon nous arriverons à la fumée des cierges. Il se fait tard.

– Oh, je n'en ai que pour un instant. Attendez-moi, je vous en prie.

Demeurée seule, Marjolaine poussa un soupir puis se mit à marcher lentement, de long en large, devant la porte. Les yeux à terre, elle ne voyait rien de ce qui se passait autour d'elle.

Et soudain, il y eut un cri, un hurlement même.

– Attention !

Presque en même temps, quelqu'un jeta Marjolaine à terre et elle se retrouva à plat ventre, à demi écrasée par un corps pesant qui, d'ailleurs, la libéra aussitôt. Et, quand il se releva, la jeune femme constata, avec une stupeur indignée que son agresseur n'était encore personne d'autre que cet insupportable baron de Fresnoy qui, décidément, semblait prendre à tâche de lui être désagréable.

– Encore vous ? s'écria-t-elle furieuse. Mais est-ce que vous êtes devenu tout à fait fou ? Qu'est-ce qui vous a pris de me jeter à terre ? Regardez dans quel état vous m'avez mise ? Je suis pleine de boue.

– Mais vous êtes vivante, dit le jeune Nicolas Troussel qui était arrivé au moment même où Hughes avait jeté Marjolaine dans la boue. Une pierre s'est détachée de là-haut, ajouta-t-il en montrant l'espèce de chemin de ronde qui couronnait le mur de l'abbaye. Sans ce seigneur, elle vous arrivait droit dessus. Vous l'avez échappé belle.

En effet, un énorme parpaing occupait la place où la jeune femme se tenait un instant auparavant, menaçant à souhait. Marjolaine regarda tour à tour la pierre et celui qui l'en avait sauvée : l'une avec un frisson de crainte rétrospective et l'autre avec une sorte de gêne. Mais comme il lui tendait la main pour l'aider à se relever, elle accepta. Or, quand cette main nerveuse, chaude et ferme, enveloppa la sienne, elle en éprouva une étrange impression de réconfort. La peur qui lui était venue se dissipait et, si elle eut soudain envie de pleurer, ce fut surtout de soulagement.

– Merci, seigneur, dit-elle timidement. Merci et pardon de m'être montrée grossière.

– Ce n'est rien. N'importe qui aurait réagi de même façon dans de pareilles circonstances.

Cependant, l'accident avait fait quelque bruit. Des passants s'étaient arrêtés, deux dames hospitalières étaient sorties de l'hôtellerie et aussi Modestine qui accourait, sa bourse à la main. Les trois femmes s'empressèrent autour de Marjolaine qu'elles firent rentrer dans la maison pour l'aider à se nettoyer et la faire reposer après une telle émotion.

Avant qu'elles ne fussent rentrées, pourtant, Hughes arrêta l'une d'elles.

– Est-ce donc en si mauvais état là-haut ? demanda-t-il en désignant le sommet de la maison.

– Pas vraiment. C'est seulement en réparation. Le gel de cet hiver a fait éclater des pierres. Je ne comprends pas comment l'une d'elles a pu se détacher car les travaux sont très avancés. De toute façon, je vais demander que l'on aille vérifier. Cette jeune femme aurait pu être tuée.

C'était exactement l'avis d'Hughes et, en rejoignant avec Bertrand leur auberge des bords de Loire, il ne put s'empêcher de livrer le fond de sa pensée :

– J'ai peut-être trop d'imagination, mais je me demande si cette pierre s'est détachée toute seule ? Encore que je ne voie pas du tout pourquoi ou qui pourrait en vouloir à la vie de cette jeune dame ?

– Il y avait quelqu'un, dit Bertrand. Quand la pierre est tombée, j'ai aperçu une vague silhouette qui a disparu aussitôt.

– Tu en es sûr ?

– D'avoir vu quelqu'un, oui. Mais qu'il ait poussé la pierre, non. Néanmoins il est difficile de ne pas faire le rapprochement.

– Autrement dit, tu penses qu'il s'agit bien d'une tentative de meurtre. Mais alors qui ? Et pourquoi ? Tu as entendu le grand pèlerin, tout à l'heure. On la vénère presque. Et puis, qui peut vouloir fermer de pareils yeux ?

Il y eut un instant de silence troublé seulement par le pas tranquille des chevaux. Puis Bertrand osa demander :

– Elle vous plaît beaucoup, n'est-ce pas ?

– Je ne sais pas. Elle m'attire sans que je puisse comprendre pourquoi. Il y a ce merveilleux regard, sans doute, et toute cette grâce et la soie de ses cheveux.

– Il y a aussi ce voile qu'elle porte continuellement, ce voile qui cache sans doute une affreuse brûlure. Peut-être ne pourriez-vous même pas soutenir la vue de son visage si elle le découvrait pour vous.

– Tu me prends pour une femmelette ? J'en ai déjà vu des blessures horribles. J'ai vu aussi des lépreux et je n'ai jamais seulement fermé les yeux en face des pires abominations. Et puis là n'est pas la question. Ce que je veux savoir, c'est qui peut vouloir détruire aussi froidement une créature fragile dont chacun prétend qu'elle est noble et d'âme haute.

– Peut-être, après tout, sommes-nous en train de nous faire un conte. Je n'ai peut-être aperçu qu'un ouvrier passant sur le chantier et il se peut qu'une pierre, mal posée, se soit détachée juste à cet instant. Il y a des coïncidences.

– Mais tu n'y crois pas. Et moi non plus.

– Alors, tout ce que nous avons à faire, c'est aller prévenir le seigneur Odon de Lusigny, le chef des pèlerins, des soupçons qui nous sont venus. Après tout, c'est à lui de veiller sur son troupeau. Il devra prendre des précautions, veiller plus étroitement sur cette dame. Mais j'ai bien peur qu'il ne nous traite d'illuminés.

Les deux hommes longeaient la Loire et, d'un accord tacite, s'arrêtèrent sur une levée herbue qui descendait doucement jusqu'à l'eau. Le fleuve, encore gros des récentes pluies qui avaient lavé le paysage et nourri l'herbe jeune, roulait des eaux jaunâtres entre les doux coteaux où s'installait le printemps. Le soleil encore timide jouait à cache-cache parmi des nuages blancs et faisait de la Loire un fleuve de nacre traversé d'étincelles. En face d'eux, au-delà de l'île que le grand pont reliait aux deux berges, ils pouvaient voir s'étager les blanches maisons de ce qui n'était plus que le faubourg de Saint-Symphorien après avoir été le berceau même de Tours, et les imposants bâtiments de la grande abbaye de Marmoutiers, jadis fondée par saint Martin lui-même. Elle était en passe de devenir l'une des plus puissantes de la chrétienté depuis que le pape Urbain y était venu, en 1095, prêcher la croisade sainte. C'était un tableau d'une grande beauté et d'une paisible majesté.

Mais, de tout cela, Hughes ne voyait pas grand-chose, s'il se laissait volontiers baigner par cette douceur de lumière et de paysage. Il suivait des yeux le vol bleu-vert d'un martin-pêcheur souligné de l'éclair argenté du poisson que l'oiseau venait de pêcher. Et il crut voir une larme au bord des yeux qui l'avaient ensorcelé.

Descendu de cheval, Bertrand vérifiait la sangle de sa selle ou faisait semblant, et ne disait rien, respectant un silence dont il savait qu'il était toujours malsain de le troubler quand le baron choisissait de se taire...

– Écoute, dit enfin Hughes, nous allons ici nous séparer.

Les doigts de l'écuyer marquèrent un arrêt, mais il ne dit rien, attendant ce qui allait venir.

– Tu vas rentrer à Fresnoy et tu diras à sire Gerbert qu'il devra veiller sur mon fief plus longtemps que je ne le pensais.

– Combien de temps ? fit Bertrand d'une voix égale.

– Je ne sais pas. Le temps qu'il faut pour aller à Compostelle de Galice et en revenir, si Dieu m'accorde d'en revenir. Tu aideras et serviras mon frère de ton mieux et puis tu iras aussi voir l'évêque Martin pour lui dire que, touché par la grâce, j'ai décidé de ma propre volonté d'allonger la pénitence qu'il m'avait imposée.

– Vous voulez partir après-demain, avec le pèlerinage ?

– Oui. Et n'essaie pas de m'en dissuader. Tu as raison, je pourrais prévenir Odon de Lusigny, le prier de veiller sur Marjolaine, mais il mène une troupe trop nombreuse pour pouvoir se consacrer à une seule personne. Et moi, je ne vivrai plus tranquille si je la sais en danger ! Je veux moi-même veiller sur elle. Et ne me dis pas que je suis fou ! Il est possible que je le sois mais, outre que personne n'aime se l'entendre dire, je tiens à ma folie.

– Aussi ne le dirai-je pas, mais...

– Pas de mais ! Je ne veux rien entendre. Je suivrai les errants de Dieu et toi, tu rentreras au logis.

– Non !

Les yeux fulgurants d'Hughes se posèrent, hautains, sur le visage paisible de son écuyer.

– Qu'as-tu dit ? J'ai mal entendu.

– Je ne crois pas. J'ai dit non. C'est clair. Cela veut dire que je ne retournerai pas à Fresnoy. Pas sans vous en tout cas. Et ne me dites pas que vous pourriez me faire périr sous le fouet pour avoir refusé de vous obéir, cela aussi je le sais. Seulement, vous n'avez plus aucun droit sur moi dès l'instant où je suis touché par la grâce, moi aussi. Depuis un instant, en effet, je me sens pèlerin dans l'âme. Et il serait injuste à vous, criminel même, de vous en aller quérir votre salut en me refusant à moi le droit de faire en même temps le mien.

Jamais de sa vie Bertrand n'avait prononcé si long discours, et Hughes, stupéfait, avait suivi ce flot de paroles débitées d'un ton tranquille d'ailleurs, sans trouver seulement la force de l'interrompre.

– Tu n'as jamais autant parlé, Bertrand !

L'autre sourit de son curieux sourire qui se contentait d'étirer les lèvres sans découvrir les dents.

– Je ne parle que dans les grandes circonstances ou quand le feu en vaut la chandelle. Il est probable que cela ne me reprendra pas avant longtemps. Ainsi donc, nous partons ensemble avec les pèlerins. Vous savez qu'il faut que le chef nous accepte ?

– S'il refuse, nous suivrons de loin. Nul ne peut nous empêcher d'aller où nous le voulons. Le chemin est à tout le monde et le saint ne refusera pas un dévot de plus.

– Même si ses desseins sont de terrestre amour et non d'amour divin ?

– Cela, je le saurai là-bas, s'écria Hughes avec passion. S'il agrée ma prière, monseigneur saint Jacques fera un miracle de plus. Il guérira cette fleur blessée que l'on appelle Marjolaine.

8

Halte à Sainte-Catherine-de-Fierbois

Le traitement de Bran Maelduin opéra sur Ausbert Ancelin une sorte de miracle. En vingt-quatre heures, l'abcès mûrit et commença à suinter. Le petit moine irlandais l'incisa alors avec une parfaite habileté, le vida autant que possible, lava la plaie avec du vin, puis plaça un nouvel emplâtre destiné à favoriser l'expulsion des sanies qui pourraient se former encore et finalement pansa le tout de linge propre.

Cette opération n'alla pas, bien sûr, sans déchaîner l'indignation du frère Fulgence qui surveillait son prisonnier comme un chien veille sur son os et déclarait furieusement toutes ces « douilletteries » incompatibles avec une pénitence subie selon la règle. Mais, à toutes ses injonctions, Bran Maelduin se contentait de répondre : « Je ne pas comprendre », préférant de beaucoup laisser l'autre débattre la question avec Odon de Lusigny, dame Léonarde, Marjolaine et Nicolas Troussel qui s'étaient pris d'un prodigieux intérêt pour l'homme à la tonsure en forme de hache. À eux quatre ils formaient autour du blessé un barrage difficile à franchir. Mais quand Fulgence, le pansement dûment mis en place, tenta une fois de plus d'arracher Ausbert à son lit, l'Irlandais, qui s'était écarté de quelques pas pour laver ses mains tachées de sang, se déchaîna. Attrapant son confrère par le col de sa robe, il lui fit en même temps un vigoureux croc-en-jambe qui l'envoya à terre avec la vitesse de l'éclair.

– *Miserere mei, frater,* fit hypocritement Bran Maelduin, employant le latin pour être bien certain d'être compris, tandis que son adversaire se relevait péniblement, encore éberlué de ce qui venait de lui arriver. Si vous voulez qu'il marche demain, il faut le laisser tranquille encore cette nuit, ajouta-t-il dans la même langue.

– Eh bien, nous verrons demain. Mais il faudra bien qu'il marche, dussé-je ameuter la foule contre vous.

Quand vint, pour les pèlerins, l'heure de quitter la maison-Dieu, une scène analogue faillit se reproduire lorsque Fulgence exigea que les fers, enlevés au pénitent pour pouvoir soigner son pied enflé, lui fussent remis. Bran Maelduin protesta. Il se mettait même en position de combat quand Ausbert Ancelin lui-même s'en mêla.

– Laissez-le me les remettre, mon frère, dit-il doucement à son irascible défenseur. Je crois que je pourrai les supporter puisque ma cheville n'est plus enflée. C'est déjà beau que vous ayez réussi à me soigner et à chasser le mal. Je vous en ai grande et profonde gratitude. Mais à présent je dois me soumettre. Vous vous feriez un ennemi.

Les fers furent remis puis les choses recommencèrent à se gâter. Fulgence exigeait que les linges fussent ôtés : Ancelin devait aller pieds nus. Alors les hurlements indignés de Bran Maelduin en appelant à la justice divine, contre la cruauté du moine qui voulait sans doute infecter de nouveau le pied blessé, roulèrent sous les voûtes de la salle et ameutèrent tous les pèlerins dont certains étaient au réfectoire et d'autres déjà dans la cour. Odon de Lusigny accourut et régla définitivement le conflit en décidant que le pansement resterait en place.

– Il ne s'agit pas d'une chaussure, mais d'une protection contre la saleté. L'autre pied demeurera nu. Quant à vous, mon frère, c'est le dernier avertissement que je vous donne. Ou vous cessez de tourmenter cet homme, ou je vous chasse. Sœur Léonarde, veuillez, s'il vous plaît, trouver une paire de béquilles pour cet homme afin de l'aider dans une marche qui, de toute façon, sera pénible.

Aux premiers rayons du soleil qui se levait au milieu de la plus rose aurore, les pèlerins se retrouvèrent face à la basilique afin d'entendre la messe et de recevoir les dernières bénédictions avant de prendre le chemin du sud. La halte de Tours avait fait grand bien à tous. Les mines des bien-portants étaient reposées, les malades avaient repris des forces, les vêtements avaient été dépoussiérés, nettoyés, le linge lavé et, dans les besaces et les panières, fromage et pain frais libéralement distribués par les gens de la ville attendaient l'occasion de réconforter les voyageurs, tandis que les gourdes s'étaient emplies d'un joyeux vin de Loire, présent de l'évêque. Les pauvres avaient reçu aumône en vue des gués et des péages à venir et tous se sentaient pleins de courage pour entamer la seconde partie du chemin.

Cela s'entendit à l'ardeur que l'on mit dans les répons et les chants de la messe célébrée devant le grand portail afin que tous puissent y avoir part.

Pour la première fois depuis que l'on avait quitté Paris, Marjolaine suivit l'office sans vraiment s'y intéresser. L'accident qui avait failli lui coûter la vie en était cause en grande partie. Elle en avait été profondément troublée. D'abord pour une raison quasi superstitieuse, voyant dans cette pierre tombée sans raison du ciel un signe de mécontentement du Seigneur. Durant la nuit d'insomnie qui suivit, elle avait cherché la raison profonde d'une si haute désapprobation. En quoi avait-elle irrité Dieu ? Était-ce en se prêtant à une supercherie pour échapper à un sort que, peut-être, « on » lui avait de tous temps destiné ? Était-ce en tentant de secourir un homme condamné par l'Église ? Encore que cette dernière hypothèse lui parût improbable puisqu'elle avait, de ses propres oreilles, recueilli l'aveu cynique du véritable coupable. Alors ?

Au matin, elle était presque décidée à abandonner le pèlerinage, à retourner à Paris, à arracher la fausse cicatrice qui tiraillait sa joue et à s'abandonner finalement à la justice divine quand Colin était apparu. Très sombre, il avait commencé par tancer vertement Aveline en lui reprochant de ne pas veiller suffisamment sur sa maîtresse et de se prélasser tandis qu'elle courait seule les pires dangers. Il criait si fort que Marjolaine, indisposée, avait crié encore plus fort que lui. Qu'est-ce qu'il lui prenait de s'attaquer à une innocente ? Et en quoi la présence d'Aveline eût préservé sa maîtresse d'une pierre en train de glisser ?

– En rien, fit Colin. Mais elle est là pour vous aider et, comme moi-même, pour veiller à ce qu'il ne vous arrive rien. Je m'en veux assez de ne pas avoir fait mon service avec assez d'attention. Mais elle non plus. Désormais, il y en aura toujours un de nous deux qui surveillera vos entours : devant, derrière, au-dessus et sous vos pieds.

– Es-tu devenu fou ? C'était un accident simplement.

– Non. On a tenté de vous tuer. C'est le seigneur qui vous a sauvée qui me l'a dit, assez durement d'ailleurs, en m'accusant de ne pas faire mon travail. Et il avait raison.

– Il t'a dit qu'on avait voulu me tuer ?

– Exactement. Son écuyer a vu quelqu'un près de la pierre au moment où elle est tombée.

– C'est impossible. Qui peut en vouloir à ma vie ?

– Je n'en sais rien. Lui non plus, mais je vous jure que je vais ouvrir l'œil et quiconque tentera la moindre chose contre vous y laissera ses os.

Ayant ainsi appris que le fameux signe du Ciel n'en était pas un, Marjolaine ne s'était sentie que très peu soulagée. Simplement, ses questions sans réponses possibles avaient changé d'objectif. Et elle eût peut-être passé une seconde nuit blanche si Aveline, agacée de la sentir s'agiter, se tourner et se retourner sans cesse, n'avait fini par lui faire avaler une tisane calmante qu'elle était allée demander à dame Léonarde.

Le jour qui se levait promettait d'être clair et, dans la lumière pure du matin, prières et chants semblaient monter plus droit, plus aisément que d'habitude. Quand le temps était ainsi, Marjolaine adorait ces instants offerts à Dieu où la route de la journée semblait mener vers quelque paradis. Pourtant, ce jour-là, le cœur de la jeune femme demeurait inquiet et plus lourd qu'il ne l'avait été depuis le départ car, en arrivant sur le parvis, la première personne qu'elle aperçut fut le seigneur de Fresnoy et, en le revoyant, elle éprouva une curieuse émotion.

Un grand manteau sombre négligemment rejeté sur ses larges épaules, découvrant une simple tunique de laine noire ceinturée de cuir et d'argent, il se tenait très droit sur sa selle et semblait attendre quelque chose. Les longues mèches noires de ses cheveux brillaient comme la robe de son cheval dans les premiers rayons du soleil et la peau de son visage dur parut à la jeune femme refléter un peu de cette lumière nouvelle. Quand elle entra dans son champ de vision, elle reçut le choc de son regard vert soudain étincelant, qui s'attacha à elle et ne la lâcha plus.

Troublée sans trop savoir pourquoi, apeurée même, comme devant un danger encore caché mais que les sens devinent, elle pressa le pas en détournant les yeux pour atteindre les rangs les plus proches de l'autel, ce qui était pour elle une manière de se protéger. Le poids du regard vert demeura sur sa nuque et elle en eut une conscience aiguë. C'était comme une brûlure à laquelle il était impossible d'échapper.

Elle n'eut pas longtemps à se demander pourquoi l'étranger était là car, aussitôt, elle entendit sa voix toute proche. Il discutait avec Odon de Lusigny auquel il venait de remettre l'agrément de l'évêque de Tours l'autorisant à prendre part au voyage vers Compostelle, ainsi que le voulait la règle pour chaque pèlerin. Or, cette nouvelle recrue ne semblait guère convenir au templier et, malgré elle, Marjolaine tendit l'oreille pour entendre ce que les deux hommes se disaient.

– Je croyais vous avoir conseillé de retourner chez vous, sire baron, reprochait Odon de Lusigny. D'où vient que je vous retrouve ici à cette heure et décidé à vous joindre à nous ?

– Ne puis-je, entraîné par l'exemple, avoir choisi de faire avec vous quelques pas sur le chemin du salut ? La route est à tout le monde, mon frère, et chacun peut choisir de s'y engager quand bon lui semble.

La voix, ironique, arrogante même, n'avait pas grand-chose de l'humilité requise pour entamer un voyage pieux. Peut-être Fresnoy cherchait-il à prendre le chef des pèlerins au piège de la colère mais il n'y réussit pas.

– Sans doute. Pourtant, avant de vous autoriser à vous mêler à ceux que je mène, je désire savoir quel est le but réel que vous poursuivez car si vous souhaitez seulement porter le trouble dans une âme innocente et chercher à l'entraîner dans le péché, je ne vous accueillerai pas.

– Sa Grandeur l'évêque de cette ville m'a autorisé...

– J'ai vu, mais cela ne suffit pas. Vous savez très bien qu'il vous faut aussi mon agrément. Tout au moins pour vous mêler à nous car je n'ai, comme vous le dites, aucun pouvoir pour vous empêcher de suivre telle ou telle route.

Il y eut un court silence durant lequel Marjolaine lutta contre l'envie de se retourner pour voir les deux hommes. Puis elle entendit :

– Je voudrais vous parler un instant à l'écart. Ce que j'ai à dire n'est pas pour toutes les oreilles.

– Alors faites vite, la messe va commencer.

Force fut à Marjolaine de refréner sa curiosité, une curiosité qui la poussa cependant à tourner la tête pour voir Hughes de Fresnoy et Odon de Lusigny retirés sous l'auvent d'une maison et parlant avec animation. Cc fut bref. Un instant plus tard, le chef des pèlerins revenait prendre sa place au pied de l'autel. Marjolaine l'avait entendu dire assez haut, quand il avait quitté son interlocuteur.

– Soit ! Vous marcherez à l'arrière du cortège avec les cavaliers car nous avons beaucoup de femmes et guère de défenseurs pour les mauvais passages. Mais veillez à ce que je n'aie rien à vous reprocher.

– Lui reprocher quoi ? chuchota Aveline qui apparemment s'était intéressée elle aussi à la scène. Je ne comprends pas pourquoi sire Odon traite si mal ce beau seigneur qui vous a parlé si doucement et vous a sauvée. Moi je suis très contente qu'il vienne avec nous.

Marjolaine ne put s'empêcher de sourire.

– Te plairait-il ?

La petite rougit.

– C'est un seigneur. Je n'oserais... Mais son écuyer est assez bel homme. Cela va être agréable de faire le chemin avec eux, ajouta-t-elle avec une satisfaction que sa maîtresse s'empressa de calmer.

– C'est surtout Colin qui fera route avec eux. Moi, j'ai décidé de continuer à pied le plus possible et j'espère que tu en feras autant.

– Oh ! pourquoi ?

– Parce que nous n'allons pas cueillir des fleurs en compagnie d'aimables jouvenceaux comme on le fait quand revient le mai nouveau. Nous allons prier au tombeau d'un apôtre du Christ. Ne confonds pas. Et tais-toi. La messe commence.

Le chant de l'« *Asperges me...* », saluant l'arrivée du clergé, noya le gros soupir de la petite Aveline.

Quand la troupe des marcheurs de Dieu s'ébranla pour s'engager dans la route du sud et, surtout, quand passé les portes de Tours on atteignit le passage du Cher, Marjolaine vit que l'on était plus nombreux qu'à l'arrivée dans la ville de Martin. Une dizaine de nouveaux pèlerins avaient rejoint la troupe venue de Paris. Des gens simples sans doute car ils allaient à pied, à l'exception du seigneur de Fresnoy, bien sûr, que la jeune femme pouvait voir, chevauchant avec son écuyer en queue de convoi, non loin de la fameuse litière aux rideaux si bien clos.

– Les nouveaux, sait-on d'où ils viennent ? demanda Modestine qui trottait auprès de Marjolaine qu'elle entourait, depuis l'histoire de la pierre, de soins timides, celle-ci se reprochant amèrement d'avoir, par le retard qu'elle lui avait imposé, failli être cause d'un grave accident. Pour sa part, Marjolaine aurait préféré qu'elle l'entourât un peu moins, à la longue, la pauvre Modestine bavarde et un peu sotte pouvait se révéler fatigante, mais elle avait pitié d'elle car son époux montrait une tendance certaine à la rudoyer. C'était charité que permettre à la mercière de mettre quelque distance entre elle et son Léon, rendu d'ailleurs parfaitement infréquentable par des douleurs dentaires qui l'avaient pris dans la nuit.

– Ma foi, je ne sais pas, répondit Marjolaine. Je viens seulement de m'apercevoir de leur présence.

– Je peux vous répondre, dit Nicolas Troussel qui cheminait auprès du moine irlandais à quelques pas derrière les trois femmes. Il y en a trois qui viennent de Bretagne, les autres sont d'Anjou ou des marches de Normandie. Seul, ce grand pèlerin que vous voyez cheminer en tête auprès de messire Odon vient de Bourgogne.

– De Bourgogne ? s'étonna Bran Maelduin. Cela fait un grand détour.

– Il en a fait un plus grand encore car il arrive d'un lieu saint, la montagne où l'on prie monseigneur Saint-Michel-au-péril-de-la-Mer.

Peut-être achève-t-il par Compostelle un pèlerinage circulaire aux grandes églises ?

– Oh, c'est un grand pèlerin alors, dit Modestine. Cela explique pourquoi il marche auprès de messire Odon qui semble lui montrer honneur et considération.

– Oui. C'est assez étonnant d'ailleurs car ce n'est qu'un simple charpentier.

Marjolaine regarda le garçon avec une curiosité amusée.

– Seigneur ! Mais comment arrivez-vous à savoir tant de choses en si peu de temps ?

– J'observe, gracieuse dame, et je me renseigne.

– C'est possible. Ainsi, pour ce nouveau venu, avez-vous observé et auprès de qui vous êtes-vous renseigné ?

– Mais, auprès de lui-même. J'avais remarqué le grand sac qu'il porte et d'où sortent des manches d'outils. Alors je lui ai demandé qui il était. Il m'a répondu très civilement qu'il se nommait Bénigne Prêt-à-bien-faire, natif de Dijon et charpentier passant du Saint Devoir.

– Passant du Saint Devoir ? Qu'est-ce que cela veut dire ?

Nicolas repoussa son bonnet et se gratta la tête avec une grimace comique.

– Ça, je n'en sais rien car je n'ai pas eu le temps de le lui demander, la messe commençait. Mais, n'ayez crainte, je me renseignerai.

La voix d'Odon entamant le chant de marche des pèlerins pour scander l'effort que représentait la montée du plateau de Champeigne, Marjolaine joignit machinalement la sienne à celles des autres, bien plus par habitude que par conviction. Elle n'avait nul besoin d'un cantique pour grimper la faible pente de l'antique voie romaine dont les dalles, où avait jadis couru le char de César, affleuraient encore de loin en loin. Marcher dans ce joli matin traversé du vol rapide des oiseaux libérés de l'hiver lui semblait l'exercice le plus agréable du monde. Et c'eût été plus doux encore sans les voix souvent mal accordées de ses compagnons de route car elles n'ajoutaient rien, bien au contraire, à la grâce d'une campagne en train de reverdir. C'eût été tellement mieux de cheminer en silence afin de mieux écouter les bruits paisibles de la terre et du ciel. Il y avait longtemps, bien longtemps en vérité, que Marjolaine n'avait ressenti pareille joie intérieure.

Elle pensa que cette joie était due, peut-être, à la sainteté du voyage, à l'espoir de l'éblouissement final lorsque l'on atteindrait la ville sanctifiée. Mais, tout à coup, elle se retourna comme si une voix secrète le lui avait impérieusement commandé. Et par-dessus le moutonnement des têtes, elle rencontra le regard du chevalier et n'en éprouva nulle colère. Tout au contraire, il lui parut que son allégresse augmentait encore. Circonstance qu'elle se hâta de se reprocher sans pour autant s'en trouver plus triste.

Vers le milieu du jour on passa l'Indre, sous la protection du gigantesque donjon carré de Montbazon. La forteresse appartenait au puissant comte d'Anjou dont les gens veillaient sévèrement à ce qu'on laissât passer les pèlerins sans péage. On avait alors parcouru trois lieues et Marjolaine se sentait un peu lasse. Mais elle n'en refusa pas moins fermement de rejoindre ses mules, non loin desquelles chevauchaient le baron et son écuyer. Le regard vert était suffisamment dangereux de loin. Elle craignait de l'approcher de trop près. À la longue évidemment, cela risquait de poser un problème : allait-elle devoir faire entièrement à pied le long chemin jusqu'à Compostelle ?

Apparemment, Aveline pensait de même. Ses yeux se tournaient fréquemment vers Colin, les mules et les cavaliers de l'arrière. Un soupir alors lui échappait, que Marjolaine se refusait à entendre.

Passé l'eau, on s'arrêta au revers d'un talus pour manger un peu de pain et de fromage. Colin rejoignit sa maîtresse avec les provisions, mais ne réussit pas plus qu'Aveline à la convaincre d'achever l'étape du jour plus confortablement. Elle refusa de les entendre et les planta là pour s'en aller porter un peu de fromage et de vin à Ausbert Ancelin auquel Fulgence ne tolérait que le pain et l'eau claire.

Elle trouva le pénitent effondré au bord du chemin. En dépit des béquilles procurées par le chef des pèlerins, les trois lieues de route avaient représenté une trop rude épreuve pour un homme tout juste sorti de la fièvre. Auprès de lui, Fulgence essayait, avec une maladresse agacée, de lui fourrer un morceau de pain dans la bouche, sans y parvenir.

Repoussant le moine, Marjolaine s'agenouilla auprès d'Ausbert et prit sa tête sur ses genoux sans qu'il parût seulement s'en apercevoir. La souffrance était inscrite sur les traits ravagés de son visage, dans le cerne qui marquait ses yeux clos. Il respirait difficilement et paraissait privé de conscience.

La jeune femme voulut approcher de ses lèvres serrées un gobelet de vin, mais s'attira aussitôt la protestation de Fulgence.

– Il est au pain et à l'eau de pénitence, s'écria-t-il en essayant de s'emparer du gobelet.

Avec une vigueur inattendue chez une délicate jeune femme, Marjolaine le repoussa.

– Et il mourra ici même si l'on ne fait quelque chose. Tenez-vous tranquille, mon frère !

– Ce sera alors la volonté de Dieu, fit l'autre, têtu.

– La volonté de Dieu n'a jamais exigé que l'on manque à la charité. Il serait temps pour vous de revoir vos vertus théologales. Vous en faites un curieux usage.

Ne parvenant pas à faire boire Ancelin qui, en fait, était évanoui, Marjolaine se redressa, cherchant des yeux Odon de Lusigny et le moine irlandais. Mais l'un et l'autre s'étaient éloignés vers l'arrière du convoi où une contestation s'était élevée avec des gens de Bretagne dont l'Irlandais parlait la langue. Par contre, elle ne vit pas Hughes qui l'avait suivie et se tenait à quelques pas. Il s'approcha.

– Laissez-moi vous aider, dame, puisque apparemment vous tenez tant à secourir ce misérable, dit-il.

Elle le foudroya du regard.

– Qui vous permet de le traiter de misérable ? Vous ne savez rien de lui.

– Vous ne croyez pas que ce n'est pas le moment d'en discuter ? S'il n'est pas mort, il n'en vaut guère mieux. Laissez-moi faire !

À son tour, il s'agenouilla sans que, cette fois, Fulgence impressionné par sa grande mine osât protester. Quelques claques appliquées sèchement mais sans brutalité ramenèrent le malade à la conscience. Il entrouvrit les yeux. Hughes s'empara alors de sa tête et réussit à lui faire absorber un peu de vin, ce qui ramena un peu de couleur à ses joues blêmes.

– Comment te sens-tu ? demanda le baron.

– Un... peu mieux... merci... seigneur.

– Faites-lui manger son pain, bougonna Fulgence, nous allons bientôt repartir. Puis on le remettra debout.

Les deux jeunes gens s'efforcèrent de faire absorber au malade un peu de pain et de fromage, mais la nourriture avait du mal à passer. Visiblement, Ausbert faisait de grands efforts pour faire plaisir à ceux qui voulaient le secourir. Au bout de trois ou quatre bouchées, d'ailleurs, il refusa avec un semblant de sourire timide.

– Je ne peux pas, pardonnez-moi !

– Alors debout ! dit Fulgence. Il est temps.

Le saisissant sous les bras, il l'obligea à se relever, lui glissa les béquilles mais, dès l'instant où il le lâcha, Ausbert verdit et s'écroula de nouveau.

– Quoi lui faire encore ? s'écria Bran Maelduin qui accourait, ayant vu la scène de loin. Je être absent la minute et lui commettre le abomination.

À son tour, il se penchait sur le malade dont Fulgence d'ailleurs s'écartait.

– Vous voyez bien tous qu'il est à moitié mort. Je vais l'absoudre de ses péchés et le laisser achever sa triste vie ici, en paix à la face de Dieu. On va le porter sous cet arbre.

Le petit moine irlandais se releva comme si un serpent l'avait piqué.

– Je jamais laisser mort pas encore mort et même tout à fait mort ! Je ensevelir alors.

Il s'affairait à nouveau. Ayant réclamé un peu de vin à Hughes, il y jeta un peu de poudre prise dans sa besace, mélangea le tout et obligea Ausbert à en boire une bonne gorgée. Pendant ce temps, Marjolaine avait appelé Colin et lui avait ordonné d'amener la mule qu'elle ne montait pas.

– Si nous ne voulons pas retarder tout le monde, dit-elle à Bran Maelduin, le mieux serait d'installer maître Ancelin sur cet animal. Ainsi, il atteindra sans trop de souffrances l'étape de ce soir où il pourra à nouveau recevoir vos soins.

Naturellement, le frère Fulgence ne l'entendait pas de cette oreille et le fit savoir hautement. Qui avait jamais ouï parler d'un pénitent condamné à marcher à pied et qui se prélassât sur une mule comme un chanoine ? Lui vivant, en tout cas, pareille chose ne se verrait pas ! On laisserait l'homme mourir tranquille sous un arbre. Une dispute suivit cette prise de position. Dispute qui aurait pu s'éterniser si Hughes, perdant soudain patience, n'avait empoigné le moine par sa robe et, après l'avoir secoué d'importance, ne l'avait rejeté à terre. Puis, tirant son glaive, il le mit sous la gorge de Fulgence.

– Vous vivant, dites-vous, saint homme ? C'est une chose qui peut s'arranger très vite si vous ne vous taisez pas.

– Je suis un moine, un homme de Dieu ! On ne tue pas les serviteurs du Seigneur, bredouilla sa victime.

– J'en ai déjà tué un et j'ai payé pour ça. Ce pèlerinage que je n'avais pas prévu constitue une pénitence suffisante pour me permettre d'en tuer un autre. À présent, si vous préférez nous quitter et rentrer à Paris, personne ne vous en empêche. Vous avez ma parole de chevalier que cet homme, s'il vit, ira à Compostelle.

– Non, je dois rester avec lui jusqu'au bout, quoi qu'il arrive.

– Tiens donc ! Ai-je rêvé ou bien parliez-vous à l'instant de le laisser mourir seul sous un arbre ?

– Vous n'avez rien compris ! Et ôtez cette épée, vous me blessez.

– À une seule condition : vous cessez de vous occuper de cet homme. Contentez-vous de le suivre sans plus vous mêler de rien, ni de sa santé ni de sa nourriture. On y pourvoira. C'est promis ?

Fulgence hésita un instant, mais la pointe de l'épée avança un tout petit peu et la peur le prit, d'autant plus forte que, parmi ceux qui regardaient, personne ne pipait mot ou ne faisait le moindre geste pour l'aider.

– Promis ! soupira-t-il enfin, mais à condition qu'il continue le chemin pieds nus et enchaîné comme il a été prescrit par le seigneur abbé de Saint-Denis.

– C'est d'accord ! Sur une mule, ses pieds nus ne se blesseront guère.

Hughes remit le glaive au fourreau puis, aidé de Bran Maelduin, enthousiaste et l'œil pétillant de joie, il installa Ausbert sur la mule de Marjolaine vers laquelle enfin il se tourna.

– Vous voilà démontée, dame, dit-il gentiment. Prenez mon cheval.

Les grands yeux couleur de mer qui l'ensorcelaient lui sourirent et ce fut sa récompense.

– J'ai deux autres mules, messire. Je ne marche donc que parce que je le veux bien. Mais grand merci de votre offre et de votre aide.

Odon de Lusigny revenait en compagnie de Bénigne le charpentier. Les pèlerins, leur repas achevé, se relevaient sur une prière d'action de grâces. Hughes, laissant Marjolaine cheminer à son gré, retourna reprendre son cheval et sa place auprès de Bertrand qui l'accueillit avec un sourire en coin.

– Nous faisons de grands progrès sur le chemin de la sainteté, sire Hughes, fit l'écuyer. J'en sais qui, à ma place, n'en croiraient ni leurs yeux ni leurs oreilles.

– Eh bien, fais comme eux, n'en crois ni tes yeux ni tes oreilles, mais tais-toi !

Il sauta en selle et rejoignit le petit groupe formé par les mules de Marjolaine sur lesquelles à présent veillaient Bran Maelduin bien décidé à ne plus quitter son malade et Colin. Venaient ensuite les montures de deux marchands flamands dont on ne savait trop si le commerce ne faisait pas partie de leur voyage à égalité avec la piété, celles d'un jeune Anglais qui faisait le pèlerinage par obligation pour s'assurer un héritage pour lequel le testataire avait imposé cette condition, et d'une noble dame danoise qui voyageait avec un train suffisamment imposant pour élever une barrière sensible entre elle et les autres pèlerins. Personne d'ailleurs ne comprenait son langage et, si elle se montrait d'une grande exactitude à toutes les prières et autres cérémonies, elle choisissait en général de se tenir à l'écart. La litière aux quatre serviteurs fermait la marche.

Au début, cette boîte de bois, de fer et de cuir dont ne sortait jamais aucun bruit et que transportaient de solides mules avait piqué les curiosités, mais la mine rébarbative des serviteurs les avait vite découragées. Ils s'étaient contentés de faire savoir que leur maître était un grand malade et personne n'avait jugé bon d'insister. Peu à peu, d'ailleurs, la méfiance et la crainte avaient fait le vide autour de l'équipage. Les imaginations allant leur train, quelqu'un avait avancé que le malade en question était peut-être bien lépreux et, du coup, plus personne n'avait cherché à s'approcher du véhicule. Seul Nicolas Troussel, curieux comme un chat, gardait sa curiosité intacte. Il s'était juré de savoir à quoi s'en tenir, bien avant que l'on fût au bout du voyage.

La halte du soir se fit à Sainte-Catherine-de-Fierbois, après quatre autres lieues de la belle route droite qui traversait le plateau de Sainte-Maure. Il y avait là, auprès de quelques maisons, une petite chapelle de grande réputation desservie par un prieuré. On y conservait l'épée que Charles Martel avait utilisée à Poitiers pour faire reculer les Sarrasins et qu'il avait ensuite offerte au Dieu Tout-Puissant. Un bosquet protégeait la chapelle des vents qui parcouraient le plateau.

Il y avait aussi, un peu plus loin, à la sortie du village une auberge qui s'élevait au bord de la route et, en arrivant à Sainte-Catherine, Odon de Lusigny pria ceux des pèlerins qui en avaient les moyens de choisir l'auberge afin de laisser l'hospitalité du prieuré aux plus pauvres et aux malades.

Force fut à Marjolaine de choisir l'auberge, sans enthousiasme d'ailleurs, car naturellement Hughes et son écuyer y prirent logis eux aussi. En outre, il n'y avait pas beaucoup de place car ce n'était pas une grande auberge, tout juste une halte de grand chemin où ne s'arrêtaient guère que des rouliers, des pèlerins et des colporteurs. De plus, la dame danoise, les marchands flamands et le jeune Anglais accaparèrent la meilleure part, ce qui ne plaidait guère en faveur de leur charité chrétienne. Quoi qu'il en fût, Marjolaine dut partager non seulement une unique chambre mais un seul lit, vaste comme un enclos à moutons il est vrai, avec Aveline, Agnès de Chelles, Modestine et la jeune Pernette, la nouvelle mariée de Suresnes pour laquelle, d'ailleurs, elle éprouvait une instinctive sympathie.

C'était une jolie blonde aux yeux bruns, fine et souple comme une branche de saule, aussi discrète qu'un petit chat et qui ne se mêlait guère aux autres pèlerins. Elle et Pierre, son compagnon, se quittaient le moins possible. Tout le jour, ils marchaient la main dans la main, Pierre portant double charge pour épargner les fragiles épaules de Pernette. Ils ne voyaient rien qu'eux-mêmes, tellement absorbés dans leur amour qu'il semblait leur tenir lieu de tout, de pain comme de religion. Aux étapes, on pouvait les voir assis l'un près de l'autre, l'un contre l'autre, comme deux oiseaux sur une branche, et chacun pouvait voir les attentions tendres et les regards caressants dont ils se couvraient mutuellement. Du moment qu'ils étaient ensemble, tout était bien. Ils vivaient dans une sorte de nuage irisé flottant à mi-chemin de la terre et du ciel. Un nuage qui devait s'appeler le bonheur.

Pour Marjolaine, ce couple juvénile représentait à la fois un miracle et une énigme. Un miracle parce qu'il offrait l'image d'un amour tel qu'elle ne l'aurait jamais cru possible, un amour comme celui dont elle avait rêvé jadis dans ses marais de Samoussy quand elle y gardait les oies de la Pêcherie et accrochait ses sabots et ses rêves aux basses branches d'un saule pour dormir à leur ombre durant les jours chauds.

En les regardant vivre de la même vie, respirer à l'unisson, elle se prenait à se demander où elle en serait à ce jour si sa beauté n'avait, en attirant la concupiscence de Gontran Foletier, éveillé l'avidité de son frère Renier, si elle avait eu la chance d'épouser un garçon en accord d'âge et de cœur avec elle, un garçon qu'elle eût aimé, qui l'eût aimée. Certainement pas, en tout cas, en train de courir les routes en compagnie d'une bande de pèlerins, le visage tiraillé par une fausse cicatrice.

Le jeune couple posait aussi une énigme car, bien qu'il se donnât pour paysan, il y avait, surtout chez Pernette quelque chose de trop affiné, une élégance naturelle dans la manière de porter ses grossiers vêtements, un certain ton dans la façon de s'exprimer qui s'accordaient mal avec les rudesses de la terre et forçaient la sympathie de Marjolaine, comme si Pernette eût été l'une de ses nombreuses petites sœurs.

Ce soir-là, en s'installant avec elle et les autres dans l'immense lit, elle eût été heureuse de pouvoir causer un peu avec la petite, mais seuls un bonsoir et un sourire avaient été possibles à cause des trois autres femmes, surtout Modestine qui bavardait sans arrêt, se mêlait de tout et n'aurait pas laissé une conversation se dérouler sans y mettre son grain de sel. Agnès de Chelles, pour sa part, était une silencieuse. Après avoir longuement prié, à genoux au pied du lit, elle s'étendit sur un bord, pareille à l'un de ces personnages de pierre que l'on commençait à sculpter sur les dalles des tombeaux.

La chandelle soufflée, alors qu'Aveline, Pernette et la mercière s'endormaient aussitôt, Marjolaine ne réussit pas à trouver le sommeil en dépit de la lourde fatigue due à la longue journée de marche. Cela ne tenait pas à l'inconfort du lit grossier dont le matelas de paille laissait percer de désagréables brindilles, ni même parce que Modestine s'était mise à ronfler. Cela tenait à l'excitation nerveuse, aggravée peut-être par la fatigue, qui tenait Marjolaine et qu'elle ne pouvait dominer. Ne s'étant pas déshabillée entièrement, elle avait trop chaud et surtout manquait d'air car, à cause de la crainte que professait Modestine des fraîcheurs de la nuit, on avait soigneusement fermé l'unique fenêtre.

L'envie prit la jeune femme d'aller respirer quelques instants. Peut-être, ensuite, réussirait-elle à s'endormir. Se levant aussi doucement que possible, elle prit ses chaussures, son manteau, drapa son voile autour de sa tête et, ouvrant la porte avec précaution, sortit de la chambre. Celle-ci était au rez-de-chaussée et donnait sous la galerie de bois qui desservait l'étage, dominant la cour intérieure que formaient les différents bâtiments de l'auberge.

La nuit, grâce à un beau clair de lune, était presque aussi lumineuse que le petit jour. Elle était fraîche aussi et Marjolaine respira son parfum d'herbe neuve avec délices. Sous la galerie, des gens dormaient roulés dans des manteaux, des peaux de chèvre ou des couvertures car l'auberge était bondée. La jeune femme fit quelques pas hors de l'ombre du balcon, en direction du gros arbre qui, au milieu de la cour, abritait les chevaux et les mules n'ayant pas trouvé place dans l'écurie. Les siennes faisaient partie du lot et elle évita soigneusement Colin qui dormait auprès d'elles. Elle avait remarqué, en arrivant, un banc formé de trois grosses pierres où elle voulait s'asseoir un peu. Elle alla s'y installer.

Ce fut alors que, de l'ombre épaisse de l'arbre, une forme se détacha et s'approcha, étirant soudain une grande ombre sur le lac de lumière que formait la cour sous la lune. Mais cette apparition soudaine n'arracha même pas un tressaillement à Marjolaine. C'était comme si quelque chose en elle s'attendait à une rencontre.

– Comment avez-vous deviné que je désirais tellement vous voir venir ici ? murmura Hughes d'une voix basse. Est-ce parce que vous avez senti que je vous appelais de toutes mes forces ?

Elle leva sur lui un regard surpris.

– Je ne souhaite pas me montrer impolie, sire baron, mais ce n'est pas vous que je cherchais. Simplement un peu d'air pur car on étouffe dans l'étroite chambre où nous devons dormir à quatre.

– Quelle que soit la raison qui vous a conduite, je la bénis puisque vous êtes là.

Sous le fragile rempart du voile blanc, il l'entendit rire.

– Cela fait-il une différence ?

– Une très grande différence ! Ce n'était qu'une nuit de lune comme toutes les autres, une de ces nuits où l'on aime demeurer plus longtemps dehors, simplement parce que la lumière est belle. Votre présence en fait quelque chose de merveilleux. Vous changez toutes choses autour de vous.

– Seriez-vous poète ? Vous n'en avez pas l'air et je ne l'aurais jamais cru.

– Moi non plus. Sans doute est-ce l'une de ces choses que vous avez changées pour moi, comme tout le reste de ma vie d'ailleurs.

– Moi ? J'ai changé votre vie ?

– Et qui d'autre ? J'étais venu à Tours pour accomplir une pénitence imposée par mon évêque. Cette corvée terminée, j'allais rentrer chez moi au plus vite. Et puis, près du tombeau, je vous ai vue, j'ai rencontré vos yeux, les plus beaux yeux qu'il m'ait jamais été donné de contempler. Alors, tout a basculé autour de moi, en moi et au lieu de regagner mon château en Vermandois, me voilà en route vers le bout de la terre en compagnie d'une bande de pèlerins inconnus.

– Le bout de la terre ? Est-ce que vous n'exagérez pas un peu ? Nous n'allons pas à Jérusalem.

– Vous pourriez aussi bien y aller sans que je renonce. Par le bout de la terre, j'entendais aussi loin qu'il vous plairait de me mener car je ne désire vraiment qu'une chose : c'est vous suivre et être auprès de vous.

Cette fois, Marjolaine ouvrit de grands yeux. Pourtant, elle n'eut pas envie de rire. Cet homme parlait comme du fond d'un rêve. C'était à la fois étrange et captivant, mais elle refusa l'enchantement.

– Êtes-vous bien certain d'être dans votre bon sens, sire baron ? Vos paroles me semblent folles. On ne tourne pas le dos à sa vie habituelle pour suivre une parfaite inconnue.

Hughes sourit et, une fois de plus, la jeune femme fut bien obligée de constater que son sourire avait un bien grand charme.

– Mais vous n'êtes pas pour moi une inconnue. Il me semble au contraire que je vous ai toujours connue, toujours attendue.

– Quelle folie ! Qu'attendez-vous donc de moi ?

Il secoua ses puissantes épaules, hocha la tête et eut un drôle de sourire en coin.

– Je n'en sais rien. Mais, ce que je sais, c'est que la seule idée de ne plus vous voir m'est devenue insupportable. Alors, au lieu d'aller chez moi, je vais là où vous allez. C'est aussi simple que cela.

Il y eut un silence. Seuls, les bruits que la nuit éveille sur la campagne endormie prirent possession de l'espace. Marjolaine écoutait en elle l'écho des paroles de son compagnon. Des paroles si étranges et si douces qu'elle dut faire effort pour échapper à leur charme.

Il ne faut pas, dit-elle enfin, il ne faut pas me suivre. Il n'est pas trop tard pour renoncer. Rentrez chez vous comme vous l'aviez décidé.

– C'est impossible. Je n'en ai plus l'envie. Rien ne m'y attire d'ailleurs.

– Comment vous croire ? Êtes-vous donc seigneur d'une terre déserte, d'un château vide ? N'avez-vous pas une châtellenie que votre absence laisse exposée au danger ?

– Mon frère Gerbert y veille et aussi dame Ersende sa jeune femme. Avec eux, la châtellenie n'a rien à craindre.

– Vous pourriez avoir aussi une fiancée ? N'y a-t-il pas là-bas quelque belle dame en peine de vous ?

– Non, aucune dame. Même ma femme a quitté Fresnoy.

Le mot tomba droit sur Marjolaine, cent fois plus écrasant que la pierre dont elle avait failli être victime. Sa gorge s'étrangla, lui refusant l'usage de la parole pendant d'interminables secondes, puis se libéra brusquement et elle s'entendit crier :

– Vous êtes marié ?

– Oui, mais plus pour longtemps je crois, et bientôt ne le serai plus.

– Quand on est marié, on reste marié. Ainsi le veut la loi du Seigneur.

Elle s'était levée et, possédée de la plus violente colère qu'elle eût jamais éprouvée, elle se dressait en face de lui comme un petit coq furieux.

– Rentrez chez vous, baron, et vite ! Que venez-vous chercher auprès de moi avec vos paroles mielleuses ? Que venez-vous faire au milieu de ces gens à la recherche de leur salut ? Marié ! En vérité, vous êtes marié et vous prétendez me suivre ? Mais quelle honte ! Allez-vous-en ! Que je ne vous voie plus jamais !

Elle voulut fuir, mais il la retint de force.

– Vous ne comprenez pas. Ma femme et moi sommes séparés ; en vérité nous l'avons toujours été. Nous n'avons pas d'enfants et notre mariage sera cassé de par sa volonté à elle. Cela me chagrinait un peu, mais à présent cela n'a plus d'importance puisque je vous aime, moi qui n'ai jamais aimé personne !

– Vous m'aimez ? Vraiment ?

D'un geste plein de rage, elle arracha le voile qui couvrait son visage et en tourna le côté abîmé vers la lumière pour que le baron le vît mieux.

– Regardez-moi ! Et osez dire encore que vous m'aimez !

Hughes avait trop contemplé de blessures, reçues en tournois ou au cours de coups de main, pour s'émouvoir de ce qu'il voyait : une large cicatrice en forme d'étoile irrégulière qui tiraillait la joue, remontait un coin de la bouche et étirait un peu l'une des narines. Le travail de Sanche le Navarrais était parfait et la peau plissait aussi naturellement que s'il se fût agi d'une véritable trace de brûlure, mais Hughes n'éprouva aucune horreur, pas même le mouvement de recul que Marjolaine avait escompté avec un amer désespoir. Rien qu'une immense pitié... et aussi la satisfaction de constater que le côté intact du visage était bien joli.

– C'est vous, m'a-t-on dit, qui avez fait cela ? fit-il calmement.

– Oui, c'est moi. Moi-même, pour échapper à l'ignoble amour d'un misérable. Alors qu'en dites-vous, baron ? ironisa-t-elle amèrement, avez-vous encore envie de me suivre « jusqu'au bout de la terre » ?

Hughes leva la main. D'un doigt plein de douceur, il voulut caresser la cicatrice, mais Marjolaine l'en empêcha en s'écartant brusquement. Il entendit sa respiration plus courte, plus pressée et devina, ou crut deviner ce qu'elle souffrait.

– Mon pauvre amour, dit-il avec une tendresse dont il ne se serait jamais cru capable, je crois que je vous aime encore plus à présent que je sais la vérité. Et vous venez de me donner une raison nouvelle d'aller à Compostelle, une raison que vous ne pouvez refuser.

– Laquelle ?

– Je prierai Monseigneur saint Jacques de vous guérir. Il le peut, ayant toute-puissance et je prierai tant qu'il faudra bien qu'il m'écoute.

Il fit un geste pour attirer la jeune femme à lui, mais elle le repoussa rudement. Éclatant brusquement en sanglots, elle s'écria :

– Laissez-moi ! Je vous déteste ! Oh, comme je vous déteste ! Vous n'avez pas le droit de vous en prendre à mon âme. Allez-vous-en. Je ne veux plus vous voir, plus jamais.

Courant comme si elle était poursuivie par l'enfer tout entier, elle s'enfuit, aveuglée par les larmes, pour rejoindre l'étouffante chambrette qui lui paraissait à présent le plus proche et le plus sûr refuge.

Vers la fin de la nuit, des nuages venus de la mer apportèrent la pluie et quand vint, pour les errants de Dieu, le moment de reprendre la route, une bruine fine et pénétrante noyait le paysage, arrachant quelques soupirs, voire quelques grognements, à ceux qui partaient. C'était une chose que marcher sur une bonne route par temps frais et soleil nouveau, et une autre que courber le dos interminablement contre l'averse en s'efforçant de conserver le plus de chaleur intérieure possible.

Marjolaine qui n'avait pas fermé l'œil de la nuit offrait une mine si défaite et paraissait si lasse que Colin, persuadé qu'elle allait le rabrouer, alla trouver Odon de Lusigny pour lui demander d'ordonner à la jeune femme de prendre place sur une mule, au moins pour l'étape de ce jour. Or, à sa grande surprise celle-ci accepta sans élever la moindre protestation. Elle avait, en effet, l'impression qu'elle ne pourrait pas faire cent pas sans s'effondrer car le poids de sa nuit sans sommeil s'ajoutait à celui de sa longue journée de marche. Et, docilement, elle se laissa mener vers sa mule, à la grande joie d'Aveline que, dès lors, plus rien n'obligeait à cheminer à pied. Et qui espérait bien reprendre, avec Bertrand, le début de romance auquel avait préludé un grand échange de regards et de sourires.

Tout en rejoignant les montures, Marjolaine ne pouvait se défendre d'une certaine inquiétude. Elle se demandait si Hughes de Fresnoy allait, oui ou non, renoncer à la poursuivre tout au long du voyage comme il l'avait annoncé. Il semblait un homme obstiné, mais son orgueil pouvait s'offenser des paroles violentes qu'elle lui avait jetées au visage. Elle se sentait pleine d'incertitude et ne savait plus trop si elle craignait davantage de le rencontrer que de ne plus le voir. La haute silhouette et le terrible regard vert n'avaient que trop tendance à la hanter.

Or, à peine fut-elle hors de l'auberge qu'elle le vit venir droit sur elle. Il était pâle et peut-être n'avait-il pas dormi beaucoup, lui non plus.

– Vous voilà, dit-elle, tandis qu'il la saluait avec une courtoisie un peu raide. Venez-vous me dire adieu ?

– Pas encore. Pardonnez-moi, gracieuse dame, mais il y a une question que je souhaite vous poser avant de décider de ce que je dois faire.

– Que voulez-vous savoir ?

Il hésita un instant comme s'il craignait les mots qui allaient suivre. Puis, désignant Ausbert Ancelin que le moine irlandais aidait à marcher jusqu'à la mule :

– Cet homme auquel vous montrez tant d'intérêt, me direz-vous ce qu'il est pour vous ?

– Je ne comprends pas le sens de votre question.

– Elle est simple pourtant, mais je vais la répéter sous une autre forme : est-ce que vous l'aimez ?

Sous le regard angoissé du jeune homme, Marjolaine se sentit soudain mal à l'aise. Il y avait, dans ces yeux-là, trop de choses qu'elle refusait de voir, bien qu'elle en mourût d'envie. Et puis la question était vraiment directe et elle tenta de l'éluder, mais elle était trop lasse pour être adroite.

– En quoi mes sentiments peuvent-ils vous intéresser ?

– Faut-il vraiment vous l'expliquer ? C'est simple, dame, si votre cœur appartient à cet homme, cela voudra dire que je n'ai plus rien à espérer.

– De toute façon, vous ne pouvez rien espérer puisque vous êtes marié.

Il chassa l'objection d'un geste agacé qui traduisait bien le peu d'importance qu'avait Hermelinde à ses yeux.

– Oubliez cela et répondez-moi. Si vous aimez cet homme je retournerai chez moi comme vous me l'ordonniez cette nuit. Je vous en prie, dites-moi la vérité, l'aimez-vous ?

Qu'elle était donc facile à dire, cette vérité ! C'était si simple de dire qu'Ausbert, victime pitoyable des machinations d'Étienne Grimaud, ne lui inspirait que compassion et simple amitié. Mais, instinctivement, Hughes avait tendu les mains vers elle en un geste inconscient de prière et, sur l'une de ces mains brillait l'anneau d'or du mariage, et le cœur de la jeune femme se serra. Cet homme était à une autre et il fallait se garder de lui. Avec tout son charme il n'était qu'une séduisante image du péché. D'un péché d'autant plus grave qu'il prétendait ouvrir son abîme fleuri tout au long du rude chemin de la rédemption. Accepter de continuer avec lui jusqu'à Compostelle, c'était la damnation assurée puisque apparemment la vue d'un visage abîmé n'avait pas réussi à le décourager. Et combien de temps, elle-même, réussirait-elle à maîtriser l'élan étrange qui la poussait vers cet homme ? Toute la nuit, elle avait entendu cette voix chaude lui murmurer : « Mon pauvre amour, je crois que je vous aime encore plus à présent que je sais la vérité. »

C'était trop doux, trop tentant pour son cœur solitaire. Elle comprit qu'elle avait envie de les entendre encore, et même d'entendre d'autres mots semblables. Et que le péril était sérieux. Alors, elle choisit le pieux mensonge.

– Oui, souffla-t-elle, je l'aime.

Elle n'osa pas lever les yeux sur Hughes, mais elle vit que ses mains se crispaient et elle l'entendit respirer plus lourdement.

– Vous l'aimez ? répéta-t-il comme s'il ne parvenait pas à y croire. En êtes-vous certaine ? Vous êtes si jeune.

Elle haussa les épaules avec lassitude.

– Si je ne l'aimais, pourquoi serais-je partie pour ce long et périlleux voyage ? N'est-ce pas là véritable preuve d'amour ?

Il y eut un moment de silence qui parut à Marjolaine durer un siècle. Elle ferma les yeux, craignant de ne plus parvenir à se maîtriser mais, au moment où peut-être elle allait se démentir, crier la vérité, elle entendit la voix d'Hughes, devenue soudain froide et lointaine :

– Pardonnez-moi, dame. Je ne vous importunerai plus. Adieu !

Les yeux soudain pleins de larmes, elle le vit rejoindre son écuyer qui l'attendait un peu plus loin, tenant en main leurs deux chevaux. Il sauta en selle, tourna la tête de son cheval vers le nord et, les épaules basses, disparut derrière un bouquet d'arbres dans le brouillard humide de ce triste matin. Seul, Bertrand se retourna et fit un geste de la main. Alors, derrière elle, Marjolaine entendit quelqu'un éclater en sanglots et vit que c'était Aveline.

9

Bénigne prêt-à-bien-faire, passant du saint devoir

Lorsqu'ils la virent apparaître, érigée sur le ciel au soir d'une longue marche, les pèlerins crurent que Poitiers était quelque cité céleste. Dressée sur son promontoire vert au milieu des eaux claires du Clain et de la Boivre qui l'encerclaient, la ville blanche, éclairée par le couchant d'un soleil qui s'était décidé à paraître en fin d'après-midi, ressemblait à une île miraculeuse portée à la fois par les eaux et par les nuages. Ce fut tout juste s'ils ne s'agenouillèrent pas à sa vue et Bran Maelduin, plein d'admiration, demanda si ce n'était pas là l'île d'Avalon dont rêvaient les bardes de son pays. Et ce fut d'un pas ragaillardi qu'ils attaquèrent la dure rampe qui menait aux remparts.

Quand ils en franchirent les portes, la ville éclata autour d'eux comme un feu de joie. Résidence favorite de la duchesse Aliénor, devenue reine de France, dont le superbe château flanqué de sa tour Maubergeon proclamait la puissance et la richesse, Poitiers était alors en plein épanouissement grâce à la puissante protection dont elle bénéficiait. Marchands et artisans s'y associaient, comme à Paris, dans les communautés de métiers dont l'influence pesait de plus en plus fortement sur la vie de la cité. Un air de prospérité se laissait respirer dans les rues étroites aux boutiques bien achalandées, aux auberges pleines d'activité, aux visages aimables et ouverts de ses habitants comme aux places où tailleurs de pierre et « imagiers » étaient à l'œuvre pour la plus grande gloire de Dieu sur des chantiers d'églises en construction qui promettaient d'être magnifiques et dignes de la capitale d'une grande reine.

Toute la ville résonnait des marteaux, non seulement des bâtisseurs, mais aussi des armuriers car les heaumes et hauberts de Poitiers étaient célèbres pour la solidité et la perfection, jusque dans les terres les plus lointaines, jusque dans l'île d'Islande. Cette renommée attirait les marchands flamands et vénitiens aux grandes halles neuves de la ville et si l'essai de commune que les gens de Poitiers, forts de leur richesse, avaient tenté en 1137, n'avait pas abouti, du moins la colère royale avait-elle été fort tempérée et la ville n'en avait pas souffert.

Odon de Lusigny avait prévenu ses compagnons que l'on passerait deux nuits à Poitiers afin de vénérer convenablement les trois saints patrons de la ville : Notre-Dame, à laquelle on était en train d'élever l'un des plus beaux sanctuaires jamais vus, le grand saint Hilaire, faiseur de miracles réputé, et la presque aussi grande sainte Radegonde, reine jadis mariée au sauvage roi Clotaire Ier, une effroyable brute qu'elle avait choisi de fuir. Il leur promit d'ailleurs de leur raconter, en temps utile, les merveilleuses histoires de ces deux derniers et, tout en gagnant l'hospice Saint-Jacques, neuf lui aussi et bâti pour les marcheurs de Compostelle au sud-ouest de la ville près de la porte de la Tranchée, les pèlerins anticipaient déjà entre eux les plaisirs du lendemain et les nombreuses grâces qu'ils allaient retirer de leurs pieuses visites. Modestine et son lugubre époux, qui d'ailleurs avait toujours mal aux dents, en pleuraient presque de joie.

Seules, Marjolaine et son Aveline ne participaient pas à l'allégresse générale, même si l'une d'elles s'efforçait courageusement de faire semblant. Aveline, pour sa part, ne prenait pas la peine de cacher le chagrin qui l'habitait depuis que l'on avait vu le baron et son écuyer disparaître dans la brume d'un matin pluvieux. Elle larmoyait pour un oui ou pour un non, ce qui avait le don d'agacer prodigieusement Colin.

– En voilà des pleurnicheries pour un grand tranche-montagne avec qui tu n'as pas dû dire vingt paroles ! Si j'étais notre dame, je te battrais un bon coup pour te remettre les idées à l'endroit !

– Notre dame Marjolaine ne sait pas ce que c'est que battre quelqu'un. Et toi, mêle-toi de tes affaires et me laisse pleurer si je veux !

Certes non, Marjolaine n'avait pas envie de battre sa petite suivante. D'autant qu'elle se sentait tout de même responsable de ce chagrin. Elle l'enviait, au contraire de pouvoir donner libre cours à ses sentiments sans être retenue par un respect humain dont elle n'avait que faire mais dont Marjolaine, fidèle par force à l'image irréelle qu'Aubierge lui avait forgée, devait rester prisonnière. Pourtant, ce qu'elle éprouvait n'était pas vraiment de l'affliction. En fait, elle enrageait surtout de constater à quel point la disparition d'Hughes de Fresnoy lui était pénible. Avait-elle fait assez d'efforts, cependant, pour se persuader elle-même du fait qu'il était, avant tout et uniquement, un être odieux et détestable ! En dépit de cela, elle était obligée d'admettre, au plus profond de son cœur, que cet être impossible lui manquait et qu'à ne plus sentir, dans les longues marches, la chaleur de son regard sur sa nuque et ses épaules, elle ressentait une impression de froid et de solitude.

Sans doute allait-il falloir beaucoup de temps et beaucoup de patience pour effacer le souvenir de ce qui aurait pu être le plus délicieux des péchés. L'interminable chemin allait lui laisser tout loisir de ressasser les instants trop courts où elle avait cru entendre son propre cœur battre à un rythme différent. Peut-être trouverait-elle alors la réponse à la question qu'elle se posait sans cesse depuis la nuit de Sainte-Catherine : était-ce donc cela l'amour ?

Le drame qui éclata au soir du second jour à Poitiers lui offrit de nouvelles matières à réflexion sur l'étrange puissance de cet amour et sur ce qu'il pouvait être lorsqu'il était totalement vécu.

Les pèlerins venaient de rentrer à l'hospice après une journée bien remplie, les yeux encore éblouis de ce qu'ils avaient vu : la châsse de saint Hilaire, ruisselante d'or et bosselée de pierreries, plus riche encore peut-être que celle de saint Martin, les splendeurs de sainte Radegonde et surtout la fabuleuse imagerie que des hommes simples aux mains de lumière faisaient fleurir sur la façade de Notre-Dame-la-Grande encore en construction. Ils avaient vu Adam et Ève, et le Serpent, les Prophètes, l'ange de l'Annonciation, la touchante Nativité, les apôtres, saint Hilaire et saint Martin et bien d'autres merveilles encore, telle la grande abbaye bénédictine de Montierneuf où reposaient sous de superbes tombeaux les ducs d'Aquitaine, comtes de Poitou, ancêtres d'Aliénor.

Tous ces chantiers mettaient dans la cité une vie intense. Les pierres neuves se renvoyaient des lumières et créaient, au détour des rues étroites, de grands éclats éblouissants. Les voies ramenaient toutes aux parvis. Les échafaudages, noircis par les intempéries, n'en prenaient pas moins, sous le soleil, une couleur de vermeil qui en faisait autant d'entrelacs précieux, tendus comme de gigantesques toiles d'araignées, sur les monuments en train de naître. Sur ces toiles d'araignées œuvraient, au péril de leur vie souvent, des hommes vêtus de blanc qui, avant de gagner leur dangereux travail du jour, avaient souvent demandé une absolution et la sainte communion.

À contempler tant de beauté pure, Marjolaine avait un peu oublié son tourment. Elle se sentait lasse et, n'ayant pas faim, elle souhaitait seulement dormir une grande nuit pour être dispose au matin suivant.

Elle venait de regagner la petite chambre qui lui avait été attribuée, par chance, pour Aveline et elle, quand la jeune Pernette fit irruption dans la pièce et, secouée de sanglots, vint s'abattre à ses pieds.

– Dame, par pitié, Dame, sauvez-moi, sauvez-nous !

Ce fut si soudain que Marjolaine, stupéfaite, ne trouva rien à dire sur l'instant. Curieusement, ce fut Aveline qui réagit la première et se précipita vers la jeune femme qui étreignait les genoux de Marjolaine en sanglotant de plus belle et suppliait, hors d'elle, qu'on voulût bien la sauver. Elle essaya de la relever, mais Pernette se cramponnait comme se cramponne à une branche quelqu'un en passe de se noyer. Elle tremblait de tout son corps et Marjolaine revenue de sa surprise joignit ses efforts à ceux d'Aveline.

– Calmez-vous, mon petit, dit-elle doucement. Personne ne vous fera de mal si je peux l'empêcher. Et d'abord relevez-vous et venez vous asseoir auprès de moi. Il faut me dire ce que je peux faire pour vous.

Un peu calmée par sa voix apaisante, la petite se laissa relever et conduire jusqu'au lit où Marjolaine s'assit auprès d'elle. Mais elle pleurait toujours et ses mots entrecoupés étaient à peu près impossibles à saisir. Il était question d'un oncle, d'un danger mortel, de Pierre. Mais impossible de démêler tout cela. En désespoir de cause, Marjolaine lui fit avaler un peu d'eau fraîche, ce qui n'alla pas sans hoquets ; finalement, Pernette retrouva suffisamment le contrôle d'elle-même pour raconter ce qui venait de se passer : en rentrant à l'hospice avec les autres, elle avait soudain aperçu deux cavaliers couverts de poussière qu'elle avait reconnus avec terreur car c'étaient deux hommes qu'elle espérait bien ne plus jamais revoir. C'était cela qui avait causé la panique dont elle tremblait encore.

– Vous comprenez. Ces deux hommes sont mon oncle qui est aussi mon tuteur, et son fils.

– Et vous en avez si peur ? Mais pourquoi ? demanda Marjolaine.

– Parce que je me suis enfuie de chez eux. Mon oncle veut me faire épouser son fils et je l'ai en horreur !

– Mais, voyons, comment cela peut-il être possible ? N'êtes-vous pas déjà mariée avec ce garçon qui vous accompagne ?

Pernette enfouit son visage dans ses mains et se remit à pleurer.

– Non... Nous ne sommes pas mariés... pas vraiment !

Elle raconta alors son histoire, une histoire bien simple et bien triste : celle d'un amour entre gens qui n'auraient jamais dû se rencontrer. D'abord, elle ne venait pas de Suresnes mais de Pontoise, la petite cité royale à laquelle le feu roi Louis VI avait apporté tant de soins. Doublement orpheline car sa mère était morte en couches et son père, un petit seigneur des environs, avait été tué, assez étrangement, dans une embuscade tendue par des brigands dont on n'avait plus jamais entendu parler, elle avait été élevée par son oncle, seul tenant à présent du fief paternel. Or, de sa mère qui les lui avait légués en mourant, Pernette avait quelques biens, quelques terres dont l'oncle tenait à assurer la propriété à son fils en le mariant à sa pupille.

Si le cousin avait été un garçon semblable à beaucoup d'autres, c'est-à-dire s'il avait pu faire un mari possible, Pernette n'aurait jamais songé à fuir sa maison. Mais il était laid et contrefait, et c'était surtout une jeune brute sournoise et cruelle dont les instincts auraient fait honte au moins sympathique des animaux. La seule idée de passer une nuit avec lui révulsait d'horreur la jeune fille.

Quand l'âge lui était venu de se marier, elle comprit qu'il allait lui falloir se défendre. Mais, comment, alors que l'oncle, remplaçant naturel du père, avait sur elle tous les droits ? Elle en venait peu à peu, et cela en dépit d'une foi profonde, à songer au lit de l'Oise comme au suprême recours qui pouvait lui rester. C'est alors que l'amour, et le plus inattendu de tous, était entré dans son cœur.

De la façon la plus subite et aussi la plus simple, Pernette s'était éprise de Pierre qui, cependant, était bien loin d'elle par la condition. C'était un jeune apprenti charpentier qui travaillait alors à la construction de Saint-Maclou, la belle église neuve qui s'élevait à Pontoise. Pernette et lui s'étaient rencontrés à la messe, et le premier regard échangé avait été définitif : chacun d'eux y avait mis tout son cœur. Mais en fille bien élevée, Pernette n'avait rien fait pour revoir le jeune homme. C'était lui qui l'avait suivie discrètement pour voir où elle habitait, qui l'avait attendue lorsque accompagnée d'une servante – facilement achetée – il l'avait rencontrée aux offices ou quand elle se rendait dans Pontoise pour les achats nécessaires à la vie du petit manoir familial. L'oncle Mathieu, en effet, était veuf depuis de longues années et jugeait normal de laisser à Pernette les tâches d'une maîtresse de maison.

Peu à peu, l'amour avait grandi entre les deux jeunes gens au point de devenir, pour l'un comme pour l'autre, l'unique raison d'exister. Aussi, quand l'oncle avait annoncé à Pernette que ses fiançailles avec son cousin Guy auraient lieu le dimanche suivant celui de Pâques, Pierre et sa douce amie s'étaient affolés. Il fallait faire quelque chose et les idées les plus folles leur étaient venues. Pierre voulait même tuer l'affreux cousin, et Pernette avait eu beaucoup de peine à lui faire comprendre qu'il serait alors pris, pendu et qu'alors elle n'aurait plus qu'à reprendre son premier projet : piquer une tête dans la rivière pour en finir avec une existence dépourvue désormais du moindre charme. Restait la fuite à deux avec le risque d'être repris et toutes les conséquences désagréables qui pourraient en découler.

Et puis, l'idée miraculeuse était venue. Pierre avait un cousin qui, pour échapper à l'enfer d'une épouse odieuse, était parti un beau matin pour la Galice. Il en avait rapporté de grandes grâces et, surtout, une assurance qu'il n'avait jamais eue. Une telle considération dans son village que la femme impossible s'était faite son humble servante. Le cousin racontait les miracles de toutes sortes qui s'accomplissaient au tombeau de l'apôtre. Alors peu à peu, à travers ses récits naïfs et enthousiastes s'était implantée chez le jeune homme l'idée que tout devenait possible dès l'instant que l'on allait prier sur le tombeau du tout-puissant intercesseur.

Pernette et Pierre avaient donc décidé de partir ensemble. Ils s'étaient confessés à un vieux moine qui avait vu naître la jeune fille et qui, simple et miséricordieux, avait accepté de les unir en mariage afin qu'ils ne s'engagent pas sur la voie de l'irrémissible péché. Mais il avait exigé d'eux la promesse formelle de rester chastes durant toute la durée du saint voyage afin d'expier la faute commise en se passant de l'autorisation familiale. À Compostelle, s'ils y arrivaient vivants, ils pourraient demander une nouvelle bénédiction et considérer leur mariage comme valable. Ils deviendraient alors des époux véritables à qui nul ne contesterait ce droit puisque aussi bien ils n'avaient aucune intention de revenir au pays.

Tous deux avaient juré. Le moine leur avait remis alors l'autorisation de départ au nom de Pierre L'Aubier accompagné de sa femme. C'était d'ailleurs une protection supplémentaire puisque Mathieu d'Oigny ne savait rien du roman de sa nièce et ignorait jusqu'à l'existence du jeune homme. Et deux nuits avant le grand départ, les fugitifs avaient gagné Paris pour se mêler à la troupe des pèlerins. Hélas, toutes ces précautions n'avaient servi à rien puisque l'oncle et le cousin avaient su retrouver leur trace et qu'ils étaient arrivés jusqu'à Poitiers.

– Je vous en supplie, dame Marjolaine, aidez-nous ! Si vous ne le faites, nous sommes perdus. Ils tueront Pierre et me ramèneront de force.

– Croyez-vous qu'ils m'écouteront, moi qu'ils ne connaissent pas ?

– Vous peut-être pas car ils méprisent les femmes et leur faiblesse, mais messire de Lusigny vous a en haute estime. Si vous lui parliez...

Déjà Marjolaine était debout.

– Restez ici. J'y vais. Il faut se hâter ! Ferme cette porte derrière moi, ordonna-t-elle à Aveline, et ne laisse entrer personne.

Elle se mit aussitôt à la recherche d'Odon de Lusigny.

Dans la cour entourée d'arcades, elle l'aperçut, assis sur une pierre. Il causait avec le grand charpentier que l'on avait pris à Tour tout en profitant d'un dernier rayon du soleil qui avait brillé toute la journée. Le soupir de soulagement qu'elle allait pousser s'arrêta dans sa gorge car, à l'entrée de ladite cour, elle vit soudain deux hommes poussiéreux dans lesquels, grâce à la description qu'en avait faite Pernette, elle n'eut aucune peine à reconnaître Mathieu d'Oigny et son fils Guy. Ce dernier était vraiment d'une laideur abominable et la pitié qu'elle éprouva soudain pour Pernette, menacée d'être livrée pour la vie à cet avorton, renforça sa détermination de l'en sauver à tout prix.

Les deux hommes causaient avec l'un des moines qui assuraient le service de l'hospice et celui-ci, d'un geste du bras, était justement en train de leur désigner le groupe formé par Odon et le charpentier. Marjolaine s'élança, traversa la cour en courant et dit en s'efforçant de ne pas élever la voix :

– Vite, sire Odon ! Venez vite ! Il se passe quelque chose de grave ! Venez aussi, frère pèlerin. Nous n'aurons pas trop de vous deux.

– Mais que se passe-t-il ? demanda le templier.

– Je vais vous le dire, mais je vous en supplie, venez tout de suite.

L'agitation que montrait Marjolaine suffisait à prouver qu'il se passait en effet quelque drame et les deux hommes la suivirent sans poser d'autres questions. Elle les conduisit dans la chapelle, déserte à cette heure et où elle était certaine que l'on n'oserait pas la suivre.

– Eh bien ? dit Lusigny.

– Pardonnez-moi de vous avoir arraché un peu brusquement à votre repos, mais il était plus que temps. Il y a à l'entrée de cette maison, deux hommes qui vont demander à vous parler, mais il faut que je vous apprenne avant eux ce qu'ils ont à dire afin d'éviter un grand drame.

– Comment savez-vous ce qu'ils ont à dire ? Les connaissez-vous ?

– Je ne les ai jamais vus. Mais je vous en prie, écoutez-moi. Le temps presse.

– Dois-je, moi aussi, entendre ce que vous avez à dire ? fit Bénigne.

– Vous aussi, en effet. On m'a dit que vous êtes maître charpentier. Est-ce vrai ?

– C'est vrai, mais...

– Alors vous pouvez peut-être beaucoup pour les deux malheureux dont je veux parler !

Rapidement, mais clairement, Marjolaine refit le récit de Pernette.

– À présent, dit-elle en conclusion, l'oncle et le cousin sont là. Je les ai vus et ils doivent vous chercher.

Sous l'éclairage pauvre de la lampe d'autel qui était la seule lumière de la sombre et étroite chapelle, le visage d'Odon de Lusigny lui apparut sévère et plus sévère encore le regard qu'il posa sur elle. Un instant, elle eut peur d'avoir mal choisi le dépositaire de ses confidences. Et aussi, elle regretta Hughes de Fresnoy. Il avait une manière à lui de régler les questions les plus épineuses qui n'était peut-être pas très morale mais qui, au fond, était bien commode.

– De par la loi féodale, dit Odon, ce seigneur possède tous droits paternels sur sa nièce, à défaut des parents. Nul ne doit s'opposer à lui pour décider du sort de sa pupille.

– Si, coupa Marjolaine sèchement, la nature d'abord et la charité ensuite. Quand vous aurez vu le cousin, messire, vous comprendrez – du moins je l'espère – que cette malheureuse enfant eût été prête à choisir le pire pour échapper à un tel sort. Penseriez-vous qu'elle eût mieux fait de se noyer ?

– Certes pas ! fit-il avec horreur, mais fuir avec ce garçon...

– Auquel elle est mariée, ne l'oubliez pas.

– Sans le consentement paternel, ne l'oubliez pas non plus.

– De toute façon, personne n'a le droit de la juger, ni vous, ni moi. Je veux savoir si vous êtes disposé à l'aider.

– Je ne vois pas comment.

– C'est simple pourtant. De mariage ni du mari il ne saurait être question puisque aussi bien l'oncle ignore tout de l'un comme de l'autre.

– En êtes-vous certaine ?

– Pernette dit qu'il lui paraît impossible qu'il l'ait su. Je pense donc prendre toute la faute sur moi et dire à ces hommes que j'ai engagé Pernette à m'accompagner dans ce pèlerinage dans l'espoir que la grâce de monseigneur saint Jacques la toucherait et lui permettrait de voir plus clair en elle-même.

– Mais le garçon ? Tel que je le connais – et je le crois courageux – il revendiquera hautement son titre d'époux.

– Et se fera tuer sans que personne puisse quoi que ce soit pour lui. Mais il y a peut-être aussi une solution : il est charpentier comme vous, frère pèlerin. Ne pourriez-vous dire qu'il vous accompagne, qu'il est...

Un grand sourire éclaira soudain le large visage du charpentier bourguignon.

– Mon apprenti ? Pourquoi pas. Nous sommes de même métier et à ce titre je lui dois assistance. L'idée est bonne. Dites-moi où je peux le trouver afin que je le prévienne et l'empêche de se montrer. J'espère seulement qu'il n'est pas trop tard.

Renseigné par Marjolaine, Bénigne quitta la chapelle précipitamment pour se mettre à la recherche de Pierre, laissant la jeune femme et le chef des pèlerins face à face. Ce dernier, visiblement, réfléchissait, hésitait.

– Je vous supplie, gémit Marjolaine, il faut vous décider. Voulez-vous nous aider ?

Il haussa les épaules.

– Je n'ai plus guère le choix à présent que Bénigne a pris parti. Mais avez-vous songé que si ces gens interrogent n'importe lequel de nos compagnons de voyage, ils seront fixés ?

– C'est un risque, je l'admets, mais plus nous tarderons et plus ce risque sera grand.

– Eh bien, allons, et que Dieu nous pardonne les mensonges que nous allons proférer.

Lorsqu'ils revinrent dans la cour, le cœur de Marjolaine manqua un battement : les deux hommes étaient en train de parler avec Nicolas Troussel. Leur mine lui parut singulièrement sombre bien que celle du jeune homme fût désinvolte et souriante à son habitude. Les voyant paraître, il s'écria :

– Tenez, voici messire de Lusigny, notre chef. Adressez-vous à lui, moi je ne comprends rien à ce que vous me racontez.

– De quoi s'agit-il ? dit calmement Odon.

– Si j'ai bien saisi ce qu'il dit, ce seigneur prétend que nous avons enlevé sa nièce.

Marjolaine ne laissa pas au chef des pèlerins le temps de répondre.

– Êtes-vous donc le sire d'Oigny ? demanda-t-elle à l'aîné des deux hommes qu'elle n'avait pas eu besoin de regarder deux fois pour constater que c'était bien un rustre et de la pire espèce : celle qui essaie de faire montre d'une certaine grandeur seigneuriale.

La cupidité était inscrite dans ses petits yeux gris, froids et durs comme pierre, et la méchanceté dans la minceur sinueuse de sa bouche. La belle qualité des vêtements, sous la poussière qui les recouvrait, ne changeait rien à l'aspect du personnage, pas plus que les airs de tête superbes qu'il s'efforçait de prendre. Peut-être pour se mieux différencier de son rejeton, qui lui ressemblait beaucoup, mais en bossu, bigle et contrefait.

– Je suis en effet le sire d'Oigny, répondit l'homme avec hauteur. D'où me connaissez-vous ? Et d'abord qui êtes-vous, la fille ?

Le mot fit passer définitivement Odon dans le camp de Marjolaine.

– Si vous voulez que nous vous répondions, je ne saurais trop vous conseiller la politesse ! gronda-t-il. Cette jeune dame...

– Laissez, messire, coupa doucement la jeune femme. Je vais lui répondre. J'ai nom Marjolaine des Bruyères, dame Foletier, ajouta-t-elle en se retournant non sans hauteur vers Oigny, et c'est moi qui ai invité Pernette à m'accompagner au cours de ce saint voyage vers Compostelle de Galice. Son âme était en peine et si proche du désespoir que le recours à un grand saint m'est apparu comme tout naturel.

– Vraiment ? Vous l'avez invitée ? Et de quel droit ? Ne saviez-vous pas qu'elle est sous mon entière dépendance ? Un tel voyage ne se pouvait accomplir sans ma permission.

– La lui auriez-vous accordée ?

– Sûrement pas ! Ma nièce doit épouser mon fils que voici.

– Je sais. L'âme de n'importe quelle jeune fille serait en peine en face d'une telle perspective.

– Une fille n'a pas à donner son avis dès l'instant que ses parents ont décidé. Elle doit seulement obéir !

– Sans doute. Mais justement Pernette ne souhaitait pas vous obéir. Si vous voulez tout savoir, elle songeait à mettre fin à ses jours lorsque je suis intervenue.

– Mettre fin à ses jours ? fit l'homme comme si ces mots n'avaient pas de sens pour lui.

– Mais oui. Se tuer, si vous préférez. Devant un tel péril j'ai voulu parer au plus pressé, messire.

– Dame Marjolaine a pensé, coupa Odon de Lusigny, que les grâces que l'on reçoit au tombeau de l'apôtre auraient le pouvoir de ramener votre nièce à une plus saine compréhension de ses devoirs. C'est pourquoi j'ai accepté qu'elle accompagne dame Marjolaine.

– Dame Marjolaine, dame Marjolaine ! gronda Oigny. C'est la première fois que j'entends ce nom ! Qui êtes-vous, d'où sortez-vous ? Et d'abord pourquoi cachez-vous votre figure ?

– Elle n'a pas à vous répondre sur ce point, gronda Odon. Sachez seulement que l'histoire de cette dame est de celles qui forcent le respect et que, tous ici, nous avons pour elle la plus haute estime. Votre nièce ne pourrait être entre de meilleures mains.

– C'est possible, mais cela ne me dit pas d'où elle vient ni surtout comment ma nièce a pu la connaître, alors que je ne l'ai jamais vue. Habitez-vous donc à Pontoise ou aux environs ?

– Non, mais j'y fais de fréquents séjours au couvent des Bénédictines dont la prieure est de mes parentes, affirma la jeune femme qui, cette fois, ne mentait pas car elle s'était souvenue qu'une cousine de son père, Marguerite d'Avesnes, dirigeait en effet à Pontoise un couvent de moniales. C'est à l'église, ajouta-t-elle, que j'ai connu votre nièce. Nous sommes devenues amies et, en la voyant si désespérée, j'ai voulu l'aider. Il ne faut pas m'en vouloir, messire, ni à elle d'ailleurs. Elle n'est pas coupable autant que vous l'imaginez.

– Allez la chercher !

Le ton était rude et Marjolaine sentit se lever en elle le vent de la colère. Elle allait peut-être répondre avec quelque vivacité, mais la main de Lusigny se posa sur son bras, apaisante.

– Il n'y a là rien que de très naturel, ma sœur. Allez chercher cette enfant.

Inquiète, malgré tout, car la figure de Mathieu d'Oigny ne lui disait rien qui vaille, Marjolaine s'exécuta. Elle alla chercher Pernette que, chemin faisant, elle mit rapidement au courant de ce qui se passait et de ce qu'elle avait dit. La petite n'en tremblait pas moins comme une feuille quand, au bras de son amie, elle marcha vers son oncle avec plus de crainte sans doute qu'elle ne l'eût fait en allant au gibet.

Elle avait quelques raisons de craindre car, après l'avoir accablée de reproches qu'elle écouta tête basse et en pleurant, à la grande indignation de Marjolaine, Mathieu la saisit par le bras et l'attira à lui violemment.

– À présent, venez, nous partons ! Et que personne n'essaie de nous en empêcher !

Brusquement, il avait saisi son épée et, l'agitant au-dessus de lui, il en menaçait alternativement Marjolaine et le chef des pèlerins.

– Vous êtes ici dans une maison-Dieu, tonna celui-ci. Comment osez-vous y tirer l'épée ? C'est un péché mortel.

– Apprends ceci, bonhomme, ricana le déplaisant personnage, j'obtiens toujours ce que je veux parce que je ne reconnais à personne, même à Dieu, le droit de m'en empêcher. Alors ne bougez pas, vous deux, tandis que nous partons. Emmène ta fiancée, mon fils.

– Il aurait du mal, fit une voix goguenarde. S'il fait seulement mine d'y toucher, je lui tranche la gorge.

Avec un vif soulagement, Marjolaine vit que Nicolas Troussel avait ceinturé l'affreux Guy d'un bras et que, de l'autre, il lui maintenait sous le cou le tranchant d'une dague. Mathieu se tourna vers lui comme un furieux.

– Lâche mon fils, ou je t'embroche ! cria-t-il.

– Essaie toujours, fit l'étudiant en riant. Il sera mort avant moi.

Et la dague s'appuya un peu, arrachant au garçon un hurlement de terreur.

– Faites ce qu'il vous dit, mon père ! Et laissez-les emmener cette garce !

– Jamais !

– Soyez raisonnable. Le voyage est long, dangereux. Si elle crève, vous aurez son bien sans que j'aie à l'épouser.

Lentement, Mathieu d'Oigny baissa son arme. Une lueur d'intérêt s'était allumée dans ses petits yeux.

– Après tout, qu'elle continue. Mais nous irons avec elle. Faisons-nous pèlerins, mon fils. Cela pourra être amusant.

C'était apparemment plus que n'en pouvait supporter Odon de Lusigny. Arrachant l'épée des mains du triste sire, il la jeta au loin puis, l'empoignant par le col de sa tunique, il le porta à bout de bras jusqu'à l'entrée de l'hospice, faisant ainsi preuve d'une force peu commune. Arrivé là, il l'envoya rouler sans ménagement dans la poussière du chemin, tandis que Nicolas en faisait autant pour le fils.

– Les misérables tels que toi n'ont rien à faire avec ceux qui peinent pour trouver la vérité et la grâce ! Va-t'en et ne te retrouve jamais sur notre chemin car, aussi vrai que je me nomme Odon de Lusigny, je te briserai comme je brise cette épée que tu es indigne de porter.

– Nous nous retrouverons quand même, hurla l'autre tendant un poing menaçant, et alors je te jure que tu le regretteras !

La lourde porte de l'hospice, claquée par Nicolas, lui coupa la parole. Odon essuya son front où coulait la sueur et regarda sévèrement son jeune compagnon.

– Merci de votre aide, Nicolas Troussel.

– Oh, je pense que vous vous en seriez bien tiré tout seul, fit le jeune homme avec insouciance, mais cela vous aurait obligé à tirer l'épée. J'ai pensé qu'il valait mieux que le péché de dégainer dans une maison-Dieu soit pour moi.

Lusigny fronça le sourcil.

– Qui vous a dit que j'ai une épée ?

Cette fois, Nicolas se mit à rire.

– N'en avez-vous pas ? Vous seriez bien le premier templier qui s'en passerait. Et ne me demandez pas qui m'a dit que vous apparteniez au très saint ordre du Temple de Jérusalem. Votre robe s'est écartée un peu l'autre jour quand vous avez maintenu l'un des chevaux qui s'emballait. J'ai vu la croix.

– Alors oubliez-la ! ordonna Odon sèchement. Il n'entre pas dans mes plans que tout un chacun le sache, sinon je ne dissimulerais pas ma tunique.

– Ne me donnez pas d'explications, dit Nicolas, angélique. J'ai déjà oublié.

Sous les arcades, ils retrouvèrent Marjolaine qui, assise auprès de Pernette, s'efforçait de la réconforter. Les voyant revenir, la petite épouse de Pierre se jeta à leurs pieds pour les remercier de l'avoir protégée. Odon de Lusigny la releva et, d'un geste plein de douceur, essuya les larmes qui roulaient sur le joli visage.

– Vous avez commis une grande faute, mon enfant ; pourtant je ne vois pas qui pourrait avoir le courage de vous la reprocher. J'ai fait ce que j'ai pu, mais la vérité m'oblige à vous dire que le danger n'est pas écarté. Cet homme est plein de haine et fera tout pour se venger. J'ai peur qu'il ne veuille nous suivre.

– Au milieu de vous tous, je ne crains rien, dit Pernette. Et puis Pierre saura bien me protéger. Puisque vous avez été miséricordieux au point de ne pas nous rejeter, nous ne craindrons plus rien.

– J'aimerais pouvoir en dire autant. De toute façon, il faut prendre certaines dispositions. Nicolas, allez me chercher Pierre et Bénigne. Ramenez-les avec vous dans la chapelle. Venez avec moi, dame Marjolaine, et vous aussi Pernette.

Quand les trois hommes les rejoignirent dans la chapelle, il pria Nicolas de veiller à la porte afin que personne ne vienne les déranger.

– Nous vous dirons ce que nous aurons décidé, ajouta-t-il avec un sourire. Je crois que vous en avez acquis largement le droit.

Le jeune homme salua, sourit et s'esquiva, tandis que Lusigny se tournait vers Pierre qui, à peine eut-il aperçu sa Pernette, s'était précipité sur elle et l'entourait de ses bras.

– Ce n'est ni le lieu ni l'heure des effusions, lui dit-il avec sévérité.

– Je sais, mais j'ai eu si peur de la perdre. Vous ne savez pas ce que je viens de souffrir.

– Oh, c'est simple, dit tranquillement Bénigne, je me suis demandé un moment si je ne serais pas obligé de l'assommer pour le faire tenir tranquille. Ce garçon était déchaîné. Il voulait à tout prix venir pourfendre l'oncle.

– Elle est ma femme devant Dieu ! s'écria le jeune homme révolté. Pourquoi n'aurais-je pas le droit de la défendre, de nous défendre ?

– Parce que vous n'auriez rien pu défendre du tout, dit Marjolaine. La seule chose que vous auriez réussi à faire, c'eût été de détruire notre ouvrage et, à cette heure, Pernette serait sans doute aux mains du seigneur d'Oigny et vous en route pour la prison. Peut-être pour pis encore.

– Je savais quels risques nous allions prendre et je n'ai jamais demandé à personne de me protéger. Je veux...

– En voilà assez ! gronda Lusigny. Tu as de l'audace, mon garçon, d'oser élever la voix ici. Songe à regarder tes fautes avant de proclamer tes droits. Tu as détourné de ses devoirs une fille de noble maison, alors que tu es du peuple, tu l'as enlevée et vous vous êtes introduits parmi nous grâce à un mensonge.

– Quel mensonge ? Nous sommes mariés.

– Oserais-tu jurer que ton mariage est valable ? Avais-tu sollicité l'autorisation paternelle que détenait son oncle ?

Pierre haussa les épaules.

– N'aurait-ce pas été le meilleur moyen de la perdre à jamais ? Nous n'avions pas le choix.

– Peut-être, mais nous l'avions, nous, le choix. Le droit féodal nous ordonnait de rendre Pernette à sa famille et de te remettre toi à la justice. Nous ne l'avons pas fait. Mieux encore, pour vous sauver nous avons menti, dame Marjolaine et moi, de façon éhontée : elle qui est l'honneur de ce voyage, moi qui suis chevalier ! Il nous faudra faire pénitence pour cela. Y penses-tu ?

Maté, Pierre baissa la tête puis, humblement, s'agenouilla devant le templier.

– Pardonnez mon emportement, sire chevalier. Je n'ai pas voulu vous offenser. Voyez-vous, je l'aime tellement que l'idée de la perdre me rend fou.

– Pourtant, il va falloir vous séparer. Pour un temps tout au moins.

Instantanément, Pierre fut debout, à nouveau prêt au combat.

– Nous séparer ? Jamais !

– J'ai dit : pour un temps seulement. Et tu dois accepter car c'est ta seule chance de vivre ensuite avec elle tous les autres jours de ta vie.

Rapidement, il raconta la scène qui s'était déroulée dans la cour. Il dit comment il avait fini par jeter dehors les deux Oigny et il dit aussi sa conviction que les choses n'en resteraient pas là.

– Ou je me trompe fort, ou ces deux hommes vont nous suivre afin de surveiller Pernette. Toi, dès maintenant tu es attaché à Bénigne prêt-à-bien-faire, maître charpentier ici présent.

– Et les autres ? Ceux qui sont partis de Paris avec nous ? Que vont-ils penser ? Si les autres nous suivent, ils seront vite renseignés.

– Je ne crois pas car vous agirez de façon que personne ne s'étonne. Quant aux étrangers, ils ne vous connaissent même pas.

– Bien. Je voyagerai avec maître Bénigne. Si c'est cela la séparation, elle ne sera pas bien pénible. Je pourrai voir Pernette tout le jour et la nuit, vous le savez, nous ne dormions ensemble qu'au milieu de tous.

Odon de Lusigny poussa un soupir et vint, lentement, poser sa main sur l'épaule du jeune homme.

– Non, car Bénigne ne nous accompagne pas à Compostelle. Il nous quittera avant Saint-Jean-d'Angély, dans trois jours, et cela pour accomplir une mission de la plus haute importance. Tu devras le suivre, garçon.

– Alors j'irai avec lui, s'écria Pernette. Il n'y a aucune raison pour que je ne le suive pas.

– Si, il y en a une, et très grave. Si vous ne poursuivez pas la route avec dame Marjolaine, Mathieu d'Oigny vous cherchera, vous trouvera et mettra alors en danger mon plan ou plutôt le plan du Temple qui ne saurait être mis en péril de quelque façon que ce soit. Au retour, vous irez rejoindre votre époux.

– Mais où va-t-il ? Où pourrais-je le retrouver ?

Ce fut Bénigne qui se chargea de la réponse.

– Avec votre permission, messire, laissez-moi leur expliquer. Ils comprendront alors qu'ils ont eu une grande chance de s'embarquer avec nous mais que, pour en bénéficier entièrement, il faut qu'ils jouent le jeu.

Puis, se tournant vers Pierre :

– Écoute, garçon. Si tu es l'époux, elle te doit obéissance et ce sera à toi de décider en connaissance de cause puisqu'à présent tu sais qui je suis.

– Vous me l'avez dit tout à l'heure, dit le garçon avec un respect qu'il ne semblait pas disposé à accorder au chef des pèlerins. Vous êtes Bénigne prêt-à-bien-faire, passant du Saint Devoir de Dieu.

– Qu'est-ce donc ? ne put s'empêcher de demander Marjolaine.

– Plus tard, si vous le voulez bien, noble dame. Sachez seulement que c'est un titre très significatif pour un jeune compagnon charpentier ou tailleur de pierre. Maintenant, il me faut expliquer à ce garçon la mission dont je suis investi.

– Excusez-moi, s'il vous plaît, fit Marjolaine un peu vexée.

– Voilà des mois que, par ordre de monseigneur Robert de Craon, grand maître du Temple de Jérusalem au service duquel j'ai mis tout ce que je sais, j'étudie sur les côtes de Normandie l'art de construire ces bateaux rapides qui, durant tant d'années, ont amené sur nos terres les pirates vikings, et même de les améliorer afin qu'ils puissent entreprendre de nombreux voyages sur la mer infinie, à la découverte des terres inconnues qui s'étendent au-delà. À présent, j'ai appris ce que je voulais savoir et je peux construire aussi bien des bateaux solides qu'établir les chantiers et aménager, pour eux, un port.

– Mais il n'y a pas de terres au-delà de la mer, dit Pierre. Il n'y a qu'un abîme sans fond où se précipitent ses eaux, emportant les imprudents qui osent s'y aventurer.

Bénigne sourit, ce qui conféra à son rude visage un charme enfantin.

– Il y a bien des choses que tu ignores, garçon, mais ce n'est pas de ta faute car bien peu en connaissent plus que toi. Sache qu'en Orient, le Grand Maître est entré en possession d'antiques documents qui disent d'étranges choses dont le Temple veut s'assurer la véracité. C'est pourquoi il veut des bateaux, c'est pourquoi nous allons en construire.

– Où cela ?

Du regard, Bénigne interrogea Lusigny. Pouvait-il en dire davantage encore ? Ce fut le grand pèlerin qui choisit d'assumer la suite.

– À quelques dizaines de lieues d'ici, dans un village au bord de l'océan que l'on appelle Rochella et où, déjà, nos frères ont obtenu quelque terre.

Bénigne ouvrit des yeux pleins de surprise.

– Je croyais, messire, que nous nous installions à Châtelaillon qui possède déjà bien des installations.

– Cela a été changé. Je te l'aurais dit en temps utile. Depuis que le duc d'Aquitaine, père de la reine Aliénor, a ravagé trop facilement Châtelaillon, cet endroit nous est devenu suspect. En outre, la mer semble gagner sur une langue de terre qu'elle pourrait peut-être faire disparaître dans un temps assez proche. Rochella, avec son plateau calcaire bien abrité au fond d'une baie et défendu, côté terre par des marécages, peut et doit devenir un grand port. C'est de là que partiront les navires du Temple pour découvrir les terres dont parlent les documents. C'est là que tu rejoindras les frères qui t'attendent déjà, toi et l'or promis.

– Soyez sans crainte. Nous arriverons l'un et l'autre à destination. À présent, mon garçon, ajouta-t-il en revenant à Pierre, c'est à toi de nous dire ce que tu choisis : accepter la séparation d'avec tes amours et cela pendant quelques mois, pour m'aider à accomplir ma tâche ou bien l'aventure, seuls tous les deux, avec le risque d'être bientôt unis dans la mort.

Pierre se tourna vers Pernette dont les grands yeux pleins de larmes ne le quittaient pas. Il vint à elle, prit doucement son visage entre ses mains et baisa ses lèvres tremblantes.

– Ma douce, j'ai envie de vivre et de vivre avec toi. Ce que l'on nous offre est inespéré. Je voudrais accepter.

– Ta volonté a toujours été la mienne. Je t'obéirai.

Elle ravalait courageusement ses larmes et même s'efforçait de sourire.

– Moi aussi, dit-elle, j'ai envie de vivre avec toi. Peut-être que nous pourrons aller, nous aussi, à la recherche de ces terres inconnues ?

– C'est bien, dit Odon de Lusigny. Tu es un homme, Pierre. En retour, j'engage ma foi de chevalier qu'il n'arrivera rien de mauvais à ton épouse tant que je vivrai. Je te la ramènerai moi-même quand nous aurons accompli notre vœu et vous pourrez alors espérer une belle vie sous la puissante protection du Temple. À présent, il est temps d'aller rejoindre les autres. Le repas du soir va bientôt être servi.

Comme ils sortaient de la chapelle, Bénigne retint Marjolaine.

– Je n'ai pas voulu vous offenser tout à l'heure, gracieuse dame, en refusant de vous répondre. Voulez-vous me pardonner ?

– Ma question était irréfléchie, maître Bénigne. C'est à moi de m'excuser.

– Je vous en prie. Laissez-moi, à présent, vous expliquer ce qu'est le Saint Devoir car je crois que vous pouvez comprendre ces choses. Messire de Lusigny vous tient en haute estime et dit que peu de femmes ont votre entendement.

– Il a trop de bonté. Pourtant, s'il s'agit d'un secret, je vous supplie de croire que je comprendrai sans peine.

– Un secret ? En réalité c'en est un, mais il est de ceux gardés par la Lumière et que les paroles ne peuvent trahir hors des lieux d'initiation. Le Saint Devoir est une règle à laquelle prêtent serment ceux qui ont été jugés dignes d'en être les dépositaires. Une règle de travail.

– Une règle de travail ?

– Mais oui. Elle a été établie voici peu d'années dans mon pays de Bourgogne, à l'abbaye de Fontenay où se réunissent des hommes de grand savoir, des moines... et d'autres, dépositaires d'antiques traditions dans l'art de bâtir. Là, nos maîtres ont mis au point un procédé géométral de coupes de charpentes et de pierres tiré des principes d'un Grec nommé Euclide et dont est en train de sortir un art nouveau. Ce procédé s'appelle le Trait et nous, compagnons passants du Saint Devoir de Dieu, nous devons en appliquer les merveilles de par le monde. Et nous allons par les routes là où l'on a besoin de notre savoir. Comprenez-vous ?

Marjolaine sourit.

– Ce sont choses bien difficiles pour l'esprit modeste d'une femme, maître Bénigne, mais je crois que j'ai compris grâce au soin que vous avez pris pour m'expliquer. Tout ceci paraît simple.

– Et pourtant, je ne vous ai rien dit en réalité. Voilà pourquoi j'ai parlé de secrets gardés par la Lumière. Ils sont, de tous, les mieux défendues.

– Me permettrez-vous de montrer encore un peu de curiosité ?

L'indulgent sourire du charpentier se teinta d'un très léger dédain.

– Vous êtes femme, cela vous sied. En outre, vous êtes intelligente. Que voulez-vous savoir ?

– Le terme curiosité était impropre, j'aurais dû dire inquiétude. Messire de Lusigny, tout à l'heure, a parlé d'or et j'ai cru comprendre que cet or vous accompagnait puisque vous devez, l'un et l'autre, arriver en bon état à destination.

– J'y compte bien, dit Bénigne sans se compromettre, mais assez froidement.

– Ne croyez pas que je m'intéresse à cet or lui-même. Je crains seulement de comprendre qu'il se trouve ici avec vous. Autrement dit, si une somme importante est transportée parmi nous, les dangers de la route se trouvent décuplés. Un tel chargement ne peut que faire courir des risques aux simples pèlerins que nous sommes. Vu les difficultés du voyage, n'est-ce pas un peu trop ?

Bénigne ne répondit pas tout de suite. Il baissait la tête, semblant chercher au bout de ses souliers une réponse valable à une question difficile.

– Vous avez raison et, croyez-le, nous avons soigneusement pesé le pour et le contre avant d'entreprendre cette aventure. Mais, en toute sincérité, je ne crois pas que vous et vos compagnons couriez un grand risque. Ce secret-là est gardé à la fois par l'évidence et par la crainte. En outre, vous serez bientôt libérés de ce danger. Un important groupe de pèlerins est une bonne protection. Nous n'aurions pas pu en trouver de meilleure et la cause, qui est celle de Dieu malgré tout, méritait que nous prenions ce risque. Puis-je cependant vous recommander le silence sur ce sujet ? Messire de Lusigny a parlé un peu vite, tout à l'heure, et j'ai regretté qu'il mentionne l'or. On ne craint pas ce que l'on ignore. Votre question prouvait seulement que j'avais raison.

– Soyez sans crainte. Je ne dirai rien à personne et je saurai imposer le silence à Pernette qui, d'ailleurs, ne doit pas se soucier beaucoup de cela.

Cette nuit-là, Marjolaine resta longtemps éveillée. Les yeux grands ouverts dans l'obscurité, écoutant les paisibles respirations d'Aveline et de Pernette qu'elle avait aussitôt fait installer avec elle, la jeune femme repassait dans sa mémoire la pénible scène de tout à l'heure. Elle revoyait le visage convulsé de rage de Mathieu d'Oigny et celui, pire encore, de son fils. À l'idée que des hommes, pleins de haine et de rancune, allaient s'attacher à leurs pas, guetter les occasions d'assouvir leur vengeance et de reprendre Pernette, l'angoisse lui serrait le cœur. La présence de l'or, si bien caché qu'il fût, n'arrangeait rien et elle comptait mentalement ceux de ses compagnons sur lesquels on pourrait s'appuyer en cas d'attaque, surtout quand le gigantesque Bénigne et Pierre les auraient quittés. Certes, Odon de Lusigny était fort et vaillant, comme l'étaient tous ses frères du puissant ordre guerrier. Mais – et Marjolaine se le reprochait sans parvenir pour autant à atténuer ses regrets – comme elle se fût sentie plus rassurée si elle avait pu savoir derrière elle certain chevalier pourvu d'un écuyer, d'une lourde épée et d'une paire d'yeux particulièrement insolents. Mais ledit chevalier devait être loin à présent, en route pour rejoindre un château et une vie dans lesquels Marjolaine n'aurait jamais sa place.

Fermant les yeux, elle chercha le sommeil. Mais ce fut seulement quand les larmes commencèrent à mouiller son cou qu'elle s'aperçut qu'elle pleurait.

10

Le coupe-gorge

La guerre entre frère Fulgence et Bran Maelduin se ralluma dès le lendemain. Se sentant mieux et ne voulant pas exaspérer inutilement son gardien, Ausbert avait humblement remercié Marjolaine de sa charité et lui avait fait rendre la mule prêtée. Mais quand il était apparu, appuyé sur ses béquilles et le pied enveloppé de linge, Fulgence, fort de la disparition de Fresnoy, avait exigé que l'on retirât le pansement.

– Il doit marcher pieds nus ! répétait-il, impitoyable.

Apparemment, Bran avait prévu cela. Il s'agenouilla tranquillement devant le pénitent, lui ôta le linge incriminé puis, tirant de sa robe une paire de sandales comme en portent les moines, c'est-à-dire des semelles de cuir retenues par une simple lanière, il entreprit d'en chausser Ancelin.

– Ôtez cela, hurla Fulgence. J'ai dit pieds nus !

– Je prétendre pieds être nus, fit l'Irlandais, montrant les orteils de son protégé à peine couverts par les minces lanières.

Cette distinction était sans doute trop subtile pour l'irascible moine car il refusa d'accepter cette forme de nudité. Il prétendit ôter les sandales, Bran Maelduin s'y opposa, d'un mot en vint un autre et, sous l'œil à la fois intéressé et stupéfait de leurs compagnons de route, Fulgence et Bran Maelduin échangèrent une collection d'injures qui faisaient grand honneur à leurs connaissances en cette matière et dont certaines, pour être teintées de folklore irlandais, n'en étaient pas moins efficaces. Ils en fussent peut-être venus aux mains si Odon de Lusigny, alors occupé à remettre, au nom de tous, une aumône au prieur de l'hospice, n'avait fait son apparition.

Les soucis que lui causait la suite du voyage étaient inscrits en grosses rides sur son visage et les criailleries de Fulgence l'agaçaient prodigieusement. Il intima aux deux hommes l'ordre de se taire, leur fit honte de s'être laissé aller à s'injurier entre chrétiens, leur imposa une pénitence pour la halte du soir et comme Fulgence, d'une voix offensée, entreprenait de lui exposer la cause du débat, il lui coupa la parole :

– En voilà assez, frère Fulgence ! Nous allons bientôt aborder une région où il vaudra mieux, pour la sécurité de tous, que notre groupe comporte surtout des hommes valides. Celui-ci est vigoureux et, grâce à notre frère irlandais, il est presque guéri. Il est inutile et même dangereux pour tous de le transformer à nouveau en invalide.

– Une région dangereuse ? Quelle sorte de danger ?

– Toutes sortes : les rivières en crue vers le bassin de la Garonne, les sables dans la région désertique qui s'étend au sud de Bordeaux, puis les montagnes et leurs pièges, enfin les hommes un peu partout, ajouta-t-il, pensant aux deux Oigny. Son regard passant au-dessus de son troupeau s'efforçait de déceler leur présence dans la petite foule d'habitants de Poitiers qui étaient venus assister au départ des pèlerins.

Il ne les vit pas et en éprouva un certain réconfort. Non qu'il eût peur de ce que ces hommes pouvaient faire car il avait confiance en sa force et en son propre courage, mais il n'aimait pas l'idée qu'une double haine pouvait cheminer autour de tous ces braves gens dont il assumait la charge. Et ce matin-là, durant la messe, il adressa au Seigneur une prière plus fervente encore que de coutume, afin d'obtenir que le chemin ne devînt pas trop cruel pour les errants qu'il devait mener en Galice.

Apparemment, Dieu n'était pas disposé à l'écouter car, au sortir de la messe, on vint lui dire que la dame danoise, souffrante, décidait de rester quelques jours à Poitiers où elle était descendue dans la meilleure auberge. Elle et ses gens étant tous montés, ils n'auraient guère de peine à rattraper les marcheurs avant les grandes montagnes ; son chapelain, qui lui servait d'interprète, comptait s'adresser à des guides successifs pour ne pas perdre le chemin.

Lusigny ne put que s'incliner mais non sans regrets : l'escorte de la dame représentait une dizaine d'hommes solides et bien armés qui pouvaient se révéler d'un précieux secours. Un instant, il caressa l'idée de demander, jusqu'à Saint-Jean-d'Angély, une escorte armée au gouverneur de la ville, comme cela se pratiquait souvent dans les endroits difficiles. Mais le Poitou, bien administré au nom de la reine et peuplé de gens hospitaliers en général parce que maîtres de bonnes terres, ne représentait aucunement une région dangereuse. Et puis pourquoi jusqu'à Saint-Jean-Angély et pas au-delà ?

C'était difficile à expliquer, mais le templier se sentait envahi d'un pressentiment désagréable, né sans doute de la responsabilité que représentait l'or à lui confié par les frères de Paris. L'or que cinq de ses hommes – quatre à l'extérieur et un à l'intérieur jouant le malade et qui changeait chaque jour – transportaient dans la fameuse litière qui avait si fort intrigué, puis terrifié ses compagnons. L'or qui avait ainsi parcouru sans danger la plus grande partie du trajet. Il y avait tout lieu de croire que la fin du parcours sous la garde de Bénigne, Pierre et les cinq autres gardiens s'accomplirait aussi heureusement. Quant à Lusigny, il ne se dissimulait pas que le danger représenté par les deux Oigny lui paraîtrait beaucoup plus négligeable quand le trésor aurait quitté les pèlerins pour se diriger vers Rochella. Cela représentait encore près de trois jours de marche jusqu'au carrefour d'Aulnay où devait s'accomplir la séparation.

Bien sûr, il eût été possible de la réaliser le jour même car sous les murs du château de Lusignan où l'on devait passer, s'ouvrait un chemin en direction de la mer. Mais, serpentant à travers une dangereuse région de marais, il était mal connu et n'offrait aucune protection. Le chargement et son escorte pouvaient s'y engloutir sans que personne puisse dire ce qu'ils étaient devenus et sans laisser d'autre trace que deux ou trois grosses bulles sur de la boue. Mieux valait s'en tenir à ce qui avait été d'abord décidé.

Pourtant, ce jour-là, il ne se passa rien. Au pied du promontoire que couronnait Poitiers, le chemin filait droit à travers une vaste plaine coupée d'eaux claires qui creusaient de fraîches vallées rocheuses et des bois touffus. Des ruines romaines, parfois imposantes, surgissaient de loin en loin, des ruines qui ne tarderaient pas à disparaître car leurs pierres bien taillées leur valaient de servir de carrières pour l'édification de nouveaux villages, et surtout de l'étonnante floraison d'églises blanches que l'on voyait s'élever un peu partout. Dans ce Poitou riche et bien administré, le moindre village, le plus modeste monastère se voulaient possesseurs d'une merveille neuve. C'était comme si tout le pays se rassemblait pour faire chanter aux pierres la gloire d'un Dieu qui avait su le préserver de l'envahisseur sarrasin et qui régnait plus haut encore que la toute-puissante comtesse-reine.

Le ciel, traversé d'oiseaux, était gris et doux. La brume vint sur le soir quand on vit apparaître, au sommet d'une petite colline, la chapelle et les granges où l'on allait faire halte.

Le second jour, on traversa quelques-unes de ces brandes poitevines tapissées de bruyères, d'ajoncs, de genêts et de fougères qui laissaient le regard vagabonder à son aise sur les vastes étendues d'un paysage rassurant. Malheureusement, la pluie était revenue avec le matin et enlevait beaucoup de son charme à cette campagne fleurie. Les pèlerins en supportèrent les inconvénients sans se plaindre. Seul Léon Mallet emplissait l'air de ses plaintes et gémissements, mais personne ne songeait à lui en vouloir car sa joue enflée disait assez qu'il endurait le martyre. Modestine d'ailleurs, quittant la compagnie de Marjolaine, l'entourait de soins qui, pour être excessifs, n'en étaient pas moins touchants car elle essuyait en retour plus de rebuffades que de remerciements.

Quand, à la nuit tombante, on trouva abri dans les dépendances d'un château solide et bien clos dont Odon de Lusigny connaissait le maître, le chef des pèlerins sentit son cœur s'alléger. Quelques heures encore, et l'on se séparerait de l'encombrante litière. En vérité, Lusigny se sentirait nettement plus léger.

Bien sûr, il faudrait trouver une explication pour les autres pèlerins. Mais la litière marchait toujours avec un certain écart sur les autres, justifié par la légende qui l'entourait et que ses distances accréditaient. Quand elle aurait disparu, vraisemblablement les autres se contenteraient de pousser un soupir de soulagement. Quant à Bénigne et Pierre, le mieux serait qu'ils s'écartent, eux aussi, avec une apparente imprudence. À la halte de Saint-Jean-d'Angély, on s'apercevrait de leur absence. On ferait mine de les chercher et, finalement, on reprendrait la route sans eux. Pernette pleurerait abondamment, mais il n'y aurait certainement pas besoin de la forcer beaucoup pour obtenir ce résultat. La petite se cramponnait à Marjolaine comme un jeune chien qui a perdu son maître. Il lui était dur de ne plus marcher la main dans la main avec Pierre qui, à quelques pas derrière elle, causait métier avec Bénigne mais, surtout, elle appréhendait l'instant de la séparation et cherchait, dans l'amitié de la jeune veuve, un rempart contre un désespoir dont elle savait bien qu'elle aurait beaucoup de mal à se défendre.

Après la généreuse distribution de pain et de soupe à laquelle il procéda lui-même dans les salles basses et les granges, le maître de Bouix prit Odon de Lusigny à part.

– Mon ami, lui dit-il, il vous faudra veiller à maintenir vos gens bien groupés lorsque vous atteindrez la grande forêt d'Aulnay. Et surtout, à ne pas dévier du chemin, ce qui n'est pas facile par temps de brume comme nous avons ce soir et risquons d'avoir encore demain matin. Il y a surtout, à la Croix-Pèlerine, une croisée de chemins où cela est plus aisé encore.

– Je m'en souviens. J'y suis déjà passé, il y a trois ans, quand je me suis rendu en Aragon.

– Ne vous fiez pas à vos souvenirs. Les moines de La Villedieu ont tracé d'autres chemins. Il est vrai qu'ils ont placé au carrefour de la Croix un poteau de bois avec, clouée au sommet, une planche qui indique la route de Saint-Jean mais, quand le brouillard est là, les directions s'apprécient mal et l'on peut se tromper encore.

– Ce qui nous obligerait à un détour. Je n'y tiens pas car je veux ménager les jambes de mes bonnes gens. Leur chemin est bien assez long...

– Sans doute, mais ce n'est pas de cela que je veux parler. Depuis quelques mois, une bande de routiers tient la forêt autour du prieuré de Saint-Mandé à l'est d'Aulnay. Ils en ont exterminé les moines, à ce que l'on dit.

– Comment, à ce que l'on dit ? N'y êtes-vous pas allé voir ? Que font les seigneurs d'alentour si une bande de truands peut trucider des moines impunément ?

– L'hiver a été rude, sire Odon, et nous sommes peu nombreux à posséder castel ou maison forte. Nous n'avons guère de soldats. Il faut attendre les beaux jours pour se réunir et mener battue avec les gens du gouverneur de Saint-Jean qui nous a promis secours. Jusque-là, nous pensons surtout à protéger nos maisons et nos gens. Mais si vous ne déviez pas du bon chemin, vous aurez moins à craindre car, peu après le carrefour, la forêt s'éloigne de la route et les embuscades ne sont plus guère possibles. D'autant que vous êtes nombreux.

Lusigny fit la grimace.

– Sans doute, mais j'ai peu d'hommes rompus aux armes : des moines, de bons bourgeois, des marchands aussi, et des malades. Et aussi le pénitent que vous avez vu. Ces routiers sont-ils nombreux ?

– On l'ignore. Certains disent une vingtaine, d'autres une foule. Mais c'est peut-être parce qu'ils ne savent pas compter et que, quand on a peur, une poignée d'hommes fait l'effet d'une armée. De toute façon, vous voilà prévenu. Préparez-vous en conséquence et préparez vos hommes. Si j'étais vous, je ferais ôter, pour cette étape, les chaînes du pénitent. Il est grand, vigoureux, et peut être utile dans une bataille.

– Sans doute, mais le frère qui le garde ne le permettra pas et j'ai déjà eu suffisamment d'ennuis à ce sujet. Merci de vos avis, mon ami. J'en tiendrai compte mais, surtout, je m'en remettrai à la grâce de Dieu.

Cette nuit-là, ce fut au tour d'Odon de Lusigny de ne pas fermer l'œil. Il maudissait la prudence excessive du gouverneur de Saint-Jean-d'Angély qui avait besoin d'attendre les beaux jours pour purger sa région d'une bande de malfaiteurs. N'avait-il donc jamais chassé le loup en hiver ? Il était temps, peut-être, pour le bien de ce pays, que les chevaliers du Temple poursuivent leur implantation dans cette région où, jusqu'à présent, aucun don de terres ne leur avait été fait. Celles qu'ils possédaient autour de Rochella, ils les avaient fait acheter discrètement par des hommes dévoués qui, ensuite, en feraient hautement don au Temple, procédé qui ne pourrait manquer de déchaîner d'autres générosités. Cette route, l'une des plus importantes reliant la chrétienté au pèlerinage majeur de Compostelle, avait besoin d'être protégée.

Au matin du troisième jour, une pluie diluvienne noyait les alentours, serrant le cœur de tous ceux qui allaient devoir marcher pendant des heures sous cette averse. Aussi quand, un peu avant l'aube, Bran Maelduin célébra la messe dans la grange où la plupart des pèlerins avaient dormi, les oraisons furent plus ferventes encore que de coutume et, plus que les autres, celles d'Odon de Lusigny qui ne parvenait pas à se débarrasser d'un sombre pressentiment. Après la bénédiction, il tombait de véritables trombes d'eau et Modestine s'approcha du chef des pèlerins.

– Ne pourrait-on retarder un peu notre départ, messire ? Mon pauvre mari n'a pas dormi de la nuit tant il souffre. Regardez sa joue, elle est deux fois plus grosse que l'autre.

– C'est impossible, ma pauvre femme ! Et justement à cause de ce vilain temps. S'il continue, nous allons rencontrer beaucoup de rivières en crue et le passage deviendra impossible. Dites à votre époux qu'il prenne sur lui. Un peu de courage encore ! À Saint-Jean-d'Angély, qui est forte ville, nous trouverons sûrement un mire.

– Pourquoi mire ? protesta Bran Maelduin qui avait entendu. Je pouvoir soigner dent malade. Je arracher et tout fini. Mais époux douillet. Il refuser.

Un long hululement lui fit écho. À la seule idée que l'énergique petit moine pourrait s'attaquer à sa dent malade avec un instrument barbare qui ne pourrait être qu'une paire de tenailles, Léon Mallet se sentait défaillir... Ce fut Modestine qui traduisit.

– L'arracher ? Vous risqueriez de le tuer, mon frère ! La douleur serait trop forte et son cœur n'est pas bien solide, bien qu'il n'ait pas l'air.

– Pffuit ! Petit instant grande douleur puis douleur envolée, finie ! Homme sans courage ! conclut-il avec une commisération affligée.

Puis, soudain, fouillant dans son sac, il en tira un minuscule objet brun foncé qu'il mit dans la main de Modestine et que celle-ci considéra d'un air méfiant : cela ressemblait un peu à un clou et dégageait une odeur agréable.

– Tu dire mari sucer et mettre sur le dent malade. Épice précieuse et bonne pour dents.

Convaincre Léon ne fut pas chose aisée, mais Modestine y parvint et, à sa grande surprise, elle constata bientôt que les lamentations de son époux diminuaient d'intensité. Et l'on put envisager de quitter Brioux.

Ce ne fut pas de gaieté de cœur que l'on se mit en route ce matin-là, par des chemins si détrempés, si boueux que l'on avait souvent peine à en arracher ses pieds, quand ils ne se transformaient pas en fondrières où l'on se trempait jusqu'à mi-mollet. Personne ne songeait à chanter et si, parfois, Odon de Lusigny ou Bran Maelduin, ou le frère Fulgence entamaient une prière, ils ne trouvaient guère d'écho, chacun ayant bien trop à faire à surveiller l'endroit où il posait le pied. On marchait de son mieux en arrondissant le dos sous l'averse qui réussissait à percer les bures les plus épaisses. Il allait falloir des jours et des jours de soleil ou un feu d'enfer pour arriver à sécher tout cela.

Les trois mules de Marjolaine étaient à présent montées par Pernette, Aveline et elle-même. Colin qui allait gaillardement à pied l'avait exigé car le pas sûr des bêtes leur faisait éviter les plus mauvais endroits et si les trois femmes avaient le dos mouillé, du moins leurs jambes restaient-elles à peu près au sec.

Quand on atteignit la Croix-Pèlerine, Lusigny poussa un soupir de soulagement. Il pleuvait encore, certes, mais ce n'était plus le déluge de tout à l'heure et le carrefour des chemins avec le poteau indiquant celui de Saint-Jean se voyait clairement.

– Dieu est avec nous, mes enfants, s'écria-t-il joyeusement. Allons, faisons à présent un effort et chantons pour le remercier. J'avais peur que nous ne puissions trouver le bon chemin avec cette forte pluie aussi opaque qu'un brouillard.

Il entama vigoureusement l'habituel chant de marche tout en s'engageant, lui le premier, dans le chemin choisi. Pour se donner meilleur cœur au ventre, chacun tira de son bissac qui un morceau de pain sec, qui une tranche de lard un peu rance, qui un fromage de chèvre dur comme pierre.

– C'est commode, rit Nicolas Troussel. Pour boire, il n'y a qu'à ouvrir la bouche.

On alla ainsi pendant près d'une demi-lieue. À mesure que l'on avançait, non seulement Odon de Lusigny cessait de chanter, mais encore sa figure s'assombrissait peu à peu. La forêt, en effet, ne s'écartait pas de la route ainsi que dans son souvenir, mais elle semblait au contraire se rapprocher, étrangler le chemin qui devenait un étroit layon. Soudain celui-ci plongea avec une pente de toit, vers le fond d'une combe qui parut aux voyageurs d'autant plus sinistre que, sous l'abri serré des arbres, quelques croix de bois hâtivement taillées au moyen de branches sortaient de la mousse et des feuilles pourries par l'hiver précédent. Certaines portaient des coquilles, signe certain que ceux qui dormaient là étaient des pèlerins. Mais tués par qui ? Odon de Lusigny s'arrêta et, levant son bâton, fit arrêter toute la colonne.

– Mes frères, dit-il, ce chemin n'est pas le bon. Il faut retourner à la Croix-Pèlerine.

– Pourquoi ne serait-il pas le bon ? dit quelqu'un. Il allait dans la même direction que son voisin et nous n'avons fait aucun coude.

– Ce n'est tout de même pas le bon et je crains même qu'il soit beaucoup plus mauvais que vous ne l'imaginez.

– Êtes-vous certain de ne pas vous tromper ? reprit l'homme qui était l'un des marchands. Je vois là des coquilles accrochées à ces croix. Ce sont donc des pèlerins qui reposent ici. Donc ce chemin est le bon. Le connaissez-vous si bien ? Êtes-vous de ce pays ?

– Non, mais j'ai déjà suivi cette route, il y a trois ans et je ne la reconnais pas.

– Tout change en trois ans ! Quant à revenir en arrière, ce serait peut-être peine inutile, surtout par ce temps abominable. Je suis d'avis de continuer. Nous rencontrerons peut-être un charbonnier, un bûcheron qui nous diront ce qu'il en est.

La pluie se remettait à tomber avec violence et personne n'avait envie de revenir en arrière. Lusigny le sentit. Il aurait mis ses souvenirs en doute s'il ne se rappelait ce qu'avait dit, la veille, le châtelain de Bouix : la forêt s'écartait de la route peu après la Croix-Pèlerine. Elle l'avait fait, en effet, mais pour revenir plus proche et plus dense.

– Avançons encore un peu, plaida Bran Maelduin qui voyait Ausbert Ancelin peiner plus durement que les autres. Nous trouverons peut-être un abri et, comme dit notre frère, quelqu'un pour renseigner. Dans toute forêt nombreux chemins.

Lusigny hésitait. S'il parlait des bandits signalés par leur hôte de la veille, il risquait de déchaîner une panique dont il ne viendrait pas à bout. L'important était que l'on marchât toujours vers le sud et l'on n'était pas encore à la hauteur d'Aulnay. Un chemin de traverse était toujours possible.

– Marchons encore un peu, dit-il enfin à contre-cœur. Peut-être trouverons-nous, en effet, une aide.

– J'aperçois quelque chose là-bas, entre les arbres, cria Nicolas. On dirait les murs d'une chaumière, des bâtiments.

Ce n'en étaient que les ruines. Des ruines noircies auprès de gros arbres tordus par un feu récent, des ruines de cauchemar car, cloué sur une porte de grange encore debout pendait le corps crucifié, lacéré et défiguré d'une femme dont le ventre ouvert laissait pendre les entrailles. Deux autres cadavres, des hommes cette fois, gisaient dans la boue, face contre terre, à ses pieds.

Au cri d'horreur des femmes répondit le grondement furieux des hommes mêlé à quelques gémissements terrifiés.

– Ceux qui ont fait ça doivent être de rudes sauvages ! dit Nicolas d'une voix blanche, cependant que Marjolaine se jetait à l'écart pour écarter son voile et vomir le peu qu'elle venait d'avaler.

Un silence suivit, accablé d'horreur. Les pèlerins se serraient les uns contre les autres comme un troupeau terrifié. Seuls Odon de Lusigny, Bran Maelduin, Nicolas, Bénigne, Pierre, les deux marchands et Colin se plaçaient instinctivement en rempart des autres. Frère Fulgence avait choisi pour sa part de se faire tout petit et de s'abriter derrière la haute silhouette de son prisonnier aux chaînes duquel il se cramponnait en dépit des protestations de celui-ci qui voulait à tout prix participer à la défense commune au cas où l'ennemi se montrerait.

– Qu'allons-nous faire ? chevrota Léon Mallet.

– Nous ne pouvons faire qu'une seule chose sur deux : avancer ou reculer, répondit Lusigny. Je crois me souvenir que vous teniez essentiellement à avancer, alors que je vous avais bien avertis : ce chemin n'est pas le nôtre.

Tous les yeux se tournèrent vers le tunnel de branches et de jeunes feuilles qui, à présent, paraissait à tous singulièrement menaçant. Et il n'y eut qu'une voix unanime pour réclamer le retour à la Croix-Pèlerine. Malheureusement, il était déjà trop tard.

En travers du chemin d'aval, il y eut soudain quatre hommes déguenillés, mais armés jusqu'aux dents ; quatre autres prirent position en amont et, de chaque côté du chemin, d'autres encore surgirent on ne savait d'où. C'était comme si chaque arbre avait donné soudain naissance à un bandit. L'un d'eux, un géant hirsute, vêtu de peaux de loup, qui semblait le chef se planta à quelques pas de Lusigny, les mains aux hanches et ricana.

– Que voilà un bon troupeau bien gras pour remplacer celui que l'hiver nous a mangé ! Ça va être une joie de le tondre, n'est-ce pas, garçons ? Et de le tondre jusqu'à l'os ! Mais on n'abîmera pas les femmes. Celles qui sont encore jeunes tout au moins...

– Nous ne sommes que des pèlerins de Saint-Jacques, dit Odon de Lusigny en s'efforçant au calme. Nous sommes pauvres et nous n'avons rien qui puisse assouvir votre convoitise.

– Rien ? Allons donc ! Vous êtes riches au contraire : vous avez des mules, des chevaux, des souliers, de bons vêtements, alors que nous allons en guenilles. Vous avez même là-bas, si je vois clair, une grande litière qui doit être bien agréable.

– Si tu y touches, tu mourras et tes hommes aussi. Cette litière contient un malade qui s'en va implorer sa guérison.

– Pas de maladies qu'un bon coup d'épée ne puisse guérir.

– Crois-tu ? Le sang même qu'il répandra peut tuer. Il est impur. L'homme est lépreux.

Un frisson d'horreur secoua les pèlerins au souvenir des moments où ils avaient approché, si peu que ce soit, la litière. Nicolas en devint blême aussi car il avait beaucoup tourné autour, s'étant juré de savoir ce qu'elle contenait. Le chef des routiers eut une grimace dégoûtée.

– On la brûlera avec ce qu'elle contient quand on en aura fini avec vous. De toute façon, je sais que vous êtes riches. On a été prévenus de votre arrivée.

– Comment l'avez-vous pu ? Nous nous sommes trompés de chemin. L'homme eut un large sourire qui découvrit toute une collection de dents gâtées dont certaines étaient franchement noires.

– Avec notre aide. C'est nous qui avons changé la direction du poteau de ces braves moines. Mais en voilà assez !

À cet instant, un homme surgit de derrière ses peaux de loup crasseuses et Lusigny reconnut, non sans dégoût, Mathieu d'Oigny.

– Un moment ! sire Loup, dit-il. Songe à ta promesse. C'est moi qui t'ai renseigné. Fais-moi à présent rendre ma nièce.

Le gémissement de Pernette lui coupa la parole :

– Oh non ! Non, par pitié !

Marjolaine, à laquelle la petite se cramponnait, sentit soudain que son bras se libérait. Terrassée par la peur, Pernette venait de glisser à terre, évanouie.

Loup, puisque apparemment c'était son nom, haussa ses formidables épaules.

– Plus tard, les épanchements. Tu n'auras qu'à la chercher toi-même. Alors, les pèlerins, êtes-vous disposés à nous remettre tout ce que vous avez sur vous ?

Calmement, Odon de Lusigny rejeta son manteau et la longue robe brune qu'il portait en dessous pour apparaître vêtu de la blanche cotte à croix rouge portée sur un justaucorps et des chausses de cuir. L'apparition de cette croix déjà célèbre fit froncer les sourcils au Loup.

– Un templier ? Que fais-tu sous cet habit de pèlerin ? Et où est ton frère ? On dit que vous devez aller toujours par deux.

– La règle n'interdit pas que l'on se sépare quand il s'agit d'aller, pour le pardon d'une faute, faire dévotion au tombeau d'un grand saint. Mais nous ne sommes pas là pour discuter notre règle. Ces bonnes gens me sont confiés et, si tu prétends les dépouiller du peu qu'ils ont, il te faudra d'abord me tuer. Et ce ne sera pas si facile.

Tout en parlant, le chevalier avait dégainé la longue épée à deux tranchants qu'il portait à sa ceinture avec un couteau d'armes.

– On va toujours essayer ! Holà, vous autres ! Sus au troupeau et pas de quartier.

Au milieu du groupe des pèlerins avec les autres femmes, Marjolaine ferma les yeux, entamant une prière tout en s'efforçant de protéger Pernette que nul n'avait songé à relever. L'enfer se déchaîna autour d'elles. Contre la troupe du Loup, les pèlerins qu'avaient rejoints ceux de la litière se battaient comme ils le pouvaient, sachant bien que leur vie était en jeu. Même les marchands et le jeune Anglais geignard faisaient preuve d'un courage inattendu. Tous avaient des armes, cachées sous leurs robes quasi monacales et, apparemment, savaient s'en servir. Mais l'avantage du nombre n'était pas pour eux, car, parmi leurs compagnons, certains, comme frère Fulgence et Léon Mallet étaient des couards de la plus belle eau.

Ce n'était pas le cas d'Ausbert Ancelin. Il avait noué ses deux mains et, se servant de sa chaîne comme d'un fléau d'armes, il abattait de la bonne besogne et s'attira ainsi les compliments enthousiastes de Nicolas. Cette image fut la dernière qu'il fut donné à Marjolaine de contempler. Assommée par un coup violent qui lui fut assené par-derrière, elle s'abattit, sans connaissance, auprès de Pernette, cependant qu'une voix lui parvenait de très loin, une voix qui criait son nom par-dessus le vacarme :

– Marjolaine ! Où êtes vous, Marjolaine ?

Elle rouvrit les yeux dans un endroit qui lui parut être l'antichambre de l'Enfer. Il y faisait sombre en dépit des lueurs que jetaient ici et là des bouquets de flammes et une sorte de démon au visage sanglant se penchait sur elle. Mais ce devait être tout de même un assez bon diable car il lui faisait boire de l'eau fraîche. Un autre, dont elle ne distinguait rien, qui devait être tout noir et animé d'intentions beaucoup moins bonnes, s'efforçait d'ouvrir sa robe et palpait son épaule qui lui faisait très mal.

– Elle revient à elle, souffla le démon rouge d'une voix qui fit ouvrir instantanément en grand les yeux de la jeune femme.

– Comment ? C'est encore vous ? murmura-t-elle avec stupeur car, au milieu de ce masque taché de sang, elle venait de voir briller deux yeux d'une certaine couleur verte dont elle ne parviendrait jamais à oublier la nuance. Du coup, elle vit briller également les dents blanches du personnage.

– C'est encore moi ! dit gaiement Hughes de Fresnoy. Moi qui n'ai pas pu me résigner à vous laisser aller sans défense aux hasards de la route et qui vous suis de loin depuis Sainte-Catherine.

– Seigneur ! Mais pourquoi ?

– Je viens de vous le dire : je n'étais pas tranquille. Et vous devriez me remercier car, sans la bonne besogne que nous avons abattue, Bertrand et moi, vous ne seriez plus beaucoup à respirer l'air du bon Dieu à l'heure qu'il est !

– Plus être beaucoup tout de même ! grogna le démon noir qui n'était autre que Bran Maelduin à cause de la boue qui couvrait sa figure. S'il vous plaît, ajouta-t-il avec impatience, en continuant à tirailler la robe je vouloir regarder le blessure de jeune dame. Appeler fille servante pour enlever la robe.

– Quelle blessure ? fit Marjolaine qui, mal remise de sa surprise, ne se rendait absolument pas compte qu'elle dévorait Hughes des yeux. J'ai seulement un peu mal à la tête.

– Votre robe est pleine de sang. Vous avez été assommée si j'en crois la bosse que vous avez là, fit Hughes en appuyant sur l'endroit indiqué arrachant un long gémissement à la jeune femme et par-dessus le marché on vous a poignardée dans le dos. Mais, grâce à Dieu, c'est près de l'épaule que votre robe est déchirée. Ce ne sera rien, j'espère.

Il s'efforçait de parler avec légèreté pour mieux masquer l'angoisse affreuse qui s'était emparée de lui quand, le combat terminé, il avait appelé, puis cherché Marjolaine, pour la découvrir finalement parmi les morts. Il l'avait emportée inconsciente et couchée sur de la paille dans la grange qui n'avait brûlé qu'en partie grâce à la pluie violente du matin.

Il chercha Aveline des yeux, la vit un peu plus loin qui, assise par terre, prodiguait des soins attentifs à Bertrand, blessé au bras, et l'appela un peu rudement.

– Venez un peu vous occuper de votre maîtresse, la fille ! Mon écuyer est capable de se soigner tout seul.

Puis il se pencha de nouveau vers Marjolaine, hésitant à essuyer la boue qui maculait son visage et rendait plus sinistre encore la grande cicatrice.

– Il faudrait laver cela, dit-il.

– Je faire après ! riposta Bran Maelduin. Je pas aimer le sang, elle coule. Saleté pas dangereuse, sang oui.

Confuse d'avoir manqué à ses devoirs, Aveline joignait à présent ses efforts à ceux du moine pour mettre à nu l'épaule de Marjolaine. Celle-ci leva les yeux sur Fresnoy.

– Par grâce, sire baron, veuillez vous éloigner. Il ne convient pas que l'on me déshabille devant vous.

Hughes allait répliquer qu'il voulait seulement s'assurer du degré de gravité de la blessure quand Nicolas Troussel, sale à faire peur et couvert de sang lui aussi, apparut soudain dans la lumière de la lanterne que Bran Maelduin venait d'allumer.

– Messire de Lusigny vous réclame, sire Hughes, dit-il d'une voix chargée de tristesse. Venez vite ! J'ai peur qu'il n'en ait plus pour longtemps.

– Il est blessé ? demanda Marjolaine.

– Vous voulez dire qu'il est presque mort. Allons, messire ! Il faut faire vite.

À quelques pas de l'endroit où Marjolaine était étendue, le templier gisait à même la terre battue de la grange, soutenu par Bénigne dont les yeux étaient lourds de larmes contenues. Avec un bouillonnement sinistre, le sang s'échappait, à chaque respiration d'une blessure à la poitrine et achevait de teindre en rouge la blanche tunique. Ses yeux étaient clos, mais il les ouvrit à l'approche des deux hommes. Hughes, aussitôt, s'agenouilla auprès du grand corps foudroyé.

– Me voici, seigneur chevalier, dit-il avec respect. Que puis-je pour vous ?

– Déjà... vous avez pu beaucoup ! Sans vous... nous serions tous morts, je pense. Sommes-nous encore nombreux ?

– Guère plus d'une trentaine, dit Nicolas tristement. Et certains sont blessés. Heureusement, après la mort de leur chef que vous avez tué de votre main, les derniers brigands ont pris peur et se sont enfuis.

– Trop tard ! Tant de morts, mon Dieu, tant de... morts !

De lourdes larmes emplissaient à présent les yeux de l'agonisant. Hughes ne put le supporter.

– Vous avez tant fait, sire Odon ! Jamais, de mémoire de chevalier, je n'ai vu combattre avec tant d'ardeur, tant de vaillance. Vous avez fait tout ce qu'il était possible et même au-delà puisque vous voilà, vous aussi, aux portes de la mort.

– Je... le devais. J'étais le chef... Que vont devenir les survivants, à présent ?

– Le mieux, je crois, est de les ramener chez eux. Je le ferai pour vous...

– Les ramener ? Quiconque... s'engage dans les chemins... de Dieu, doit les parcourir jusqu'au bout ! Ils n'accepteront pas. Il faut les conduire là où ils doivent aller. Je vous les confie.

– À moi ?

– À vous... Ah ! J'étouffe. Pourtant, il faut que je parle !

Du sang jaillit de sa bouche. Bran Maelduin qui arrivait lui tourna légèrement la tête pour que ce sang s'écoule mieux.

– Je dire déjà pas trop parler, reprocha-t-il doucement. Vie partir plus vite.

– C'est... sans importance. Sire Hughes, vous vouliez suivre... une femme jusqu'à Compostelle. Je vous demande maintenant de l'y conduire avec ceux qui sont encore capables de s'y rendre !

– Moi, mener des pèlerins ? Pourquoi ne pas les confier à cet homme que je vois auprès de vous, votre ami ?

– Parce que sa route n'est pas celle-là. Je... oh, explique-lui, Bénigne.

Tandis que Lusigny reprenait un peu de souffle, Bénigne raconta en quelques mots ce que Marjolaine savait déjà.

– Deux des gardiens ont été tués, dit-il en conclusion mais, grâce à Dieu, la litière est intacte. Tout à l'heure, pendant le combat, un bûcheron de la forêt dont la famille a été exterminée est venu se joindre à nous. Lui aussi a fait de la bonne besogne et, surtout, il pourra nous remettre sur le bon chemin.

– Pourquoi ne pas mettre sire Odon dans votre damnée litière ? Il y serait mieux que là et...

– Je suis moine-soldat, coupa Lusigny. Un moine... doit mourir à terre... Écoutez encore, car ma mission était double : mener le troupeau... mais aussi servir l'Ordre. Oh, aidez-moi, mon frère, je sens la vie qui s'en va... Quelques minutes encore !

Bran lui fit avaler quelques gouttes d'un petit flacon tiré de son sac et un peu de rose revint aux joues blêmes du mourant.

– Merci... Tenez, prenez ça !

Aidé de Bénigne, il ouvrit sa tunique, ôta un curieux bijou qu'il portait au bout d'une chaîne de fer. La forme était celle d'un trident dont l'une des faces portait, superbement ciselé mais usé par le temps, un soleil à face humaine encadré de deux hippocampes. Le métal dont il était fait était inconnu d'Hughes : assez semblable à de l'or mais plus sombre et surtout plus lourd.

Lusigny lui mit cet objet dans la main.

– Écoutez, souffla-t-il. À l'ouest de Santiago, au bord de la mer, il y a un petit port appelé Noya. Ceux qui le peuplent sont des hommes de l'océan, descendants d'un peuple... englouti par les eaux il y a des centaines d'années... loin à l'Occident, un peuple très savant, très puissant qui savait parcourir les terres et les mers. On les appelait... les Atlantes. Cherchez le chef de ce village... montrez-lui le trident. Donnez-le-lui aussi, mais en échange du secret de navigation de ses ancêtres. Vous le rapporterez à Bénigne, là où il vous dira.

Avec un râle douloureux, il se rejeta en arrière, cherchant l'air. Cependant Hughes contemplait avec stupeur l'étrange joyau.

– Comment cela est-il venu jusqu'à vous ? ne put-il s'empêcher de demander.

L'ombre d'un sourire passa sur le visage de l'agonisant.

– Le secret... du Grand Maître ! Le peuple de la mer avait des colonies... Tartessos, au sud de l'Espagne, engloutie mais aussi... Tyr. Oh, je meurs ! *Non nobis, Domine, non nobis... sed nomini tuo... da gloriam* [1].

Le dernier mot emporta son dernier souffle. D'un doigt léger, Hughes ferma les yeux las qui venaient de s'ouvrir à l'éternité et se releva, tandis que Bénigne laissait, avec respect, le corps reposer de tout son long sur la terre et lui joignait pieusement les mains sur son épée ébréchée.

1. Pas pour nous, Seigneur, mais pour ton nom, donne la gloire (devise du Temple).

– Je lui obéirai, dit Hughes. Sa mission, je l'accomplirai !

À son tour il passa à son cou la chaîne de fer supportant le trident et fit disparaître le tout sous sa chemise. Mais quelle étrange histoire ! Comment croire à ce peuple fabuleux totalement disparu !

– Disparu en une seule nuit ! dit gravement Bran Maelduin. Chez nous, l'ancienne druide connaître royaume atlante. Raconter l'histoire merveilleuse. Je raconter aussi plus tard.

– Je commence à croire que j'aurais dû me faire templier, grogna Hughes. C'est beaucoup plus passionnant que d'être baron.

– Tous les frères du Temple ne sont pas aussi savants que l'était messire Odon, dit doucement Bénigne. Il était l'un des maîtres, un initié investi de la confiance toute particulière du Grand Maître, messire Robert de Craon. Mieux vaut ne pas parler de tout cela.

– Aussi n'en parlerai-je pas, fit Hughes un peu raide. À présent il faut que je voie où en sont tous ces malheureux dont j'ai la charge. Ensuite, nous verrons ensemble ce qu'il convient de faire. Mais je crois que notre premier devoir est d'enterrer sire Odon.

– Non, répondit Bénigne. Avec votre permission, seigneur, il prendra place dans la litière et je l'emmènerai afin qu'il repose dans une terre de l'Ordre. Il l'a bien mérité.

– Comme il vous plaira.

Suivi de Bertrand qui portait à présent le bras gauche en écharpe, Fresnoy alla d'abord rejoindre Marjolaine qui le rassura : sa blessure n'était pas profonde, la lame ayant dévié, sans doute par la maladresse de celui qui avait frappé.

– Celui-là, dit Hughes, il va falloir que je le retrouve. Avez-vous une idée de qui cela peut être ?

– Aucune idée. Je ne l'ai pas vu. Mais dans le chaos qu'était cette bataille, on pouvait prendre un mauvais coup à chaque instant.

– Certes, mais il est facile de reconnaître une femme quand on l'a devant soi. On vous a d'abord assommée puis frappée. Il n'est pas difficile de deviner que l'on voulait vous tuer.

Il faillit ajouter « et ce n'est pas la première fois », pensant à l'histoire de la pierre détachée du toit de la maison-Dieu à Tours. Mais il préféra ne pas reparler de cet incident désagréable pour ne pas affoler la jeune femme. Il se reprochait déjà suffisamment d'avoir succombé à un mouvement de jalousie qui la lui avait fait perdre de vue assez longtemps pour que le mystérieux assassin ait le temps de frapper avant son arrivée.

– N'ayez pas peur, ajouta-t-il doucement, désormais c'est moi qui veillerai sur vous. Sire Odon, avant de mourir, m'a confié son troupeau. C'est moi qui vais en être le berger jusqu'à Compostelle.

– Vraiment ?

L'éclair joyeux qui illumina les beaux yeux tant aimés lui fit chaud au cœur. Inclinant sa haute taille, il prit la petite main sale et y posa, un court instant, ses lèvres.

– Vraiment. À présent et pour le temps qui vous plaira, je me déclare votre chevalier, dame Marjolaine !

Elle le regarda sortir, puis se laissa aller dans la paille, ferma les yeux pour que l'on ne pût y lire la joie qui l'emplissait. C'était merveilleux de savoir que, jusqu'au bout du chemin, elle aurait auprès d'elle cette force redoutable, cette protection, et cela sans qu'il fût besoin de se la reprocher. Odon de Lusigny avait jugé bon de remettre la conduite de ses pèlerins au courage d'un chevalier qu'il avait su apprécier. C'était donc la volonté de Dieu qui s'était exprimée par la bouche d'un homme de bien mourant pour sa gloire. Cela ne voulait pas dire que Marjolaine fût prête, soudain, à oublier ses devoirs, ni surtout l'anneau qui brillait à la main d'Hughes, mais, durant quelques semaines au moins, elle allait vivre à ses côtés sans qu'il y eût péché. Pendant quelques semaines elle allait engranger suffisamment de souvenirs, suffisamment de bonheur pour éclairer tout le reste de sa vie quand, au retour, viendrait le moment de refermer sur elle les portes d'un cloître.

Hors de la grange ruinée, le spectacle qui s'offrit à la vue de Fresnoy était dramatique, même pour un homme habitué aux combats et à la mort. Les corps s'entassaient, pèlerins et bandits mélangés à l'instant du retour à la poussière commune. Aidé de Pierre et d'Isidore Bautru, le petit Parisien qui regardait toujours en arrière, Nicolas était déjà en train de creuser des fosses pour y enterrer ceux de ses compagnons qui ne verraient pas le ciel de Galice, tandis que deux autres hommes commençaient à faire le tri.

– Va les aider, dit Hughes à Bertrand. Moi, je vais préparer des croix.

Tirant son poignard, il alla couper des branches d'un saule qui poussait là, auprès d'un ruisseau, et chercha, pour les lier ensemble, en forme de croix, les lanières et les rubans qui serraient les chausses autour des mollets des hommes. Les morts auxquels il les prit n'en auraient plus besoin.

Ce faisant, il aperçut un homme abondamment chevelu et barbu, vêtu de toile grossière qui, à quelques pas de lui, se livrait à une affreuse besogne sur les corps des routiers que l'on avait séparés des autres. D'un coup d'une énorme cognée, il leur ouvrait la poitrine, en arrachait le cœur et le jetait à deux chiens qui l'accompagnaient. Horrifié, Hughes se jeta sur lui pour lui arracher son arme, mais l'homme était d'une force herculéenne et rejeta Fresnoy comme s'il n'eût pas pesé plus qu'un oiseau.

– Arrière ! gronda-t-il. Ne te mêle pas de mes affaires si tu ne veux pas tâter de ma cognée ou des crocs de mes chiens !

– Pourquoi fais-tu cela ? demanda Hughes en se relevant. N'es-tu pas chrétien pour insulter la mort ?

– J'étais chrétien ! Mais ces hommes, eux, ne l'ont jamais été. Ils ont tué les miens. Celle que tu as vue là, crucifiée sur la porte, éventrée après les avoir subis, c'était ma femme ! Mes trois enfants, ils les ont jetés vivants dans les flammes qui ont dévoré ma maison... Alors, laisse-moi à ma besogne.

– C'est toi le bûcheron qui es venu combattre avec nous ?

– Oui, c'est moi. Si seulement vous étiez arrivés au lever du jour !

– Nous nous sommes trompés de route. Nous n'aurions pas dû passer par ici. On m'a dit que tu pouvais nous remettre sur le bon chemin ?

– Je connais cette forêt aussi bien que les lièvres et les sangliers. Je vous conduirai.

– Merci. Mais ne donne pas toute cette mauvaise viande à tes chiens, tu vas les faire crever.

L'homme retint la cognée qui allait frapper encore et parut réfléchir.

– Tu as peut-être raison. Et comme ils sont tout ce qui me reste, j'aimerais les garder encore. Après tout, les loups sauront bien cette nuit achever ma besogne.

– Des loups ? Il y en a par ici ?

– Un peu, oui ! Et une sacrée bande. Quand nos maisons étaient debout, on était tout de même à l'abri et puis, mes frères et moi, on en tuait. Mais si j'étais vous, je ne laisserais pas tous ces gens ici, dans le mauvais abri d'une grange qui ne tient presque plus debout. Ces carnes vont les attirer. En plus, si la pluie recommence il vaudrait mieux trouver un refuge avant la nuit.

– Je ne demande pas mieux, mais où ?

– Pas loin d'ici, il y a Saint-Mandé, un prieuré où naguère il y avait une dizaine de moines. Les hommes du Loup les ont massacrés et s'y sont installés un temps, mais ils n'y sont pas restés. Les bâtiments sont vides et ils n'ont pas tout brûlé. Et puis il n'y pleut pas.

– Alors d'accord. Quand nous aurons enterré nos compagnons, nous partirons.

– C'est bien. Je vais vous donner un coup de main.

Bran Maelduin, qui avait fini de panser les blessés, vint à son tour pour dire une dernière prière et bénir les corps des compagnons que l'on ensevelissait dans la terre lourde d'eau. Le corps de la femme du bûcheron avait été décroché de la porte et reçut, avec ceux de ses deux frères, les mêmes soins pieux. Puis l'on planta les croix qu'avait façonnées Hughes.

C'est alors qu'au drame, à l'horreur vint se mêler le grotesque le plus saugrenu. À peine les dernières psalmodies du *De Profundis* s'éteignaient-elles qu'une voix affreusement nasillarde faisait retentir les échos de la forêt, une voix qui chantait :

C'étaient trois dames de Paris
Qui aimaient le petit vin gris.

Et frère Fulgence, virant sur un pied, déboucha de l'angle de la grange, les bras gracieusement arrondis, dansant et saluant à la ronde et donnant tous les signes d'une absolue béatitude. Trottant à ses côtés, Ausbert Ancelin, auquel il semblait vouer soudain la plus exubérante tendresse, tentait vainement d'obtenir de lui un comportement plus conforme à la gravité de l'instant.

Un murmure indigné parcourut les rangs de ceux qui étaient venus assister à l'ensevelissement, mais Fulgence n'en parut que plus heureux, et ce fut avec assurance qu'il clama :

Ainsi les laissa toutes nues
Trébuschiées en deux monciaux
Plus emboeés que pourciaux...

Hughes se précipita, tandis que Bran Maelduin retenait de justesse Pierre qui allait se jeter sur le moine.

– Qu'est-ce qui lui prend ? demanda Fresnoy en empoignant le moine par sa robe, qu'il se hâta d'ailleurs de lâcher car Fulgence, décidément plein d'une universelle affection, prétendait l'embrasser. Il est ivre, ma parole ! On va lui mettre la tête dans l'eau.

– Hélas non, seigneur, il n'est pas ivre, répondit Ancelin. Je crois qu'il est devenu fou, fou de peur ! Tout à l'heure, pendant la bataille, il se cramponnait à moi, criant et pleurant, essayant de m'entraîner avec lui sous le couvert des arbres. Il claquait des dents comme par temps de gel et sa voix chevrotait. Et puis, tout à coup, il m'a lâché. Il a éclaté de rire... et voilà ! Il est comme ça depuis. Il y a un instant, il voulait à tout prix cueillir des fleurs. Il cherchait des violettes.

– C'est incroyable ! Peut-on vraiment avoir peur au point d'en perdre la raison ?

Ancelin sourit.

– Ça paraît difficile à un homme aussi vaillant que vous, sire chevalier. Le danger, la bataille, le risque, c'est toute votre vie. Mais lui, voyez-vous, c'est seulement un petit moine un peu malingre qui ne souhaitait rien d'autre que passer une vie paisible et protégée dans la belle abbaye de Saint-Denis. Et voilà que monseigneur Suger l'a choisi pour le jeter au hasard et au péril des chemins en compagnie d'un homme accusé d'un crime et qu'il imaginait couvert de péchés. Un homme dont la force lui faisait peur. Et je crois bien qu'il a peur depuis que nous avons quitté Paris. C'est pour cela, je crois, qu'il s'est montré dur avec moi.

Fresnoy regarda curieusement l'homme enchaîné.

– Et tu ne lui en veux pas de ce qu'il t'a fait endurer ? Il avait tellement envie de retourner à Saint-Denis qu'il faisait tous ses efforts pour que tu meures le plus vite possible.

– Ce n'était pas tout à fait sa faute. Je viens seulement de le comprendre.

– Comprendre ça ? Eh bien, mon ami, je commence moi à me demander si tu n'es pas du bois dont on fait les saints.

– Ne dites pas ça ! Je n'ai pas tué maître Foletier, mais j'aurais pu le faire car j'étais jaloux de ma femme. Seulement, je l'aimais et je ne voulais pas croire qu'elle me trompait. J'avais peur de la perdre. Alors, ne dites pas que je pourrais être un saint. Je suis seulement un pauvre homme un peu lâche.

– Lâche ? Après t'être battu comme tu l'as fait ? D'ailleurs je vais te faire déferrer. Viens ici, bûcheron ! Tu dois bien être capable d'ôter ces chaînes.

L'homme s'approcha pour examiner les fers, mais Ausbert le repoussa.

– Le frère est devenu fou, mais je suis toujours condamné ! Je garderai mes chaînes. J'en ai fait bon usage, Je crois.

– Mais tu ferais encore meilleur usage d'une épée ou d'une hache. Nous ne sommes plus que le tiers de ce que nous étions et j'ai besoin d'hommes solides.

– Je suis solide et je dois subir le jugement de Dieu. Déjà je n'ai reçu que trop de secours.

Marjolaine, qui était sortie avec les autres pour la dernière prière et qui, un peu pâle mais debout, s'approchait des deux hommes, choisit d'intervenir.

– Nous savons tous que vous êtes innocent, mon ami. Et Dieu le sait qui a permis que nous vous aidions un peu. Vous n'avez aucune pénitence à subir. Et nous avons tant besoin d'aide à présent.

Ausbert eut pour elle un sourire tellement lumineux, tellement extasié qu'Hughes sentit la jalousie lui mordre à nouveau le cœur.

– Dame, dit l'homme enchaîné, je vous dois beaucoup. Je voudrais vous faire plaisir, mais il me semble que profiter du malheur de ce pauvre moine pour me libérer de ma charge, ce serait mal et Dieu ne serait pas satisfait. C'est à lui de juger. Pas à moi.

– Le malheur de ce pauvre moine ! ricana Hughes. Il a l'air, pour l'instant, cent fois plus heureux que nous tous. Fais comme tu veux, l'ami mais, je le répète, j'ai besoin de bras. Ta chaîne n'est qu'une mauvaise arme, même si tu en as fait bon usage. Pense un peu aux autres. Certains sont totalement incapables de se défendre.

– Je vous en prie, cher Ausbert, murmura Marjolaine, écoutez le chevalier. Messire Odon l'a investi de toute sa puissance et de toute sa charge aussi. Il faut l'aider.

Ausbert hésita un instant. Marjolaine avait pris l'une de ses mains et il regardait, avec une sorte d'horreur, ces jolis doigts fins reposant sur le fer grossier.

– En ce cas, je veux bien que l'on m'enlève la chaîne de mes mains. Ainsi, je pourrai porter une arme. Mais je garderai les fers de mes jambes.

Hughes eut un soupir agacé.

– Soit ! Bûcheron, enlève cette chaîne. Au fait, comment t'appelles-tu ?

– On me dit Guegan, mais tu peux m'appeler comme tu veux !

– Ça ira comme ça, grogna Hughes qui tourna les talons, incapable de voir plus longtemps la main de Marjolaine posée sur le bras d'Ausbert Ancelin.

11

Les bateliers du Gave

– Adieu, dit Bénigne. Et que Dieu vous garde, sire baron. Vous n'aurez pas la tâche facile.

– Vous non plus, dit Hughes. Vous n'êtes plus que quatre hommes pour défendre la litière.

Le charpentier sourit.

– N'oubliez pas sire Odon ! Un mort que l'on porte en terre est d'une grande puissance sur les esprits...

L'heure était venue de la séparation. Grâce à Guegan on avait atteint Aulnay-de-Saintonge sans autre incident après une nuit passée dans l'antique église, alors abandonnée, du prieuré de Saint-Mandé. La pluie avait cessé mais demeuraient les brouillards matinaux d'où surgissaient les échafaudages et les pierres nouvellement posées d'une église en construction. Là, c'étaient des moines qui s'activaient pour offrir à Aulnay ce qui allait être une nouvelle merveille de l'art roman.

À la croisée des chemins, la poignée de pèlerins échappée au coupe-gorge attendait, assise sur les talus. Pernette, la tête cachée contre l'épaule de Marjolaine, pleurait, sans retenue. Elle allait devoir continuer le chemin sans son Pierre, ainsi que l'avait prescrit le templier car, si l'on avait bien retrouvé, parmi les cadavres celui de Guy d'Oigny, son dérisoire fiancé, celui du père était demeuré introuvable. On ne savait où était passé Mathieu. Peut-être se cachait-il sur les pas des pèlerins, guettant, attendant une autre occasion d'attaquer à nouveau. La mort de son fils ne pouvait le rendre que plus haineux et puisque, à présent, seule la mort de Pernette lui assurerait la possession de ses biens, il ferait vraisemblablement tout pour parvenir à tuer la jeune femme. Il était impossible de faire peser ce danger supplémentaire sur la litière et sa faible escorte. Mais il était bien dur pour la pauvre enfant de ne pouvoir, à cet instant de la séparation, pleurer tout à son aise dans les bras de Pierre par crainte d'être vue de l'invisible Mathieu. Leurs adieux avaient eu lieu toutes portes closes dans la chapelle de Saint-Mandé.

Avant de s'éloigner, Bénigne dit encore, sans essayer de dissimuler son inquiétude :

– Sire Odon avait déjà accompli trois fois ce voyage au tombeau de l'apôtre. Mais vous, seigneur Hughes, saurez-vous trouver le bon chemin ?

– J'ai une langue, l'ami, je me renseignerai. Tous ceux qui vont là-bas n'ont pas toujours pour guide quelqu'un ayant déjà fait la route. Chaque soir, à chaque étape, je préparerai celle du lendemain, comme je l'ai toujours fait lors d'expéditions guerrières. Je suppose qu'il est possible de trouver des guides.

– Ne vous y fiez pas trop. Le mauvais guide qui vous mènera droit dans un traquenard est plus facile à trouver que le bon.

Hughes eut un large sourire qui fit briller ses dents de loup.

– Il s'apercevra alors que je ne suis pas un pèlerin tout à fait comme les autres. Moi, je ne vais pas en Galice pour y accomplir un vœu, mais uniquement parce que sire Odon m'a confié son troupeau, et j'emploierai tous les moyens, tant que j'aurai la vie, pour remplir ma mission. Tous les moyens, vous entendez ? Et d'abord celui-ci, ajouta-t-il en montrant la large épée qui pendait à sa ceinture. Pour l'instant, d'ailleurs, je n'ai pas à me soucier du chemin. Guegan, que voici, nous conduira jusqu'aux Saintes.

– Je t'accompagnerai plus loin encore si tu veux de moi, dit le sombre bûcheron. Ma vie est derrière moi, sire chevalier. Plus rien ne m'attache à cette forêt qui était tout mon horizon. À présent je peux aussi bien aller mourir là où il plaira à Dieu de me conduire. Si tu nous nourris, moi et mes chiens, nous te servirons bien.

Hughes accepta sans hésiter et même avec un certain soulagement. La force de l'homme et les crocs de ses bêtes représentaient une aide appréciable contre les dangers du chemin, même si les ombres de son âme désespérée en faisaient un assez sombre compagnon.

– Vous voyez, ajouta-t-il en se retournant vers Bénigne, le Seigneur Dieu prend déjà soin de nous. Allez en paix. Bientôt, j'espère, je vous rapporterai ce que l'on m'a demandé.

Bénigne sourit, salua et s'en alla prendre la tête de sa petite troupe. La litière et son funèbre fardeau s'engagèrent dans le chemin de droite, celui qui s'en allait vers la mer. La haute silhouette du charpentier que doublait celle de Pierre disparut à la corne d'un bois.

– Comment se fait-il que le garçon quitte ainsi son épouse ? fit aigrement Léon Mallet qui ne songeait même pas à dissimuler sa réprobation.

Hughes faillit lui dire que cela ne le regardait pas, mais maîtrisa sa langue. S'il commençait à houspiller ses troupes, le chemin serait encore plus pénible. Il s'efforça à l'aménité.

– Il ne la quitte pas, il s'en sépare pour un temps. Il est très pauvre. Maître Bénigne qui est charpentier, comme lui et qui s'en va construire une église neuve sur la côte du grand océan lui a proposé du travail.

– Et son vœu ? protesta l'autre, son vœu de pèlerinage ? Il n'a pas l'air d'en faire grand cas ?

– Si, justement ! Et c'est la raison pour laquelle ces deux enfants se séparent. Ils ont décidé que la jeune femme accomplirait seule le pèlerinage afin que Dieu et monseigneur saint Jacques n'y perdent rien. Au retour elle ira le rejoindre. Encore une question à poser ?

Le ton laissait entendre que la patience du baron de Fresnoy venait d'atteindre sa limite extrême. En dépit de l'épaisseur de son entendement, Léon le borgne le sentit et préféra se rappeler qu'il avait une dent malade. Il laissa donc Hughes pour s'absorber dans ses souffrances dont, à longueur du jour, il allait rebattre les oreilles de ses compagnons de route. Il les accabla tellement de ses gémissements, plaintes, grognements et même hurlements qu'à l'étape du soir, Bran Maelduin, excédé, jugea que les choses avaient assez duré.

– Je guérir lui très vite, déclara-t-il à Hughes qui était en train de tancer le mercier et de le lui faire honte de son peu de courage, vous s'écarter un peu.

Retroussant sa manche crasseuse, le petit moine prit un peu de recul, ferma un poing noueux comme un vieux cep et frappa. Le coup vigoureusement appliqué atteignit le geignard au menton et l'expédia au pays des songes. Alors sans perdre une seconde, ni d'ailleurs se soucier de Modestine qui piaillait et en appelait à la justice du Ciel, il se jeta sur Léon sans connaissance, s'installa à califourchon sur sa poitrine, lui ouvrit la bouche, fourra le nez dedans, examinant les lieux à la lumière de la lanterne que lui tenait Hughes et, finalement, tirant de sa poche une paire de pinces trouvée Dieu sait où, l'introduisit dans la bouche ouverte et, d'un vigoureux arrachement, extirpa la dent coupable, un extraordinaire vieux monstre noir et biscornu qu'il montra triomphalement à la ronde.

– Vous dormir tranquille à présent ! conclut-il aimablement.

Puis, sans paraître déployer le moindre effort, il retourna Léon Mallet sur le ventre afin que le sang ne l'étouffât pas en coulant dans sa gorge et le laissa finalement aux soins éplorés de sa femme.

Les autres pèlerins avaient suivi la scène avec un intérêt évident et Hughes ne put s'empêcher de rire.

– Je ne vous savais pas si rude compagnon, frère étranger. Vous avez retourné ce bonhomme aussi facilement que s'il était un sac de blé. Et on dirait aussi que vous savez vous servir de vos poings.

– Oh, tous savoir chez nous, fit Bran modestement. Et je ne sais pas être très fort. Ma vénérée père être l'homme qui peut porter une sanglier sous chacun des bras.

– Je ne suis pas sûr que le frère n'en serait pas capable, dit Ausbert Ancelin. Il fallait le voir durant la bataille contre les routiers ! Il avait empoigné une grosse branche et frappait à tour de bras sur l'ennemi. Ça tombait autour de lui comme mouches en automne.

– Mais puisque vous êtes si vaillant combattant, pourquoi donc être devenu moine ? demanda Marjolaine à son tour.

Bran Maelduin rougit comme cela lui arrivait chaque fois que la jeune femme lui adressait la parole et baissa les yeux.

– Oh, parce que ma vénéré père juger je être de la fragile constitution et tout juste bon à chanter cantiques. Et puis, ajouta-t-il avec un rayonnant sourire qu'il distribua généreusement à tous, je aimer avec tout le cœur le Seigneur Dieu !

Et, sur ce, le petit moine s'en alla sous un arbre pour y prier dévotement ce Dieu qu'il aimait tant.

Machinalement, Hughes le suivit de loin. Cet homme plein de certitudes parce qu'il savait s'ouvrir tout naturellement aux ordres du destin l'attirait. Tout était simple pour Bran Maelduin. Il lui suffisait de s'en remettre à la volonté de Dieu en s'abstenant soigneusement d'y mêler si peu que ce soit de ses propres désirs. Mais peut-être venait-il, après tout, d'une autre planète, d'un monde enchanté où êtres, choses, plantes et animaux communiquaient quotidiennement avec la divinité et les esprits étrangers, impalpables, bienveillants ou malveillants suivant les cas, qui gravitent inlassablement entre terre et ciel. Ainsi l'Irlandais, membre hautement déclaré de l'Église, trouvait-il tout naturel de se déclarer aussi hautement descendant et héritier de ces anciens druides qui, jadis, vénéraient le soleil, la lune, les astres, les grands chênes et toutes les forces cosmiques dont s'agite la Nature. Tout ce qui, pour le cerveau de Fresnoy fleurait quelque peu l'idolâtrie et qui, pour cet être venu d'ailleurs, semblait entièrement naturel.

L'étrange mission dont Odon de Lusigny avait chargé Fresnoy n'étonnait pas Bran Maelduin. Et pas davantage le fait qu'un simple charpentier, comme Bénigne, s'en allât en compagnie d'un noble cadavre et d'un coffret d'or fonder un port, construire des navires pour une destination parfaitement insensée dont, selon toutes probabilités, il ne reviendrait pas. Chacun savait bien, en effet, que l'immense mer occidentale n'avait d'autre fin que le gouffre insondable de l'infini.

La veille au soir, dans les salles désertes du prieuré de Saint-Mandé, tandis que les pèlerins rescapés du coupe-gorge, exténués et meurtris, s'efforçaient de retrouver, dans le sommeil, un peu de force pour continuer leur route, Hughes avait longuement parlé avec le charpentier et le petit moine pour essayer au moins de comprendre quelque chose à ce qui lui arrivait.

Il y avait surtout ces gens qu'il devait rencontrer, ces descendants d'un grand peuple englouti par la mer et supposés détenteurs de secrets si précieux que l'on pouvait sacrifier allègrement des vies humaines pour se les approprier. Mais, à toutes ses questions, Bénigne avait répondu avec cette foi tranquille qui défie les doutes les mieux ancrés. Il répétait toujours la même chose : en Orient, le grand maître du Temple avait découvert des traces, des écrits de ce peuple mystérieux, le Grand Maître savait pour tous, le Grand Maître ordonnait à tous. En conséquence de quoi sa volonté, qui ne pouvait être que celle de Dieu lui-même, devait être accomplie.

Et Bran Maelduin renchérissait sur ces rêves fantastiques. Comme Bénigne, ce reflet du Grand Maître, il croyait qu'au-delà de la Grande Mer existaient d'autres terres, d'autres hommes. Il parlait d'un certain Brendan, saint homme de son pays qui, parti sur les flots à la recherche du paradis, s'en était revenu pour décrire les merveilles d'une île fabuleuse découverte après des jours et des jours de navigation.

– Mes deux saints patrons, Maelduin et surtout Bran, fils de Fébal, avoir passé deux mois dans la Terre des Fées, une île couverte de pommiers d'or. La doute ne pouvoir exister. Je peux être aller avec toi quand ta première bateau fini ? ajouta le moine avec un sourire plein d'espoir auquel répondit celui de Bénigne.

– Il y aura toujours place sur nos bateaux pour un homme de Dieu tel que toi, frère moine, dit-il doucement.

Hughes finit par renoncer. Ces gens semblaient sûrs de leur fait et, après tout, s'ils tenaient à prendre des légendes pour argent comptant, c'était leur affaire. Mais lui n'était aucunement convaincu et Marjolaine qui, lovée au creux de la paille où elle était censée dormir, avait écouté attentivement la conversation des trois hommes, ne put s'empêcher de sourire : c'étaient là, en effet, choses bien étranges pour l'entendement d'un baron habitué à n'entendre parler que de chasses, tournois, guerres et filles à trousser. Aussi quand, entamant sa dernière ronde, Hughes passa auprès d'elle, elle lui dit :

– Vous n'y croyez pas, n'est-ce pas, sire Hughes, à ces terres merveilleuses, à ces îles lointaines où le soleil brille tous les jours ?

Il s'arrêta, la regarda, si frêle et si touchante dans son creux de paille avec cet éternel voile blanc qui ne laissait voir que son regard envoûtant. À cet instant, l'envie de la prendre dans ses bras lui fut si violente qu'il dut faire un énorme effort pour n'y pas succomber. Il se contenta de mettre genou en terre devant elle, non par révérence, mais tout simplement pour être plus à sa hauteur.

– Vous y croyez, vous ?

– Bien sûr. Pourquoi n'y croirais-je pas ? Je ne sais rien ou si peu sur le monde qui nous entoure, sinon qu'il n'est pas bien beau quand on y regarde de près en dépit de toutes ces belles églises que l'on y bâtit. Il renferme tant de misère, tant de souffrance, tant de violence. Alors imaginer qu'il existe quelque part une terre où les fleurs durent toute l'année, où il n'y a pas d'hiver, pas de boue, pas de neige et où le soleil est plein de générosité, des terres qui ressemblent au paradis, cela fait du bien d'y croire.

– Vous n'aimez pas le monde où nous vivons ?

– Pourquoi l'aimerais-je ? Il ne m'a guère donné de raisons pour cela. La maison de mon père était pauvre et la vie y était rude, pourtant je regrette la maison de mon père. Je l'ai regrettée dès le jour où je l'ai quittée pour la riche maison de mon époux car aucune joie ne m'y attendait. Et je ne suis pas la seule. Il y a trop de différences entre les êtres, trop d'injustice surtout. Regardez ce pauvre Ausbert Ancelin condamné sans la moindre preuve à si dure pénitence.

Encore Ancelin ! Du coup, Hughes se releva, trouvant un plaisir pervers à dominer la jeune femme de toute sa haute taille.

– Votre exemple est mal choisi, dit-il sèchement. Ancelin a eu de la chance : il aurait pu être pendu. C'est déjà bien qu'on lui ait accordé le bénéfice du doute.

Marjolaine sentit le changement de ton, mais n'en comprit pas la raison, l'attribuant seulement au fait qu'en attirant l'attention d'un si haut baron sur le sort d'un simple tonnelier, elle avait dû froisser son orgueil de caste. Elle avait oublié, à le voir si simple et si prévenant, que Fresnoy n'était pas, ne pouvait pas être un pèlerin comme les autres. Elle lui sourit avec contrition, ce qui n'en fit pas moins briller ses prunelles turquoise.

– Vous avez raison : cela aurait pu être bien pire. Irréparable ! Voilà pourquoi je dis que notre monde n'est pas aussi beau qu'il en a l'air et qu'il est doux de rêver d'un autre ailleurs.

Mécontent, Hughes préféra rompre les chiens.

– D'où vient que votre servante n'est pas auprès de vous ?

– Je ne sais pas. Elle a dû vouloir respirer un peu l'air du soir. La fin de cette journée si cruelle nous a apporté un peu de douceur. Et je ne souffre presque pas de mon épaule.

Hughes imaginait sans peine où se trouvait Aveline. Avec Bertrand, introuvable lui aussi, bien sûr. Il avait bien de la chance, celui-là, ses amours ne rencontraient pas de problèmes. Il était garçon, la petite était fille et, à condition qu'il sût éviter de désagréables conséquences, il pouvait fleureter avec sa belle sans que personne y trouvât à redire. Tout le monde n'avait pas sa chance et le baron Hughes, soudain mécontent de tout, de tous, et plus encore de lui-même pour s'être laissé embarquer dans cette histoire de fous, s'en était allé rejoindre son coin de grange pour y prendre au moins la part de sommeil dont il avait si grand besoin. Mais quand Bertrand, un peu confus, le rejoignit environ une heure plus tard, il n'avait pas encore réussi à fermer l'œil.

– Alors, grogna-t-il, ça va les amours ?

Bertrand baissa le nez sans parvenir à dissimuler un sourire ravi.

– Je crois que oui. Est-ce que cela vous ennuie, seigneur Hughes ? Pardonnez-moi ce retard, je n'ai pas senti passer le temps.

– Le contraire m'étonnerait. Ne t'excuse pas : la petite est charmante. Mais ne fais pas de bêtises. Je n'aimerais pas contrarier dame Marjolaine à qui elle appartient. En outre, tu es de bon lignage et ce n'est qu'une petite servante. Ton père ne serait sûrement pas d'accord pour un mariage.

– Oh, je sais, soupira Bertrand toute joie soudain envolée. Cela me tourmente assez car Aveline me plaît de plus en plus et j'ai grand-peur d'être en train de me mettre à l'aimer.

Il semblait si malheureux tout à coup qu'Hughes se reprocha d'avoir contrarié son bonheur. C'était la toute première fois que le garçon, si secret habituellement, se laissait aller à entrouvrir son cœur. La chose devait être grave.

– Que feras-tu si cela arrive ? Je veux dire, si tu l'aimes vraiment ?

– Je ne sais pas. Je me dis parfois que l'aventure où nous sommes engagés apportera sans doute une solution. Tout ce qui nous arrive depuis Tours est si étonnant. Monseigneur saint Jacques daignera peut-être nous aider, lui qui fait de si beaux miracles. Et puis il y a toujours la possibilité de laisser nos os dans ce voyage si mal parti. Alors pourquoi se soucier de demain si aujourd'hui sourit ? Demain ne viendra peut-être jamais.

Cette fois, Hughes regarda son écuyer avec admiration. Il aimait cette philosophie et l'eût volontiers faite sienne. Le malheur voulait seulement qu'à lui-même l'amour ne sourît guère. Il devait conduire jusqu'au bout de la terre une femme qui se proclamait éprise d'un autre tout en veillant soigneusement sur cet autre. Il devait en outre accomplir une mission mystérieuse confiée par un homme qu'il ne connaissait pas et pour une cause qui ne l'intéressait pas. En vérité, à certains instants comme celui-là, il se demandait si la vie avait un sens.

Il allait se le demander plus souvent qu'à son tour dans les jours qui suivirent, tandis qu'il menait par plaines et par vaux sa troupe psalmodiante ou geignante suivant les circonstances, mais le plus souvent de mauvaise humeur. Le tout par un temps exécrable qui n'incitait guère à chanter des cantiques.

Car, décidément, les esprits célestes semblaient en vouloir à cette malheureuse troupe de pèlerins et s'ingénier à compliquer la tâche à son chef. Chaque matin, le départ s'effectuait sous des averses rageuses qui obligeaient à cheminer tout le jour dans des vêtements déjà humides pour n'avoir pas eu le temps de sécher pendant la nuit et qui arrivaient trempés à l'étape.

Aussi, lorsque l'on fut à Bordeaux, après avoir traversé la Gironde en bateau depuis Blaye, Hughes décida-t-il que l'on resterait trois jours dans l'hospice tout neuf, fondé par le duc Guillaume X d'Aquitaine, père de la reine Aliénor, pour les pèlerins de Saint-Jacques.

Cet arrêt s'imposait. Beaucoup de pèlerins avaient pris froid. Certains, comme Agnès de Chelles, toussaient et mouchaient à longueur de journée. D'autres – et Léon Mallet était de ceux-là – avaient senti se réveiller de vieux rhumatismes et Bran Maelduin ne suffisait plus à la tâche. D'autant que les réserves de son sac à remèdes n'étaient pas inépuisables et que le vilain temps ne lui avait guère permis de se livrer à la recherche des bonnes herbes qui doivent être cueillies par temps sec sous peine de pourrir. Il réussit néanmoins à soulager notablement ses rhumatisants par des applications de feuilles de chou et en fit, en quelques heures, une consommation qui stupéfia l'économe de l'hospice. Quant à ses enrhumés, il les bourra d'ail écrasé au point d'incommoder toute la communauté. Pour éviter les plaintes, il dépouilla de ses feuilles vernies un mur couvert de lierre et en fit des tisanes amères et peu agréables mais d'une odeur supportable et qui firent merveille.

Pour sa part, Marjolaine ne souffrait de rien, sinon d'une sorte de vague à l'âme depuis qu'à Blaye on lui avait montré le tombeau de la belle Aude, la douce fiancée du paladin Roland, morte de douleur en apprenant la nouvelle de sa mort sous les coups des Sarrasins à Roncevaux. Aude reposait sous une belle pierre gravée entre son frère Olivier, le preux compagnon de Roland, et celui qu'elle avait aimé plus que la vie. Et Marjolaine avait rêvé longuement sur cette nouvelle preuve de la puissance d'un grand amour, de cet amour qu'à présent elle commençait à souhaiter connaître tout en le redoutant. Instinctivement, en quittant le tombeau, elle avait cherché le regard d'Hughes de Fresnoy. Mais le jeune baron ne s'intéressait pas aux amours de légende : appuyé contre un mur du porche de l'église, il causait avec Bertrand en attendant que sa troupe eût fini de visiter. Quand elle passa devant lui, il ne leva même pas les yeux et la laissa descendre jusqu'à l'embarcadère en la seule compagnie de Colin et d'Aveline.

D'ailleurs, depuis la halte de Saint-Mandé, il ne s'occupait pratiquement plus d'elle. Il la saluait le matin, la saluait de nouveau le soir en lui souhaitant la bonne nuit mais plus jamais la jeune femme ne sentait sur elle le poids irritant et doux de son regard. Hughes semblait avoir totalement oublié qu'il lui avait, un soir, parlé d'amour.

Marjolaine en avait éprouvé d'abord un peu de déception, puis cela lui avait été, du côté du cœur, comme un petit pincement assez désagréable qui n'était pas encore du chagrin mais qui, peut-être, en était le signe avant-coureur. Alors, elle se réfugia dans la prière et s'efforça de ne plus tourner les yeux vers lui.

À Bordeaux, laissant Colin, dont le nez et les yeux pleuraient sous les attaques d'un rhume sévère, subir les thérapeutiques odorantes du moine irlandais, Aveline continua à son aise le rêve éveillé dont Bertrand était la cause et qui lui donnait l'air d'une somnambule. La jeune femme, flanquée de Modestine, s'en allait vénérer le corps du saint local, Seurin, qui reposait dans l'église d'une vaste abbaye bénédictine. On lui montra le bâton de saint Martial et l'olifant de ce Roland dont l'histoire d'amour l'avait si fort émue à Blaye, ce qui réveilla sa mélancolie.

Contrairement à elle, Modestine était gaie, heureuse d'échapper pour un moment aux plaintes de son époux plié en deux par ses douleurs. Elle bavardait sans arrêt, ce qui distrayait un peu Marjolaine, mais lui faisait regretter tout de même la présence de Pernette qui comptait, elle, au nombre des enrhumés.

La compagnie de la petite épouse de Pierre était en effet devenue chère à Marjolaine. Elle aimait à l'interroger sur son amour et prenait plaisir à l'entendre raconter comment elle avait connu Pierre et comment elle l'avait aimé. Pernette ne se faisait jamais prier car ces confidences lui rendaient moins cruelle la séparation en la rapprochant de celui qu'elle aimait tant.

En quittant l'église, les deux femmes, profitant de l'un des rares rayons de soleil de ce printemps pourri, s'arrêtèrent dans le vieux cimetière et s'assirent sur les pierres écroulées d'une ancienne tombe abandonnée. Marjolaine se sentait lasse mais, en vérité, elle l'était surtout de l'incessant bavardage de sa compagne sans savoir comment y mettre fin.

– J'aime cet endroit, fit-elle à tout hasard. Restons là un instant pour écouter les oiseaux.

– C'est une jolie idée.

Il y eut un instant de bienheureux silence qui ne dura guère. Bientôt, Modestine reprenait la parole. Dans les meilleures intentions du monde, il est vrai.

– Je vous trouve un peu pâle, dame Marjolaine, dit-elle, vous sentez-vous bien ?

– Mais oui. Peut-être est-ce un peu de fatigue. Ces derniers jours ont été rudes.

– Pourtant, vous n'avez pas été malade sur le bateau, vous ? envia la mercière qui avait pensé mourir durant la courte traversée. Mais je crois que vous ne mangez pas suffisamment. Le plus souvent vous donnez une part de votre nourriture aux autres. C'est bien, mais c'est une erreur quand on accomplit d'aussi longues marches.

– J'ai une mule à ma disposition, alors que les autres vont à pied. Et puis j'ai bonne santé.

– Peut-être, mais il faut tout de même prendre garde. Tenez, pour me faire plaisir vous allez faire collation avec moi. Ce matin, j'ai acheté quelques gâteaux à l'anis. Prenez-en un.

Elle avait ouvert son aumônière et en tirait, bien « pliés » dans un mouchoir blanc, deux gâteaux ronds qui embaumaient l'anis et en offrit un que Marjolaine prit par crainte de la désobliger.

– Je n'ai pas très faim, dit-elle en souriant. Avec votre permission, je le mangerai plus tard.

– Oh, vous n'allez pas me laisser manger seule ? fit l'autre en mordant à pleines dents la croûte dorée de son gâteau.

– Moi je vous tiendrais volontiers compagnie ! s'écria une voix joyeuse. Et la tête de Nicolas Troussel apparut au-dessus d'un buisson de buis auquel s'adossait la tombe en ruine. Je meurs toujours de faim.

– C'est que je n'ai que deux gâteaux.

– En ce cas, prenez le mien, ami Nicolas, dit Marjolaine. Je n'ai vraiment pas faim et ainsi dame Modestine aura compagnie.

– Oh ! Ce ne sera pas la même chose, fit la mercière, la mine chagrinée. Nicolas à son tour mordait avec appétit dans la pâtisserie odorante. Ce spectacle, apparemment, ne plut guère à Modestine car, se levant brusquement, elle secoua les miettes qui demeuraient sur sa robe.

– Si vous êtes reposée, dame Marjolaine, nous pourrions rentrer à l'hospice. Je suis en peine de mon époux et ne souhaite pas le laisser trop longtemps tout seul.

– Comme vous voudrez. Rentrons donc. Vous venez, Nicolas ?

– Ma foi, volontiers. J'ai tout vu et l'heure du souper approche !

Comme on arrivait aux abords de l'hospice, Modestine s'aggripa tout à coup au bras de Marjolaine et se courba en deux, haletant comme une bête malade.

– Faites excuses, je... je ne me sens pas bien... Oh ! mon Dieu, que m'arrive-t-il ?

– Qu'y a-t-il, dame Modestine ? Vous êtes malade ?

La regardant, Marjolaine la trouva plus pâle que d'habitude. Son nez se pinçait et elle gémissait en se tenant le ventre.

– On... on dirait du feu ! Oh, j'ai mal... j'ai mal.

Inquiète, Marjolaine la fit asseoir sur le banc de pierre qui se trouvait sous le porche.

– Restez là, je vais chercher du secours ! Veillez sur elle, Nicolas, ajouta-t-elle comme Modestine se mettait à vomir.

Elle s'engouffra dans l'hospice, ameuta un moine et une dame hospitalière sur son passage, et se rua à la recherche de Bran Maelduin qu'elle trouva en oraisons à la chapelle.

– Venez vite, frère Bran ! Il y a une malade.

Il y en avait même deux car, lorsque le petit moine et Marjolaine débouchèrent du porche, ils trouvèrent Modestine étalée sur le banc aux mains de la dame hospitalière et le bénédictin agenouillé auprès de Nicolas qui se tordait de douleur sur le sol.

– Mon Dieu, dit Marjolaine. Ces gâteaux à l'anis devaient être mauvais.

– Quels gâteaux ? Gâteaux à l'anis ? dit Bran Maelduin.

Elle raconta comment Modestine avait acheté deux gâteaux au marché, comment elle lui en avait offert un et comment Nicolas avait mangé celui qui lui était destiné, tandis que la mercière mangeait le sien.

– De la lait ! clama l'Irlandais, beaucoup de la lait ! Vite, mon sœur, de la lait ! Eux être sûrement empoisonnés !

Tandis que la dame hospitalière courait à la cuisine, on emportait les malades et, soudain, Marjolaine se trouva en face d'Hughes qui arrivait, attiré par le bruit. Il demanda naturellement ce qui s'était passé et Marjolaine dut refaire son récit qu'il écouta, sourcils froncés.

– Où cette Modestine a-t-elle acheté ses gâteaux ? demanda-t-il.

– Je n'en sais rien. Sans doute ce matin quand nous avons fait un tour au marché. Elle m'a dit les avoir achetés à un talmelier, mais lequel ? Elle est comme nous tous, elle ne connaît personne ici. Comment voulez-vous que nous le retrouvions ? À moins qu'elle ne sache exactement où se trouvait son échoppe.

Hughes ne répondit pas. Il réfléchissait. Cette histoire ne lui plaisait pas et moins encore le fait que Marjolaine aurait dû manger ledit gâteau. Et puis il y avait autre chose : c'était la seconde fois que la jeune veuve frôlait un danger mortel en compagnie de la mercière.

– Qu'y a-t-il, sire Hughes ? demanda la jeune femme inquiète d'une si sombre mine. Pourquoi cet air farouche ? Ce n'est qu'un accident et j'espère sincèrement que ces deux malheureux vont guérir rapidement.

– Je l'espère aussi. Allons voir où ils en sont.

Modestine, qui avait beaucoup vomi et avalé ensuite un grand bol de lait, semblait en assez bon état. Étendue sur son lit, les yeux clos, elle s'efforça, d'une voix ténue, de répondre aux questions d'Hughes. Oui, elle avait acheté ces gâteaux au marché et même elle en avait mangé deux dès le matin. Non, elle ne se souvenait pas à qui. Ils étaient sur un éventaire. Prié doucement par la dame hospitalière de laisser la malade reposer, Hughes s'en alla chez les hommes.

Bien plus inquiétant était l'état de Nicolas. Bran Maelduin l'avait fait vomir en lui fourrant un doigt dans la gorge, puis, après l'avoir emballé de couvertures et cloisonné de pierres chaudes, il s'était mis en devoir de lui faire avaler le contenu d'un énorme pot de lait dont le pauvre garçon rejetait d'ailleurs les trois quarts. Mais, apparemment, le quart qui restait faisait son œuvre bienfaisante. Petit à petit, les spasmes douloureux parurent s'espacer et, après deux heures de lutte, cessèrent complètement. Épuisé, les traits plombés et les yeux creux, Nicolas finit par s'endormir.

– Qu'en pensez-vous ? demanda Hughes à Bran Maelduin presque aussi exténué que son malade et qui commençait à remettre de l'ordre dans l'infirmerie avec l'aide d'un frère convers.

Le petit moine haussa les épaules avec lassitude et repoussa du bras ses mèches couleur de paille que la sueur trempait.

– Dieu savoir ! Si la pauvre garçon encore vivant demain, être sauvé peut-être. De toute façon, pas pouvoir repartir. Je rester avec lui.

– Pas question de vous laisser en arrière, mon frère. Vous nous êtes trop précieux. Nous attendrons.

– Pour cette nuit, dit Marjolaine, je le veillerai.

Les larmes aux yeux elle avait assisté, avec ceux des pèlerins qui étaient en bonne santé, à l'épuisant combat mené par le petit moine. Mais tout de suite Hughes s'insurgea :

– Il n'en est pas question ! Ce n'est pas la place d'une femme.

– De n'importe quelle autre femme, peut-être. Mais si Nicolas n'avait pas mangé, à ma place justement, ce maudit gâteau, c'est moi qui serais actuellement dans ce lit et peut-être en train de mourir.

« Non, pensa Hughes sombrement, tu ne serais pas à sa place, ma douce, car tu es moins vigoureuse que lui. Tu n'aurais sans doute pas eu la force de rentrer à l'hospice et tu serais couchée dans quelque rue avec cette pauvre idiote, cause de tout le mal. »

Cette idée de la voir morte lui causa une douleur si insupportable qu'il s'en étonna. N'ayant jamais rencontré la passion, il n'en connaissait pas la terrible puissance et il s'en effraya, comme un enfant s'affole au seuil de ténèbres profondes. Pourtant il sentait qu'à présent la vie sans Marjolaine ne serait plus que cela : d'insondables ténèbres. Il lui fallait la préserver de tout mal. Aussi ne pouvait-il être question de la laisser veiller et il le lui fit entendre fermement.

– Vous allez dormir. Nous nous relaierons, Bertrand et moi, pour veiller Nicolas.

– Pourquoi pas moi ? protesta Ausbert Ancelin. Vous ne me demandez jamais mon aide, alors que je vous dois tant.

C'était vrai. Hughes évitait aussi soigneusement que possible la compagnie de l'obstiné pénitent qui avait la chance inouïe de posséder la sollicitude et peut-être même l'amour de Marjolaine.

– N'avez-vous pas assez à faire avec ce Fulgence que vous vous obstinez à traîner avec nous, alors que vous pourriez le laisser dans n'importe quel couvent ?

Cela aussi c'était vrai. Ancelin s'était fait le guide, l'ange tutélaire de celui qui avait été son geôlier et même son bourreau avant qu'il ne perdît la raison. La sagesse eût voulu que l'on confiât Fulgence à quelque monastère de son ordre, au moins en attendant de le reprendre au retour. Mais Ausbert s'y était toujours farouchement opposé, présentant des arguments qui, d'ailleurs, n'étaient pas sans valeur.

– D'ordre de son abbé, il doit aller à Compostelle avec moi. C'est son devoir. Et puis, peut-être qu'au tombeau de l'apôtre il retrouvera la raison.

On avait beau lui dire que si Fulgence recouvrait la raison, il récupérerait du même coup son caractère acariâtre, alors que la folie le rendait doux, bénin et aussi gai qu'un pinson au printemps. En dépit du mauvais temps et des difficultés de la route il y avait toujours quelqu'un qui chantait dans la troupe des pèlerins. Il est vrai que ses chansons n'étaient pas toujours des chefs-d'œuvre de piété, mais il chantait et c'était le principal.

– Vous savez pourquoi je souhaite l'emmener, reprit gravement Ancelin. Il est le témoin de ma pénitence accomplie. Et comme en ce moment il dort, je ne vois pas pourquoi je ne veillerais pas au moins un tiers de la nuit. Vous aussi avez besoin de repos, messire Hughes.

Le baron capitula.

– Soit. Prenez la première veille. Je viendrai à minuit. Prenez seulement soin de bien faire ce qu'ordonnera notre frère Bran.

Revenant à Marjolaine, Hughes lui offrit la main pour la reconduire chez elle. Il sentit les doigts de la jeune femme trembler dans les siens, mais se méprit sur la cause de son émotion.

– Ne soyez pas en peine, douce dame, fit-il du ton tendre de la consolation, je crois sincèrement que le plus fort du danger est passé puisque le garçon s'est endormi. Il est de belle constitution, il s'en tirera.

Les yeux baissés, Marjolaine regardait leurs deux mains unies. C'était la première fois que le baron la traitait comme l'une de ses égales et lui offrait son appui pour la mener quelque part. Et puis la nuance tendre de ces deux petits mots, « douce dame », qu'il employait pour la première fois, lui avait aussi fait chaud au cœur. Brusquement, elle eut envie de lui dire là, sans autre préambule, qu'elle lui avait menti au soir de Sainte-Catherine-de-Fierbois, qu'elle n'avait jamais eu pour Ausbert Ancelin d'autre sentiment qu'une profonde pitié doublée de remords car elle aurait dû normalement, sachant la vérité sur la mort de son époux, accepter le martyre, plutôt que le laisser subir ce calvaire. Elle eut envie de dire qu'elle l'aimait, lui, Hughes de Fresnoy, d'un amour qui ne la quitterait qu'avec la vie et, s'il avait tourné son regard vers elle à cet instant, surtout avec cette expression d'ardente prière qu'elle y avait lue naguère, elle eût été incapable de résister. Mais il marchait calmement, regardant devant lui la perspective du large couloir qu'ils suivaient, et sa main à lui ne tremblait pas. Par contre, il semblait soucieux.

Arrivé à destination, il retint un instant encore la main de sa compagne.

– Êtes-vous en grande amitié avec cette Modestine Mallet ? demanda-t-il.

– Amitié n'est pas le mot juste et je me le reproche car elle a plaisir, je crois, à ma compagnie. Je m'efforce de lui rendre cette amitié mais...

– Mais vous n'y parvenez guère. Ne vous forcez pas, dame Marjolaine. Et même j'aimerais que vous vous teniez le plus possible à l'écart.

Elle le regarda avec surprise.

– Pourquoi donc ? Cette pauvre femme a acheté des gâteaux dans la meilleure intention et ce n'est pas sa faute s'ils se sont révélés faits de mauvaise farine. Vous avez vu comme elle était malade.

– Malade, oui, sans doute. Beaucoup moins que Nicolas pourtant.

– Parce qu'elle a eu la chance de vomir très vite.

– Un peu trop vite, justement. Écoutez-moi, Marjolaine ne la fréquentez pas trop. C'est la deuxième fois qu'il vous arrive quelque chose en sa compagnie. Je n'aime pas ces coïncidences.

Il allait s'éloigner quand il se ravisa.

– Au fait, sauriez-vous me dire où elle se trouvait quand vous avez été blessée durant la bataille ?

Cette fois, Marjolaine éclata de rire.

– Vous ne la soupçonnez tout de même pas de m'avoir poignardée ? Elle n'en aurait jamais eu la force, la pauvre.

– Il n'y faut pas tant de force, surtout pour manquer son coup. Mais répondez-moi, où était-elle ?

– Ma foi, je n'en sais rien. Messire de Lusigny nous avait fait mettre, nous les femmes, au centre du cercle que formaient autour de nous ceux qui pouvaient combattre et je ne me souviens pas du tout d'avoir vu Modestine. Elle devait être assez loin de moi, sans doute, occupée de son mari qui souffrait beaucoup de ses dents.

« Ou bien derrière toi, pensa Hughes, ce qui est encore la meilleure position pour frapper quelqu'un sans en être vue. » Mais il ne voulut pas affoler complètement la jeune femme.

– Oubliez cela, dit-il gentiment. Il se peut que je me trompe. Mais tout de même, fréquentez moins cette femme. Ne fût-ce que pour me faire plaisir.

– J'essaierai, dit Marjolaine.

Nicolas Troussel ne mourut pas. Après quatre jours de repos au lit et de saine nourriture il retrouva toute sa belle humeur et Hughes put envisager de reprendre la route, avec d'ailleurs des effectifs remontés car la dame danoise laissée à Poitiers les avait rejoints. Sa joie fut de courte durée car à peine fut-on à Belin, à quelque dix lieues au sud de Bordeaux sur la grande voie romaine qui menait droit aux Pyrénées, que la Danoise décidait de s'arrêter de nouveau afin de rendre un hommage prolongé au tombeau de son compatriote, Ogier le Danois, de légendaire mémoire, qui s'était illustré si glorieusement au temps du puissant Charlemagne. Ses os reposaient à présent dans une chapelle en compagnie de défunts tout aussi célèbres que lui, ses compagnons d'aventures : Arastain de Bretagne, Garin le Lorrain, Gondebaud roi de Frise, et bien d'autres pairs de Charlemagne qui, après avoir vaincu les armées païennes, furent massacrés en Espagne pour la foi du Christ. La comtesse Dagmar se prétendant, en outre, descendante d'au moins deux de ces preux, le Danois et le Frison, il fut impossible à Hughes, en dépit de l'impression qu'il lui fit, de la décider à abréger ses dévotions au culte des ancêtres.

– Juste une petite semaine, plaida son interprète, il faut au moins cela. Songez, seigneur, que la comtesse ne reviendra pas de sitôt en terre franque.

– Nous n'avons déjà perdu que trop de temps, rétorqua Hughes, et nous n'avons, nous autres pèlerins, aucune raison de chanter oraison pendant une semaine à des étrangers, même des compagnons de Charles le Grand. Je vous rappelle que nous allons à Compostelle !

Et l'on repartit, à la secrète satisfaction de Marjolaine, qui n'avait pas beaucoup aimé le regard caressant dont la Danoise avait enveloppé Hughes en le découvrant installé aux lieues et places d'Odon de Lusigny. Il fallait que sa piété filiale fût bien forte pour la décider à demeurer en arrière, car son refus de l'attendre, en dépit de la force armée qu'elle représentait, l'avait visiblement déçue. Or, ledit regard caressant avait occupé des yeux d'un bleu de lin, beaucoup trop grands et beaucoup trop bleus pour la tranquillité de Marjolaine. Et ce fut avec un vif sentiment de délivrance qu'elle s'engagea avec les autres sur le chemin qui traversait les Landes.

Ce n'était pourtant pas, et de loin, un chemin agréable. La voie romaine piquait droit à travers un pays désolé, une plaine sablonneuse où les villages étaient rares. On n'y trouvait ni viande, ni poisson, ni vin. L'eau de source y était presque inconnue et, pour la première fois, les pèlerins bénirent le mauvais temps qui au moins, leur permit de boire et leur évita d'être harcelés par les taons qui abondaient dans ces landes dès le début de l'été comme le leur expliqua le moine qui accepta de servir de guide jusqu'à Ostabat.

En outre, durant les trois jours de la traversée de l'inhospitalière contrée, tout le monde dut faire la route à pied, ceux qui possédaient des montures devant les tenir en bride afin de ne pas ajouter à leur poids. Cette terre était faite de sables marins qui semblaient vouloir la dévorer tout entière et il n'était pas rare que l'on enfonçât jusqu'au genou. Un guide était indispensable pour éviter, aux abords de la mer, les sables mouvants qui, en quelques secondes, pouvaient engloutir sans espoir de les revoir jamais un homme ou même un cheval.

Tout ce chemin, Marjolaine l'accomplit encadrée de Pernette et d'Aveline avec Colin sur ses talons. Le jeune homme auquel Hughes de Fresnoy avait fait de sévères recommandations ne la quittait plus d'une semelle et il ne consentait à la laisser échapper à sa vue, ne fût-ce que pour les besoins les plus naturels, que dûment escortée par ses deux compagnes. Ils firent tant et si bien que Modestine ne réussit pas à échanger plus de trois paroles avec la jeune femme. Encore ne fut-ce pas sans témoins.

– Je suis sûr que sa vie est en danger, avait dit Hughes à Colin. S'il lui arrive la moindre des choses durant le reste du voyage, je te tuerai de ma main.

– Vous n'aurez pas à vous donner cette peine, riposta le jeune valet non sans insolence, je le ferai bien tout seul.

Ce fut donc avec un vif soulagement qu'on atteignit les agréables terres gasconnes où l'abstinence prit fin grâce à un excellent vin rouge et à de la nourriture fraîche. On trouva du pain blanc, de la volaille, du miel, du millet, des fruits, des jambons et d'excellents poissons, dont on se régala grâce à la générosité des pèlerins les plus riches que les dangers vécus en commun incitèrent à une plus juste compréhension de la fraternité et qui payèrent pour les plus pauvres. Tous les courages se trouvèrent renouvelés par cet excellent repas, en dépit du temps qui s'obstinait à demeurer détestable.

C'est ainsi que l'on arriva, vers la fin d'un jour aussi gris que les autres, sur la rive d'une rivière qu'on leur dit s'appeler gave.

Ce n'était pas une rivière très large, mais elle était grosse de tout ce vilain temps qui s'était abattu comme une calamité sur tout le pays. Ses eaux roulaient, jaunâtres et tumultueuses, entre des berges verdoyantes et aussi entre les piles encore visibles d'un antique pont romain que personne, apparemment, n'avait eu le courage de reconstruire. Par contre, une grosse corde attachée à d'énormes troncs de châtaigniers reliait les deux rives.

– Si c'est tout ce qu'il y a pour passer, dit Ausbert, cela ne va pas être facile.

– Je vais interroger ces gens, dit Hughes en désignant deux hommes maigres, noirs et déguenillés qui, assis sous un arbre, regardaient couler la rivière aussi tranquillement que s'il eut fait soleil.

– Ils n'ont pas trop bonne mine, dit Colin.

Bertrand haussa les épaules.

– Ils ne sont que deux et nous sommes une troupe suffisante. Espérons seulement qu'ils parlent un langage de chrétiens.

Depuis Bordeaux, en effet, on avait quelques difficultés à se faire comprendre. Mais ces deux-là devaient être habitués à voir passer du monde car ils répondirent fort clairement à la question d'Hughes. Bien sûr, il y avait un moyen de passer cette eau. Cela se faisait habituellement en barque, la corde n'étant là que pour la maintenir en ligne à cause de la crue.

– Je ne vois pas de barque, dit Hughes.

– On ne la laisse pas voir, dit l'un des hommes. Sans ça, on nous la volerait. On ira la chercher si on fait affaire.

– Affaire ? Qu'est-ce que ça veut dire ?

– Qu'il fait bien mauvais temps, qu'il n'y a qu'une barque et qu'il va falloir faire plusieurs voyages pour passer tout ce monde. Ça vous coûtera une pièce de monnaie par personne et quatre par cheval.

– Voleur !

Indigné, Bertrand allait sauter à la gorge du bonhomme, mais Hughes le retint.

– Tu es trop gourmand, l'ami ! Nous ne sommes que des pèlerins en route pour Compostelle.

– Ça se peut. Vous, en tout cas, vous ne ressemblez guère à un pèlerin. Vous auriez plutôt l'air d'un seigneur.

– Ce que je suis ne te regarde pas. Veux-tu, oui ou non, aller chercher ta barque ?

– C'est selon ! Voulez-vous oui ou non payer ?

– Et si je t'étripais, siffla Fresnoy entre ses dents, tout en posant la main sur la garde de son épée.

– Ça ne vous donnerait pas pour autant le moyen de passer l'eau.

– Ton compagnon serait peut-être plus conciliant ?

– Ça m'étonnerait. C'est mon frère, mais il est sourd et muet. Le seigneur d'Aspremont le trouvait trop bavard, il lui a coupé la langue et, pendant qu'il y était, il lui a aussi coupé les oreilles. Alors vous traitez avec moi ou pas du tout. Maintenant, ajouta-t-il en se relevant et en secouant ses guenilles où s'attachaient des brins d'herbe, si le cœur vous en dit vous pouvez toujours essayer de passer en vous tenant à la corde, comme celui que vous voyez là-bas, ajouta-t-il en désignant de l'autre côté de l'eau une grosse tache noire prise dans les herbes un peu en aval. Ça irait peut-être pour vos hommes et vous qui êtes jeunes et solides. Mais les dames...

Marjolaine et ses deux compagnes étaient, en effet, descendues rejoindre Hughes et l'homme les considérait avec un sourire narquois.

– Il y en a parmi nous qui n'ont presque plus d'argent, plaida Pernette. Ne nous ferez-vous pas charité, brave homme ? La route est encore longue et il y aura sûrement encore des rivières.

La mince figure brune de l'homme s'étira en un mauvais sourire.

– Pourquoi donc qu'on vous laisserait l'argent pour les autres ? Vous vous arrangerez avec eux quand il sera temps. D'ailleurs, pour une jolie fille comme vous, ça ne devrait pas être bien difficile.

– Nous avons assez discuté, sire Hughes, coupa Marjolaine. Je paierai pour ceux qui n'ont pas assez. Il faut passer car il se fait tard et d'après l'homme qui nous a conduits jusqu'ici, il y a encore une demi-lieue pour atteindre l'abbaye Saint-Jean-de-Sorde où nous devons faire étape.

– Je vais payer, moi, dit Hughes. Mais l'abbé entendra parler de toi ce soir, l'ami !

L'homme eut un rire qui laissa voir d'éclatantes dents blanches.

– Ça m'étonnerait. Il est mort y a deux jours. Les moines ont assez à faire à se chamailler pour la succession. Allez, faites voir votre monnaie et on va chercher la barque.

Fresnoy laissa tomber quelques pièces dans la main crasseuse. L'homme, alors, alla secouer son frère qui n'avait pas bougé un doigt durant la discussion et tous deux descendirent jusqu'au niveau de l'eau, puis disparurent un instant de la vue des pèlerins. Quand ils revinrent, ceux-ci purent constater que la barque en question était tout juste un gros tronc d'arbre grossièrement équarri et qui ne pouvait guère prendre plus de cinq personnes en sus du batelier.

– C'est ça ta barque ? gronda Guegan dont les chiens flairaient les chausses déguenillées de l'homme en grognant. Comment veux-tu qu'on mette un cheval là-dessus ?

– J'ai jamais dit que je passerais les chevaux. Les quatre pièces ça donne seulement droit au propriétaire de les tenir en bride depuis la barque. Ça nage très bien un cheval. Quant à tes chiens, retiens-les ! Sinon, je refuse de te passer. Eux aussi, faudra qu'ils nagent.

– En voilà assez ! cria Hughes. Nous allons commencer à passer. Dame Marjolaine, dame Pernette, Aveline, Bertrand et Colin, vous embarquez. Après, tous les autres passeront cinq par cinq. Moi, je passerai le dernier. Bertrand, tu assureras l'arrivée sur l'autre rive.

– À ce train-là on n'en finira jamais ! grogna le batelier. La barque peut en tenir deux de plus. C'est ça où je pars pas ! Tiens, ces deux-là ! ajouta-t-il en empoignant Modestine et Léon Mallet qui se mirent à glapir.

Colin et Bertrand s'installèrent à l'arrière du bateau pour guider la nage des mules et du cheval de l'écuyer. Puis l'homme empoigna une longue rame qui reposait au fond et, tandis que son frère saisissait la corde, détacha l'embarcation de la rive. Mais il fut tout de suite évident qu'elle était trop chargée ainsi que l'avait craint Hughes. Les bords de bois rugueux affleuraient l'eau. Elle mouillait les mains des femmes qui s'y agrippaient.

Marjolaine s'efforçait de ne regarder ni cette eau dont le bouillonnement lui faisait peur, ni ce cadavre près duquel, tout à l'heure, on allait passer. Elle tenait son regard obstinément fixé sur le chemin qui escaladait l'autre rive entre de grands arbres chevelus. Si elle n'avait eu si peur, elle eût aimé cet instant car l'air semblait se purifier depuis que la pluie avait cessé, en début d'après-midi, et l'on pouvait entendre le son argentin d'une cloche qui sonnait l'Angélus, quelque part devant elle. Sans doute celle de l'abbaye.

On était à peu près arrivé au milieu du gave quand le tumulte des flots, autour de l'une des anciennes piles de pont, secoua légèrement le bateau, mais trop fort encore pour Modestine qui, poussant un cri de terreur, voulut se lever. Le déséquilibre qu'elle imprima à l'embarcation fit chavirer celle-ci. Hurlante, la mercière tenta de se raccrocher et saisit à deux mains le manteau de Marjolaine. Les deux femmes glissèrent dans l'eau grise...

Ce fut si soudain que Marjolaine n'eut pas le temps de crier, mais le hurlement de Modestine lui valut d'avaler une large rasade d'eau sableuse. L'une se cramponnant à l'autre, les deux femmes ne disparurent pas tout de suite dans le flot tumultueux. Grâce à l'ampleur de leurs vêtements, elles se maintinrent un instant à la surface de l'eau, mais les tissus s'alourdirent rapidement et les entraînèrent.

Trop terrifiée pour se débattre, Marjolaine ne voyait plus rien, seulement consciente de ce poids frénétique qui s'accrochait à ses vêtements car Modestine n'avait pas lâché prise.

Dans un réflexe de conservation, la jeune femme détacha l'agrafe qui retenait le lourd manteau autour de son cou et le vêtement glissa vers le fond du gave avec la mercière toujours agrippée à lui. Mais l'impression de délivrance fut de courte durée. Les flots roulèrent Marjolaine contre de gros rochers et, au moment où elle reparaissait à la surface, l'un d'eux heurta sa tempe. Elle plongea alors comme une pierre dans les ténèbres de l'inconscience.

– Un miracle ! C'est un miracle ! Jésus, Marie, soyez bénis ! Le Seigneur nous favorise d'un miracle !

Le marmottement quasi mécanique d'une prière se fit entendre, ce qui acheva de persuader Marjolaine qu'elle était morte. Mais en ouvrant les yeux, elle découvrit, penchés sur elle, un cercle de visages trop connus pour appartenir au peuple du paradis. En tout premier lieu, celui d'Hughes. Ses cheveux noirs inondaient encore son visage et elle n'eut aucune peine à deviner qu'il s'était jeté à l'eau pour la sauver. Mais son regard avait la même expression émerveillée que ceux des autres

– Guérie ! souffla-t-il avec une émotion qui lui enrouait la voix, vous êtes guérie, douce dame ! Dieu a fait le miracle que j'espérais tant.

Instinctivement, Marjolaine porta la main à son visage et comprit. Non seulement son voile était resté dans l'eau mais aussi la cicatrice qu'elle avait d'ailleurs de plus en plus de mal à faire tenir avec toute cette humidité. Elle en éprouva un curieux mélange de joie – puisque cela lui procurait le bonheur d'apparaître dans sa beauté intacte aux yeux de celui dont elle osait enfin s'avouer qu'elle l'aimait – mais aussi de gêne. Tous ses compagnons n'allaient pas manquer de la déclarer sainte, ce qu'à l'avance elle refusait avec horreur. C'était inscrit sur leurs visages extasiés et dans la dévotion de Pernette qui lui baisait les mains.

Elle voulut les lui retirer.

– Je vous en prie, murmura-t-elle, ce n'est pas un aussi grand miracle que vous le pensez. Depuis quelque temps, la brûlure de mon visage s'atténuait sensiblement.

– Mais il n'en reste rien ! Pas la plus petite trace !... Vous voyez bien que c'est un miracle. Oh, dame Marjolaine, je suis si heureuse ! Vous êtes si bonne et je vous aime tant !

C'était impossible de la détromper puisqu'elle éprouvait une telle joie. D'ailleurs, à regarder les autres et, surtout, à rencontrer le regard inquiet de Colin et le geste qu'il fit de mettre discrètement son doigt sur sa bouche, Marjolaine comprit que les détromper serait une faute grave car ils retomberaient alors de trop haut. Ils se sentaient tous honorés et distingués par Dieu à travers elle puisqu'ils avaient la chance de voyager désormais avec une miraculée. Quelqu'un d'ailleurs entonna le chant du *Te Deum* et tous le reprirent en chœur tandis que Pernette et Agnès de Chelles, dont les yeux mouillés de larmes rayonnaient d'espérance, aidaient la rescapée à s'asseoir puis à se relever. Hughes lui jeta son propre manteau sur le dos et l'y enveloppa avec des gestes presque pieux. C'est alors qu'elle aperçut Modestine que l'on avait réussi à sauver elle aussi.

Étendue dans l'herbe, elle recevait les soins que Bran Maelduin lui prodiguait avec l'assistance d'Ausbert. L'Irlandais s'occupa de la vider de toute l'eau ingurgitée, la frictionna avec vigueur. Mais quand elle vit se dresser Marjolaine à quelques pas d'elle, débarrassée de son mystérieux voile et montrant un visage intact, Modestine poussa un cri, repoussa ceux qui la soignaient et, se relevant péniblement à quatre pattes, vint sur les genoux jusqu'à la jeune femme. Un instant, elle la contempla avec une stupeur épouvantée. Puis, éclatant en sanglots, elle se prosterna face contre terre en balbutiant :

– Pardon ! Oh, pardon ! Je ne voulais pas. Oh, pardonnez-moi ! Je ne recommencerai pas.

Ses paroles tombaient comme des pierres au milieu d'un silence que troublait seulement le bruit du gave.

– Qu'est-ce que vous ne recommencerez pas ? demanda Hughes, tandis que Marjolaine, affreusement gênée, s'efforçait de relever la femme qui s'obstinait à vouloir lui baiser les pieds.

Mais Modestine n'eut pas le temps de répondre. Déjà son époux s'était précipité sur elle et, non sans la secouer d'importance, l'emballait dans un manteau et tentait de l'arracher à sa prosternation.

– Rien du tout, messire ! J'ai bien peur que ma pauvre femme ne soit devenue folle. Cet accident, la peur qu'elle a eue. Vous avez vu comme elle regardait dame Marjolaine ? Elle a dû la prendre pour une apparition. Il ne faut pas faire attention à ce qu'elle dit. Je vais la soigner.

Il parlait vite comme quelqu'un qui a besoin de persuader, d'ajouter des mots les uns aux autres pour ne laisser place à aucune question. Hughes l'écoutait sans parvenir à trouver une conviction. À présent, Modestine sanglotait dans les bras de son mari qui l'entraînait à l'écart avec trop de vigueur pour qu'elle pût lui résister.

– Je voudrais tout de même bien lui poser quelques questions, fit Hughes entre ses dents.

Il allait suivre le couple, mais Marjolaine s'interposa.

– Laissez-la, sire Hughes. Maître Mallet a raison. La pauvre, dans sa frayeur, a eu l'esprit dérangé.

Il lui sourit, calmé et prêt à toutes les obéissances pour un sourire de cette créature que Dieu lui restituait dans tout l'éclat d'une beauté plus éblouissante encore qu'il ne l'avait imaginée.

– Nous allons vous conduire à l'abbaye, dit-il avec douceur. Puisque nous sommes tous passés, remettons-nous en route, sinon la nuit va nous gagner de vitesse. Et vous avez besoin de repos.

Il n'ajouta pas qu'il avait bien l'intention, une fois Modestine remise de sa frayeur, de lui faire subir, loin des oreilles de son mari, un interrogatoire de sa façon car ce pardon que la mercière suppliait qu'on lui accorde, à quelle faute, à quel crime pouvait-il bien correspondre ?

Il allait remonter la pente de la berge pour rejoindre le chemin quand Marjolaine l'arrêta.

– Nous sommes pèlerins, seigneurs, et en route pour le salut de notre âme. Ne croyez-vous pas que ce serait un grand péché que laisser le corps de ce malheureux pourrir dans les roseaux ? La nuit est proche, mais nous avons peut-être le temps de lui donner une sépulture chrétienne ? Et si nous ne l'avons pas, prenons-le.

– Vous avez raison.

Déjà Ausbert et Nicolas étaient redescendus vers l'eau. Le jeune garçon pataugeait dans les herbes, armé de la longue rame du bateau au bout de laquelle Ancelin s'arc-bouta pour le retenir. Accroché à cette branche de salut, il parvint à saisir le vêtement du mort et, lentement, le tira vers la berge où les autres hommes le saisirent. On le tira de l'eau, on le posa dans l'herbe, on le retourna.

Pernette, alors, poussa un grand cri et retomba à genoux. Le cadavre que l'on venait de tirer du gave était celui de Mathieu d'Oigny. Il ne s'était pas noyé : on l'avait poignardé avant de le jeter à l'eau.

Vivement, Hughes se retourna pour chercher les deux bateliers. Mais, dès que le corps avait été au sec, ils avaient repris leur rame et s'éloignaient aussi vite qu'ils le pouvaient.

– Le homme méchant trouver la méchante mort ! soupira Bran Maelduin.

Et, traçant un large signe de croix, il entama la prière des morts, tandis qu'Ausbert et Colin se mettaient à creuser la tombe de Mathieu d'Oigny, mort sans avoir assouvi sa vengeance.

12

Modestine

À mesure que l'on montait, le vent se faisait plus aigre. Il ne cessait de souffler sur les contreforts des Pyrénées, chassant et ramenant tour à tour les longues écharpes de brouillard qui cachaient parfois jusqu'aux rochers les plus proches du chemin.

Depuis que l'on avait quitté, à l'aube, le village de Saint-Jean-au-pied-du-Port, l'antique voie romaine grimpait d'une seule lancée, durant plus de trois lieues, jusqu'au col de Bentarté. C'était un chemin étroit, mal tracé et rendu difficile par les fragments des anciennes dalles posées par les Romains que le gel et les années avaient fendues et cassées. Le pied y butait plus souvent qu'à son tour et il fallait prendre grand soin de ne pas tomber, du moins pour ceux qui n'avaient pas la chance de bénéficier du pied sûr d'une mule. Le sentier était rude aussi et montait raide à travers un paysage toujours plus aride et qui finissait par se confondre avec le ciel chargé de nuages.

On l'avait préféré à celui, pourtant plus facile, du Val-Carlos, à cause des bandits basques et navarrais qui l'infestaient car, en dépit de la petite troupe fidèle formée de Guegan, d'Ausbert, de Nicolas, de Colin, de Bran Maelduin et même du timide Isidore Bautru, si effacé qu'on l'oubliait sans cesse, sans oublier Bertrand et les deux marchands flamands, Hughes craignait de ne pas disposer de forces suffisantes pour affronter une troupe bien entraînée. Et Dieu sait quelles terribles histoires couraient sur le compte de ces malandrins dont on disait qu'ils ne faisaient quartier ni à femme, ni à vieillard, ni à enfant.

En dépit de la présence de Marjolaine que tous, à présent, semblaient considérer comme leur porte-drapeau, personne n'avait dit mot depuis le départ, à l'aube. La montée était trop dure pour dilapider, même en cantiques, un souffle que l'altitude rendait plus court. Et puis l'idée de ces brigands dont on avait trop parlé et qui pouvaient peut-être changer de route pour une fois, occupait toutes les pensées.

Comme à son habitude, Hughes allait en tête, menant son cheval par la bride, suivi d'Ausbert Ancelin et de Bran Maelduin. Marjolaine venait ensuite, escortée d'Aveline, de plus en plus rêveuse, et de Pernette, heureuse depuis que la mort tragique de son oncle l'avait définitivement délivrée d'un grave danger. Et c'était avec enthousiasme qu'à présent elle marchait vers Compostelle où elle n'avait plus à offrir que la plus vibrante action de grâces. Ensuite, elle pourrait revenir joyeusement vers le bonheur qui l'attendait à Rochella.

Colin, bien sûr, suivait toujours Marjolaine, mais les craintes d'Hughes semblaient désormais sans objet. Non seulement Modestine ne recherchait plus la compagnie de la jeune femme mais, tout au contraire, elle se tenait à l'écart d'elle autant qu'elle le pouvait, marchant dans les derniers rangs, juste avant Bertrand, Guegan et ses chiens qui fermaient la marche et veillaient aux arrières.

En dépit des objurgations de son époux, elle refusait de quitter cette place humble et, s'il l'avait écoutée, ils eussent marché plus en arrière encore, complètement détachés du groupe des pèlerins. Mais Léon Mallet ne l'entendait pas de cette oreille et il ne quittait plus la main de sa femme qu'il obligeait à marcher au moins sous la garde des hommes et des bêtes.

Depuis le passage du gave de Pau, elle avait beaucoup changé Modestine. Plus d'interminables bavardages, plus de longues oraisons psalmodiées durant les heures de marche en écho de son époux. Personne n'entendait plus le son de sa voix, même pendant les prières communes. Aux étapes, elle se retirait dans le coin le plus éloigné des autres, le plus caché, là où il y avait le plus d'ombre. On pouvait voir, alors Léon le borgne l'y rejoindre, lui parler à voix basse d'un air pressant, mais elle ne répondait pas, se contentait de hocher la tête négativement, puis fermait les yeux et s'endormait ou feignait de dormir.

Apitoyée, Marjolaine avait tenté de l'atteindre dans ce désert désespéré où elle semblait se complaire, mais Modestine l'avait regardée avec une telle frayeur qu'elle n'avait pas osé insister. Bran Maelduin, qu'elle avait dépêché quand elle avait constaté que la pauvre femme mangeait si peu que rien, n'avait pas eu plus de succès : à toutes ses objurgations et à ses prières, Modestine ne répondait que par le silence et des larmes. Elle regardait le moine d'un air désolé et ne disait rien.

– J'ai bien peur que ma pauvre femme n'ait laissé la raison dans cette maudite rivière, se désolait Léon Mallet. Elle n'arrivera jamais jusqu'au tombeau, si cela continue. Pourtant il faudrait bien, car seul Monseigneur saint Jacques peut lui rendre le sens.

Et il se livrait à un désespoir bruyant qui n'émouvait personne, sauf Agnès de Chelles dont la charité et le cœur pur ne savaient rien des feintes de l'âme humaine. Elle le plaignit mais, plaignant plus encore Modestine, elle s'obligea à quitter la réserve, faite sans doute de timidité, qui la rendait un peu distante et qui avait été son comportement habituel depuis que l'on avait quitté Paris. Elle marchait près de Modestine, lui offrant son bras quand elle trébuchait, s'installait de préférence auprès d'elle et la rejoignait à l'écart des autres dans ces coins obscurs que la mercière affectionnait. Elle essayait doucement, patiemment de briser l'espèce de maléfice qui figeait la malheureuse dans cette absence douloureuse. Mais en vain. Le seul résultat positif qu'elle obtînt fut que Modestine ne la fuît pas et même acceptât de sa main un peu de nourriture.

Cette situation troublait Marjolaine et lui inspirait du remords, comme si elle en eût été coupable. Peut-être après tout était-ce vrai, puisque le début de folie de Modestine était dû à un faux miracle. Elle se désolait de ne pouvoir lui être d'aucune aide, ce qui avait le don d'agacer Hughes. Il aurait eu plutôt tendance à se féliciter de ne plus voir Modestine bourdonner autour de Marjolaine comme une mouche de mauvais augure.

Quand on fut au col de Bentarté, le vent se mit à souffler en rafales si violentes que les voyageurs durent se courber pour avancer. Il n'y avait plus à monter pour le moment, mais il fallait suivre le sentier des crêtes qui longeait les sommets déchiquetés. Le ciel semblait si bas que Marjolaine avait l'impression qu'en tendant la main elle pourrait toucher les nuages. Elle avait froid et parfois elle avait chaud : c'était quand Fresnoy se retournait pour l'envelopper d'un regard qui faisait bondir son cœur de joie, mais qui désespérait son âme. Saint Jacques, Notre-Dame et Dieu lui-même parviendraient-ils à l'empêcher de se laisser aller à cet amour défendu pour un homme en puissance d'épouse ? La lutte, en tout cas, risquait d'être dure, plus dure encore que ce chemin dangereux.

On descendait, à présent, vers le col d'Ibaneta ou de Roncevaux où s'élevaient, au milieu des sapins, les toits bas et les murs épais soutenus de vigoureux arc-boutants de l'hospice neuf, vieux d'à peine quinze ans et bâti par l'effort conjugué de l'évêque de Pampelune, Sanche de la Rose, et du roi de Navarre Alphonse le Batailleur. Le chemin traversait le couvent sous une voûte et une tour carrée, où s'accrochait la cloche, dominant l'ensemble. Mais on ne s'attarda pas à admirer le puissant refuge bâti pour l'éternité et pour le secours de tous ceux qui, par piété ou pour toute autre raison, devaient gravir, venant de France ou venant d'Espagne, les difficiles chemins des Pyrénées. Tous étaient recrus de fatigue et les mains secourables des moines en robe de bure noire en aidèrent plus d'un à franchir les quelques mètres qui séparaient la route de la grande salle où les attendait le réconfort. Ce dernier et cependant minime effort leur était devenu impossible. Cette étape était sans doute la pire que les pèlerins eussent connue, après celle qui les avait décimés.

Cette fois, il n'était pas question de chambres pour deux ou trois ou même de dortoirs. C'était là un lieu de passage, non de séjour. Seuls les malades, les blessés pouvaient recevoir des soins dans une infirmerie. Tous les autres s'entassaient dans une grande salle pourvue d'un âtre immense.

Il y avait beaucoup de monde sous les voûtes déjà noires de suie : « jacquaires » revenant de Galice, leur chapeau cousu de la coquille emblématique et leurs yeux pleins de la joie tranquille de ceux qui ont accompli leurs vœux, muletiers que l'approche de la nuit avec le danger des loups et des ours avaient contraints de s'arrêter – avec joie d'ailleurs – au grand refuge, paysans navarrais en tunique noire, souvent en mauvais état, montrant leurs jambes brunes et leurs pieds encrassés dans les *lavarcas* de cuir poilu qui laissaient les orteils à l'air, soldats de fortune portant de vieux hauberts aux mailles tordues, voyageurs anonymes heureux d'échapper à la solitude mortelle. Tous s'entassaient autour du grand feu, assis à même le sol ou sur des bancs de bois grossier, acceptant avec reconnaissance le pain et la soupe que leur distribuaient les moines qui, dans leurs robes noires marquées d'une croix rouge, ressemblaient à autant de fantômes.

Marjolaine, Pernette et Aveline, parce qu'elles étaient des femmes, avaient trouvé place sur la pierre même de l'âtre. Une écuelle chaude serrée entre leurs mains, elles reprenaient peu à peu leurs couleurs et sentaient la vie revenir dans leurs corps glacés par le froid des sommets : la neige était encore présente sur les hauteurs, et peu éloignée de la route.

Marjolaine suivait des yeux la haute silhouette d'Hughes qui, flanqué de Bertrand, allait et venait dans la salle, comptant son monde pour s'assurer qu'il ne manquait personne. Mais, à sa mine soucieuse, la jeune femme sentit que quelque chose n'allait pas et, comme il passait non loin de la cheminée, elle l'appela :

– Vous semblez inquiet, sire Hughes ?

– Je ne semble pas, je suis inquiet. La dame de Chelles et cette pauvre Modestine manquent. On ne sait où elles sont.

– Comment cela ? Ne marchaient-elles pas juste avant maître Ancelin et votre écuyer ? D'ailleurs, je vois là-bas maître Mallet qui mange sa soupe de grand appétit : il n'a pas l'air inquiet.

Hughes haussa des épaules méprisantes.

– Il n'a jamais l'air inquiet. Depuis que dame Agnès s'occupe de sa femme, il semble vivre bien tranquille. Quoi qu'il en soit, elles ne sont là ni l'une ni l'autre. Bertrand dit qu'à peu de distance du couvent, dame Modestine qui souffrait du ventre a voulu s'isoler et, naturellement, dame Agnès l'a suivie.

– Ne les avez-vous pas attendues ? demanda Marjolaine.

– Non, fit Bertrand visiblement gêné de discourir sur un sujet aussi délicat. Elles nous ont demandé d'aller. Il n'y avait plus guère de chemin à parcourir, donc plus de danger. Avant d'arriver au couvent, nous les avons attendues, appelées même. Une voix nous a répondu : « Un instant, nous venons ! Laissez-nous prier. » Mais ça fait un moment maintenant qu'elles prient et nous avons prévenu sire Hughes. Il a examiné les gens de cette salle, pensant qu'elles avaient pu arriver par un autre sentier.

– À présent, il faut voir où elles sont. Guegan !

Le bûcheron n'était jamais loin d'Hughes dont il s'était fait le gardien.

– Seigneur ?

– Viens avec tes chiens. Il faut trouver ces femmes. Prier dans la solitude, quand la nuit tombe et dans un lieu aussi désert, c'est de la folie. Tu n'aurais pas dû les laisser, Bertrand.

– Je ne pouvais tout de même pas me mêler de ce qu'elles voulaient faire ! Que ce soit prier ou autre chose.

– Bon. Laissons cela et partons à leur recherche. Il fait nuit à présent. Va demander des torches au frère hôtelier.

Il n'eut pas le temps d'en dire davantage. La porte de la salle venait de s'ouvrir, laissant s'engouffrer une rafale de vent qui souleva la poussière. Moitié soutenue, moitié portée par un moine coiffé, sur son camail, d'un large chapeau noir, Agnès de Chelles, la robe déchirée et le visage ensanglanté apparut, sanglotante et dans un tel état que d'un même mouvement Marjolaine et Hughes coururent à elle. Mais ce qui venait de se passer était sans doute au-delà de ses forces car à peine ses pieds eurent-ils touché les dalles de la grande salle qu'Agnès, échappant à la main de son guide, glissait à terre évanouie.

On l'emporta près de l'âtre, on l'étendit sur un matelas, cependant que le moine racontait ce qu'il savait de l'histoire : il revenait au couvent après avoir aidé un berger à retrouver quelques-unes de ses bêtes qui s'étaient égarées quand il avait entendu des sanglots et des appels qui semblaient venir d'au-delà des arbres. Il savait qu'il y avait là une profonde faille dans les rochers et il s'était inquiété, pensant que quelqu'un y était tombé et appelait à l'aide.

En fait, il avait trouvé, au bord du trou, cette femme cramponnée à un arbuste, les pieds pendant dans le vide. Elle semblait s'être battue avec toute une portée de chats sauvages et gémissait faiblement, s'efforçant de garder assez d'énergie pour se retenir encore. Il l'avait sortie de là et aidée à revenir au couvent, mais il n'en savait pas plus.

– N'avez-vous trouvé qu'une seule femme ? demanda Hughes. Elles étaient deux pourtant.

Le moine hocha la tête tristement.

– Je n'en ai trouvé qu'une. L'autre est tombée dans la faille. C'est tout ce que j'ai pu tirer de cette malheureuse : sa compagne est au fond du trou, s'il y en a un. Les jours d'orage, on entend l'eau gronder au fond.

À l'arrivée d'Agnès, Léon le borgne avait enfin abandonné sa soupe, ou plutôt son écuelle vide. Il s'était approché en traînant les pieds et considérait à présent le groupe formé autour de la femme étendue. Son regard vide et vaguement stupide s'attacha au moine qui l'avait ramenée.

– Que dis-tu donc, homme noir ? Ma femme est morte ?

– S'il s'agit de la compagne de celle-ci, alors oui, ta femme a rejoint le Créateur, répondit le religieux.

Mallet retroussa la lèvre d'un air mauvais à la manière d'un chien qui va mordre.

– C'est celle-là qui l'a tuée alors ! gronda-t-il en se penchant sur la forme étendue et en la menaçant de son poing fermé.

– Personne ne l'a tuée. Elle est tombée, voilà tout.

– C'est pas vrai. Cette femme a dû la jeter dans le trou. Y a qu'à voir sa figure : ma pauvre Modestine s'est débattue.

– Mais enfin, coupa Hughes, il n'y avait aucune raison. Dame Agnès, depuis le passage du gave, s'occupait de votre femme avec beaucoup de bonté. Elle n'allait pas subitement la traîner vers le premier trou venu pour l'y jeter.

– D'autant, renchérit Bertrand, que c'est Modestine qui a voulu s'écarter du chemin en disant qu'elle avait mal au ventre. Pas vrai, Guegan ?

– Sûr ! dit celui-ci. On avait bien, depuis le col, aperçu ce trou près des arbres, mais on pensait pas que c'était dedans qu'elle voulait aller.

Mais l'autre ne voulait pas être convaincu. Contre toute raison, il s'obstinait à prétendre qu'Agnès avait tué sa femme et qu'elle devait être punie pour ça. Il y mettait tant de hargne que Marjolaine, révoltée, lui imposa silence.

– Personne ne souhaite écouter vos sottises ! Quand dame Agnès reviendra à elle, nous saurons ce qui s'est passé. Et cela ne tardera guère.

Grâce aux soins de Bran Maelduin, les couleurs revenaient peu à peu au visage d'Agnès qui, débarrassé du sang qui le couvrait, montrait des griffures profondes. On lui fit boire du vin chaud, on l'enveloppa de peaux de chèvre et on l'installa plus confortablement.

– Alors ? reprit Mallet avec insolence. Vous allez enfin nous dire, méchante femme, pourquoi vous avez jeté Modestine dans ce trou ?

– Je ne l'ai pas jetée, j'ai seulement voulu l'en empêcher et nous nous sommes battues auprès de ce trou. C'était affreux. Tout a été horrible, dès l'instant où nous avons quitté la file des pèlerins parce qu'elle avait besoin de s'isoler. J'étais inquiète parce qu'elle paraissait souffrir et j'ai voulu l'aider à s'accroupir mais, au lieu de cela, elle s'est jetée à genoux et elle s'est mise à pleurer en frappant sa poitrine à coups redoublés et en disant qu'elle était coupable. Elle voulait parler et parler à moi seule. Et puis elle a dit des choses abominables.

Elle s'arrêta un instant, cherchant des yeux Léon Mallet qui, chose curieuse, avait quitté le premier rang et reculait dans le groupe qui s'était formé autour de l'âtre. Voyant cela, Agnès tendit soudain le doigt vers lui.

– Il faut arrêter cet homme ! C'est un assassin ! Et un assassin assez lâche pour se servir de sa femme afin d'accomplir ses crimes.

Si la stupeur figea soudain ses auditeurs, il n'en fut pas de même pour Hughes ni pour Bertrand. Le premier s'élança vers Mallet qui cette fois se frayait à coups de poing un passage vers la porte dans l'intention évidente de fuir. L'autre alla barrer cette porte.

Pris entre ces deux hommes également menaçants, le mercier se laissa tomber à genoux et croisa ses bras au-dessus de sa tête pour se garantir des coups éventuels. Mais ni le baron ni son écuyer n'avaient l'intention de frapper. Ils se contentèrent d'empoigner Mallet par les bras et le ramenèrent vers Agnès comme s'il s'agissait d'un gros panier.

– Parlez, à présent, dame. Et dites tout ce que vous avez à dire.

Ce fut vite fait. Modestine prise d'une véritable crise de désespoir et emportée par le besoin de se laver des remords qui la ravageaient, avait livré d'un seul coup toute la lamentable supercherie : elle et son mari n'étaient pas de vrais pèlerins. Ils avaient touché une belle somme pour entreprendre le pèlerinage et faire en sorte que Marjolaine Foletier n'en revînt pas vivante.

Suffoquée, celle-ci n'en croyait pas ses oreilles. Il fallut qu'Agnès répétât une seconde fois pour qu'elle admît qu'une chose aussi monstrueuse pouvait être possible.

– C'est Étienne Grimaud qui vous a payés ? demanda-t-elle en se penchant sur l'homme que Bertrand et Hughes maintenaient à genoux.

Elle espérait, sans trop savoir pourquoi, qu'il allait nier, qu'au moins Étienne ne s'était pas chargé la conscience d'un nouveau crime. Mais Léon le borgne avait trop peur à présent pour songer à nier. Les doigts de fer de Fresnoy lui entraient dans la peau, meurtrissant douloureusement sa chair, menaçant même ses os.

– Oui, c'est lui. Il avait renoncé à épouser dame Marjolaine depuis qu'elle s'était défigurée, mais il n'avait pas renoncé à sa part de fortune. Ce qu'il voulait, c'était tout l'héritage de son défunt oncle et cela n'était possible que si la veuve disparaissait.

– C'est limpide, gronda Hughes dont l'envie d'étrangler le mercier était si manifeste que Bran Maelduin vint vers lui et posa sa main sur son épaule. Alors, à Tours, la pierre tombée du toit de l'hospice ?

– C'était moi. J'avais donné des instructions à Modestine pour qu'elle amène dame Foletier juste à l'endroit où je l'attendais...

– C'est donc toi que j'ai aperçu, fit Bertrand. Je savais bien que j'avais vu quelqu'un là-haut.

Mais Hughes lui fit signe de se taire.

– Et d'un ! Et le coup de couteau durant le combat de la forêt ?

– C'était encore moi, mais j'ai été gêné dans mes mouvements. Ça remuait tellement à cet instant... Le coup a été mal appliqué. La lame a glissé...

– Et de deux ! Si nous parlions des gâteaux à l'anis de Bordeaux ? Tu n'y serais pas pour quelque chose ?

– Si. C'est moi qui les ai achetés. J'ai mis dedans une poudre que m'avait donnée, à Paris, un vieil homme de la rue de la Juiverie, mais bien sûr il y en avait un où je n'en avais pas mis : rien qu'une autre poudre destinée à faire vomir. C'est celui qu'a mangé Modestine.

– De mieux en mieux ! Enfin, parlons de la chute dans la rivière quand nous avons passé.

– Ah non ! protesta Mallet. Là je n'y étais pour rien. Ma pauvre Modestine me craignait, mais pas au point de se jeter à l'eau pour m'obéir. Elle avait bien trop peur. C'est même parce qu'elle avait si peur qu'elle s'est accrochée à dame Marjolaine et l'a entraînée avec elle. Qu'allez-vous faire de moi ?

– Te tuer ! gronda Ausbert Ancelin. Et je me chargerai volontiers de la vilaine besogne, sire Hughes ! Pour tout le mal qu'il a voulu faire à dame Marjolaine, je suis prêt à vous servir de bourreau car votre noble épée ne peut se souiller d'un sang si vil !

– Non, intervint Marjolaine, ne le tuez pas, sire Hughes ! Ce n'est pas lui le vrai coupable, c'est celui qui a commandé le crime. C'est Étienne Grimaud, car il est aussi le véritable meurtrier de maître Foletier, mon défunt époux.

Ancelin releva vers elle des yeux effarés, incrédules.

– Comment savez-vous cela ?

– Parce qu'il me l'a dit. C'est à mon tour, à présent, de me confesser, pauvre Ausbert Ancelin, car vous avez souffert tout ce calvaire uniquement parce que j'ai eu peur de parler.

Elle avait élevé la voix et toutes les têtes se tournaient vers elle. Colin alors s'approcha.

– Vous direz cela plus tard, dame. Vos affaires ne regardent pas tous ces étrangers.

– Ceux qui sont nos compagnons de route depuis tant de jours ne sont pas des étrangers, dit-elle doucement. Quant aux autres, ils ne comprennent pas notre langue pour la plupart.

C'était vrai. Les paysans, les muletiers, les pèlerins de langues étrangères, après s'être intéressés un instant à ce qui venait de se passer, retournaient qui à son repas, qui à son somme. Autour de Marjolaine qui s'était assise auprès d'Agnès et la soutenait, il n'y avait plus guère que ces gens qui lui étaient devenus peu à peu familiers.

– Il faut que je parle, reprit la jeune femme, afin que tous ici présents vous puissiez juger cet homme en toute équité.

Elle baissa la tête un moment pour une courte prière afin d'obtenir la grâce de tout dire puis, calmement, d'une voix paisible et claire, elle entama le récit de ce qu'avait été la mort de Gontran Foletier. Elle dit tout : les amours de Gontran avec l'épouse d'Ancelin, le crime, le marché odieux que lui avait imposé Étienne Grimaud et comment, pour lui inspirer l'horreur, elle avait cherché le moyen de détruire sa beauté malfaisante.

Elle faillit dire sa visite à Sanche le Navarrais mais le regard implorant de Colin la retint. À l'exception d'Hughes et de Bran Maelduin, tous étaient des gens simples, épris de merveilleux et qui ne lui pardonneraient pas d'avoir détruit la belle illusion du miracle. Cela, elle le garderait pour les seules oreilles de l'homme qu'elle aimait quand viendrait le moment inévitable de la séparation afin qu'il ne gardât pas d'elle une image trop haute. L'humiliation qu'elle ressentirait alors serait sa punition, librement choisie, pour n'avoir pas tout dit à cet instant-là.

Hughes avait écouté attentivement le récit de Marjolaine. Quand ce fut fini, son regard fit le tour de tous les visages pour juger de leur impression, puis finalement s'arrêta sur la figure barbouillée de larmes de Léon Mallet auquel il n'avait pas permis de se relever.

– À présent que dame Marjolaine nous a dit son histoire, qu'allons-nous faire de cet homme, compagnons ?

Le moine qui avait ramené Agnès fit entendre sa voix le premier :

– La justice appartient à Dieu, mais si vous prétendez l'exercer, vous l'exercerez ailleurs qu'en cette maison, dit-il gravement. Ceci est un asile, non une prison doublée d'un échafaud.

– Je ne crois pas que notre intention soit de souiller cette sainte demeure, fit Hughes sèchement. Votre conseil, frère Bran ?

Le petit moine eut quelque peine à se faire entendre car tous les autres criaient en même temps que Mallet méritait cent fois la mort et qu'en quittant l'hospice il faudrait le pendre au premier arbre rencontré. Bran Maelduin attendit alors paisiblement que le tumulte s'apaise pour déclarer en se tournant vers Marjolaine :

– Je suis pensant que mort appelle mort, que sang appelle sang, mais où est mort ?

– Mais enfin, cria Nicolas, il a voulu la tuer trois fois et il aurait sans doute recommencé si sa pauvre femme n'était devenue folle.

À nouveau Marjolaine intervint. Son regard doux s'attachait aux yeux bleus du petit moine et elle lui sourit afin de lui faire entendre qu'elle l'avait compris.

– Peut-être pas. Notre frère veut dire que je ne suis pas morte.

– Ce n'est pas sa faute, dit Pernette. On ne doit pas lui pardonner. Ce qu'il a fait est trop grave.

– Mais je ne demande pas qu'on lui pardonne. Je pense qu'il doit continuer avec nous, dit Marjolaine. Continuer et revenir avec nous afin de témoigner devant monseigneur l'abbé de Saint-Denis de l'innocence pleine et entière d'Ausbert Ancelin. Songez qu'il est le seul témoin que nous avons. Il faut lui laisser la vie pour qu'il puisse accuser le véritable meurtrier et laver définitivement le faux coupable.

Il y eut un silence. Chacun pesait, à part soi, la valeur de l'argument, mais l'idée de faire la route avec un assassin reconnu ne plaisait à personne.

– Et puis, dit Bertrand traduisant la pensée des autres, il aura peut-être l'occasion de se sauver. Sans compter que la vie de dame Marjolaine sera encore en danger tant qu'il sera avec nous.

– Pourtant, il faut le ramener à Paris, coupa Hughes. C'est en effet le seul moyen d'obtenir justice pour tous.

– Et si, une fois revenu à Paris, il refuse de parler ?

– Nous sommes tous témoins. Et je vous jure qu'il parlera, sinon, sur le salut de mon âme, je fais ici serment que je le tuerai de ma main !

Léon se prosterna alors à ses pieds.

– Emmenez-moi, sire baron ! Je parlerai, je le jure ! Si vous me faites grâce de la vie, je dirai tout ce que vous voudrez. Tenez, si vous avez peur que je me sauve, mettez-moi les fers que maître Ancelin a portés si longtemps et qu'il porte encore. Et puis faites-moi garder. Jamais plus je n'essaierai de mal faire. Je le jure sur mon âme et à Compostelle je demanderai pardon publiquement et je recommencerai à Saint-Denis. Mais, par grâce, dites quelques prières pour ma pauvre Modestine. Je... je l'aimais bien et elle n'était pas mauvaise, elle.

C'était tellement inattendu que personne ne trouva rien à dire. Les larmes que versait cet homme dur et égoïste n'étaient-elles pas nées uniquement de la peur ? S'y glissait-il une part de chagrin réel ?

– Tu aimais ta femme, dit Hughes gravement, et cependant tu l'as obligée à tuer.

Mallet baissa la tête et cacha sa figure dans ses mains.

– Je ne voyais que l'argent. Et puis, cette Marjolaine, maître Grimaud m'avait dit qu'elle était mauvaise, que c'était un suppôt de Satan, une sorcière qui avait pris son brave homme d'oncle dans ses filets, qu'elle devait mourir et que ce serait bonne chose. Modestine aussi aimait la richesse et elle m'aimait. Elle m'obéissait en tout. Et maintenant elle est morte, morte sans confession, morte de sa main à cause de moi ! Et elle n'entrera pas en paradis.

À nouveau, le silence troublé seulement par le crépitement des flammes et les ronflements de ceux qui dormaient dans les coins sombres de la salle. Marjolaine se leva, vint s'accroupir auprès du misérable et, lui relevant la tête, essuya doucement les larmes qui inondaient sa figure ravagée par le chagrin.

– Demain, promit-elle, nous irons tous prier sur la tombe qu'elle s'est choisie. Et je crois qu'elle obtiendra miséricorde car elle n'avait plus son esprit lorsqu'elle est allée volontairement à la mort.

« Seigneur, ne me reprenez pas dans votre fureur et ne me châtiez pas dans votre colère... »

Autour de la faille noire où s'était engloutie Modestine, emportant un remords trop lourd pour elle, le cercle des pèlerins se refermait, se serrait, tandis que la voix forte de l'abbé de Roncevaux adjurait le Tout-Puissant de ne pas accabler celle qui gisait là, sous le poids plus intolérable encore de sa malédiction. Le jour se levait à peine sur les pentes boisées et le vent vif du matin, venu des neiges proches, s'engouffrait dans les amples manteaux de route. Chacun regardait ce trou irrégulier entre les rochers, hérissé de maigres branches et d'où montait une brume légère comme une respiration en temps d'hiver.

« Je suis la résurrection et la vie. Celui qui croit en moi vivra lors même qu'il sera mort... »

En face de l'endroit où elle se tenait, Marjolaine pouvait voir Léon Mallet, agenouillé sur la pierre d'où Modestine s'était précipitée. Il portait les fers que l'on avait hier ôtés à Ausbert Ancelin et celui-ci se tenait auprès de lui, déjà prêt à lui porter secours. Et Marjolaine pensa que l'âme humaine pouvait receler d'étranges surprises, le meilleur et le pire.

L'eau de la bénédiction tombait à présent sur le néant de Modestine, puis les fumées bleues de l'encens montèrent vers le ciel, pur pour la première fois depuis bien des jours. Pas un nuage sur l'immensité d'un bleu d'ardoise où brillait, solitaire et superbe, l'étoile du matin. Le ciel pâlissait d'instant en instant, annonçant que la journée allait être belle et que les premiers pas vers l'Espagne se feraient sans peine, avec cette sorte de joie qu'apporte un beau matin.

La voix de l'abbé s'enfla.

« ... Par les entrailles de la miséricorde de Dieu qui a voulu que ce soleil levant vînt d'en haut nous visiter pour éclairer ceux qui demeurent dans les ténèbres et dans l'ombre de la mort et pour diriger nos pas dans le chemin de la paix... »

À cet instant, comme délivré d'invisibles entraves, le soleil bondit par-dessus les pics neigeux qui s'illuminèrent d'une tendre lumière d'aurore.

– Il est temps de reprendre la route, dit Hughes.

Ausbert Ancelin se pencha et aida Léon le borgne à se relever.

13

Une nuit d'orage

Dès l'instant qu'il se leva sur le dernier adieu à Modestine, le soleil se fit le compagnon quotidien des errants. Ce fut comme si la haute barrière des Pyrénées avait fermé sur eux les portes du mauvais temps.

La chaleur, la lumière dispensèrent un courage tout neuf et l'on chanta d'un cœur unanime, tandis que l'on descendait vers le village de Saint-Michel, au pied des cols. L'étape du jour, jusqu'à Viscarret, passa sans que l'on s'en aperçût, et aussi celle du lendemain, qui mena les pèlerins jusqu'à la petite cité de Pampelune, bâtie sur une éminence au-dessus du *rio* Arga dont les méandres encerclaient le promontoire et qui, de ce fait, leur rappela un peu Poitiers.

Étroitement corsetée de rudes remparts, la capitale de la Navarre leur offrit, dès l'entrée, l'asile de l'hospital de la Magdalena. Mais tous n'y entrèrent pas car, au seuil même de la ville, Isidore Bautru, le petit pèlerin parisien qui faisait si peu de bruit qu'on l'oubliait toujours et qui, si longtemps, avait regardé davantage en arrière qu'en avant, vint aux genoux d'Hugues et de Bran Maelduin pour leur annoncer qu'il était arrivé et qu'il n'allait pas plus loin.

– Je viens demander mon pardon, dit-il en baisant la robe effrangée du petit moine. J'ai fait le voyage avec vous jusqu'ici, mais je ne suis pas un vrai pèlerin.

– Vous non plus ? s'écria Hughes, stupéfait de constater combien de mobiles assez étrangers à la dévotion se cachaient au milieu de la piété générale.

Outre lui-même embarqué pour l'amour d'une femme, il y avait eu Pierre et Pernette partis pour avoir le droit de vivre ensemble, Léon Mallet et Modestine qui avaient pris la route pour accomplir une infâme mission, le jeune Anglais David tué par les brigands, à qui l'on avait fait obligation de partir pour avoir droit de recueillir un héritage, les deux marchands flamands dont les buts étaient aussi commerciaux que pieux, Marjolaine elle-même qui s'était engagée dans le seul but de protéger Ausbert Ancelin, lui-même condamné par voie de justice. Et si l'on y ajoutait l'étrange mission du templier mort au combat et le fait que la troupe des pèlerins avait servi à dissimuler l'or destiné à la fondation d'un port, Hughes en venait à penser que, dans ceux qui formaient le petit groupe familier qui l'entourait, il n'y avait guère de vrai pèlerins que Bran Maelduin et Agnès de Chelles. Car, pour Nicolas Troussel, le doute était permis : le garçon ne cachait nullement qu'il voyageait surtout pour voir du pays. Restait à savoir à présent pourquoi Isidore abandonnait à son tour, et il le lui demanda d'un ton assez rude qui fit baisser le nez du petit homme.

– Je fuis à la fois des créanciers voraces et une épouse acariâtre qui, tout en dévorant mon bien, a fait de ma vie un enfer. À Pampelune où il y a une importante colonie française, j'ai un cousin qui est drapier comme moi et qui m'accueillera volontiers. Là, personne ne pourra me retrouver.

– Et le Seigneur Dieu ? fit sévèrement Bran Maelduin. Tu mentir à lui ! C'est chose indigne.

– Il a raison, dit Hughes. Vous pourriez au moins venir avec nous jusqu'au bout. Personne ne vous empêcherait de vous arrêter au retour.

– C'est impossible. Il faut que je mette tout de suite en train certaine affaire sur laquelle mon cousin m'avait écrit. Mais ensuite, j'en fais serment entre vos mains, frère Bran, je finirai le voyage. Un peu plus tard seulement, et avec d'autres que vous, sans doute. Mais je vous regretterai : ce sera là ma pénitence. Me pardonnez-vous ?

– En ce qui me concerne, dit Fresnoy, je n'ai rien à vous pardonner, chacun arrange sa vie comme il l'entend.

– Je non plus, soupira Bran dont le visage s'était détendu et qui avait retrouvé son habituelle aménité. Mais seulement si vous promettre d'aller faire pèlerinage d'ici un an.

Tout de suite, Bautru rayonna.

– C'est promis ! Vous ne voulez pas venir avec moi chez mon cousin ? Il habite le quartier Saint-Sernin où sont les Français. Il sera content de vous voir.

– Non, merci, dit Hughes. Nous devons nous occuper des frères qui nous restent. Allez avec Dieu, comme on dit par ici.

Ils regardèrent la silhouette allègre du drapier disparaître à l'angle d'une des nombreuses ruelles poussiéreuses et noires qui constituaient la majorité des artères de Pampelune.

– Encore un de moins, soupira Hughes en rejoignant sa troupe qui attendait sagement devant la porte de la ville. Je me demande combien nous serons quand nous arriverons en Galice ?

– Un seul suffire si son cœur est toute pure, sourit l'Irlandais.

Hughes préféra ne pas répondre. Il avait grand-peur de constater que, s'il s'agissait de lui, ce ne serait pas le cas. Depuis ce qu'il croyait être la guérison miraculeuse de Marjolaine, il vivait d'étranges jours et de plus étranges nuits encore. Les sentiments que lui inspirait la jeune femme offraient un curieux et assez désagréable mélange de vénération – celle que l'on doit normalement aux objets sacrés – et de folle passion. À présent qu'elle lui était apparue dans tout l'éclat de sa beauté intacte, Fresnoy avait senti s'éveiller en lui son démon familier. La continence qu'il s'était imposée, par force, depuis Tours, lui devenait affreusement pénible et quand, seul avec lui-même, il s'efforçait de se persuader de l'entière pureté de son amour pour Marjolaine, il entendait, tout au fond de sa conscience, ricaner le vieux démon qui lui soufflait une tout autre vérité : jamais encore il n'avait désiré de femme comme il désirait celle-là. Et ne s'arrêtant plus à l'éclat magique de ses yeux couleur de mer, il lui arrivait souvent, quand il savait n'être pas observé, de laisser son regard errer sur l'humble robe sombre qu'elle portait, cherchant à deviner les trésors qu'elle recouvrait et dont les mouvements de la jeune femme révélaient au moins la forme.

La chaleur qui augmentait chaque jour à présent n'arrangeait rien. Son sang battait lourdement dans ses veines chaque fois que la jeune femme s'approchait de lui et il en venait à la fuir par crainte de ne pouvoir se contrôler. Pour avoir vu, la veille au soir, Aveline ouvrir la robe et la chemise de sa maîtresse pour rafraîchir ses épaules et sa nuque d'une eau de senteur, il n'avait pas fermé l'œil de la nuit, se tournant et se retournant dans la paille de sa couche, tandis que se reformait continuellement devant ses yeux la vision de la naissance d'une gorge qu'il devinait exquise.

Il décida de marcher désormais le plus loin possible d'elle et, laissant Bran Maelduin et Ausbert Ancelin mener la file des pèlerins, il s'en alla rejoindre Bertrand à l'arrière-garde.

Mais il devait garder longtemps le souvenir du soir de Pampelune comme d'un ultime instant de douceur avant l'enfer d'un chemin aride enduré au milieu des tourments de la jalousie.

Généreusement entretenu par les souverains de Navarre, l'hospital de la Magdalena offrait plus de charme et de bien-être que la meilleure auberge. Au moment des repas, les pèlerins étaient conviés dans un immense réfectoire proche d'une vaste cuisine comme on n'en voyait guère en France qu'à l'abbaye de Fontevrault et où des frères lais et des marmitons s'agitaient autour de marmites pleines de succulences. Ensuite, une fois restaurés, on pouvait aller respirer l'air du soir dans un cloître planté d'arbustes, d'herbes odorantes et de fleurs en franchissant un portail élégamment sculpté.

Le contraste entre ce charmant jardin et la rudesse de la ville environnante en augmentait la grâce. Et plus encore ce soir-là où une chanson s'y faisait entendre : appuyé négligemment au tronc d'un olivier argenté, un petit homme brun, élégamment vêtu de fine toile brodée, caressait un luth en chantant à la lune.

Indifférent au groupe des pèlerins qui s'échelonnaient silencieusement le long du cloître, il murmurait à la nuit des mots qui ne pouvaient être que des mots d'amour, mais dans une langue inconnue, et souriait, découvrant sous la lune d'éclatantes dents blanches.

Immobile près de l'un des piliers du cloître, Marjolaine l'écoutait chanter et, peu à peu, prise par la voix caressante, elle ferma les yeux pour mieux écouter. Elle ne vit pas Hughes s'approcher d'elle. Il n'avait fait d'ailleurs aucun bruit et, un instant, il resta éloigné de quelques pas pour mieux la contempler.

Sous l'éclairage irréel de la nuit, les tresses de ses cheveux clairs semblaient faites d'argent pur. Hughes pouvait voir son fin profil se détacher sur le fond plus sombre de la pierre lisse. Et si lumineuse était cette nuit qu'il pouvait distinguer même les ombres douces de ses longs cils et le léger tremblement de ses lèvres entrouvertes.

Elle était émue. Une respiration plus rapide soulevait ses seins sous le tissu plus mince de la robe de toile, toute propre, qu'elle avait mise pour ce soir. Pouvait-il y avoir au monde plus belle, plus douce dame ? Hughes sentit les battements de son cœur s'accélérer et son sang monter vers ses tempes à la lourde cadence du désir. Il fallait qu'il l'approche, qu'il la touche. Elle était la fleur apparue soudain au revers d'un sentier aride, la rivière de fraîcheur après un jour de poussière.

Un dernier reste de prudence lui fit regarder où étaient les autres. Mais personne ne faisait attention à lui, ni à elle d'ailleurs. Chacun semblait au contraire chercher un instant d'isolement pour mieux se laisser baigner par la beauté de la voix chantant en ce jardin. Les femmes quittaient plus volontiers l'ombre du cloître pour s'asseoir au milieu des plantes. Alors, très doucement il fit un pas, puis un autre. Perdue dans son rêve, elle ne l'entendit pas. Ce fut seulement quand la main d'Hughes se referma sur la sienne qu'elle ouvrit les yeux et tourna lentement la tête vers lui.

Le cœur d'Hughes bondit. Marjolaine n'avait même pas tressailli et le lumineux regard qu'elle levait vers l'homme était sans surprise. C'était comme si elle attendait cet instant. Peut-être, sans le savoir, Hughes venait-il de pénétrer au cœur de son rêve, un rêve que grâce à ce chant d'amour la jeune femme ne savait plus démêler de la réalité. L'instant suivant, elle était dans ses bras.

Hughes eut soudain l'impression d'avoir contre lui toutes les fleurs d'un jardin au printemps. Cette femme-enfant n'était que fraîcheur et douceur. Ses lèvres délicates semblaient fondre sous l'ardeur de ce baiser dont il ne pouvait plus contrôler la passion. De tout son corps avide, Hughes épousait les courbes tendres de ce corps qui s'abandonnait et déjà les cloches de la victoire sonnaient à ses tympans. Il la sentait s'appesantir entre ses bras et commencer à vibrer sous la très lente, très prudente caresse de sa main qui glissait le long du cou mince vers la rondeur de l'épaule pour s'acheminer ensuite vers des rondeurs plus douces encore.

Soudain grands ouverts, les yeux d'Hughes fouillèrent les ombres du jardin, cherchant l'asile où, dans un instant, dans une seconde, il l'emporterait pour enfin la faire sienne quand, à cet instant précis, le fil de la chanson cassa net sur un cri d'amour et un accord glorieux qui passa sur les nerfs d'Hughes comme une râpe. Des applaudissements éclatèrent tout autour du cloître. Réveillé de son rêve, le chanteur sourit, salua. Marjolaine s'éveilla à son tour, s'arracha des bras qui croyaient si bien la tenir.

Elle recula, enveloppa Hughes d'un regard qui n'avait plus sa pureté habituelle, ouvrit la bouche pour dire quelque chose et n'y réussit pas. Comprenant qu'elle allait peut-être crier, il ne dit rien, tendit seulement les mains vers elle dans un geste implorant. Marjolaine regarda ses grandes mains fortes dont elle venait d'apprendre la douceur, cet homme qui venait de bouleverser son être d'une sensation inouïe, telle que jamais elle n'aurait cru pouvoir en éprouver, cet homme qu'elle adorait et qui l'aimait sans doute. L'envie de se laisser prendre à nouveau par ces mains-là, de retrouver la force et la sécurité de ces bras, de cette poitrine d'homme, fut si forte que la jeune femme crut qu'elle allait y succomber. Mais un éclat de rire se fit entendre quelque part dans l'ombre du cloître. Alors, tournant le dos à la divine tentation, Marjolaine s'enfuit en courant.

Toute la nuit, Hughes demeura au jardin, assis contre un cyprès, revivant son instant de paradis et espérant à chaque instant qu'il allait reprendre, que Marjolaine allait venir le rejoindre. Mais l'aurore embrasa les toits de Pampelune sans que Marjolaine eût reparu.

Quand vint l'heure du départ, elle n'osa même pas lever les yeux sur lui et ce fut en silence qu'elle alla reprendre, entre Pernette et Aveline, sa place habituelle. Hughes, le cœur lourd, s'en alla, comme il l'avait décidé, veiller à l'arrière-garde. Selon sa courte logique masculine, il avait cette nuit essuyé un échec. S'il avait pu lire, rien qu'un instant cependant, dans le cœur ensoleillé de Marjolaine, il se fût senti bien plus heureux que le plus grand roi de la terre. Mais le cœur de Marjolaine était le lieu le plus secret et le plus fermé du monde.

En dépit de l'envie qu'elle en avait et peut-être même à cause de cette envie qui lui brûlait le corps, la jeune femme s'efforça de ne plus quitter ses compagnes un seul instant, de fuir Hughes autant qu'elle le pouvait, sachant bien qu'à son contact elle ne pourrait plus résister longtemps aux appétits normaux de sa jeunesse si longtemps déçus, à la passion qui la poussait vers cet homme et vers les délices interdites qu'il représentait. Et le malentendu s'installa entre ces deux êtres que tout jetait l'un vers l'autre.

Passé Pampelune, on s'engagea dans ce qu'on appelait le chemin des étoiles parce qu'il suivait en allant vers l'occident, le tracé de la Voie lactée. San Juan de la Cadena, San Antonio, Zizur, Menor, Basongaiz, Legarda et Obanos virent passer le cortège à présent bien réduit de ceux qui étaient partis, un matin d'avril, d'une île fluviale qui s'appelait Paris. On atteignit ensuite Puente la Reina et son vieux pont romain. Là se rejoignaient les deux routes venues de France, celle de Roncevaux et celle du Somport. Et, en arrivant à l'hospice, Hughes et les siens constatèrent, non sans quelque contrariété, qu'une troupe de pèlerins français et étrangers menés par un moine du Puy-en-Velay s'y trouvait déjà et que la place y serait réduite.

Marjolaine pour sa part ne vit qu'une chose : dans la cour de l'hospice, elle reconnut immédiatement l'un des hommes de la comtesse Dagmar qui menait à l'écurie un cheval trop bien harnaché pour n'être pas reconnaissable. La belle Danoise devait être à Puente la Reina et la jeune femme n'en éprouva aucun plaisir.

– Comment a-t-elle fait ? pensa tout haut Nicolas Troussel. Si elle avait suivi le même chemin que nous, on s'en serait aperçu. Qu'est-ce que c'est que ce col du Somport ?

Personne ne pouvant lui répondre, il alla aux renseignements auprès de l'un des nouveaux venus qui arrivait de Savoie et qui possédait quelques connaissances. Il apprit ainsi que le Somport se trouvait beaucoup plus à l'est que leur propre chemin – au moins vingt lieues ! – mais que, pour quelqu'un venant de Bordeaux, et même de Belin, on pouvait l'atteindre en ligne directe en passant par une ville nommée Mont-de-Marsan.

– Eh bien, conclut le garçon, elle a dû courir, la belle dame, pour être déjà là ! Il est vrai qu'elle a des chevaux, elle.

– En tout cas, dit Pernette en riant, elle n'est certainement pas restée trop longtemps en oraisons au tombeau de son ancêtre. Ce qui m'étonne c'est qu'elle ne nous ait pas rattrapés.

– Rappelez-vous cet affreux pays des Landes ! On a bien failli se perdre, nous. Elle a dû y réussir. Et comme elle ne parle aucune langue chrétienne, elle s'est rallongé le chemin.

Nicolas se trompait en ce qui concernait les langues chrétiennes ; la comtesse Dagmar ne parlait pas français en effet, mais elle parlait un peu le latin, tout au moins le latin d'église tel qu'on l'apprenait dans les abbayes et les châteaux d'Europe, afin qu'il fût possible de suivre le déroulement des nombreuses cérémonies religieuses. Aussi fut-ce dans la langue de Virgile, corrigée mais certainement pas améliorée par des siècles de psalmodies plus ou moins exactes, qu'elle aborda Hughes dès qu'elle l'aperçut dans la cour de l'hospice après avoir mis sur ses lèvres, pour la circonstance, un éblouissant sourire qui fit pétiller ses grands yeux bleus.

– Quelle impudence ! marmonna Marjolaine devenue toute rouge. J'aimerais bien savoir ce qu'elle lui veut.

– Je peux aller demander à messire Bertrand, proposa Aveline avec l'empressement qu'elle mettait dès que s'annonçait une occasion de rejoindre son doux ami.

Occasion qu'elle n'avait pas souvent la chance de saisir. Mais cette fois, Marjolaine accepta.

– Si tu veux, fit-elle d'un air faussement détaché.

La petite revint bien vite, mais beaucoup trop lentement pour l'impatience de sa maîtresse.

– Alors ? demanda-t-elle.

– Ses serviteurs ont chassé et pêché. Elle invite messire Hughes à partager son repas.

– Oh ! Et... il accepte ?

– Je ne sais pas. Mais on dirait bien.

Fresnoy en effet, après avoir écouté avec un demi-sourire les difficiles explications de la dame blonde, semblait accueillir avec plaisir ses propos. Il désignait d'un air d'excuse ses vêtements chargés de poussière puis, finalement, s'inclina avec un large sourire qui ne pouvait avoir qu'un seul sens : il allait partager le repas de la Danoise.

– Noble dame et noble seigneur être faits pour l'entente ! commenta philosophiquement Bran Maelduin qui avait suivi la scène lui aussi.

Pour la première fois depuis leur rencontre, Marjolaine lui jeta un coup d'œil sans tendresse. Elle aussi était une noble dame, après tout, et Hughes l'autre soir semblait préférer sa compagnie à toute autre. Mais il avait fallu que cette grande dinde nordique reparaisse et sourie pour qu'il n'ait même pas pour elle un seul regard.

Cette nuit-là, ce fut au tour de Marjolaine de ne pas fermer l'œil.

Au soleil suivant, ce fut une véritable cohorte qui passa le pont romain et s'engagea sur le chemin qui se tordait comme une couleuvre sur les collines jaunes et pelées de cette terre sèche et rude. Les deux troupes allaient faire ensemble le reste du chemin comme cela se pratiquait toujours. Mais n'ayant pas subi d'attaque meurtrière comme ceux de Paris, les pèlerins que menait Gerbert, le moine du Puy, étaient plus nombreux que les autres. En outre, ils étaient arrivés à Puente la Reina avant eux et considéraient que cela leur donnait droit à une certaine avance. Ils s'élancèrent donc dans l'intention évidente d'arriver premiers aux églises que l'on devait visiter obligatoirement en chemin pour en vénérer les reliques, et de prendre les meilleures places aux étapes.

Hughes et les siens les regardèrent d'abord forcer l'allure sans bien comprendre à quoi cela rimait sur une terre si fatigante. Ils comprirent quand, à la première étape, ils durent se contenter d'une grange à demi démolie, l'auberge et l'hôtellerie du petit couvent local étant déjà envahies par leurs confrères.

Cela n'arrangea pas les relations. Des disputes éclatèrent après que Fresnoy eut, avec hauteur, reproché à Gerbert son peu de goût pour la charité et son curieux sens de la fraternité chrétienne. Ce à quoi Gerbert répondit qu'il avait charge de corps autant que d'âmes et qu'il n'avait aucune raison de laisser place à des gens guidés par un laïc incapable de se débrouiller convenablement.

Cela déchaîna, entre tenants des deux chefs, une assez jolie bataille qui heureusement ne laissa pas de traces plus graves que des yeux pochés et des dents sautées, mais qui valut aux combattants de la part de l'abbé de Logrono devant qui elle s'était déroulée une verte semonce, jointe à l'obligation d'accomplir à genoux deux chemins de croix au lieu d'un, comme le voulait la coutume. Hughes n'apprécia guère la pénitence et décida que, lorsque l'on atteindrait Burgos, on attendrait au moins vingt-quatre heures après le départ des gens du Puy. Ce serait chose facile car la capitale de Castille était riche en couvents, hospices et fondations pieuses dues au repentir d'Urraca, « l'infante à l'âme cruelle », qui avait passé le plus clair de sa vie à tirer de ses ennemis d'implacables vengeances et à construire des monastères.

La halte était d'ailleurs nécessaire pour plus d'un. Le soleil était ardent, tout au long du jour, sur cette terre sans ombre. Les chemins sans herbe, poudreux et caillouteux, étaient durs aux pieds qui enflaient et se blessaient dans les chaussures bien usées déjà. On procura à ceux qui allaient à pied des espèces d'espadrilles qui leur apportèrent un vif soulagement, surtout à Léon Mallet que les fers hérités d'Ancelin faisaient beaucoup souffrir. Comme il refusait de les enlever, Bran Maelduin les lui enveloppa d'une mince bande de chiffon pour éviter que leur frottement ne fît trop enfler ses pieds.

Pour sa part, Marjolaine avait été heureuse de cette nouvelle halte. D'abord parce qu'en digne fille du Nord, elle supportait assez mal les ardeurs d'un soleil inhabituel, ensuite parce qu'elle espérait que la Danoise continuerait avec ceux du Puy. Malheureusement, ceux-ci partirent sans elle et quand on reprit la route, il fut évident qu'elle entendait s'éloigner d'Hughes le moins possible. Quand le baron allait à cheval, la monture de Dagmar collait presque à la sienne et quand il choisissait de cheminer à pied, la comtesse en faisait autant. Il y avait dans son attitude quelque chose qui exaspérait Marjolaine : un air d'humilité, étrange chez une femme si altière, joint à un comportement de propriétaire, exactement comme si elle eût été la dame de Fresnoy. Quand par hasard elle ne se trouvait pas auprès de lui, elle s'arrangeait pour ne pas le perdre de vue.

En vérité, Hughes ne semblait guère l'encourager et ne lui montrait pas plus d'empressement qu'il ne fallait, mais Marjolaine ne le voyait pas ainsi : pour elle le moindre regard que le baron adressait à son admiratrice ne pouvait qu'être chargé d'amour. Le chemin, pour la jeune femme, devint alors une longue souffrance car son corps, n'étant plus soutenu par un esprit serein, souffrit lui aussi.

Chaque jour, il lui était plus difficile de se remettre en route, cette route qu'elle s'obstinait à vouloir parcourir à pied dans l'espoir que la fatigue viendrait à bout de son tourment d'amour. Et cela en dépit des prières et objurgations de Colin, d'Aveline et même d'Ausbert Ancelin, qui observait Marjolaine avec une inquiétude croissante. Abandonnant Fulgence le fou aux soins de Léon Mallet, il s'efforçait de lui offrir son bras dans les endroits difficiles chaque fois que c'était possible. Il pensait, en effet, que Marjolaine, poursuivie par le remords de l'avoir laissé condamner, s'astreignait volontairement, et à cause de lui, à une pénible pénitence.

Le soir où Marjolaine s'évanouit en arrivant à la halte, ce fut au tour de Pernette de s'inquiéter. Elle aussi observait sa compagne préférée. Elle s'était aperçue qu'elle ne mangeait guère, mais elle-même mangeait peu, la chaleur du jour et les relents de la cuisine locale n'excitant guère l'appétit.

Quand Marjolaine revint à elle, Pernette le lui reprocha vivement et, aidée d'Aveline, réussit à lui faire avaler un peu de lait de chèvre, du pain et du miel.

– Vous n'irez pas jusqu'au bout, mon amie, si vous n'êtes pas plus raisonnable.

– Je n'ai plus jamais faim. Seule l'eau me tente.

– Il faut manger, sinon je préviendrai frère Bran. Je l'aurais fait si vous n'étiez revenue bien vite à vous.

– Surtout pas. Il a bien assez à faire avec les autres. J'essaierai de manger davantage pour vous faire plaisir.

Rassurée, Pernette gagna son côté de la couche de fortune qu'on leur avait attribuée à toutes trois mais ne trouva pas le sommeil. Elle sentait que quelque chose n'allait pas et que le mal de Marjolaine ne venait pas uniquement de son manque d'appétit. Elle en eut la certitude quand, plus tard dans la nuit, elle l'entendit pleurer doucement, à petit bruit, pour ne pas éveiller ses compagnes qu'elle croyait endormies. Elle la laissa pleurer afin de ne pas la priver de ce soulagement qu'apportent les larmes, mais elle en chercha la raison. Il ne lui fallut qu'un instant, le lendemain, pour la découvrir : Hughes faisait le tour de ses compagnons pour leur dire bonjour quand apparut la comtesse Dagmar qui, naturellement, se précipita vers lui, non sans bousculer ceux qui s'en trouvaient proches. Pernette vit alors s'assombrir encore le regard las de Marjolaine qui se détourna et s'éloigna vers les chevaux comme si tout le reste de la scène avait cessé de l'intéresser. Dans son esprit, Pernette s'efforça de revoir le comportement de son amie depuis que la Danoise les avait rejoints définitivement et comprit que le mal était là : Marjolaine souffrait parce qu'elle aimait Hughes et le croyait épris de la fougueuse comtesse.

Ce n'était pas une constatation agréable et, sur le moment, Pernette chercha en vain quel remède pourrait être apporté au chagrin de son amie : on ne pouvait obliger la Danoise à quitter encore une fois le groupe et pas davantage prier Hughes de la tenir à distance. Peut-être le ferait-il s'il était possible de lui révéler les sentiments de Marjolaine, mais Pernette ne reconnaissait ce droit à personne. Même dans les meilleures intentions du monde, le secret de la jeune femme n'était qu'à elle seule.

Elle retournait la question tandis que le cortège du départ se formait au milieu de l'agitation habituelle, des sonnailles des muletiers, des dernières prières avant la route et des cris des gens du pays qui appelaient sur eux et leurs familles les bénédictions des pieux voyageurs. De l'angle d'une ruelle débouchèrent soudain Aveline et Bertrand qui se tenaient par la main et se regardaient dans les yeux. Ils se séparèrent en se voyant si proches des autres et Bertrand se dirigeait déjà vers son maître justement occupé à tenir l'étrier à la Danoise. Pernette, sans plus réfléchir, fonça sur lui.

– Puis-je vous parler un instant, messire ?

– Bien sûr ! Je crois que nous avons encore quelques minutes.

Pernette alors se jeta à l'eau. Délibérément, elle se plaignit de l'attitude égoïste et irresponsable du baron. À quoi pensait donc messire Hughes de consacrer exclusivement ses soins à l'étrangère alors que tout le monde, ou presque, avait besoin de lui ? Il ne faisait plus attention à personne sinon à cette grande cavale blonde qui l'accaparait. Certes, sire Odon de Lusigny ne lui avait pas confié son troupeau errant pour que le voyage lui permît de filer le parfait amour avec la dernière venue ! Un pèlerinage n'était pas fait pour cela, d'autant que le seigneur de Fresnoy était marié et que, très certainement, la comtesse avait dû laisser, vu son âge et sa beauté, un quelconque époux dans son pays perdu. Ce n'était ni honnête ni convenable et, surtout, c'était d'un déplorable exemple pour les gens simples que le seigneur Hughes s'était chargé de guider.

Ayant tout lâché, Pernette s'arrêta hors d'haleine, laissant s'installer entre elle et Bertrand un petit silence assez gêné du côté de la jeune femme, légèrement surpris de la part de l'écuyer. Si une autre que Pernette était venue lui tenir ce langage virulent, Bertrand se fût contenté de sourire et de la prier d'adresser ses réclamations à qui de droit : cela aurait simplement signifié que son séducteur de maître avait encore fait des siennes. Mais il connaissait bien Pernette à présent et savait qu'aucun homme au monde, eût-il le charme et la beauté de Lucifer, ne pouvait rien contre un cœur qui était tout à Pierre. Ce cœur-là était de ceux qui ne se reprennent pas, une fois donnés. Il y avait donc autre chose.

Pour en savoir plus, il décida de pousser la petite dans ses retranchements.

– Pourquoi venez-vous me dire cela à moi, Pernette ? Je ne suis que l'écuyer de sire Hughes et je n'ai aucun droit de juger son comportement, encore moins de lui faire entendre qu'il se conduit mal, en admettant que ce soit le cas.

– Il est difficile de penser autre chose : il est tout le temps avec cette femme !

– Je dirais plutôt que c'est elle qui est tout le temps avec lui. Il y a une nuance... Mais d'où vient que vous vous intéressiez tellement à mon maître ? L'éloignement vous a-t-il fait oublier celui que vous disiez tant aimer ?

– Moi ? Oublier mon Pierre ?

Le cri d'indignation vibra énergiquement.

– Alors ?

– Nous errons pour accomplir pénitence et obtenir merci de nos fautes ! N'est-il pas scandaleux de voir ceux qui nous doivent l'exemple en faire si bon marché ?

Bertrand se mit à rire.

– Allons, Pernette, ne montez pas sur vos grands chevaux. Vous n'êtes ni prude, ni tellement soucieuse du comportement des autres. Alors, si vous me disiez la vérité ?

– Quelle vérité ?

– La seule ! Vous ne seriez jamais venue me tenir ce langage s'il s'agissait d'exprimer votre façon de penser. Ce n'est pas vous qui êtes choquée, c'est une autre. Une autre que vous voulez aider parce qu'elle est jalouse, parce qu'elle souffre peut-être...

– Pas peut-être ! Je vous en prie, sire Bertrand, puisque vous avez deviné la vérité, ne m'en demandez pas davantage.

– Si, car j'ai besoin d'en savoir plus, si vous voulez que je vous aide. Cette autre, ce n'est pas Aveline qui, je crois, m'a donné sa foi. Et comme ce ne peut pas être cette sainte créature d'Agnès de Chelles qui d'ailleurs n'a plus l'âge des folies du cœur, je ne vois guère qu'une personne qui vous soit chère au point de vous inciter à cette étrange démarche. Cette autre, ce ne peut être que...

– Par pitié, ne dites pas son nom ! Je me reproche déjà assez d'avoir livré un secret qui ne m'appartenait pas. Mais elle est si malheureuse, sire

Bertrand, si malheureuse ! Elle ne mange plus, elle pleure la nuit et elle s'oblige à peiner sur ce dur chemin pour expier cet amour qu'elle considère comme péché mortel. Alors qu'au moins votre maître n'étale pas ses amours sous ses yeux, qu'il la laisse gagner en paix le tombeau de l'apôtre qui peut-être la guérira.

Elle avait les larmes aux yeux et Bertrand sentit son cœur s'attendrir. Elle essuya rapidement son visage au revers de sa manche car, là-bas, on les appelait. Elle allait partir quand il la retint.

– Encore un mot, dame Pernette. Vous considérez que c'est un si grave péché d'aimer sire Hughes ?

Elle leva sur lui son clair regard qui plongea bien droit dans le sien.

– Il est marié, non ?

– Oui, mais...

– Il n'y a pas de « mais ». Vous venez de répondre à ma place.

En allant rejoindre Fresnoy, Bertrand passa devant Marjolaine que Colin, prévenu par Aveline du malaise qu'avait éprouvé sa maîtresse la veille du soir, était en train d'installer de force sur sa mule en menaçant d'appeler à la rescousse le frère Bran ou même sire Hughes en personne, si elle ne se laissait pas faire. L'écuyer ne put s'empêcher de dévisager la jeune femme sous l'ombre du grand chapeau qui, après l'avoir préservée de la pluie, la gardait à présent du soleil trop ardent. Pauvrette ! Quelle triste figure elle avait. Son joli visage semblait diminué de moitié et les cernes qui entouraient ses beaux yeux tristes en mangeaient toute la chair. Pourquoi donc Aveline ne l'avait-elle pas prévenu du piteux état de sa maîtresse ? Il est vrai que lorsqu'ils étaient ensemble ils ne pensaient guère qu'à eux-mêmes oubliant tous les autres d'un commun accord, même ceux qui leur étaient le plus chers. Il allait devoir faire quelque chose. Mais quoi ?

En vérité, Bertrand ne comprenait plus grand-chose au comportement de son maître depuis que la comtesse Dagmar avait fait son entrée dans sa vie. Cet homme, qui se disait éperdument amoureux de la douce Marjolaine, amoureux au point de tout abandonner pour la suivre sur les pires chemins d'Europe, semblait avoir complètement oublié pourquoi il avait entrepris ce voyage insensé. Depuis Puente la Reina, il s'entretenait souvent avec la Danoise et, bien que leurs conversations fussent plutôt réduites par les difficultés du langage, il semblait prendre plaisir à sa compagnie. En fait, il se laissait adorer par cette femme avec la satisfaction apparente d'un matou qui, après un bain dans une rivière glacée, retrouve la chaleur familière d'un bon feu.

Évidemment, le Fresnoy qu'il avait connu jusqu'à l'aventure de Tours, paillard, coureur de jupons, toujours entre deux lits, courant de la couche de l'une aux bras de l'autre, n'avait rien de commun avec le chevalier de chanson de geste, épris de pur amour et de haute spiritualité, qu'il s'efforçait d'être depuis qu'il avait rencontré Marjolaine. Et, en fait, c'était le vieil homme que la pulpeuse Dagmar avait réveillé avec ses grands yeux bleus faussement innocents, qui rappelaient si fort à Bertrand ceux d'Osilie Le Housset. Bertrand ne s'y trompait pas quand, presque chaque soir, son maître quittait la chambrée commune au moment du coucher en disant qu'il s'en allait prendre l'air. Il ne rentrait en général que deux heures après et tellement fatigué qu'il tombait sur sa paillasse comme une masse pour s'y endormir d'un sommeil de plomb.

N'ayant jamais cru à la possibilité d'un avenir quelconque avec une jeune femme belle comme une fée, mais dont la manière de vivre était celle d'une nonne, Bertrand n'avait vu aucun inconvénient à la soudaine volte-face sentimentale de son maître. C'était même mieux ainsi, car cela éviterait toutes sortes de complications lorsque viendrait le temps du retour et de l'obligatoire séparation. Mais ce que venait de lui apprendre Pernette, ce qu'il avait deviné de la souffrance de Marjolaine, changeait bien des choses.

Durant la marche du jour, l'écuyer tourna et retourna le problème dans son esprit. À cause de la chaleur et d'un orage qui avait menacé tout le jour, et qui fit entendre son premier coup de tonnerre, on s'arrêta au bout de quatre lieues, dans un village aux maisons de torchis serrées autour d'une église et d'un hospice en construction. Les moines bâtisseurs n'avaient guère à offrir qu'une salle tout juste achevée dans laquelle les hommes s'installèrent, tandis que les femmes trouvaient abri chez l'alcade du village dont la maison forte s'élevait non loin du chantier. À peine fut-on à l'abri que l'orage éclatait, laissant tomber sur la terre des trombes d'eau qui, en quelques minutes, la transformèrent en lac de boue rouge.

Bertrand apprécia à leur juste valeur le temps et le logement. Pour ce soir, Marjolaine ne risquait pas de souffrir davantage : Hughes n'avait aucune chance d'aller rejoindre sa Danoise à moins d'apprécier l'amour dans la boue. D'autre part, il était difficile d'entamer une discussion intime, donc forcément épineuse, au milieu des autres hommes. Il n'y avait donc rien d'autre à faire qu'à attendre une occasion plus favorable et à passer une bonne nuit.

Ayant dévoré à belles dents son souper composé d'olives, de poisson séché et de pain de seigle heureusement arrosé d'un excellent vin castillan qu'il s'était procuré à Burgos, Bertrand s'endormit du sommeil du juste, bercé par le crépitement de la pluie sur les tuiles du toit et par les oraisons vespérales que murmurait Bran Maelduin. Il dormit si bien qu'il n'entendit pas l'orage s'éloigner vers les montagnes, le bruit de la pluie décroître peu à peu, puis cesser. Il n'entendit pas davantage Hughes se lever tout doucement, se diriger vers la porte, l'ouvrir et se glisser au-dehors. Les autres, il est vrai, ronflaient avec tant d'ardeur qu'ils auraient couvert le réveil d'une compagnie tout entière.

L'orage avait soigneusement balayé la nuit. Elle était claire et lumineuse, fraîche aussi comme elle ne l'avait pas été depuis longtemps. Hughes aspira à longs traits la brise légère qui venait à lui chargée des odeurs de la terre mouillée. Une terre si aride et si dure qu'elle avait déjà bu presque toute l'eau déversée par le ciel. La boue ocre n'était plus que flaques espacées ici et là et, demain, redeviendrait poussière.

Levant la tête, il regarda la longue traînée scintillante de la Voie lactée qui traçait un chemin laiteux sur le bleu profond du ciel. C'était le chemin de Saint-Jacques immense et majestueux, que le « Camino francès », le chemin terrestre des pèlerins, suivait exactement, comme jadis les Rois mages avaient suivi l'Étoile. Jamais sa splendeur n'avait frappé Hughes comme ce soir, et il le contempla, ce grand chemin d'étoiles, avec une humilité toute nouvelle chez lui. Il en avait tant espéré en s'engageant follement sur la route de Galice à la suite de l'exquise et mystérieuse Marjolaine. À présent, il se sentait plus éloigné d'elle qu'il ne l'avait jamais été. Elle le fuyait, ne posant même plus sur lui l'un de ces regards bleus qu'il aimait tant. L'avait-il donc blessée à ce point quand il s'était laissé aller à son amour dans le jardin de Pampelune ? Elle semblait malade depuis et triste aussi. Seul ce misérable Ausbert Ancelin qui la suivait comme un chien inquiet recueillait les rares sourires qui éclairaient encore son doux visage.

Hughes en était venu à penser qu'il lui faisait horreur et quand, à Puente la Reina, Dagmar s'était littéralement jetée à son cou, il l'avait acceptée comme un remède nécessaire, celui qu'il employait toujours à Fresnoy lorsqu'il avait quelque souci, car le corps consentant d'une femme avait toujours été pour lui le meilleur baume. Dès le premier soir, il avait couché avec elle avec l'impression étrange de se retrouver plusieurs mois en arrière, quand il s'en allait rejoindre Osilie. La Danoise en avait les larges yeux un peu troubles, les seins fermes et la croupe généreuse. Elle en avait aussi le furieux appétit d'amour et, entre ses bras, Hughes s'était délivré avec soulagement d'une trop longue continence, pensant avoir définitivement exorcisé le sortilège qui le retenait prisonnier de deux yeux couleur de mer.

Mais il se trompait. Cela n'avait été qu'une impression fugitive chassée par le retour du jour et, sortant d'une chapelle, le simple passage de Marjolaine dans un rayon de soleil.

Par trois fois, depuis, il était retourné au lit de la Danoise. Par trois fois, à l'instant où il se répandait en elle, il s'était cru délivré, mais il oubliait Dagmar dès l'instant où il l'avait quittée. Le seul souvenir qui refusait de lâcher prise c'était celui, divinement doux et crucifiant tout à la fois, de la minute où il avait eu contre lui le corps de Marjolaine, les cheveux de Marjolaine et ses lèvres. Marjolaine qui ne le regardait plus et qui revenait à cet Ancelin dont elle avait prétendu avoir pitié.

Contrairement à ce qu'aurait pensé Bertrand s'il l'avait vu sortir, Hughes n'avait aucunement l'intention de rejoindre la comtesse. Il avait simplement besoin d'un peu de solitude, besoin de se séparer un moment de ces gens dont le hasard et sa propre folie avaient fait ses compagnons de chaque instant. L'interminable longueur de la route lui pesait aussi. Peut-être eût-il abandonné une seconde fois s'il n'y avait eu la promesse faite à un mourant. Mais un chevalier pouvait-il, sans renoncer définitivement à son honneur, manquer à son serment ?

Comme cela lui était arrivé dans les instants de doute et de découragement, il chercha sous sa chemise l'étrange emblème d'un peuple plus étrange encore, celui que Lusigny lui avait remis et dont il ne se séparait jamais. Chaque fois que ses doigts se refermaient sur lui, Hughes avait l'impression que la force et le courage lui revenaient.

Aux heures de plaisir, Dagmar lui avait posé bien des questions à ce sujet, elle avait même essayé de se faire donner, en digne fille d'Ève, ce qui lui semblait être un joyau unique. Il avait coupé court à toutes ses questions, en prétendant que cet objet était dans sa famille depuis des générations et que, sous peine de malédictions, il ne devait s'en séparer sous aucun prétexte. Superstitieuse, la Danoise n'avait pas insisté. Elle semblait au contraire prendre un plaisir pervers à sentir les pointes du trident s'imprimer dans sa peau quand Hughes la serrait contre lui et elle en recherchait le contact.

Les yeux levés vers les étoiles, le bijou serré dans sa paume, Hughes marcha lentement à travers le village. Ce fut quand il découvrit les murs quadrangulaires d'une maison forte qu'il s'aperçut qu'il était allé spontanément vers la demeure de l'alcade où les femmes avaient reçu accueil. Un vieil olivier tordu par tous les vents de Castille s'élevait à côté, non loin d'un auvent où l'on abritait la paille et les outils de culture. Hughes alla vers lui et s'adossa au tronc noueux, cherchant à imaginer derrière lequel de ces murs grossièrement crénelés reposait Marjolaine.

Il l'imagina étendue dans ses cheveux de soie claire, ayant dépouillé les lourds vêtements pour laisser l'air plus frais de la nuit caresser sa peau douce. Et son esprit la lui montra avec une précision si brûlante qu'elle lui incendia le sang. Qu'elle fût une miraculée ne signifiait plus rien pour lui, même si cela voulait dire que Dieu mettait sur elle un sceau d'interdiction. Il avait faim et soif de cette femme. Il la voulait de toutes ses forces, de toute l'ardeur de sa jeunesse et de son exigeante virilité, dût-il, pour une seule heure d'amour, se damner irrémédiablement.

– Qu'elle vienne seulement à moi, pria-t-il avec une fureur désespérée. Qu'elle vienne et que je sois maudit !

Il crut alors que le diable avait entendu sa prière. À quelques pas de lui, la porte armée d'énormes clous venait de s'entrouvrir pour livrer passage à une silhouette féminine. À la lumière des étoiles, Hughes vit briller des cheveux clairs et sentit son cœur s'arrêter car la femme venait droit à lui. Emporté par son désir, il courut vers elle les bras prêts à étreindre. Ce fut seulement quand elle s'abattit contre sa poitrine qu'il reconnut Dagmar.

Furieux, il voulut la repousser, mais elle avait jeté ses bras autour de son cou et le tenait bien.

– Toi, toi... Deux nuits sans toi, souffla-t-elle en mauvais latin. J'attendais et tu es venu. J'étais là, ajouta-t-elle, désignant de la tête le couronnement de la maison. J'ai vu.

Sans prendre garde aux mains qui essayaient de la détacher, elle couvrait de baisers son visage et son cou, collant au sien un corps déjà frénétique et simplement protégé d'une longue chemise. Il tendit le cou pour éviter son baiser.

– Dagmar ! Non. Je ne suis pas venu pour ça.

– Si, si ! Je veux, je te veux.

Elle gagnait du terrain peu à peu sur cet homme déjà en proie au désir d'une autre. Instinctivement, le corps d'Hughes répondit aux sollicitations de celui, brûlant, qui épousait le sien en commençant une danse sournoise mais singulièrement efficace. Brusquement il abandonna la lutte : à quoi bon résister, refuser le soulagement délicieux qui serait le sien dans un instant ? Cette femme lui apportait l'oubli d'un moment, la possibilité d'apaiser sa fièvre, de trouver ensuite un peu de sommeil. Il l'enleva de terre, se jeta avec elle dans la paille entassée sous l'auvent et la débarrassa de sa chemise avant de plonger en elle comme on se jette dans une eau profonde avec l'idée d'y laisser sa vie.

Emporté par la frénésie amoureuse, les oreilles résonnant des battements de son sang, il n'entendit pas, derrière les halètements heureux de la Danoise, le petit cri de douleur qui éclata bien près de lui cependant. Pas plus qu'il n'entendit le bruit de pas légers qui s'enfuyaient.

Le chant enroué d'un coq voisin éveilla Hughes du profond sommeil dans lequel il s'était englouti. La Danoise dormait à ses côtés, sommairement recouverte d'un pan de sa chemise qui laissait apparaître une jambe parfaite. Hughes la réveilla d'une claque sur la cuisse puis, se levant, lui montra la maison du doigt. Le jour allait venir. Il était plus que temps de rentrer.

Sans même un mot d'adieu, il lui tourna le dos et reprit en courant le chemin de l'hospice. La psalmodie des moines bâtisseurs qui chantaient l'office de l'aube avant de retourner au travail vint au-devant de lui. Et aussi Bertrand qu'il rencontra dans la cour encombrée de madriers. Les bras croisés sur sa poitrine, l'écuyer écœuré regardait son maître opérer sa rentrée en pensant qu'il avait la mine d'un chat qui regagne son gîte après une nuit passée sur les toits.

– Inutile de demander si la nuit a été joyeuse, sire baron ? gronda-t-il sans songer à dissimuler une colère qui stupéfia Hughes. Curieuse façon de se conduire, n'est-ce pas, pour qui a charge d'âmes ?

– Ça veut dire quoi, ça ? grogna Hughes avec hauteur.

– Que chanter cantiques et faire oraisons tout le long du jour à tous les saints que nous rencontrons sur ce foutu chemin et passer les nuits à forniquer avec la Danoise, ça ne va pas tellement ensemble ! Quand, à Compostelle, vous raconterez ça au prêtre qui vous confessera, je me demande quel genre de pénitence il vous infligera.

La colère, née de sa mauvaise conscience, s'enfla tout à coup en Hughes. Il leva le poing.

– Et toi, quelle pénitence vais-je t'infliger pour te punir de t'attaquer à ton seigneur ? Le fouet me paraît la plus appropriée !

– Frappez si ça vous amuse, vous ne ferez qu'aggraver votre cas. Sur ce chemin, nous ne sommes que des chrétiens, tous au même niveau, et j'ai le droit de vous dire que vous vous conduisez mal, vous qui devriez donner l'exemple.

– Ça te regarde, dis ? Ça te regarde ? Je fais ce que je veux, tu m'entends.

Les mains en avant, Hughes s'était rué sur son écuyer et le saisissait à la gorge. Bertrand ne se défendit pas, bien que les doigts durs commençassent à serrer. Il se contenta de dire :

– Est-ce que vous ne lui avez pas encore fait assez de mal ?

– À qui ?

– Vous le savez bien. À elle !

Instantanément Hughes lâcha prise. Hagard, il essuya la sueur qui perlait à son front d'un revers de manche.

– Sottise ! Elle se moque bien de moi. Il n'y a que son Ancelin qui compte.

Bertrand haussa les épaules.

– Ancelin ? Comment pouvez-vous être aveugle à ce point ? C'est la même vilaine histoire qui les a embarqués dans cette aventure. Ils sont, chacun à sa manière, les deux victimes d'un même misérable. Il est normal qu'ils s'entraident, qu'ils s'appuient l'un sur l'autre. Quand vous étiez le chevalier de dame Marjolaine, elle ne s'occupait guère d'Ancelin sur le compte duquel elle était rassurée. Seulement, c'est derrière les jupes d'une autre que vous courez.

– Tu es fou. Tu inventes...

– J'invente ? Vous n'avez pas vu la mine qu'elle a ? Vous savez qu'elle ne dort plus, qu'elle ne mange plus, qu'elle s'oblige à marcher dans l'espoir de briser définitivement son corps et qu'elle va y arriver parce qu'elle est malade ? Et pourquoi tout cela ?

– Dis-le-moi si tu sais tant de choses !

– Non ! Découvrez-les vous-même. Et si vous ne croyez pas, interrogez donc Pernette. Tenez, la voilà justement !

Pernette en effet accourait, la coiffe sur le dos, sa robe claquant au vent de sa course. Elle semblait terrifiée et Aveline la suivait dans le même état d'agitation.

– Marjolaine... fit-elle haletante en s'abattant presque sur Hughes.

– Eh bien ?

– Elle a disparu !

14

La dernière étape

Ce n'était que trop vrai. Au milieu de tous les pèlerins hâtivement rassemblés, Pernette et Aveline recommencèrent leur court récit. Dans la nuit, Marjolaine avait voulu sortir après l'orage, afin de respirer un peu d'air frais. Elle n'avait pas voulu qu'on l'accompagne, disant qu'elle avait besoin d'être seule, qu'elle ne resterait pas longtemps dehors. Elle semblait plus calme et moins lasse que d'habitude, et elle avait presque bien mangé si l'on tenait compte de la frugalité du repas servi par l'alcade.

– On n'a pas osé l'empêcher d'aller faire un petit tour, dit Aveline. Cela semblait lui faire tant plaisir. Après son départ, je me suis rendormie.

– Moi aussi, dit Pernette. Et je ne suis pas près de me le pardonner. Quand nous nous sommes réveillées, elle n'était pas dans la chambre. Nous avons pensé qu'elle était allée faire un peu de toilette à la fontaine de la cour. Mais elle n'y était pas non plus.

Alors, elles avaient cherché partout, avec l'aide des serviteurs de l'alcade, d'Agnès et des autres femmes. On avait fouillé autour de la maison en appelant Marjolaine, visité les quelques rues du village et la petite église. Mais nulle part il n'y avait trace d'elle.

– Mais enfin, personne ne l'a vue ? s'écria Ausbert. Je ne sais pas, une servante, l'une des femmes de la dame danoise ? Il est vrai qu'il est difficile de s'en faire comprendre.

– Et pourquoi pas la dame danoise elle-même ? fit Bertrand sarcastique. Elle a un interprète pour se faire entendre.

– Je vais l'interroger moi-même, coupa Hughes. Et il s'avança au-devant de Dagmar qui, avec ses gens, venait rejoindre le gros de la troupe.

Mais elle non plus n'avait pas vu Marjolaine.

– Partie faire petit tour ? suggéra-t-elle avec un sourire dont l'équivoque donna à Hughes l'envie de la battre.

L'angoisse l'étreignait à présent. Il questionna Pernette pour essayer de situer le moment où Marjolaine était sortie. Juste après l'orage ou un peu plus tard ? C'était juste après l'orage, dès que le bruit de l'eau sur le toit eut cessé. En lui-même, il pensa que la jeune femme devait être dehors quand il était sorti lui-même et qu'elle y était encore quand Dagmar l'avait rejoint sous l'olivier. L'idée que, peut-être, elle les avait vus l'effleura, mais il la repoussa avec une sorte d'horreur où la honte tenait une grande place. D'ailleurs, sa disparition ne pouvait avoir de lien quelconque avec son aventure avec la Danoise. Marjolaine s'était peut-être éloignée un peu trop dans ce pays inconnu, elle avait peut-être eu un léger accident. On allait la rechercher, on allait la retrouver...

– Il faut nous mettre tous à sa recherche, ordonna-t-il. Naturellement, il ne peut être question de partir d'ici sans elle. Je vais chez l'alcade pour lui demander son aide.

– Et aussi celle de la frère moine, renchérit Bran Maelduin. Eux sont très bien connaissant la pays tout autour.

On se dispersa dans toutes les directions, moines, pèlerins, paysans, mais Colin n'avait pas attendu l'ordre d'Hughes pour se lancer à la recherche de sa chère maîtresse. Le cœur serré et les larmes aux yeux, il avait commencé de décrire, autour de la maison de l'alcade, des cercles toujours plus larges, le nez au sol, guettant une trace, la moindre chose qui pouvait indiquer une direction. Mais sur ce rêche plateau raboté de vent où les arbres étaient rares et où, en été, l'eau désertait les rivières, il était bien difficile de relever une trace. Pourtant, après l'orage, les pas auraient dû se relever facilement. Or, il n'en était rien. En outre, la terre mouillée n'avait pas conservé d'odeurs.

Hughes s'en aperçut quand, ayant demandé à Aveline un vêtement appartenant à Marjolaine, il le fit renifler aux chiens de Guegan : les bêtes, visiblement déroutées d'ailleurs par cette terre et ce climat qui leur était inhabituels et dont elles souffraient, ne parvinrent pas à se décider pour une direction nette. Néanmoins, elles semblaient tirer plus volontiers en direction des montagnes qui se dessinaient à l'horizon.

Le jour passa, épuisant, désespérant. Tandis que les hommes battaient la campagne dont les ondulations jaunes ressemblaient à des dunes de sable, les femmes agenouillées dans l'église priaient. Seule Pernette avait voulu suivre les recherches.

Elle avait interrogé Bertrand. Avait-il parlé à son maître ? Oui, il l'avait fait, mais seulement ce matin quand, avant l'aube, il était rentré. L'écuyer avait fidèlement rapporté ce qui s'était passé entre eux, juste avant que l'on n'apprît la disparition de Marjolaine.

– Ainsi, conclut Pernette, sire Hughes était avec cette femme cette nuit. Où sont-ils allés ?

– Je n'en sais rien. Dans ce pays pelé, je ne vois pas où ils ont pu trouver asile. Il n'est tout de même pas allé la rejoindre dans la maison de l'alcade.

– Certainement pas. Elle a dû sortir. Peut-être en même temps que Marjolaine. Si elle les a vus... Mon Dieu, il faut la retrouver ! Elle a dû avoir si mal ! Dieu sait ce qu'elle a pu faire ! S'enfuir droit devant elle ou pire encore !

– La rivière est à sec, elle n'a pas pu s'y jeter. Et je ne vois pas comment elle aurait pu faire pour se détruire dans ce désert.

– Quand on veut mourir, on trouve toujours un moyen. Rappelez-vous Modestine. Il faut fouiller partout, dans le moindre trou que l'on pourra trouver.

C'était ce que l'on avait fait durant des heures mais sans succès. À présent le soleil était bien près d'achever sa course et les hommes découragés revenaient les uns après les autres. Seul Hughes, escorté de Guegan et des chiens, s'obstinait, accroché à cette idée simple qui l'empêchait de devenir fou : Marjolaine n'avait pu se volatiliser. Et pourtant, il semblait bien qu'elle eût disparu de la surface de la terre.

Pendant ce temps, Fulgence s'ennuyait. Sous le coup de l'émotion causée par la disparition de Marjolaine, on s'était peu occupé de lui ce jour-là. Ausbert Ancelin, son habituel mentor, courait la campagne comme les autres et l'avait laissé à la seule compagnie de Léon Mallet qui ne s'était guère déplacé à cause d'une cheville qui le faisait sérieusement souffrir, et puis, fatigué par la chaleur, il avait été prier à l'église après avoir vaguement participé aux recherches. Enfin, s'était endormi. Et Fulgence, qui n'avait pas la moindre envie de dormir, en avait profité pour aller faire un petit tour.

Quittant l'hospice dont le chantier demeurait désert, il se dirigea vers le lit presque à sec d'une assez large rivière qui se trouvait à environ un quart de lieue du village. Tout à l'heure avec Mallet, il était passé près de ce ravin pierreux où poussait tout de même quelque végétation et il y avait aperçu des fleurs jaunes qui le tentaient. Tout naturellement il avait voulu descendre les chercher, mais Léon n'avait rien voulu savoir. On n'était pas là pour cueillir des fleurs et, en outre, il avait besoin du bras de son compagnon pour rentrer au gîte. Du coup, Fulgence avait boudé : il avait plus que jamais envie de ses fleurs.

Avec l'espèce d'instinct que déploient les fous lorsqu'il s'agit de satisfaire un désir, le moine de Saint-Denis retourna droit au lieu qu'il avait remarqué et poussa un grand soupir de satisfaction en constatant que les fleurs étaient toujours là. Retroussant sa robe élimée et effrangée, il entreprit donc de descendre parmi la pierraille et les rochers pour les atteindre.

À cet instant Colin, revenant avec Pernette de leur quête décourageante, aperçut la robe du moine qui s'agitait en contrebas du chemin.

– Allons bon ! grogna-t-il. Léon a laissé filer le fou. Le voilà qui cueille des fleurs à présent.

– Ce n'est pas bien méchant, soupira Pernette qui ne sentait plus ses jambes. Je n'aurais jamais cru qu'il pût pousser une seule fleur dans ce désert jaune.

– N'empêche qu'on ne peut pas le laisser là. Je vais le chercher.

À son tour, le jeune homme, pestant et ronchonnant, descendit vers le lit asséché. Mais à peine eut-il rejoint Fulgence qu'il l'abandonna aussitôt. En face de lui, de l'autre côté de la ravine, il venait d'apercevoir, à demi caché par une touffe de grands roseaux que l'on pouvait voir du chemin mais sous un angle différent, quelque chose de sombre qui lui fit battre le cœur.

Aussitôt il bondit, sautant de rocher en rocher ou enfonçant dans le sable gravillonneux, et atteignit les roseaux. Le hurlement qu'il poussa dut s'entendre jusqu'au fond de la province.

– La voilà, Pernette... La voilà, je l'ai trouvée !

Le cri de joie de la jeune femme répondit au sien et, à son tour, elle s'élança vers le fond de la rivière. Cependant, Colin examinait Marjolaine avec inquiétude. L'idée qu'elle pouvait être morte ne l'effleura pas car elle était très rouge, mais elle était inconsciente et sa respiration était difficile. Il posa sa main sur le front de la jeune femme et le trouva brûlant : en dépit du frêle rempart des roseaux, le soleil avait dû taper d'aplomb sur elle.

– Retournez-vous, je vais ouvrir sa robe, dit Pernette qui arrivait auprès de lui. Il faudrait un peu d'eau.

– Ne croyez-vous pas que le mieux serait de l'emporter à l'hospice ? Aidez-moi à la soulever. Je peux la porter jusque-la.

Mais quand il voulut la soulever, Marjolaine poussa un gémissement et Pernette, qui s'apprêtait à saisir ses chevilles, suspendit son mouvement : le pied gauche de la jeune femme faisait avec sa jambe un angle inhabituel.

– J'ai bien peur qu'elle ne se soit cassé une jambe. Il faut un brancard pour la ramener. Allez chercher du secours, Colin, je resterai auprès d'elle, mais courez car le soleil se couche.

Colin partit comme une flèche. Cependant, Pernette, après avoir délacé la robe de la blessée, allait jusqu'au filet d'eau qui s'obstinait à couler entre les bancs de sable, y trempa son mouchoir et revint l'étendre sur ce visage dont la rougeur l'effrayait presque autant que l'inconscience de la jeune femme et sa respiration si peu naturelle.

Il ne s'écoula guère qu'une demi-heure jusqu'au retour de Colin escorté de deux moines portant une sorte de civière, faite de roseaux et de toile grossière. Bran Maelduin les précédait. Sa robe retroussée à deux mains, il trouvait le moyen de courir encore plus vite.

Le diagnostic de l'Irlandais fut vite établi.

– C'est la soleil ! Elle chuter nocturnement, démolir sa pied, trouver juste force pour l'abri dans la roseau, puis soleil taper dessus !

– Mais enfin pourquoi n'a-t-elle pas crié ? Nous sommes passés ici au moins deux fois sans rien voir.

– Elle était sans doute déjà inconsciente. Elle s'est peut-être aussi cogné la tête en tombant, dit Pernette. Enfin, elle n'avait peut-être pas tellement envie d'être sauvée.

– Pas envie d'être sauvée ? Pourquoi ? fit Bran Maelduin.

La jeune femme rougit.

– Je ne sais pas. Une idée. Elle était tellement triste tous ces jours. C'était comme si la vie lui était de plus en plus à charge.

– À cause de le seigneur baron ?

Cette fois, Pernette ne répondit pas, se contentant de détourner la tête. Il était décidément bien difficile de dissimuler la moindre chose à la perspicacité de ces candides yeux bleus. Il y avait des moments où Bran Maelduin donnait l'impression qu'il avait le pouvoir d'ouvrir les cœurs humains et d'y lire sans la moindre difficulté.

Installée avec précaution sur la civière, Marjolaine, à qui Bran Maelduin avait réussi à faire boire une gorgée d'eau, fut ramenée au village toujours inconsciente, au milieu de la gloire triomphante d'un admirable coucher de soleil. La terre, le ciel et les montagnes, qui déjà bleuissaient, semblaient faits d'or en fusion, mais aucun de ceux qui entouraient la jeune femme ne participait vraiment à cette splendeur. Pernette se demandait seulement, le cœur serré, si dans toute cette lumière elle n'allait pas voir s'ouvrir pour la douce Marjolaine les portes d'or du Paradis.

En arrivant, on trouva tout le monde rassemblé, sauf Hughes qui n'était pas encore rentré. Au milieu d'un profond silence, le petit cortège gagna la maison de l'alcade où les servantes et la maîtresse du logis s'étaient hâtées de préparer le meilleur lit. Aidée d'Aveline en larmes et d'Agnès de Chelles, pas beaucoup plus vaillante, Pernette y coucha Marjolaine, mais ce fut Bran qui la déchaussa, découpant sans hésiter sa chaussure pour dégager le pied qui, heureusement, ne présentait aucune blessure apparente. Peut-être n'était-il que déboîté.

Profitant de l'inconscience de la jeune femme, il remit le pied en place puis, de ses doigts habiles et singulièrement légers, il procéda à un examen aussi consciencieux que possible.

– Possiblement pas cassé, murmura-t-il.

Pendant que, sur ses instructions Pernette, à intervalles réguliers, faisait boire à Marjolaine une gorgée d'eau, il réclama de la graisse de mouton, y écrasa quelques feuilles sèches, en fit une pommade qu'il étala sur la cheville meurtrie avant de l'envelopper d'une bande de toile fine puis d'une autre bande plus raide. Cela fait, il baigna doucement le visage brûlé par le soleil puis, réclamant de l'huile d'olive, l'en enduisit, avant de mettre des compresses humides.

Hughes revint à cet instant, rappelé par la cloche de l'église, dont on avait convenu qu'elle frapperait un certain nombre de coups pour prévenir que la jeune femme était retrouvée. Les femmes et Bran Maelduin le virent surgir comme un fou dans la chambre où l'on soignait Marjolaine. Il avait tant couru et tant transpiré qu'il était ocre des pieds à la tête, et que les femmes, à son aspect, poussèrent un cri de frayeur. Mais il n'y prit pas garde : il ne voyait que cette forme étendue, ce visage que des linges blancs lui cachaient à nouveau.

– Elle n'est pas ? ...

– Non, dit sèchement Pernette. Elle vit. Reste à savoir pour combien de temps.

– Demain seulement savoir si la soleil a tué jeune Marjolaine, ou seulement esprit... ou rien du tout !

– Vous voulez dire qu'elle peut mourir, ou devenir folle ?

– C'est exactement ce qu'il veut dire : peut-être qu'elle guérira, si Dieu le veut. Mais peut-être aussi qu'elle mourra ou qu'elle ne retrouvera jamais la raison comme le pauvre Fulgence. Et le seul coupable de ce désastre, ce sera vous !

– Moi ? Êtes-vous folle ?

– Je ne crois pas. Cette nuit, vous avez rejoint la Danoise comme les autres nuits. Vous ne pouvez pas le nier, car ce serait mentir.

– Qui songe à nier ? fit Hughes avec hauteur. Je vous trouve hardie d'oser me demander des comptes.

– Pourtant je vais continuer à vous en demander. Où avez-vous rejoint votre maîtresse après l'orage ?

– Je ne l'ai pas rejointe, je l'ai rencontrée.

– À qui ferez-vous croire ça, s'écria Pernette hors d'elle-même. Pas à dame Marjolaine en tout cas, si elle pouvait vous entendre. Je suis sûre qu'elle vous a vus ensemble. Et c'est pour cela qu'elle a fui droit devant elle comme une folle qu'elle était en train de devenir. Mais au fond, c'était bien cela que vous vouliez ?

– Que je voulais ? répéta machinalement Hughes abasourdi par cette furieuse sortie que les autres écoutaient sans broncher.

– Bien sûr ! Elle s'était laissé prendre aux douces paroles que vous lui disiez naguère, la pauvre. Seulement, elle était pure et ne voulait souiller ni son âme, ni surtout le saint voyage qu'elle s'était imposé, en s'abandonnant comme l'autre ! Alors vous avez voulu l'en punir et, jour après jour, soir après soir, vous avez étalé devant elle vos sales et diaboliques amours. Seulement, elle vous aimait sans oser se l'avouer à elle-même. À présent, vous voyez le résultat. Aussi, je proclame hautement ici, comme je le proclamerai devant tous, que si Marjolaine meurt, c'est vous, Hughes de Fresnoy, qui l'aurez tuée.

En face de Pernette dressée telle une déesse de la vengeance, Hughes, à la grande surprise des témoins de la scène, baissa la tête.

– J'étais jaloux, avoua-t-il d'une voix que les larmes enrouaient. Je croyais qu'elle aimait Ausbert Ancelin. Elle me l'avait crié un soir. Je l'ai crue. À présent, je sais que c'est vous qui avez raison, dame Pernette.

Au milieu d'un profond silence, il marcha vers le lit, se pencha, prit la main brûlante qui reposait sur le drap et en baisa doucement les écorchures. Puis, se retournant, il regarda Bran Maelduin droit dans les yeux.

– Voulez-vous m'entendre au tribunal de la Pénitence ? demanda-t-il simplement.

L'Irlandais hocha la tête.

– Viens, dit-il.

Durant trois jours, Marjolaine ne vit ni l'aube, ni le crépuscule, ni la nuit succédant au jour. Elle oscillait entre la conscience et le néant, brûlée d'une fièvre qui ne lâchait pas prise, la tête pleine de feu et le corps traversé de douleurs sourdes. Mais c'était l'esprit qui souffrait le plus. Du fond de l'abîme où il se débattait, il recréait sans cesse la scène cruelle dont Marjolaine avait été témoin après l'orage : Hughes embrassant la Danoise puis l'emportant dans ses bras, s'abattant avec elle dans la paille et lui faisant l'amour.

Pourtant, elle allait un peu mieux ce soir-là et si elle avait voulu sortir, c'était vraiment pour respirer la fraîcheur, regarder la nuit et les étoiles comme elle l'avait fait au soir de Sainte-Catherine-de-Fierbois. Elle avait marché un peu autour dc la maison de l'alcade. Puis elle avait entendu des pas et, cachée derrière l'angle de la construction, elle avait vu Fresnoy venir sous l'olivier. Une joie infiniment douce l'avait envahie alors : il venait à elle comme il était venu sous l'orme de Sainte-Catherine, il avait entendu l'appel qu'inconsciemment, silencieusement, elle lui adressait. Cette fois, elle ne lui dirait plus qu'elle en aimait un autre, elle ne fuirait plus son amour comme elle l'avait fait à Pampelune. Elle allait s'élancer vers lui, avouer l'amour trop lourd pour elle et qui la ravageait. Elle allait voler dans ses bras, se laisser serrer, emporter, anéantir. Et puis, la Danoise était apparue. C'était elle qu'Hughes attendait, c'était sur elle qu'il avait refermé ses bras. Alors Marjolaine avait senti qu'en elle quelque chose craquait. Elle avait éprouvé un déchirement terrible et si douloureux qu'elle s'était enfuie droit devant elle, courant comme une folle, aveugle et sourde à tout ce qui n'était pas cette souffrance dont elle voulait se libérer. Elle n'obéissait plus à aucune raison. Elle ne savait pas où elle allait. Elle ne voyait rien... Et puis il y avait eu la chute et elle avait basculé dans l'enfer. Cet enfer qui continuait à la tourmenter au fond de sa fièvre et que la mort miséricordieuse ne semblait pas disposée à éteindre.

Durant ces trois jours, Hughes rôda autour de la maison comme un loup malade qui cherche gîte et nourriture. Bran Maelduin l'avait absous de son péché de luxure, mais il ne parvenait pas à se pardonner à lui-même. Le cœur ravagé d'angoisse, il guettait l'instant où sa vie prendrait fin, l'instant où l'on viendrait lui dire que la bien-aimée avait cessé de vivre.

La Danoise était partie avec ses servantes et ses gardes, chassée par Bran Maelduin. Avec elle, étaient partis les quelques pèlerins étrangers qui avaient échappé au coupe-gorge et qui n'avaient fait que suivre le train des autres sans jamais vraiment s'y mêler. Parmi eux, les marchands flamands à qui les gardes de la comtesse semblaient une garantie autrement précieuse que la robe usée de Bran Maelduin ou même la longue épée du sire de Fresnoy. D'autant que les trois quarts de la route étaient faits et que, pour gagner Compostelle, il suffisait de suivre le « Camino francés » jalonné d'églises, de couvents, d'hospices et de montjoies en allant toujours vers le coucher du soleil. Et ils ne furent plus qu'une poignée à demeurer au village, guettant le dernier soupir de Marjolaine ou son retour à la vie : Hughes et Bertrand, Aveline, Colin, Pernette et Agnès, Bran Maelduin, Nicolas, Ausbert, Fulgence, Léon Mallet et Guegan. Les femmes se relayaient au chevet de la malade, les hommes chassaient ou aidaient les moines pour payer leur hébergement, tous imploraient le Ciel pour que le drame leur fût épargné.

Au matin du quatrième jour, comme Aveline, les paupières rougies par l'insomnie, se penchait sur Marjolaine et posait sa main sur son front pour en évaluer la température, elle vit soudain s'ouvrir tout grands les yeux de la jeune femme, des yeux qui avaient retrouvé leur clarté naturelle et qui lui sourirent doucement avant de faire le tour de la pièce inconnue.

– Qu'est-ce que je fais ici ? demanda Marjolaine.

Aveline fut tellement saisie qu'elle resta un instant bouche bée.

– Vous vous sentez mieux ? demanda-t-elle au bout d'un moment qui lui parut durer l'éternité.

– Oui, je crois. Il me semble que je vais presque bien.

Elle n'eut pas le temps d'achever sa phrase : déjà Aveline s'était ruée hors de la chambre, clamant à pleins poumons :

– Dame Marjolaine est guérie ! Dame Marjolaine est guérie ! Venez tous, elle est guérie !

Elle riait et pleurait tout à la fois, criant comme une folle et éveillant tous les échos du village. En un instant, tous furent rassemblés devant la maison. Les femmes déjà s'étaient précipitées dans la chambre. Mais, quand Hughes voulut s'élancer dans l'escalier qui y menait, Bran Maelduin lui barra le passage.

– Non ! Je aller seul d'abord. C'est sa corps qui va mieux.

– Vous avez peur que je lui fasse du mal ? Je veux seulement lui dire que je l'aime.

– Moment peut-être pas bien choisi pour parler de l'amour.

En entrant chez Marjolaine, le petit moine constata qu'en effet elle allait beaucoup mieux. La fièvre était tombée et, si sa faiblesse était grande encore, si son pied la faisait souffrir, du moins accueillit-elle volontiers la nourriture qu'on lui apporta.

Avant l'arrivée de Bran Maelduin, Pernette, avec beaucoup de ménagements, avait appris à la jeune femme comment s'était achevée sa terrible aventure, comment on l'avait retrouvée, ramenée, soignée et comment, depuis quatre jours à présent, l'existence de tous avait tourné autour de la sienne. Aussi remercia-t-elle chaleureusement l'Irlandais de ses soins, regrettant seulement que l'on eût, à cause d'elle, interrompu le voyage.

– Voyage pas interrompu, dit Bran paisiblement. Qui a vouloir partir, parti.

– Ceux dont on n'avait pas besoin sont partis, traduisit Pernette avec ressentiment. La Danoise est partie avec ses gens et tout le mal qu'elle avait apporté ! Il n'y a plus autour de vous que des amis. Et sire Hughes.

Marjolaine tressaillit, tandis que Bran Maelduin jetait à Pernette un regard chargé de reproche.

– Est-il donc encore ici ? Il n'est pas parti avec les autres ?

– Non. Il est là, en bas. Il a été là tous les jours, toutes les nuits, à toutes les heures. Oh ! chère Marjolaine, il a été si malheureux du mal qu'il vous a fait et...

De la main, la jeune femme l'interrompit.

– Il ne m'a fait aucun mal. Moi seule suis coupable ! Moi et ma folle imagination. J'ai failli céder à une tentation diabolique et j'en ai été punie, comme il se devait. C'est très bien ainsi, n'accusez personne.

– Alors, reprit Pernette, je peux lui dire que vous lui pardonnez ? Je peux l'autoriser à venir vous voir ?

– Je n'ai rien à lui pardonner. Dites-le-lui. Dites-lui aussi qu'il sera meilleur pour lui comme pour moi de ne plus nous revoir. Je voudrais qu'il parte, qu'il rejoigne les autres. Nous n'avons besoin que de frère Bran pour nous conduire à Compostelle. Et le baron a une mission à accomplir.

– Partir sans vous ? Il n'acceptera jamais.

– Il faudra bien. De toute façon, nous n'avions plus beaucoup de chemin à faire ensemble. J'avais décidé qu'à Compostelle nous nous séparerions. Ne me posez pas d'autres questions, Pernette. Laissez-moi reposer un peu et ne m'en veuillez pas. Ce soir, frère Bran, je voudrais que vous reveniez causer avec moi. J'ai besoin de voir clair et de décider avec vous de ce que je dois faire.

Ayant dit, elle ferma les yeux. En silence, tous se retirèrent, mais Bran Maelduin se contenta de dire à Hughes que Marjolaine s'était endormie et qu'elle était trop lasse pour recevoir qui que ce soit. Le chagrin qui était inscrit sur ce dur visage d'homme lui inspirait une profonde pitié, née d'ailleurs dans la confession désespérée qu'il avait reçue de lui. Il serait bien temps demain de lui apprendre que la jeune femme ne voulait plus le revoir jamais et qu'elle désirait qu'il parte. Le petit moine, à présent, appréhendait ce moment dont il savait qu'il serait pénible.

Pour se donner du courage, il s'en alla prier un moment dans la petite église du village. C'était une église pauvre et nue : des murs de torchis, un autel de pierre brute, une grande croix de bois noir devant laquelle brûlaient des chandelles de cire jaune qui ne sentaient pas bon. Mais par son dépouillement, elle rappelait à l'Irlandais les chapelles de son pays et il y retrouvait la même paix.

À genoux sur la terre battue dont était fait le sol, il pria longtemps pour ces deux êtres qu'il aimait, qui s'aimaient et que pourtant tout s'acharnait à séparer.

– Toi qui es justice et bonté, Seigneur, pourquoi les as-tu fait se rencontrer puisque rien n'était possible ? Elle est trop pure pour lui qui n'est qu'un homme de chair et de sang. Il ne peut lui offrir qu'un amour humain et l'amour humain la terrifie, lui fait même peut-être horreur parce qu'elle y voit un péché. Pourtant, elle l'aime et elle accepterait tout si tout était possible. Mais il est marié ! Oh, Seigneur, je t'en prie, fais-leur miséricorde. Donne-leur au moins l'oubli puisque le bonheur n'est pas possible. Et moi, ton serviteur maladroit, aide-moi à leur adoucir la cruauté de la séparation. Aide-moi à trouver les mots, moi dont le langage est différent, pour leur dire qu'un jour, auprès de toi, ils se retrouveront pour l'éternité.

Ce fut dans cette même église, au pied de cette même croix qu'il choisit de dire à Hughes, ce soir-là, ce que Marjolaine lui avait confirmé : elle voulait qu'il parte vers Compostelle sans attendre sa guérison qui d'ailleurs ne saurait tarder. Elle-même ne ferait qu'y passer juste le temps nécessaire pour accomplir entièrement son vœu de pèlerinage. Ensuite, elle gagnerait un port voisin car elle avait appris à Blaye qu'il était possible de gagner Compostelle par mer en débarquant dans un port nommé La Coruña [1]. Et c'est par mer qu'elle reviendrait en France pour s'y enfermer dans un couvent jusqu'à la fin de ses jours.

– Elle veut que je parte ? demanda Hughes d'une voix blanche.

1. La Corogne.

– Oui.

– Que je parte sans la revoir ?

– Oui, dit encore Bran Maelduin, sans oser regarder cet homme qui semblait frappé à mort tant il était pâle.

Parce qu'il le sentait prêt à s'évanouir, il ajouta que Marjolaine demandait qu'on libérât Léon Mallet définitivement. Point n'était besoin de le livrer à la justice pour obtenir la punition d'Étienne Grimaud. Quand elle aurait atteint l'asile qu'elle se choisirait, elle ferait parvenir à son « neveu » une donation en bonne et due forme, l'abandon total de tous ses biens à l'exception de la dot qu'elle apporterait, dans l'espoir qu'il deviendrait meilleur. Elle demandait encore qu'Hughes voulût bien veiller à ce qu'Ausbert Ancelin pût reprendre une vie normale, déchargé enfin de toute accusation.

Les poings serrés, Hughes écoutait ces recommandations qui ressemblaient si fort à un testament. Il ferma les yeux pour opposer la barrière des paupières aux larmes qu'il sentait monter. Il avait envie de pleurer, de crier, de se rouler par terre, de frapper même cet ami dont la voix pourtant compatissante disait des choses qui lui faisaient tant de mal. Ne plus la voir, ne plus l'entendre ! Savoir seulement qu'elle existait quelque part enterrée toute vive sous les pierres d'un couvent de moniales. Quant à Marjolaine, elle garderait de lui l'image ignoble d'un homme accouplé sans amour à une autre femme. Il serait cela dans son esprit et tant qu'elle vivrait. Elle ne voulait pas lui permettre de pleurer à ses pieds, de lui dire qu'il n'était pas seulement comme elle l'avait vu, et que son amour aurait pu faire de lui un autre homme, un homme digne d'elle. Alors, comme Bran Maelduin lui demandait s'il acceptait ce que Marjolaine lui demandait, il dit :

– Oui. Mais à une seule condition. Je partirai pour Compostelle cette nuit même. Je la laisserai achever sans moi le voyage que j'aurais voulu si beau. Mais je veux la revoir à Compostelle. Je veux la revoir une seule fois !

– Elle pas accepter.

– Si. Elle ne pourra pas refuser. Je veux la revoir dans la cathédrale, au tombeau de l'apôtre où j'avais juré de la conduire. Je vous dirai le jour et l'heure car je saurai quand vous arriverez. Je la reverrai au milieu d'une foule, mais je la reverrai ! À ce prix seulement j'accepte de partir.

Il y eut un silence. Bran Maelduin ne disait rien. Les yeux baissés, les mains au fond de ses manches effrangées, il semblait réfléchir, ou prier. Hughes murmura :

– Vous lui demanderez ?

L'Irlandais hocha la tête. Alors Hughes dit encore :

– Elle viendra ?

– Oui. Je saurai dire. Elle viendra.

La nuit était encore noire et le coq venait de chanter quand le pas des chevaux éveilla les échos du village endormi. Marjolaine, qui ne dormait pas, l'entendit croître, s'arrêter un instant près de la maison, enfin s'enfler en un galop qui décrut bientôt et s'éteignit tout à fait. Le coq chanta une seconde fois.

Auprès d'elle, la jeune femme entendit pleurer Aveline et dit doucement :

– Tu le reverras, petite. Je l'ai promis.

– Mais pour combien de temps ? C'est fini à présent. C'est fini !

– Qui sait ? Tu es libre, si tu veux. Tu pourras le suivre quand je partirai.

– Vous... vous savez bien que non. Il n'est qu'écuyer, mais il sera peut-être chevalier. Il est noble et moi je ne suis rien. Je savais que ça finirait un jour. J'aurais seulement voulu que ça dure encore un peu, rien qu'un peu.

Marjolaine ferma les yeux. Quelque chose se noua dans sa gorge et, sur la douleur de sa petite servante, elle laissa couler les larmes qu'elle se refusait à elle-même.

Deux jours plus tard, Marjolaine et ses derniers compagnons quittaient à leur tour le petit village de Castille. Il était plus que temps pour eux tous d'aller chercher la paix et l'oubli dans la cité où le miracle était le pain quotidien.

Un soir, du haut du mont de la Joie où, suivant le rite, ils plantèrent tous une petite croix, les pèlerins aperçurent enfin les clochers et les toits de Compostelle. C'était au coucher du soleil et la ville flamboyait sur un fond d'or liquide, tellement semblable à leurs rêves, sous cette lumière irréelle, que tous se jetèrent à genoux pour baiser cette terre tant espérée et pour prier. Tout à l'heure, dans la petite rivière dont le nom gaillard de Lavamentula avait fait s'esclaffer Nicolas Troussel, ils s'étaient tous baignés, lavés aussi soigneusement que possible. Il s'agissait d'abandonner les dernières poussières, les dernières sanies de la route pour aborder aussi propres que possible la ville qui leur semblait l'antichambre même du paradis.

Depuis qu'ils étaient en Galice, d'ailleurs, le chemin leur avait paru moins rude. Finie l'aridité sauvage de la Castille, finis les paysages inhumains sans herbe et sans verdure. La Galice avec ses forêts de pins et de chênes verts, ses cyprès et les fleurs que les douces pluies faisaient pousser dans les jardins, avec le vent salé qui lui venait de la mer proche, était déjà pour eux un lieu de délices et de rémission. Les dernières étapes avaient paru s'enfuir allègrement sous leurs pas, tandis que leurs esprits laissaient la joie effacer tant dépreuves, tant de peines, tant de souffrances. Ils étaient partis près d'une centaine et ils arrivaient dix fois moins nombreux. Et plus d'un se demandait s'il aurait le courage de refaire, en sens inverse, le terrifiant voyage. Tous savaient que Marjolaine rentrerait par mer et tous pensaient que ce ne serait peut-être pas une si mauvaise idée d'en faire autant puisque le vœu était accompli...

Il ne restait guère aux errants que trois petites lieues environ pour atteindre leur but final et, comme la soirée était douce, ils campèrent sur place, au pied de l'église neuve qu'un archevêque avait fait construire quelques années plus tôt à la gloire de la Sainte-Croix. Ils y dormirent tous comme des enfants, couchés à même l'herbe courte, heureux d'être arrivés et confiants dans Celui qui les avait menés jusque-là.

Il y avait beaucoup de monde à cette ultime étape. D'autres pèlerins étaient déjà arrivés, d'autres arrivèrent encore avant que le soleil ne fût complètement avalé par l'horizon. Aussi, quand revint le jour, ce fut une assez belle troupe qui descendit vers la ville dans la douceur d'une aurore rose. Tous avaient envie de courir, mais on se retenait parce qu'il y avait des malades que l'on brancardait, des boiteux, des estropiés qui avançaient plus lentement, bien qu'on les aidât de son mieux.

Et puis ce fut la ville. Les guetteurs, du haut des tours, avaient signalé l'approche des pèlerins. Déjà un petit cortège de prêtres entourant une croix était sorti de l'enceinte et venait au-devant d'eux en chantant. Tous tombèrent à genoux pour le recevoir et attendre la première bénédiction que leur distribua un petit chanoine sec comme un sarment de vigne dont les yeux noirs brûlaient d'un feu fanatique. Après quoi, l'on repartit tous ensemble en chantant un cantique d'action de grâces, emportés par l'appel de la grosse cloche qui là-haut, dans l'air bleu, battait en leur honneur.

La porte de France avala le cortège qu'une foule attendait déjà, resserrant la rue, se pressant en commentant leur apparence. Il y avait là aussi les valets des auberges, venus pour récupérer ceux des arrivants qui leur paraissaient le plus argentés et, autour de ceux qui avaient chevaux ou mules, on se battait presque. Pourtant, ces gens savaient bien que personne ne les suivrait avant d'avoir fait, à la cathédrale où était le tombeau, la première oraison.

La foule était si dense que Marjolaine ne vit pas Hughes qui se tenait dans l'ombre de la porte. Mais Bran Maelduin, lui, le vit et lui fit signe de les suivre.

Depuis qu'il les avait quittés, Marjolaine vivait dans un brouillard gris que ne perçait plus le soleil. À cause de son pied blessé qui lui interdisait la marche, elle n'avait plus quitté sa mule et se laissait porter par elle sans rien voir, sans rien entendre. Elle ne participait plus aux prières communes ni aux chants. C'était comme si, en s'éloignant d'elle, Hughes avait emporté avec lui un organe essentiel à sa vitalité, et ceux qui l'entouraient regardaient avec une sorte de crainte cette femme qu'ils croyaient bien connaître et qui, cependant, leur apparaissait maintenant somme toute différente. Sa voix était toujours aussi douce, ses gestes toujours aussi mesurés et sa gentillesse intacte. Le changement tenait tout entier dans son sourire, beaucoup plus rare à présent et plus figé que bienveillant, et surtout dans ses yeux qui n'avaient plus de lumière.

La cathédrale, dont les chrétiens du monde entier rêvaient plus encore que de Rome et presque autant que de Jérusalem, apparut enfin aux yeux des pèlerins, passé l'angle d'une rue. Certains se mirent à pleurer : là, devant eux, ils voyaient apparaître, les accueillant et les bénissant, le Christ en majesté et le glorieux saint Jacques dont ils espéraient tant. Et puis l'église, resplendissant de toutes ses pierres claires qui semblaient absorber le soleil, l'église immense avec ses tours et ses trois portails sculptés, ses neuf nefs inférieures, ses six nefs supérieures entourant une grande chapelle qui était celle du Sauveur, l'église qui leur parut le témoin même de la gloire de Dieu. Avec un sanglot, Agnès de Chelles tomba à genoux pour s'avancer vers le seuil de la demeure divine.

Les gens de France devaient entrer par le portail nord devant lequel se trouvait l'hospice des pèlerins pauvres. Au-delà s'étendait un parvis auquel on accédait en descendant neuf marches. Au bout de ces marches s'élevait la plus belle fontaine qu'ils eussent jamais vue : une immense vasque de pierre où quinze hommes eussent pu se baigner et d'où jaillissait une haute colonne de bronze. En haut de cette colonne, quatre lions de pierre crachaient une eau claire que le soleil faisait étinceler. Au-delà c'était le marché, le plus bruyant et le plus pittoresque marché que ville sainte eût connu : outre les petites coquilles Saint-Jacques que tout pèlerin se devait de rapporter, on y trouvait les productions locales : outres de vin et jarres d'huile, besaces en peau de cerf, chaussures pour remplacer celles que le voyage avait usées, ceintures, manteaux, panières, ainsi que des herbes médicinales à pleines bottes et même des onguents tout préparés.

Mais sur tout cela Marjolaine posait un regard presque indifférent et si, dans sa poitrine, son cœur avait battu plus vite à la vue de la cathédrale comme il avait battu plus vite en pénétrant dans la ville, c'était parce que dans cette ville respirait l'homme qui avait envahi son âme, parce que dans cette cathédrale il allait l'attendre pour cette dernière entrevue qu'elle espérait et redoutait sans pouvoir démêler lequel de ces deux sentiments l'emportait. C'était comme si le feu de l'amour avait brûlé sa foi.

Aidée de Colin et d'Aveline, elle descendit de sa mule puis, portée plus que soutenue par eux, elle pénétra dans l'ombre fraîche des hautes voûtes. Instinctivement, son regard se détourna, chercha celui de Bran Maelduin. Était-ce le moment de l'ultime rencontre ?

– Non, murmura le moine en réponse à sa question muette. Demain, avant grande messe.

Marjolaine alors s'efforça de prier, mais le cœur n'y était pas et elle s'en effraya. Qu'était-il advenu d'elle au cours de ce long chemin pour que la piété d'autrefois eût disparu ? Jadis, elle ne pouvait approcher d'un autel sans se sentir transportée d'amour et de joie. Aujourd'hui, à l'instant d'aborder l'un des hauts lieux de la chrétienté, de s'agenouiller au tombeau du grand saint Jacques, elle n'éprouvait plus rien, aucune étincelle de joie. Son cœur n'était que douleur et ténèbres. Et ce n'était ni le Divin Sauveur, ni le Dieu tout-puissant qu'elle appelait dans sa détresse : c'était le regard, le sourire, la chaleur d'un homme qu'elle savait bien semblable à tous les autres hommes mais qui, pour elle, était unique.

À l'auberge de *L'Homme sauvage* où la petite bande s'installa après que Marjolaine eut exigé de payer pour tous, elle s'enferma dans une chambre si étroite qu'elle ressemblait à une cellule de nonne dont elle avait d'ailleurs l'absence de confort. Mais c'était la seule pièce que l'on pût donner à une personne seule. Pernette, Aveline et Agnès avaient protesté, mais elle avait tenu bon, acceptant seulement qu'on l'aide à se déshabiller et à se coucher après une rapide toilette.

Toute la nuit, elle resta sur son étroite couchette, étendue les yeux grands ouverts, les mains nouées nerveusement sur son estomac, guettant l'aurore, essayant encore de prier pour trouver la force d'affronter ce qui allait venir. Qu'allait-il lui dire ? Quelles prières lui adresserait-il ? Et que répondrait-elle ? Aurait-elle seulement la force de le rejeter encore, de lui dire en face que jamais de sa vie elle ne le reverrait, qu'il devait l'oublier parce qu'il appartenait à une autre et qu'entre eux il n'y avait pas d'amour possible.

– Il le faudra bien, pourtant, murmura-t-elle. Puis, tournant la tête vers l'étroite fenêtre par laquelle on commençait à distinguer l'un des clochers de l'église : Mais ensuite, Seigneur, accordez-moi de mourir vite, très vite !

Le jour venu, elle laissa ses compagnes l'habiller et la coiffer avec plus de soin que de coutume. Elle mit la meilleure robe qu'elle possédât encore ; une robe de fine soie violette qu'elle avait apportée en vue de la grand-messe de Compostelle. Elle avait maigri durant le voyage et le vêtement flottait un peu autour d'elle, mais elle vit dans les yeux des autres femmes qu'en dépit des fatigues endurées elle était toujours très belle.

Avant de partir, elle prit Aveline à part. Les yeux de la petite étaient rouges des larmes versées et elle l'embrassa.

– Je te le répète, Aveline, si tu veux suivre ton ami, tu es libre.

– Mais lui ne l'est pas. Il ne voudra pas contrarier les siens en épousant une servante.

– Qu'en sais-tu ? Pernette est fille noble, pourtant elle s'est enfuie avec Pierre qui est simple charpentier. Si Bertrand t'aime, il te priera de rester.

– Non, dame ! Il m'aime sans doute car il le dit et je le crois vrai. Mais il aime son honneur et aussi son seigneur dont il ne se séparera jamais. Je crois que, si vous le voulez bien, je vous suivrai là où vous irez comme il le suivra là où il ira. J'essaierai d'être aussi brave que vous.

Les cloches déversaient sur la ville des vagues d'harmonies joyeuses quand Marjolaine et les siens pénétrèrent dans la cathédrale. Seul Bran Maelduin manquait, mais il avait dit, la veille, qu'il les rejoindrait là-bas. Il les attendait en effet près d'un des grands bénitiers du portail nord et prit la main de Marjolaine pour la guider vers l'autel majeur où était le tombeau, disparaissant presque sous une forêt de cierges jaunes.

Il y avait déjà beaucoup de monde dans l'église, les pèlerins se groupant par « langues » autour de leurs guides mais, apparemment, le moine irlandais avait réussi à faire réserver quelques places pour ses amis et lui-même. C'est ainsi qu'ils se retrouvèrent à quelques pas seulement du tombeau qu'une cohorte de malades assiégeait de ses supplications, tendant des mains maigres ou boursouflées qui n'étaient parfois que des moignons. Des aveugles accrochés les uns aux autres et guidés par un moine approchaient lentement, des estropiés sautillaient sur des béquilles, des pénitents chargés de chaînes ou couronnés d'épines se traînaient sur les dalles déjà usées par tant de foules. Ils ressemblaient à un cortège de fantômes errant dans le brouillard d'encens qui s'échappait de grands vases dorés.

Soudain, Bran Maelduin saisit la main de Marjolaine.

– Regardez ! ordonna-t-il en désignant de la main un groupe qui venait juste derrière la file d'aveugles.

Et Marjolaine, le cœur défaillant, vit s'avancer Hughes...

Très droit, les yeux fixés sur le buisson ardent de l'autel, il s'avançait lentement dans la nef. Sa tête était nue et ses mains croisées portaient un grand cierge allumé.

L'étrangeté de son costume frappa Marjolaine car il ne portait que sa chemise et ses braies serrées aux hanches. Ses pieds étaient nus. Derrière lui marchaient deux moines en froc noir, le visage masqué d'une cagoule. Enfin venait Bertrand portant, sur un coussin, une paire d'éperons d'or.

Devant eux, la foule des pèlerins s'écartait avec une sorte de respect mêlé de curiosité. Contre son bras, Marjolaine sentit frémir celui d'Aveline en même temps qu'une boule se nouait dans sa gorge. Qu'est-ce que tout cela signifiait ?

Hughes vint jusqu'aux marches de l'autel qu'il ne cessait de fixer et là s'agenouilla. Il pria un instant en silence puis redressa la tête et d'une voix forte s'écria :

– Moi Hughes, baron chrétien, seigneur de Fresnoy et autres terres en pays de Vermandois, je viens à toi, monseigneur saint Jacques, apôtre des Gaules et bien-aimé de Dieu pour t'implorer, te supplier d'obtenir du Dieu tout-puissant pardon et miséricorde pour les crimes, fautes et péchés que j'ai commis tout au long de ma vie d'orgueil et de folie. J'ai péché contre toi car je n'ai pris la route des étoiles qui mène à toi que pour l'amour d'une femme et, à cette femme dont un roi ne serait pas digne, je n'ai su causer que douleurs et souffrances. À toi que j'ai trompé, à elle que j'aurais pu souiller, à ceux qui me suivaient et que j'ai scandalisés, je demande pardon, merci et pitié pour les tourments que j'endure et que n'apaiseront pas ceux que je réclame.

Brusquement, il se courba. L'un des moines arracha sa chemise. L'autre retroussa l'une de ses manches et, levant un fouet de cuir, l'abattit de toute sa force sur le dos offert.

Terrorisée, horrifiée, Marjolaine voulut crier, s'élancer, mais Bran Maelduin la retint d'une main vigoureuse, tandis qu'il appuyait l'autre sur sa bouche.

– Tais-toi ! gronda-t-il en latin. Tu n'as pas le droit. Il a choisi de subir devant toi cette pénitence publique. C'est sa manière à lui de te dire son amour. C'est aussi, pour que tu ne l'oublies jamais, sa manière de te dire adieu...

Le fouet était retombé une fois, deux fois, dix fois. Les dents serrées, Hughes s'efforçait de retenir des gémissements de douleur. Le sang coulait à présent sur le dos labouré. Soudain il releva la tête. Marjolaine vit sa face inondée de sueur, ses yeux verts pleins de larmes qui, comme s'il avait toujours su où elle était, cherchèrent les siens.

– Je t'aimerai toujours, souffla-t-il.

Et il s'abattit sur les marches sans connaissance. Le cierge roula à terre. Bertrand retint le bras du moine qui allait frapper encore.

– Ça suffit ! Il avait dit vingt.

D'un pas lent et solennel, il alla plier le genou devant le tombeau, y déposa les éperons d'or puis, revenant vers Hughes qui gisait toujours en travers des degrés, abandonné par les moines qui étaient repartis, leur office terminé :

– Frère Bran, dit Bertrand, voulez-vous m'aider à l'emporter ? Vous le soignerez bien une dernière fois ? Adieu, dame Marjolaine... adieu, Aveline...

Mais ni l'une ni l'autre ne l'entendirent. Marjolaine sanglotait dans les bras de Pernette et Aveline s'était évanouie dans ceux d'Agnès.

L'orgue préluda. Les chantres de la cathédrale entonnèrent le *Veni Creator,* tandis que se mettait en marche le cortège de l'évêque qui, vêtu d'une belle chape dorée, entrait pour célébrer la grand-messe. Devant lui, un diacre se hâta d'essuyer les taches de sang qui maculaient les marches de pierre de l'autel majeur.

Le lendemain, ayant dit adieu à ceux qui, durant trois grands mois, avaient été leurs compagnons de route, Marjolaine, Aveline, Pernette et Colin quittaient Compostelle par la porte de la Fajera qui regarde vers le sud-ouest. Monté sur un âne, Bran Maelduin avait décidé de les escorter un petit bout de chemin.

À peu de distance de la ville, le chemin s'épanouissait en une patte-d'oie. Ce fut là que Bran s'arrêta. Son bras noueux se tendit vers le chemin qui remontait vers le nord.

– La Coruña par là, dit-il.

Puis faisant opérer à son âne un demi-tour et désignant un autre chemin :

– Par là, Noya.

Il vint à Marjolaine et, sans descendre de sa monture, prit sa main dans les siennes.

– Demain, dit-il affectueusement, sire Hughes prendre cette chemin. Pas de regrets tu as, ma sœur ?

– Si, d'immenses..., d'infinis regrets que je porterai toute ma vie comme une croix. Rien n'était possible entre nous. Pourtant, je l'aime tant, frère Bran ! Il ne me quittera jamais jusqu'au jour de la délivrance. Dites-lui cela. Il aura peut-être moins mal.

– Je dire ! Dieu va avec toi, petite Marjolaine, et avec toi Aveline, et avec toi Colin, et avec toi Pernette.

– J'ai honte, dit la jeune femme. Je suis la seule qui va rejoindre celui qu'elle aime.

Marjolaine, en effet, avait proposé à Pernette de la ramener elle-même à Pierre. De Blaye à Rochella le chemin ne devait pas être bien long. Elle sourit à sa jeune amie.

– Il ne faut pas, Pernette. Tu as bien mérité ton bonheur. Il me donne le courage d'aller jusqu'au bout. Adieu à présent, frère Bran, puisque nous ne nous reverrons plus.

Brusquement, Bran Maelduin rougit de colère.

– Tu pas dicter à Dieu ce quoi il doit faire ! Je jamais dire adieu !

Et talonnant son âne auquel il fit effectuer une magistrale volte-face, Bran Maelduin reprit le chemin de Compostelle.

– Allons, dit Marjolaine. Nous avons dix lieues à faire.

Elle lança sa mule sur la route du nord dans l'espoir que le vent sécherait ses larmes.

Épilogue

Un chemin pour l'Éternité

La neige recouvrait tout. Il faisait froid et noir, car le jour semblait sortir à peine de la nuit pour ne donner que bien peu de lumière. Il flottait durant quelques heures au-dessus de la terre glacée, indécis et blafard, comme un malade qui s'oblige à faire quelques pas puis retombe exténué dans l'obscurité de son lit. Le vent hurlait en courant d'un bout à l'autre de la plaine.

Assis devant l'âtre de sa grande salle où brûlait un monceau de bûches, Hughes de Fresnoy se pencha pour prendre le pot de vin aux herbes qu'un page avait posé sur la pierre brûlante afin qu'il se tînt chaud. Il en vida d'un trait une bonne moitié.

Fort et épicé, le vin entra en lui comme une flamme parfumée qui s'épanouit aussitôt, irradiant sa chaleur jusqu'au bout des doigts. C'était l'instant, bien fugitif, où Hughes avait l'impression qu'il redevenait vivant. Alors il avala le reste du pot pour prolonger la divine sensation, puis le rejeta avec une grimace avant de brailler qu'on lui en apportât un autre.

Cette fois, ce fut une servante qui accourut, excusant le page qui était aux écuries, offrant un nouveau pot. Hughes s'en saisit avec avidité et comme la fille restait là, il leva les yeux sur elle.

– Eh bien, va-t'en ! Qu'attends-tu ? grogna-t-il.

Comme elle ne répondait ni ne bougeait, il la regarda mieux et reconnut la Perrine, la servante qu'il réclamait jadis quand il allait aux étuves parce qu'elle savait laver un homme aussi bien que lui faire l'amour.

– Tiens ! Où étais-tu donc passée ? Je ne t'ai pas vue depuis mon retour.

– J'étais grosse et dame Ersende ne veut pas que les femmes travaillent quand elles sont dans l'attente, ni après la venue du petit, au moins pendant quelques semaines. À présent me voilà... toute à votre service, seigneur !

Sa voix était émue, mais ses yeux brillaient et sa bouche humide tremblait un peu. Sous prétexte de mieux étaler la paille sous les pieds du baron, elle s'agenouilla, s'arrangeant de façon que son regard pût plonger plus facilement dans l'ouverture lâche de sa chemise qu'elle avait ouverte discrètement. Elle avait de beaux seins veinés de bleu pâle que la maternité avait gonflés davantage encore. Mais alors que jadis une telle vue eût allumé l'incendie dans le sang du baron, elle le laissa cette fois parfaitement indifférent.

– Les hommes suffisent pour mon service, dit-il sans dureté. Reste à celui de dame Ersende. Elle est bonne et tu y es bien. Et puis maintenant que tu as un fils... c'est bien un fils ?

Elle fit signe que oui, débordante de fierté.

– Alors occupe-toi de lui. Et surtout, occupe-toi davantage de ton homme. Laisse-moi à présent. Ah, non ! Va aux écuries et dis au jeune Geoffroy qu'il s'occupe à me rapporter du vin.

Elle s'éloigna en traînant les pieds, visiblement déçue, tandis qu'Hughes commençait à lamper son vin en regardant d'un œil vague les flammes danser au milieu des bûches. Un léger rire l'interrompit de nouveau.

– La Perrine ne te plaît plus ? Il me semble qu'elle est pourtant plus appétissante qu'avant ton départ. Tu l'aurais dévorée à belles dents autrefois.

Gerbert de Fresnoy venait d'entrer, secouait la neige qui s'attachait à son grand manteau bleu, en détachait le fermail d'or et le jetait sur un banc avant de venir rejoindre son frère devant la cheminée pour offrir au feu ses bottes trempées qui se mirent à fumer.

– Tu pues ! grogna l'aîné. Quant à la Perrine, non, vraiment, elle ne me dit plus rien. Ni aucune autre d'ailleurs ! Je suis las de ces souillons sur lesquelles je me vautrais comme un porc !

– Tu as changé.

Le silence enveloppa les deux hommes, bientôt troublé par l'entrée prudente du jeune page Geoffroy de Cérizy, un petit-cousin d'Ersende, qui arrivait portant un pot de vin, comme s'il se fût agi du Saint-Sacrement.

– Pardonnez-moi, sire Hughes, commença-t-il, mais j'étais...

– Tiens, donne-moi donc ça ! coupa joyeusement Gerbert. Je suis gelé, moi...

– Hé là ! protesta Hughes. C'était pour moi.

– Tu n'auras qu'à en demander d'autre. D'ailleurs, on va bientôt mettre les tables pour le souper et corner l'eau. Et puis tu bois trop !

– Qu'est-ce que tu veux faire d'autre par un temps pareil ?

– Une foule de choses. Tu n'étais jamais en peine autrefois quand tu avais du temps devant toi.

– Parbleu ! ricana l'autre. J'allais coucher avec une fille.

– À la limite, j'aimerais mieux que tu continues. Ce serait moins mauvais pour ta santé.

Gerbert but lentement deux ou trois gorgées, tout en observant son aîné par-dessus le bord du hanap qu'il reposa bientôt. Il ne reconnaissait plus son frère. Depuis qu'il était rentré, quelque dix-huit mois plus tôt de cet incroyable pèlerinage à Saint-Jacques-de-Compostelle pour lequel il était parti sans prévenir personne, grâce à quoi on le croyait mort, Hughes de Fresnoy n'avait plus jamais été le même. Sa vitalité énorme, cette espèce d'appétit de vivre qui le portait aux pires excès, cette goinfrerie de grand air et de chair fraîche qui en faisait le coq le plus infatigable d'au moins trois comtés, tout cela avait disparu, balayé, emporté par on ne savait quel mauvais vent. Gerbert et sa jeune épouse Ersende avaient vu revenir un homme sec comme un sarment de vigne, aussi brun qu'un Sarrasin, mais sombre et triste comme une maison abandonnée depuis longtemps.

C'était à cela d'ailleurs qu'il faisait penser : une demeure vide. Hughes de Fresnoy faisait mouvoir une grande carcasse sans âme, un assemblage d'os, de muscles et de nerfs que rien ne semblait plus capable d'émouvoir. Il avait écouté, sans paraître s'y intéresser le moins du monde, son frère lui rendre avec exactitude les comptes de sa gestion, l'avait félicité d'une voix monocorde, puis l'avait prié de continuer comme s'il n'était pas là.

– Tu t'en tires mieux que moi. La châtellenie s'en trouvera bien.

De même il n'avait pas ri en apprenant le retour de Gippuin Le Housset, couvert de gloire et de brillantes étoffes sarrasines, traînant après lui des esclaves à peau basanée et certain grand coffre dont on disait merveille. Cela se passait deux mois environ après le départ d'Hughes. On disait à la ronde que, trouvant son épouse enceinte jusqu'aux oreilles, il avait commencé par la battre comme il convenait, mais trop content de trouver un héritier tout fait, exploit dont il était bien incapable, il s'était donné les gants d'un noble pardon. Depuis, dame Osilie, heureuse mère d'un garçon qui apparemment ne ressemblait à personne, mais surtout pas à Gippuin, promenait partout des robes de sultane, d'étranges bijoux de filigrane d'or et des chairs plus rebondies, plus somptueuses que jamais. Aux dernières nouvelles, on chuchotait qu'elle pourrait bien être de nouveau enceinte et les paris étaient ouverts pour savoir qui pouvait bien être l'heureux père.

De cette picaresque histoire, Hughes n'avait même pas souri.

– Grand bien lui fasse ! s'était-il contenté de dire. Tout ce que je souhaite c'est de ne plus entendre parler d'elle.

Enfin, il n'avait pas montré la moindre émotion quand Anselme de Ribemont était venu lui dire qu'Hermelinde était prête à revenir au foyer conjugal. Le bruit du pèlerinage en Galice avait fait, en effet, le tour de la province. Hautement édifiée sur le compte d'un gendre qu'elle ne croyait pas capable d'un tel exploit, Ida de Ribemont avait conseillé à sa fille de reprendre sa place de dame de Fresnoy.

– Je ne puis ni la prier de revenir ni l'en empêcher, s'était contenté de déclarer Hughes qui, décidément, semblait avoir pris le goût des phrases courtes. Elle est toujours mon épouse devant Dieu.

Sans préciser à quel point il le regrettait.

Hermelinde était donc rentrée au bercail beaucoup plus timidement qu'elle n'en était partie. Elle était aussi beaucoup moins grasse et son teint, si éclatant jusque-là, s'était curieusement bruni, plombé même. Elle semblait malade et c'était à cause de cela peut-être qu'Hughes l'avait accueillie avec gentillesse.

– Cette maison est toujours vôtre, gracieuse dame, lui dit-il en baisant sa main amaigrie. Vous pouvez y vivre à votre guise et je ferai tout pour que vous y soyez heureuse.

Tout ? Pas tout à fait. Jamais Hughes n'avait repris le chemin de la couche conjugale. D'abord, parce qu'il n'en avait pas envie et qu'Hermelinde lui était devenue plus indifférente encore que ne l'étaient les filles comme la Perrine qui, jadis, lui donnaient si joyeusement du plaisir. Ensuite, à cause de certaine mise en garde venue de Bertrand.

Peu satisfait de ce retour, l'écuyer avait interrogé, après boire, les gens de Ribemont qui avaient ramené la dame de Fresnoy. Il apprit ainsi que, persuadée de voir son mariage prochainement annulé par l'Église, Hermelinde avait accueilli, avec quelque avance, les hommages du comte de Bohain qu'elle pensait épouser ensuite. Or, en Terre sainte, Bohain avait pris une mauvaise maladie et l'on chuchotait qu'il l'avait communiquée à la dame de ses pensées. Ce qui expliquait abondamment la mine terreuse d'Hermelinde.

Mais de cela non plus, Hughes ne se souciait pas. Lui et son épouse se rencontraient aux repas quand la dame de Fresnoy ne les prenait pas dans sa chambre, comme cela lui arrivait de plus en plus fréquemment. Le mire du château la visitait régulièrement et lui faisait essayer non seulement la pharmacopée de l'époque, mais tout nouveau remède dont le bruit venait à ses oreilles. En vain, semblait-il.

Quant à Hughes, sa vie ressemblait davantage à celle d'un moine qu'à celle d'un honnête seigneur. Il ne fréquentait plus les tournois, ne chassait plus guère, sinon en compagnie de Bertrand et de cet étrange bonhomme, ce forestier nommé Guegan qu'il avait ramené avec lui ; il ne le quittait pas et, avec ses molosses, effrayait les servantes. Parfois, il piquait une tête dans l'étang, ou bien faisait à pied de lentes promenades, Guegan et ses chiens sur les talons. Mais le plus souvent, il restait assis devant une fenêtre ou devant le feu, sans rien dire, se contentant de boire comme il le faisait en ce moment.

« Cela ne peut pas durer, songeait Gerbert inquiet. Il s'est passé quelque chose sur le chemin de Saint-Jacques. Mais quoi ? »

Ce soir-là, après le souper où ne parut pas Hermelinde, et quand on eut enlevé les tables, le cadet alla rejoindre son frère qui avait repris sa place auprès du feu. Il embrassa Ersende qui s'en allait coucher ses enfants et lui chuchota de ne pas l'attendre et de dormir. Elle avait accepté sans mot dire, avec un sourire tendre. Ersende était une femme qui comprenait toujours tout sans qu'on eût besoin de rien lui dire.

Gerbert alla chercher l'échiquier d'ivoire et l'apporta près de son frère.

– Veux-tu jouer ?

Hughes refusa de la tête sans quitter les flammes des yeux. Gerbert alors s'assit à même la pierre de l'âtre, étendit ses longues jambes et dit :

– Si tu me racontais ?

– Quoi ?

– Je ne sais pas... Tout ! Tout ce qui ne va pas, tout ce qui t'est arrivé. Tu ne peux pas passer le reste de ta vie à regarder brûler le feu sans rien faire, sans rien dire. Tu as changé, Hughes. Et je voudrais savoir pourquoi.

– Qu'est-ce que ça peut bien te faire ? Tu as une femme, des enfants, tu es heureux. Alors laisse-moi !

– Non. J'ai tout ça en effet, mais je suis ton frère. Et ni Ersende ni moi ne pouvons supporter de te voir malheureux. Ne proteste pas, tu l'es ! C'est écrit sur ta figure qui ne sait plus sourire, dans tes yeux qui n'ont plus de vie. Raconte-moi ce que tu ressasses à longueur de journée dans ta tête. Je ne pourrai peut-être rien pour toi. Mais je crois qu'après tu te sentiras mieux.

– Tu le crois vraiment ?

– J'en suis sûr. Quand une blessure s'infecte, il faut l'ouvrir.

Hughes soupira, tourna la tête. Son regard las rencontra celui amical et chaud de son frère. Aucune mauvaise curiosité sur ce visage étroit aux traits burinés. Rien que cette tendresse pudique d'un homme pour son semblable. Pour la première fois depuis son retour il ébaucha un sourire.

– Tu as raison. À toi je peux tout dire.

Et il parla.

Doucement d'abord, puis avec de plus en plus d'ardeur et de passion, il évoqua le long voyage, la route sous tous les temps et toutes les heures du jour, la fatigue, le danger, les pièges de la nature et des hommes. L'amour aussi et pour décrire celle dont l'image enchantait sa mémoire en empoisonnant sa vie, il trouva des mots si vifs, si évocateurs que Gerbert crut voir soudain se dresser, sur les dalles de la salle, la blonde silhouette aux yeux couleur de mer, la douce dame qui tenait prisonnier le cœur de son frère. Et quand, au récit du dernier adieu, il vit s'emplir de larmes les terribles yeux verts, il comprit que cet amour était de ceux dont on ne guérit pas.

– Et tu ne sais pas ce qu'elle est devenue ? demanda-t-il quand le silence revint s'installer entre eux.

– Non. À Rochella où je suis revenu avec mes compagnons pour remettre à Bénigne ce qu'Odon de Lusigny m'avait chargé d'aller chercher, j'ai vu Pernette. Elle était heureuse. Elle avait retrouvé son Pierre. Il travaillait à bâtir une digue en bois pour abriter le nouveau port. Bénigne dessinait des plans de bateaux et aussi ceux d'une église. Pernette vit à présent au bord d'un marais vert, dans une petite maison couverte de roseaux qui lui semble le plus beau palais du monde. Mais elle ne sait pas où est Marjolaine. Celle-ci l'a remise à son époux et puis elle est partie vers le nord, m'a-t-on dit, avec Aveline et Colin.

– Tu as dû suivre la même route. Des gens l'ont sans doute remarquée. Tu n'as pas retrouvé sa trace ?

– Non. Ce n'est pas faute d'avoir cherché pourtant.

Avec Bertrand et les autres, il avait quêté au long de la route tous les renseignements possibles, interrogeant les paysans rencontrés, les couvents, les abbayes, les hospices qui jalonnaient la route. Mais personne n'avait rien pu leur dire. C'était comme si, en quittant Rochella, Marjolaine et ses deux compagnons avaient pu prendre place sur quelque char ailé qui les aurait emportés au ciel, à moins que la terre ne se fût ouverte sous leurs pas pour les engloutir.

En arrivant à Paris, Hughes reprit espoir. Avec Léon Maillet et Ausbert Ancelin, il était allé dans le quartier Saint-Barthélemy à la maison de pelleteries de feu Gontran Foletier car, en dépit de ce qu'avait exigé Marjolaine, il entendait faire expier à Étienne Grimaud tout le mal qu'il avait fait. Mais il n'avait pas trouvé celui qu'il cherchait : la justice de Dieu était passée avant lui. Une nuit, alors que le nouveau bourgeois sortait d'un bourdeau du port Saint-Landry où il avait ses habitudes avec certaine fille folieuse, il s'était fait proprement égorger par un truand qui guignait sa bourse.

Alors, avant de ramener Ausbert Ancelin et le pauvre Fulgence toujours aussi fou à l'abbé Suger Hughes était allé à la maison de Saint-Denis, non sans émotion, puisque c'était la maison qu'avait aimée Marjolaine, celle où elle avait connu les quelques rares bons moments de sa vie d'épouse. Il y avait vu dame Aubierge, en grand deuil, comme il sied à quelqu'un qui vient de perdre encore une fois son maître, mais pas autrement triste de l'événement. Par contre, elle ne savait rien, elle non plus, de Marjolaine qu'elle croyait encore en chemin.

– Je voudrais pourtant bien qu'elle revienne à présent qu'elle n'a plus rien à craindre. Elle est libre, riche et si belle ! Ce serait bonne chose qu'elle trouve un gentil compagnon qui saurait lui faire oublier ses tourments et lui faire de beaux enfants.

Cette image-là, Hughes ne l'avait pas beaucoup aimée. Néanmoins, il avait fait promettre à la gouvernante de lui faire parvenir un message dès qu'elle apprendrait quelque chose. Et Aubierge avait promis.

– Mais depuis des mois que je suis rentré, elle ne m'a rien fait tenir. Elle a oublié sa promesse.

– Ou on ne lui a pas permis de la tenir. Tu m'as dit toi-même que ta douce amie ne voulait plus te revoir jamais.

– Je sais. Mais je n'arrive pas à me résigner à l'idée de l'avoir perdue pour toujours. La suite, tu la sais déjà : j'ai laissé mes Parisiens à Paris et, avec Bertrand et Guegan, je suis revenu ici. Voilà.

– Non, tu ne m'as pas tout dit, se plaignit gentiment Gerbert. Parle-moi de ces gens que tu es allé voir à Noya. De ce qu'ils t'ont remis. L'ont-ils fait sans difficulté à la seule vue du joyau que l'on t'avait donné ?

Brusquement, le regard d'Hughes s'illumina. Noya, cela avait été une halte rafraîchissante dans le désert de sa douleur. Il avait trouvé là des gens comme il ne croyait pas qu'il pût en exister et un site si beau qu'il avait eu envie d'y rester. Et tout à coup, il redevint prolixe comme il l'avait été pour évoquer Marjolaine car dans son esprit Noya et la jeune femme se rejoignaient : celle-ci était la halte, celle-là était la source et le bonheur suprême eût été de vivre auprès de l'une dans le doux climat de l'autre.

Noya, pourtant, ce n'était rien qu'un village de pêcheurs au bord d'une de ces profondes rias galiciennes où la mer rejoint un petit fleuve. Un village au milieu de la verdure, avec des maisons blanches, une église courtaude, des barques, effilées comme des poissons, à l'abri d'un petit port, des filets séchant au soleil et d'étranges pierres disséminées un peu partout, de grosses pierres portant des sculptures étranges, des dessins qui étaient peut-être une écriture, des formes de labyrinthes devant lesquelles Bran Maelduin avait pleuré de bonheur en disant qu'en son pays d'Irlande il y avait des pierres semblables. Et puis les habitants, bien différents du peuple galicien : des hommes grands, blonds le plus souvent, avec le port altier des races seigneuriales, des filles dont certaines avaient la beauté de déesses antiques, de purs profils de médailles, des cheveux d'or ou des cheveux de nuit, de grands yeux qui ne semblaient pas appartenir à ce monde. Ils parlaient entre eux une langue étrange qu'à la grande surprise d'Hughes, Bran Maelduin parlait avec une parfaite aisance. Selon lui, d'ailleurs, la chose était simple : après le cataclysme qui avait brisé l'île d'Atlantide, une petite partie du peuple, les marins surtout, avait pu fuir. Ils avaient abordé en différents points de la figure de proue européenne : en Irlande, en Armorique, en Galice et, plus bas, à Tartessos qui était déjà une colonie atlante. La langue commune avait été apportée par eux.

Et puis, il y avait eu Arganthonios, le chef du village, le grand vieillard que tous révéraient parce qu'il détenait le savoir et les antiques traditions. Et Hughes qui s'était attendu à combattre, pour obtenir ce qu'il était venu chercher ou pour défendre l'étrange joyau qu'on lui avait confié, s'était trouvé soudain en face d'un homme aux longs cheveux blancs, d'une grande noblesse et d'un maintien si majestueux qu'il en était impressionnant. Et cet homme s'était prosterné, le front dans la poussière, quand le messager d'Odon de Lusigny avait montré le trident portant le soleil et les hippocampes. Puis il avait montré aux voyageurs le chemin de sa maison où il leur avait offert le pain et le vin, les poissons et le miel sur une petite terrasse blanche ombragée d'une somptueuse vigne chargée de pampres violets.

En échange du trident, Hughes avait reçu, pendu à un lien de cuir, un poisson de métal ciselé dont le museau pointait toujours dans la même direction : celle du sud quand on le posait sur un bol d'eau. C'était grâce à ce simple instrument que les navigateurs atlantes sillonnaient jadis les mers.

– Nous en avons tous ici, dit Arganthonios car la fabrication en est simple : il suffit de chauffer le fer à blanc quand on a découpé le poisson, puis de le jeter vivement dans de l'eau froide. Ce n'est pas un présent d'un grand prix pour toi qui nous apportes l'antique emblème royal de nos pères.

Il avait alors ajouté un rouleau de fine peau étirée et tendue où était peint le contour de l'île engloutie et des terres qui limitaient le grand océan qui la baignait.

– Si tu as le courage de t'embarquer au péril de la Grande Mer, dit-il à Hughes, tu retrouveras peut-être des restes de ce qui fut l'Atlantide.

– N'as-tu jamais essayé ?

– Non. Nous avons perdu le secret de la construction des grands navires qui faisaient notre richesse. Et puis à quoi bon ? Je suis vieux. Notre terre est ici depuis longtemps. Mes fils chercheront s'ils le souhaitent.

Après une nuit passée au foyer du vieillard, Hughes et ses compagnons étaient repartis, emportant avec eux le souvenir d'un instant exceptionnel. À leur tour, ils avaient gagné La Coruña pour s'y embarquer car aucun ne se sentait plus le courage de refaire l'interminable chemin. Ils avaient eu hâte d'atteindre Rochella où Bénigne leur réserva un accueil enthousiaste. Mais quand il leur avait offert de rester avec lui, de travailler à ce port, à ces vaisseaux destinés à être lancés vers l'inconnu, aucun n'avait accepté car, à mesure qu'ils s'éloignaient de Noya, les rêves perdaient de leurs couleurs. Et puis, presque tous avaient été malades en mer. Chacun souhaitait retourner à sa vie et ses habitudes.

– Il y a des jours pourtant où je pense à tout cela. Peut-être aurais-je dû rester à Rochella.

– Tu es fou. J'ai déjà entendu parler de la Grande Mer occidentale. Chacun sait qu'elle ne mène à rien qu'à un gouffre sans fond, au néant. Un Fresnoy n'a rien à faire dans une si folle aventure.

– Pourtant, cette terre engloutie, s'il en restait quelque chose ?

– Si elle a existé, elle a dû glisser, elle aussi, dans l'abîme. Il ne faut pas tenter Dieu. Allons dormir à présent. La nuit est bien près de sa fin. Comment te sens-tu ?

Hughes s'étira, bâilla.

– Je ne sais pas encore. Mieux, je crois. Cela m'a fait du bien de parler d'elle.

Sorti au matin pour surprendre le bailli d'un de ses villages dont Gerbert lui avait signalé la conduite coupable, Hughes rentrant à Fresnoy trouva Bertrand qui, armé d'un arc et de flèches, tirait les corbeaux près de l'étang gelé.

L'écuyer s'était absenté deux jours pour se rendre chez son père, un petit seigneur des environs de Laon. Mais si l'on en jugeait la mine fort sombre qu'il arborait et l'espèce de rage qu'il mettait à lancer ses flèches – très mal d'ailleurs –, on pouvait supposer que cette visite ne lui avait pas été aussi agréable qu'elle aurait dû être.

– Te voilà rentré ? dit Hughes en guidant son cheval à travers l'herbe gelée. Comment vont sire Guillaume et dame Cécile ?

– Bien, grogna Bertrand sans s'étendre davantage sur le sujet.

Avançant encore, Hughes vit qu'il avait les yeux pleins de larmes et luttait difficilement pour les retenir. Du coup, il descendit de cheval et rejoignit son écuyer sur la levée givrée ou il se tenait.

– Que s'est-il passé, Bertrand ? demanda-t-il. Je ne t'ai jamais vu avec cette figure à l'envers.

Lâchant à la fois son arc et ce qui lui pesait sur le cœur, Bertrand s'assit, les coudes aux genoux.

– Mon père veut me marier. Il a demandé la main d'une mienne cousine sans s'inquiéter de ce que j'en pensais.

Hughes vint s'asseoir à côté de lui.

– Tu devais bien savoir que ça arriverait un jour. Il est normal que ton père veuille te voir fonder une famille.

– Pour lui transmettre quoi ? Nous n'avons rien. Je ne suis même pas chevalier et sans doute ne le serai-je jamais car le simple achat du haubert ruinerait la famille entière.

– Cela ne devrait pas te tourmenter. Je suis là pour ce genre de choses.

– Je sais, sire Hughes, mais là n'est pas la question. Je me fiche éperdument d'être chevalier. Je suis bien avec vous. Mais je ne veux pas me marier puisqu'il ne m'est pas possible d'épouser celle que j'aime.

– Que vas-tu faire, alors ?

– Je ne sais pas. Partir.

– Et moi, qu'est-ce que je deviens dans tout ça ? Tu es mon écuyer et tu ne peux partir sans mon autorisation.

Cette fois, les larmes jaillirent en dépit de la volonté de Bertrand.

– Vous n'allez pas me la refuser, n'est-ce pas, sire Hughes ? D'ailleurs, vous n'avez plus guère besoin d'un écuyer. Pour ce que nous faisons ici depuis le retour.

Le reproche frappa Hughes au plus sensible parce qu'il faisait écho à ses propres pensées.

– Pas grand-chose, je l'avoue. Moi aussi j'aimerais partir. Pourquoi pas la Terre sainte ? Nous pourrions aller y faire quarantaine comme Gippuin Le Housset et les autres.

– Et ça changerait quoi ? À moins d'être tués, il faudrait toujours revenir ici.

– Oh, rien ne nous y obligerait. Nous pourrions nous faire templiers.

La moue de Bertrand lui fit comprendre qu'il ne souhaitait guère s'en aller en Palestine.

– Alors ? Qu'est-ce que tu proposes ? Où veux-tu aller si la défense du tombeau du Christ ne te tente pas ?

Bertrand, rageusement, essuya ses larmes. À présent il tournait vers son maître un regard incertain.

– Vous allez me prendre pour un fou.

– Nous le sommes tous plus ou moins. Dis toujours !

– Je voudrais aller rejoindre Bénigne, Pierre et les gens du Temple qui bâtissent Rochella.

– Tu veux te faire charpentier, tailleur de pierre, calfat ou quelque chose comme ça ? Drôle d'idée !

– Ne faites pas semblant de ne pas comprendre. Je veux m'embarquer sur l'un de ces navires qu'ils construisent. Je veux partir sur le Grand Océan à la recherche des restes d'Atlantide.

– Tu es fou ! Il ne reste rien. Le cataclysme a été total. En dépit de ce qu'il s'efforce de croire, Arganthonios lui-même est persuadé que la mer a tout pris et que la grande île a glissé dans le gouffre qui termine l'océan.

– Si je suis fou, Bénigne l'est aussi, et fou aussi Robert de Craon, le grand maître du Temple qui l'anime et animait Odon de Lusigny. Ces hommes croient qu'il y a quelque chose et je voudrais, moi aussi, y aller voir.

– S'il n'y a rien, dit Hughes tristement, tu ne reviendras pas.

– Et après ? Je ne souhaite pas revenir. Du moins serai-je mort en cherchant quelque chose de valable, pas pour quelques pierres, d'où le Christ est parti depuis longtemps. Si vous voulez tout savoir, je suis las des reliques, des oraisons, de tout ce que nous avons vu dans cet interminable voyage. Et s'il est bon de construire des temples nouveaux, superbes et toujours plus nombreux à la gloire de Dieu, cette dévotion à quelques fragments d'os me paraît dérisoire. Dieu a créé un monde immense : je veux voir jusqu'où il va.

Hughes garda le silence un instant. Puis soupira :

– D'accord ! mais dis-moi la vérité vraie. Tu espères qu'à Rochella, Pernette aura reçu quelques nouvelles ?

– Peut-être. En ce cas, j'irai vers Aveline et je lui demanderai de me suivre. Ou bien nous irons ensemble bâtir un autre monde, ou bien nous périrons ensemble. Mais tourner complètement le dos à tout ce qu'il y a ici, c'est le seul moyen que nous ayons d'être réunis, au moins dans la mort. Mon père a ricané quand je lui ai dit que j'en aimais une autre. Qu'Aveline soit belle et bonne et douce ne signifie rien pour lui : ce n'est qu'une servante. L'autre, celle qu'il veut me faire épouser, a des yeux louches, un nez qui coule perpétuellement, mais elle a une chaîne d'or et trois bouts de terre. Je ne veux pas lui sacrifier ma vie. Que je meure, mais heureux ou libre ! Et sur le plus beau chemin que Dieu ait créé pour atteindre l'éternité : la mer.

La mer ! Cette immensité dont les yeux de Marjolaine possédaient la couleur, Hughes savait qu'il l'aimait aussi. Il en avait senti les frémissements profonds sous ses pieds dans le bateau qui les ramenait de La Coruña. Non seulement il n'avait pas été malade, mais il avait éprouvé une sorte de joie animale.

Il se releva, tendit la main à Hughes pour l'aider à en faire autant.

– Viens ! On gèle ici. Rentrons. Nous reparlerons de tout cela bientôt. Peut-être as-tu raison : c'est un beau chemin pour l'éternité.

Ils en parlèrent plus tôt qu'ils ne l'imaginaient.

Le lendemain soir, tandis que les serviteurs allumaient les chandelles et dressaient les tables, l'un des soldats de garde au pont-levis vint dire à Hughes que trois hommes demandaient à le voir.

– Je voulais les chasser, dit le garde, car ils me semblaient gens de peu, mais ils ont insisté. Ils sont au corps de garde.

– Qui te permet de décider de garder ou de chasser celui qui frappe à ma porte ? gronda Hughes. Ne recommence pas ou je te fais fouetter.

L'homme s'excusa sur la petite mine des arrivants. C'était un jeune soldat qui n'avait pas encore l'habitude du château. Chez certains, on ne recevait à la nuit close que les gens connus ou les gens d'Église.

– Ont-ils donné un nom ? demanda Hughes.

– Oui. Celui qui paraît le chef m'a dit qu'il s'appelait Arcelin... ou Aucelin.

– Ancelin, imbécile ! J'y vais !

Envahi d'une joie inexplicable, si l'on s'en tenait au peu de sympathie qu'il avait naguère nourri contre le pénitent, Hughes se précipita au corps de garde et y trouva trois hommes occupés à secouer la neige de leurs manteaux. Non seulement c'était bien Ausbert Ancelin, mais ceux qui l'accompagnaient n'étaient autres que Nicolas Troussel et Léon Maillet.

Fresnoy les accueillit chaleureusement comme il aurait accueilli tout ce qui avait touché, de près ou de loin, à Marjolaine, mais sans dissimuler sa surprise.

– Ce m'est joie de vous voir, amis ! Mais quel vent vous a conduits jusqu'ici et par ce temps ?

– Il fallait que l'on vous voie, sire Hughes, dit Nicolas. Le hasard nous a fait nous rencontrer il y a trois jours, à la taverne des *Trois Maillets.* On s'est raconté notre vie et on s'est aperçus qu'elle ne nous convenait plus. Moi j'ai vu trop de choses au cours du chemin et je ne m'intéresse plus aux bagarres d'étudiants entre collèges, ni aux dissertations sur des sujets fumeux. Et surtout je n'ai pas envie d'être clerc puis prêtre comme le veut mon tuteur le prieur de Longpont. Il a été d'accord pour que je parte à Compostelle dans l'espoir que je reviendrais, doux comme un agneau, me mettre sous le joug qu'il m'a préparé. Comme je lui ai dit qu'il n'en était rien, il m'a fait fouetter et enfermer. Je me suis sauvé. Depuis, j'ai vécu chez les mendiants.

– Moi, dit Ausbert, je suis retourné, après la grâce de l'abbé, dans ma maison de Cercelles. Mais je n'y ai plus rien trouvé. Ma femme était partie et elle avait tout emporté, même mes outils de tonnelier. J'ai d'abord essayé de la retrouver, mais quand j'ai su où elle était, le maître de la maison a lancé ses chiens sur moi. Alors j'ai essayé de vivre dans mon village, mais même après que l'on m'eut proclamé innocent, il y avait encore des gens qui ne voulaient pas le croire. J'ai eu de la chance, qu'ils disaient, mais ça ne prouve pas que je n'ai pas tué. Alors je suis allé chercher refuge à Saint-Denis pour ne pas mourir de faim. Mais l'abbé a pris d'autres tonneliers. On m'y a employé à la porcherie, puisque je ne pouvais plus travailler le bois, faire mes tonneaux ; ça ne m'intéressait pas, même si j'avais à manger et un peu d'argent.

– Moi, dit Léon Maillet, j'ai bien retrouvé ma boutique où l'on ne m'avait rien volé parce que j'ai de bons voisins. Mais la mercerie, je n'y ai plus le cœur. Auner du fil, vendre des aiguilles, entendre cancaner les commères à longueur de journée, je ne pouvais plus. Si encore Modestine était revenue avec moi, mais sans elle !... Alors j'ai vendu ma boutique et j'ai commencé à boire.

– ... aux *Trois Maillets,* reprit Nicolas. C'est là qu'il nous a trouvés et, si on peut paraître devant vous habillés convenablement, c'est grâce à lui. Et puis on est venus.

– Je vois ! dit Hughes, en leur versant à chacun un grand gobelet de vin chaud. Et j'ai vraiment joie à vous voir. Mais que voulez-vous de moi ?

Les trois hommes s'entre-regardèrent puis, finalement, Ausbert se décida.

– On est venus vous dire qu'on aimerait repartir avec vous si vous en aviez l'idée. Vous avez été pour nous un bon chef et un bon guide.

– Et puis, ajouta Nicolas, on a pensé aussi que, peut-être, vous n'êtes pas vous non plus si content que ça d'avoir retrouvé vos habitudes. Alors, si vous aviez envie de faire un autre voyage, d'aller... je ne sais pas...

– En Terre sainte ?

– Pourquoi pas, si ça vous chante ? Aller là ou ailleurs ! Les Sarrasins ne doivent pas être pires que les gens de Paris quand ils vous suspectent. Et il faut bien mourir quelque part.

– Et si je ne souhaite pas partir ? fit Hughes. Qu'allez-vous faire ? Voulez-vous rester ici ? Vous n'aurez peut-être pas une vie bien passionnante, mais vous serez à l'abri, protégés et on essaiera de vous faire travailler.

– Non, dit Ausbert. Si vous n'avez pas idée de départ, on s'en ira. J'aimerais aller à Rochella, rejoindre Bénigne.

– Moi aussi, dit Nicolas.

– Moi aussi, dit Léon.

– Mais, en ce cas, pourquoi diable n'y êtes-vous pas restés quand Bénigne vous l'a proposé ?

– Parce qu'on était idiots, soupira Léon. On espérait retrouver des choses que l'éloignement et le voyage rendaient bien plus belles qu'elles ne sont. On ne savait pas !

– Vous voulez naviguer alors que vous avez été malades comme des bêtes ?

– Qui parle de naviguer ? On a des bras pour travailler, reprit Ancelin. Bénigne et Pierre, ils travaillent le bois de charpente. Je peux m'y mettre.

– Et ils auront besoin de voiles pour leurs bateaux. Je peux les coudre, renchérit Léon.

– Et toi ? dit Hughes en regardant Nicolas.

– Moi ? Moi, je veux embarquer ! s'écria le garçon les yeux soudain pleins d'étoiles. Vous savez bien que les voyages m'attirent. Je suis un curieux, moi.

– Je sais. Mais puisque vous savez où vous voulez aller, pourquoi êtes-vous venus jusqu'ici, au risque d'être emmenés ailleurs ? Il fallait prendre la route et aller tout droit à Rochella.

– Je vais vous dire, fit Ausbert après avoir consulté ses compagnons du regard. Mais pardonnez-nous si on a l'air de s'occuper de ce qui ne nous regarde pas. Voilà. Quand on a quitté Rochella, il nous a semblé que vous n'aviez pas vraiment envie d'en partir. Vous êtes resté longtemps à regarder la mer du haut de votre cheval. Et puis vous regardiez aussi dame Pernette, comme si vous étiez quelqu'un en train de se noyer et elle une petite branche. Trois fois vous êtes revenu vers elle.

C'était vrai. Hughes avait eu beaucoup de peine à quitter Pernette. Elle avait été la compagne de Marjolaine, elle l'avait aimée, soignée et il avait l'impression que si, au monde, quelqu'un pouvait savoir où elle se cachait, c'était elle. Pourtant Pernette était claire, limpide comme une source. Si elle disait qu'elle ne savait rien, on devait la croire.

Brusquement, Hughes demanda :

– Avez-vous eu des nouvelles de dame Marjolaine ? Savez-vous ce qu'elle est devenue ?

– Non. J'aurais bien voulu pourtant. Mais on dirait qu'elle a disparu de la surface du monde, comme si le vent l'avait emportée et sans laisser la moindre trace. C'est peut-être normal d'ailleurs. Elle doit être dans quelque couvent, mais lequel ? Il en est tant en France. N'avez-vous pas cherché ?

– Si. Autour de Paris et dans la région où elle est née. Je suis même allé à sa maison natale. Personne n'a pu me dire quoi que ce soit. Personne ne sait où elle est.

– Voilà pourquoi nous avons pensé que vous aimeriez peut-être reprendre la route avec nous. Peut-être que, depuis le temps, dame Pernette a appris quelque chose.

– Moi, j'irai avec vous, dit Bertrand qui était entré sans qu'on l'entendît. Laissez messire Hughes. Toute sa vie est ici. Pourquoi voulez-vous qu'il reparte ? Vers quel rêve fumeux ? Vers quel espoir impossible ? Ne faites pas miroiter de fausses espérances à ses yeux. Dame Marjolaine s'est fait disparaître elle-même. Je crois, moi, que nul n'entendra plus parler d'elle.

– Alors, dit doucement Hughes, qu'est-ce que tu veux que je fasse ici à présent ? La mer, au moins, me rappellera ses yeux. Je partirai avec vous, mes amis. Il sera plus passionnant de voguer vers l'infini que de croupir dans quelque monastère.

Quelques jours plus tard, Hughes faisait ses adieux à tout ce qui avait été sa vie jusqu'à ce jour. À son frère Gerbert, il fit remise pleine et entière de ses biens terres et titres, à charge pour lui de servir pension à dame Hermelinde si elle souhaitait demeurer à Fresnoy. À ses vassaux, à ses serviteurs, il avait dit adieu au cours d'une belle et imposante cérémonie aux torches, dans la cour du château, en remettant à chacun une pièce d'argent et en leur recommandant de servir sire Gerbert comme ils l'avaient servi. À quelques pas de lui, le nouveau baron de Fresnoy pleurait sans honte auprès de sa jeune femme.

Ensuite, il était allé saluer une dernière fois celle qui avait été sa femme. Elle l'avait regardé venir du fond de l'immense lit couvert de fourrures qu'elle ne quittait plus et il avait eu le cœur serré de voir qu'à présent elle y tenait si peu de place. Son visage était mince et gris comme du parchemin et, sur la couverture de menu vair, ses mains ressemblaient à des griffes.

– Ainsi vous partez, sire Hughes, murmura-t-elle. Et vous partez sans espoir de retour, m'a-t-on dit ?

– Oui, dame. Le dur chemin de Compostelle m'a donné le désir d'en parcourir un autre, plus dur encore, pour l'expiation de mes fautes qui sont sans nombre. Mais avant de l'entreprendre, j'ai voulu venir à vous, pour vous prier humblement de me pardonner tout ce que vous avez souffert par moi.

Le petit rire qu'elle eut le surprit.

– Je n'ai pas souffert par vous, Hughes, sinon dans mon orgueil. Je ne vous aimais pas assez. Pas plus que vous ne m'aimiez d'ailleurs. Et je ne peux vous reprocher de partir, surtout pour une si noble cause. Moi-même, je vais aussi partir bientôt.

– Vous souhaitez retourner à Ribemont ?

– Non. Je vais partir pour ce pays que l'on ne peut atteindre que seul. Il est proche. J'entends déjà, la nuit, ses messagers qui m'appellent. Eussiez-vous eu quelque patience, nous serions peut-être partis ensemble.

Comme Hughes, ému, se penchait pour baiser une dernière fois sa main où brillait le large anneau d'or du mariage, elle le fit glisser de son doigt et le lui mit dans la main.

– Tenez ! Je vous délivre de moi. Que Dieu vous garde, mon seigneur ! Je le prierai pour vous s'il m'accorde la grâce infinie de l'approcher.

Elle tourna la tête sur l'oreiller et Hughes ne vit plus d'elle qu'un profil perdu. Il ne vit pas trembler ses lèvres.

Il quitta la chambre sur la pointe des pieds comme si c'eût été déjà une chambre mortuaire et descendit pour la dernière fois l'escalier de ce château qui n'était plus le sien. Dans la cour, les chevaux piaffaient. Ausbert, Nicolas et Léon étaient déjà en selle. Seul Bertrand, tenant en bride le cheval de son maître, était encore à pied. Autour d'eux toute la maisonnée formait un large cercle muet mais non silencieux. Beaucoup pleuraient...

Pour ne pas éterniser des adieux pénibles, Hughes embrassa Ersende, ses enfants et, pour finir, étreignit son frère.

– Laisse-moi au moins espérer que tu nous reviendras un jour, murmura Gerbert contre son oreille. Ce serait trop cruel !

– Il en sera ce que Dieu voudra. Moi aussi je t'aime, frère.

L'émotion enroua les derniers mots. Alors sautant sur son cheval, il le fit volter puis, le bras tendu en un dernier adieu, il s'élança au galop sous la voûte sonore du pont-levis. Il n'était plus rien qu'un chevalier errant qui s'en allait chercher sa dernière maîtresse : l'aventure mortelle.

Rochella les surprit lorsque, au terme d'une chevauchée sans histoire, ils l'atteignirent. La forêt voisine avait reculé pour faire place à une masse d'échafaudages dont certains s'avançaient dans la mer et où s'agitaient de nombreux travailleurs. Les petites maisons couvertes de roseaux étaient plus nombreuses au bord de l'étang. Deux ou trois constructions de pierres neuves s'étaient édifiées également. Sur l'une flottait l'étendard blanc et noir du Temple. Le temps était doux, la mer paisible et lisse pour une fois, du même vert que les jeunes feuilles qui, aux arbres, commençaient à paraître.

La première personne qu'ils rencontrèrent sur la petite place du village fut Pernette. Armée d'une grosse cruche, elle prenait de l'eau à la fontaine. Et sa surprise fut telle, qu'en les voyant elle lâcha ladite cruche que Nicolas rattrapa au vol.

Elle l'en remercia par un gros baiser plaqué sur sa joue mal rasée.

– Comment ? Te voilà, sacripant ? Et Ausbert ! et maître Maillet et sire Bertrand ! Et... Dieu me pardonne, vous aussi, sire baron ?

– Je ne suis plus baron, Pernette. C'est mon frère qui l'est à présent. Moi, j'ai quitté Fresnoy pour n'y plus jamais revenir. Je veux demander à Bénigne de m'envoyer en mer à la recherche des terres auxquelles il croit. Bertrand a le même désir, et aussi Nicolas. Les autres veulent seulement travailler ici avec votre époux.

– Eh bien, qu'ils aillent donc vers la mer. Ils trouveront Pierre à la grande digue et Bénigne à l'église ou au chantier de bateaux. Un peu de marche leur fera du bien par ce beau temps.

– Entendu, fit gaiement Hughes. Nous y allons.

– Non, pas vous, sire Hughes ! S'il vous plaît, venez avec moi jusque chez moi. Je voudrais que nous parlions un peu.

– Volontiers. En ce cas, donnez-moi votre cruche.

– Vous ne voudriez pas ! Un seigneur comme vous.

– Je ne suis plus seigneur, Pernette, je vous le répète. Un simple chevalier sans sou ni maille, mais libre.

Il chargea la cruche ruisselante sur son épaule puis se mit en marche aux côtés de Pernette. Elle lui était apparue resplendissante de santé et même, sous son tablier, il était visible que la robe avait une courbe nouvelle.

– Vous attendez un enfant, n'est-ce pas ?

– Oui. Pierre est si heureux ! Et frère Bran prétend que la naissance portera bonheur à la ville.

– Comment ? Il est là, lui aussi ?

– Bien sûr ! Il est arrivé d'Irlande juste avant l'hiver. Il veut s'embarquer lui aussi, pour, dit-il, suivre les traces de son cher saint Brendam qui avait découvert le paradis. J'avoue pourtant que cela me fait peur et je suis heureuse que Pierre ne soit qu'un simple charpentier. Cette terrible aventure ne le tente pas. Mais revenons à vous. Vous m'avez dit, tout à l'heure, que vous êtes libre. Comment l'entendez-vous ?

– D'une façon bien simple. J'ai abandonné tous mes biens et titres à mon frère. Depuis que j'ai perdu Marjolaine, tout cela m'est apparu sans intérêt, dérisoire. Qu'a-t-on besoin d'un château, de riches vêtements, d'or et de joyaux, si ce n'est pour les offrir à celle que l'on aime ? Elle a disparu et je sais que je ne la reverrai de ma vie. Alors pourquoi ne pas tenter la folle aventure que prépare le Temple ? Si la mer n'a pas de fond, elle me conduira au moins là où je suis certain que je reverrai Marjolaine.

– Mais votre épouse ? L'avez-vous répudiée ?

– Non. Pourtant nous nous sommes dit adieu, fit Hughes en montrant le lourd anneau qu'Hermelinde lui avait remis. Elle était très malade quand je l'ai quittée. À cette heure, elle a sans doute cessé de vivre. Voilà,

Pernette, vous savez tout. Je suis heureux d'avoir tout abandonné, d'être ici avec vous. Au moins, jusqu'à ce que vienne le jour du grand départ, je pourrai parler d'elle.

– Je crois qu'il y a quelqu'un d'autre avec qui vous pourrez en parler.

Ils avaient atteint les maisonnettes et le marais. Un peu à l'écart, Hughes reconnut celle de Pernette aux touffes de lis d'eau qui la bordaient sur un côté et au grand saule qui l'abritait. Pernette poussa la barrière et guida Hughes à travers le minuscule jardin qu'elle avait tracé de ses mains mais, au lieu d'entrer dans la maison, elle la contourna.

Derrière s'étendait un potager et, au-delà, il y avait une autre maison que la première cachait quand on venait par le chemin. Entre les deux, Hughes vit une femme, longue et mince, vêtue de futaine bleue, la tête couverte d'une large coiffe blanche. Les bras levés, elle mettait du linge à sécher sur une corde tendue.

Quelque chose, dans l'attitude de cette femme, fit battre le cœur d'Hughes à un rythme plus rapide. Sans doute la silhouette et la grâce du geste, cependant bien humble. Pernette, les mains en porte-voix, cria dans le vent :

– Je vous amène une visite ! Voilà quelqu'un qui souhaite vous saluer et vous dire qu'il n'a plus au monde que vous, si vous voulez de lui.

La femme se retourna brusquement. Son bras, encore levé, fit basculer la coiffe de lin qui tomba à terre, libérant l'épaisse natte couleur de soie claire.

– Marjolaine ! souffla Hughes pétrifié. Elle, ici ?

– Mais oui, dit Pernette très satisfaite. Ni elle ni Aveline n'ont jamais été plus loin que Rochella. Nous n'avons pas voulu, Pierre et moi, qu'elle s'en aille seule vers Dieu sait quel destin. Le couvent ne lui apparaissait plus que comme un pis-aller, nous l'avons bien compris. Et puisqu'une vie modeste ne lui faisait pas peur. Elle dit qu'elle retrouve ici son enfance.

Là-bas, Marjolaine s'était figée, elle aussi. Le cœur cognant lourdement dans sa poitrine, elle regardait la haute silhouette sombre qui accompagnait son amie. Lentement, d'un pas hésitant, elle s'avança un peu dans les hautes herbes qui s'attachaient à sa robe comme pour la défendre d'une illusion dont le réveil serait cruel. Tant de fois, elle avait rêvé de le revoir.

Alors, ce fut Hughes qui s'élança.

Pernette les regarda se rejoindre, s'étreindre, ne plus faire qu'une seule silhouette, corps confondus, ivres d'une joie si forte qu'elle semblait les envelopper de lumière. Ils n'avaient plus besoin de personne au monde.

Alors, reprenant la cruche abandonnée par Hughes, Pernette rentra dans sa maison.

DE DEUX ROSES L'UNE

Marguerite
1430-1482

Si tu me dois aimer que ce ne soit pour rien
Que pour le seul amour d'amour...

1

La clause secrète

Pavoisée aux couleurs d'Angleterre, la grande nef avançait doucement vers l'estuaire de la Seine dont on ne distinguait pas encore les rivages et pour cause : levée bien avant l'aube, la brume couvrait la mer jusque-là clémente en ce début d'avril 1444 et ralentissait d'autant la marche du navire... L'homme aux bras croisés qui se tenait debout à la proue, comme suspendu entre ciel et flot invisibles, s'efforçait de scruter cette blancheur opaque derrière laquelle se cachait la France.

En bon Anglais familier du brouillard, il ne s'en serait pas soucié outre mesure – encore que sur mer ce fut un vrai danger ! – s'il ne fallait l'affronter justement aujourd'hui alors qu'il venait tenter de conclure un mariage destiné à engendrer la paix après la plus longue guerre de l'Histoire. Était-ce un mauvais présage ? La France si longtemps ravagée, encore amputée de l'Aquitaine et de la Normandie, allait-elle se refuser à présent que la fortune lui souriait ?

Ce n'était pas de gaieté de cœur que William de La Pole, comte de Suffolk, avait accepté une ambassade plutôt affligeante pour son orgueil. Depuis toujours il détestait les Français contre lesquels il avait bataillé toute sa vie. Il n'aimait pas davantage leur fichu pays qui, aux trois quarts conquis, avait trouvé moyen d'échapper au bonheur de devenir anglais comme l'Histoire lui en faisait le devoir depuis la mort de son dernier roi capétien[1].

1. Charles IV, dernier fils de Philippe le Bel remplacé par son cousin Valois au nom de la loi salique toujours refusée par l'Angleterre.

Le Diable apparemment veillait sur lui. Sous la forme d'une fille qui se disait envoyée de Dieu, il avait suscité cette sorcière, cette Jehanne que l'on appelait la Pucelle et qui, devant Orléans, avait fait mordre la poussière, non seulement à lui-même mais surtout à l'homme fort de l'armée anglaise, au vieux John Talbot jugé invincible jusque-là. Ensuite – chose étrange tout de même pour une satanique – elle avait ouvert pour le triste « roi de Bourges » la route du sacre dans le sillage de son armure blanche. Mais, au fond, ce que le comte de Suffolk lui pardonnait le moins à cette péronnelle c'était de l'appeler lui-même « La Poule » dans son ignorance crasse de la noble langue britannique. On avait fini par la brûler et c'était très bien. C'eût été encore mieux même si un léger bruit n'avait couru les rangs des soldats anglais qu'elle était bien une sainte. Elle était morte avec un courage qui confinait à la grandeur.

De l'autodafé du Vieux Marché de Rouen, « La Poule » gardait une impression désagréable. Suffisante en tout cas pour qu'il se soit juré de ne jamais remettre les pieds dans ce maudit royaume où rien ne ressemblait jamais à rien. Et pourtant c'était lui que le tout-puissant cardinal de Winchester, grand-oncle du jeune roi Henri VI, venait de choisir pour s'en aller demander la main d'une princesse française. Un comble, en vérité ! Mais c'est que les temps avaient beaucoup changé et pas à l'avantage de l'Angleterre...

Alors qu'en France Charles VII reconstituait pièce à pièce son apanage, servi par la vaillance de ses capitaines sans doute, mais aussi grâce à l'or dont son Grand Argentier Jacques Cœur emplissait ses coffres et surtout par la puissance des nouveaux canons de maître Jean Bureau, sa sœur ennemie se livrait au jeu passionnant des querelles intestines.

L'anarchie gagnait dans un pays qui avait reculé ses frontières beaucoup trop loin pour les défendre avec efficacité. Manquant d'or et même d'hommes, le royaume, dont le Roi était un garçon de vingt-trois ans, voyait s'effriter sa puissance. Il lui fallait la paix, la paix à tout prix et le redoutable cardinal de Winchester faisait de grands efforts pour que l'interminable guerre se décide à prendre place sur les rayons sans danger des livres d'histoire. Il avait fini par faire entendre raison au turbulent parlement, au Conseil royal et surtout au boute-feu local, le duc de Gloucester, oncle du roi, brouillon impénitent et chef vénéré des revanchards de tout poil ne rêvant que repasser la Manche ou franchir les frontières d'Aquitaine et de Normandie pour en découdre à nouveau avec les cousins d'en face... Grâce à Dieu, le parti de la paix que Suffolk, d'ailleurs, soutenait en homme conscient des réalités, l'emportait finalement. D'où l'ambassade qui voguait vers le port d'Harfleur.

On avait songé, tout d'abord, à demander l'une des filles de Charles VII mais les exigences de celui-ci grandissaient en même temps que son pouvoir et Winchester préféra une princesse moins onéreuse. On s'était donc arrêté sur sa nièce Marguerite d'Anjou, fille de René, roi de Sicile, duc d'Anjou, comte de Provence et d'Isabelle de Lorraine. Cela en dépit du fait qu'elle n'était pas riche mais le Cardinal désirait jouer une carte tout à fait inattendue chez cet homme terrible : celle de l'Amour capable de soulever des montagnes. La réputation de beauté de la petite Marguerite de quatorze ans s'étendait sur une grande partie de l'Europe. L'Empereur l'avait déjà demandée pour son fils et quelques autres de moindre importance.

Pour s'en convaincre, Winchester avait expédié secrètement en France un prisonnier français, Champchevrier, doué d'un beau talent de peintre, avec mission de rapporter un portrait. Au terme d'un voyage quasi rocambolesque pour échapper aux espions de Gloucester peu soucieux de marier un neveu dont la santé délicate lui laissait toutes espérances, Champchevrier regagna Londres avec une image tout à fait convaincante : Marguerite était réellement ravissante et le cœur du jeune roi se retrouva captif.

Suffolk partit donc.

Sans grand enthousiasme parce qu'il voyait dans ce mariage un moindre mal car de bien, en dehors de la paix, il n'en attendait guère. Lui aussi avait contemplé le portrait mais sans se défendre d'une certaine méfiance : on connaissait la tendance à la basse flatterie des peintres de cour et celui-là était Français par-dessus le marché ! Pouvait-on lui accorder crédit ? Si le jeune roi devait être déçu on aurait sur les bras une de ces princesses françaises dont, en dehors de Mathilde de Flandre, l'épouse du Conquérant et d'Aliénor d'Aquitaine au fabuleux apanage, l'Angleterre ne s'était guère louée.

Vers le milieu du jour, enfin, la brume se leva. On doubla le cap de La Hève pour aller s'embosser dans le port d'Harfleur[1] d'où l'ambassadeur et sa suite gagnèrent Rouen où le gouverneur Talbot leur fit grand accueil avant de descendre sur Tours où Charles VII et René d'Anjou, père de Marguerite, les attendaient.

1. Son port a été englobé depuis dans celui du Havre qui n'existait pas.

Suffolk espérait qu'il lui serait donné, au lendemain de son arrivée, de voir la jeune princesse mais les deux souverains ne l'entendaient pas de cette oreille : d'abord les clauses du contrat et de la paix !

Ce fut, au château de Montilz-lès-Tours où résidait le Roi de France, une véritable discussion de marchands de tapis. Pas autour de la dot d'ailleurs dont le tour fut vite fait : Marguerite n'aurait que l'or et les biens meubles offerts par Charles VII, René d'Anjou étant dans l'impossibilité d'offrir le moindre liard. En effet, il ne tirait pas un sol de son royaume de Sicile et moins encore s'il était possible de celui de Jérusalem dont il portait le titre et le plus gros de ses revenus passait dans les coffres du duc de Bourgogne Philippe le Bon, fidèle allié de l'Angleterre jusqu'à ces jours, qui l'ayant fait prisonnier à la bataille de Bulgneville ne l'avait relâché que contre une rançon ruineuse. Mais de ce détail Suffolk fit table rase : certes, son roi n'était pas riche mais le cardinal de Winchester l'était puissamment. Et chez lui, Suffolk, en avait reçu l'assurance des grandes dépenses auxquelles le vieil homme était résolu pour que le mariage fût digne d'un roi d'Angleterre. Restaient les conditions de paix et, là, Charles VII posa la question sans ambages :

– Vous comprendrez sans peine, mylord, qu'il est impossible à l'orée d'une paix ardemment souhaitée par les deux peuples que le roi anglais continue à détenir les biens de son beau-père qui sont l'Anjou... et le Maine. Pour l'Anjou d'ailleurs, une renonciation de principe suffirait, vos troupes n'ayant jamais pénétré dans ces terres dévolues jadis au défunt duc de Bedford au temps où il portait le titre de Régent de France. Il n'en va pas de même pour le Maine.

Le cœur de Suffolk manqua un battement. On arrivait à l'instant qu'il redoutait depuis qu'il avait accepté de mener les négociations, celui contre lequel, d'ailleurs, il s'était prémuni en demandant qu'on lui pardonne à l'avance toute erreur de sa diplomatie et qu'on ne le rendrait pas responsable des conséquences... Il tenta de louvoyer.

– Sire, le Maine est cher au cœur de mes compatriotes. Il a été conquis au prix de rudes efforts, de beaucoup de sang...

– ... et de sang français plus encore ! lança le roi René. Mes paysans ont durement pâti de vos armes, mylord !

– C'est malheureusement le lot de toutes les guerres, sire. Cependant le Maine n'en est pas moins le droit et grand chemin qui conduit d'Aquitaine en Normandie qui sont toujours nôtres. Nombres de nos seigneurs s'y sont installés.

– Qu'il serait infiniment dommage de déloger ? ironisa Charles VII. Vous oubliez que les temps ont changé et aussi le camp de la victoire. Nous ne sommes plus des vaincus, mylord, et nous entendons recouvrer ce qui était naguère encore notre bien et nous fut arraché par violence et au mépris du droit des gens ! Ce n'est pas, que je sache, la France qui a attaqué l'Angleterre il y a cent ans !

– Petit-fils de Philippe le Bel par sa mère, notre roi Edouard III pouvait se considérer à juste titre pour seul héritier de France et...

– Nous n'allons pas, à présent récapituler nos griefs et faire ici le procès de nos lois qui ne sont pas les vôtres ? Chez nous, seuls les mâles ont droit à la couronne. Cela dit, sachez qu'en ce qui concerne le Maine, nous ne saurions transiger. Ou il nous fait retour ou il n'y aura pas de mariage !

Le ton était sans réplique et Suffolk pensa que, décidément, le faible roi de Bourges avait beaucoup changé. Ce qui n'était pas son cas et il faillit bien lâcher la bride à la colère qu'il sentait bouillonner en lui mais, une fois encore, René d'Anjou intervint et le sourire de cet homme, un peu léger peut-être mais si charmant, fit reculer les furies prêtes à entrer en scène :

– Ne vous pressez pas de répondre, mylord Suffolk ! Ici, dans nos pays de Loire où la vie est douce, et plus encore dans ma chère Provence, nous aimons à prendre notre temps. Ne croyez-vous pas, sire mon frère, qu'avant d'aller plus loin, nous pourrions présenter notre hôte à ma fille ? Il est bon, ajouta-t-il avec une soudaine brutalité bien inhabituelle chez lui, qu'il connaisse tous les termes du marché. Sans oublier qu'après Jean de Luxembourg et le duc de Bourgogne, l'empereur Frédéric III a, voici peu, envoyé une ambassade pour obtenir la main de la plus accomplie des princesses. Nous n'avons que l'embarras du choix, souvenez-vous-en, mylord Suffolk !

Tout cela, l'envoyé d'Angleterre le savait mais l'abandon du Maine lui semblait impensable : il croyait déjà entendre les hurlements de la dangereuse plèbe londonienne si on lui arrachait cette proie et si, par-dessus le marché, le mariage s'avérait un échec... Mieux valait n'y pas penser ! Au bout d'un long silence, il prononça enfin :

– Il est vrai que je souhaite vivement déposer les vœux du roi mon maître aux pieds de la princesse Marguerite...

Au sud de Tours et toute proche du chemin menant de Montilz à Chinon ou à Loches, s'élevait la grande abbaye de Beaumont, l'une des plus importantes de Touraine et dont l'abbesse dépendait directement de la collégiale Saint-Martin. Riche et puissante, ses murs enfermaient cinq chapelles dont l'une « Notre-Dame des Miracles » possédait une image vénérée de la Mère de Dieu. Hervé de Buzançais l'avait fondée aux alentours de l'An Mil mais, au moment de la venue de Suffolk, l'abbesse en était Isabeau de Villeblanche...

C'est là que la reine de Sicile et sa fille avaient pris logis venant d'Angers où Marguerite avait été élevée, à l'abri des turbulences où la vie soumettait ses parents, par sa grand-mère paternelle Yolande d'Aragon, celle que l'on appelait la Reine des Quatre Royaumes et qui, véritable chef d'État, fut sans nul doute possible la femme la plus remarquable de son époque avec, bien sûr, Jeanne la Pucelle dont elle ouvrit d'ailleurs la route. La France lui devait sa résurrection et Charles VII son salut.

Onzième enfant d'Ysabeau la Bavaroise et de Charles VI – à la filiation d'ailleurs incertaine – il n'avait que dix ans le petit comte de Ponthieu quand Yolande offrit pour lui la main de sa fille Marie, conclut les fiançailles et obtint qu'il serait élevé chez elle à l'abri des imprenables tours du château d'Angers. Elle l'avait presque enlevé, mue par une sorte de prescience qu'en cet enfant chétif reposeraient un jour tous les espoirs du royaume de France. Et l'avenir ne tarde guère à lui donner raison : en 1417 meurt le Dauphin Louis. Son successeur c'est ce petit Charles qu'Ysabeau se hâte de réclamer : l'héritier doit vivre auprès d'elle, mais sachant la reine de France acoquinée au Bourguignon et à l'Anglais – en proie à une folie intermittente Charles VI est une pâte molle dans ses mains – Yolande refuse aux termes d'une lettre lourde de mépris :

« À femme pourvue d'amants point n'est besoin d'enfant. N'ay point nourri et élevé iceluy jusqu'icy pour que le laissiez trépasser comme ses frères ou le rendiez fol comme son père ou le fassiez Anglais comme vous. Le garde mien ! Venez le prendre si l'osez !... »

Jamais Ysabeau n'osera relever le hautain défi et Yolande va devenir l'âme même du pays déchiré. Jusqu'à sa mort, elle se tiendra aux côtés de Charles, derrière ou devant quand il écoute trop d'indignes favoris, toujours debout, toujours sur la brèche pour recevoir les coups, les parer, les rendre, déjouer les trahisons. Si Jeanne d'Arc vient de Lorraine, cette Lorraine dont la belle-fille de Yolande est duchesse, ce n'est pas sans signification. Quand elle entend parler de la jeune fille inspirée Yolande veut la voir et Robert de Baudricourt qui commande à Vaucouleurs, si près de Domrémy, recevra les ordres qu'il faut...

À ce jour, la Reine des Quatre Royaumes est morte depuis bientôt deux ans mais son empreinte a marqué l'âme de sa petite-fille dont elle s'est plue à modeler le jeune esprit en lui donnant les meilleurs maîtres tout en veillant à l'épanouissement harmonieux de son corps et en bannissant de son éducation les mièvreries souvent inhérentes à son sexe. De Yolande, son petit-fils Louis XI dira sans celer son admiration, qu'elle avait « cœur d'homme dans corps de femme ». Sous certains aspects Marguerite lui ressemblera : jamais le courage ne lui fera défaut même dans les pires circonstances.

Au lendemain de son entretien avec les deux rois, Suffolk s'est présenté à l'abbaye de Beaumont. L'abbesse d'abord, puis la reine Isabelle l'ont reçu et, avec cette dernière, il a pu s'entretenir un moment avant que l'on envoie chercher la jeune fille. Soudain, elle parut et le cœur de l'Anglais chavira...

Belle, Marguerite ? Pauvres mots ! Elle éblouissait, elle irradiait la lumière par tous les pores de sa peau dorée, par les immenses lacs d'ombres qu'étaient ses yeux, par l'éclat de son sourire. Elle avait quatorze ans, elle était la grâce même, la jeunesse, la fraîcheur, la vie et Suffolk, la gorge soudain serrée, contemplant le bouton se demanda ce que serait la fleur. La pensée lui vint aussi que son jeune maître avait bien de la chance. Enfin, quand leurs regards se rencontrèrent, il comprit que plus jamais il ne serait l'homme qu'il était l'instant précédent mais le serviteur passionné, l'esclave de cette enfant qui allait devenir sa reine. Parce qu'il la ramènerait un jour en Angleterre, dût-il combattre pour elle tous les princes d'Europe... dût-il abandonner non seulement le Maine mais tout le reste avec !

De son côté Marguerite observait l'ambassadeur avec une surprise charmée. Dieu qu'il était séduisant ce géant dont les cheveux blonds s'argentaient, dont le dur visage creusé de balafres racontait cent combats mais dont le regard bleu était celui d'un enfant émerveillé. On lui avait dit qu'il approchait de la cinquantaine et elle s'attendait à un presque vieillard mais le corps droit, mince et musclé de cet homme pouvait être envié par plus d'un jouvenceau. Visiblement, il ne savait que dire saisi d'une timidité inattendue mais bien flatteuse et très agréable... Enfin, lentement, sans rompre l'accord de leurs yeux, il plia le genou devant elle :

– Madame, murmura-t-il, daignerez-vous accorder à mon pays le bonheur de vous avoir pour reine ?

– Ce n'est pas à moi d'en décider, mylord, mais s'il plaît à Dieu, à mon père et à notre sire le Roi, je crois que j'en serais heureuse...

Le soir même, Suffolk acceptait le retour du Maine dans le giron français, n'y mettant qu'une seule condition : que cette clause demeurât secrète afin d'éviter ses répercussions faciles à imaginer jusqu'à ce que le peuple anglais ait suffisamment apprécié les bienfaits de la paix retrouvée et se soit laissé conquérir par sa jeune reine. Ce à quoi Charles VII et son beau-frère souscrivirent volontiers. Dès lors, les fêtes pouvaient commencer...

Le 22 mai on signa une trêve – la paix viendrait plus tard ! – qui devait durer jusqu'au 1er avril 1446 et, le lendemain, dans la basilique Saint-Martin de Tours on célébrait les fiançailles de Marguerite d'Anjou avec Henri VI d'Angleterre, le mariage ne devant avoir lieu qu'un an après. En attendant, Charles VII offrit à ses visiteurs anglais une superbe cérémonie où les rois se rendirent en cortège fastueux précédant et suivant la fiancée que menait par la main son oncle, Charles d'Anjou, comte du Maine. Détail qui n'échappa pas à Suffolk : ce rappel vivant d'une clause dont il espérait qu'elle demeurerait secrète le plus longtemps possible ne l'enchantait pas : il avait l'impression qu'en guidant jusqu'à lui la fiancée de son roi, Charles d'Anjou symbolisait les gros ennuis qu'elle lui vaudrait sans doute un jour mais, quand il prit la main de Marguerite, quand elle leva sur lui son regard lumineux il ne pensa plus qu'au bonheur de passer, bientôt, chaque jour de la vie à ses côtés.

Sans doute éprouvait-elle quelque chose d'analogue car elle murmura :

– Lorsque je serai en Angleterre, je voudrais, mylord, que vous ne me quittiez plus.

– S'il ne tient qu'à moi, Madame, jamais plus ne m'éloignerai de vous à moins que l'ordonniez...

En attendant, il fallait tout de même se séparer. Suffolk et sa suite regagnaient Londres où Winchester les attendait avec impatience mais ce ne fut pas sans soupirer que l'ambassadeur s'éloigna du doux pays de Loire et de celle dont l'image le suivrait partout.

Cependant, Marguerite allait vivre toute cette année à la cour de Charles VII et y recevoir les honneurs dus à une souveraine. Ce furent vraiment des mois délicieux : à Montilz, à Loches, à Chinon et dans les divers châteaux royaux, elle coula des jours peut-être trop aimables et trop doux pour que leur souvenir ne vînt pas la hanter quand, en terre anglaise, les jours se feraient plus sombres. Des comparaisons s'imposeraient alors qui ne seraient guère à l'avantage du nouveau pays... Chez l'oncle Charles tout était aimable, brillant, joyeux. Les femmes sur lesquelles régnait sans partage Agnès Sorel, la dame de Beauté dont le nom semblait fait pour elle, étaient toutes jeunes, charmantes et parées à ravir. Le Grand Argentier, maître Jacques Cœur, ne cessait de faire venir, depuis les Échelles du Levant ou de plus loin encore, les tissus de soie, les parfums, les épices, les pierreries, tout ce qui peut contribuer à réjouir l'œil et la coquetterie d'une jeune fille. On ne voyait guère la reine Marie, laide, prolifique et douce qui vouait aux œuvres et à Dieu un temps que d'autres employaient si joyeusement. Seule ombre au tableau : le Dauphin Louis[1] à qui le mariage anglais déplaisait fort et ne le cachait pas.

Il avait lui-même épousé, pour le malheur de la pauvrette car il était un époux détestable, la charmante Marguerite d'Écosse. Elle n'avait que treize ans lors de leur mariage et lui pas beaucoup plus mais il n'en exigea pas moins d'exercer ses droits d'époux dès le premier soir et l'assaillit avec la même fougue qu'il venait de déployer pour réduire en compagnie du comte de La Marche, la ville de Château-Landon alors aux mains des Anglais. La malheureuse ne se remit pas du traitement : elle tomba malade, eut des crises nerveuses qui n'apitoyèrent aucunement son époux. La jugeant trop fragile pour lui, il s'en désintéressa mais ne manqua pas de l'en informer.

Au milieu de cette cour joyeuse, la Dauphine traînait une existence sans joie en dépit de la dévotion, délicatement exprimée dont l'entourait le poète Alain Chartier. Toujours dolente, elle ne quittait guère ses appartements ou ses jardins vivant plus volontiers dans l'entourage de la reine Marie que dans la turbulence, les chasses, les bals et tous les divertissements dont le Roi comblait sa nièce et sa favorite.

Naturellement les plus jeunes et les plus beaux seigneurs s'empressaient autour de Marguerite et elle accueillait leurs hommages avec son irrésistible sourire. Ils s'appelaient Laval, Bourbon, Beauvau, Vendôme et surtout, surtout... Pierre de Brézé devant lequel pâlit un peu le souvenir de Suffolk. Peut-être parce qu'il lui ressemblait par certains points mais en plus jeune. Comme l'Anglais, c'était un colosse blond au visage fier. Grand Sénéchal, sa sagesse et son courage en avaient fait le véritable chef du gouvernement mais – et cela Marguerite le savait ! – il avait été jusqu'au bout le fidèle serviteur de la reine Yolande et du Connétable de Richemont. Même dans leurs plus secrètes opérations montées pour le

1. Futur Louis XI.

bien du royaume telles, par exemple, la conjuration qui avait débarrassé Charles VII mais sans lui demander son avis, de l'indigne favori La Tremoille. Il avait trente-quatre ans et c'était l'un des hommes les plus séduisants de la Cour.

Il ne cacha pas l'impression profonde produite sur lui par la trop jolie princesse, se fit son chevalier servant et porta ses couleurs dans les tournois. Cet amour à la fois évident et discret touchait profondément Marguerite. Au point de lui donner quelques regrets à certaines heures crépusculaires où la mélancolie pointe. Elle en fit confidence, un soir, à celle qu'elle aimait comme une aïeule. On l'appelait Tiphaine la Magine parce qu'elle disait parfois des choses étranges. C'était une femme simple : elle avait nourri de son lait le roi René et sa sœur Marie devenue la reine de France et demeurait depuis attachée à la maison d'Anjou. On l'y aimait et la respectait pour son esprit clairvoyant dépassant peut-être la moyenne des facultés humaines. Ainsi, au jour de la naissance de Marguerite, recevant dans ses bras le poupon nouveau-né, elle l'avait regardé d'un air bizarre puis, tout en commençant à le bercer, on l'avait entendue murmurer :

– Ah... pauvrette !...

On n'avait pas pu en tirer davantage mais elle était bien la seule à redouter le mariage anglais. À la duchesse Isabelle qui l'interrogeait elle s'était contentée de répondre, en haussant les épaules :

– Rien de bon ne peut venir de ces gens-là ! Ils veulent un gage de paix mais comme ils n'aiment que la guerre l'enfant sera malheureuse !

Ce soir-là, alors que Marguerite, en rougissant beaucoup, lui confiait avec quel plaisir grandissant elle voyait venir à elle Pierre de Brézé, plaisir qu'elle se reprochait d'ailleurs en contemplant le gros anneau de fiançailles qui pesait si lourd à sa petite main, Tiphaine grommela :

– Ce qui est fait est fait. On vous a donnée à l'Anglais !

– Je sais, mais je ne puis m'empêcher de me demander si je n'aurais pas été plus heureuse avec un époux français ?

– Inutile de vous poser la question, Madame. Lorsque l'autre reviendra vous chercher, vous oublierez aussitôt messire de Brézé.

– J'ai peur que ce ne soit difficile.

– Oh non ! Vous en serez même surprise et ne verrez plus que l'autre... malheureusement !

Cette fois encore elle refusa d'en dire plus mais en fait la suite lui donna raison : quand sonnèrent les trompettes d'argent annonçant l'arrivée de l'ambassadeur, le cœur de Marguerite se mit à battre sur un rythme inhabituel.

Il revenait, cette fois, avec tout l'apparat convenable pour une reine d'Angleterre. Des dames l'accompagnaient comme la duchesse de Somerset, la belle Alice Chaucer, et sa propre épouse car, bien sûr, il en avait une et aussi des enfants mais au temps des amours chevaleresques le rôle des épouses légitimes se bornait le plus souvent à assurer la descendance et à tenir maison et rang. Jusque-là, Suffolk – on l'avait fait marquis pour le remercier de ses bons offices ! – s'était montré bon époux et bon père. Une union sans histoire mais Lady Suffolk comprit vite qu'il allait falloir compter avec cette petite reine de quinze ans que son mari couvait de regards si ardents. Mais, femme sage et de sens rassis, elle avait dépassé depuis longtemps l'époque de la jalousie et, dans ce cas particulier, elle estimait que la réussite du mariage royal était de toute première importance. Tant mieux si, à travers William, la jeune Marguerite appréciait ses nouveaux compatriotes ! Elle-même s'attacherait à ne rien faire qui pût compromettre un équilibre qu'elle savait fragile.

Un mariage ayant toujours lieu chez la fiancée, on décida que celui de Marguerite aurait lieu à Nancy. La reine Isabelle tenait beaucoup à ce que sa chère Lorraine fût le théâtre d'un si grand événement. Et ce fut une réussite : pavoisée jusqu'aux ruisseaux, la vieille capitale réserva à ses princes, qui en étaient absents depuis dix ans, un accueil triomphal. À la liesse populaire se joignit le faste de la noblesse, la richesse des marchands et l'éclat d'un soleil dont cependant la Lorraine se montrait souvent avare au mois de mars. Le plus beau de la féerie ce fut quand Marguerite, radieuse dans une robe de satin blanc toute semée de marguerites, d'or et d'argent, marcha à l'autel où l'attendait Suffolk, sur un tapis de ses fleurs emblématiques. Et lorsqu'elle mit sa petite main dans celle de l'homme qui l'épousait au nom d'un autre, une énorme acclamation résonna jusqu'aux voûtes de la collégiale Saint-Georges. Suffolk en profita pour murmurer :

– Vous semblez vraiment heureuse, Madame !

– Je le suis, mylord... au-delà même de ce que j'espérais.

Que n'aurait-il pas donné, alors, pour devenir réellement l'époux de cette ravissante enfant ! Mais il dut, le soir venu, se contenter de glisser, selon la coutume, sa jambe nue dans le lit où ses femmes l'avaient couchée dans la masse de ses cheveux dénoués, d'en toucher son corps signifiant ainsi qu'il en prenait possession au nom de son roi... puis de se retirer pour la laisser poursuivre ses rêves dans le désert d'un lit trop grand pour elle.

Enfin, après une grande semaine de joutes et de tournois ordonnancés par le roi René avec la passion et le sens du décor qu'il apportait à ce genre de réjouissances, il fallut songer au départ : l'heure était venue pour la « reine » Marguerite de dire adieu à son passé, à sa famille, à tout ce qu'elle avait aimé jusqu'à présent. Seul, son frère Jean de Calabre l'accompagnerait au-delà de Paris.

Ces adieux, Marguerite les accomplit avec une majesté qui força l'admiration. En digne fille de sa mère – et plus encore de sa grand-mère ! – elle s'était déjà trop profondément pénétrée du rôle qu'elle avait à jouer désormais et de la grandeur de sa marche vers la paix totale entre deux peuples, pour se laisser aller à des pleurs ou à une trop grande émotion. L'œil sec, le sourire aux lèvres, elle se tourna résolument vers son destin...

L'accueil de Paris, délivrée depuis peu, l'enchanta parce qu'elle y vit le reflet de son propre courage. À demi détruite, lézardée, misérable, la capitale que son roi se refusait à habiter s'était parée de tout ce que l'on avait pu trouver de riches tissus, de tapisseries, de draps blancs et surtout de feuillage nouveau et de marguerites pour recevoir celle en qui sa population voyait l'ange même de la paix. Jamais Notre-Dame n'entendit messe plus chargée d'espérance !

Le dernier lien avec la famille tomba enfin à Saint-Denis : Jean de Calabre remit officiellement à Suffolk sa nouvelle reine avant de s'éloigner avec la suite française. À cet instant, le cœur de Marguerite se serra mais sa main reposait dans celle de l'ambassadeur et cette main était chaude, ferme, vigoureuse. Il murmura d'ailleurs :

– Souvenez-vous, Madame ! Je ne vous quitterai plus ! N'ayez pas peur !

– Je n'ai pas peur, fit-elle fièrement en retirant sa main. Il faut dès à présent que j'apprenne à penser, à agir comme si j'étais née sur le sol anglais.

Il aima ce courage et lui sourit :

– Il faut tout de même que je vous en dise un peu plus sur votre nouvelle famille, sur ceux qui se trouvent tout naturellement disposés à vous aimer et surtout sur ceux dont il convient de vous méfier.

– En tout premier lieu du Lord Protecteur, n'est-ce pas ?

– Bien entendu. Le duc de Gloucester a été, est et sera toujours notre pire adversaire, votre pire adversaire. La raison en est des plus simples : que notre jeune roi, dont la santé est fragile meure sans héritier et le trône lui revient comme à l'unique frère encore vivant du roi Henri V.

Et pour cette toute jeune femme qui allait s'y trouver plongée jusqu'à immersion totale, Suffolk brossa un portrait de ceux qui l'attendaient à Londres avec des sentiments divers. Il fit preuve, d'ailleurs, d'une solide partialité en la matière. Mais son cours d'histoire s'efforça d'être aussi clair que possible.

En fait, tout allait plutôt mal en Angleterre depuis la mort survenue en 1422 au château de Vincennes, en France, du conquérant Henri V. Ce grand guerrier – le vainqueur d'Azincourt ! – avait épousé Catherine de France en 1420. Deux ans plus tard, il la laissait veuve avec un enfant de quelques mois, le futur époux de Marguerite. Un régent s'imposait : ce fut le frère puîné du roi défunt, Jean de Lancastre, duc de Bedford qui portait déjà le titre de régent de France. Celui-là était aussi un homme de valeur, la tête pensante de la famille et tant qu'il vécut, le jeune Henri VI put grandir en toute tranquillité : il l'avait même fait couronner roi de France à Paris.

Malheureusement pour l'Angleterre, Bedford mourait en 1435 laissant le champ libre au frère suivant, Humphrey de Gloucester qui, lui, ne valait pas grand-chose. C'était un brouillon, un braillard, un boute-feu perpétuel qui emplissait Londres de ses extravagances. Buveur, violeur de filles, pourri de vices mais semant l'or à pleines mains, il était l'enfant chéri du populaire auquel il ne cessait de rappeler le beau temps de la guerre en France, des pillages, des rapines, des villes dont on passait joyeusement les habitants du fil de l'épée. Portant le titre de Protecteur de Grande-Bretagne, sa passion des femmes lui fit accumuler les sottises. Dont une monumentale : il osa épouser la comtesse de Hollande, Jacqueline de Hainaut, pupille du redoutable duc de Bourgogne, Philippe le Bon, avec lequel cette très jolie femme courageuse mais inconsciente était en révolte ouverte. Le Bourguignon se fâcha et la belle alliance, qui depuis des années assurait à l'Anglais un formidable soutien sur le sol de France couronné par la livraison de Jeanne d'Arc, vola en éclats.

Si encore il s'agissait d'un amour profond, impérissable, capable de soulever des montagnes ! Mais à peine marié, Gloucester cessa de s'intéresser à son épouse pour tourner ses batteries vers l'une de ses suivantes, Éléonore Cobham, une foudroyante beauté qu'il épousa après avoir renvoyé sa femme commettant ainsi le péché de bigamie et se lançant dans une autre aventure tout aussi désastreuse.

Devenue la première dame du royaume, cette aventurière de petite extraction donna libre cours à une ambition sans limite : elle voulut être reine, convoitant la couronne avec une ardeur féroce. Entre le prestigieux diadème et sa tête un seul obstacle : le jeune roi. Pour s'en débarrasser sans trop de risques, Éléonore se lança dans les pratiques sataniques, interrogea les esprits, attira auprès d'elle sorcières et magiciens en compagnie desquels chaque nuit elle tourmentait une statuette de cire à l'effigie d'Henri VI ce qui, selon les lois de l'époque, équivalait à un régicide.

Heureusement veillait sur le Roi – et le royaume par la même occasion ! – le Conseil royal que présidait le redoutable, le formidable Henri Beaufort[1] cardinal de Winchester. Ses espions eurent vite fait de le renseigner sur les agissements de la duchesse de Gloucester. Arrêté et mis à la torture, un de ses serviteurs avoua tout : le soir même la « première dame du royaume » était jetée en prison au désespoir de son époux. Mais il eut beau tempêter, rameuter des troupes, tenter de soulever les faubourgs, l'accusation de sorcellerie, de commerce avec le Diable était la seule contre laquelle le plus puissant ne pouvait rien parce qu'elle suscitait la terreur. Le jugement fut vite rendu : tandis que l'on jetait ses complices au bûcher, Éléonore fut condamnée à trois jours de pénitence publique, promenée à travers Londres en chemise, pieds nus et portant une torche à la main sur une charrette, après quoi elle fut enfermée à vie dans une forteresse de l'île de Man.

– Ce fut pour le duc une cruelle offense et une profonde douleur car il s'était refusé à admettre la culpabilité de son épouse. Je crois qu'il l'aimait vraiment, conclut Suffolk. Il faudra vous en méfier à chaque instant car cette aventure l'a rendu enragé. Grâce à Dieu nous avons le Cardinal...

– Qui est-il au juste pour le Roi ?

– Son grand-oncle. Le roi Henri IV était son frère. Fort grand seigneur et fort habile, fort riche aussi, il tient l'Angleterre d'une main de fer. Il sera votre appui, votre ami si vous savez le prendre...

– Mais il est fort âgé ?

– Il sera bientôt octogénaire mais, rassurez-vous, sa santé est excellente. Son appétit aussi... Entre ses mains et, avec votre aide, la Rose rouge[2] de Lancastre doit s'épanouir et se multiplier pour le bien de tous.

– Et... les femmes ?

– Aucune n'a de véritable importance puisque de belle-mère vous n'aurez point !

---

1. Ne pas confondre avec les Beaufort français et surtout pas avec le duché offert par Henri IV à Gabrielle d'Estrées.

2. Emblème de la maison royale à ce moment de l'Histoire.

Cela Marguerite le savait déjà. Sa mère lui avait raconté le triste roman de la douce et charmante Catherine de France, mariée par force au vainqueur d'Azincourt avec qui elle n'avait guère vécu que le temps d'une grossesse car le jeune Henri VI était né quelques jours après la mort de son père. Catherine, alors s'était crue libre. Éprise d'un seigneur gallois, Owen Tudor, elle s'était enfuie avec lui et l'avait épousé, lui donnant même deux enfants mais Gloucester ne l'entendait pas de cette oreille : déchue de ses droits, arrachée à cette nouvelle famille, on l'avait jetée à l'abbaye de Bermondsey où elle était morte « de misère » à trente-six ans... Bien souvent, par la suite, Marguerite devait évoquer l'image fragile dont le regard vivait toujours dans celui, si doux, de son royal fils.

Cependant le cortège de la nouvelle reine approchait de la mer. Aux abords de Rouen le canon tonna, les cloches sonnèrent et l'on vit venir Richard Plantagenêt, duc d'York et Régent de France. Et cette rencontre était importante car cet homme de trente-quatre ans, aimable et de belle mine, ne représentait rien de moins que la branche rivale de celle actuellement régnante et en réalité quelque peu usurpatrice dans un pays où la loi salique n'existait pas. En effet, par sa mère et par son grand-père le jeune duc d'York tenait de plus près à ce tronc incontournable qu'était l'ancêtre Édouard III. Que l'époux de Marguerite meure sans enfant et Richard d'York revendiquerait la couronne d'autant plus aisément que l'éternel Gloucester le protégeait.

L'accueil fut sans défauts, le remerciement aussi mais que pouvaient penser, en traversant la ville côte à côte, la jeune reine, prévenue par Suffolk contre l'ami de Gloucester, et le séduisant duc à la Rose blanche[1] confondu par la beauté de cette jeune fille dont le ventre allait sans doute lui interdire l'accès au trône d'Angleterre ? En apparence, ils semblaient s'entendre à merveille et, durant les quelques jours passés dans la capitale normande, Suffolk, obligé à l'amabilité, rongea son frein. Que Marguerite séduise York, il n'y verrait que des avantages mais que se passerait-il si le contraire se produisait ?

Un soir, il n'y tint plus :

– Madame, Madame, vous me faites peur !...

– Peur de quoi, mylord ?

– Le duc se dépense sans compter pour vous plaire. N'oubliez pas, je vous en supplie, que vous êtes pour lui un obstacle !

1. Emblème de la maison d'York.

– Dois-je vraiment penser à cela en ce moment ? Tout irait tellement mieux si la concorde régnait entre les membres de ma nouvelle famille ! Pour l'instant, je ne veux voir autour de moi que des sourires... À commencer par le vôtre, mon cher marquis ! ajouta-t-elle en riant...

Ce fut cependant avec un vif soulagement que Suffolk vit s'achever le séjour à Rouen. Il faisait un temps affreux quand on s'engagea enfin sur la route d'Harfleur mais il lui parut à lui plus délicieux que le plus beau soleil. D'ailleurs, en bon Anglais, il n'aimait pas tellement le soleil !

2

Henri par la grâce de Dieu...

Dans le port d'Harfleur, le vaisseau royal accaparait tout le paysage. C'était un « cock », appellation dérivée des cogs, ces puissants navires de commerce qui portaient sur toutes les mers la fortune des villes hanséatiques. Celui-là s'appelait *Johan of Charbourg* venait aux ordres de maître Thomas Adam et érigeait, sur un ciel fuligineux, la masse somptueuse de ses deux « châteaux » pourpre et or sculptés comme des lutrins de cathédrale, de ses grands mâts à voiles carrées au sommet desquels les hunes rondes abondamment garnies de javelines et de flèches s'ornaient de longues flammes de couleur. Claquant dans le vent frais les bannières réunissaient les léopards d'Angleterre, les lys de France et les armes complexes des Quatre Royaumes. Son énorme coque ventrue, relevée en cuiller, et les vastes châteaux qui en débordaient largement pouvaient recevoir environ deux cents personnes plus un équipage d'une centaine, des chevaux, des animaux divers et bien entendu des marchandises. Ce soir-là, il se contentait d'embarquer les coffres de la jeune reine et de sa suite.

Debout sur le quai, le capitaine surveillait l'embarquement des bagages sans avoir l'air de se soucier autrement du ciel menaçant. Suffolk s'approcha de lui :

– Maître Adam, vous comptez partir ce soir même ? Vous avez vu le temps ?

Le marin lui offrit un regard courroucé :

– Il faudra prendre la marée, mylord ! Je sais que le temps menace mais je suis persuadé que nous atteindrons Southampton avant que n'éclate la tempête qui viendra ces jours prochains. Si nous ne partons pas ce soir, nous risquons de rester à terre deux ou trois semaines. Nous sommes en avril...

– Soit. Après tout c'est votre métier. Pensez tout de même que vous portez la Reine et que sa vie nous est précieuse !

– Tout autant que la mienne et celle de mes hommes pour moi, mylord !

Deux heures plus tard, debout au milieu de ses dames sur le château d'arrière, Marguerite put regarder s'éloigner la côte normande dont, au fond de son cœur et en dépit du titre qu'elle portait désormais, elle espérait bien qu'elle ferait bientôt retour à la couronne de France. Durant son bref séjour à Rouen, elle avait été frappée par les regards d'un peuple encore blessé par le souvenir du siège de 1419, par ce qu'il avait dû subir ensuite et par le supplice de la Pucelle qui avait, un temps, incarné ses espérances. Les rois d'Angleterre avaient beau descendre de leur duc Guillaume, les gens de Normandie n'en espéraient pas moins échapper enfin à leur emprise. Marguerite n'avait pu s'empêcher d'en faire la remarque à Richard d'York et celui-ci l'avait dévisagée longuement avant de répondre :

– Ce sont là préoccupations d'une princesse française, Madame. Pas d'une reine d'Angleterre...

Il avait raison et Marguerite n'insista pas, consciente d'avoir agi avec maladresse. À aucun moment elle ne devait plus oublier qu'elle incarnait la paix qui devait régner désormais entre les deux royaumes.

Les premières heures du voyage se déroulèrent sans incidents. Mais le deuxième jour et, en dépit des prévisions optimistes de maître Adam, un vent violent souleva les flots devenus noirs et ce fut l'horreur. Toutes les tempêtes de la Manche semblaient s'être donné rendez-vous sur le chemin du navire. Voiles éclatées, mâts brisés le cock ne fut bientôt plus qu'une coque de noix ballottée sur des montagnes d'eau qui le jetaient ensuite au fond de gouffres béants. Pour le maintenir à flots l'équipage fit des prodiges de valeur tandis que, dans les appartements, ceux qui n'étaient pas ravagés par le mal de mer, harcelaient le ciel de supplications frénétiques. Seules, les prières de Suffolk avaient de quoi surprendre, même le Seigneur : il suppliait pour obtenir que l'on n'atteignît jamais la côte anglaise, pour que ce navire se brisât et qu'il pût mourir en serrant Marguerite dans ses bras. Un instant, alors que les membrures craquaient de toutes parts, menaçant de se rompre, il croisa son regard. Ce qu'il y lut l'emplit de bonheur et il tendit vers elle une main où elle glissa la sienne.

– Avez-vous peur de mourir, Madame ?

– Pas si c'est avec vous. Il me semble que tout deviendrait alors merveilleusement simple...

– Je le crois aussi...

Mais le destin de Marguerite n'était pas de périr en mer dans les bras de celui qu'elle aimait... Après quatre jours de lutte désespérée, au matin du 9 avril, le navire désemparé et faisant eau de toute part s'échouait sur la plage de Porchester où, bien entendu, personne ne l'attendait... Marguerite, défaite par les affreuses nausées qui avaient eu finalement raison d'elle, put enfin poser le pied sur le sol anglais ayant perdu à peu près tout ce qu'elle possédait...

Le temps n'était pas calmé pour autant. L'ouragan soufflait toujours ses fureurs comme s'il voulait interdire aux notables de la petite cité d'apporter leurs secours aux naufragés. Le vent était si violent qu'il empêchait d'avancer. On se résolut enfin à abriter la Reine et les autres femmes dans une chaumière tandis que l'on préparait en hâte le vieux château pour l'y recevoir dès que la bourrasque s'apaiserait.

Vidée de ses forces, frappée aussi par la violence des éléments dressés sur son chemin, Marguerite remarqua :

– On dirait que l'Angleterre ne veut pas de moi...

– C'est peut-être la France qui ne voulait pas vous laisser partir, Madame, dit la duchesse de Somerset. Nous autres Anglais avons renoncé depuis longtemps à voir des symboles dans le temps qu'il fait. Il est si souvent détestable chez nous...

Ce fut seulement le lendemain que Marguerite put aller prendre quelque repos dans ce château de Porchester où Henri V avait mis au point la stratégie de la campagne dont Azincourt serait le couronnement. Cependant, Suffolk envoyait un messager apaiser l'inquiétude du Roi qui attendait avec toute sa cour, à Southampton le résultat de la terrible bataille entre une tempête hors du commun et le courageux navire royal : on n'avait perdu que des biens, les corps étaient saufs et en tout premier lieu celui de la Reine. Tout était donc pour le mieux !

Winchester répondit par l'envoi d'un nouveau bateau bien que Porchester ne fût qu'à une vingtaine de milles de Southampton : il fallait qu'au moins le magnifique décor installé sur le port pût servir à l'enthousiasme du peuple ! Il n'en était pas moins soucieux : le peuple savait déjà que la nouvelle reine était naufragée et l'apparat dont il allait l'entourer ne changerait pas grand-chose au fait qu'elle arrivait les mains vides et pratiquement en chemise puisque l'or et les joyaux de sa dot gisaient au fond de l'eau et que la dot en question se réduisait à présent à deux îles perdues dans la Méditerranée, Majorque et Minorque, dépendant de la royauté de René d'Anjou mais qu'il faudrait tout de même aller investir si l'on voulait qu'elles servent à quelque chose... Et, toutes ces circonstances malheureuses, on pouvait faire confiance à Gloucester – il était là lui aussi bien entendu ! – pour en faire une délicieuse provende à destination de ses agitateurs londoniens. Il allait falloir jouer serré.

C'était aussi l'opinion de Suffolk et pour la dixième fois peut-être il répéta la recommandation qui lui tenait le plus à cœur parce que, dès leur première rencontre, il avait deviné une force dans cette fragile jeune fille :

– Il vous faudra défendre le Roi, Madame. Il est jeune et charmant mais il a trop de douceur et de bonté. Certains en profitent sans vergogne.

Il n'avait plus besoin de traduire le mot « certains ». Marguerite savait bien qu'il désignait le seul et unique Gloucester. Désormais, elle était prête à l'affronter.

Cependant – et en dépit de ce que l'on avait pu lui dire ! – elle éprouva un sentiment bizarre lorsqu'elle se trouva en face de son époux. Ce ne fut pas un élan d'amour, impossible puisque son cœur appartenait déjà à celui qui était devenu son mentor, mais plutôt une flambée de tendresse faite d'instinct maternel et d'un profond besoin d'aider, de protéger...

Henri avait donc vingt-trois ans et, à sa manière, il était beau mais dans le genre fragile : trop mince, trop long, trop pâle ! Au milieu de ses lords taillés en force il ressemblait à un jeune bouleau planté au cœur d'une forêt de chênes massifs. Avec cela des yeux de visionnaire très grands, très doux... et très tristes. Ils ouvraient sur une âme sainte toute d'humilité, d'oubli de soi-même et de charité. Un bien curieux roi en vérité mais, sachant son histoire, Marguerite n'en fut guère surprise. C'était celle d'un enfant solitaire né après la mort de son père et n'ayant pas connu sa mère... ou si peu puisque Catherine s'était très vite tournée vers son nouvel amour, laissant son fils gravir comme il l'entendrait le dur chemin de l'apprentissage du trône.

Si encore Henri avait eu, auprès de lui, un homme généreux, bon ou tout au moins compréhensif ? Mais toute son enfance s'était déroulée sous la férule impitoyable de son tuteur, le vieux comte de Warwick l'homme qui avait jeté Jeanne d'Arc au bûcher par haine de tout ce qui était français et qui essayait de lui arracher du cœur jusqu'au moindre souvenir d'une mère toujours présentée dans ses discours comme une catin lubrique à l'image de sa propre mère Isabeau de Bavière. Sans compter qu'il ne se privait pas de lui rappeler que son grand-père français, le roi Charles VI, était fou... Passant tout de même sous silence le fait que le grand-père paternel, lui, était lépreux !

Le seul refuge de l'enfant malheureux était Dieu et sans doute eût-il cent fois préféré se faire moine que porter couronne. Pourtant comme ils s'illuminèrent, les yeux mélancoliques, lorsqu'ils se posèrent sur celle qu'on lui amenait ! Il crut « voir céder en lui toutes les écluses qui retenaient en lui les sources de la jeunesse ». Cette descendante des ducs de Lorraine portait en elle toute la chaleur de la Provence et, lorsqu'il tint sa main dans la sienne, Henri se sentit tout réchauffé... Il sut qu'il aimerait Marguerite tant que la vie serait en lui. Et elle, de son côté, se promit de faire tout ce qui serait en son pouvoir pour lui donner du bonheur. Restait à présent à faire connaissance avec l'entourage dont on lui avait tant parlé depuis ses fiançailles. L'accueil qu'elle lui réserva se ressentit des longues causeries du soir avec Suffolk près de flambées allumées dans les énormes cheminées de pierre.

Alors que dans un geste charmant de spontanéité encore enfantine, elle sautait au cou du cardinal de Winchester, Henri Beaufort, énorme, plus rouge que sa pourpre cardinalice, presque octogénaire mais demeuré une force de la nature, elle réservait une réception glaciale au fastueux Gloucester, un homme de quarante ans qui eût été beau si son visage ne portait l'empreinte visible de sa fourberie et de sa cruauté. À celui-là, elle tendit froidement et sans sourire sa main à baiser :

– Nous sommes heureuse de vous voir, seigneur duc !

Elle venait de commettre là sa première faute car Gloucester ne garda plus la moindre illusion. Le regard dont il l'enveloppa disait clairement qu'elle venait de se faire un ennemi d'autant plus acharné qu'il était presque épouvanté par l'incroyable beauté de la jeune fille. Mais il n'eut guère le temps de répondre : Marguerite, déjà, revenait à Winchester. Elle le savait un homme terrible, sanguinaire et impitoyable, mais il avait voulu son mariage et ne lui faisait pas peur. Et puis Suffolk l'aimait...

– Mon bon oncle ! Je voudrais tant que vous voyiez en moi une fille plutôt qu'une nièce !

Ravi et conquis, il l'embrassa à plusieurs reprises en se félicitant de son heureux choix. Enfin la grâce, le sourire et la gaieté, allaient reprendre place au foyer trop souvent tragique des souverains anglais !

Le 22 avril, Henri et Marguerite furent mariés dans l'abbaye de Titchfield, proche de Winchester, et qui appartenait d'ailleurs au Cardinal. Une belle cérémonie qui semblait l'aurore de temps nouveaux pour ce nouveau couple rayonnant de jeunesse mais aussi de bonheur car la nuit de noces qui suivit fut une réussite absolue pour l'un comme pour l'autre. Peu expert en la matière mais amoureux et tendre, Henri sut aborder sa jeune épouse avec une délicatesse rare en ces temps sans nuances. Il sut éveiller à l'amour un corps qui ne demandait que cela. Marguerite fut éblouie, émerveillée par un amour physique répondant si bien à ses aspirations secrètes car, sans le savoir, elle portait en elle le tempérament exigeant de son père et de toute la race des Valois. Quant à Henri le jour qui se leva le découvrit esclave à jamais de celle dont il venait de faire sa femme. De ce matin-là il abdiqua entre ses jolies mains un pouvoir qui lui pesait alors qu'elle ne rêvait que de l'assumer.

Quand tous deux reçurent au matin les compliments de la Cour, le Cardinal remercia le Ciel de lui avoir permis de réaliser une si parfaite union. De ce jeune couple si visiblement accordé allait naître enfin cette paix dont le royaume tout entier avait besoin même s'il ne s'en rendait pas vraiment compte.

Ayant conquis son roi, Marguerite avait hâte maintenant d'exercer son charme sur tous ses sujets et singulièrement sur ceux de Londres où sa « joyeuse entrée » puis son couronnement devaient être le point d'orgue d'un mariage si heureusement commencé. Il lui fallait cela pour effacer l'étrange impression et le vague remords que lui laissait sa nuit de noces. Après avoir craint un traitement brutal comme cela arrivait trop souvent dans un lit nuptial, elle s'était abandonnée avec délices à ces caresses un peu timides sans doute mais dont elle avait doublé la saveur en imaginant ce qu'elles seraient si un autre les lui dispensait... À son bonheur présent, elle voulait ajouter la joie violente que procure l'adoration des foules...

– Je saurai alors vraiment ce que c'est qu'être reine, confia-t-elle à sa femme de chambre, Alison de La Grange qui avait grandi avec elle et était la seule autorisée à demeurer auprès d'elle. Le peuple qui aime son roi, m'a-t-on assuré, me sera reconnaissant de le rendre heureux et il m'aimera moi aussi !

Malheureusement, elle découvrit vite qu'il lui fallait patienter environ un mois. Ne fallait-il pas laisser à la City le temps d'élever ses tribunes et de se parer pour la circonstance ? En outre, depuis le naufrage, la Reine manquait singulièrement de vêtements d'apparat : il fallait lui en confectionner... En fait – et on se garda bien de le lui dire ! – le retard venait du mauvais vouloir du Parlement à financer des fêtes pour une femme qui non seulement n'apportait aucune richesse mais qu'il fallait rhabiller étant arrivée en chemise ou peu s'en faut.

Enfin, l'entrée fut fixée au 28 mai et l'on put se mettre en route pour la capitale où tout était prêt. C'était un jour éclatant de soleil et de fleurs nouvelles comme les printemps anglais savent en produire. Tout était beau, brillant, splendide. La bière coulait à flots dans les carrefours et l'énorme ville – peut-être la plus vaste en Europe à cette époque ! – ressemblait à un immense champ de marguerites. Il y en avait sur tous les édifices, à toutes les fenêtres, toutes les statues de saints, dans toutes les coiffures, sur tous les vêtements en bouquets, en guirlandes, en piquets. Ainsi l'avait voulu Winchester qui avait ouvert largement sa bourse pour la circonstance. Et pourtant, sur son passage, la jeune reine ne recueillit pas l'enthousiasme que cette débauche florale laissait supposer. Certes, sa beauté étonna, éblouit... mais Gloucester avait bien employé le mois que le Parlement lui avait donné...

Ses émissaires copieusement pourvus d'or avaient eu tout le loisir de travailler l'opinion publique. On chuchotait, bien sûr, que non seulement la Française était arrivée presque nue mais qu'elle coûtait très cher au pays, que le contrat de mariage obligeait à de lourdes cessions territoriales (encore Gloucester ignorait-il alors la clause secrète !). Oubliant les défaites subies et le fait que la France les rejetait peu à peu à la mer, les nationalistes s'en indignaient...

Henri VI, pourtant, fut follement acclamé. On adorait ce jeune homme frêle que certains surnommaient déjà « le Saint ». Dépourvue de toute basse jalousie, Marguerite se réjouit de la popularité de son époux et, pour ne pas l'attrister, s'efforça de cacher une déception qui lui mettait les larmes aux yeux mais Suffolk qui chevauchait non loin d'elle et l'observait avec attention, vit, avec fureur, une larme, une seule, glisser sur le ravissant visage. Vivement, il rejoignit le cardinal Beaufort :

– Qu'est-ce que cet accueil ? gronda-t-il. Les gens d'ici ont-ils perdu l'esprit ?

Winchester haussa ses énormes épaules. Sourcils froncés, il avait observé, lui aussi, l'étrange phénomène mais ne nourrissait aucun doute sur sa provenance.

– Gloucester a dû se charger de faire un portrait désastreux de notre petite reine. J'ajoute que vous avez certainement votre part dans les ragots que ses émissaires ont colportés.

– Ma part ? Et pourquoi ? Le Parlement m'a remercié du succès de mon ambassade après les fiançailles...

– Sans doute, mais c'était il y a longtemps. J'ai moi-même entendu dire que vous éprouvez pour la Reine un sentiment trop tendre. On prétend même qu'elle vous le rend.

– Mais, bien sûr, personne n'oserait répéter cela devant moi. Ma femme est auprès de la Reine, au nombre de ses dames d'honneur...

– ... et tout le monde sait que Lady Suffolk est la créature la plus paisible et la moins jalouse du monde. Du moment qu'elle vous voit de temps en temps, elle est contente. Je crois d'ailleurs que la Reine l'a séduite elle aussi.

– De toute façon mes sentiments ne regardent pas Gloucester. Et s'il a osé calomnier Sa Majesté...

Sa main nerveuse cherchait déjà la garde de son épée.

– Pas de folies ! Rien n'est perdu. Même si le peuple ne l'acclame pas, sa beauté l'étonne. Bientôt sa gentillesse le séduira. Nous pourrions faire en sorte de retourner quelques-uns des plus solides braillards...

– Vous auriez dû commencer par là. Quant à la Reine, allez lui dispenser vos encouragements avant qu'elle ne se mette à pleurer en dépit de son courage. Regardez-la ! Ce n'est encore qu'une enfant !

Il bouillait de rage, en proie à la folle envie d'écraser sous les sabots de son cheval ces trognes enluminées d'ivrognes, ces femmes à la mine envieuse, tous ces regards qui traînaient sur la trop jolie Marguerite comme des limaces sur une fleur mais cela n'eût servi à rien. Mieux valait patienter et tenter d'abattre Gloucester avec ses propres armes... ou avec d'autres si celles-là ne suffisaient pas.

Deux jours plus tard, pliant presque sous le poids d'un immense manteau de pourpre et d'hermine, Marguerite était solennellement couronnée à Westminster.

Assise sur le trône d'Édouard le Confesseur, elle vit venir à elle, pour l'hommage, tous les grands du royaume, amis et ennemis confondus. Pour chacun elle eut un sourire, un mot gracieux. À Suffolk seul elle ne dit rien. Mais quand il mit genou en terre devant elle en offrant son épée, elle mit tout son amour dans un sourire, si radieux et si tendre qu'il fit trembler le vieux cardinal. C'était un aveu que ce sourire et beaucoup s'en rendirent compte. Seul, le Roi ne vit rien. C'était tout simple : il adorait sa femme et n'était pas loin de voir en elle un ange de ce Paradis dont il avait rêvé toute sa vie...

Ravalant sa déconvenue, Marguerite s'occupa exclusivement d'embellir l'existence de son époux. La vie, en Angleterre, n'avait que peu de points communs avec celle que l'on menait dans les châteaux français que la magie sortie des navires de Jacques Cœur entrouvrait déjà à celle de la Renaissance. Outre-Manche, on se retrouvait au plus sombre du Moyen Âge. Les monstrueux donjons des grands, abritant de véritables armées, leur permettaient de narguer souvent un souverain qui n'était de droit divin qu'en formule et qui tenait surtout son pouvoir et sa fortune d'un Parlement difficile à manier la plupart du temps. À la tête de l'État, il fallait une poigne de fer et, de cela, Marguerite se rendit vite compte. Heureusement, celle du cardinal de Winchester était sans défaut et savait tenir en respect les turbulences de Gloucester ou des autres.

Guère plus aimable était la vie quotidienne. Les intérieurs gardaient des rudesses médiévales en dépit d'un luxe tapageur qui affirmait la richesse mais certainement pas l'art de vivre. Les repas où la bière coulant à flots et les énormes pièces de viande tenaient la plus grande place étaient souvent détestables. La Reine entreprit de civiliser tout cela. Au palais de Westminster comme dans les châteaux royaux de Windsor ou de Woodstock, elle apporta des éléments décoratifs, fit venir de France des tissus, des tapis, mit des jardiniers au travail, réforma les modes, ce que les dames, dans leur grande majorité, apprécièrent.

Ce furent bien les seules car les prédictions optimistes du Cardinal, au jour de la « joyeuse entrée » ne se réalisèrent pas. Jamais les Anglais ne devaient accepter réellement Marguerite. Son époux ne l'en aima que mieux. Elle était pour lui une sorte d'envoyée du Ciel, une fée bienfaisante mais forte et énergique tout à fait capable de le soulager d'un pouvoir qu'il détestait et de lui permettre de vivre comme il l'avait toujours souhaité : hors d'un temps qu'il jugeait affreux.

Le premier émerveillement du mariage passé, Marguerite commença à se poser des questions. Avait-elle vraiment épousé un roi ou bien un moine ? Non seulement Henri s'habillait modestement mais mangeait peu, faisant même preuve à certains moments d'une sorte de dégoût pour la nourriture. Il aimait le rêve, la contemplation, l'étude aussi. Il était sans doute l'homme le plus cultivé d'Angleterre et il faisait tous ses efforts pour diffuser son goût du savoir, sinon à ses contemporains, du moins à leurs enfants. C'est ainsi que la grande affaire de sa vie avait été, quand il n'avait que dix-huit ans, la création de deux collèges, l'un à Eton, l'autre à Cambridge où il s'efforçait d'attirer les meilleurs maîtres et auxquels il consacrait beaucoup de temps et des soins infinis.

Chose bizarre, la passion qu'Henri montrait pour les livres se retrouva soudain chez son pire ennemi : tandis que son épouse bien-aimée se morfondait dans les brouillards de l'île de Man, Gloucester, retiré chez lui quand sa présence n'était pas nécessaire au milieu de ses fidèles et bruyants soutiens, se mit à collectionner les livres. Plus pour leur valeur en tant qu'objets que pour leur contenu mais cela lui donna, auprès des foules admiratrices, une vague teinte d'homme de science et de savoir qui pouvait contrebalancer la réputation du Roi. Ce qui ne l'empêchait pas de se livrer fréquemment à de fabuleuses orgies. Elles mettaient en joie le petit peuple de la cité qui en recueillait les miettes mais scandalisaient le Cardinal qui, cependant, n'avait rien d'un saint.

Parvenu à l'hiver d'une existence pleine de bruits et de fureurs, de combats et de crimes, le terrible vieillard trouvait une infinie douceur à faire l'éducation de cette ravissante jeune femme dont la vivacité d'esprit et le courage étaient évidents pour lui. Il avait pour elle des tendresses et des délicatesses de grand-père infiniment bienfaisantes pour Marguerite. Il lui était doux et réconfortant de sentir auprès d'elle ce vigoureux rempart sur lequel se brisaient les pires turbulences. Leur intimité devint même si étroite qu'en son palais de Latham, Winchester fit aménager pour elle un appartement où elle se rendit souvent tandis que son époux s'abîmait dans les longues et intenses dévotions où il donnait l'impression de quitter la terre. Chez Winchester, on parlait de choses concrètes, on bâtissait l'avenir pour les enfants qui ne manqueraient pas de naître mais qui ne s'annonçaient pas encore.

Par malheur, Suffolk s'y rendait fréquemment lui aussi ce qui permit bientôt aux aboyeurs de Gloucester de clamer à tous les échos qu'il était devenu l'amant de la Reine.

C'était ridicule, surtout si peu de temps après un mariage que tous savaient heureux. Marguerite aimait tendrement son époux et si, dans le secret de son cœur, elle cachait les germes d'une passion, elle avait trop de fierté et de sens de sa dignité pour lui permettre de croître et de s'épanouir. Et il fallait bien que Suffolk se contentât de l'amitié qu'elle lui montrait.

Cependant, l'Histoire n'allait pas tarder à le rattraper. S'il avait cru sa fameuse clause secrète enfouie pour des années dans la mémoire des Français, il se trompait : à la fin du mois de juillet, une importante ambassade conduite par Louis de Bourbon, comte de Vendôme et l'archevêque de Reims Juvenal des Ursins débarquait à Londres. Elle apportait de nombreux présents destinés à dédommager la reine d'Angleterre des pertes subies du fait de la tempête mais elle venait aussi parler du Maine.

Oh, avec beaucoup de diplomatie et en présentant l'affaire avec toutes sortes d'accommodements : ils demandaient seulement, dans l'immédiat, l'usufruit de la province en faveur de son maître naturel Charles d'Anjou, oncle de Marguerite. Mieux encore Charles VII s'engageait à payer durant dix années l'équivalent du revenu du Maine, à titre de dédommagement. Cependant, il n'en restait pas moins que la clause secrète était révélée et que le passionnant territoire devrait faire retour à la France tôt ou tard.

Les amis de Gloucester, c'est-à-dire la plus grande partie de Londres poussa des cris horribles. Pour les apaiser, le Roi posa comme condition une alliance de vingt ans entre lui et la maison d'Anjou et il fallut bien que les Français repartent avec cela.

De nouvelles ambassades en courriers de chancelleries, on tergiversa durant des mois. De cette délicate affaire, Marguerite eut le tort de se mêler. Son sens de la droiture et son indignation jouèrent à plein en faveur de son pays natal tant et si bien que son époux s'engagea à livrer le Maine le 30 avril 1448 « pour faire plaisir au roi de France et à la requête de sa femme ».

Winchester et Suffolk qui n'avaient rien pu empêcher se voilèrent la face devinant que ce « plaisir fait à sa femme » conduisait le royaume à des perturbations infinies. Marguerite avait cru œuvrer pour la paix. En fait, c'était sa condamnation qu'elle avait arrachée à un époux trop faible. Le peuple anglais explosa de fureur.

Un soir, Marguerite vit arriver Suffolk dans un état qui lui arracha un cri : sale, déchiré, le visage couvert de contusions, des égratignures saignantes sur les bras et le torse. En outre, il n'avait plus ni épée ni dague. Il semblait bouleversé au point qu'elle jugea plus prudent de renvoyer ses femmes avant de courir à lui :

– Mon Dieu, mylord que vous est-il arrivé ? D'où venez-vous en cet état ?

– Du pont de Londres, Madame, où j'ai laissé mon épée dans le ventre d'un misérable qui puait l'ail à quinze pas. Il était le chef d'une bande d'ivrognes qui m'a attaqué.

– Vous ?

– Moi, justement ! J'ai été reconnu. Quelqu'un a crié « Sus au favori de la Reine ! » L'effet a été magique. On s'est rué sur moi pendant que le provocateur prenait le large tranquillement. Pas assez vite cependant pour que je ne puisse reconnaître la livrée de Gloucester. Il a décidé, apparemment, de s'en prendre à vos amis.

Devenue très pâle, la Reine ferma les yeux, chancela même mais se reprit vite. Repoussant Suffolk qui déjà tendait les bras elle alla s'asseoir dans une haute chaise de chêne.

– Comme ils me détestent ! soupira-t-elle avec une expression de douleur qui serra le cœur de Suffolk. Je ne suis leur reine que depuis quelques mois et déjà ils me haïssent. Qu'ai-je donc fait pour mériter cela ?

– On vous reproche la cession du Maine, comme je l'avais prévu. Pourquoi n'avez-vous pas voulu m'écouter ? En dépit de mes avis et de ceux du Cardinal, vous avez insisté pour que le Roi prenne une position ferme...

– Naturellement, je l'ai fait ! Parce que c'était la seule attitude convenable. Il faut savoir tenir la parole donnée, mylord, et vous aviez donné la vôtre que le Maine ferait retour à son légitime seigneur.

– Cette clause devait demeurer secrète pendant au moins trois ans. Or vos... parents n'ont rien eu de plus pressé que d'accourir ici pour réclamer ce qu'ils appellent leur dû !

– Et qui l'est ! J'ai horreur de vous rappeler que l'Angleterre a été vaincue et qu'en bonne justice elle ne devrait plus occuper aucune terre française...

– Si vous aviez de tels sentiments, Madame, vous n'auriez jamais dû accepter de devenir reine... D'ailleurs on ne vous reproche pas seulement le Maine mais aussi la misère du peuple... et tous les maux de la terre, bien entendu ! Quand le peuple commence à détester, il ne s'arrête plus...

– Vous avez sûrement raison mais souvenez-vous que ce n'est pas moi qui ai discuté les clauses de mon mariage.

– Ce serait plutôt moi et Gloucester sait bien ce qu'il fait. Il a deviné depuis longtemps que, pour vous amener ici, près de moi pour toujours, j'aurais accepté n'importe quoi. La paix, au fond, n'était qu'un prétexte. L'important c'était vous...

– Et vous regrettez maintenant ?

– Non, jamais je ne regretterai, dussé-je y laisser la vie. Mais le peuple, lui, n'a pas les mêmes sentiments que moi. Il ne rêve, poussé par Gloucester, que de reprendre la guerre, de retourner se battre en France. La revanche ! Gloucester n'a que ce mot à la bouche et nous le gênons.

– Eh bien, prenez-la votre revanche ! Comme si vous ne saviez pas que vous en êtes incapables. Le peuple ne comprendra-t-il jamais ce que signifierait pour lui la reprise de la guerre contre les canons du roi de France ?

Nous ne sommes plus au temps de Crécy et d'Azincourt où les flèches des archers pouvaient emporter les batailles.

– Mais cela il ne le sait pas. Il pense qu'il nous faudrait un nouvel Henri V. J'en viens à le penser peut-être aussi...

Blessée par ces paroles, Marguerite le foudroya d'un regard noir chargé d'éclairs :

– Vous vous oubliez, mylord ! dit-elle sévèrement. Vos... regrets offensent le Roi mon époux. Un époux que j'aime et que – souvenez-vous-en ! – vous m'avez jadis suppliée de protéger et de lui insuffler ma force. C'est ce que je m'efforce de faire...

– Que vous aimez... vraiment ? fit-il douloureusement.

– Cela ne devrait pas vous surprendre. Il est si bon, si doux, si pitoyable à toute misère, si près de Dieu enfin...

– Dites que vous le vénérez, Madame, mais ne dites pas que vous l'aimez. L'amour ce n'est pas cela...

– Qu'est-ce donc, alors ?

Incapable de se contenir plus longtemps il se jeta à ses genoux.

– C'est ce que j'éprouve pour vous, ce sentiment terrible qui me ravage et m'enchante à la fois. Ce bouleversement de tout mon être dès que vous apparaissez. Et je suis certain que vous ressentez exactement la même chose, ajouta-t-il avec une audace qui la fit tressaillir.

– Je vous en prie, taisez-vous ! Songez à qui vous parlez !

– À la Reine que j'ai voulue, de toutes mes forces, à la femme que j'aime plus que tout au monde, à qui j'ai voué ma vie...

D'un geste rapide, il saisit entre les siennes les deux mains de la jeune femme qu'il obligea à se pencher vers lui :

– Par pitié, soyez honnête envers nous deux ! Depuis que vous êtes ici, nous endurons le même tourment : se voir comme à travers les grilles d'une prison, sans pouvoir se toucher, sans pouvoir se rejoindre. Ce qui est arrivé ce soir n'est qu'un début. Gloucester sait que je vous aime et soupçonne que vous m'aimez. Désormais il ne me lâchera plus et je serai en danger...

Il pria longtemps, ardemment, terrifié non par la mort qui pouvait l'attendre au hasard d'une embuscade mais par la pensée qu'elle pourrait venir sans qu'il ait connu le bonheur espéré depuis si longtemps. Les yeux pleins de larmes, Marguerite l'écoutait sans rien dire, bouleversée par les échos que cette passion éveillait en elle et l'idée que, peut-être, l'homme qui était là, devant elle, pourrait disparaître à jamais... Ne plus le revoir, ne plus toucher sa main ? C'était plus que Dieu ne pouvait lui demander. Elle voulait garder Suffolk à tout prix... fût-ce au risque de se perdre !

Elle n'eut aucune peine à obtenir de son époux une sévère opération de police et exigea que l'on frappe sans pitié : quelques jours plus tard, les agresseurs retrouvés étaient pendus au gibet de Tyburn... et Marguerite se donnait à l'homme qu'elle aimait plus que tout au monde...

3

Les deux roses

Si, poussée par la peur de perdre celui qu'elle aimait, Marguerite lui céda, tous deux ne s'installèrent pas pour autant dans une liaison qu'ils auraient jugé déshonorante. La jeune reine ne voulait pas devenir l'esclave de la passion, cependant réelle, qu'elle vivait et savait bien que Suffolk vivait aussi. En outre, elle aimait sincèrement son époux refusant pour lui le ridicule du mari trompé dont Gloucester et sa bande ne manqueraient pas de faire des gorges chaudes. L'heure de bonheur n'eut donc pas de suivantes et Marguerite, qui s'en confessa à l'oncle Beaufort afin de pouvoir continuer à recevoir les sacrements de l'Église – elle n'avait pas vraiment confiance dans son confesseur habituel ! – lui promit de ne plus retomber dans le péché. Et, durant les deux années qui suivirent, elle tint parole avec une fermeté étonnante chez un être si jeune. La situation politique ne s'arrangeait pas, d'ailleurs, et les soucis qu'elle générait l'aidaient plus ou moins en accaparant ses pensées.

Outre Humphrey de Gloucester dont les agents étaient plus actifs que jamais, une querelle qui allait durer des années et dégénérer en guerre civile éclata entre le duc Richard d'York, héritier du trône tant que Marguerite n'aurait pas d'enfant, et le cousin du Roi, Edmond Beaufort, duc de Somerset et neveu du cardinal de Winchester donc l'un des membres de la maison de Lancastre.

D'une bataille de rue, où les serviteurs de l'un et l'autre clan arrachèrent aux buissons voisins des roses blanches et des roses rouges pour les piquer à leurs chapeaux avant de s'étriper joyeusement, allait naître un conflit fratricide qui porterait dans l'Histoire le nom – oh combien ravissant pour une telle horreur ! – de guerre des Deux-Roses. Or, le dimanche qui suivit cette bagarre chacun put voir que la Reine, en se rendant à la chapelle de Windsor pour la messe, arborait sur sa robe une belle rose rouge symbole de sa maison royale mais aussi des Beaufort, ses plus chers parents. Tous comprirent le message, certains pour s'en réjouir, d'autres pour s'en indigner et il ne vint à l'idée de personne que la jeune femme avait pu songer, tout simplement, à se parer d'une fleur qu'elle aimait.

Aussitôt Gloucester se hâta de jeter de l'huile sur le feu. Par ses soins, la Reine fut accusée, dans les tavernes et sur le pont de Londres, d'adultère, d'espionnage au service de la France et de haine du peuple anglais. La révolte gronda si fort dans les bas quartiers de la Tamise que Marguerite découragée pensa qu'elle n'aurait pas la paix tant que vivrait cet ennemi acharné. Il lui fallait sa tête. Seulement l'obtenir ne serait pas facile. Même si le cardinal de Winchester qui se sentait décliner physiquement ne demandait qu'à la lui donner. Le vieil homme s'épouvantait d'une fin toujours plus proche qui ne manquerait pas de livrer le couple royal, sans autre défense que Suffolk, à la haine de l'ancien Protecteur et de ses amis.

Là se dressait un obstacle majeur, incontournable : le Roi. Jamais Henri le Saint ne signerait l'arrêt de mort de son oncle !

Déjà et depuis quelque temps Marguerite s'inquiétait de l'état d'esprit de son époux mais depuis la querelle des roses, elle le sentait angoissé, presque au bord des remords. Durant des nuits entières, enfermé dans la solitude de son oratoire, Henri se posait la question de ses droits véritables au trône d'Angleterre. Certes son grand-père et surtout son père avaient régné sans que personne songeât à leur contester la Couronne. Surtout son père dont les glorieux souvenirs rayonnaient encore sur le pays, entretenant d'ailleurs son besoin de revanche, son désir farouche de retrouver les joyeuses tueries et les délicieux pillages des terres françaises ! Il n'en demeurait pas moins qu'ils devaient leur couronne à un crime : Henri IV avait bel et bien déposé, puis assassiné, le roi Richard II éteignant ainsi à jamais la lignée du Prince Noir si chère aux cœurs anglais. On murmurait que c'était à cause de ce meurtre dont il était l'héritier que le jeune roi s'imposait tant de pénitences et menait une existence plus proche de celle d'un moine que d'un souverain. Et il eût volontiers déposé cette couronne qui lui pesait tant s'il n'y avait eu Marguerite, la seule lumière de sa vie, l'être qu'il aimait le plus au monde... Seulement, dans certains cas, il oubliait ses scrupules angoissés pour se souvenir tout de même qu'il était le Roi. Malheureusement, il se rappelait aussi que l'odieux Gloucester était de sa famille : jamais il n'accepterait d'y toucher !

Pourtant ses sentiments chrétiens n'allaient pas jusqu'à oublier que cet oncle-là avait fait mourir, de faim et de misère, sa mère à lui Henri. C'est cette carte-là que joua Marguerite :

– Mon seigneur époux, lui dit-elle, il faut donner la paix à votre bonne ville de Londres et cette paix sera impossible tant que nous laisserons mylord Gloucester y soulever telle ou telle émeute dès que nous prenons une décision quelconque. Chaque jour qui passe le conforte dans l'assurance qu'il est le vrai maître de votre royaume. Un jour viendra, proche peut-être, où il lancera ses troupes à l'assaut de votre palais puis de la Tour de Londres si nous tentions d'y trouver refuge...

– Il est turbulent, ma mie, mais je ne le crois pas foncièrement mauvais. Ses moments d'humeur lui viennent surtout du regret de sa duchesse que nous devons tenir en sévère prison. Je crois qu'il l'aime toujours...

– Avez-vous donc oublié qu'elle voulait votre mort ? Pour ce que l'on m'en a dit c'est une femme mauvaise qui n'aurait jamais dû porter le noble nom de Gloucester...

– Vous avez sans doute raison mais il ne l'en a pas moins épousée...

– Et vous seriez tout prêt n'est-ce pas à la lui rendre pour qu'il soit heureux ? persifla Marguerite dont la patience commençait à s'émousser. Savez-vous ce qui se passera quand votre bon oncle nous aura chassés du trône ? Il se hâtera d'aller la chercher dans son île pour la ramener ici et la faire couronner reine à Westminster. Pendant ce temps vous disparaîtrez, vous, au fond d'un cloître et moi j'irai prendre à l'île de Man la place de la nouvelle reine. Ou pire encore !

– Ne dites pas cela, ma mie ! C'est trop affreux ! Dieu m'est témoin que le cloître ne me fait pas peur, bien au contraire, mais vous ? Vous si jeune, si belle... Vous que j'aime si tendrement...

– Prouvez-le alors en me protégeant. Mon cher sire, il vous faut, je crois, choisir de lui ou de moi. À tout le moins faites-le arrêter et conduire à la Tour !

Cette fois, Henri céda mais il réussit tout de même à faire admettre qu'à cette arrestation il fallait des formes si l'on voulait éviter un soulèvement : le Roi convoqua le Parlement à Bury, dans le Lancashire suivant en cela le conseil de Winchester et de Suffolk. Là, les Lancastre étaient chez eux et l'on y réunit tout ce que Gloucester comptait d'ennemis et, grâce à Dieu, il y en avait tout de même quelques-uns comme les Clifford, les Percy, les Somerset et même Owen Tudor, le veuf de Catherine de France, qui en portait l'inguérissable deuil mais qui ne savait pas encore que de sa tour galloise sortirait une dynastie.

L'idée de ce rassemblement venait du Cardinal. Le prétexte en était le règlement de certaines affaires pendantes comme la fixation du douaire de la Reine dont on n'avait pas encore parlé depuis bientôt deux ans qu'elle était mariée.

Après la grand-messe dite par l'archevêque de Cantorbéry qui parla beaucoup sur la paix entre les peuples durant son prône, la session s'ouvrit dans la grande église de l'abbaye Saint-Edmond, auprès du tombeau très vénéré de ce saint roi d'Angleterre martyrisé en 870 par les envahisseurs vikings. La première journée se passa sans incident : le douaire de la Reine ne souleva aucune objection et ces messieurs du Parlement, impressionnés par la majesté du lieu, l'accordèrent sans se faire tirer l'oreille. La seconde journée, c'était Gloucester qui allait en faire les frais.

Qu'on l'eût convoqué devant la « chambre du Roi » n'avait rien d'extraordinaire et il s'y rendit le plus naturellement du monde mais l'inquiétude le prit quand Suffolk qui, ayant eu à pâtir de ses gens, jouait le rôle d'accusateur, l'interpella avec violence en l'accusant de poursuivre l'œuvre détestable de sa duchesse et de conspirer contre la personne sacrée du Roi, et contre l'honneur de la Reine. S'y ajoutait une assez longue liste de forfaits commençant avec la mauvaise administration du royaume durant la minorité du Roi.

Bien entendu, le duc ne le laissa pas dire sans protester et la fin du réquisitoire se perdit dans une furieuse dispute à laquelle l'archevêque de Cantorbéry mit un terme en rappelant la sainteté du lieu :

– Si vous désirez présenter votre défense, mylord Gloucester, nul ne vous en empêchera mais veuillez le faire dans le calme.

– Dans le calme ? Ce n'est pas moi, que je sache, qui ait commencé à employer l'injure. En d'autres lieux j'en aurais déjà demandé raison au marquis de Suffolk.

– Nous n'en doutons pas. À présent, nous vous écoutons.

Gloucester garda le silence pendant un moment, laissant son regard faire le tour de cette assemblée où ne se voyaient guère de visages amis. Il comprit qu'en fait il se trouvait devant un tribunal aussi peu disposé que possible à l'indulgence. Il comprit aussi que sa seule chance c'était peut-être ce jeune roi trop tendre, trop scrupuleux, trop ennemi de la violence et des querelles. S'il réussissait à le ramener dans son camp tout ne serait peut-être pas perdu.

C'est donc à lui qu'il adressa son plaidoyer, avec habileté d'ailleurs, rappelant les services rendus par lui à l'État, les « soins » dont il avait entouré l'enfance du jeune roi, sa générosité aussi envers tous. Ce fut la Reine qui l'interrompit :

– Le Roi sait vos mérites, mylord ; il sait surtout quelles ont été votre clémence et votre générosité envers sa mère.

– Elle avait oublié ses devoirs. Reine elle était, reine elle devait rester !

– Là où je l'avais mise elle ne vous gênait pas beaucoup, s'écria Owen Tudor incapable d'en entendre plus sans protester. Nous vivions à l'écart avec nos enfants...

Ça c'était une maladresse et Gloucester s'en saisit :

– C'est bien cela que je lui ai reproché et tous les bons Anglais avec moi. Elle avait un fils et ce fils était Roi. Elle lui devait tous ses soins, tout son temps.

– Elle était jeune et belle. Elle avait le droit de vivre !

– Elle était reine. Cela devait lui suffire.

– En voilà assez, tonna soudain Winchester. Laissons reposer en paix notre ancienne souveraine. Elle a souffert en suffisance ! Quant à vos soins durant la minorité de notre sire, le Roi, il semble que vous-même les ayez oubliés puisque vous ne cessez de conspirer contre sa tranquillité et sa vie. Voulez-vous que nous parlions encore des statuettes de cire que manipulait si bien la duchesse Éléonore ?

– C'est trop facile d'accuser quelqu'un qui n'a jamais pu se défendre vraiment. Et, en vérité, je suis bien bon de rester ici à vous écouter m'accuser de tous les maux de la terre...

Sans saluer personne, il quitta la salle mais, à peine eut-il fait quelques pas au-dehors qu'il était rejoint par le Sénéchal de Beaumont accompagné de gardes bien armés qui l'arrêta au nom du Roi sans autre forme de procès. À cet instant, la tentation fut grande pour Gloucester d'appeler à l'aide mais ses partisans étaient peu nombreux à Bury. Il devina qu'en cas de résistance ces gens se feraient une joie de l'abattre sur place. Il se laissa emmener comptant bien que ses amis londoniens et tous ceux de ses domaines allaient se lever pour le tirer de la Tour de Londres où il avait été conduit tout naturellement.

Or rien ne se produisit. Ou si peu : quelques cris isolés, de vagues attroupements facilement dispersés par les gardes. Devinant peut-être qu'auprès du Roi s'était levé une volonté bien affirmée, certains commencèrent à virer de bord attendant, pour se prononcer définitivement, le procès que l'on ne manquerait pas d'intenter à l'ancien Protecteur et que, d'ailleurs, le Roi exigeait...

Or, ce procès à venir empêchait littéralement le cardinal de Winchester de dormir. Malade, sentant même sa fin approcher le vieil homme devinait ce qui se passerait dès qu'il aurait fermé les yeux. Si déterminée qu'elle soit, la jeune reine ne pourrait assumer seule tout le poids de la responsabilité du verdict. Certes, Suffolk était un appui mais, depuis quelque temps, le vieil homme le soupçonnait de travailler pour son propre compte, fort qu'il était de l'amour de la Reine. L'ambitieux doublait l'amoureux avec peut-être dans l'idée de jouer auprès de Marguerite le rôle sans nuances qu'assuma jadis le comte de March, Roger Mortimer auprès de la reine Isabelle, mère d'Édouard III et que l'on surnommait la Louve de France. Cela non plus ne serait pas une bonne chose...

À l'issue de ses veilles fiévreuses dans le silence des nuits de Latham, Winchester en vint à la conclusion qu'il ne fallait pas que le procès eût lieu et, pour cela, une seule solution : la disparition pure et simple de l'accusé. Il fit ce qu'il fallait : le 23 février 1447, douze jours après son arrestation, Humphrey de Gloucester fut trouvé mort dans sa prison.

Hélas, s'il pensait acheter la paix à ce prix, le Cardinal se trompait : le royaume tout entier cria à l'assassinat tandis que le Roi, épouvanté, cherchait le refuge de son oratoire. Marguerite, elle-même, se sentit trembler : elle ne s'attendait pas à une fin si rapide ni surtout si brutale. Son instinct lui disait que la mort de Gloucester, – un Lancastre malgré tout, même s'il s'était rapproché dangereusement de Richard d'York ! – pourrait amener de sérieux ennuis.

On eut beau répéter partout que le duc était malade et que son cœur, affaibli par sa vie dissolue, n'avait pas supporté le choc de l'arrestation, les clameurs continuaient de plus belle. Pour les faire taire le Cardinal ordonna que le corps soit exposé durant plusieurs jours dans la grande salle du Parlement afin que chacun pût constater qu'il ne portait aucune trace de violence mais cela ne servit pas à grand-chose : on parla d'un poison tellement subtil qu'il ne laissait aucune tache, aucune coloration suspecte de la peau. On rappela même l'horrible mort du roi Édouard II empalé avec une épée rougie au feu et introduite au travers d'une corne épointée pour éviter toute marque extérieure de brûlure. Son corps aussi avait été exposé sans que l'on y vît rien de suspect... Le malheur est que c'étaient Suffolk et Marguerite que l'on accusait d'avoir perpétré le crime alors qu'elle, en tout cas, n'y était pour rien.

Comble d'infortune : trois semaines plus tard, le cardinal de Winchester entrait en agonie. Et quelle agonie !

Jamais on n'en avait vu de si effrayante. L'écume aux dents, les yeux révulsés, le vieil homme luttait de toutes ses forces contre une mort qui visiblement l'épouvantait. Ses hurlements emplissaient son palais glaçant ses serviteurs et même la Reine qui, entourée de deux de ses femmes, priait sans relâche au pied de l'immense lit.

– C'est horrible ! murmura Lady Suffolk dont la placidité ne résistait pas à ce spectacle. Vit-on jamais prélat mourir si sauvagement ?

Marguerite ne répondit pas. Le cœur empli de terreur, elle écoutait les cris du mourant assiégé par les fantômes de toutes ses victimes dont il croyait voir sortir des ténèbres les spectres sanglants : Henri V dont on disait qu'il l'avait fait empoisonner, Gloucester – ce qui était un aveu ! – tout un cortège d'hommes, de femmes livrés au bourreau pour d'obscures raisons ou pour assouvir l'avidité du Cardinal, des savants aussi jetés aux flammes pour sorcellerie... Enfin, un cri plus affreux que les autres tandis que l'énorme corps se tordait dans ses draps souillés.

– Éloigne-toi de moi !... Va-t'en maudite sorcière !... Faux-semblant !... Ce n'est pas vrai ! Tu mentais !... Tu n'étais pas sainte !... Oh ces flammes, ces flammes !... Comment pourrait-elle vivre encore dans ce brasier !... Attise le feu, bourreau ! Attise !... Encore... encore !...

Pétrifiées Marguerite et ses compagnes se signèrent précipitamment, oubliant de prier. Elles comprenaient qu'à l'heure suprême l'ombre de Jeanne d'Arc venait tourmenter celui qui avait présidé à son supplice...

Le dernier sacrement ne put rien pour apaiser si peu que ce soit cette frénésie et il fallut encore plusieurs heures avant que ne cessent enfin les hurlements de l'agonisant, avant qu'Henri Beaufort, cardinal de Winchester, ne meure enfin étranglé par une dernière clameur de rage. Et, sur l'ordre de la Reine, on se hâta d'asperger d'eau bénite et de recouvrir le cadavre hideux et convulsé car l'on chuchotait déjà que le Cardinal était damné. L'effet de cette fin shakespearienne avant la lettre était déjà bien assez désastreux...

Marguerite fut à peu près seule à pleurer le vieil oncle qui l'avait portée au trône et l'y avait soutenue de tout son pouvoir. Qui lui avait surtout montré tant d'affection !

Winchester mort, Suffolk vit se dégager agréablement devant lui le chemin du pouvoir total. Deux hommes pouvaient à présent le gêner, Richard d'York bien sûr, l'éternel prétendant mais aussi Somerset, bien qu'appartenant à la Rose rouge parce qu'il était presque aussi ambitieux que lui et se voyait très bien dirigeant le gouvernement. Le Roi l'ayant fait duc, à la demande de la Reine, il conseilla à celle-ci de faire place nette. Pour cela le moyen était simple : faire de Somerset le Régent de France et donner à York, précédent détenteur du titre, la Régence d'Irlande. Une manière comme une autre de s'en débarrasser en leur offrant les pires guêpiers ! Richard d'York le reçut comme tel et s'embarqua pour rejoindre son poste la rage au cœur. Somerset, lui, passablement vaniteux, se trouvait assez content de son sort.

Cependant, le temps des amours tendres et paisibles ne devait jamais venir pour les deux amants. D'abord, parce que Marguerite n'entendait pas abandonner à Suffolk la puissance dont il rêvait. Femme de tête, elle sut imposer silence à ses sentiments et puisque le Roi, malade, laissait son esprit prendre le dangereux chemin des rêves utopiques elle conserva pour elle-même la réalité du pouvoir préférant s'appuyer sur l'archevêque de Cantorbéry, le cardinal Kemp, qui était un sage vieillard et un bon conseiller. Dès ce moment, toutes les lettres officielles, en particulier celles destinées au roi de France, sont inspirées par Marguerite.

Pourtant, elle n'écartait pas Suffolk, bien au contraire. Il lui était doux de s'appuyer sur cet amour toujours plus ardent et qui ne semblait pas lui en vouloir des freins discrets qu'elle opposait à son ambition. Il lui était plus cher que jamais et, en prenant bien sûr les plus extrêmes précautions, il lui arrivait de le rejoindre pour demander à l'amour comblé un moment d'oubli. C'était son jardin secret, même s'il était difficile de le garder vraiment caché. Pour tous, désormais, il était « le » favori et les attaques dont il était l'objet se déchaînaient d'autant plus violentes qu'à la Cour nombre d'hommes étaient épris de la trop jolie reine et que tous ceux-là briguaient la place si enviée de Suffolk.

Cependant le royaume ne marchait pas si mal. À la faveur d'une paix extérieure qui avait l'air de tenir, Marguerite s'attachait à la prospérité de l'Angleterre. L'antique commerce de laine avec les Pays-Bas reprenait et même la Reine en fit venir des ouvriers experts afin de remettre en marche les manufactures. Elle en fit venir d'autres de France pour travailler la soie. En outre, s'inspirant de l'œuvre de son époux à Eton et à Cambridge, elle voulut créer, pour les jeunes filles, une école similaire : ce fut Queen's College. Les choses auraient donc pu finir par s'arranger entre le gouvernement et le peuple anglais si la France n'était aussi fermement décidée à mettre en pratique la fameuse « clause secrète » et à récupérer enfin le

Maine. Lorsque les envoyés de Charles VII se présentèrent devant Le Mans en 1448, le gouverneur leur opposa une fin de non-recevoir. La riposte ne se fit pas attendre. En mars, une puissante armée française assiégeait la place qui fut emportée au premier assaut tandis que s'enfuyait son gouverneur. Conquérir le reste de la province fut une promenade de santé. L'Angleterre, elle, hurla de fureur. La Reine eut beau promettre que les « propriétaires » expulsés seraient indemnisés par ses soins il lui fut tout à fait impossible d'en trouver le premier penny d'autant que le Parlement refusa purement et simplement de voter l'impôt.

Un énorme bouillonnement de colère s'étendit sur tout le pays. L'Angleterre, disait-on, avait payé au prix d'une province une princesse sans dot pour satisfaire la passion que Suffolk éprouvait pour ladite princesse. Il était le premier traître et d'autres avaient, sur le champ de bataille, achevé le gâchis en rendant Le Mans sans vraiment combattre. Ce fut, avant tout, un sentiment de rage et de dépit devant l'effritement d'un empire conquis au prix du sang qui allait présider à l'effroyable guerre civile encore en gestation mais qui allait bientôt déchirer le royaume. Tous les autres sujets de mécontentement vinrent s'ajouter à celui-là et les mauvais bruits commencèrent à courir, d'abord au ras du sol : la maison de Lancastre, la maison à la Rose rouge, avait usurpé le trône, ruiné les finances, bradé les conquêtes pour finalement rougir ses mains du sang de l'un des siens, le bon duc Humphrey ! Chose curieuse, pourtant, tout le monde exceptait le Roi de la moindre accusation à cause de son bon cœur, de sa vie sainte et de sa tête peu solide. On l'aimait bien comme jadis les Français avaient aimé Charles VI en dépit de sa folie. Toutes les haines se cristallisaient sur la Reine et sur son favori et le prestige de la maison d'York, la maison à la Rose blanche, ne cessait de croître.

En France, tout allait de mal en pis. Le Régent Somerset ayant follement rompu la trêve en attaquant Fougères, Charles VII entreprit sereinement de récupérer morceau par morceau son royaume annexé. Affolé, Somerset écrivit au Parlement pour demander une armée de secours en accusant Suffolk de l'avoir laissé sans ravitaillement et sans hommes. Le Parlement jugea l'occasion superbe et voulut mettre en accusation l'amant de la Reine.

Celle-ci et son époux se trouvaient alors à Windsor quand on leur apprit la nouvelle. Le premier mouvement de Marguerite fut de colère :

– Il est grand temps, sire mon époux, de mettre au pas ces robins qui ne cessent de nous narguer. Comment pourrions-nous aider Somerset alors que l'on nous refuse l'impôt ?

– Et comment suggérez-vous que je les mette au pas ? Sa puissance, malheureusement pour nous, ne cesse de grandir...

– Voilà justement ce qui est scandaleux ! Un Roi ! Avec au-dessus de lui un Parlement qui peut le réduire à la ration congrue ! Il n'y a qu'ici qu'une telle situation existe. Le roi de France n'a pas, lui, de parlement pour lui dicter ses décisions.

– La France ! La France !... Vous en parlez trop, Marguerite ! C'est à croire que vous la regrettez !

– Non, je ne regrette rien ; et surtout pas d'être votre épouse car de meilleur mari il n'existe pas au monde. C'est pourquoi je voudrais vous voir heureux, glorieux ! Je voudrais que tous ces gens comprennent quelle chance est la leur de vous avoir pour souverain...

Henri eut, pour sa femme, un sourire plein de tendresse.

– Mais je crois qu'ils m'aiment bien...

– Et moi ils me détestent alors que j'aimerais tant leur apporter la paix, un vrai bonheur...

– ... et que vous faites beaucoup pour cela, mais je crois sincèrement qu'un jour viendra où ils vous rendront justice. Vous êtes si belle, si jeune ! Je crois que vous leur faites un peu peur...

– J'aimerais que vous ayez raison. Et pour le Parlement ? Que faisons-nous ?

– Rien parce que nous ne pouvons rien faire. En ce qui concerne l'impôt tout au moins car nous nous sommes égarés : les nouvelles que nous venons de recevoir ne parlaient pas d'impôt mais de...

– Suffolk ? Je sais. Il est à la fois notre ami et notre ministre. Deux bonnes raisons pour vouloir sa perte car soyez-en certain, sire mon époux : si nous le laissons comparaître devant ces forcenés, il est perdu. Et la honte sera pour nous de n'avoir pas su défendre notre plus fidèle serviteur.

– C'est ce qu'il faut réussir. Avez-vous pris conseil du cardinal Kemp ?

– Pas encore mais j'ai peur qu'il ne nous conseille d'accepter de nous incliner. Il... il n'aime pas beaucoup le duc...

– Et pour cause ! Pour nous procurer cet argent refusé par le Parlement, Suffolk a vendu quelques évêchés. Ce n'était pas, je crois, une bonne idée...

– Dans la vie il faut savoir ce que l'on veut et Suffolk veut avant tout votre grandeur. Il est notre plus sûr rempart, notre...

– Comme vous l'aimez !...

Marguerite se tut et détourna la tête pour que son époux ne vît pas les larmes qui lui venaient. Elle ne put cependant déguiser le léger enrouement de sa voix quand elle murmura :

– Je lui dois d'être reine d'Angleterre... et voilà qu'on veut que je l'abandonne à une horde sauvage...

– Il y a peut-être un moyen de le sauver.

– Lequel ? Dites vite !

– Précéder les intentions des gens de la City en le frappant d'exil.

Marguerite eut l'impression que son cœur s'arrêtait.

– L'exil ? Vous voulez bannir celui qui est notre ami si cher ? Et où voulez-vous qu'il aille ? Pas en France tout de même...

– Pourquoi pas ? Il y a des amis et le roi Charles doit l'accueil il me semble à celui qui, pour vous obtenir, a consenti à céder le Maine.

– Le lui reprocheriez-vous ? fit Marguerite avec amertume. Il n'a rien signé, que je sache, sans que notre cher oncle, le cardinal Beaufort dont Dieu ait l'âme ne soit d'accord ?

– Lui reprocher ? Ma douce amie, ma reine... Je lui dois le plus grand, le seul bonheur que j'aie jamais connu : vous avoir pour épouse. Et c'est pour cela que je désire le sauver. Croyez-moi, s'il était possible d'agir autrement, je n'hésiterais pas mais attaquer le Parlement serait jeter l'Angleterre dans une révolution. Le bannir, c'est la seule chance qui vous... qui nous reste de le revoir un jour.

Marguerite ne répondit pas. Elle regardait son époux en se demandant ce qu'il savait au juste de ses relations d'amour avec Suffolk. Il l'avait habituée à ne voir en lui qu'un homme hors du temps, hors de la vie quotidienne, toujours un peu absent et perdu dans des rêves utopiques dont le salut des hommes qu'il s'obstinait à croire bons et le bonheur de l'Angleterre formaient les idées maîtresses. Quelquefois même il semblait s'évader plus haut encore mais aujourd'hui il était soudain redescendu sur la terre sans que l'on puisse savoir pourquoi. Comme jadis son grand-père Charles VI dans ses périodes de rémission, il se souvenait qu'il était roi et pas seulement un jeune rêveur amoureux d'une trop jolie femme entre les mains de laquelle il abdiquait si volontiers le plus lourd du pouvoir.

Elle vit qu'il l'observait et tenta de sourire mais la peine était trop lourde à porter et elle ne put s'empêcher de murmurer :

– Sera-t-il banni... à jamais ?

Honteuse tout d'un coup, elle n'osait plus lever les yeux sur lui mais il vint à elle et prit ses deux mains dans les siennes avec une douceur dont elle trouva le reflet dans un regard empli de compréhension.

– Non. Cinq ans !... Cinq ans seulement. Est-ce trop ?

– Si sa vie est à ce prix, ce n'est même pas assez !

Elle avait trouvé le courage de dire cela, pourtant Dieu savait que ces cinq années lui semblaient cinq siècles mais Henri avait raison : il n'y avait aucun autre moyen d'arracher l'homme qu'elle aimait aux griffes du Parlement.

Leurs adieux furent douloureux mais presque silencieux. Seuls pour une fois, dans la chambre de Marguerite à Windsor, ils restèrent un long moment serrés l'un contre l'autre à écouter leurs cœurs battre à l'unisson. Ils ne disaient rien, uniquement conscients de ces dernières minutes qui s'écoulaient inexorablement ; espérant contre toute raison qu'il se produirait quelque chose avant l'instant déchirant...

– Je ne pourrai jamais vivre sans toi, murmura Marguerite. Cinq ans c'est trop long !... Il faudra que je trouve une raison de te rappeler. Ou alors, sous un prétexte quelconque, c'est moi qui irai là où tu seras.

– Ce serait folie ! Tu te perdrais !... Mon amour, mon pauvre amour ! Pourquoi ai-je voulu faire de toi une reine ?

– Parce que tu pensais que nous pourrions régner ensemble comme nous fîmes ces temps derniers. Te souviens-tu ? À Tours, tu avais promis de ne jamais plus me quitter.

– Je n'ai pas oublié mais je dois obéir au Roi, mon maître. Nous nous rejoindrons un jour et d'ailleurs je t'emporte avec moi...

– Où vas-tu ? Aux Pays-Bas ?

– Non. En France. Chez ton père s'il veut bien de moi. Il me semble qu'auprès des tiens l'exil me sera moins cruel.

– Je l'espérais. Il te doit au moins l'accueil et l'amitié, j'en suis certaine, viendra ensuite. Tu verras comme il peut être bon et charmant. Et puis c'est un poète. J'ai préparé une lettre pour lui...

Elle alla vers un coffret, en tira un mince rouleau cacheté de son sceau et le lui tendit !

– Mon époux m'a dit que tu pouvais emporter avec toi ta fortune, tes gens... les tiens ! Et moi qui suis tienne, je dois rester ici, seule sur un rivage qui sans toi sera désolé...

Et, soudain, une vague de douleur la submergea. Elle revint se jeter dans ses bras, se serra plus fort contre lui :

– Oh, Seigneur, comment peut-on dire adieu à tout ce que l'on aime ?

Avec une douceur que l'émotion rendait maladroite il essuya les larmes qui le bouleversaient...

– En me disant seulement « au revoir » puisqu'au pire, dans cinq ans au plus tard, je serai de retour. Mais j'essayerai de revenir avant. Moi non plus Marguerite je ne supporte pas de te perdre... Je te jure de tout faire...

Elle posa sa main sur sa bouche pour le faire taire :

– Ne promets rien, je t'en supplie et, pour l'instant, songe surtout à te garder. Tant que tu n'auras pas pris la mer le danger sera sur toi...

Elle devait, plus tard, se souvenir avec amertume de cette dernière recommandation...

Pour l'heure, son inquiétude était si grande qu'elle lui fit donner une escorte armée pour qu'il puisse gagner tranquillement Ipswich où la duchesse le rejoindrait par une autre route. La précaution était bonne. Le péril, en effet, grandissait autour du favori avec les dernières nouvelles venues de France. Chaque jour en apportait une plus déplorable que les autres. Après le Maine, c'était le tour de la Normandie : la province mère tombait par morceaux devant la bannière du Connétable de Richemont. L'incapable Somerset ne savait que fuir et se plaindre, accuser encore et encore Suffolk des malheurs que lui n'avait su éviter par son incurie et son indécision. Londres se mit à bouillir comme un chaudron de sorcière et Suffolk faillit bien ne pas en sortir vivant. Dans les faubourgs une bande de coupe-jarrets et d'assassins à gages l'attendait. Il y eut une bagarre sévère qui laissa des morts et des blessés sur le carreau mais celui que l'on voulait atteindre put gagner la côte sain et sauf, non sans avoir dépêché à sa femme un messager lui enjoignant de rester où elle était et, surtout, de ne pas le rejoindre. Après tout, il ne partait que pour cinq ans et mieux valait qu'elle et ses enfants demeurent chez eux, gardiens de leurs terres et de leurs biens. Une lettre du dernier moment adressée à la Reine lui annonçait ce changement de programme et lui confiait ceux qu'il allait laisser derrière lui.

« Moi seul suis banni, Madame. Veillez, s'il vous plaît, à ce que ces innocents n'aient point à pâtir de mes fautes. Je ne les ai commises que dans la sincère espérance de donner enfin la paix à mon pays et pour l'amour de vous... »

Enfin marée et vents furent favorables et, avec ceux de ses gens qui lui demeuraient fidèles, Suffolk s'embarqua sur l'un des deux petits navires mis à sa disposition par le Roi.

Il faisait beau. On était le premier jour de mai et la mer, soyeuse et bleue ressemblait à une robe de reine. Pas un nuage ou alors si petit qu'il ne faisait pas sérieux. Le soleil brillait. Il réchauffa le cœur de l'exilé. En dépit des sombres angoisses qui l'étreignaient Suffolk reprit espoir. Puisque la mer ne lui était pas hostile, il vit là un signe du Ciel. Rien de comparable avec cette brume qu'il lui avait fallu percer, six ans plus tôt, pour atteindre la terre normande et, plus loin, Marguerite. Rien de comparable non plus avec la terrible tempête qui avait bien failli les engloutir tous les deux ce qu'il ne cessait de regretter : mourir ensemble eût été doux.

En pensant à Marguerite, il retrouvait intact l'émerveillement du premier regard. Comme elle était belle, mon Dieu ! Elle l'était plus encore à présent que l'amour l'avait épanouie et il pensa que, possédant le cœur d'une telle femme, il était impossible que cet amour si beau dût s'arrêter là et n'eût plus d'avenir ? Suffolk, alors, sourit en regardant l'horizon...

Quelques jours plus tard, la duchesse de Suffolk, ensevelie sous des voiles de deuil vint s'abattre aux pieds de la Reine, comme un grand oiseau blessé, en réclamant justice ! Justice pour son époux assassiné !

Ce qui s'était passé était horrible, impensable pour un pays qui se voulait civilisé. À peine les bateaux de Suffolk eurent-ils atteint la haute mer que le plus gros des vaisseaux royaux, le *Nicholas of the Tower* prit à l'abordage celui qui portait le duc. Sans s'occuper des autres, on s'empara de celui-ci que l'on fit monter sur le *Nicholas*. Le capitaine l'y accueillit avec un mauvais sourire.

– Bienvenue au traître ! dit-il seulement avant d'envoyer son prisonnier à fond de cale, les fers aux pieds.

On l'en tira pour comparaître devant un tribunal composé de soudards et de marins ivres avec lesquels il n'essaya même pas de discuter. Il n'arrivait pas à comprendre qu'un navire royal ait pu, de sa propre initiative – à aucun moment il ne crut qu'ils obéissaient à un ordre du Roi – s'emparer de la personne de son ministre, même exilé mais voyageant sous sa sauvegarde. Il y vit, avec quelque raison, un signe de l'état d'anarchie où plongeait l'Angleterre naguère encore si grande ! Alors, il se mura dans un silence méprisant dont rien ne put le faire sortir.

La sentence ne faisait aucun doute. Un moment plus tard, on le fit descendre dans un canot. Superstition ou vague crainte des conséquences à venir, ces gens hésitaient à souiller de sang le pont d'un bateau royal. Là, le malheureux fut décapité à l'aide d'une épée rouillée ; on dut s'y reprendre à six fois...

Le corps fut jeté à l'eau, la tête rapportée pour être plantée sur les murailles de Londres...

Face contre terre, à présent, la duchesse sanglotait éperdument. La Reine, debout, ne voyait plus rien, n'entendait plus rien. Elle était foudroyée, sans plus de réaction qu'une pierre. D'un seul coup elle n'était plus que vide, un vide énorme, abyssal, des profondeurs duquel commençaient à gronder les cris féroces de la vengeance. Elle savait déjà qu'elle ne vivrait plus que pour abattre ceux qui lui avaient tué son amant, qu'elle n'aurait plus ni pitié ni miséricorde. Qui donc, en ce pays maudit, en avait eu pour elle ? Les filles de France n'y entraient que pour souffrir comme Catherine de Valois ou comme cette Aliénor qui signait jadis, dans son amertume « Reine d'Angleterre par la colère de Dieu ». Mais celle-là savait combattre comme avaient su combattre la grand-mère de Marguerite, Yolande d'Aragon, la reine des Quatre Royaumes et sa propre mère Isabelle, la Lorraine à l'âme si fière. C'étaient ces femmes qu'il fallait imiter. Dépasser même.

Pendant trois jours, enfermée dans Westminster, la Reine refusa toute nourriture. L'œil sec et fixe, le visage marqué par la douleur, elle errait sans but du verger au palais ou bien assise, immobile dans quelque chaire, elle regardait sans en rien voir l'horizon familier tout en écoutant naître en elle une créature qu'elle ne connaissait pas. Elle avait dix-neuf ans, pourtant l'amour, la jeunesse s'éloignaient d'elle, ne lui laissant pour l'aider à vivre que les devoirs les plus austères : défendre un royaume en péril, épargner à l'époux faible et doux qu'elle aimait tendrement le sort affreux de Suffolk. Qu'elle pût au moins sauver Henri, sauver la couronne... et d'abord se venger ! Trois idées fixes qui faillirent la mener aux portes de la folie.

Ce fut la conscience de ce qu'elle était toujours – un être sacré, couronné – qui la retint au bord du gouffre mais, de ces terribles jours, Marguerite sortit transformée. Il ne subsistait en elle ni craintes ni pitié, ni la moindre illusion. Entre elle et ce peuple sauvage d'Angleterre la lutte serait désormais à mort : ou bien elle le materait ou bien il l'enverrait poser, un jour, sa tête sur un billot.

La guerre allait venir, elle le sentait mais la guerre valait mieux que les regrets stériles et la terre tout entière pouvait bien s'écrouler puisque jamais Marguerite ne reverrait le visage de l'homme qu'elle aimait plus que tout au monde...

4

Le revenant

Peut-être Marguerite se fût-elle accordé un peu plus de temps pour l'amère douceur de l'évocation d'un passé proche si des nouvelles inquiétantes n'étaient venues l'y arracher pour la renvoyer au combat : une révolte venait d'éclater dans le Kent, province peu éloignée de Londres où la misère se trouvait à l'état endémique et par conséquent une naturelle prédisposition à la révolte. Mais cette révolte-là n'était pas née dans cette région proche voisine des pays de la craie : elle venait d'Irlande dont on n'a pas oublié que le Régent était Richard d'York.

Sachant désormais Henri VI privé non seulement de l'appui de ses oncles-tuteurs – Bedford et Winchester, le tuteur réel Gloucester n'ayant jamais vraiment compris en quoi consistait son rôle – mais surtout de la force de Suffolk, York pensa que le temps était venu pour lui de sa marche vers le trône. Mais une marche à petits pas prudents.

Un seul rempart, mais d'importance, s'élevait encore entre la frêle personne du Roi et la destitution (en dehors de la Reine que le duc tenait pour quantité négligeable) c'était l'amour profond que le peuple portait à son doux souverain. Il y avait aussi le souvenir d'Henri V, le grand roi, et enfin l'onction du sacre qui faisait du souverain l'envoyé même de Dieu. Pour abattre ces remparts, Richard d'York eut l'astuce de susciter un revenant : un beau matin l'Angleterre éberluée apprit l'incroyable retour d'Edmond Mortimer, jadis prétendant au trône et décédé depuis vingt-cinq ans.

Le coup était habile car Mortimer descendait en ligne directe de Lionel, duc de Clarence et second fils d'Édouard III, et sa prétention au trône était plus que justifiée puisque les Lancastre, eux, descendaient du troisième fils, Jean de Gand. En outre, la sœur du « ressuscité » n'était autre que la mère de Richard d'York.

Bien sûr il n'y avait là-dedans rien de réel. Edmond Mortimer était bel et bien mort en 1424 c'est-à-dire vingt-six ans plus tôt. Son fantôme était, en réalité, un aventurier habile et risque-tout, bien de sa personne, séduisant même, la parole facile, le sourire aussi, offrant une vague ressemblance avec le défunt. Il s'appelait Jack Cade. C'était un bâtard sans feu ni lieu qui avait été d'abord artisan, puis soldat en France où il s'était bien comporté et qui, de retour en Irlande, s'était trouvé séduit par l'équipée insensée qu'on lui offrait.

Apparu dans le Kent et soutenu par l'or du duc, il y obtint un grand succès parmi des populations quasi sauvages. Naturellement, l'événement fit boule de neige tant est puissant l'attrait du merveilleux sur le cœur des peuples. Le discours de Cade était le suivant : le Roi – Dieu le bénisse ! – n'était coupable en rien. Il était tout entier au pouvoir de la Reine, une maudite Française qui, pour venger la mort de son amant Suffolk, allait prochainement s'en prendre aux malheureux paysans, en faire exterminer une bonne partie, raser leur maison et transformer le comté en désert. Pour empêcher ce désastre, lui, Mortimer, voulait se jeter sur Londres avec tous les bons compagnons qui voudraient le suivre afin de chasser les mauvais conseillers et avant tout Marguerite. Et cela en accord parfait avec le duc d'York, le bon prince qui souhaitait avant tout le bonheur du royaume et la prospérité de ses habitants.

Avec de tels discours, Jack Cade ne pouvait obtenir qu'un succès. Il fut énorme : en un rien de temps il eut avec lui une armée, hétéroclite sans doute, mais forte de vingt mille hommes. En outre, afin de bien montrer en quelle estime le duc d'York tenait son « oncle » il avançait précédé de deux hérauts portant les bannières des ducs d'Exeter et de Norfolk, fidèles tenants de la maison d'York. Ainsi équipés, on décida de marcher sur Londres mais en prenant son temps afin que la foule armée de bâtons de fourches et de faux grossît encore. Chemin faisant Jack Cade rendait la justice au nom du Roi mais faisait abattre les chênes royaux pour bien montrer qu'au fond ce que ledit roi penserait lui était profondément égal.

À Westminster, on fut au bord de la panique. Pour la première fois de sa vie, Marguerite perdit pied. La mort de Suffolk datait seulement de quelques jours, elle en était mal remise et l'annonce qu'une armée marchait sur Londres pour en arracher le Roi la terrifiait...

Heureusement, le cardinal Kemp qui dominait à présent le Conseil, ne perdit rien de sa sagesse ni de son sang-froid :

– Madame, Madame, dit-il à la Reine qui parlait déjà de cacher son cher époux dans quelque forteresse, nous n'en sommes, grâce à Dieu, pas encore là. Qu'avons-nous devant nous : une armée ? Non, je dirai une foule, une troupe disparate qui n'a jamais combattu. Je vous rappelle que notre armée à nous existe toujours, qu'elle est composée de soldats aguerris, valeureux même. Il nous faut la lever et prendre grand soin de notre choix en ce qui concerne son futur chef.

– Lever l'armée et contre son propre peuple ? Monseigneur, le Roi n'y consentira jamais !

– C'est à vous de le convaincre, Madame. Si vous le cachez le peuple criera plus fort encore qu'il n'est qu'un pantin entre vos mains perfides, que vous voulez le pouvoir pour vous-même puisque jusqu'à présent, aucun enfant ne vous est encore né. Il faut lever l'armée, Madame et mieux encore, il faut que le Roi soit à la tête de ses troupes !

– Alors, dites-le-lui vous-même ! Moi je ne serai jamais assez convaincante. Comprenez-moi, Monseigneur ! J'ai si peur que l'on s'empare de lui... qu'on me le tue !

Kemp eut, pour Marguerite, un regard de pitié sincère. Elle était si jeune !... Bien trop pour assumer de telles charges, de telles responsabilités. Le cardinal, en effet, savait bien que le véritable roi c'était elle mais que pourrait-elle faire si Henri n'acceptait pas de marcher en personne contre le faux Mortimer ?

Les palabres furent longues mais ce fut surtout le désespoir visible de sa femme qui convainquit le Roi. Il comprit qu'il était temps qu'enfin il assume lui-même le poids de la couronne. Cependant, Henri n'était pas un stratège et il convenait de mettre l'armée sous les ordres d'un véritable chef. Et ce n'était pas si facile !

Dans la haute noblesse les partisans d'York étaient nombreux, ceux de Lancastre un peu moins. Il ne fallait pas se tromper et choisir un homme susceptible de détourner à son profit ou à celui d'York la force que l'on allait mettre entre ses mains. On finit par choisir deux frères à la fidélité éprouvée : William et Humphrey Stafford. Enfin on se mit en route et Marguerite, qui tenait à partager les dangers de son époux, revêtit pour la première fois sur sa robe la longue cotte de mailles et le camail assorti qui emprisonnaient sa tête et son corps jusqu'aux genoux. En dépit de la gravité de l'heure, Henri ne put s'empêcher de sourire :

– Quel charmant guerrier vous faites, ma mie ! Si nos adversaires étaient gens de goût, ils devraient vous rendre les armes dès votre apparition...

– J'aimerais beaucoup qu'il en soit ainsi, mon cher seigneur, mais je crains que nous n'ayons à faire à des gens déterminés !

Elle était presque gaie, ce matin-là, comme si l'armure qu'elle avait revêtue était le berceau de la femme nouvelle qu'elle sentait naître en elle. Sa trempe était celle des héroïnes ou de ces bonnes épées dont la solidité a besoin des combats pour se révéler.

Quant à la détermination du faux Mortimer elle n'était pas aussi affirmée que la Reine le supposait. Quand il apprit que le Roi venait vers lui à la tête de l'armée, Cade prit peur. Il connaissait suffisamment l'art de la guerre pour savoir que contre les soldats aguerris de l'armée royale, ses gens à lui, paysans sans expérience, ne tiendraient guère. Il battit en retraite. La sagesse aurait voulu qu'on le poursuive, que les Stafford lancent leur cavalerie à la curée de ces rebelles... mais le Roi était là, le Roi déjà angoissé par l'idée de verser le sang de ses sujets. En dépit des objurgations de Marguerite, il refusa que l'on poursuive. Dans son esprit, Jack Cade devait lui être reconnaissant de sa clémence et viendrait de lui-même solliciter un pardon qu'on lui accorderait volontiers.

Malheureusement, les choses ne se passèrent pas ainsi. Voyant qu'on ne lui courait pas après, Cade rameuta ses troupes qui s'étaient égaillées dans tous les sens. Ce qu'apprenant, les Stafford obtinrent la permission de leur courir sus. Ils les rejoignirent à Sevenoaks, sur un terrain qui ne convenait nullement au déploiement d'une armée mais davantage à la guérilla. Et l'armée royale fut battue. Désespérés, les frères Stafford se firent tuer et Marguerite, reprise par l'épouvante qui avait suivi la mort de Suffolk ramena en hâte son roi à Londres. À Londres, vers laquelle marchait à présent le vainqueur, paré de l'armure de sir Humphrey Stafford.

Pour tenter d'empêcher cette invasion scandaleuse, le cardinal Kemp, escorté du duc de Buckingham, alla parlementer avec l'aventurier sous sa tente mais s'il pensait en venir à bout grâce à son éloquence célèbre il se trompait. Il voulait obtenir que « Lord Mortimer » se rendît avec lui auprès du Roi pour discuter de ses revendications mais l'autre, fou d'orgueil, répliqua :

– Si le Roi veut me voir qu'il vienne donc lui-même ! C'est moi le vainqueur, pas lui ? Il peut venir sans crainte : sa personne me sera sacrée mais je veux d'abord la tête de son trésorier, ce Lord Say qui affame le peuple...

Entamé sur de telles bases, le dialogue ne pouvait s'éterniser. Le cardinal rentra dans Londres très soucieux :

– Il faut mettre le Roi à l'abri, Madame ! confia- t-il à Marguerite. Cet homme est capable de tout !

– Comment est-il ? demanda la Reine avec une curiosité bien féminine. Pourrait-il vraiment être Lord Mortimer ?

– En admettant qu'il y ait un doute sur la mort de ce jeune prince, cet homme ne peut en aucune façon être lui. Notre ennemi, Madame, est un homme jeune, vingt-cinq, vingt-six ans peut-être alors qu'il devrait être cinquantenaire. La vague ressemblance qu'il présente ne suffit pas. Il n'en est que plus déterminé à entrer dans Londres. Emmenez le Roi, Madame : gagnez le château de Kenilworth. C'est le plus puissant d'Angleterre. Là, vous serez à l'abri de toute surprise...

C'était la sagesse et Marguerite se laissa convaincre sachant bien qu'Henri ne partirait pas sans elle. Elle voulut également emmener Lord Say sur qui semblaient se cristalliser les fureurs de l'énergumène et d'ailleurs du peuple. A-t-on jamais vu un trésorier populaire ? Celui-là ne l'était pas mais sa noblesse était réelle : il refusa par crainte de compromettre la personne sacrée du Roi dont il aurait ainsi l'air de se faire un rempart. Il demeura donc à Londres sous la garde de Lord Scales à qui l'on avait confié la défense de la capitale.

Kenilworth c'était au nord de Londres, dans les Midlands et près de la forêt d'Avon une énorme enceinte de murs crénelés enfermant un formidable donjon et un ravissant palais construit jadis par Jean de Gand. Comme tous les châteaux de cette époque son histoire était assez sanglante et c'était là que le malheureux Édouard II avait signé son abdication avant de partir pour la prison où il devait connaître un sort tellement affreux mais, ce souvenir-là, Marguerite le repoussait de toutes ses forces. La situation n'était pas la même et, en vérité, derrière les murs de ce château on se sentait bien à l'abri. Elle gardait confiance, pensant qu'il suffisait d'attendre...

À Londres, cependant, les choses n'allaient pas au mieux.

Jack Cade et sa bande s'étaient présentés devant les murs de la capitale dont les bourgeois jugèrent prudent de lui ouvrir les portes. Le gouverneur Lord Scales eut tout juste le temps d'emmener le Trésorier et d'aller s'enfermer avec lui dans la Tour :

– À présent, Mortimer est Lord de la Cité ! clama l'usurpateur en gagnant le palais. N'ayez pas peur de lui, bonnes gens ! Il vient seulement rendre la justice et ses soldats ont reçu l'ordre de ne pas attenter à vos biens sous peine de châtiment...

Il prit un temps puis, laissant peser sur la foule un regard impérieux :

– ... mais le premier châtiment sera pour celui que je suis venu chercher jusqu'ici, l'homme qui est cause de toutes vos peines, de toutes vos misères ! Le Trésorier du Roi !

Sous la pression de la foule, il fallut bien en passer par où il le voulait. Lord Scales, désespéré, dut livrer celui qu'il voulait garder à tout prix. Lord Say traduit devant un tribunal composé sous la menace des Aldermen[1] de la Cité comparut devant un simulacre de justice et fut livré au bourreau. Son principal crime résidait dans son ancienne amitié avec Suffolk et son dévouement à la Reine.

Cependant, en dépit des promesses de leur chef, les « soldats » de « Mortimer » qui n'avaient jamais imaginé que Londres pût contenir tant de richesses commencèrent allègrement à piller magasins, boutiques et riches demeures. Et ce que n'avait pu obtenir le loyalisme à la Couronne, la défense des biens privés le suscita. Indignés, les citadins se jetèrent sur leurs armes et entreprirent le nettoyage. En quelques heures, Cade et ses troupes se retrouvèrent entassés hors les murs dont les herses et les portes se refermèrent tandis que l'on relevait les ponts-levis. Pour être plus explicite encore le Lord-Maire posta aux créneaux une compagnie d'archers en position de tir. La cause était entendue.

La redoutable bande se dispersa après que le cardinal Kemp, resté à Londres lui aussi, eut promis l'amnistie à tous ceux qui se soumettraient, amnistie garantie par un parchemin scellé du sceau royal. Pendant quarante-huit heures, lui et son coadjuteur ne cessèrent d'imprimer ledit sceau dans la cire chaude mais petit à petit le paysage redevenait clair. Seul Jack Cade échappait au pardon général. Sa tête était mise à prix : mille livres mort ou vif ! Une vraie fortune et, du coup, ce fut à qui de ses anciens compagnons lui donnerait la chasse. Il fut finalement reconnu et abattu par le shérif du comté de Kent au moment où il traversait la Medway en bateau...

Cette folle aventure n'avait duré que deux mois. Le 10 juillet, le Roi et la Reine regagnaient Londres qui, sans la moindre pudeur, les acclama, oubliant joyeusement que, si Cade et sa bande eussent été moins bêtes et moins avides, ils les auraient jetés en prison ou pire encore ! Mais enfin

1. Échevins.

l'alerte était passée. Marguerite, soulagée, pensa qu'il allait peut-être lui être possible de respirer. Mais cet optimisme allait la faire tomber dans l'excès contraire...

En effet, la déconfiture de Jack Cade ne décourageait pas Richard d'York, bien au contraire. Ce qui venait de se passer démontrait clairement combien était fragile et précaire le pouvoir des souverains. Cade n'était qu'un outil. Cet outil brisé il suffisait d'en forger d'autres, plus puissants, plus efficaces... Ou même de les laisser se forger tout seuls ?

Dans cette entreprise, il possédait un allié bien involontaire : l'incapable Somerset qui ne cessait de fuir devant Charles VII, qui avait perdu successivement Rouen, Arques, Dieppe et Honfleur. À présent, enfermé dans Caen dont Richard d'York s'était fait attribuer l'apanage, il continuait ce qu'il savait le mieux faire : appeler au secours. Une attitude qui mettait hors de lui le capitaine commandant la ville et qui entendait la défendre au nom de Richard. Naturellement, il haïssait Somerset de tout son cœur.

Informé de tous ces désastres, le peuple anglais exécrait Somerset et, tapi au fond de son Irlande, Richard d'York se disait qu'il pouvait compter sur un tel imbécile pour lui faciliter les choses et il faut bien admettre que le « Régent de France » ne s'en faisait pas faute.

Peu courageux de nature, il était en plus encombré d'une épouse qui, dès qu'elle entendait le bruit du canon, se jetait à ses pieds en le suppliant de les emmener, elle et ses enfants, loin d'un tel enfer. C'est ce qui s'était passé à Rouen et ce qui se répéta quand l'armée du roi de France et les canons de Jean Bureau vinrent prendre position devant Caen. La duchesse Éléonore se remit à trembler de tous ses membres. Une simple pierre, tombée d'une maison alors qu'elle marchait dans une rue avec ses deux fils, suffit à déclencher la panique. À nouveau elle s'abattit aux pieds de son époux, embrassant ses jambes et l'adjurant de capituler pour épargner leurs vies et celles des enfants :

– Les gens du roi de France sont tellement plus forts que nous, mieux armés. Allez-vous risquer tout ce qui vous est cher pour une cité qui ne nous aime pas ?

Ça, c'était une grande vérité. Les gens de Caen, ayant vu le reste de la Normandie faire retour au souverain naturel, ne voyaient pas du tout pourquoi il leur faudrait rester anglais. Et Somerset, entraîné par les larmes de sa femme et ses propres inquiétudes, jugea prudent d'ordonner la reddition. Furieux et au terme d'une explication violente, le capitaine refusa. Somerset alors mit un comble à son déshonneur en s'abouchant discrètement avec les échevins de la ville pour les engager à profiter d'une belle nuit sombre pour ouvrir purement et simplement les portes de Caen devant les Français. La ville fut prise sans coup férir et pavoisa pendant que, pour prix de sa rançon, Somerset livrait tranquillement son artillerie. Fou de rage, le capitaine dont l'Histoire, malheureusement, ne semble pas avoir retenu le nom, réussit à s'enfuir et à prendre la mer. Non pour rentrer à Londres mais pour cingler vers l'Irlande où il alla rendre compte du désastre à Richard d'York.

Si celui-ci éprouva quelques regrets d'avoir perdu une ville qui lui plaisait, ces regrets s'effacèrent vite en constatant l'énorme chance que Somerset lui apportait autant dire sur un plateau. Ses familiers Exeter, Norfolk, Salisbury et surtout le fils de celui-ci, le jeune et bouillant Warwick qui était sans doute l'homme le plus déterminé de toute l'Angleterre, n'eurent aucune peine à le persuader de faire ses bagages et de rentrer au pays. Warwick réussit même à lever une troupe de quatre mille hommes avec lesquels on traversa joyeusement le canal Saint George. Le temps était venu pour le prince à la Rose blanche de s'occuper en personne du bon peuple de son pieux cousin.

Quand il approcha de Londres, le cardinal Kemp apporta une fois de plus sa médiation. Que voulait le duc Richard ? Mais... simplement se plaindre au Roi du tort que lui avait causé le traître Somerset en livrant un bien qui ne lui appartenait pas. Il demandait justice contre les guerriers sans foi ni courage.

Cependant, en parcourant les campagnes, York s'était aperçu d'un détail : le peuple certes détestait la Reine qu'il rendait responsable de presque tous ses maux et de toutes les défaites mais il n'en demeurait pas moins fidèlement attaché à son roi. Le duc comprit que la couronne d'Angleterre n'était pas encore assez mûre pour tomber sur sa tête. Avec sagesse, il emmena amis et soldats jusqu'à son fort château de Fotheringay qui était à peu près taillé sur le modèle de Kenilworth : une énorme, une imprenable forteresse où il s'installa commodément pour attendre la suite des événements en observateur patient[1].

Il n'eut pas à patienter longtemps. Il était à peine installé que Somerset effectuait son retour dans la capitale et se précipitait au palais de

1. Un peu plus d'un siècle plus tard, Fotheringay devait s'illustrer de sinistre façon en abritant l'exécution de Marie Stuart.

Westminster pour demander audience à la Reine. C'était elle et personne d'autre qu'il voulait voir en premier avant d'avoir à répondre de ses actes devant ses pairs et devant le Parlement. Il voulait plaider devant elle son indéfendable cause confiant dans un charme personnel dont, à maintes reprises, il avait éprouvé le pouvoir. Séduisant, enjôleur et habile quand il s'agissait des dames, il parvint à la persuader qu'il n'était qu'une victime et que, si tant de malheurs s'étaient abattus sur lui, c'était uniquement à cause de l'amour qu'il lui portait :

– Si je me suis tu jusqu'à ce jour, Madame, c'est parce que je savais bien que vous ne m'écouteriez même pas. Votre cœur était tout à un autre.

– Voulez-vous dire, mon cousin, que c'est par amour de moi que vous avez laissé le roi, mon oncle, reprendre la Normandie ?

– Un peu oui. Il faut en finir une bonne fois avec une guerre qui n'a que trop duré et voir les choses en face : de partout les Français nous repoussent. Ils veulent retrouver leur seigneur légitime et nous n'étions, après tout, que des envahisseurs. D'autre part, j'ai manqué cruellement de personnel, de munitions, de vivres même. Que peut-on faire quand on n'a rien ? Nous n'aurons une vraie paix que lorsque chacun sera chez soi de part et d'autre de la Manche. Enfin... j'avais une autre raison encore. Une raison qui m'est bien personnelle. Depuis les derniers événements j'ai mesuré combien vous êtes seule pour gouverner. Le Roi – Dieu le garde ! – n'est pas souvent sur terre et vous laisse toute la charge du pouvoir. Moi, je suis le dernier Lancastre, le seul défenseur réel qui vous reste. Si vous aussi vous m'accablez, c'est le jeu de Richard d'York que vous jouerez.

Marguerite perdit alors la plus grande, la seule occasion de sa vie peut-être de gagner le cœur du peuple anglais. Elle écouta Somerset... et elle le crut car elle avait besoin de croire en quelqu'un et parce que, dans les yeux de cet homme, elle croyait voir un reflet de cette passion qui brûlait naguère encore dans ceux de Suffolk. Elle oublia que ses perpétuelles récriminations avaient monté à l'excès le peuple et le Parlement contre Suffolk à cause de ce grand amour qu'il prétendait éprouver pour elle. À sa décharge il faut dire qu'elle avait vingt ans et un besoin désespéré d'aimer et d'être aimée. Son intelligence, réelle cependant, recula devant le bonheur d'entendre de douces paroles prononcées par un homme encore jeune... et très séduisant. Avec sa fougue habituelle Marguerite donna sa confiance, son cœur même à qui ne les méritait pas. Et signa sa perte future...

Il lui fut impossible d'empêcher que Somerset fût arrêté. C'eût été aller contre le Roi qui, conseillé par Kemp, l'avait ordonné. Impossible aussi d'empêcher que le Parlement se réunisse à Winchester pour juger l'accusé. Impossible encore d'infléchir la décision d'une assemblée dont les deux tiers soutenaient Richard d'York et la Rose blanche. Tout ce qu'elle put obtenir, en faisant jouer les scrupules infinis du Roi envers un parent et son horreur absolue du sang fut qu'il n'entérinerait jamais une condamnation à mort. Somerset fut donc condamné à la prison à vie. On le conduisit à la Tour de Londres au milieu d'un peuple houleux qui l'insultait en lui jetant des trognons de choux et des détritus variés.

Une fois le duc enfermé, tout se calma par enchantement. Les gens de Londres rentrèrent chez eux, Richard d'York renvoya ses quatre mille hommes dans leurs foyers, regagna, non pas l'Irlande où il estimait n'avoir plus rien à faire mais son château de Fotheringay pour voir, une fois de plus, comment les choses allaient tourner.

Pendant ce temps, Marguerite ne restait pas inactive. Les deux tiers du Parlement étaient sans doute à York mais il en restait tout de même un autre tiers qu'elle entreprit de réunir autour d'elle avec les seigneurs qui demeuraient fidèles à la maison de Lancastre. Comment réussit-elle à les convaincre que le jugement était inique et Somerset beaucoup moins coupable qu'on voulait bien le dire, toujours est-il qu'elle se composa une force suffisante pour faire face à toute éventualité. Les larmes de l'intarissable Lady Éléonore, qu'elle gardait auprès d'elle avec ses enfants, lui furent alors fort utiles. Et elle frappa le coup qu'elle méditait après avoir arraché à son époux un ordre d'élargissement : Somerset fut tiré de la Tour. Et comme ce coup d'audace ne lui semblait pas suffisant elle le fit nommer, pour couronner le tout... Connétable d'Angleterre ! On croit rêver.

Les Anglais, eux, ne s'en remirent pas.

Richard d'York lui-même fut suffoqué mais sa réaction fut rapide : il n'était pas venu d'Irlande pour assister passivement à la glorification de ce dangereux imbécile. Il sentit qu'il était temps pour lui de jeter le masque. Il quitta donc à nouveau son repaire, regagna son palais de Londres et se mit à l'ouvrage. Mais pas au grand jour : dans l'ombre, là où se trament les plus efficaces conspirations parce qu'il fallait toujours compter avec la vénération du peuple pour son roi. Le premier résultat qu'il obtint fut très surprenant.

On était le 6 janvier 1451, il neigeait sur Windsor et la neige enveloppait l'Angleterre. Le froid était vif et les feux allumés dans les vastes salles n'arrivaient pas à réchauffer les habitants du château mais ce fut pire encore quand, le soir venu et au moment où l'on allait passer à table, le sénéchal Lord Wallingford, fort empêtré de son personnage, vint avouer au Roi qu'il lui était impossible de faire servir le souper parce qu'il n'y avait rien à manger.

– Rien à manger ? s'étonna Henri. Comment cela peut-il se faire ? N'avons-nous plus cette énorme tour-garde manger où s'entassent tant de victuailles ?

– Elle est vide, Sire. Le Roi a mangé ce matin ce qu'il restait.

– Eh bien mais, il faut faire venir des vivres.

– C'est difficile, Sire, émit Wallingford les yeux à terre. Les fournisseurs de la Couronne ont refusé de livrer des victuailles. Ils sont las, disent-ils, de n'être pas payés.

Une telle nouvelle avait quelque chose d'effarant mais donnait une assez juste idée de l'état où l'on voulait réduire le couple royal.

Toujours bon, toujours patient, Henri se contenta de hausser les épaules :

– Nous jeûnerons donc, dit-il, puisque c'est la volonté du Ciel. Cela nous donnera plus de temps pour prier. Allons à la chapelle ! D'être plus léger nous n'en serons que plus agréable au Seigneur.

Et il sortit de la salle tandis que Marguerite, d'abord médusée, piquait une colère d'autant plus violente qu'elle était impuissante.

– Les misérables ! Oser refuser du pain à leur souverain. Et vous prétendez, sire sénéchal, que ces gens-là l'aiment, le vénèrent même ? Qu'ils me détestent, je le sais et je l'accepte mais lui ? ... Lui qu'ils appellent le gentil roi, le bon roi, le saint ? À quelle extrémité veulent-ils le réduire en l'affamant ? Est-ce pour l'envoyer plus vite en Paradis ?

L'échine courbée sous l'orage, Wallingford n'osait même pas affronter le regard fulgurant de la Reine. Mais comme il fallait tout de même répondre, il se hasarda à murmurer :

– Ils veulent que le Roi ôte sa confiance au duc de Somerset, Madame. Le peuple dit que c'est un incapable prétentieux, qu'il est la cause de tous les maux... et il gronde.

– Il n'a jamais fait que cela depuis que je suis arrivée mais je suis certaine qu'il gronderait moins si on ne l'y poussait. Quant à renvoyer mylord Somerset, qu'ils n'y comptent pas. Il est, avec le roi lui-même, l'unique Lancastre encore vivant. L'abandonner serait, songez-y, abandonner le Roi lui-même à Richard d'York et à sa clique. Ils auraient tôt fait de le détruire lui qui n'a jamais su se défendre, qui ne sait qu'aimer... et pardonner. Quant à moi je préfère mourir de faim mais ici, et la couronne sur la tête !

Le sénéchal comprit que toute discussion était inutile. Il se contenta d'ouvrir, devant la marche furieuse de Marguerite qui regagnait sa chambre, la lourde porte de la grande salle en s'inclinant très bas.

Chez elle, la Reine commença par tourner en rond ne s'interrompant que pour jeter, de temps en temps, un regard au paysage couvert de neige et tellement silencieux de ce fait... On n'entendait aucun bruit. Pas même celui des sentinelles sur les chemins de ronde. L'épais tapis blanc étouffait leurs pas. En outre, le brouillard se levait qui allait envelopper le château pour l'isoler encore davantage.

– De l'argent, songeait Marguerite. Il nous faut de l'argent sinon nos propres gardes sont capables de nous livrer pour un tonneau de bière et un quartier de viande !...

Finalement, elle alla vers un coffre placé dans un coin de sa chambre et en tira une cassette orfévrée où l'on rangeait ses joyaux. Elle les sortit un à un avec l'intention, au matin, d'envoyer sa fidèle Alison à Londres pour les gager chez les marchands lombards et rapporter l'or dont elle avait tant besoin...

Elle y rêvait en faisant glisser doucement entre ses mains les chaînes ornées de pierres fines, les fermaux précieux et tous ces menus objets qui font la parure des reines comme celle des autres femmes quand Alison, justement, vint s'agenouiller près d'elle.

– Madame, fit-elle d'une voix troublée, il y a là un seigneur qui veut parler à vous !

– Un seigneur ? N'a-t-il pas de nom ?

– C'est que... je ne suis pas certaine qu'il soit le bienvenu. C'est... c'est le comte de Warwick !

– Warwick !... Tu es folle ?

– Non, Madame, c'est bien lui et il dit que la Reine doit l'entendre sur l'heure. Que c'est très important.

Marguerite, qui avait d'abord rougi de colère, sentit le sang refluer vers son cœur :

– Il ose ! gronda-t-elle. Il vient voir sans doute comment nous supportons le jeûne qu'on nous inflige. Eh bien, il verra. Qu'il entre ! ordonna-t-elle à sa suivante qui s'éclipsa aussitôt.

Lentement, la Reine alla s'asseoir dans le haut fauteuil d'ébène, aux allures de trône disposé dans l'embrasure d'une profonde fenêtre et posa ses pieds minces sur un carreau de velours. Elle cacha ses mains sous ses amples manches doublées d'hermine, autant pour lutter contre le froid que pour en dissimuler le tremblement nerveux. C'est qu'aussi cette insolente visite soulevait en elle une rage dont elle craignait de ne pas rester maîtresse car ce comte de Warwick, Richard Neville, filleul et neveu de Richard d'York, était surtout son conseiller le plus agressif et, jusqu'à ce jour, Marguerite ne les avait jamais dissociés dans la méfiance qu'ils lui inspiraient. Une méfiance bien proche de la haine...

L'homme qui entra était jeune, mince mais taillé en force. Son maigre visage semblait avoir été sculpté tout exprès pour mettre en valeur des yeux d'un noir profond qui brûlaient comme braise. De haute taille, il portait avec élégance un justaucorps de velours noir sur lequel tranchait l'or d'une lourde chaîne.

Arrivé à trois pas de la Reine, il mit un genou en terre et attendit qu'elle parlât avec un calme qui la surprit : le bouillant Warwick semblait avoir définitivement choisi de vivre au milieu du bruit et de la fureur.

– Vous avez demandé à me voir, mylord, dit-elle sèchement au bout d'un moment qu'elle employa à l'examiner. Vous me voyez. Vous avez désiré vous faire entendre et je vous écoute.

Sans paraître autrement gêné par sa position d'infériorité qu'on ne l'invitait pas à abandonner, Warwick planta son regard sombre droit dans celui de la Reine :

– Madame, dit-il, je viens d'apprendre avec indignation l'impudence des manants de la Cité qui ont osé refuser d'approvisionner vos cuisines. Si graves que soient nos différends et les griefs que nous nourrissons mutuellement, il est une chose qu'un gentilhomme ne saurait admettre, c'est que l'on emploie, envers le Roi couronné, de si vils moyens. Vos sujets méritent la corde, Madame, mais puisqu'ils veulent de l'or, il faut leur en donner. En voici !

Une lourde bourse apparut soudain dans la main du comte qui, avec toutes les marques d'un profond respect, la déposa aux pieds de Marguerite.

Stupéfaite, celle-ci regarda tour à tour le sac et l'homme qui le lui apportait... et en qui elle ne pouvait voir qu'un ennemi. Aussi sans chercher à percer l'intention profonde de son visiteur, elle laissa aussitôt libre cours à son indignation.

– Sommes-nous donc tombés si bas, comte de Warwick que l'un de nos pires adversaires ose venir ici nous faire l'aumône ? J'imagine d'ailleurs que, ce faisant, vous obéissez à une habile manœuvre de votre oncle destinée à lui permettre de clamer demain dans toutes les tavernes de la Cité qu'il fait à son roi la grâce de le nourrir. Remportez cela, mylord et sortez !

ajouta-t-elle en repoussant le sac du pied. De ce que vous m'avez dit, je ne retiendrai que votre conseil car il est bon : demain je ferai pendre au gibet de Tyburn les manants à qui je dois l'insulte supplémentaire que vous m'infligez.

Du geste elle désignait la porte. Lentement, le comte se releva. Son visage s'était encore assombri et des éclairs de colère traversaient son regard. Pourtant, sa voix demeura calme, unie et ferme :

– Vous avez grand tort, Madame, de le prendre ainsi. Mon geste était spontané : celui d'un vassal envers son seigneur en difficulté. Richard d'York l'ignore et d'autant plus que j'en espérais des suites ne dépendant que de vous. J'espérais, en venant ce soir, vous prouver mon... désir ardent de me dévouer à votre cause et à votre personne.

– Vous dévouer ? À moi ? ... J'ai mal entendu ?

– Vous avez très bien entendu. Il faut auprès de vous un homme fort, Madame, et ce pantin de Somerset est en train de vous perdre plus encore que ne le faisait Suffolk. Ouvrez les yeux ! Regardez devant vous, en face de vous, autour de vous ! Vos amis chaque jour un peu moins nombreux cependant que vos ennemis augmentent. Pas vraiment les vôtres d'ailleurs : ceux de Somerset qui sont légions. Il faut vous en séparer, Madame !

Marguerite s'appuya au dossier de son siège avec une moue de dédain :

– Est-ce en insultant mes amis que vous espérez me convaincre de vos bonnes intentions, seigneur comte ? En ce cas vous vous fourvoyez. Mylord Somerset...

– ... est un lâche ! Un pleutre qui a fui devant les Français et qui a fait massacrer le duc de Suffolk. Ignorez-vous encore qui a commandité en sous-main l'étrange conduite d'un vaisseau royal, ce tribunal ridicule qui a jugé et osé prononcer une condamnation à mort suivie d'exécution alors que le duc voyageait sous la sauvegarde royale ? Si vous l'ignoriez, je vous l'apprends : c'est lui ! Sur mon honneur !

Marguerite avait pâli. Elle se leva brusquement. En évoquant l'ombre de Suffolk dont Somerset – elle le savait en dépit de l'attrait qu'il lui inspirait – n'était qu'une pâle copie, Warwick venait de la toucher au cœur. La plaie était toujours si vive, si douloureuse...

– Je vous interdis de prononcer ce nom, fit-elle d'une voix blanche.

– Pourquoi ? Parce que vous l'aimez toujours ? Alors expliquez-moi pourquoi vous voulez donner sa place à son assassin ?

– Tout ce que vous dites est faux ! Mieux que quiconque vous savez qui a fait tuer mylord Suffolk. Et ce n'est pas Somerset !

– Mais si et je suis prêt à l'en accuser publiquement et les armes à la main ! Mais on dirait qu'il s'est montré assez habile pour vous enjôler en protestant de je ne sais quel amour auquel vous auriez tort de vous laisser prendre. Savez-vous, Madame, que tous à présent sont persuadés qu'il est votre amant ?

– Assez ! Vous m'offensez et vous ne faites que vous perdre un peu plus dans mon esprit. Belle preuve de dévouement que vous me donnez là ! Vous m'offrez votre aide ; vous voulez que je croie en vous, en une fidélité un peu trop neuve pour n'être pas suspecte et cependant...

Avec hardiesse Warwick s'approcha de la Reine presque à la toucher :

– La fidélité est neuve, je veux bien l'admettre... mais l'amour que j'ai pour vous est ancien. Oui, Madame, je vous aime. Avec fureur, avec passion ! Si vous voulez de moi, je vous servirai de toutes mes forces et croyez-moi elles ne sont pas négligeables. Dites un mot, un seul et...

Une seconde leurs regards, aussi noirs l'un que l'autre, se croisèrent comme des épées engagées dans un duel. Puis la main de la Reine se posa sur la poitrine vêtue de velours mais pour la repousser :

– Je n'ai qu'un mot, en effet, à vous dire, mylord : sortez ! Et que je ne vous revoie de ma vie ! Et, naturellement vous remportez votre or.

À son tour, le jeune homme pâlit. Il enveloppa cette femme qui le repoussait avec tant de dédain d'un regard où la passion et la fureur se mêlaient dangereusement. Il sentait bouillonner en lui la double envie de la tuer ou de la violer car jamais encore il ne l'avait vue si belle, même dans ses robes dorées ou sous l'auréole de la couronne. Mais enfin il réussit à se contenir. Haussant les épaules, il tourna les talons :

– Je crois qu'un jour viendra où vous regretterez cet instant...

Et, sans un salut, sans prendre la peine de ramasser l'or que d'un coup de talon il avait répandu sur le tapis, le comte de Warwick sortit de l'appartement royal. Sincère et ardent, l'instant précédent, l'amour où se mêlait le fiel se changeait, au fond de son cœur, en une haine brûlante...

Après son départ, Marguerite, plus secouée qu'elle ne voulait l'admettre, retourna s'asseoir et appela Alison qui apparut un rien trop vite.

– Apporte-moi un peu d'eau. Tu écoutais, dirait-on ?

La jeune femme ne chercha même pas à nier :

– Oui Madame. Mon excuse est que j'avais peur. C'est un homme si redoutable que le seigneur comte !

– Eh bien ? Qu'en penses-tu à présent ?

– Pardonnez-moi ! Je crois que vous avez été trop dure avec lui.

– Vraiment ? Et pourquoi s'il te plaît ?

– Parce qu'il était sincère en avouant son amour. Il vous aime, Madame. C'était écrit en toutes lettres sur sa figure !

– Tu regardais aussi, apparemment ?

– Il est facile d'écarter un peu le pan d'un rideau. Mais vous l'avez repoussé si durement. J'ai peur que, maintenant, vous n'ayez en lui un ennemi de plus ! Quant à mylord Somerset...

– Vas-tu à ton tour m'en dire du mal ? fit la Reine d'un ton menaçant.

– Dieu m'en garde, Madame ! Mylord est aimable, fort séduisant, mais je crois que j'aimerais mieux avoir comme défenseur celui qui sort d'ici que ce beau seigneur un peu trop aimable.

– Que veux-tu dire ?

– Rien, Madame, sinon peut-être qu'il n'y a pas de fumée sans feu...

– Je ne comprends toujours pas ! dit sèchement Marguerite dont le visage se fermait.

– Oh, j'ai peur de vous fâcher, Madame, et ma reine, mais ne pensez-vous pas, en ce qui concerne le duc de Somerset, qu'il y a autour de lui trop de haine pour qu'il ne l'ait pas un peu méritée ?

– C'est stupide ! Il est notre cousin bien-aimé, le dernier de notre race et notre fidèle soutien...

Elle parlait sans songer vraiment à ce qu'elle disait, enfilant les mots comme s'il s'agissait d'un texte appris à l'avance. Elle semblait absente tout à coup et Alison voulut en profiter :

– Et... si vraiment, il était responsable du sort affreux de monseigneur Suffolk ?

Elle avait parlé bas mais le nom produisit à Marguerite l'effet d'une décharge électrique :

– Tais-toi ! Je ne veux plus entendre ce ramassis de vilenies ! Songe plutôt à te rendre demain chez les Lombards pour gager mes joyaux...

– Et... cet or ?

– Je n'en veux pas. Ramasse-le cependant et fais-le porter dans quelque église pour secourir les miséreux ! Au moins, la générosité suspecte de maître Warwick servira à soulager de vraies misères !

5

Un grand bonheur et un grand malheur...

Cette nuit-là Marguerite ne put trouver le sommeil. Au fond des courtines de velours bleu qui la protégeaient des courants d'air et qu'éclairait si doucement la veilleuse, elle osait à peine fermer les yeux parce que, sur l'écran noir des paupières closes, elle voyait aussitôt flamboyer le regard ardent de Warwick lorsqu'il lui avait jeté son amour au visage comme on jette le gant du défi. Un défi qu'un instant elle avait été tentée de relever parce que de tout temps le danger l'avait fascinée, qu'elle se sentait toujours attirée par les extrêmes et que sa curiosité féminine se sentait frustrée. L'amour avec cet homme-là devait avoir un goût sauvage bien différent de ce qu'il était avec Somerset. Warwick devait prendre les femmes à l'assaut, comme des villes conquises tandis que son rival – on pouvait bien l'appeler ainsi à présent – les abordait avec une douceur enjôleuse qui n'était pas sans charme bien au contraire. Celui-là savait dire de jolis vers appris en France où les poètes fleurissaient beaucoup plus qu'en Angleterre, pays rude qui, depuis les bardes celtes, n'avait encore produit qu'un seul chantre de valeur avec Chaucer...

Au matin, honteuse de s'être laissée aller à de telles rêveries la jeune reine ne s'en attacha que plus fermement à son nouvel amant. Auprès de lui elle se sentait à la fois femme et déesse. Une sensation bien agréable dans des temps aussi durs !...

En effet, cette année 1451 se révélait singulièrement difficile pour elle. Chaque jour qui passait lui faisait mesurer un peu plus l'espèce d'abîme que le peuple s'obstinait à creuser entre elle et son époux bien que leur entente fut toujours parfaite. La faiblesse évidente et la gentillesse d'Henri lui conservaient envers et contre tout l'amour de ses sujets. Ils l'attendrissaient et c'était à elle, l'étrangère que l'on attribuait toujours les pires malheurs du royaume. C'était tellement facile ! D'autant que Richard d'York et plus encore Warwick – ulcéré d'avoir été éconduit ! – ne se privaient pas de jeter de l'huile sur le feu.

L'argent se faisait rare. Le Parlement dont dépendaient les revenus royaux se montrait toujours plus réticent et plein de mauvais vouloir grâce aux conseils dont l'abreuvaient les gens de la Rose blanche. Et, pour comble de malheur, au-delà de la mer, Charles VII poursuivait l'heureuse reconquête de son royaume ravagé. Après le Maine, après la Normandie, on était en train de perdre l'Aquitaine, le fleuron de la couronne, l'Aquitaine, apportée jadis en dot par la reine Aliénor et anglaise depuis trois cents ans. Le 30 juin de cette année-là, le Bâtard d'Orléans, Jean de Dunois entrait dans Bordeaux.

Cette fois, l'Angleterre en saigna d'humiliation.

Naturellement, Marguerite une fois de plus assuma le rôle de bouc émissaire : lorsque le Parlement se réunit pour une nouvelle session l'un de ses membres demanda que le duc Richard d'York fût décrété Héritier de la Couronne...

– Il l'est de fait, déclara-t-il, puisque cette Française qui nous ruine n'est même pas capable de donner un enfant au Roi. Alors pourquoi pas de nom ?

On lui répondit que ce serait inconvenant, blessant pour le Roi qui, s'il menait une vie quasi monastique peu propice aux rapprochements charnels n'en avait pas pour autant dit son dernier mot. Et, de toute façon, ce serait prématuré.

– Que devons-nous attendre, alors ? Que Somerset le remplace et fasse un enfant à la Reine ?

Il était allé trop loin. Si la majorité du Parlement était yorkiste et haïssait Somerset, ce n'était tout de même pas l'unanimité. En outre, les vertus d'Henri VI lui valaient auprès de ces hommes qui n'en avaient guère un prestige exceptionnel : on enferma purement et simplement le perturbateur à la Tour. Ce dont Warwick pensa étouffer de rage.

– Il vous faut agir, monseigneur ! déclara-t-il à son oncle. Ces gens du Parlement sont des veaux qui béent d'admiration devant le Roi. C'est peut-être un saint mais la sainteté n'a jamais rien valu à la tête d'une armée. Or, grâce à elle, nous avons à présent un empire à reconquérir jusques et y compris les terres des Plantagenêts dont nous sommes tous issus et vous plus que quiconque ! Il est temps de lever les armes et de faire entendre votre volonté...

Le duc considéra le bouillant jeune homme avec un sourire :

– Et que doit être ma volonté selon vous ?

– Abattre Somerset, ce Connétable de carton, et prendre au moins le gouvernement. Le Roi, si saint qu'il soit, est incapable et la Reine ne cesse de trahir. Il faut lui imposer notre loi. Elle n'a pas à se mêler de régenter l'Angleterre. Le fuseau et la tapisserie sont les seules armes convenant à une femme... Il faudra bien le lui faire entendre un jour !

– Elle n'acceptera jamais de nous livrer Somerset. Elle l'aime.

Warwick devint vert :

– Ce fantoche seulement capable de roucouler aux genoux d'une femme ? Comment ne comprend-elle pas qu'il n'est qu'une coquille vide, qu'il n'est rien sinon...

– Votre ennemi, Richard ? Que vous a-t-il fait pour que vous le haïssiez tant ?

– Le haïr ? Il n'en vaut pas la peine. Je me contente de le mépriser. C'est elle que je hais, cette Marguerite insolente et têtue qui...

– Selon moi, vous la haïssez même un peu trop. Cela ressemble assez à de l'amour déçu...

– De l'amour ? Moi ? Pour elle ?

– Elle est assez belle pour cela et vous ne feriez que grossir le troupeau de ceux qui ne rêvent que de son sourire...

– Vous m'offensez, mon oncle ! Laissez-moi libre d'agir selon mon désir et c'est elle qu'un jour, je jetterai à vos pieds, chargée de chaînes et le crâne rasé afin qu'elle ne séduise plus personne ! Ce sera rendre service à bien du monde. Savez-vous ce que l'on dit : le vieux Talbot, lui-même, notre plus grand soldat, le symbole même de notre gloire serait amoureux d'elle !

Le duc se mit à rire :

– Vous n'allez pas, à présent, réclamer sa tête à lui ? C'est un bien grand homme et je l'aime beaucoup !... Allons, Richard, calmez-vous ! Je ne vous donne pas vraiment tort et même je pense qu'il est temps d'agir comme vous le souhaitez ! Je vais essayer de vous donner la tête de Somerset au moins !

– Comme on jette un os à un chien ? gronda Warwick, amer. C'est elle que je veux, mon oncle, elle avant tout ! Le reste nous tombera dans les mains...

– Croyez-vous que je ne sais pas tout cela depuis longtemps ? conclut le duc en haussant les épaules.

À nouveau il rassembla ses troupes, quitta Fotheringay et, plein d'arrogance, s'avança jusqu'aux faubourgs de Londres, exigeant que Somerset fût arrêté sur l'heure.

Au palais, cependant, se jouait une scène décisive. À l'annonce de la marche des troupes d'York sur la ville, Marguerite avait couru vers son époux qu'elle trouva, comme le plus souvent, dans son oratoire.

– Sire mon époux, dit-elle, si nous voulons vivre encore il est temps de rassembler l'armée pour en finir une bonne fois avec ce trublion d'York. Une fois de plus il marche sur Londres. Vous ne pouvez plus tolérer ses audaces...

– Ce que vous me demandez là, ma Reine, c'est une guerre civile et vous savez comme ce nom seul m'emplit d'horreur. Mes sujets affrontés les uns aux autres, c'est pour moi le pire des cauchemars.

– Et moi, quelle place me donnez-vous dans vos mauvais rêves ? Savez-vous ce qu'il adviendra si York l'emporte ? Oh, il ne touchera pas à votre tête ! Vous serez conduit à la Tour ou simplement enfermé dans Westminster avec toutes les formes du respect pour bien montrer au peuple qu'il vous aime autant que lui mais moi je serai sa victime. Savez-vous ce qu'il fera de moi...

– Ne dites pas de choses pareilles ! Vous êtes sa reine, sacrée devant Dieu, comme je suis son roi...

– Non. Soyez sûr que nos sorts seront bien différents. Moi aussi on m'enfermera mais dans une prison dont je ne sortirai jamais ! Un beau matin on viendra vous dire, avec beaucoup de larmes et de « hélas » ! que je suis morte d'un mal mystérieux et vous me pleurerez, bien entendu, mais à ce moment-là, sire mon époux, songez bien que ma mort sera votre fait parce que vos scrupules vous auront interdit de me défendre. Après tout je ferais mieux peut-être de rentrer en France !

Cette fois, elle avait touché juste. Vivement, Henri vint à elle et enferma ses deux mains dans les siennes. Il avait les larmes aux yeux.

– Pouvez-vous me croire si lâche, ma douce amie ? Ne savez-vous pas combien je vous aime ?

– Alors prouvez-le-moi !

L'ordre de réunir l'armée fut donné dans l'instant.

Ce fut une véritable horde qui quitta Londres pour marcher au-devant des troupes d'York. En effet, aux vieilles compagnies se joignit toute la Cour et même le clergé, cardinal Kemp en tête.

Surpris par ce soudain déploiement de forces, York recula et piqua au sud pour s'établir dans le Kent où le Roi et les siens le suivirent. Il n'oubliait pas que les gens du cru lui étaient plutôt dévoués. Quand les deux camps furent face à face, Somerset voulut donner l'ordre d'attaquer : c'était son droit puisqu'il était Connétable et que tous lui devaient obéissance. Tous sauf le Roi ! Et Henri, avant d'ordonner la tuerie voulait user le plus longtemps possible de diplomatie. Il envoya le cardinal Kemp demander au duc d'York ce qu'il voulait au juste. La réponse vint, immédiate : la tête de Somerset.

En revenant vers le camp royal, Kemp réfléchissait profondément. Il choisit même, avant de rendre compte au Roi, de conférer avec ses confrères. Après tout, si le seul Somerset que presque tous jugeaient à sa juste valeur, représentait le brandon de discorde, le plus sage serait de l'éliminer.

– Sans aller jusqu'à l'exécuter, son arrestation satisferait peut-être le duc d'York, expliqua le cardinal. Il faut avouer qu'il n'a jamais rien fait de bon pour l'Angleterre et qu'il ne vaut rien dans un gouvernement. Seulement il y a la Reine. Si l'on arrête son favori, elle va entrer en fureur...

– Il faudrait qu'elle n'en sache rien jusqu'à ce que le fait soit accompli, dit l'évêque de Coventry. Nous devons nous arranger pour voir le Roi hors de sa présence.

Ce qui fut fait. Ayant le choix entre des centaines de morts – sans compter les blessés ! – et la mise à l'écart d'un seul homme, Henri n'hésita pas. Et puis, il faut bien avouer qu'il n'aimait pas beaucoup son cousin et que, sans être jaloux, il souffrait des bruits qui couraient sur lui et sur Marguerite : le capitaine des gardes reçut l'ordre d'aller demander à Somerset sa belle épée de connétable et de s'assurer de sa personne. Après quoi, on envoya aussitôt au duc d'York un message lui annonçant la nouvelle et lui demandant de venir faire la paix. Ce qu'il accepta.

Malheureusement, après s'être assuré de son prisonnier, le capitaine des gardes ne crut pas devoir lui interdire d'aller dire adieu à la Reine. Et l'on devine comment celle-ci accueillit la nouvelle mais en dépit de la colère furieuse qui la secouait, elle gardait la faculté de réfléchir.

– Le duc d'York va venir ici ? demanda-t-elle au capitaine.

– On l'attend, Madame !

– Bien. Alors voilà l'ordre que je vous donne...

Un instant plus tard, elle prenait sa course vers la tente de son mari. Elle y était à peine arrivée que l'on introduisit le duc d'York lequel, après les politesses de la porte, protesta hautement de son loyalisme à son roi :

– Je n'ai en vue, Sire mon cousin, que le bien du pays. Défaites-vous de Somerset et la paix, je vous le jure, sera établie entre nos maisons...

Sans laisser à son époux le loisir de répondre, la Reine s'écria :

– Il est facile de dénigrer un homme qui ne peut se défendre lui-même. Oseriez-vous répéter vos accusations parlant à sa personne...

– Sans hésitation, Madame. Je suis toujours prêt à l'affronter mais je ne crois pas qu'il l'ait jamais souhaité...

– Vraiment ? Eh bien, voilà qui est fait !

Elle alla vivement relever un pan de rideau découvrant Somerset qui s'avança, le sourire aux lèvres vers le Roi sous les murmures de ceux qui étaient là. Son geste avait été si rapide qu'Henri ne réagit pas tout de suite. Richard d'York alors se tourna vers lui :

– J'ai cru en votre parole de roi et vous m'avez joué ! Oh c'est indigne !...

Il sortit sans saluer mais Marguerite avait posté des soldats aux issues. Ils s'emparèrent du duc et le ramenèrent dans la tente où il donna libre cours à sa colère :

– Qui aurait cru, sire, que vous pratiqueriez jamais le guet-apens...

– Il insulte à la majesté royale ! s'écria la Reine. Gardes, emmenez-le et conduisez-le à la Tour sous bonne escorte.

Elle crut vraiment avoir gagné. Henri, accablé sous une accusation qui entachait sa parole et son honneur de chevalier mais n'osant désavouer publiquement son épouse restait sans réaction. Ce que voyant Marguerite espéra vraiment qu'elle allait en finir avec cet ennemi irréconciliable. Le jugement qu'elle lui réservait était simple : un bon coup de hache et tout serait dit, la Rose blanche pourrait se faner tranquillement...

Seulement le Roi qui s'était repris et que, d'ailleurs, les évêques conseillaient en ce sens, pratiquait toujours aussi assidûment le pardon des offenses : il relâcha purement et simplement le turbulent cousin contre une douce mercuriale et la promesse de ne plus porter les armes contre son Roi. Moyennant quoi il pouvait se retirer et rentrer libre dans ses terres avec tous ses gens.

Ivre de rage, impuissante, Marguerite dut s'incliner en serrant les dents avec la seule consolation de garder Somerset qu'elle commençait à aimer moins. Il pleurait vraiment trop !

Durant quelques mois le destin fit trêve. York n'osait pas reprendre les armes contre un homme qui s'était montré si royalement généreux, oubliant même qu'en vingt mois, il avait fomenté trois insurrections et qu'en tout état de cause, il méritait largement l'échafaud. L'Histoire oblige à dire qu'en cette circonstance et même si elle était aveuglée par ses sentiments pour son amant, c'était Marguerite qui avait raison : le coup de hache dont elle rêvait eût évité à l'Angleterre trente ans de guerre civile...

Cependant, le courage de Marguerite lui suscitait des dévouements. Le grand John Talbot demanda à reprendre du service, en dépit de son âge et s'offrit à elle pour repartir en guerre. C'était le plus grand, le plus fier cœur et jadis, il avait été le plus noble ennemi de la Pucelle. Son renom était immense. Il débarqua en France, reprit Bordeaux... sans beaucoup de peine d'ailleurs car la ville n'était que médiocrement satisfaite de se retrouver française et cela pour une bonne raison : l'Angleterre était le meilleur client de ses vins et depuis le retour à la mère-patrie, les fûts s'entassaient sur ses quais. Sans tenir le moindre compte de la mansuétude dont Charles VII avait fait preuve envers ses biens et ses habitants, elle reçut Talbot en triomphateur.

Cependant, le cardinal Kemp avait eu, avec son roi, un entretien très particulier : la seule chance que l'on avait d'obliger Richard d'York à se tenir définitivement tranquille c'était que la Reine donne naissance à un enfant et de préférence un fils. Certes, la santé d'Henri n'était pas des meilleures, certes, l'attrait de la chair était faible chez lui en dépit de l'amour profond qu'il portait à sa femme :

– Mais, sire, il faut oublier un peu que vous n'êtes ni moine ni prêtre. Il vous faut fréquenter plus assidûment la chambre de la Reine ! Songez à ce qu'elle deviendrait si, ce qu'à Dieu ne plaise, vous quittiez ce monde sans laisser de descendant ! Le duc d'York occuperait votre trône et elle...

Henri promit, fit un réel effort et, peu après que l'on sut le retour de Bordeaux dans le giron de l'Angleterre, une grande nouvelle parcourut le pays comme une traînée de poudre en février 1453 : la Reine était enceinte ! et, du coup, sa cote remonta en flèche.

Pour la première fois en son honneur, Londres alluma des feux de joie et s'enivra copieusement. Cependant un nouveau visage fit son apparition dans l'entourage immédiat de la Reine. Il s'agissait d'une parente éloignée, la jeune et ravissante Élisabeth, épouse de John Gray, Lord Ferrers et, entre les deux femmes une véritable amitié s'installa. Élisabeth était la fille de ce Richard Woodwill, Lord Rivers qui avait épousé la princesse « européenne » Jacqueline de Luxembourg après qu'elle eut été répudiée par Gloucester au profit de la sulfureuse Éléonore Cobham. La nouvelle dame d'honneur avait hérité la beauté de sa mère, sa culture et sa passion de la vie. De son père et de son époux, la fidélité à la Rose rouge. Elle voua immédiatement à sa reine un dévouement absolu.

Cette chaleur inattendue arrivait bien car le ciel s'obscurcissait à nouveau. Le destin effaçait ses sourires : le 17 juillet, John Talbot, le bon chevalier, se faisait tuer devant Castillon tandis que l'artillerie de Jean Bureau balayait l'armée anglaise. L'Aquitaine redevenait et pour jamais française. Mais ce n'était pas tout : presque simultanément, le 15 août, un drame éclatait à Windsor...

Ce jour-là, pour fêter l'Assomption de la Très Sainte Vierge Marie, une fête et un festin avaient été ordonnés au château royal. Contrairement à son habitude car il avait la frugalité d'un moine, Henri avait beaucoup mangé alors qu'une étouffante chaleur, tout à fait inhabituelle aussi, écrasait la région.

Le repas terminé le Roi éprouva le besoin de faire une petite sieste tandis que Marguerite et ses dames choisissaient de se rendre au verger pour deviser sous les arbres en profitant de leur ombre fraîche. Au bout de deux heures, la Reine, saisie d'une vague inquiétude, envoya Lady Élisabeth aux nouvelles.

La jeune femme demeura absente assez longtemps et, quand elle revint, chacun put voir qu'elle était pâle et qu'elle avait pleuré. Sans regarder personne, elle vint s'agenouiller auprès de sa maîtresse en murmurant :

– Madame et ma reine, il vous faut vous rendre sur l'heure auprès du Roi notre sire. Il est réveillé mais...

Elle hésitait. Marguerite la secoua sans ménagements :

– Mais quoi ? Parlez voyons ! Est-il souffrant ?

– Il ne reconnaît plus personne, Madame. On dirait... que son esprit s'est envolé et qu'il a perdu le sens.

Sans en entendre davantage, Marguerite se leva, ramassa ses robes et se mit à courir vers le logis. Ce fut pour y constater, avec une infinie douleur, qu'Élisabeth avait vu juste et que le malheureux roi était victime d'un accès de démence, le premier d'une longue série. Le sang de son aïeul, le pauvre roi dont la folie avait mené la France si près du tombeau venait de se réveiller en lui. Effondrée auprès du fauteuil où il délirait Marguerite ne put que se rendre à l'évidence ; son époux n'était plus qu'un corps sans âme dont le regard vide se posait sur elle sans le moindre signe de reconnaissance.

Le choc fut si rude pour cette lutteuse qu'elle dut s'aliter et que, prise de fièvre, on craignit même pour sa vie durant plusieurs jours. Lady Élisabeth ne la quitta pas, lui prodiguant entre deux crises de larmes les soins les plus attentifs. Somerset et le cardinal Kemp venaient chaque jour : le premier mû par un sentiment où l'amour – feinte dans les débuts sa passion s'était développée par la suite ! – se mêlait à la crainte. Le second animé par une véritable angoisse : qu'allait-il advenir du précieux enfant dans cette crise terrible qui abattait son père et ravageait sa mère ? Grâce à Dieu, celle-ci était entièrement saine et sa jeunesse possédait une vitalité capable de surmonter les pires atteintes : le 13 octobre, au palais de Westminster, elle donnait le jour à un petit garçon que l'on baptisa Édouard et à qui, aussitôt, on conféra le titre de prince de Galles. La couronne avait enfin un héritier, mâle de surcroît et, au fond de son formidable « keep » de Fotheringay, Richard d'York en grinça des dents : l'enfant lui barrait le chemin du trône. Ses droits devenaient caducs, sa revendication sans objet.

Peut-être d'ailleurs eût-il, à cette minute, renoncé à ses prétentions tant son découragement était grand. Il commençait même à imaginer une sorte de traité de paix avec cette Marguerite devenue la plus éclatante des roses rouges, une réconciliation et cette fois encore une chance fut donnée à l'Angleterre d'éviter l'horreur qui la guettait mais son mauvais génie veillait et ce mauvais génie c'était Warwick qui, lui, n'abandonnait pas. Warwick toujours plein de rancune, soufflant la haine et la fureur contre celle qui hantait ses nuits sans sommeil et que, le jour revenu, il voulait abattre afin que sa trop belle image cesse de le harceler et d'attiser ses regrets. Il entreprit de remonter ce ressort en train de se détendre :

– Je veux bien admettre, dit-il, que le chemin du trône semble barré mais il vous reste, mon bel oncle, les petits chemins. Le Roi est fou donc ne règne plus et il ne saurait être question que la Reine, cette étrangère, gouverne sainement en attendant la majorité de son fils. Ce serait livrer le pays à ce lâche de Somerset qu'elle aime si fort !

– Que puis-je faire selon toi ?

– Oh... il serait évidemment possible d'émettre des doutes sur la légitimité de l'enfant. Après tout qui nous dit que c'est vraiment le fils d'Henri et non celui de Somerset... ce qui serait désastreux pour la couronne. Le beau roi que nous aurions là !...

– Arrête ! N'en dis pas plus ! C'est un genre d'insinuation que le peuple ne tolérerait pas. Il aime trop son roi et peut-être plus encore à présent qu'il le sait insensé. Nous assistons ici au même phénomène qui s'est produit en France quand Charles VI est devenu fou : les Français ne l'en ont aimé que davantage, réservant leur colère à la reine Ysabeau... qui d'ailleurs la méritait bien.

– Croyez-vous que la nôtre ne la mérite pas ?

– Plus un mot là-dessus ! Ce sont paroles indignes de deux chevaliers et si c'est tout ce que tu as à m'offrir...

– Oh non ! Il faut que Votre Grâce aille devant le Parlement et se fasse nommer Lord Protecteur d'Angleterre ce qui lui donnera le pouvoir. Ainsi, durant les longues années de la minorité royale, vous gouvernerez mon oncle et tiendrez Marguerite en votre bon vouloir.

Le conseil était séduisant et d'ailleurs coulait de source puisque le Roi, empêché par son mal, n'avait même pas pu présenter lui-même le petit Édouard aux douze pairs du royaume ainsi que l'exigeait la coutume ancestrale. Les traitements que l'on infligeait au malheureux – exorcisme, aspersion d'eau bénite, cautères, purges et saignées – ne lui apportaient aucune aide bien au contraire.

Le duc d'York se rendit donc au Parlement où il comptait beaucoup trop d'amis pour que sa nomination puisse faire l'objet d'une contestation et, le 17 mars 1454, il était nommé Lord Protecteur sous les acclamations des deux Chambres réunies. Il ne rentra pas à Fotheringay mais vint s'installer au palais de Westminster, siège du gouvernement, ainsi qu'il en avait désormais le droit.

Son premier soin fut de faire arrêter Somerset et de l'envoyer sous bonne escorte à la Tour de Londres par le chemin de la Tamise. Lorsque le bateau sur lequel on l'avait jeté franchit l'entrée sur l'eau que l'on appelait la Porte des Traîtres, l'amant de Marguerite crut bien sa dernière heure arrivée ou peu s'en fallait, mais une fois de plus il ne sut que gémir sans se soucier du sort que le nouveau maître pouvait réserver à celle qui, pour l'amour de lui, l'avait soutenu, aidé, imposé envers et contre tous.

À peine plus enviable fut le sort du couple royal. Dès le lendemain de l'intronisation de Richard d'York le pauvre roi inconscient, sa femme et le bébé Édouard étaient conduits à Windsor avec tous les égards dus à Leurs Majestés mais sous une garde trop solide et trop nombreuse pour que la Reine gardât le moindre doute sur la réalité de leur état.

– Nous sommes prisonniers, dit-elle à Élisabeth Ferrers qui l'accompagnait avec Alison et quelques autres dames. Dieu seul sait combien de temps nous le resterons ! Pouvons-nous seulement être certains de sortir un jour, vivants, de ce château ?

– Oh, Madame ! Le Lord Protecteur n'oserait tout de même pas attenter aux jours du Roi ou de vous-même.

– Ouvertement non, je ne crois pas. Mais il est des hasards... des accidents. Il nous faut prier Dieu qu'il nous ait vraiment en sa sainte garde, ma chère Élisabeth !

– Je ne crois pas que vous ayez à craindre, Madame. Vos sujets ne toléreraient pas que l'on s'en prît à notre sire le Roi ou au petit prince. Je n'en dirais pas autant de mylord Somerset !

– Croyez-vous que sa vie soit en danger ?

– On le hait fort, Madame et, dans le peuple, il n'a guère d'amis...

Tout cela Marguerite le savait et, en vérité, elle s'avouait tout bas qu'elle n'éprouvait plus guère d'amour pour le prisonnier. Son obstination à le garder auprès d'elle venait de son orgueil : elle était la Reine et nul n'avait le droit de s'en prendre à qui elle attachait ses faveurs. Des faveurs qu'elle ne lui avait pas accordées depuis longtemps... bien avant que sa grossesse ne lui fût révélée. L'amour avec lui n'était qu'un agréable passe-temps. Rien de comparable avec ce qu'elle avait éprouvé – et éprouvait encore car il arrivait à la blessure de saigner encore ! – pour son bien-aimé Suffolk...

Elle chassa de son esprit la décevante image. C'était à son petit Édouard qu'elle devait songer à présent. Pour lui que, désormais, elle se battrait fût-ce avec ses seules mains nues !

Quand vint l'hiver, il fut sinistre. Jamais les brouillards de la Tamise n'avaient été aussi opaques, aussi angoissants. Enfermée derrière les énormes murailles de Windsor, Marguerite s'efforçait de tendre l'oreille aux bruits qui lui venaient de Londres. Les faits et gestes du Protecteur la faisaient vivre dans une perpétuelle inquiétude car elle savait que si lui-même semblait vouloir l'oublier ce n'était pas le cas de Warwick acharné à sa perte. La guerre impitoyable qu'il lui avait déclarée se faisait intense et venimeuse.

Ses troupes bien organisées, fières d'arborer les armoiries de l'ours à l'épieu rompu, noyaient la capitale jusque dans ses bas-fonds, colportant des bruits malveillants. Le comte lui-même donnait l'exemple. Ce guerrier sans peur, noble et valeureux se ravalait au rang des pires commères en clabaudant des infamies sur le compte de la Reine. Son cheval de bataille, évidemment, c'était la naissance du petit Édouard en qui il refusait de voir le fils du Roi mais bien celui de l'homme qu'il jalousait le plus au monde : Somerset qui, par ses soins, croupissait dans l'un des pires cachots de la Tour, ceux qui se trouvaient à ras du sol et où le froid et l'humidité mordaient cruellement.

Chaque jour Marguerite s'attendait à apprendre que sa tête venait de tomber ou qu'il était mort de quelque mystérieuse maladie. Elle s'étonnait d'ailleurs, en se réveillant le matin, d'être encore en vie elle-même puisque aucune barrière ne s'élevait plus sur le chemin des ambitions de Richard d'York. Le seul pouvoir qui lui restait, à elle, était de refuser sa porte à Warwick lorsqu'il venait, avec une joie cruelle, « prendre de ses nouvelles ». Cet homme suait la menace par tous les pores de sa peau ; le recevoir était vraiment au-dessus de ses forces. Pourtant, Dieu ne l'abandonnait pas.

Un matin de janvier, elle fut tirée brusquement de son sommeil par l'arrivée en trombe d'Élisabeth. Son cœur s'arrêta : quelle mauvaise nouvelle lui apportait-on encore ? Mais non, le jeune visage si joliment encadré de longues tresses blondes rayonnait de joie :

– Madame ! Levez-vous ! Venez vite ! Je vous apporte une grande nouvelle ! Le Roi va mieux !

Aussitôt Marguerite fut debout, aussi blanche que sa robe de nuit :

– Que dites-vous ?

– Le Roi est guéri, Madame ! Il a reconnu tous ses serviteurs et il vous demande ! Oh c'est un miracle !

– Vous avez raison ! Oh, mon Dieu, ajouta-t-elle en se laissant tomber à genoux, Vous avez donc entendu mes prières ?

Durant quelques minutes, les deux femmes prièrent ensemble côte à côte. Cet instant permit à Marguerite de se reprendre :

– Qui sait la nouvelle ?

– Les serviteurs de la Chambre, mon époux qui était de garde et moi qu'il a prévenue pour que je vienne à vous...

– Alors courez vite lui dire de ne rien ébruiter. Il ne faut à aucun prix, vous m'entendez, que l'on sache cette guérison en dehors du château. Dieu sait ce que le Lord Protecteur serait capable de faire s'il apprenait cela tout de suite ! Je passe une robe et je vous suis !

En fait, elle agit avec tant d'autorité que le secret resta scellé quarante-huit heures dans les grands murs de Windsor. Même la Garde n'en sut rien.

Le 20, le Roi quitta ses appartements, monta à cheval et vint jusqu'aux portes du château ordonner lui-même aux sentinelles de les ouvrir devant lui. Ils s'agenouillèrent comme devant l'apparition d'un ange puis se relevèrent avec des acclamations. Et ce fut sous la protection des gardiens choisis par Warwick qu'en compagnie de la Reine, il chevaucha jusqu'à Westminster et fit irruption dans la Chambre des Lords où sa présence, tellement inattendue, jeta la stupeur chez ceux qui étaient là et la consternation dans le parti de la Rose blanche. Les hésitants aussi bien que les partisans du Roi commençaient à regarder ceux-ci avec méfiance en se demandant l'un à l'autre si la prétendue folie du Roi n'était pas qu'une fable destinée à le séquestrer plus commodément avec sa famille. Force était de reconnaître que le Roi semblait tout à fait lucide. Son sourire redevenait clair, sa parole aisée et chacun de ses gestes retrouvait cette majesté simple et douce qui lui attirait tant de cœurs. En dehors du palais la foule londonienne clamait sa joie.

Poliment remercié de ses « bons soins » le duc d'York flanqué de l'indispensable Warwick reçut permission gracieuse de regagner Fotheringay tandis que l'on courait tirer le malencontreux Somerset d'une prison où le froid ne l'avait pas encore tué.

Toute à la joie de leur libération à tous et de la reconquête d'un pouvoir qu'elle entendait désormais assumer seule pour ménager les forces de son époux Marguerite se crut victorieuse tant il suffit à une femme d'obtenir ce qu'elle désire pour s'imaginer qu'elle possède le monde.

C'était oublier Warwick.

Craignant à juste titre que son oncle – à nouveau dépossédé de Calais au bénéfice de Somerset – ne soit même pas convoqué au Conseil pour y rendre compte de sa gestion mais plus simplement traduit devant une chambre de justice, il le pressa de quitter son château natal qui se trouvait en terres royales pour gagner, dans son duché, sa forteresse de Sendal. Et, bien entendu, il l'accompagna entraînant à sa suite son propre père, le comte de Salisbury, avec ses troupes et plusieurs autres seigneurs se réclamant de la Rose blanche avec leur suite armée.

Quand tous furent réunis, Warwick accusa Somerset d'être l'homme qui, après avoir perdu la Normandie et la Guyenne, était en train de mener le royaume insulaire à sa perte. Les lords yorkistes, d'une seule voix, conclurent alors que le seul moyen d'en finir avec cet incapable était de recourir aux armes.

– Nous préserverons la vie du Roi, clama Warwick, mais Somerset doit mourir et avec lui, s'il le faut, celle qui ne voit que par lui, qui n'a jamais compris que le premier devoir d'une reine d'Angleterre n'était pas de travailler aux intérêts du roi de France. Quant à l'enfant qu'elle a donné, nous n'avons pas à nous en soucier : ce n'est qu'un bâtard, le fruit des amours de Marguerite avec son cher Somerset.

– Et que ferons-nous d'Henri ? demanda quelqu'un.

– Il pourra mener la vie qu'il aime le mieux dans un bon monastère ! Et nous, nous pourrons crier Vive le roi Richard !

Tandis que ses émissaires partaient pour atteindre les plus puissants sympathisants, trois mille hommes s'assemblèrent et se préparèrent puis l'on se mit en marche vers Londres. Le point de ralliement indiqué par Warwick était Saint Albans à environ sept lieues de Londres sur la route menant à Coventry. Warwick voyait là un symbole : la dépouille mortelle de Gloucester reposait en effet dans la grande cathédrale normande édifiée sur les reliques du saint.

En fait, Warwick aurait pu parodier le Cid : « Nous partîmes trois mille mais par un prompt renfort nous nous vîmes dix mille en arrivant au port. » Au long de la route, en effet, les hommes d'armes du duc de Norfolk, de Lord Shrewsbury et de Lord Stanley les rejoignirent.

Le choix de Saint Albans était excellent car c'était une ville ouverte, la puissante abbaye du lieu ayant toujours empêché les habitants de se ceinturer d'une muraille dans la crainte « qu'ils n'en tirassent de l'orgueil ».

À Londres, cependant, on sut vite qu'il fallait se préparer à une rude épreuve car les amis des Lancastre se faisaient plus rares tandis que ceux d'York semblaient devenir chaque jour plus nombreux. En outre, la gestion du Protecteur se révélait désastreuse. Le trésor était vide, le peuple mécontent, l'armée presque inexistante. Tellement de braves soldats s'étaient fait tuer en France pour tenter de préserver ce qui ne pouvait plus l'être !

– Sire mon époux, pria Marguerite, il vous faut réunir tous ceux qui vous tiennent de près, faire appel à leur loyalisme, leur demander de joindre leurs forces à celles qui nous restent...

– La guerre, Madame ? Vous me demandez encore de préparer une guerre ? Faire couler le sang anglais...

– Préférez-vous que ce soit le mien et celui de votre fils car du vôtre je sais que vous vous souciez peu. York s'apprête à fondre sur nous comme faucon sur petits oiseaux et soyez sûr qu'il n'y regardera guère, lui, à faire couler le sang...

Elle sut se faire si persuasive qu'Henri accepta. Dans la grande salle de Westminster, il rassembla tous ceux qui entendaient rester fidèles au roi couronné, grands seigneurs et gentilshommes de moindre importance. Il y avait là Buckingham et les Clifford et Dorset, et Gray mais aussi de simples chevaliers. À tous ces hommes, avec une grande simplicité et beaucoup d'émotion, il confia le bébé qui était son fils et la jeune femme qui était sa reine. Beaucoup pleuraient, tous jurèrent de combattre pour eux jusqu'à la mort. Et tandis que Warwick s'entourait d'une armée, on ne réunit qu'un peu plus de trois mille hommes mais tous de qualité. Certains, parmi les derniers en grade portaient de grands noms. Comme au moment de l'affaire Jack Cade, Marguerite décida d'endosser à nouveau la cotte de mailles et d'accompagner son époux et tous furent galvanisés par son courage et l'éclat de sa beauté.

Un espion vint lui apprendre que le point de ralliement choisi par Warwick était Saint Albans et, tout de suite, elle pressa les préparatifs de départ :

– Il nous faut arriver les premiers, dit-elle à Somerset qui, pour une fois, oubliait d'écouter sa femme. Si nous tenons la ville nous aurons là un grand avantage. Le seul puisque nous n'aurons pas celui du nombre...

C'était la sagesse même. L'armée du roi entra la première dans Saint Albans que l'on pavoisa aussitôt aux couleurs royales, comme pour une fête mais York n'était pas loin et vint le moment où, pour la première fois, s'affrontèrent à découvert la Rose rouge et la Rose blanche...

6

De château en château…

S'il entendait bien combattre lui-même, Henri ne voulait à aucun prix que Marguerite fût exposée et pour une fois il fit preuve d'autorité : la Reine regarderait le combat sur la tour de l'abbaye, hors de portée des flèches. C'est là qu'elle reçut l'adieu de Somerset :

– Je ne suis pas certain que vous m'aimiez encore, ma reine, dit-il avec une humilité toute nouvelle chez lui, mais moi je vous aime toujours autant…

– Autant que vous avez aimé le pouvoir ? Soyez franc Edmond vous n'étiez pas vraiment épris de moi lorsqu'à votre retour de France vous êtes venu me porter votre plainte. Lady Éléonore régnait sur votre cœur…

Il détourna la tête un instant, tenté peut-être de mentir encore mais quelque chose d'inconnu de lui jusqu'alors le contraignit à la vérité :

– C'est vrai. Je voulais vivre… et j'espérais aussi, par vous, obtenir le pouvoir mais j'en jure Dieu, j'ai été pris à mon propre piège et je vous ai aimée… passionnément. Comme je vous aime toujours d'ailleurs.

Marguerite regardait la plaine qui se couvrait des troupes d'York accourant à la bataille.

– Je vous remercie de votre franchise et, si vous le voulez bien, je voudrais rester sur le souvenir de vos derniers mots. Battez-vous bien ! Je ne vous en aimerai que mieux !

Sans tourner la tête, elle lui tendit une main qu'il saisit et baisa en s'agenouillant. L'instant d'après il était parti et elle n'entendit plus que le claquement des solerets de fer sur les marches du clocher puis éclatèrent les hurlements des gens d'York se ruant à l'attaque dans le vent aigre qui couchait presque les bannières. Elle resserra autour d'elle son ample manteau fourré, fit un signe de croix et se mit en prière.

Ce fut un choc terrible plutôt qu'une bataille véritable, un affrontement d'une rare violence d'où naquirent des haines inguérissables car si les simples soldats avaient plutôt tendance à s'épargner entre eux conscients de se trouver en face d'autres Anglais, les seigneurs, en revanche, combattaient à mort et il arrivait que des membres d'une même famille s'affrontassent.

Gardant son monde retranché dans la petite cité, Lord Clifford défendait la barricade interdisant la rue principale contre laquelle York déchaînait le tir de ses archers mais, pendant ce temps, Warwick « l'ours à l'épieu rompu » faisait le tour de Saint Albans et revenait en masse pour le prendre par-derrière. Sous ses coups Clifford tomba, puis Stafford, puis Northumberland... Chose étrange, Somerset combattait toujours sous les plis de sa bannière avec une fougue, une vaillance qu'on ne lui avait jamais vue comme si, en cet instant suprême, il essayait de racheter une vie de lâcheté. Et puis il savait que là-haut dans la tour au bord des nuages, Marguerite le regardait. Il tomba enfin et les chevaux de Richard d'York passèrent sur son cadavre. Son fils, le comte de Dorset, fut pris mais, gravement atteint, on dut l'emmener sur une charrette. Blessés aussi, le duc de Buckingham et son fils furent également emportés.

Et le Roi ? Légèrement blessé, on l'avait porté dans la maison du boulanger où il demeurait prostré, n'ayant même plus la force de prier :

– Que l'on veille à la Reine, que l'on veille à la Reine ! ne cessait-il de répéter...

Celle-ci, cependant, avait vu le désastre. Vivement redescendue de sa tour, elle avait refusé l'asile que l'abbaye lui offrait pour rejoindre son époux. Elle marcha courageusement au milieu des morts et de ceux qui se traînaient vers les soins que pourraient donner les moines. Devant cette femme vêtue de mailles brillantes et à la magnifique chevelure noire qu'elle avait délivrée du camail, les guerriers encore fumants du combat s'ouvraient avec une sorte de respect. Quelqu'un lui indiqua où était son époux :

– Il est sauf, Madame, quoique légèrement atteint, dit cet homme qu'elle ne regarda même pas. Mais, soudain, elle s'agenouilla : John Gray, l'époux bien-aimé de sa chère Élisabeth gisait là les yeux grands ouverts sur l'éternité. Elle les ferma d'un geste pieux sans pouvoir retenir un sanglot puis reprit sa marche.

Une voix goguenarde l'interpella :

– Qui cherchez-vous Madame ? Votre époux ou votre amant ? Si c'est celui-là vous le trouverez sur la place, près de la fontaine.

C'était, bien entendu, Warwick débordant de joie mauvaise, savourant sans pudeur un triomphe qu'il était loin d'avoir modeste mais à cela, Marguerite s'était préparée. Ses grands yeux sombres, lourds de mépris toisèrent sans ciller celui que ses soldats avaient baptisé l'Ours, tribut rendu à sa force comme à son mauvais caractère :

– Je sais où est le Roi ! répliqua-t-elle froidement. Ne perdez pas avec moi un temps précieux : si vous voulez votre part du pillage il faut vous dépêcher !

Il ébaucha le mouvement de se jeter sur elle mais elle le cloua sur place :

– Je ne fais pas partie de votre butin et que vous le vouliez ou non je suis votre reine. Place !

Elle l'écarta d'un geste tellement souverain qu'il obéit instinctivement et lui livra passage. Elle était déjà loin quand il cria :

– Ne me le rappelez pas trop souvent ! Cela pourrait perdre de son importance. Après tout, vous n'êtes qu'une femme !

Lorsqu'elle arriva dans la maison gardée à présent par les soldats d'York, le duc Richard venait d'y entrer et mettait genou en terre devant Henri :

– Loué soit Dieu, s'écriait-il. Le traître Somerset est mort qui menait le royaume à sa ruine et me voilà moi, votre cousin prêt à vous servir à nouveau pour le bien de tous...

Le Roi ne répondit pas. Il se tenait assis sur un banc, son casque posé sur une table à côté de lui et son regard passait très haut, très loin par-dessus la tête de l'homme agenouillé mais il était curieusement trouble... Quand le pauvre Henri se mit à murmurer une petite chanson, tous comprirent qu'il était reparti vers ce pays de brumes où personne ne pouvait le suivre. C'en était trop pour les nerfs tendus à l'extrême de Marguerite. Elle se laissa tomber à genoux auprès de lui et prit sa main en éclatant en sanglots.

Une autre épreuve l'attendait : quand on quitta Saint Albans que les moines s'employaient à nettoyer de ses cadavres, on passa près de la fontaine. Il en restait deux, celui de Somerset et celui de Clifford. On les avait entièrement dépouillés de leurs vêtements et ils gisaient là, habillés de sang et de poussière et déjà les corbeaux les avaient attaqués.

Indignée, Marguerite interpella celui qui était redevenu le Protecteur :

– Faut-il vraiment, mylord, que la haine fasse oublier les lois de la chevalerie ? Je sais que vous haïssiez le Connétable mais outre qu'il portait l'épée devant laquelle s'inclinent les princes, il vous était cousin, comme nous-même ! Quant à Lord Clifford, il est seulement coupable d'avoir bien servi son roi en commandant l'armée ! Honte à vous si vous n'autorisez pas le Père Abbé à leur donner une sépulture chrétienne !

Richard d'York visiblement hésitait. Warwick vint à la rescousse :

– Les lois de la chevalerie ne protègent pas les traîtres. Ces dépouilles ont le sort qu'elles méritent...

Mais la Reine, avec un souverain mépris l'ignora et reprit s'adressant toujours à York :

– Mylord, si vous acceptez que l'on bafoue ainsi votre honneur craignez ce qu'il pourrait advenir de vous à l'heure dernière puisque le temps de la haine est venu...

Le duc ne répondit pas mais, appelant d'un geste son sénéchal :

– Dites au seigneur abbé qu'il peut faire procéder aux funérailles...

C'était une bien mince victoire mais Marguerite s'en contenta.

Devant l'état lamentable où la maladie réduisait le pauvre roi, le Protecteur n'osa pas pousser trop loin sa victoire en dépit de Warwick qui lui soufflait de réclamer pour lui la Couronne. Il pensait, avec quelque raison, que le peuple n'était pas encore prêt et, pour rien au monde, il n'eût attenté à la vie d'un prince si malheureux. Il se contenta de convoquer le Parlement pour faire entériner à nouveau son titre de Lord Protecteur mais il fit tout de même émettre un blâme contre la Reine accusée d'avoir régné avec « grand tyrannie ».

Cependant s'il lui fut accordé de garder auprès d'elle son fils, bien naturellement, et son époux afin de pouvoir lui prodiguer des soins elle dut quitter Westminster, siège du gouvernement, où s'installait le Protecteur mais cette fois, il ne fut plus question de Windsor ou de tout autre château royal trop solidement défendu et où l'on pouvait se retrancher. La famille royale fut assignée à résidence à Greenwich sur la rive sud de la Tamise.

Il y avait là un palais construit en 1428 par feu Humphrey de Gloucester, au milieu d'un beau parc dont les pelouses et les frondaisons descendaient jusqu'au fleuve. C'était une demeure de plaisance, fort agréable d'ailleurs, et où Marguerite, un peu lasse des forteresses, prit à s'installer un plaisir un peu amer. Le côté riant de l'endroit avait en effet une double signification car s'il montrait au peuple le soin que l'on prenait de l'illustre malade, il indiquait aussi clairement qu'aux yeux du nouveau maître, le couple royal était en quelque sorte à la retraite et cessait d'exister politiquement. L'entourage d'ailleurs se réduisait singulièrement.

À la surprise peinée de Marguerite, Lady Ferrers, l'une des premières, vint à ses genoux demander son congé. Très belle dans ses voiles de deuil qui exaltaient sa beauté blonde, la jeune veuve expliqua que la mort d'un époux tendrement aimé ne lui laissait plus la force de vivre à la Cour.

– Où voyez-vous ici une cour, Élisabeth ? Il n'y a qu'un couple relégué dans une maison de campagne avec son enfant et quelques serviteurs. J'espérais au moins garder votre amitié !

– Je vous aime toujours, Madame, murmura la jeune femme dont le regard bleu cependant s'évadait, mais je désire seulement vivre tout à fait à l'écart. Seule la paix des champs peut m'aider à souffrir un peu moins...

– Et où irez-vous ? Chez Lord Gray, votre beau-père comme il se doit ?

– Non. Je n'ai plus rien à y faire. Je vais à Grafton Regis, chez mes parents qui d'ailleurs me réclament. Le giron de ma mère me sera doux...

La Reine garda le silence un moment. Elle avait compris. Certes, il était normal que Jacqueline de Luxembourg souhaite aider sa fille à surmonter une épreuve si cruelle mais le vieux Woodwill, père d'Élisabeth, n'avait jamais passé pour un tendre. C'était surtout un opportuniste et, lancastrien convaincu tant que la Rose rouge régnait en souveraine, il devait juger habile, puisque le vent avait tourné, de tirer son épingle du jeu. Au bout d'un moment, Marguerite demanda :

– Et votre père ? Vous réclame-t-il aussi ?

– Oui, Madame... et avec insistance. Il désire assurer lui-même ma sécurité...

– Votre sécurité ? Aucune de mes dames d'honneur n'a été jusqu'ici inquiétée. Même la duchesse de Suffolk, frappée cependant d'une douleur aussi cruelle que la vôtre et qui a tenu à partager les mauvais jours... Seriez-vous moins brave ?

Les yeux fichés en terre la jeune femme murmura :

– Je ne crois pas, Madame... mais mon père ordonne et je lui dois obéissance puisque mon époux n'est plus !

Marguerite haussa les épaules. Évitant Élisabeth toujours à genoux, elle se leva et se dirigea vers l'une des fenêtres donnant sur le fleuve, gros et jauni de sable à cette époque de l'année :

– Eh bien, partez ! soupira-t-elle. Je vous souhaite d'être heureuse... à nouveau !

Lady Ferrers se releva, osa enfin regarder la Reine mais celle-ci ne faisait déjà plus attention à elle. Devinant peut-être qu'elle venait de détruire une belle amitié et que, pour la fière Marguerite, c'était une faute sans pardon, elle salua et se retira en silence... Comme dans la tour de Saint Albans, Marguerite écouta décroître le bruit cependant léger de ses pas sur les dalles, devinant qu'elle ne reverrait plus jamais cette jeune femme en laquelle il lui avait été doux de trouver une amie de son âge mais n'imaginant certes pas qu'un jour elle prendrait sa place... À vingt-cinq ans, Marguerite pensait qu'elle avait désormais autre chose à faire que s'abandonner au plaisir des joyeux devisements sous les arbres d'un jardin. Justement ceux de Greenwich s'annonçaient particulièrement beaux cette année. Elle décida de mettre leur charme à profit pour attirer à elle, peu à peu, ceux qui ne seraient pas tout à fait enchantés par le nouveau pouvoir, ceux aussi dont les familles étaient amputées d'un ou deux membres depuis Saint Albans.

En apparence, Marguerite jouait paisiblement le rôle d'une épouse attentive à son époux malade, d'une tendre mère mais, en fait, ses doigts légers commençaient à tisser une nouvelle toile pour y prendre le gros bourdon qu'était le Lord Protecteur. Et il faut avouer qu'en la circonstance Warwick, qui la croyait définitivement matée, était en train de lui forger quelques armes involontaires. Lui et son père, Salisbury, se taillaient la part du lion.

L'aîné recevait terres et riches dons. Quant au fils, devenu Lord-Amiral et gouverneur de Calais – la seule terre que les Anglais conservassent au royaume de France – il entamait une joyeuse carrière de pirate, de commerçant véreux, voire de naufrageur. Maître du Channel, il protégeait les flibustiers de tout poil qui l'infestaient et se bâtissait une nouvelle fortune en trafiquant avec les marchands d'Angleterre mais aussi de Calais et des Pays-Bas. Évidemment, cela n'allait pas sans léser un certain nombre de personnes qui s'en venaient grossir peu à peu le groupe des mécontents. Ceux-là découvraient qu'il était plus agréable de vivre sous le sceptre d'un saint que sous celui d'un truand. Car, bien entendu, Richard d'York protégeait son neveu beaucoup plus que le Roi et même l'Angleterre.

À Greenwich, cependant, l'entourage, d'abord minable, se renforçait. Les premiers vinrent de vrais fidèles : le vieux Owen Tudor et ses deux fils le comte de Richmond et le comte de Pembroke. Les puissants Percy aussi : Lord Gray avide de venger son fils, Lord Wilshire et le jeune Clifford qui lui était impatient de faire payer à York le sort misérable fait au cadavre de son père. Vinrent aussi des prélats comme l'évêque de Winchester et quelques autres. Tous apportaient de l'argent, des conseils, la promesse de troupes quand reviendrait l'heure du combat que tous souhaitaient.

En fait, la Rose rouge refleurissait plus belle que jamais dans les jardins de Greenwich...

Plusieurs de ces hommes étaient épris de Marguerite en laquelle ils voyaient le plus beau des emblèmes mais elle n'en distinguait aucun. Son seul amour, à présent, était et devait être son fils, le petit Édouard qu'elle idolâtrait et sur lequel Alison veillait comme une louve son petit. La fidèle suivante n'était d'ailleurs plus seule à s'occuper de l'enfant : un beau matin, Marguerite avait vu venir un homme d'âge mûr au visage aimable et sage qui lui avait dit :

– Je suis sir John Fortescue, Madame, l'ancien précepteur du Roi votre époux. M'accorderez-vous la joie de m'occuper à présent de son fils ?

On devine avec quel enthousiasme il fut accueilli, d'autant plus que le petit Édouard fut aussitôt séduit par celui qui, désormais, ne le quitterait plus... Pour la mère ce fut un vrai soulagement de pouvoir le confier à un homme sûr car ainsi, elle pouvait se consacrer davantage à sa tâche royale.

À cause de son fils, elle ne souhaitait pas un nouvel affrontement afin de lui laisser le temps de grandir un peu. Ainsi, à mesure que le printemps puis l'été puis l'automne s'étiraient, sa sagesse à elle augmentait. Sûre à présent de ne plus manquer d'or ni de soldats si le besoin s'en faisait sentir, elle s'efforçait d'inculquer la patience aux plus bouillants de ses partisans :

– Nous avons tout juste besoin, mylords, que notre sire retrouve sa lucidité d'esprit comme c'était le cas avant Saint Albans. Il n'y a déjà, dans Londres et à travers tout le pays, que trop d'affrontements isolés entre Rose rouge et Rose blanche. Le temps nous sera reconnaissant de lui accorder un peu de paix. Pour quelque temps tout au moins...

La rémission attendue intervint à peu près à la même époque que l'année précédente : en février. Et d'ailleurs le même scénario recommença : le 24 février, le Roi souriant et l'œil clair se rendit inopinément au Parlement. Comme il l'avait déjà fait il remercia le Protecteur de ses bons soins et le releva d'une charge qui devait lui être si pesante... et tout le monde applaudit. Grâce à Dieu, Warwick était loin et Richard d'York jugea préférable de se retirer dans ses terres pour y attendre l'évolution des événements...

On pouvait à présent quitter Greenwich mais Marguerite avait pris Londres en horreur. Elle obtint de son époux, afin que leur fils soit moins exposé aux imprévisibles remous de la capitale, d'aller s'installer à

Coventry, qui était la capitale de la fabrication du célèbre drap anglais et qu'une distance de trente-six lieues environ séparait de la turbulente cité.

Cinq années passèrent ainsi, chaotiques, coupées de nouvelles plongées du Roi qui ramenaient York à Westminster, et de rémissions qui le renvoyaient à Fotheringay mais le sang coulait toujours, ici ou là, à travers le pays car les haines de clans ne voulaient pas s'éteindre et il suffisait qu'un ou deux porteurs de Rose rouge rencontrent au coin d'une rue des tenants de la Rose blanche pour qu'une rixe s'engage, souvent mortelle. Cela créait une situation tellement inextricable, tellement dramatique aussi que la Reine fit, auprès de Richard d'York, une tentative de réconciliation afin d'achever cette lutte fratricide où s'épuisait le pays.

Aussi las qu'elle-même, Richard accepta. Mais une paix définitive ne faisait pas l'affaire de Warwick. Le comte commençait à trouver un peu monotone ses trafics et brigandages en tout genre. Ce n'était décidément pas digne d'un grand chef doublé d'un chevalier. Sa fortune, des plus impressionnantes à présent, lui faisait ressouvenir des bonnes vieilles traditions...

Devinant le Protecteur à éclipses trop fatigué pour se lancer dans de nouveaux combats, il s'adressa à son fils Édouard, le jeune comte de March l'aîné de ses cinq enfants, qui, à dix-huit ans faisait preuve d'une grande bravoure et d'un savoir militaire certain. Celui que l'on allait appeler « le Faiseur de Rois » convainquit sans peine ce vaillant jeune homme de marcher sur Londres. Une nouvelle bataille était inévitable et Marguerite s'y prépara.

Elle eut lieu à Northampton au printemps de 1460. Comme elle l'avait fait à Saint Albans, la Reine, avec auprès d'elle le petit Édouard et la fidèle Alison, suivit le combat depuis le sommet de l'église du Saint-Sépulcre avec une angoisse que chaque instant augmentait.

À mesure que passait le temps, elle comprenait que l'espoir, une fois encore s'amenuisait. Ses beaux escadrons de fer vêtus fondaient comme neige au soleil et la Rose blanche triomphait. Quand elle vit le comte de March poser sa main sur l'épaule du Roi et lui prendre son épée, il lui fallut bien admettre que tout était perdu.

– Messire, dit-elle à son capitaine des gardes qui venait de la rejoindre boueux et sanglant, je sais que nous sommes vaincus. Il vous appartient de nous éviter, au prince de Galles et à moi-même, de tomber vivants aux mains du vainqueur. Chargez-vous du sort de Dame Alison mais tuez-nous tous les deux !

Il la regarda, effaré :

– Tuer le prince de Galles, moi ? Ne me demandez pas cela.

– Alors sauvez-le mais moi épargnez-moi la honte et le sort que la haine de nos ennemis ne manquera pas de me réserver...

Visiblement, l'homme hésitait mais quelqu'un d'autre surgit à cet instant sur le couronnement de l'église.

– Vous devez fuir, Madame. Fuir quand il en est encore temps ! Certes ils ont le Roi mais c'est un corps sans âme. Nous nous avons le Roi de l'avenir. C'est lui qu'il faut sauver. Suivez-moi !

Cet homme c'était Owen Tudor dont Marguerite savait la loyauté et l'amitié. Sans un mot, elle lui mit l'enfant dans les bras :

– Vous êtes notre dernier espoir. Prenez mon fils. Nous vous suivons mais si l'on nous attaque songez seulement à lui et abandonnez-moi !

– La nuit tombe. Nous allons rester cachés dans l'église jusqu'à ce qu'elle soit complète. J'y ai déjà fait entrer quelques hommes... et il n'est pas question, Madame, de vous laisser égorger !

– Où nous emmenez-vous ?

– Dans le seul endroit qui saura le défendre, dit Tudor en regardant le petit garçon : au pays de Galles, chez lui... et chez moi !

Une heure plus tard, Tudor et quelques compagnons enveloppant la Reine et le Prince galopaient vers Harlech, la demeure... on devrait dire le repaire d'Owen Tudor tant son château évoquait la puissance.

Construit près de la mer, au bord d'une falaise, Harlech était le plus fort des cinq châteaux bâti jadis par le roi Édouard Ier pour protéger le pays contre les Écossais. C'était – c'est toujours ! – une double enceinte renforcée de tours rondes dont le pont-levis était défendu par une solide barbacane. C'était là que le maître avait caché son bonheur avec la belle-mère de Marguerite et de là qu'on l'avait tirée par trahison pour la livrer à Gloucester et au misérable couvent où elle avait trouvé la mort. Marguerite y rencontra les enfants de la malheureuse et surtout Edmond en qui la soif de vengeance n'était pas encore éteinte. Il n'avait pas épousé Marguerite Beaufort qui serait un jour la seule héritière des droits de la Rose rouge, la mère du premier roi Tudor et l'ancêtre d'Henri VIII, de Marie Tudor et de la grande Élisabeth.

On fit grand accueil aux réfugiés. Marguerite put prendre l'indispensable repos dont elle avait grand besoin et commencer à réfléchir...

Pendant ce temps Richard d'York traînant à sa suite le Roi vaincu faisait à Londres une entrée qu'il aurait espéré beaucoup plus triomphale.

En effet, à peine les portes franchies, il vit venir à lui au milieu du silence des habitants un imposant cortège de prêtres et de diacres mené par l'archevêque de Cantorbéry.

Une heure plus tôt le prélat avait, en termes énergiques, rappelé aux Londoniens que le pitoyable prisonnier qu'on leur ramenait était l'oint du Seigneur et qu'en portant la main sur lui, Richard d'York avait offensé Dieu. Il n'avait pas eu besoin de beaucoup de paroles : les gens de la capitale aimaient toujours leur doux seigneur. Ils s'agenouillèrent pour recevoir une bénédiction puis s'apprêtèrent à suivre l'archevêque.

À présent, mitre en tête et crosse en main, il se dressait en face de l'arrivant :

– On dit que le Roi est ton prisonnier ? lui jeta- t-il.

– C'est normal, il me semble. Nous avons combattu et il a été vaincu...

– Et pourquoi ce combat fratricide ? Tu étais Lord Protecteur, tu avais le pouvoir. Que te fallait-il de plus ? La Couronne ? C'est moi qui, en ce pays, couronne les rois et jamais, entends-tu, jamais je ne la poserai sur ta tête !

– Pourquoi pas ? s'écria Warwick. Après tout, les Lancastre ne sont rien que des usurpateurs !

– Demande donc à ces gens ici rassemblés s'ils regrettent le règne d'Henri V qui leur avait donné un empire ? Tu n'es qu'un jeune fou ivre d'ambition et de haine et je t'ordonne, au nom du Seigneur Dieu, d'amener ici celui que tu as capturé au mépris de tout droit ! Allons va ! J'attends !

Force fut au comte d'obéir. Il savait le côté versatile des foules et celle qui se pressait derrière l'archevêque, qui hier encore lui faisait fête, était prête, il le sentit, à se jeter sur lui pour le mettre en pièces. Il alla prendre par la bride le cheval d'Henri qui, apparemment insensible aux événements, priait tout bas. Il le fit descendre avec un vague respect, délia ses mains et le conduisit à l'archevêque auquel Henri sourit :

– Quelle bonté, Monseigneur, de venir vous-même à notre devant, dit-il en s'inclinant pour baiser l'anneau du prélat.

– Sire, je suis venu en tant que gardien des lois de Dieu, rappeler au Lord Protecteur ce que vous êtes et ce qu'il est. Allons, mylord vous n'avez que trop différé à rendre à votre souverain l'hommage qui lui est dû !

D'un coup d'œil Richard fit taire Warwick dont la bouche s'ouvrait déjà sur quelque imprécation. Il comprenait qu'à cette minute il n'était pas le plus fort. Alors lentement, très lentement, il plia le genou devant le vaincu d'hier.

– Ce n'est pas tout, reprit l'archevêque. Voici le Livre saint – d'un signe il avait appelé auprès de lui le prêtre qui le portait. Tu vas jurer dessus de renoncer à te faire roi par la force comme tu viens de l'oser. Sinon, j'en appelerai au Pape pour qu'il t'excommunie !

Et, sous le regard flambant de Warwick, Richard jura.

Mais Warwick, lui, n'avait pas juré. Il avait encore une flèche dans son carquois, la plus perfide de toutes sans doute parce qu'elle était imparable. Pour la première fois le couple royal était séparé. Marguerite hors de portée avec son fils, restait tout de même le pauvre roi dont l'esprit vacillait à nouveau sous les derniers coups du sort. Il souffrait de l'absence de sa femme et le comte résolut d'en profiter. Jour après jour, il vint causer avec Henri même quand celui-ci perdu dans ses rêves ne le voyait pas : une patience d'araignée tissant sa toile et cette toile était faite de toutes les calomnies – de quelques vérités aussi hélas ! – qu'il avait été possible de rassembler contre la Reine. C'était, avant tout, une épouse adultère qui, voyant que son époux délaissait sa couche, s'était fait faire un enfant par son amant Somerset...

Cela prit du temps mais enfin les maîtres d'une Rose blanche devenue curieusement grisâtre l'emportèrent : ils arrachèrent au Roi un acte déshéritant son fils au bénéfice d'York proclamé seul héritier du trône...

Quand la nouvelle en vint à Harlech, Marguerite crut un instant qu'elle aussi allait devenir folle :

– Déshériter mon fils, son enfant à lui ? J'ai mal entendu ?

– Non hélas, soupira Owen Tudor. Ces misérables ont réussi à lui faire signer l'acte qui le déclare bâtard...

Le mot frappa la Reine au cœur. Elle devinait Warwick derrière cette nouvelle noirceur mais cette fois il était allé trop loin. Dût-elle périr dans l'aventure, la Reine jura devant Dieu de tirer vengeance de ces hommes qui semblaient ne jamais se lasser de la meurtrir...

– Madame, Madame, n'allez pas trop vite ! supplia son hôte plus qu'inquiet. Pour l'instant vous n'avez autour de vous qu'une poignée d'hommes et si tous sont prêts – moi le premier ! – à donner leur sang pour leur jeune prince nous n'en sommes pas moins persuadés qu'il nous faut du temps pour rassembler des troupes avant de courir sus à nos ennemis. Et cela ne se fait pas en claquant des doigts...

– Des troupes on peut en trouver ailleurs que dans ce pays où l'on ne sait plus qui est pour qui ou contre qui. Puisque l'Angleterre accepte de telles infamies sans lever seulement le petit doigt pour défendre les droits de mon fils, légitime héritier du trône de son père, j'irai chercher des hommes en Écosse.

Le mot fit bondir Tudor :

– Mais l'Écosse est notre ennemie de toujours ! Nous ne la maintenons sur ses terres misérables que par une sévère défense... Et nous sommes en guerre perpétuelle...

– Pourtant j'irai et mon fils avec moi. Le roi Jacques II vient d'être tué pendant le siège de son château de Roxburgh. Il laisse un enfant en bas âge et la maîtresse là-bas, c'est sa mère, Marie de Gueldre. Entre femmes, entre mères on doit pouvoir s'entendre...

Owen pria, supplia : rien n'y fit. Ivre de fureur, Marguerite ne songeait plus qu'à une chose : trouver des hommes d'armes à n'importe quel prix et revenir avec eux arracher le pauvre Henri à l'influence perverse de Warwick, détruire le parchemin qui l'insultait et enfin réduire au silence du tombeau York et Warwick, les pires ennemis que reine eut jamais...

Avec son fils, la fidèle Alison et l'un des fils d'Owen Tudor elle galopa jusqu'à Bangor. Là, elle prit place dans un solide bateau de pêche et par une nuit bien sombre quitta la baie de Conway pour gagner l'Écosse par la mer.

Par chance le temps se maintint. On passa au large de Liverpool sans encombres et l'on doubla les dangereux barrages de l'île de Man dans les meilleures conditions. L'enfant Édouard était heureux de ce voyage inattendu : à sept ans tout ce qui sort de l'ordinaire séduit et la mer l'enchantait. Seulement il ne comprenait pas pourquoi la mine de sa mère restait si sombre. Il n'osa rien lui demander et durant la traversée la Reine n'articula pas plus de dix paroles. Elle jouait son va-tout et en avait conscience. Qu'elle perdît la vie dans l'aventure lui était indifférent mais, pour son fils, elle voulait le meilleur et surtout pas d'une vie errante de château en château jusqu'à ce que se referme sur lui le piège fatal qui ne manquerait pas de se tendre un jour.

On toucha terre au fond du Firth de Solway non loin de la cité de Carlisle où par chance flottait encore la bannière de la Rose rouge. Là, sans songer un seul instant à prendre du repos, elle obtint des chevaux et une escorte. Au comte de Carlisle qui la reçut avec honneur, elle ne cacha pas son projet : elle allait chercher des hommes capables de lutter efficacement contre ce qu'elle appelait la conjuration de Warwick.

– Avant tout je dois arracher mon époux malade aux mains de ces furieux et je promets honneur et richesse à ceux qui m'y aideront...

– Les Écossais seront sensibles à ce langage, Madame, mais vous connaissez leur rapacité : ils demanderont un gage important et vous me dites n'avoir plus d'argent.

– C'est vrai, mais j'espère en la reine Marie. Elle n'est pas Écossaise, elle !

– Elle est des Pays-Bas ce qui ne vaut guère mieux. On dit qu'elle sait marchander !

– Je crois que je saurai aussi ! Nous verrons bien qui sera la plus forte !

Elle était belle dans sa détermination. Pourtant Lord Carlisle voulut tenter, comme l'avait fait Tudor, de la détourner de son projet. Sous prétexte de la familiariser avec les environs et les abords de l'Écosse, il l'emmena hors de la ville, devant les ruines du mur d'Hadrien qui s'étiraient au pied des monts Cheviot, barrière naturelle entre les deux pays.

– Savez-vous, Madame, ce qu'est le peuple que vous allez rencontrer au-delà de tout ceci ? Le pire ennemi de votre royaume ; des gens à moitié sauvages contre lesquels nous, les gens des Borders, ne cessons de lutter. Quand ils le peuvent ils attaquent les châteaux, razzient les troupeaux, incendient des récoltes. Même pour les petits enfants, ils sont les monstres sans visage dont leurs mères les menacent quand ils ne sont pas sages. Ils sont...

– Je vous en prie, mylord ! Vous n'oubliez qu'une chose : je suis née Française et durant l'interminable guerre qui a dévasté mon pays natal, l'Écosse s'est battue à nos côtés. Jadis Lord Stuart of Buchan a porté avec honneur l'épée aux fleurs de lys de Connétable de France. La garde qui protège la personne du Roi et que tous lui envient, c'est la Garde Écossaise. Enfin le Dauphin Louis, dont j'ai ouï dire qu'il serait bientôt le roi Louis XI parce que son père est fort malade, avait épousé Marguerite d'Écosse. Je l'ai bien connue : c'était une douce jeune fille qui n'avait rien d'une sauvagesse. Elle aimait les poètes ce qui lui a valu d'être très malheureuse avant de mourir. Vous voyez, mylord, je n'ai moi aucune raison de craindre les Écossais que l'on m'a toujours appris à apprécier pour leur vaillance sans égale !

– Ici, nous connaissons surtout leur férocité qui est, elle aussi, sans égale. Puis-je vous poser Madame une question ?

– Faites !

– Qu'êtes-vous, à ce jour ? Une princesse française ou une reine anglaise ? En montant sur le trône vous avez dû faire vôtres les inimitiés de votre peuple et oublier vos anciennes amitiés.

Elle éclata d'un rire sec.

– Les inimitiés du peuple anglais ? Je ne les connais que trop bien ! Depuis que j'ai mis le pied sur cette terre elles n'ont cessé de m'accabler. Quant à sa férocité, je puis attester qu'elle n'a rien à envier à celle des Écossais. Enfin – et ce sera mon dernier mot ! – je veux que mon fils monte un jour au trône de ses pères et puisque ceux de Lancastre décimés à Saint Albans n'ont plus les moyens de m'y aider, il faut bien que j'en trouve ailleurs !

Et, tournant la tête de son cheval, elle revint au galop vers la ville. Le lendemain, bien montée mais entourée de ses seuls amis et d'un guide, elle franchissait la frontière en direction d'Édimbourg.

Ainsi qu'elle l'avait espéré, la Régente l'accueillit avec cordialité et aussi quelque chose qui ressemblait à de la compassion. À ses propres difficultés de régner sur un peuple où la guerre était le pain quotidien – entre clans lorsqu'il n'y avait pas d'ennemi commun à pourfendre ! – elle mesurait celles de sa visiteuse. D'ailleurs l'Angleterre était trop proche pour que ses nouvelles et ses turbulences soient ignorées du grand château sur la colline dont les tours rébarbatives semblaient griffer le ciel.

Cependant, elle n'était pas femme à rendre pour rien un tel service même si elle savait avec quelle joie gourmande, quel farouche bonheur, ses géants aux genoux nus fondraient sur l'ennemi détesté :

– Vous n'avez pas d'or pour payer mes troupes, ma cousine, dit-elle à Marguerite. Il me faut donc un gage suffisant pour que j'obtienne des clans qu'ils viennent se mettre sous vos ordres...

– Quel gage ?

– Berwick !

Marguerite frémit. Le prix était lourd. Livrer Berwick, la grande forteresse des bords de la Tweed c'était livrer le chien de garde de la route de Londres.

– Avant de vous répondre, dit-elle, je voudrais rencontrer les chefs de clan afin de leur expliquer moi-même ce que j'espère d'eux...

Elle espérait ainsi gagner du temps, celui de la réflexion sans doute mais aussi essayer de son charme personnel sur ces rudes montagnards dont on disait qu'ils se réclamaient encore d'une chevalerie devenue hors d'âge. En un mot, elle comptait sur sa beauté pour lui livrer des cœurs.

Son plan réussit en partie : deux hommes et non des moindres, le comte de Douglas et celui d'Angus tombèrent sur-le-champ amoureux d'elle mais les autres, s'ils compatirent sincèrement aux malheurs d'une aussi jolie femme, n'en restèrent pas moins fermement accrochés à leurs intérêts. Certes, la perspective d'aller un peu piller et razzier l'ennemi d'à côté leur souriait et ils espéraient bien une campagne fructueuse mais presque tous se rangèrent à l'avis de Marie de Gueldre : il fallait que la reine d'Angleterre donne un véritable gage. Après bien des palabres Marguerite accepta enfin de livrer Berwick...

L'effet fut magique : de partout accoururent les hommes des clans avec leurs draperies à carreaux et leurs cornemuses dont ils tiraient des airs si sauvages. En peu de jours, Marguerite eut l'armée dont elle rêvait...

7

La rose sanglante

On était en hiver et le temps était exécrable mais les Écossais, habitués, n'avaient vraiment pas l'air d'en souffrir. Sûrs de leur force – ils étaient un peu plus de vingt mille ! – ils allaient au combat comme on va à une fête dévalant comme une horde de loups sur le nord de l'Angleterre en chantant le courage et la beauté de celle qui les menait. Car, cette fois, Marguerite avait décidé de commander elle-même son armée. Ce dont le jeune Tudor s'était tout de suite inquiété :

– Que ne laissez-vous la responsabilité à un guerrier averti, Madame ? Avec tout le respect que je vous dois, il me faut vous dire qu'une femme n'est pas faite pour conduire une telle horde et décider d'une bataille.

– Ah, vous croyez ? N'avez-vous jamais entendu parler de Jeanne la Pucelle qui traînait à sa suite les plus hauts seigneurs de France ?

– Si, bien sûr, mais on disait volontiers que ce n'était pas vraiment une femme... ou alors une sorcière.

– Une opinion trop commode quand on a été vaincu ! Sachez-le cette sorcière était une envoyée du Ciel. Ce que je ne suis pas, je veux bien l'admettre mais nous avons cependant un point commun : elle était de Lorraine. J'en suis aussi et les femmes de ce pays n'ont jamais manqué de vaillance !

Il n'était pas encore convaincu :

– Il y a la stratégie. Vous ne l'avez jamais étudiée.

Avec un sourire, Marguerite marcha vers le fond de sa tente et, sur un coffre, prit un gros livre à fermoir d'argent qu'elle tendit au jeune homme :

– Avez-vous lu Tite-Live, Jasper ? Voilà des nuits que je l'étudie et c'est je crois le meilleur maître de stratégie qui existe. Il y a là réponse à toutes les questions que peut poser tel ou tel dispositif de bataille. Je n'ai pas peur de celles qui viendront.

Il la regarda, émerveillé. Elle ne quittait plus sa tunique de mailles à présent et, ce soir, elle avait seulement dégagé sa tête du camail. Sur le tissu brillant, la masse de ses cheveux sombres vivait dans la lumière des torches. Jamais elle n'avait autant ressemblé à une sirène et le jeune homme, comme tant d'autres avant lui, tomba à ses genoux...

À la prière de ses yeux, elle comprit qu'elle n'avait qu'un geste à faire pour s'accorder la plus douce des récréations : abandonner un instant ses armes, redevenir une femme entre les bras d'un homme jeune et ardent mais, cette fois, elle n'éprouvait pas d'amour et jamais elle ne s'était abandonnée si son cœur restait muet. Seul son fils savait le faire parler : elle se donnait toute à lui. Doucement, elle releva Jasper et le renvoya à ses devoirs.

Cependant, le bruit de sa venue à la tête des plus durs soldats du monde se répandait. Owen Tudor et les siens, tous ceux de Lancastre : le jeune Clifford, Buckingham et son fils naturel Exeter, le jeune Somerset, tous accouraient pour la rejoindre. En peu de jours on fut à York, sur les terres mêmes de l'ennemi. De là, Marguerite envoya un défi au Lord Protecteur le sommant de lui ramener le Roi son époux. En même temps, elle lançait une proclamation solennelle contre l'acte, arraché par traîtrise à un malade mais qui n'en déshéritait pas moins le petit prince de Galles.

Cette double action prit Richard d'York par surprise. Il avait commencé par rire de cette armée de « paysans » commandée par une folle mais ce qu'on lui rapportait était plus qu'inquiétant car il se trouvait en état d'infériorité. Trop sûr d'avoir définitivement gagné, il avait récompensé fastueusement ses chefs de guerre repartis dans leurs fiefs gorgés de richesse et c'est à peine s'il pouvait rassembler cinq mille hommes.

Après avoir réuni son conseil, il se résolut à se poster avec sa petite armée sur la route de Londres. La capitale, elle, était aux mains de Warwick revenu en hâte de Calais et, de ce côté-là, au moins il était tranquille. Celui-là lâcherait d'autant moins qu'il tenait le Roi captif. Son fils aîné, le comte de March, Richard l'avait envoyé rassembler tous ceux de la Rose blanche susceptibles de venir rapidement à son secours.

Avec son fils cadet Rutland – il en avait encore deux autres plus une fille ! – il vint s'enfermer dans son château de Sendal où il était possible de tenir longtemps. Un obstacle avec lequel il fallait compter et dont on l'adjurait de ne pas sortir avant l'arrivée des renforts.

Mais, au matin de Noël, les trompes sonnèrent devant le grand pont-levis. Il monta aux créneaux. Le spectacle qu'il découvrit n'avait rien de rassurant : la Reine était là, dressée sur son cheval au milieu d'une forêt de lances et des bannières, magnifique et barbare, la couronne cerclant le heaume, image même de la guerre...

– Eh bien, mylord ? cria-t-elle. N'avez-vous point reçu mon défi ?

– Si fait, Madame, je l'ai reçu...

– Et il ne vous a pas ému plus que cela ?

– Je ne me bats pas avec une femme...

– Je ne suis pas une femme : je suis votre reine qui vous ordonne de lui rendre son époux, Henri le sixième que vous tenez par devers vous par cautèle et trahison. Libérez-le ou alors venez vous battre !

Bien entendu, York n'en fit rien et affecta de traiter en quantité négligeable Marguerite et sa horde de « brigands » encore que la horde en question lui causât grande inquiétude mais ce qu'il voulait c'était gagner du temps pour donner à son fils la possibilité de lui amener des renforts. Durant trois jours Marguerite revint l'interpeller puis l'insulter en le traitant de lâche, cependant que les jeunes seigneurs de son état-major s'en donnaient à cœur joie de se gausser de lui. Finalement, il n'y tint plus et oubliant toute prudence accepta le combat en rase campagne.

Il eut lieu à Wakefield, le 30 décembre de cette année 1460. Il fut terrible. À la tête de ses Écossais, Marguerite fondit sur l'ennemi après que, suivant la tactique d'Annibal à la bataille de Cannes, elle eut feint de laisser enfoncer son centre pour mieux envelopper les troupes d'York qu'elle prit par-derrière. La déroute fut complète et s'acheva par un massacre. Le mot d'ordre, ce jour-là, était « Pas de quartier ! » et ce fut par centaines que les hommes périrent mais le carnage porta surtout sur les chefs. Richard d'York mourut dans la bataille et son jeune fils Rutland qui n'avait pas dix-huit ans fut poursuivi, alors qu'il s'enfuyait avec son précepteur, rejoint sur le pont de Wakefield par le nouveau Lord Clifford qui l'abattit avec délices en clamant :

– Par le Sang-Dieu, ton père a tué le mien et aussi je veux te tuer, toi et toute ta race !...

Ce fut là ce qui allait, désormais, être la loi et la règle de cette guerre fratricide. Le père de Warwick, le vieux comte de Salisbury qui avait été fait prisonnier fut décapité sur-le-champ par Lord Exeter et d'autres exemples semblables se présentèrent mais pour la haine de Marguerite ce n'était pas assez que le duc d'York fût mort. Quand Owen Tudor vint lui apporter, dans son poing ganté de fer, la tête sanglante de Richard qu'il était allé trancher sur le corps, elle éclata d'un rire quasi dément et, par deux fois, gifla de son gantelet le visage aux yeux clos. Puis, elle ordonna que le macabre trophée fût couronné de carton et planté sur les murs d'York en compagnie de la tête blanche de Salisbury :

– Mais, recommanda-t-elle, vous laisserez entre elles deux places vides pour le jour béni où je tiendrai enfin Warwick et le comte de March !

– Il n'est plus le comte de March, Madame. C'est à présent le duc d'York, rectifia Buckingham.

– C'est trop juste ! Eh bien, le plaisir n'en sera que plus grand !

C'est alors qu'elle commit une faute irréparable : pour la première fois en un temps où l'on s'efforçait tant bien que mal de conserver les lois de la chevalerie, elle fit venir le bourreau...

Sur l'ordre de la Reine, il trancha impitoyablement les têtes des lords prisonniers, pendit les manants, acheva les blessés. Il lui semblait qu'elle ne verserait jamais assez de sang pour étouffer sa haine. De la gracieuse princesse élevée au jardin de France au milieu des artistes, des poètes et des musiciens, il ne restait que cette femme de trente ans avide d'une vengeance qui lui semblait impossible à assouvir. Et, longtemps, les Anglais devaient garder du champ de mort de Wakefield un souvenir terrifié.

Malheureusement, elle était allée beaucoup trop loin surtout dans une situation encore instable...

Ce que n'avaient pu obtenir les machinations de Warwick, les habiletés d'York, la cruauté de Marguerite le réussit : Londres se détourna définitivement de la cause de son roi pour accueillir le jeune Édouard d'York avec un enthousiasme délirant, justifié aussi d'ailleurs par le fait que le jeune duc était extraordinairement beau : blond, un sourire éclatant et l'auréole d'une bravoure certaine. La capitale se donna à lui d'un élan sans imaginer un seul instant que ce chevalier de légende portait une cruauté de satrape oriental, et une absence de cœur quasi totale.

Ce n'était d'ailleurs pas le seul d'une famille qui devait dans la suite des temps s'apparenter sérieusement aux Atrides quand Édouard ferait assassiner son jeune frère Edmond et, surtout, quand le benjamin, Richard le Bossu, aussi laid qu'Édouard était beau, deviendrait le roi Richard III.

Pour l'instant il se grisait aux acclamations qui lui promettaient la couronne...

Cependant, Marguerite marchait sur Londres pour arracher son époux aux griffes de Warwick. Malheureusement – un adverbe dont elle n'arriverait plus à se débarrasser ! – elle venait de commettre une nouvelle faute en divisant ses forces pour affronter les deux troupes menées l'une par Édouard d'York, l'autre par Warwick. Gardant elle-même le commandement de la seconde, elle confia la première au cher Owen Tudor l'homme au monde dont elle était le plus sûr.

Elle l'aimait bien. Il était son ami, le confident de ses espoirs et de ses angoisses. Parce qu'il avait aimé Catherine au-delà de lui-même, il éprouvait pour elle une profonde tendresse bien qu'il réprouvât la violence dont elle faisait preuve à présent :

– C'est votre âme que vous empoisonnez, Madame. Ne pouvez-vous montrer un peu de clémence ?

– En a-t-on eu pour moi ? En a-t-on pour mon époux tenu en dure prison ? Non, mon ami, tant que vivra Warwick je poursuivrai sans pitié ses amis et ceux qui l'aident dans son œuvre maléfique...

Il n'y avait rien à ajouter à cela... Tudor n'insista pas et, après avoir embrassé son petit prince qui voulait à tout prix s'en aller combattre avec lui, il prit la tête de ces hommes venus du Nord, qu'il n'aimait pas et même dont il se méfiait. En effet, la Reine manquant toujours d'argent, il fallait bien les laisser se payer sur le pays qu'ils pillaient et ravageaient joyeusement, ajoutant chaque jour à l'auréole tragique de celle que l'on appelait maintenant la Reine sanglante.

En le regardant s'éloigner dans la neige que le pas des hommes et des chevaux changeait en boue, Marguerite ne put se défendre d'un pincement au cœur. Si douloureux même qu'elle eut envie de le rappeler mais il fallait bien l'envoyer au-devant du nouveau duc d'York ? Elle ne devait jamais le revoir : à Mortimer's Cross, le 1er février, l'affrontement eut lieu et la Rose blanche eut le dessus. Tombé aux mains d'Édouard, Owen Tudor fut exécuté... La majeure partie de ses soldats l'avait abandonné.

Quand elle sut la nouvelle de la bouche de Jasper qui avait réussi à s'échapper, Marguerite pleura des larmes amères. Tous ceux qui lui portaient amour ou simple tendresse devaient-ils mourir ? Mais ce ne fut qu'un instant car le temps pressait et Warwick avançait, traînant après lui son précieux otage, le pauvre roi dont il ne voulait à aucun prix se séparer comptant dessus pour amener la Reine à composition au cas où le sort des armes serait indécis. Lui aussi savait la victoire d'Édouard et il caressait secrètement l'idée que, dès le soir de la rencontre, il tiendrait enfin Marguerite en son pouvoir. Il n'eut même pas le temps de la voir arriver...

Emportée par la fureur et le chagrin, par la volonté forcenée de retrouver son époux et de préserver l'héritage de son fils qui, tel un vaillant petit soldat, la suivait comme son ombre, Marguerite fondit sur lui avec une impétuosité et une sorte de génie du combat qui le prit au dépourvu. Autre chose encore la soutenait : la rencontre se déroula à Saint Albans, comme la première fois, et sa revanche fut complète : Warwick eut tout juste le temps d'effectuer une retraite désordonnée dont le Roi, alors dans une période de rémission, profita. Et soudain le miracle se produisit...

Quand, tenant son cheval par la bride, et s'efforçant de ne pas piétiner les cadavres, il arriva près de la fontaine, là où gisaient naguère les corps de Somerset et de Clifford, il vit Marguerite s'avancer vers lui dans son armure brillante, rayonnante de joie sous le camail couronné d'or et de pierres fines, magnifique image d'amazone... Elle sauta à bas de son cheval, jeta derrière elle son épée et courut vers lui, les bras ouverts :

– Mon doux sire !

– Ma belle guerrière !

Ils se jetèrent dans les bras l'un de l'autre, pleurant de bonheur tandis que les cloches de l'abbaye sonnaient pour la victoire. Ce fut ensuite le tour du petit prince que son père étreignit sans pouvoir tarir ses larmes.

– Il m'a suivie sur tous les champs de bataille, dit Marguerite en caressant la tête de l'enfant. Il a déjà l'âme d'un vaillant chevalier...

– Eh bien, nous allons l'armer sur l'heure !

Et ce fut fait devant la masse enthousiaste des soldats qui éclataient en acclamations. Ensuite, dans l'église de l'abbaye, on alla remercier Dieu qui avait permis cet instant magique... Il y avait un an, à présent, qu'Henri et Marguerite étaient séparés.

Mais le temps manquait pour s'attarder aux effusions. Warwick fuyait vers Londres pour s'y retrancher : il fallait lui courir sus et, si possible, le rattraper avant que les portes de la capitale se referment sur lui. Hélas, il n'était pas facile d'entraîner une armée tout occupée au plaisir du pillage et des règlements de comptes : quand on arriva devant les murs de Londres, Warwick était dans la ville et les gueules des canons se montraient aux créneaux. Toutes portes étaient closes et quand le couple royal s'avança pour en ordonner l'ouverture on lui répondit par des injures :

– Passez votre chemin ! cria le lord-maire. Nous n'avons que faire de gens qui ont osé amener l'ennemi chez nous. Demain nous aurons un nouveau roi : Édouard le quatrième par la grâce de Dieu Roi de France et d'Angleterre, Prince de Galles, Lord d'Irlande ! »

Les yeux d'Henri s'emplirent de larmes. Le malheureux que l'on avait gardé captif pendant un an ne comprenait pas pourquoi, tout d'un coup, on le haïssait. Certes, il avait trouvé bizarre l'armée réunie par sa femme et pour un peu il aurait donné raison aux gens de Londres : pourquoi les Écossais ? ... Son esprit affaibli recommençait à s'obscurcir et, quand Marguerite vint poser sa main sur la sienne en murmurant :

– Par pitié, mon doux sire, ne leur donnez pas la joie de vous voir pleurer. Ces gens sont vos sujets rebelles et rien d'autre.

– Ah ? Vous croyez ? ... Mais comme vous êtes belle, Madame ? Qui donc êtes-vous ?

Marguerite ferma les yeux pour retenir ses propres larmes. Une fois de plus, son cher époux la quittait pour ce pays où nul ne pouvait l'atteindre mais, après tout, était-ce vraiment un mal ?

Cependant, ses lords demandaient que l'on tînt conseil. Les Anglais, indignés de ce qu'ils venaient de voir, voulaient que l'on assiège sur l'heure la capitale rebelle mais les Écossais firent remarquer, avec quelque raison, qu'une ville de cette taille ne se pouvait prendre que par trahison et que, de toute façon, on manquait de l'indispensable matériel de siège.

– Vous vous épuiserez contre ces murailles, Madame, dit le comte de Douglas, et nous avec vous.

– Quel est votre conseil en ce cas ?

– Reculer. Regagner l'Écosse pour y refaire de nouvelles forces. Nous avons remporté des victoires...

– ... et ramassé un beau butin. Vos hommes ont hâte de le rapporter chez eux et d'en profiter, fit-elle amèrement.

– Non. Ils brûlent au contraire de se battre encore. J'avoue volontiers que l'idée de tenir un jour Londres à leur merci leur sourirait assez !

– Ils n'en prennent guère le chemin !

– Cela viendra si vous m'écoutez... Avez-vous une ville sûre où vous pourriez attendre l'arrivée d'autres troupes ?

– Coventry, je pense.

– Alors c'est là que vous vous retirerez avec le plus fort de l'armée. Pendant ce temps, moi, je joindrai la Régente et reviendrai avec du monde. Et vous, vous rassemblerez tous ceux qui veulent combattre sous la bannière à la Rose rouge !

On se rendit à son avis et l'armée se replia sur Coventry non sans passer sa rage sur les environs immédiats de Londres en dépit des efforts de la Reine pour les en empêcher. Elle comprenait trop tard que ces rudes alliés étaient en train de lui aliéner le peu d'estime que son peuple pouvait lui conserver. Ce ne fut d'ailleurs qu'un instant de claire lucidité, la haine furieuse qu'elle avait de Warwick et qui la rongeait jour après jour ne lui laissait guère de répit. Et si, comme Henri, elle vivait quelques rémissions, celles-ci se faisaient de plus en plus rares...

Cependant, Douglas avec une solide escorte galopait vers Édimbourg aussi vite que le permettait l'hiver toujours présent...

À Londres, Warwick était en train de gagner son sobriquet de Faiseur de Rois. Le 4 mars, à Westminster, Édouard d'York était couronné et proclamé roi au milieu d'une foule en délire. Tous les hommes l'admiraient, toutes les femmes, ou peu s'en faut, étaient amoureuses de ce beau jeune homme qui portait avec tant d'élégance les attributs royaux. On fêta joyeusement l'événement en se congratulant, un peu vite, peut-être, d'avoir renvoyé la Française et sa meute de chiens vers les brumes du nord. On but, on mangea, on dansa pendant des jours... jusqu'à ce que les cloches du couronnement changeassent de ton : un matin, elles sonnèrent le tocsin pour appeler aux armes tous les hommes valides et aux défenses toutes les femmes et tous les vieillards. Une nouvelle inquiétante courait la City : la Française avait reçu de nouveaux renforts. On parlait de soixante mille hommes. Tous les bons Anglais devaient à présent prendre les armes contre la sanglante Messaline qui n'avait pas craint de lancer sa meute de chiens écossais pour assouvir ses ambitions et faire de l'Angleterre un désert... Tel fut le thème du discours que Warwick, avec sa voix de bronze, fit tonner sur Londres et de partout on accourut s'enrôler sous sa bannière. Et ils y allaient en chantant tant était grande leur persuasion de marcher pour la délivrance et le bien du royaume. Une grande armée se leva...

Marguerite ne s'était pas attardée à Coventry. Lentement elle était remontée vers le Nord jusqu'à s'établir à York même dans le château de celui qu'elle n'appelait plus que l'Usurpateur. C'était une position plus facile pour rassembler les lancastriens dont les terres se trouvaient en majorité au nord du pays, et pour économiser les jambes des nouvelles troupes écossaises. En outre, s'il voulait le combat « Édouard IV » aurait pas mal de chemin à faire.

La veille des Rameaux, la guerrière couronnée se trouva en face de Warwick et comprit que cette bataille serait l'une des plus considérables de ce temps. Il ne s'agissait plus, cette fois, d'un ou deux milliers de soldats mais d'énormes concentrations de troupes. Elle était bien véritablement à la tête de soixante mille hommes et comptait sur cette puissance pour balayer l'adversaire, mais tous les hommes de Londres étaient derrière le Faiseur de Rois et d'autres le rejoignaient sans cesse. En fait, il y eut, sur le champ de bataille de Towton plus de cent mille hommes quand Édouard l'eut rejoint avec sa lourde cavalerie. Cent mille hommes tous nés dans cette grande île britannique où la sagesse eût voulu qu'ils vivent en frères mais que la folie des grands jetait en enfer. Et ce fut, en effet, l'enfer que cette bataille de Towton, la plus meurtrière du siècle sans doute, où l'on s'entretua durant quarante heures... et dans une tempête de neige qui brouillait la vue et suscitait de tragiques erreurs.

La première journée restait indécise quand le jeune Clifford lança une brillante offensive qui toucha sévèrement l'ennemi. Déjà, les gens de la Rose blanche se débandaient quand Warwick eut l'un de ces gestes fous qui signent un destin ou galvanisent une troupe. Sautant à bas de son cheval, il le tua d'un coup d'épée puis tenant celle-ci par la lame et mettant genou en terre, il jura sur la croix formée par le pommeau qu'il ne partirait de là que mort et, se relevant, plongea dans la mêlée. L'effet fut foudroyant. Ceux qui commençaient à fuir se retournèrent et emportés par l'exemple retournèrent au combat à sa suite. Une heure plus tard Clifford était mort, tué de la main de Warwick...

Tout n'était pas dit, cependant. Toute la nuit, toute la journée du lendemain, on continua de s'entre-égorger. Le vent avait tourné et balayait la neige contre la Rose rouge mais ces gens-là étaient possédés par la rage de vaincre et se battaient comme des lions. Un moment ils crurent la bataille enfin gagnée mais du renfort arrivait encore au nouveau Roi. Cette fois c'étaient le duc de Norfolk et ses gens. Il fut fatal à la Rose rouge.

Le terrible combat avait eu lieu entre le Warf et le Cork. Le second avait longtemps constitué une aide pour les lancastriens. Cette fois, il fut leur ennemi quand ils se trouvèrent acculés à ses berges glissantes. « Les ponts surchargés ne tardèrent pas à se rompre et, la cavalerie de la Rose blanche accourant, il s'ensuivit une des pires boucheries de l'Histoire. »

Cependant, Marguerite et son fils, que Douglas et Angus s'étaient efforcés de protéger durant cette abomination, avaient réussi à franchir le Cork à temps. Marguerite, désespérée, voulait demeurer en dépit de son épuisement. La neige, les larmes, le sang l'aveuglaient. Elle en oubliait même son fils et voulait mourir. Ce fut l'Écossais qui, saisissant la bride de son cheval tandis que l'un de ses hommes prenait celle du jeune prince, les entraîna hors du carnage et les emmenèrent jusqu'à York... où Henri VI à moitié conscient seulement célébrait tout de même l'entrée du Seigneur à Jérusalem dans la chapelle du château.

L'arrivée en trombe de ces gens couverts de boue et de sang, qu'il ne reconnut d'ailleurs pas, lui causa une grande frayeur. Vivement alors Marguerite se dépouilla de son harnois guerrier et vint à ses genoux.

– Il n'est plus temps de prier, mon roi ! Dieu nous a abandonnés ! Il faut fuir à présent ! Et vite !

Il la regardait avec un doux sourire mais, de toute évidence, il ne comprenait pas ce qui se passait :

– Fuir ? ... Il fait si mauvais temps !... Et puis c'est dimanche.

– Madame, Madame ! gronda Douglas. Le temps nous manque pour les prières et les gracieusetés. Allez chercher des vêtements secs et ce que vous avez ici de précieux... et puis, pardonnez-moi de ce que je vais faire !

Douglas était une montagne de muscles, un géant. Sans effort apparent, il enleva le Roi dans ses bras, le chargea sur son dos comme un simple paquet en criant qu'il allait aux écuries et qu'on lui apporte quelque bagage.

Marguerite, médusée, était restée là, plantée au milieu de la chapelle. Alors, parut Alison à qui elle avait confié son époux avant d'aller se mettre à la tête de ses troupes. Celle-ci tenait un grand manteau noir à capuchon sur son bras dont elle vint envelopper sa maîtresse.

– Depuis ce matin, dit-elle, j'ai préparé vos affaires et les ai fait descendre aux écuries avec celles du Roi...

Marguerite la regarda avec une sorte d'horreur :

– Tu ne croyais pas à notre victoire ? Toi, ma plus fidèle amie ?

– Le sort des batailles n'est pas mon fait, Madame. Je suis seulement là pour veiller sur vous, à vos besoins de tous les jours. Et puis si vous aviez gagné, nous n'aurions eu qu'à remonter tout cela, ajouta-t-elle avec un sourire si chaud que le cœur glacé de Marguerite fondit. Éclatant en sanglots, elle se jeta dans les bras d'Alison...

Ce fut dans cette position que Douglas la trouva. Il éclata :

– Madame, à quoi pensez-vous ? Êtes-vous folle de vous attarder ainsi ? Ne savez-vous pas que quand York aura fini d'exécuter ses prisonniers et d'achever les blessés, il nous poursuivra ? Soyez sûre que Warwick est déjà sur nos talons...

– Il a été blessé, m'a-t-on assuré.

– Ce genre d'homme ne s'arrête pas à une vague blessure. À moitié mort il vous courrait sus tant il vous hait !

– Et moi, croyez-vous que je ne le hais point ? Mais vous avez raison : il faut partir !

Un moment plus tard, une petite troupe silencieuse quittait le château d'York par une poterne ouvrant directement sur la campagne et s'enfonçait dans la nuit froide. La neige tombait toujours. Elle recouvrit bientôt les traces des chevaux...

Et elle reprit le chemin de l'Écosse mais sans garder beaucoup d'espoir.

– Ma sœur, il ne faut plus compter sur moi, dit Marie de Gueldre. Je vous ai donné tout ce dont je pouvais disposer en hommes...

Sans répondre, Marguerite se contenta de regarder le visage blond, sans véritable beauté, qui lui faisait face. Ce qu'elle venait d'entendre ajoutait seulement au froid intérieur qui commençait à la paralyser. Jamais, en dépit de l'énorme feu de tourbe flambant dans la cheminée près de laquelle toutes deux étaient assises se faisant face, jamais elle n'avait eu si froid !

Devinant ce qui se passait dans l'esprit de sa compagne, la Régente lui sourit :

– Ne pouvez-vous vous accorder un peu de repos ? Vous venez de subir de cruelles épreuves qui auraient écrasé une femme moins courageuse que vous. D'autre part, vous devez vos soins au roi votre époux et à votre fils. Le champ de bataille est une bonne école pour un jeune garçon mais voilà des mois et des mois qu'il ne l'a guère quitté. Croyez-moi ! Reposez-vous !

– Me reposer ?

– Mais oui. L'esprit est plus clair quand le corps est en paix et vous êtes épuisée...

– J'en conviens volontiers, mais comment voulez-vous que je trouve la paix quand un usurpateur s'est emparé de la couronne de mon seigneur époux, se fait oindre à Westminster et clame partout que mon fils n'est rien qu'un bâtard. Oh, si seulement j'étais un homme !

– Que feriez-vous ?

– Je l'appellerais en champ clos en m'en remettant au Jugement de Dieu. Et Dieu j'en suis sûre me donnerait la victoire parce que ma cause est juste...

Marie de Gueldre se garda bien de faire remarquer que, très certainement, le nouveau roi devait tenir le même langage. Selon lui, Dieu ne pouvait être que de son côté...

– Vous n'avez même pas la possibilité d'envoyer un champion. Oh ! j'en sais qui ne demanderaient que cela ! James de Douglas en premier mais le nouveau roi n'accepterait pas le combat et ferait exécuter l'insolent...

– Que puis-je faire alors puisque vous ne voulez pas m'aider ?

La Régente fronça le sourcil :

– Vous êtes injuste. Je n'ai jamais dit que je ne voulais pas. Simplement, je ne peux pas. Comprenez donc que j'ai charge de royaume, que je suis comptable envers mon fils de ses hommes et de ses terres et que je vous en ai déjà donné beaucoup en échange...

– ... d'un beau butin. Beaucoup se sont enrichis. Et vous avez Berwick...

– Heureusement ! Qui vous dit qu'une fois bien assuré de sa victoire Édouard IV...

– Le duc d'York ! gronda Marguerite.

– Le duc d'York ne décidera pas de tirer vengeance de notre participation à votre guerre ? Il faudra bien que je défende l'Écosse.

– La meilleure défense, c'est l'attaque !

– N'y comptez pas !... Acceptez plutôt ce que je vous offre : un fort château non loin d'ici où votre famille et vous serez en sécurité pour reprendre des forces. Laissez grandir votre fils, Marguerite ! Il vous en sera reconnaissant l'âge venu car c'est lui alors qui deviendra votre champion !

Insister eût été maladroit. Marguerite y renonça momentanément. Elle accepta même le château qu'on lui offrait pour asile : Dunbar bâti sur une pointe rocheuse dominant la mer. C'est là que, jadis, le malheureux Édouard II avait trouvé refuge après la bataille de Bannockburn et, de fait, en franchissant ses rudes murailles qui surgissaient du rocher comme la lave jaillit d'un volcan, on éprouvait une réelle impression de protection :

– J'ai connu des demeures plus agréables, dit Alison, mais on doit se sentir vraiment à l'abri dans cette forteresse. Et puis, en cas d'attaque, il y a la mer : on peut toujours fuir !

Fuir ? Le terme ne convenait pas à Marguerite mais, jour après jour, en contemplant les flots sauvages, sans cesse renouvelés qui venaient battre le piédestal rocheux, une idée germa à force de fouiller l'horizon gris. Là-bas, plus loin que la ligne si souvent fondue dans le ciel, il y avait le continent européen, les Pays-Bas alors aux mains de la Bourgogne et aussi, et surtout la France, son pays à elle, son protecteur naturel puisque à présent elle n'en avait plus d'autre que ce coin de terre d'Écosse.

Une folle envie d'y retourner lui venait et petit à petit s'implantait : pourquoi ne pas demander secours à la France ?

À mesure que le dur hiver du Nord passait sur elle, enchaînant les tempêtes aux ouragans, Marguerite se réfugiait de plus en plus souvent dans ses souvenirs d'enfance et d'adolescence. Oh, revoir la douce Loire et le château d'Angers, et le printemps léger qui ne se croyait pas obligé de vous souffler au visage des rafales acharnées à quitter la place le plus tard possible ! Revoir les amandiers en fleur et les vignes qui donnaient des vins si délicieux ! Revoir... Pierre de Brézé !

Le nom venait de s'imposer de lui-même, tout naturellement resserti dans le cadre qui avait été celui de leurs tendres badinages et à l'évocation de son chevalier d'antan, le cœur de Marguerite se réchauffait cependant que, devant le ressuscité, d'autres images faiblissaient. Celle de Somerset surtout ! Comment ayant aimé un Brézé, ayant aimé un Suffolk avait-elle pu se laisser prendre au charme trop facile d'un mannequin vide ?

Oh oui ! le revoir ! Retrouver son sourire, sa voix si chaude... sa force aussi ? N'était-il pas le principal ministre de Charles VII ? Un ministre tout-puissant qui saurait la conseiller, l'aider... l'aimer peut-être encore ? Il y avait si longtemps qu'elle n'avait goûté au délicieux plaisir de reposer contre une poitrine d'homme !

Un soir, comme les quelques fidèles demeurés autour d'elle s'étaient réunis après la chasse, elle prit la parole :

– Je ne sais ce que vous en penserez, mes amis, mais si nous voulons un jour reprendre le trône qu'occupe le duc d'York il nous faut un puissant secours et je me suis souvenu enfin que j'étais fille de France. Quand le printemps viendra, nous prendrons la mer pour nous rendre là-bas !

– Ne craignez-vous pas d'être déçue, Madame, dit le jeune Somerset qui ne la quittait guère dans le vague espoir d'occuper un jour la place de son père. Charles VII n'est plus. Celui qui règne à présent c'est le Dauphin Louis. Un homme dur, intransigeant, cruel même et qui ne nous aime guère.

– Qu'il n'aime pas les Anglais est une chose mais il peut écouter une reine d'Angleterre désireuse de reconquérir son royaume pour son fils ? Lorsque je suis arrivée à Londres, je voulais, de toutes mes forces, être le lien entre nos deux pays, le symbole d'une paix trop longue à venir. Et parce que je voulais cela c'est l'Angleterre qui m'a refusée et qui s'est déchirée. Je l'abandonnerais volontiers à son sort mais il y a mon fils que voici, votre prince de Galles qui mérite que le combat continue pour lui ! Qu'en pensez-vous, mylords ?

– Au point où nous en sommes, pourquoi pas ? dit Douglas. Le roi Louis a conservé la Garde Écossaise de son père et l'on dit même qu'elle est l'objet de tous ses soins. Si nous sommes avec vous, Madame, il vous écoutera ! Je vote pour le voyage !

– Moi aussi, dit quelqu'un, mais le Roi qu'allons-nous en faire ? Devons-nous l'exposer aux hasards du voyage ?

– Non. J'emmènerai seulement mon fils. Quant à mon époux, je souhaite que plusieurs d'entre vous, parmi les plus courageux, l'escortent jusque chez Jasper Tudor. À Harlech, où nous fûmes jadis il n'aura rien à craindre et, au moins, personne ne l'accusera d'avoir abandonné son royaume pour s'en aller chez l'ancien ennemi. C'est même lui qui partira le premier. Nous attendrons ici le retour de ceux qui l'auront conduit en pays de Galles !

Sa décision prise, Marguerite se sentit allégée d'un grand poids. Encore qu'elle ne gardât point un souvenir chaleureux de l'ex-dauphin Louis qu'elle trouvait laid et méchant et qui avait fait mourir de chagrin sa jeune épouse, il ne lui faisait pas peur. Elle avait vu trop d'horreurs, trop souffert aussi pour se laisser impressionner par un aspect et un caractère qu'elle connaissait déjà. Et puis, Pierre de Brézé serait là ! Il était habile homme autant que bon chevalier et saurait sûrement la conseiller, peut-être même manier son redoutable maître ? ...

Quand les jours allongèrent et que revint un relatif beau temps Marguerite demanda un bateau solide et bien armé à Marie de Gueldre qui le lui accorda volontiers, secrètement heureuse d'en être quitte à si bon compte. La Reine à la Rose rouge et les siens allèrent embarquer à Berwick, devenue citadelle écossaise et cinglèrent vers les côtes de France, sûrs que les Chardons d'Écosse claquant à la pomme du mat, leur vaudraient un accueil amical...

Enfin, après dix-sept ans et une traversée sans histoire, Marguerite et son jeune fils posèrent le pied sur le sol français à Harfleur. Là où jadis Suffolk avait débarqué...

8

La forêt d'Exham

La bannière royale flottait sur le château d'Amboise quand Marguerite, son fils et sa petite suite y arrivèrent :

– Cette fois, Madame, je pense que nous le tenons ! grogna Somerset. À moins que l'on nous dise qu'il vient de partir pour quelque autre résidence ?

Depuis qu'elle avait quitté Angers la reine d'Angleterre courait après le roi de France. Il savait son arrivée comme il savait toutes choses mais il n'avait vraiment pas l'air pressé de la rencontrer. On aurait même dit qu'il fuyait devant elle car, après Saumur où on lui avait dit qu'il séjournait sur les terres de son cousin René, on l'avait cherché – Dieu sait pourquoi ? – à Blois où il n'avait que faire puis à Montilz-lès-Tours. C'est là tout de même qu'on avait aiguillé les voyageurs sur Amboise. Et, cette fois, apparemment, était la bonne.

La nervosité de Marguerite s'en trouva un peu calmée. Son séjour à Angers n'avait pas été aussi agréable qu'elle l'espérait. Certes, le roi René reçut sa fille et son petit-fils avec cette chaleur méridionale qu'il avait acquise dans ses terres provençales devenues si chères à son cœur mais était-il vraiment capable de comprendre le drame que vivait sa fille ? Elle était un personnage de Shakespeare avant la lettre, une femme forgée au feu des canons, lui une sorte de roi d'Yvetot aimant avant tout sa jeune femme, Jeanne de Laval, mais aussi ses jardins, ses poètes, ses tournois et ses alchimistes. Elle sentait le brouillard londonien, la poudre noire, lui le musc, les parfums précieux qui sont indispensables lorsque l'on n'est plus tout jeune et que l'on partage le lit d'une jouvencelle. Marguerite comprit vite qu'elle n'avait pas grand-chose à attendre de cet aimable farfelu toujours à court d'argent.

– Seul le roi de France peut vous aider... S'il le veut ! Ce qui n'est pas certain, dit René. C'est un homme étrange, vous savez ?

– Il m'en souvient encore : un petit prince hargneux, toujours colérique. Aussi, je compte sur son plus sage conseiller pour m'assister.

– Son plus sage conseiller ? Et qui ? Son barbier ou son Prévôt ?

– Mais non. Pierre de Brézé voyons !

René regarda sa fille avec une sincère commisération. L'Angleterre était, décidément, un pays du bout du monde où l'on devait vivre comme à l'âge de pierre en ignorant tout de ce qui se passait sur le Continent.

– On voit bien que vous n'êtes pas au fait des affaires françaises ! Messire de Brézé était, certes, le tout-puissant ministre du défunt roi Charles, il ne l'est plus du nouveau roi Louis. Ils ne s'aiment pas, mais qui donc Louis XI aime-t-il ? On dit même que votre ami Brézé aurait plus ou moins conspiré... et qu'il serait en prison. À Loches !

– Mon Dieu !

Le ciel lui tombant sur la tête n'aurait pas mieux assommé Marguerite. Brézé captif, peut-être bientôt condamné ? Devrait-elle encore subir d'autres coups du destin sur cette terre de France qu'elle avait tant aimée ? Mais elle avait appris à se reprendre rapidement :

– Quoi qu'il en soit, je verrai le Roi ! déclara-t-elle avec une détermination qui fit l'admiration de son père un peu surpris tout de même d'avoir donné le jour à cette aiglonne. Ah certes, elle était bien la fille de sa défunte mère l'énergique et fière Isabelle dont il s'avouait tout bas qu'elle était la meilleure épouse qu'homme eut jamais !

– Eh bien, je crois qu'il n'est pas loin, dit-il enfin. Il serait à Saumur pour y faire pèlerinage dans la demeure favorite de votre grand-mère Yolande qu'il aimait beaucoup.

– Il serait ? N'est-il pas venu vous voir ?

– Non et je ne m'en plains pas. Je ne l'aime guère et lui me déteste. Sans d'ailleurs que je sache pourquoi. Je ne lui ai jamais fait aucun mal.

Un instant, Marguerite se demanda si détester était bien le verbe qui convenait. Ne serait-ce pas plutôt mépriser ? Si Louis XI était vraiment le terrible chef d'État dont on commençait à parler, il ne devait guère apprécier un personnage, charmant sans doute, mais plutôt falot ? Cependant, après la mauvaise nouvelle qu'il lui avait assenée, René venait de lui donner une précieuse indication : Louis révérait le souvenir de Yolande d'Aragon qui l'avait élevée, elle, Marguerite. Il y avait là peut-être une carte à jouer. Même si elle était faible...

Elle y pensait en montant, au pas, la rampe menant au logis royal d'Amboise que l'on atteignait par le jardin. Aux portes veillaient des soldats que James de Douglas considéra avec stupeur : sous le tabard bleu frappé de fleurs de lys d'or, ils portaient armures d'argent mais le casque était remplacé par un grand bonnet plat orné d'une blanche plume de héron :

– Des Écossais ? souffla-t-il enfin. Est-ce la fameuse garde de Charles VII ?

– Exactement, mylord. J'ajoute, cependant, que je ne les ai jamais vus aussi somptueusement vêtus et armés. Le Roi doit en faire grand cas.

– Il a tout à fait raison, conclut le comte avec un large sourire. Je commence à le trouver fort plaisant votre cousin, Madame !

Cet élan du cœur ne résista pas à l'entrée dans le cabinet tendu de tapisseries où Louis XI lisait une lettre tout en caressant la tête d'un grand lévrier blanc couché près de lui. Louis XI n'avait rien d'avenant : sous le bord pointu du chapeau orné de médailles qu'il allait rendre célèbre, son visage maigre et dur au long nez pointu ne plaidait guère en sa faveur. Et sa mise était des plus simples : une longue robe grise serrée par une ceinture de cuir sur laquelle tout de même pendait une chaîne d'or.

Sa courtoisie, cependant, fut sans défaut pour accueillir Marguerite et sa suite. S'il ignora Somerset, il eut même quelques mots flatteurs pour Douglas en vantant pour lui la bravoure des soldats d'Écosse et le grand cas qu'il en faisait mais, ensuite, tout le monde dut se retirer car c'est en tête à tête qu'il entendait causer avec Marguerite. Et il ne perdit pas de temps en fioritures superflues :

– Vos affaires vont mal, ma cousine.

– Il m'est impossible de dire le contraire sinon pourquoi serais-je ici ? L'usurpateur qui se fait appeler Édouard IV, alors que ce nom devrait être celui de mon fils, vient d'assurer la victoire d'une faction rebelle et moi je n'accepte pas que les droits de mon époux, toujours bien vivant, soient ainsi bafoués. Il a été sacré et tient son pouvoir de Dieu seul !

– Il est probable que l'usurpateur en dit autant puisque lui aussi a été sacré. Quant à moi je ne vois pas ce que je peux pour vous puisque avec une armée de soixante mille hommes – une des plus grande jamais réunies ! – vous n'avez pas obtenu la victoire. Qui commandait tout ce monde ?

– Moi-même ! J'ai longuement étudié Tite-Live et je crois en savoir autant que n'importe quel capitaine.

Il la regarda avec une stupeur amusée :

– Vous-même ? Mais, ma cousine, la guerre ne s'apprend pas dans des livres. N'y avait-il personne qui puisse prendre le commandement de cette masse d'hommes ? L'Angleterre... et surtout l'Écosse ne manquent pas, que je sache, de bons chevaliers !

– Ils sont nombreux vous avez raison mais les vrais chefs sont rares. Ceux de la Rose rouge sont tous tombés et mon cher époux est, par malheur, incapable de mener ses armées. Il ne restait que moi...

– Et ils vous ont obéi ? C'est une espèce de miracle !

– Peut-être, pourtant ce miracle les gens de France en ont vu un semblable il n'y a pas si longtemps !

– La Pucelle d'Orléans ? Certes, mais elle venait de Dieu... et le combat fini n'appelait pas le bourreau pour achever ses prisonniers ! Des rançons vous eussent apporté de l'or, Madame, et moins de haine.

Elle le regarda avec une sorte d'effroi de le trouver si bien renseigné. En outre, il fallait admettre qu'il avait changé. Elle gardait le souvenir d'un jeune homme turbulent, agressif qui détestait d'instinct les jolies femmes sans aimer les hommes mais le Dauphin toujours en guerre contre son père au point d'avoir fui un jour sa colère jusque chez le duc de Bourgogne, celui-là n'existait plus. Les yeux sombres qui l'observaient étaient froids mais attentifs, calculateurs et sans aucune pitié mais c'étaient vraiment ceux d'un roi.

Il la laissa un instant apprécier ses dernières paroles puis :

– Parlons net. Qu'attendez-vous de moi ?

– Des hommes et de l'argent.

– C'est possible. Je peux vous les donner...

La phrase appelait un « mais » qui ne vint pas. Il y eut même un silence qui agaça Marguerite :

– Contre quoi ? demanda-t-elle.

Cette fois la réponse fut immédiate :

– Calais.

Elle ne s'y attendait pas et une tristesse mêlée d'effroi l'envahit.

– C'est impossible ! exhala-t-elle enfin. Calais est trop cher au cœur des Anglais. Ils ne me le pardonneraient pas !

– Il y a déjà tant de choses qu'ils ne vous ont pas pardonnées ma cousine ! Et si Calais est cher aux cœurs anglais, il l'est plus encore à ceux des Français puisqu'il est au front du royaume comme une étoile. Souvenez-vous ! avant Édouard III c'était terre de France et les Anglais la tiennent par violence...

– On ne me le pardonnerait pas, répéta Marguerite accablée. Tenir Calais, c'est tenir la tête de pont de l'Europe, contrôler le trafic maritime.

C'est aussi la dernière affirmation de la mainmise de l'Angleterre sur la France, sa dernière amarre à l'Europe.

– Alors, ma chère, faites en sorte de trouver ailleurs ce que vous cherchiez ici. Je ne suis pas comme vous, moi, et le sang de mes soldats m'est cher et précieux. Je refuse de le risquer dans je ne sais quelle aventure sans tenir le moyen de me justifier à mes propres yeux. C'est Calais ou rien !

Il se levait, indiquant que, selon lui, l'entretien avait assez duré.

– Encore un moment, s'il vous plaît !

Marguerite s'efforçait de réfléchir vite. Que lui importait après tout de céder une ville que, de toute façon, Louis devrait prendre par les armes ? En outre, Calais c'était Warwick puisqu'il en était toujours le gouverneur... Et, soudain, une idée lui vint :

– Si j'accepte ce que vous m'offrez, il me faudra un chef capable de porter la guerre en terre anglaise et de la gagner ?

– C'est bien ainsi que je l'entends. Soyez sûre que vos troupes seront bien menées. Je vous donnerai...

– Pierre de Brézé !

Un éclair de colère jaillit de sous les noirs sourcils.

– À mon tour de dire : impossible ! Brézé est en prison. Il a comploté contre moi. Il mériterait...

– La mort ? Allons mon cousin, si cela était il serait déjà exécuté. Dois-je vous rappeler qu'il est la fleur de la chevalerie, l'un des plus fidèles serviteurs du roi votre père... et que la reine des Quatre Royaumes l'aimait beaucoup ! Il n'aimait pas le Dauphin, l'a fait savoir et il est probable qu'en montant au trône vous ne lui ayez pas réservé un accueil chaleureux. Pour moi je ne veux pas d'autre chef que lui. Si vous voulez Calais, donnez-moi Brézé !

Brusquement, Louis XI se mit à rire ce qui était moins rare qu'un vain peuple pouvait le penser car il était doué d'un solide sens de l'humour.

– Allons, dit-il, je vois bien que nous sommes vraiment, l'un et l'autre, les dignes petits-enfants d'une admirable grand-mère. Vous savez vous battre et Yolande serait contente de vous...

Il alla jusqu'à une table chargée de papiers de toutes sortes, prit un parchemin sur lequel il griffonna quelques mots avant de signer d'un trait vif :

– Tenez ! Voici l'ordre d'élargissement du sire de Brézé. Allez donc le chercher vous-même à Loches ! Et puis, ramenez-le-moi... mais prenez votre temps ! Vous devez avoir bien des choses à vous dire depuis le temps où il se déclarait votre chevalier servant.

Pour la première fois depuis longtemps, une grande joie pure et lumineuse envahit le cœur de Marguerite. Elle éclaira son visage au point que Louis XI se traita mentalement de sot : cette femme n'avait rien oublié de la romance d'autrefois. Elle aurait peut-être donné Calais contre le seul Brézé ? ...

– Ah, j'allais oublier et vous en demande pardon. Naturellement, vous serez l'hôte de ce château jusqu'à votre départ, ma cousine. Il se peut que je vous y laisse seule : je vais devoir retourner sous peu au Plessis.

En fait, le Roi n'était pas mécontent de cette solution à l'affaire Brézé. Elle lui permettait de se donner les gants du pardon tout en expédiant l'ancien Sénéchal de Normandie dans une aventure d'où, connaissant son courage, il pouvait bien ne pas revenir vivant...

Pendant ce temps Marguerite, laissant fils et escorte à Amboise, galopait vers Loches accompagnée seulement de quelques gardes écossais. Et, un moment plus tard, les portes du terrible donjon dont les cachots faisaient frissonner les plus braves s'ouvraient devant Pierre de Brézé... qui d'ailleurs n'avait pas vraiment souffert de sa captivité : on avait eu, pour lui, des égards.

Lorsqu'ils furent enfin réunis, Marguerite retrouva d'un coup tous les doux souvenirs d'autrefois jusqu'à cet émoi de jeune fille dont cependant Suffolk avait si aisément triomphé. Pierre de Brézé n'avait fait que reculer dans les brumes de sa mémoire ; il n'était pas oublié. Les heures cruelles, le besoin de s'appuyer de nouveau sur un amour le firent reparaître et un seul regard leur suffit à tous deux pour s'apercevoir que rien n'avait vraiment changé, que tout pouvait recommencer. Le cœur de Marguerite battit de nouveau pour son chevalier de jadis. Elle avait trente-deux ans, il en avait cinquante-quatre mais ils se parurent l'un à l'autre plus beaux que jamais... et le ciel du Val de Loire était toujours aussi doux, ses nuits toujours aussi étoilées.

Magnanime, Louis XI rendit à l'ex-prisonnier ses biens, ses charges afin que l'on ne pût dire en Angleterre que la Reine revenait avec son amant qu'elle avait fait évader de prison. Il redevint Grand Sénéchal de Normandie où il fit même un court voyage vraiment triomphal. Quant à Marguerite elle vécut avec Pierre à ses côtés un printemps d'autant plus merveilleux que son fils, le jeune Édouard, s'était pris d'amitié pour l'ami de sa mère. N'était-il pas celui qui allait lui rendre ses droits ?

Ce n'était pas tout à fait le cas de ceux qui composaient la suite anglo-écossaise de Marguerite. Si Douglas, trop noble pour les bassesses de la jalousie, acceptait l'amour évident de la Reine, il n'en allait pas de même pour le jeune Somerset dans l'esprit duquel le cœur de Marguerite était chasse gardée familiale et ne pouvait revenir qu'à l'héritier de son père. Sa mauvaise humeur évidente causa dans le petit groupe quelques tiraillements pénibles.

Quoi qu'il en soit, au début du mois d'août 1462, nantie d'une somme de vingt mille livres et d'une troupe de deux mille hommes, Marguerite prit place avec son fils et Brézé sur une flottille d'une douzaine de bateaux. On fit route sur Tynemouth, près de Newcastle, à plus de cent lieues au nord de Londres et pas très loin de la frontière écossaise dont la Reine croyait le gouverneur fidèle à la Rose rouge. Malheureusement pour elle, le vent avait tourné : devenu chaud partisan de la Rose blanche ledit gouverneur les accueillit à coups de canon. Il fallut battre en retraite :

– Gagnons Berwick, décida Marguerite. Là au moins nous serons en sûreté...

Mais il était écrit que le sort lui resterait contraire : une de ces brusques tempêtes d'été, que connaît la mer du Nord, se déchaîna, dispersant la flottille et brisant trois de ses bateaux dont les occupants trouvèrent la mort : ceux qui ne périrent pas noyés réussirent à se réfugier sur un îlot proche de la côte où, au lieu de les secourir, des marins yorkistes n'allèrent les chercher que pour les exécuter.

Cependant, Marguerite réussissait à rejoindre Berwick désormais écossaise et dont Brézé allait pouvoir faire son quartier général. Le premier soin de la Reine fut d'envoyer chercher son époux à Harlech : ne fallait-il pas qu'il soit au premier rang de l'armée que l'on allait rassembler pour la reconquête du royaume ?

Le bruit du retour de la Reine avec quelques forces et de la réunion des époux se répandit suffisamment pour que les derniers tenants de la Rose rouge se rassemblent et les rejoignent. Parmi eux les deux frères de Somerset, Edmond et Jean Beaufort, et surtout – présence qui toucha le cœur de Marguerite – le jeune duc de Suffolk, le fils de William désormais en âge de porter les armes de son père.

Tous brûlaient de marcher sur Londres au plus tôt mais ce n'était pas l'avis de Pierre de Brézé. Pour ce chef remarquable les forces réunies ne pouvaient supporter le poids d'une bataille rangée : il préconisa la guerre d'usure, la guérilla :

– Il faut grignoter votre royaume, Madame, dit-il à Marguerite qui elle aussi aurait voulu courir sus à l'ennemi. Nous n'avons pas assez d'hommes, pas assez d'argent non plus : il faut nous en procurer afin de nous assurer une base stratégique solide.

L'automne et l'hiver à Berwick devaient rester dans la mémoire de Marguerite comme une sorte de rêve glorieux et passionné. Les jours étaient consacrés à la guerre, une guerre payante car l'une après l'autre les forteresses gardant la frontière anglaise tombaient sous des attaques surprises d'autant plus foudroyantes mais les nuits étaient toutes à l'amour. Dans les bras de Pierre, Marguerite dépouillait la reine meurtrie, la femme impitoyable pour se retrouver jeune, belle et passionnément éprise. Et si grande était l'admiration que les hommes portaient à leur nouveau chef que personne n'y trouvait à redire. Le Roi, lui, errait toujours dans ses brumes que continuaient celles de la mer du Nord ! Oui, il était doux de vivre les glaciales nuits d'hiver des vieilles forteresses devant les troncs d'arbres flambant dans les gigantesques cheminées ou à l'abri des discrètes courtines tendues de velours. On pouvait vraiment croire que tout redevenait possible et que la victoire, enfin, serait au bout du chemin...

Seulement, emportée par cet amour retrouvé qui balayait tous les autres, Marguerite eut le tort de tenir pour négligeable la jalousie de Somerset. Il n'était pour elle qu'un enfant ayant hérité l'orgueil et l'avidité de son père et, pour tout dire, elle ne prenait pas au sérieux l'amour dont il lui rebattait les oreilles.

– Je ne suis pas votre héritage, lui disait-elle en riant. Que j'aie aimé votre père ne signifie pas que je doive vous aimer aussi... autrement que comme un fils.

– Vous n'êtes pas ma mère et je ne suis plus un gamin ! Croyez-vous que je vais supporter longtemps vos relations « privilégiées » avec le Grand Sénéchal ?

– Je le connais depuis mon enfance. Que je l'aime n'a rien d'extraordinaire !

– Ce vieil homme ? Mais regardez-le et regardez-moi ! Il a l'air d'être mon grand-père !

– On voit bien que vous le regardez avec les yeux de la jalousie. Assez, là-dessus, mon ami ! Votre bonheur est ailleurs. Aussi, je vous prie bien doucement de vous contenter d'être un ami cher... et mon futur ministre !

Mais Somerset ne voulait rien entendre et s'aigrissait chaque jour un peu plus. Un matin de printemps, on vint dire à la Reine qu'il s'était enfui de Berwick pendant la nuit. Le pire était qu'il ne partait pas seul... et que le jeune duc de Suffolk l'avait suivi !

Marguerite en pleura, de chagrin et de colère.

– Après mon époux, il est le chef naturel des lancastriens. J'espère seulement qu'il s'agit là d'un mouvement d'humeur, qu'il s'en est allé bouder dans l'un de ses châteaux et qu'il reviendra se joindre à nous au jour de la vraie bataille.

– N'y comptez pas trop, dit Brézé qui avait eu largement le temps de jauger Somerset à sa juste valeur. Il est jeune, violent et il me hait. Nous avons eu tort, vous et moi, de ne pas tenir suffisamment compte de cette jalousie-là.

– Il n'irait pas jusqu'à trahir notre cause et son propre sang tout de même ?

– Il faut l'espérer... sans trop y croire.

En effet, ivre de rage, Somerset passa avec armes et bagages dans le camp de la Rose blanche, allant même jusqu'à livrer le château de Bamborough, l'une des plus importantes positions de la Rose rouge. Alors, pour la première fois, Marguerite connut le découragement :

– Nous allons à une catastrophe, dit-elle à Brézé, et je ne veux pas vous y entraîner. Vous êtes trop précieux à la France...

– C'est à vous seule que je veux être précieux. Nous avons gagné beaucoup de terrain, nous nous renforçons chaque jour et rien ne dit que les gens d'en face feront confiance à ce transfuge de la dernière heure.

Il voyait juste. Non seulement les partisans d'York ne lui ouvrirent pas les bras mais refusèrent de lui donner le prix d'une trahison que personne ne lui demandait. Que pouvait-il faire alors ? ... Somerset revint avec des larmes dans les yeux et dans la voix demander son pardon que Marguerite lui accorda. Plus par lassitude que par conviction. Un pardon du bout des lèvres. Il n'en méritait pas plus...

Pourtant, sa courte visite dans leur camp laissait des traces chez ceux de la Rose blanche. Le traître avait fourni quelques précieuses indications dont Édouard IV et Warwick firent leur profit. Par exemple, le fait que la Reine serait bientôt en possession d'une armée suffisante pour marcher sur Londres. Ils décidèrent de la prendre de vitesse en allant résolument à sa rencontre et avancèrent ainsi jusqu'à Exham, pas bien loin des Borders et force fut à Pierre de Brézé d'accepter le combat.

– Nous ne pouvons, dit-il, nous laisser enfermer dans Berwick. Seul le Roi y restera...

Comment l'emmener en effet ? Les rémissions se faisaient de plus en plus rares, de plus en plus brèves et s'il reconnut encore Marguerite quand elle vint lui dire adieu, il se contenta avec un doux sourire de lui

« souhaiter bon voyage » et de prendre soin de sa santé puis retourna vers sa chapelle pour y chanter les louanges du Seigneur. Pas un instant le malheureux n'avait compris qu'elle s'en allait, une fois de plus, combattre à sa place.

Étreinte d'une bizarre émotion, Marguerite regarda la longue robe de velours noir disparaître dans l'escalier encore glacial en dépit de la douceur de ce mois de mai. Elle avait l'impression qu'elle ne le reverrait jamais...

À nouveau, elle revêtit l'armure, garda auprès d'elle son petit prince de dix ans dont elle ne voulait se séparer à aucun prix et son fidèle précepteur mais Alison, cette fois, resterait elle aussi au château. Elle était souffrante et ne pouvait suivre sans danger la maîtresse qu'elle aimait tant.

– Ne t'inquiète pas je reviendrai bientôt, promit celle-ci.

Elle voulait y croire bien qu'elle eût cruellement conscience de l'inégalité des forces. Warwick avait vu juste en pensant qu'il ne fallait pas laisser davantage de temps à son ennemie...

Le combat fut acharné, héroïque pour ceux de la Rose rouge qui, exaltés par la présence de leur reine, luttèrent au-delà d'eux-mêmes. À lui tout seul Pierre de Brézé abattit des dizaines d'hommes mais, décidément, la cause de Marguerite était maudite. Voyant venir la défaite, la pauvre femme s'affola et, entraînant son fils avec elle, s'enfuit droit devant elle...

Au soir de ce 8 mai 1463, une femme exténuée tenant par la main un petit garçon errait au hasard parmi les futaies et les ronciers de la forêt d'Exham, l'une des plus mal famées du royaume tant elle recelait de brigands et de soldats perdus. Elle n'avait plus l'armure qu'elle avait jetée au hasard parce qu'elle y étouffait. Sa robe était déchirée et l'enfant, en dépit de son courage, pleurait de faim et de fatigue. La nuit venait.

Hors d'haleine, les deux fugitifs se laissèrent enfin tomber au pied d'un arbre.

– Mère, dit le petit Édouard qui n'avait rien compris à cette soudaine panique, pourquoi sommes-nous seuls ? Pourquoi sommes-nous perdus ? Où sont les autres ?

Marguerite ne répondit pas tout de suite. Comment expliquer à cet enfant qu'elle n'en pouvait plus des combats et aussi l'horreur qui s'était emparée d'elle en voyant tomber tant de bons combattants fidèles. Comment dire enfin à l'héritier d'un roi qu'il ne lui restait plus que l'errance au milieu d'une forêt inconnue ?

– Il faut prier, Édouard, réussit-elle à murmurer. Il faut prier pour que Dieu nous prenne enfin en pitié et nous vienne en aide... Pour l'instant, essayez de dormir un peu : vous n'en pouvez plus...

La tête sur ses genoux l'enfant s'endormait en effet quand une forme sombre se dressa tout à coup devant eux. C'était un homme hirsute, sale et de mauvaise mine. Il tenait à la main un couteau rouge de sang mais Marguerite était si lasse, si meurtrie aussi qu'elle n'eut même pas peur.

– Si tu cherches de l'or, dit-elle, tu n'en auras pas car je n'ai plus rien. Mais si jamais une mère s'est penchée un jour sur l'enfant que tu étais alors, je te demande pitié pour mon fils qui est ton prince légitime, le fils d'Henri le Saint et l'héritier de la couronne d'Angleterre. Sauve-le, lui au moins, et tu sauveras ton âme et peut-être l'avenir de ton pays.

D'abord surpris, l'homme regarda plus attentivement cette femme si belle, si misérable aussi mais il ne douta pas un seul instant qu'elle ne lui eût dit la vérité.

Il s'agenouilla et, avec une étrange humilité :

– Dame, dit-il, venez avec moi ! Je vous donnerai abri et réconfort car la forêt est dangereuse la nuit. Moi, Will Bain, je vous servirai de mon mieux...

C'était l'un des bandits qui infestaient Exham. Pourtant, Marguerite et le petit Édouard le suivirent sans hésiter et, un moment plus tard, recevaient de lui l'abri de sa caverne.

D'un creux dans le rocher il sortit du fromage, du pain noir :

– Mangez et reposez-vous ! Demain j'irai voir si je peux trouver quelqu'un des vôtres.

La chance, pour une fois, eut un sourire. Sorti de la forêt à l'aube Will Bain tomba sur Pierre de Brézé qui, avec quelques hommes, cherchait la Reine dont on lui avait dit qu'elle avait disparu dans les profondeurs de la forêt. Il l'amena à son tour à la grotte où Marguerite tomba dans ses bras avec un cri de joie mais, aussitôt, elle se mit à sangloter éperdument.

Il la laissa pleurer jusqu'à épuisement de ses larmes, se contentant de la bercer comme un petit enfant, navré d'avoir à ajouter encore à ce désespoir :

– Il faut me laisser vous ramener en France, Madame, dit-il doucement. Le combat est perdu pour nous et moi je dois vous mettre en sûreté.

– Sauvez mon fils, Pierre ! Moi je n'ai plus d'importance...

– Ne comptez pas que je vous abandonne au sort que vous réserve Warwick ! Je sais qu'il a fait décapiter sur-le-champ Somerset qui était prisonnier... Je sais aussi que, cette fois, il veut votre tête ! Pensez à votre fils sans doute... mais pensez aussi à moi qui vous aime de toute mon âme !

Comme elle était douce, pour cette femme désespérée, la voix de l'amour ! Oubliant son orgueil blessé, ses espoirs déçus et ce poids de souffrance qu'elle traînait après elle, Marguerite s'accorda de goûter enfin la douceur de s'abandonner à une autre volonté. Humblement, elle murmura :

– Je ferai ce que vous voudrez !

– Nous allons attendre la nuit. Ce brave homme, ajouta-t-il en regardant Will Bain, nous guidera à travers la forêt puis nous gagnerons la côte où, avec de l'or, il est toujours possible de trouver un bateau.

– Avons-nous donc de l'or ?

– Oui. Avant que les hommes de Warwick ne tombent sur notre camp j'ai pu sauver ce qui s'y trouvait. Et puis, ajouta-t-il avec un sourire qui se voulait réconfortant, ni moi ni ceux qui m'accompagnent n'avons perdu notre escarcelle.

– Qui est avec vous ? Lord Douglas ?

– Non. Il a été tué hier mais le prince de Galles sera peut-être heureux d'apprendre que son précepteur est ici, ajouta-t-il en se tournant vers le jeune Édouard qui, avec un cri de joie, se précipita hors de la grotte.

– Sir John Fortescue ? Comment est-il là ?

– Oh, c'est tout simple : alors que je vous cherchais désespérément c'est lui que j'ai trouvé. Il vous avait vue entraîner votre fils sous le couvert des arbres mais sans pouvoir vous rattraper. Hier soir, il errait à la lisière des bois sans oser s'y aventurer. Mon écuyer a failli le tuer.

C'était un puissant réconfort de savoir qu'Édouard ne serait pas privé de la sagesse et de l'affection de son mentor mais ce n'était pas suffisant pour apaiser non pas Marguerite mais la Reine. Comment ne pas se soucier du sort de son époux ?

– Pourquoi ne pas retourner à Berwick ? Ce sont les Écossais qui tiennent le château et protègent le Roi. Nous aurons un bateau sans peine et nous pourrons l'emmener avec nous.

– Impossible, Madame. Il nous faudrait traverser toute l'armée ennemie qui se dirige de ce côté. Ce serait une folie.

– Devons-nous donc l'abandonner ? murmura Marguerite au bord des larmes. Il n'a guère plus de forces qu'un enfant...

– C'est, je l'espère, ce qui le protégera. Si sauvage qu'il soit, Warwick se contentera de le garder captif. Pas plus que naguère il n'osera s'en prendre à Henri le Saint ! Il faut choisir, ma Reine ! Et le seul espoir de l'Angleterre, c'est votre fils !

Elle baissa la tête sans répondre. Brézé sans doute avait raison pour Henri mais qu'adviendrait-il d'Alison restée auprès de lui ? Sa fidèle suivante, sa compagne de toujours trouverait-elle grâce elle aussi devant la fureur des vainqueurs ? Qui pourrait l'aider ?

C'était là une question sans réponse. Il fallut bien s'y résigner...

La nuit venue, on partit guidés par Will Bain que Marguerite avait décidé d'emmener. C'était un ancien soldat qui avait combattu en France sous Talbot mais qui, accusé de vol, n'avait échappé à la corde qu'en faussant compagnie à ses gardiens et en cherchant refuge dans la forêt d'Exham. Il connaissait parfaitement la région et sa redoutable force physique représentait un atout de plus.

Grâce à lui, grâce à la détermination de Brézé et au courage de sa petite troupe, on réussit à atteindre Seaham, un petit port encore à l'écart de la guerre civile et qui croyait toujours à la Rose rouge. On y trouva deux grosses barques où la petite troupe s'embarqua en silence, alors que le jour n'était pas levé. Un vent favorable soufflait et la mer était paisible.

Quand l'aube parut éclairant d'une lueur grise la côte dont on s'éloignait, la Reine eut un sursaut de révolte :

– Où m'emmenez-vous ? demanda-t-elle soudain d'un ton de voix singulièrement nerveux.

– Cet homme, dit Brézé en désignant le patron du bateau où ils avaient pris place, doit nous déposer près de Boulogne...

– Dites-lui de nous conduire au port de l'Écluse !

– Chez le duc de Bourgogne ? Mais pourquoi ?

– Durant tout le temps de guerre il était l'allié de la Rose rouge, il me semble ? En outre, c'est le prince le plus riche d'Occident. S'il veut m'aider...

– Madame, Madame ! dit timidement John Fortescue, vous oubliez que le duc de Gloucester en épousant Jacqueline de Luxembourg, sa pupille, en a fait son ennemi...

– Oui, mais moi je suis la nièce du roi de France avec lequel il entretient les meilleures relations à ce que j'ai ouï dire.

– Sans doute, reprit Brézé, mais reste à savoir quelles sont à présent ses relations avec le... l'Usurpateur ? Le duc de Bourgogne voit en toute chose son intérêt !

– Mon intérêt à moi est donc de lui démontrer qu'en nous assistant il ferait la meilleure affaire de sa vie. Je veux aller à l'Écluse !

Il fallut en passer par où elle voulait. Brézé connaissait bien, maintenant, ce pli têtu à son front, cette expression déterminée qui serrait sa bouche lorsqu'elle avait décidé. Rien ne la ferait changer d'avis...

Pourtant c'étaient Brézé et Fortescue qui avaient raison...

Oh ! Philippe le Bon et sa femme Isabelle de Portugal ainsi que ses enfants, le comte et la comtesse de Charolais, lui firent grand accueil. Elle fut reçue, à Bruges, en souveraine régnante et même l'on poussa la prévenance jusqu'à la munir avec faste mais discrétion, de tout ce qui pouvait parer une grande reine doublée d'une jolie femme ainsi que sa suite : le Grand-Duc d'Occident n'en était pas à quelques pierreries ou quelques aunes de brocart ! On donna des fêtes en son honneur et le duc Philippe, cependant âgé mais toujours amateur de beauté féminine, lui fit la cour, la plaignit, pleura même sur ses malheurs. Ce qui ne voulait strictement rien dire car il pleurait avec une facilité confondante. Les poètes de cour chantèrent sa grâce et sa beauté à l'envi... mais dès que l'on parla politique, l'aimable duc devint tout à coup aussi glissant qu'une anguille. Elle n'eut droit qu'à de bonnes paroles et à des idées fumeuses : la Bourgogne se devait d'attendre et de se concerter avec la France pour arrêter une conduite commune envers la Rose blanche, la seule en cette année 1463, à fleurir – et avec quelle abondance ! – dans les jardins anglais.

En fait, les envoyés bourguignons avaient déjà pris langue avec les nouveaux maîtres. Quant à Louis XI, l'expédition qu'il avait financée s'étant révélée désastreuse, il entreprit des pourparlers discrets avec Warwick qu'il connaissait déjà fort bien pour avoir plus ou moins favorisé son commerce de contrebande dans la Manche, moyennant quoi il ne renforcerait pas les défenses de Calais.

Le résultat de tout cela fut une sorte de traité signé au mois d'octobre qui décidait d'une trêve sérieuse entre les trois pays et qui offrait à Édouard IV la main d'une princesse de Savoie, sœur de la reine de France. Ce fut la duchesse de Bourgogne qui se chargea d'annoncer la nouvelle à celle que le traité découronnait et qui, de ce fait, n'était plus rien.

Femme d'une grande dignité et d'une grande piété perpétuellement affligée par les incessantes aventures amoureuses d'un époux cependant septuagénaire, Isabelle de Portugal éprouvait une profonde pitié pour une princesse d'un tel courage et d'une telle énergie :

– Si vous le souhaitez, demeurez chez nous, dit-elle avec beaucoup de douceur. Vous y aurez un domaine, des gens... la paix aussi et le repos.

– Je ne souhaite ni l'une ni l'autre, Madame. Vous êtes bonne de vouloir m'accueillir mais je n'aurai de repos en ce monde qu'une fois mon fils monté au trône de son père. On n'a pas le droit de nous effacer de la sorte...

– Je crains qu'il ne vous faille apprendre la patience, ma chère. Vous pensez que cela me plaît à dire parce que je suis plus âgée que vous mais croyez-moi, l'Angleterre n'en a pas fini de se déchirer. Restez en dehors et élevez votre fils jusqu'à l'âge d'homme ! D'ici là bien des choses auront changé. Acceptez-vous mon offre ?

– Non, Madame ! À défaut de mon cousin le roi de France que je n'intéresse plus, il me reste un père, un frère. C'est à eux de me donner à présent l'asile dont j'ai besoin... Je voudrais retourner en Lorraine, dans mon pays natal. C'est une terre difficile habituée au malheur mais aussi au miracle. Les âmes s'y trempent mieux qu'ailleurs et c'est ce que je veux pour celle de mon fils...

Et Marguerite, toujours escortée de Brézé, partit pour la Lorraine où l'accueillit son frère, Jean de Calabre, revenu d'Italie où il avait dû renoncer à ses droits sur Naples.

– Le courage et le bon droit ne suffisent pas toujours, ma sœur, lui dit-il en l'embrassant. Il y faut aussi l'aide de Dieu et il semblerait qu'il se soit détourné de notre maison. Vous avez bien fait de revenir...

9

Le dernier champion...

Le château de Kœur, situé entre Commercy et Saint-Mihiel, n'était pas très grand mais bâti sur une ancienne position romaine, il était solide. En outre sa situation sur la verte vallée de la Meuse ne manquait pas de charme. C'est là qu'un soir Pierre de Brézé amena Marguerite sous la conduite d'un officier du duc de Lorraine et de quelques soldats. C'est là aussi qu'ils se dirent adieu après une dernière nuit d'amour.

La tâche du Sénéchal était maintenant achevée même si elle se soldait par un échec. Du moins avait-il conduit dans des eaux tranquilles sa reine et le petit prince auquel il s'était attaché. Il devait à présent rejoindre son roi qui le rappelait. L'ouvrage ne manquait pas en France où les grands féodaux commençaient à vouloir imiter ceux d'en face.

– Reviendrez-vous ? demanda Marguerite à l'instant où il allait monter à cheval...

– Vous savez bien que rien ne m'en empêchera... si ce n'est la mort. Le cœur me fend de vous quitter mais du moins je peux partir en paix vous sachant en sûreté. Pensez à moi comme je penserai à vous. Je vous dois le plus grand bonheur de toute ma vie...

Marguerite ne s'attarda pas à le regarder partir. Elle préféra gagner l'oratoire attenant à sa chambre pour y prier Dieu de lui laisser au moins cet amour-là. Elle ne pouvait en effet se défendre d'un sombre pressentiment et s'efforçait de l'étouffer sous des oraisons passionnées.

Un événement inattendu vint faire diversion à son chagrin : Alison, sa chère Alison qu'elle croyait à jamais perdue, arriva un beau jour amenée d'Angers par deux serviteurs du roi René après une odyssée qui faisait grand honneur à la trempe de son caractère.

Contrairement à ce que pensait la Reine, les yorkistes n'avaient pas repris Berwick aux Écossais trop heureux de tenir cette précieuse forteresse et qui la défendaient comme un chien défend son os. Alison était donc restée auprès du roi Henri qu'elle soignait de son mieux en attendant des jours meilleurs.

– Nous aurions pu y demeurer des années mais notre pauvre sire était au plus profond de son délire. Un jour, je ne sais comment, il a réussi à tromper la surveillance de ses gardes, il est sorti du château et s'est perdu dans la campagne.

– Ne pouvait-on courir après lui, le rattraper ?

– Et ouvrir Berwick aux troupes de l'Usurpateur qui campaient toujours aux environs ? Le capitaine qui commandait la place m'a envoyée alors à la Régente pour lui demander comment agir mais il n'y avait rien à faire et quelque temps après nous avons pu savoir ce qui s'était passé...

– On l'a retrouvé ?

– Oui, Madame.

– Eh bien, où est-il ? Qu'en a-t-on fait ?

Alison baissa la tête pour cacher les larmes qui lui venaient.

– Il est à la Tour de Londres. Quant à ce qu'on lui a fait...

Elle raconta alors comment le pauvre roi avait erré dans les campagnes durant plusieurs semaines, vivant tant bien que mal de vagabondages et d'aumônes jusqu'à ce qu'un capitaine d'York le reconnaisse et s'empare de lui, sans la moindre difficulté, bien entendu. Puis sachant qui le lui paierait le plus cher, il le conduisit à Warwick.

Le Faiseur de Roi agit alors d'une ignoble façon que rien ne pouvait justifier. C'était une hideuse lâcheté plus déshonorante qu'une exécution capitale : le pauvre roi fou dut parcourir les rues de Londres, attaché à la queue d'un cheval sous les huées, les quolibets et les projectiles d'une populace servile. Après quoi on le jeta dans un cachot de la Tour.

Le cœur arrêté, Marguerite éclata en sanglots, pleurant à la fois de rage et de désespoir :

– Pauvre doux Henri ! gémit-elle. Il ne méritait pas ce traitement barbare ! De quoi est donc fait ce maudit peuple de Londres qui cependant l'appelait le Saint et le vénérait ? Et surtout qui donc, à présent, se lèvera pour défendre notre maison ? Il n'y a plus personne et mon fils est si jeune !

La réponse ne vint pas tout de suite mais elle vint.

Ce qui arriva peu après le retour d'Alison renvoyée en France par les soins de Marie de Gueldre, ce fut une autre mauvaise nouvelle, pire encore peut-être que la précédente : Pierre de Brézé avait trouvé la mort durant la bataille de Montlhéry où l'armée royale affrontait les dangereuses troupes du Bien Public, la ligue patronnée par le nouveau duc de Bourgogne que l'on appelait déjà le Téméraire.

Écrasée de douleur, Marguerite s'ensevelit sous des voiles de deuil que justifiaient d'ailleurs le sort tragique d'un époux dont nul ne savait s'il n'était pas déjà exécuté. Et jura de ne plus jamais les quitter...

Les jours continuèrent de couler, paisibles et tous semblables dans le petit château des hauts de Meuse, tissant petit à petit une légende autour de cette princesse si belle et si triste qui ne sortait jamais de sa tour.

Elle se vouait uniquement à la prière et à l'éducation de son fils que sir John Fortescue menait de main de maître. Comme il l'avait fait jadis pour son malheureux père, le vieux précepteur veillait à l'esprit de l'adolescent en même temps qu'au développement harmonieux de son corps ainsi qu'il convenait à l'héritier d'un grand royaume.

Édouard allait avoir dix-huit ans quand une lettre portant le sceau de France arriva à Kœur : Louis XI demandait à sa chère cousine de bien vouloir quitter sa retraite campagnarde pour le rejoindre au château d'Amboise afin d'y débattre d'affaires de la plus grande importance regardant son fils. Et afin que la Reine fût bien persuadée qu'il y avait urgence, le chevaucheur chargé du message était accompagné d'une escorte de la Garde Écossaise : ils avaient pour mission de les ramener sains et saufs elle et son fils.

Sous le couvert de la courtoisie officielle, cela ressemblait tellement à un ordre, à une contrainte que Marguerite fut tentée de refuser mais à cet organisme passionné, énergique, toujours chargé de vitalité l'inaction pesait chaque jour un peu plus. Si, de cette rencontre pouvait dépendre la moindre chance pour Édouard, sa mère n'avait pas le droit de la refuser. Elle donna l'ordre du départ...

Ce fut avec un pincement au cœur que Marguerite retrouva la rampe menant au château d'Amboise. La dernière fois qu'elle l'avait gravie, elle ramenait Pierre de Brézé qu'elle était allée chercher à Loches. Il était auprès d'elle et même s'ils ne se touchaient pas, elle savait qu'ils partageaient la même joie d'être ensemble. Aujourd'hui, elle ignorait ce qui l'attendait dans le logis aux fenêtres fleuronnées...

L'accueil de Louis XI fut particulièrement gracieux. Il embrassa ses cousins, s'inquiéta de leur fatigue, tint à ce qu'ils se reposent et se restaurent avant de parler de choses sérieuses. D'autre part, il complimenta

Marguerite sur sa beauté intacte et le jeune prince sur sa vigueur et sa mine éveillée. Pas dupe pour un sou de ces multiples amabilités, Marguerite alla droit au but :

– Sire mon cousin, vous ne nous avez pas appelés ici pour une simple réunion de famille ? Si vous me disiez ce que vous avez derrière la tête ?

– Rien d'autre que votre bien, soyez-en sûre. En fait... il se présente, pour vous, une opportunité qui pourrait rendre à votre fils le trône de ses pères...

– Quelle est-elle ?

– Soyez un peu patiente ! Tout à l'heure vous rencontrerez celui qui est venu m'exposer son projet. Un projet que je suis tout disposé à aider. Mais d'abord passons à table ! On corne l'eau...

Jamais repas ne parut aussi interminable à l'impatience de la Reine. Elle mangea un peu mais uniquement par nécessité et parce qu'il n'y avait rien d'autre à faire. Louis XI parlait chasse avec Édouard : un sujet qui les passionnait tous les deux. Enfin, on se leva de table et le Roi offrit la main à Marguerite pour la conduire au jardin. Ils firent quelques pas au milieu des parterres fleuris et des bouquets de lilas qui dominaient la Loire. Le temps était doux et le ciel charmant avec de jolis nuages qui se poursuivaient, blancs et mousseux comme des plumes.

Ils allèrent ainsi, sans parler, jusqu'à un banc adossé à un bosquet fleuri où Louis fit asseoir sa compagne :

– Veuillez attendre ici un instant, murmura-t-il avant de s'éclipser.

Pensant que le mystérieux personnage annoncé n'allait pas tarder à paraître, Marguerite ferma les yeux pour mieux se concentrer et rassembler ses forces. Quand elle les rouvrit, Warwick était devant elle...

Elle se releva aussitôt en poussant un cri qui était à la fois d'horreur et de colère comme il arrive lorsque l'on fait un cauchemar et que l'on se réveille en sursaut. Cette fois le cauchemar ne s'effaça pas. Elle voulut fuir mais tomba presque dans les bras de Louis XI qui, bien entendu, n'était pas loin :

– Il faut l'écouter Marguerite ! dit-il gravement.

– Vous ne savez pas ce que vous dites ! Depuis que je suis reine d'Angleterre cet homme n'a cessé de me poursuivre de sa haine. Il a voulu me déshonorer, faire passer mon fils pour un bâtard ; il n'a cessé de m'insulter et si je n'avais réussi à fuir après Exham, il eût promené ma tête au bout d'une pique ! Et, encore, s'il n'y avait que moi ! Mais mon pauvre et malheureux époux Henri le Saint comme ils l'appelaient tous, ce misérable n'a pas craint de l'exposer aux injures de la populace. Au pilori ! Il a osé mettre son roi au pilori ! Et maintenant il a l'insolence d'oser se présenter devant moi ? ... Ce misérable dont les mains dégouttent encore du sang des nôtres a arraché la Rose rouge pour la fouler aux pieds ?

Ivre de fureur, elle tendait vers son ennemi de toujours un bras qui repoussait et maudissait à la fois.

– Il faut l'écouter, Marguerite ! répéta le Roi. Il est votre unique chance de rendre la couronne à votre fils...

Warwick, lui, ne disait rien. Grande silhouette de noir vêtue à l'exception de la Rose blanche brodée à hauteur du cœur, il s'avança de quelques pas, tira son épée et la jeta devant la Reine en mettant genou en terre :

– Prenez-la ! dit-il. Elle est à vous.

Puis levant sur elle son regard arrogant :

– Inutile de crier si fort ! Je sais que vous me haïssez et je ne peux vous le reprocher. Mais, rappelez-vous ma première visite, à Windsor. Je n'ai pas changé depuis : je suis celui qui vous a aimée jusqu'à la haine furieuse, jusqu'à l'exécration mais qui n'en a pas guéri pour autant.

– Que voulez-vous ? Êtes-vous donc las de servir votre cher Édouard, cet immonde usurpateur ?

– N'ergotons pas sur l'usurpation. C'est une chose courante chez nous. Seulement, je suis las de servir un imbécile !

Elle se donna le temps de l'examiner. Comme il avait peu changé. C'était toujours le même visage brun en lame de couteau, le même regard flambant, la même insolence jusque dans cette posture dont elle ne l'avait pas relevé. Il n'avait même pas vieilli. Ou si peu ! Cet homme devait être fait d'un métal inusable autant qu'inflexible.

– Et, à présent, vous voulez sans doute me servir ? fit-elle avec un rire amer.

– Je suis le seul qui puisse vous rendre l'Angleterre car le peuple est toujours à moi...

– Me rendrez-vous aussi mon époux que vous avez assassiné ?

– Quelle est cette fable ? Henri est toujours à la Tour et encore vivant...

Regardant l'épée qui gisait encore à terre, elle eut un haussement d'épaules :

– Pourquoi vous croirais-je ? Qui me dit que vous pourriez servir loyalement ?

– Mon intérêt !

Warwick avait lancé le mot si brutalement qu'il frappa Marguerite parce qu'il rendait un indéniable son de vérité :

– Votre intérêt ? Allons donc ! Vous tenez l'Angleterre sous votre botte et l'on vous appelle le Faiseur de Rois !

– Justement ! Je suis tout prêt à balayer Édouard pour en faire un autre. Édouard s'est moqué de moi. Savez-vous de qui il a fait une reine d'Angleterre alors qu'il devait épouser une princesse ou à tout le moins ma fille qui est de sang royal ? Il a épousé Élisabeth Woodwill, autrefois Lady Ferrers et votre suivante. Cette intrigante couche dans votre lit, porte votre couronne, vos bijoux... peut-être vos robes... et je ne peux le supporter. Pas plus que de voir son père, devenu Lord Rivers promener partout sa bêtise arrogante tandis que tous ceux de sa tribu se voient adjuger les postes les plus importants. Ce n'est plus Édouard qui règne, c'est lui et sa fille : une femme qui a sept ans de plus que le roi et qui avait déjà des enfants !...

Debout à quelques pas, Louis suivait avec un vif plaisir le duel de ces deux êtres hors du commun dont l'affrontement avait saigné à blanc l'Angleterre mais il se gardait bien d'intervenir : le spectacle était de choix. Le texte aussi et ce fut mieux encore lorsque le comte, baissant soudain la voix, ajouta :

– Tout est ainsi que je viens de le raconter, Madame ! Il me reste à vous dire que je regrette de toute mon âme d'avoir servi qui ne le méritait pas... et que je vous aime toujours !

Et comme Marguerite, bizarrement ébranlée, le regardait sans rien dire, Warwick tira sa dague de sa ceinture. D'un coup rapide il s'entailla la main et l'appliqua sanglante sur la Rose blanche brodée sur son pourpoint :

– Voyez !... Je suis vôtre à jamais et jusqu'à la dernière goutte de ce sang !...

Alors lentement mais sans le quitter des yeux, Marguerite tendit la main à cet ennemi acharné dont elle n'avait jamais imaginé qu'un jour il viendrait prier à ses pieds. Il lui revenait de façon bien étrange mais elle avait trop souvent pu mesurer sa force et son intelligence. Qu'il l'aimât vraiment, c'était difficile à croire et Marguerite ne voulait pas être dupe d'un amour sous lequel germait sans doute l'ambition. Pourtant, elle ne pouvait se défendre d'une bizarre émotion. Il y avait si longtemps qu'elle n'avait vu un regard d'homme s'attacher à elle avec cette expression affamée...

Tandis que Warwick posait ses lèvres sur la main offerte, Louis XI se rapprocha :

– Eh bien, dit-il doucement, je crois que nous allons pouvoir parler de choses sérieuses ! Mais avant il faut remercier Dieu qui m'a permis de vous réunir pour votre plus grand bien à tous deux...

Cependant, au verger du château une autre scène se jouait tout à fait involontaire cette fois.

La reine Charlotte s'y trouvait avec ses dames et une ravissante jeune fille, Anne Neville, qui n'était autre que la propre fille de Warwick. Moins romantique et moins jolie que Marguerite d'Écosse, la première épouse de Louis, Charlotte de Savoie, plantureuse et blonde possédait toutes les qualités d'une bonne ménagère – ce que son époux jugeait fort précieux pour les finances du royaume ! – plus une amabilité et une simplicité du cœur qui en faisaient la femme la plus avenante et la plus reposante qui soit. Ainsi elle avait accueilli avec un vif plaisir la fille de l'inquiétant visiteur anglais.

Assises sous un gros cerisier, les dames cousaient ou brodaient en écoutant Anne Neville chanter en s'accompagnant du luth. L'instant était paisible et le tableau charmant. C'est du moins ce que pensa le jeune Édouard de Lancastre qui, interdit de séjour du côté du jardin où se trouvait sa mère, se promenait sur le rempart mais en descendit pour suivre l'écho d'une chanson anglaise.

Une chanson anglaise ? Dans ce château français ? Était-ce possible ?

Il crut tout de bon rêver quand il découvrit la chanteuse qu'il trouva la plus jolie du monde. Et il restait là, à l'écouter quand la Reine s'aperçut de sa présence et lui fit signe d'approcher comme les dernières paroles mouraient sur les lèvres d'Anne.

Félicitations, présentation, exclamations joyeuses de retrouver sur la terre de France, un compatriote traité avec amitié et selon son rang. Au bout d'un moment, Anne et Édouard s'étant écartés du groupe marchaient ensemble sous les arbres fleuris suivis du regard par Charlotte qui fit connaître aussitôt sa satisfaction :

– Je crois, Mesdames, que nous n'aurons pas grand-peine à prendre d'un mariage que mon seigneur époux et mylord Warwick souhaitent vivement ?

C'était, en effet, dans ce but que le rusé Warwick avait amené avec lui sa plus jeune fille. Édouard IV avait refusé le trône à sa fille aînée Isabelle qui avait dû se contenter de l'inepte frère du Roi, le duc Clarence qui passait sa vie à table. Le Faiseur de Rois comptait bien défaire son ouvrage et assurer enfin la couronne à sa famille en mariant Anne au jeune Édouard.

À vrai dire, l'idée de marier son fils chéri à la fille de Warwick n'enchantait guère Marguerite en dépit de la paix conclue entre eux mais

Anne était si charmante, le futur couple si rayonnant de bonheur qu'elle n'eut pas le courage d'émettre la moindre objection.

– C'est bonne chose que tant de haine s'efface devant l'amour, lui dit le vieux Fortescue lorsqu'elle lui demanda son avis. Nous aurons là un bon roi et une délicieuse reine. Le peuple qui n'aime guère votre ancienne suivante à ce que l'on m'a assuré, va les adorer !

– Je le souhaite, mon ami, je le souhaite de tout mon cœur et croyez bien que je saurai m'effacer pour ne pas porter tort à ma bru. Je reviendrai vivre en France...

– Vous n'y pensez pas, Madame ! s'écria le Faiseur de Rois qui arrivait à cet instant et avait entendu. Vous vivrez, reine mère aimée et respectée dans telle demeure qui vous plaira mais vous ne nous quitterez pas. Je... je ne pourrai le supporter...

Il était sérieux, presque grave et Marguerite le devina sincère. Pourtant, elle ne résista pas au plaisir d'envoyer une dernière flèche :

– J'ai presque envie de vous croire. Il paraît en effet que lorsque sort d'une vie humaine l'être que l'on a le plus haï au monde, il vous manque à l'égal d'un amour perdu parce que l'on ne trouve plus goût à l'existence sans la piqûre incessante de cette épine.

Il se pencha, prit sa main et l'éleva jusqu'à ses lèvres :

– Vous savez bien que ce n'est pas mon cas, murmura-t-il. Ce que j'ai haï avec passion, c'est tous ceux qui vous entouraient, ceux qui avaient droit à votre sourire... à votre amour !

– Même mon pauvre époux que vous avez si indignement traité ?

– J'étais fou de rage. Sans cesse vous m'avez échappé. J'aurais fait n'importe quoi pour vous atteindre... pour vous faire mal !

– Vous n'y avez que trop bien réussi... C'est cela surtout, le calvaire de cet innocent que j'ai peine à vous pardonner...

– Vous y viendrez quand je l'aurai replacé si haut que seul le ciel le dominera ! Et peut-être arriverez-vous aussi à m'aimer un peu ? ...

Au mois d'août 1470, dans la chapelle du château d'Amboise, Édouard de Lancastre, prince de Galles, épousait Anne Neville, fille du comte de Warwick et d'Anne Beauchamp à ce jour décédée. Un faste véritablement royal entoura l'événement tant Louis XI savait dépenser quand son intérêt l'exigeait. Il y avait là tous les princes de la maison de France et de la maison d'Anjou plus le duc de Clarence, frère du nouveau roi cependant, mais demeuré attaché à Warwick devenu son beau-père. La ravissante mariée blonde portait une robe de satin blanc brodée d'or qui fit monter une larme aux yeux de Marguerite tant elle lui rappelait celle qu'elle portait à Nancy, le jour où Suffolk l'avait épousée au nom de son jeune maître. Et, de tout son cœur, elle pria pour que cette union où l'amour, pour une fois, présidait, ne soit pas marquée au sceau d'un destin aussi tragique que le sien.

Quelques jours plus tard, la nouvelle famille repartait pour l'Angleterre avec les hommes et l'or donné par Louis XI. Mais quand on fut en Normandie, seul Warwick prit la mer avec le corps expéditionnaire :

– Je préfère que vous attendiez ici que je vous appelle, dit-il. Laissez-moi faire seul le plus gros de l'ouvrage. Ce devrait être facile puisque le peuple me suit mais... – et je vous demande, Madame, de me pardonner ce que je vais dire ! – il changerait peut-être d'avis si je revenais avec vous à mon côté !

En fait, il aurait préféré que Marguerite reste en France. Rétablir Henri sur le trône serait relativement facile car les excès de faveur dont jouissait la famille de la nouvelle reine Élisabeth révoltaient tout le monde, peuple et noblesse joints. Mais si Marguerite reparaissait trop vite, les chances pourraient être compromises. Seulement pour rien au monde à présent, Marguerite ne voulait se séparer de son fils. Il l'avait suivie tout au long de son calvaire et il était tout ce qui lui restait au monde...

Comprenant malgré tout ce que sous-entendaient les paroles de Warwick, elle s'inclina mais ce fut difficile de convaincre le jeune Édouard :

– C'est mon père que vous allez délivrer, protesta-t-il. Je veux me battre pour lui !

– Vous aurez tout le loisir de montrer votre valeur quand le temps en sera venu. Pour l'instant, je vous demande de veiller à votre mère et à votre jeune épouse. Soyez certain que je vous appellerai quand il faudra vous montrer au peuple !

Et il partit dans le soleil d'un matin glorieux qui parut, à ceux qui restaient, du meilleur augure.

Si puissante était sa personnalité, si grand son pouvoir sur les petites gens qu'il suffit à la bannière de l'Ours à l'épieu rompu de paraître dans le Kent pour que tous se lèvent. Et Warwick marcha sur Londres à la tête d'une armée de soixante mille hommes. Sur Londres qui lui ouvrit ses portes et ses bras. Édouard IV, surpris par la soudaineté du phénomène, eut tout juste le temps de s'enfuir avec quelques compagnons et de s'embarquer pour la Bourgogne. Warwick, alors, se rendit à la Tour de Londres... Une surprise l'y attendait.

Il pensait trouver, au fond d'un cachot, un pauvre fou croupissant à la fois dans l'ordure et la démence : il trouva, dans une cellule presque propre, un homme qui avait entièrement dépouillé la vie de ce monde pour s'accommoder fort bien, au contraire, des rigueurs de la prison. Elles n'étaient pas pénibles à cet être qui, toute sa vie, rêva d'être moine. Il y retrouvait même un calme, un détachement qui confondait ses gardiens. « Son esprit mystique, fortifié par la souffrance, s'élevait vers des sommets mystérieux » et le don de voyance lui avait été accordé par Dieu.

Ainsi avait-il appelé un jour ses gardiens pour les supplier de courir vers la Tamise où une femme venait de se jeter avec son enfant. On lui obéit, on trouva la désespérée et le gardien en revenant vers son prisonnier, le voyant en prières, s'agenouilla devant lui en lui demandant sa bénédiction.

Il avait écrit sur un mur « Royauté n'est que souci ! » À la limite il eût été heureux à la Tour si la pensée des siens, qu'il n'oubliait pas et dont il ne savait rien, ne venait parfois faire couler ses larmes mais il offrait sa douleur à Dieu.

Sa réputation de réelle sainteté débordait maintenant les murs de la vieille tour normande. On soudoyait les geôliers pour lui amener des malades afin qu'il les touche. Et il les guérissait parfois. On devine ce que fut l'étonnement de Warwick débarquant dans une prison d'État transformée en une sorte de reliquaire...

Quand il pénétra dans la cellule, Henri le reconnut et ne put se défendre d'un geste de crainte tant cet homme apportait avec lui de souvenirs affreux, mais ce ne fut qu'un instant et il attendit avec un sourire le coup fatal.

La surprise changea de camp lorsqu'il vit ce bourreau s'agenouiller devant lui pour demander son pardon et ensuite le proclamer seul vrai maître et seigneur de l'Angleterre. Et Henri quitta la Tour, à nouveau vêtu en prince, mais avec une sorte de regret. S'il n'y avait eu la perspective de revoir bientôt son fils, sa femme bien-aimée, il n'eut jamais permis à Warwick de l'emmener. Et ce fut au tour du palais de Westminster de se convertir en une sorte de sanctuaire où l'on venait toucher les pieds du Roi et lui demander de bénir les enfants. Ainsi, le second fils d'Owen Tudor lui amena-t-il son jeune neveu, Henri de Richmond, qui avait quinze ans.

Selon un récit de l'époque le Roi dit aux lords en posant sa main sur le front de l'adolescent : « Et celui-là aussi régnera. Faites-en cas, mylords ! Il peut vous soulager plus que vous n'avez été blessés par moi !... »

Et Édouard IV, pendant ce temps, que faisait-il ?

Il avait couru se réfugier et porter sa plainte à son beau-frère le duc de Bourgogne. Or celui-ci n'était plus, bien entendu, Philippe le Bon qui avait rendu son âme à Dieu mais son fils, le Téméraire, marié depuis deux ans à Marguerite d'York, l'unique sœur d'Édouard et qui voyait d'un très mauvais œil une restauration de la Rose rouge provoquée par son ennemi le roi de France. Le fugitif n'eut aucune peine à obtenir de lui tout ce qu'il voulait car de plus riche prince ne se pouvait trouver en Europe. Édouard repassa le détroit sans faire d'abord étalage d'une grande force : il revenait seulement, sous couleur de soumission, demander qu'on veuille bien lui rendre son duché d'York...

Warwick l'eût chassé sans ménagements mais le Roi entendait régner sur l'Angleterre comme il avait régné sur la Tour de Londres et pratiquait le pardon des injures. Il demanda que l'on fît accueil à son beau cousin repentant.

– Sire, protesta violemment Warwick, vous n'aurez pas assez de toute votre vie pour vous en repentir. Songez aux vôtres qui vont arriver ces jours prochains !

En effet, Marguerite et ses enfants venaient de s'embarquer à leur tour pour rejoindre Henri. Celui-ci se contenta de sourire :

– Allons-nous repousser la meilleure occasion de ramener enfin la paix dans ce pauvre royaume si déchiré ?

La paix ? Warwick connaissait assez Édouard pour savoir qu'il n'y fallait pas compter et que ses intentions, soufflées par le boute-feu bourguignon n'avaient rien de paisible. Il se prépara à l'inévitable combat...

Il eut lieu à Barnet, entre Saint Albans et Londres. On était en mars ; le temps était abominable, pluie, grêle et neige mélangées et tout de suite la lutte fut acharnée avec pour Warwick de cruelles défections : ainsi celle de Clarence, son gendre, qui lui tourna le dos pour courir rejoindre son frère Édouard. Pire encore, Lord Montaigu, son propre frère, voulut suivre ce triste exemple mais le Grand Comte l'abattit d'un coup d'épée qui lui fit sauter la tête. Le sort, une fois encore, tournait contre la Rose rouge et le malheur voulut qu'au moment même où, à quelques lieues de là, Marguerite mettait le pied sur le sol anglais, Warwick trouve la mort au pied même de la bannière à laquelle il s'était dévoué trop tard. On dit qu'en tombant pour ne plus se relever il cria le nom de Marguerite...

Là où avait échoué l'indomptable Warwick, la reine errante et son jeune prince de dix-sept ans ne pouvaient réussir. Une dernière bataille eut lieu cependant, le 3 mai suivant à Tewkesbury. Cette fois c'était bien la dernière. Marguerite et son fils tombèrent aux mains de l'ennemi...

Le vainqueur, redevenu Édouard IV, se donna l'abominable plaisir de faire massacrer – le terme n'est pas trop fort pour la boucherie à laquelle il incita ses lords – le jeune prince de Galles devant lui et, pire encore, devant sa mère et sa femme. On dit qu'à cet instant Marguerite folle de douleur maudit le royal bourreau et sa génération mais Édouard se contenta de hausser les épaules :

– Qu'on emmène cette furieuse à la Tour et qu'on ne m'en parle plus ! Mais que l'on respecte sa vie ! La mort, maintenant, lui serait clémence et je veux qu'elle savoure à loisir son deuil !

Restait Anne, la jeune princesse de Galles. Sa beauté la sauva. Auprès d'Édouard, il y avait son jeune frère, Richard le bossu dont la difformité cachait l'âme la plus noire qui fut :

– Qu'on ne lui fasse surtout aucun mal, mon frère ! Elle me plaît infiniment et j'espère un jour la faire mienne. Faites-la donc conduire à Fotheringay où notre mère saura prendre soin d'elle...

Celui qui redevenait roi acquiesça non sans un peu de regrets. Il pensait que si Warwick lui avait offert naguère cette fille-là au lieu de la sœur aînée, il aurait peut-être répudié son Élisabeth. Elle était grosse une fois de plus et leur différence d'âge s'en trouvait encore accentuée mais son trône si fraîchement reconquis lui interdisait de causer un nouveau scandale. Du moins pour le moment... Il fit emmener la jeune femme écrasée de douleur vers son château familial...

À demi-folle de désespoir Marguerite fut donc conduite à la Tour mais dans une chambre à peu près convenable et surveillée de près : il n'était pas question de lui permettre de se donner la mort, ses gardiens répondaient de sa vie sur leur tête.

La malheureuse sut que l'on avait ramené aussi son époux dans la vieille forteresse normande à quelques mètres d'elle. Au fond de son chagrin, elle pensa que son étrange état d'esprit lui rendrait la captivité aussi facile qu'elle l'avait été avant que Warwick ne vînt l'en tirer pour le ramener à la dangereuse lumière d'un trône. Mais ce faible apaisement lui fut bientôt retiré. Il n'était pas question, cette fois, de laisser la sainteté d'Henri s'étendre à nouveau sur la prison. Quelques jours après sa réincarcération, dans la nuit du 21 mai, un homme fut introduit auprès de lui. Cet homme, ce bossu, s'appelait Richard de Gloucester et ne resta pas longtemps. Quelques secondes à peine : juste le temps qu'il lui fallait pour étrangler de ses mains le roi doublement sacré de l'Angleterre...

Naturellement, on s'empressa d'apprendre à la reine captive qu'elle était veuve mais elle ne pleura qu'à peine : il ne restait plus assez de larmes après la mort abominable de son enfant...

Elle en trouva cependant encore quelques-unes pour pleurer le sort affreux de sa petite belle-fille : un mois environ après l'assassinat d'Henri, Anne, princesse de Galles, était traînée à l'autel puis dans le lit de l'assassin. La reine captive alors eût le courage de remercier Dieu qu'elle ne lui eût pas donné de petit-fils que l'affreux personnage eût sans doute éprouvé beaucoup de joie à tuer.

Ensuite, le silence des prisons habité du pas des soldats, des ordres rugis, du claquement des verrous et du son des cloches se referma sur elle...

Il dura quatre ans. Au bout de ce temps, on vint lui dire que le roi Louis XI payait pour sa liberté une rançon de cinquante mille écus d'or et que Thomas de Montgomery était chargé de la ramener en France mais elle n'en manifesta rien. En la voyant paraître celui qui devait l'accompagner demeura saisi d'une sorte de crainte superstitieuse en se demandant de quel métal était faite cette femme que l'on disait indomptable. Certes, ses cheveux avaient blanchi et des rides légères marquaient son front et accentuaient le pli dédaigneux de la bouche, mais qu'elle était donc belle encore dans ses vêtements de deuil ! Celle-là n'avait pas besoin de porter couronne pour que l'on sût qu'elle était reine et c'est avec d'infinis respects qu'il la conduisit à Dieppe d'abord puis à Rouen où l'attendaient ceux qui devaient la mener à son royal cousin. Cette fois, ce fut au Plessis-lès-Tours qu'il la reçut avec toujours la même courtoisie un peu narquoise.

Tout au long du voyage, Marguerite s'était demandé pourquoi ce cousin qui ne l'aimait pas, qui ne dépensait qu'à bon escient et envers qui, d'ailleurs, elle se reconnaissait volontiers en dette s'était arraché une telle somme ? Ce n'était certes pas pour le plaisir de la revoir ? Elle le sut bientôt...

De toute sa famille, ne lui restait que son père, âgé maintenant mais toujours amoureux d'art, de tournois et de femmes. La Lorraine, détachée du reste des biens de famille et d'ailleurs convoitée par le duc de Bourgogne avait choisi un cousin mais le vieux roi détenait encore le Maine, l'Anjou et la Provence. Or Louis XI dont l'incessant combat avec le Téméraire n'était pas encore achevé entendait qu'à la mort de René, ces belles terres revinssent tout droit à la Couronne. Marguerite dut signer une renonciation à son héritage quand le temps en serait venu...

Elle, naguère si combative, n'essaya même pas de lutter. Pour qui puisqu'elle n'avait plus de fils ? Pour quoi ? Pour une richesse qui ne l'intéressait plus ? La prison, à l'exemple d'Henri, l'avait habituée à une vie austère. Au fond d'elle-même, Marguerite ne désirait plus que la mort. Elle se la fût donnée avec joie si Dieu ne l'interdisait... Elle signa...

Puis demanda avec une sorte d'indifférence où son beau cousin pensait la faire vivre puisqu'il ne lui restait rien.

– Le roi votre père est toujours vivant, ma cousine. Il vous donne le château de Reculée, près d'Angers, où tout a été disposé pour vous recevoir. Votre suivante, la damoiselle de La Grange vous y attend...

– Alison ? Elle vit toujours ?

En effet, avant de s'embarquer pour le dernier combat elle avait dû laisser à Dieppe sa fidèle suivante reprise par le mal qui l'avait déjà terrassée à Berwick et qu'elle espérait faire venir plus tard...

– Une dame béguine l'a guérie, dit Louis XI, mais ayant appris les malheurs qui vous frappaient, elle a renoncé à vous rejoindre. C'était même impossible. Alors elle est revenue à Amboise où la Reine, mon épouse, a pris soin d'elle. Vous la trouverez à Reculée...

Marguerite demanda qu'on l'y mène en hâte.

Ainsi, dans sa détresse, le Ciel lui conservait une amie, celle de toujours, la plus fidèle et la plus chère, celle qui, pour demeurer à ses côtés, avait renoncé à toute vie personnelle. Leurs retrouvailles n'eurent pas besoin de mots. Alison, elle aussi, avait des cheveux blancs et quand elle s'en vint à sa rencontre sur le pont-levis du château, Marguerite eut l'impression qu'on lui tendait un miroir. En pleurant, elles tombèrent dans les bras l'une de l'autre...

Bâti dans un site verdoyant et orné de peintures ainsi que d'une élégante galerie, Reculée avait tout pour séduire la revenante. Certes, elle avait songé, un instant, à rejoindre son père qui ne quittait plus son château d'Aix-en-Provence mais elle n'avait plus envie d'autres horizons préférant s'en tenir à ceux qui encadraient jadis son heureuse enfance lorsque veillait sur elle la tendresse sans mièvreries de sa grand-mère Yolande. Du moins pouvait-elle aller prier sur sa tombe et sur celle de la vieille Tiphaine qui avait su avant tout le monde vers quel tragique destin le bel ambassadeur anglais entraînait une petite Marguerite de quinze ans...

Les deux femmes vécurent donc là, sans faste aucun, d'une petite pension que René servait à sa fille. Elles n'étaient pas isolées. Les châtelains d'alentour tinrent à honneur de venir saluer celle que grandissait si fort son auréole tragique. L'un d'eux surtout était assidu...

Il se nommait Francis de Vignolles, seigneur de Morains. Il était parent de ce fameux compagnon de Jeanne d'Arc, cet Étienne de Vignolles que l'on appelait La Hire à cause de son affreux caractère. Il était jeune encore, environ trente ans, alors que Marguerite en avait plus de quarante-six mais il s'éprit d'elle aussi éperdument que s'ils avaient l'un et l'autre vingt ans.

La reine déchue s'accorda-t-elle la douceur d'un dernier roman ? Qu'elle y eût été sensible est certain. Qu'elle y cédât l'est beaucoup moins. À cette femme dépouillée de tout qui avait régné sur un grand pays et conduit des armées, il ne restait que son orgueil. Vignolles comprit qu'il devrait se contenter de veiller sur elle.

Il le fit quand Alison mourut, deux ans après l'installation à Reculée. Il le fit encore et surtout quand on apprit en juillet 1480 la mort du roi René dans sa Provence bien-aimée :

– Vous allez devoir quitter ce château, Madame. Il appartient maintenant au roi Louis.

– Sans doute, mais il n'oserait tout de même pas m'en chasser ?

– Avec un homme comme lui il faut s'attendre à tout. Songez que, depuis la mort sous Nancy du duc de Bourgogne, il a mis la main sur ses terres françaises. En outre, il vieillit et veut rassembler la France entière avant de quitter ce monde. Il ne vous laissera pas si près d'Angers...

– Où irai-je alors ? Je n'ai plus rien, pas même un liard ! Dois-je mendier mon pain au long des routes ?

– Vous savez bien que je ne l'accepterai jamais. Permettez-moi de vous offrir mon petit château de Dampierre, à Sauzay. Il domine la Loire que vous aimez tant. Venez le prendre dès maintenant. N'attendez pas que l'on vous jette dehors !

Marguerite sentit qu'il avait raison. Et, de fait, elle n'avait quitté Reculée que depuis quelques heures, quand vinrent ceux qui avaient reçu l'ordre de l'en chasser...

Cette ignominie, au moins, lui fut épargnée...

Deux ans plus tard, Marguerite vivait ses derniers instants dans le petit château au milieu des arbres qu'elle devait à la dévotion de son dernier amoureux. Elle n'avait que cinquante-deux ans mais elle était usée, consumée par le désespoir et la flamme terrible qui, toute sa vie, avait brûlé dans son âme. Elle était seule. Sans cour, sans parents, sans amis – une chute de cheval lui avait enlevé Francis quelques mois plus tôt – sans autres serviteurs qu'une femme du village voisin qui venait parfois par curiosité plus encore que par charité. On disait dans le pays que cette femme avait été une grande reine bien que cruelle... En fait, c'était aussi de misère que mourait l'une des plus jolies femmes de ce temps, l'une des plus aimées comme aussi des plus haïes mais elle ne souffrait pas de cet isolement parce que ses fantômes lui tenaient compagnie.

On était en août et la chaleur écrasait le pays de Loire où le fleuve par endroits montrait la corde mais, dans son lit aux draps usés, Marguerite n'en souffrait pas. Elle avait froid, au contraire, de plus en plus froid.

Elle était tellement abandonnée de tous qu'elle ignorait à quel point le destin s'occupait à la venger. La Rose blanche arrachait elle-même ses pétales en se déchirant. Édouard IV, perdu de vices et de femmes et qui avait fait noyer son frère Clarence dans un tonneau de son vin préféré, le malvoisie, approchait de la mort sans le savoir. Encore quelques mois et une maladie trop brève pour être naturelle l'emporterait. Sa femme, Élisabeth, l'ancienne suivante de Marguerite, serait jetée au couvent par le nouveau roi, cet affreux bossu qui avait mis sa griffe sur l'exquise Anne. Il deviendrait le roi Richard III, ce monstre qui oserait faire étrangler dans une chambre de la Tour de Londres, ses neveux, les deux fils du roi défunt, ceux que l'Histoire avec une larme de pitié appellerait « les enfants d'Édouard ». Mais lui aussi passerait vite – deux ans seulement – avant que, sur le champ de bataille de Bosworth, debout près de son destrier mort, il hurle sa rage et sa terreur en criant « Mon royaume pour un cheval ! »... C'en était fini à jamais de la guerre des Deux-Roses...

Un brusque et violent coup de vent passa sur la Loire annonçant l'orage. Surprise par ce long gémissement, la mourante tourna la tête vers la fenêtre qui claqua contre le mur. Et soudain elle vit, courbée par la bourrasque, une petite rose rouge, l'une de celles qui grimpaient sur la façade du manoir. Elle penchait sa tête vers l'intérieur de la chambre comme si elle voulait entrer. Marguerite lui sourit, voyant là un présage.

Avec la clairvoyance des mourants, aperçut-elle ce qui adviendrait après Bosworth ? Le vainqueur de Richard III dont l'unique fils mourrait à quelques mois, ce serait Henri Tudor qui, par sa mère Margaret Beaufort, était bien le dernier représentant de la maison de Lancastre. Avec celui qui allait devenir le roi Henri VII commençaient les Tudor. Avec lui la Rose rouge reviendrait frapper les étendards d'Angleterre...

La tempête secouait avec violence la tête fragile de la fleur mais elle tenait bon. Marguerite tendit alors la main vers elle mais l'effort était trop grand. La main retomba sur le lit et Marguerite mourut en souriant...

REINES TRAGIQUES

1

Frédégonde contre Brunehaut, les reines rivales

Les portes du baptistère de Soissons étaient grandes ouvertes, ce matin de juin 565, et laissaient voir, à l'intérieur, la grande cuve baptismale découverte et brillant de tous ses marbres sous la lumière d'une forêt de gros cierges de cire jaune. Tout auprès, les cloches de l'église carillonnaient sur le mode joyeux pour appeler le peuple au baptême royal.

En l'absence de son mari, le roi Chilpéric, parti guerroyer contre les Saxons, la reine Audovère avait donné naissance à une petite fille qui allait recevoir ce jour le prénom d'Hildeswinthe. Les gens de la cité accouraient en foule.

Mais, au palais, l'inquiétude de la reine était grande. Au moment de partir pour l'église, on avait appris que la marraine, une noble dame, sœur du roi, était empêchée de venir par une grave indisposition. La reine Audovère ne savait plus à quel saint se vouer. L'évêque attendait et l'on n'avait plus de marraine digne de ce nom.

Tandis qu'elle cherchait fébrilement à qui faire appel, tout en achevant sa toilette, elle vit entrer dans sa chambre l'une de ses filles de service, portant le long voile brodé d'argent qu'elle devait disposer sur sa tête, par-dessus la couronne. Malgré son humble condition, la fille en question valait la peine d'être regardée et les hommes du palais ne s'en privaient pas. Elle avait environ dix-huit ans mais son corps épanoui était celui d'une femme faite. Sur ce corps, le plus gracieux qui fût dans tout le royaume de Neustrie, se dressait une tête fine, au teint pâle, éclairé par de grands yeux sombres qui contrastaient violemment avec l'épaisse et longue chevelure de la fille, d'un blond de flamme, nuancé de roux, partagée en deux tresses flottant librement sur la tunique couleur safran. Cette servante était la plus belle fille de tout le pays et portait son origine franque inscrite dans chacun de ses traits, à la fois arrogants et rusés. Elle se nommait Frédégonde.

Pour approcher la reine, Frédégonde voila son sourire de douceur modeste et murmura, les yeux baissés, en offrant l'étoffe brillante :

– Je te vois si dolente, ô Reine, que le cœur de ta servante se fend de douleur. Qu'as-tu besoin de t'inquiéter d'une marraine ? Veux-tu permettre à une humble fille de te donner son conseil ?

Audovère était tellement contrariée qu'elle saisit aussitôt la balle au bond :

– Un conseil ? Volontiers. Et je te récompenserai richement s'il est bon. En plus tu auras droit à toute ma gratitude.

– C'est trop. T'aider sera ma plus douce récompense. Je disais donc que tu as tort de te faire tant de souci pour une marraine. Aucune dame ici ne te vaut pour le rang et la naissance. Qui donc serait plus digne de tenir sur les fonds sacrés la petite Hildeswinthe ? Pourquoi ne pas remplacer toi-même la marraine ? Ce serait si simple...

– Mais bien sûr ! Ce serait le plus simple. Merci, ma fille, je saurai me souvenir de toi. Prends ceci en attendant...

Ceci, c'était une fibule d'or travaillé qu'Audovère venait de prendre dans une coupe de verre bleu placée près d'elle. Frédégonde la reçut avec toutes les marques d'un profond respect et se retira, saluant profondément pour que la reine ne vît pas le sourire de triomphe qui glissait sur son visage. Simple et naïve, en effet, Audovère n'avait vu dans ce conseil qu'une attention de fille fidèle. Elle n'avait pas deviné la perfidie qui s'y cachait.

Quelques instants plus tard, la reine quittait le palais au milieu d'une brillante escorte, portant la petite princesse dans ses bras, et se dirigeait d'un pas ferme vers le baptistère.

D'une des fenêtres du palais, Frédégonde suivit le cortège des yeux aussi longtemps qu'elle put le voir. Entre ses dents blanches, elle murmura :

– Tu ne seras plus longtemps reine, pauvre sotte. Ce que tu vas faire aujourd'hui, sur mon conseil, écartera de toi, à jamais, ton seigneur [1].

Puis, satisfaite, elle retourna à ses occupations serviles, le cœur plein d'ambitieux projets.

1. Être parrain ou marraine d'un enfant créait avec ses parents des liens de famille quasi-fraternels. Un homme ne pouvait épouser la marraine de sa fille.

Un mois plus tard, au son des trompes et des buccins, Chilpéric effectuait sa rentrée dans sa bonne ville de Soissons. Au pas de son lourd cheval gris, une bête énorme que le poids d'un homme ne gênait aucunement, il franchit les murailles de briques, vestiges des Romains, et s'engagea entre une double haie de jeunes filles en tuniques blanches, coiffées d'un cercle d'or, qui criaient de joie en agitant des rameaux fleuris et en jetant des fleurs sous les pas du cheval.

C'était un bel homme que Chilpéric, un prototype de la beauté franque, lui aussi avec de longs cheveux d'un blond foncé. Ils rejoignaient le court collier de barbe et la longue moustache pendant de chaque côté d'une bouche mince et rouge qui semblait un coup de sabre barrant le visage. Les yeux, gris clair, étaient à la fois rusés et incroyablement durs comme tous les traits visibles de cette physionomie où se lisaient à livre ouvert la cruauté et la cupidité.

Pour le moment, il souriait à toutes ces belles filles qui l'acclamaient. Un poing sur sa hanche, relevant le manteau de lin bleu, brodé d'argent et agrafé à l'épaule par une lourde plaque de bronze travaillé, il laissait peser sur elles un regard appréciateur qui en faisait rougir plus d'une.

Il atteignit le portique du palais, une ancienne villa romaine que l'on avait retapée au mieux et enjolivée de guirlandes de roses pour cacher les lézardes. Il sautait de cheval quand la dernière de ces filles s'approcha de lui en s'inclinant profondément. Il reconnut Frédégonde et lui sourit. Ce n'était pas la première fois qu'il remarquait la belle lite[1] dont la beauté provocante l'avait toujours attiré. Mais la fille était habile et savait à merveille se promettre et se refuser, se retranchant toujours derrière la peur extrême qu'elle semblait avoir de sa maîtresse. Avant de partir combattre les Saxons Chilpéric s'était bien promis qu'à son retour, Frédégonde, de gré ou de force, partagerait sa couche. Et, en la retrouvant là, devant le poitrail de son cheval, avec ses longues nattes rousses, ses yeux noirs qui le provoquaient sans pudeur et sa gorge ronde que l'ouverture de la tunique montrait un peu trop, il sentit lui revenir tout le goût qu'il avait eu d'elle. Les jours de paix allaient avoir du bon, après les violences grisantes de la guerre.

Cependant Frédégonde, inclinée, lui offrait une couronne de fleurs.

– Dieu soit loué, dit-elle, de ce que le roi, notre seigneur, a remporté la victoire sur ses ennemis et de ce qu'une fille lui est née...

1. Servante.

– Merci à toi, Frédégonde, pour tes bons souhaits et ta bienvenue.

– Les vierges de la ville tenaient à t'accueillir pour te dire leur amour et te donner ce réconfort dans l'ennui qui va te frapper.

– Quel ennui ? Ma fille est-elle morte ?

– Non, mais tu ne saurais plus partager la couche de ta femme, la reine, ma maîtresse, car elle est aujourd'hui ta commère et la marraine de ta fille Hildeswinthe.

Un instant interloqué, Chilpéric considéra la belle fille aux yeux pudiquement baissés, remarqua le sourire ironique qui relevait le coin de ses lèvres rouges. Le contretemps, au fond, n'avait rien de fâcheux. Audovère lui avait donné trois fils et une fille, elle avait fait son temps et, tout bien compté, il en avait assez... Tendant la main, il releva rudement le menton de Frédégonde presque jusqu'à ses propres lèvres et sourit largement.

– Hé bien, ma belle, si je ne puis coucher avec la reine, je coucherai avec toi. Nous n'y perdrons ni l'un ni l'autre.

Sur ce, enlaçant d'un bras, la taille souple de la fille, il l'entraîna avec lui dans les profondeurs du palais.

Quelques jours plus tard, Audovère, en larmes, quittait le palais de Soissons, avec sa fille nouvelle née, pour un couvent du Mans tandis que Frédégonde, triomphante, s'installait dans les appartements encore chauds de l'ancienne reine répudiée. Elle s'empara de ses toilettes et de ses joyaux sans la moindre vergogne.

L'impudente victoire de Frédégonde dura près d'un an. Mais, au printemps 566, un fait nouveau se produisit. Le frère aîné de Chilpéric, Sigebert qui régnait sur l'Austrasie depuis son trône de Metz, fit un magnifique mariage auprès duquel celui de son frère, uni à une servante, faisait piètre figure. Sigebert venait en effet d'épouser la plus jeune fille du roi wisigoth Athanagild, dont la puissance s'étendait sur l'Espagne : la belle Brunehaut dont les aèdes[1] n'avaient pas assez de voix pour vanter à la fois la beauté et la richesse. Quand il apprit la nouvelle, Chilpéric sentit tous les aiguillons de la jalousie s'enfoncer dans sa chair et ne connut plus le repos.

Frédégonde était trop fine pour ne pas sentir la différence notable qui se glissait dans l'attitude de son époux envers elle.

1. Poètes chanteurs.

Chilpéric, depuis qu'il avait appris le mariage de son frère n'était plus le même. Elle le tenait encore, par l'attrait de sa beauté dont il demeurait l'esclave mais désormais quand il avait assouvi le désir qu'il avait d'elle, il s'écartait, il la fuyait et quand, alors, il la rencontrait, il se montrait brutal, violent. Il l'insultait ou même la frappait jusqu'à ce que la passion qu'elle lui inspirait le ramenât, à la nuit close, à la fois exigeant et haineux. Puis, elle apprit qu'il avait fait partir pour Tolède, où Athanagild tenait sa cour, une ambassade secrète, chargée de négocier un éventuel mariage entre lui et la fille aînée du roi wisigoth, Galeswinthe, la sœur de Brunehaut.

Son premier mouvement fut la fureur. Le tempérament à la fois barbare et passionné de Frédégonde ne lui permettait pas les demi-mesures. Blessée dans son ambition et dans son amour propre de femme, elle rêva un moment de tuer Chilpéric. Il ne méritait que la mort celui qui était assez fou pour oser préférer les vaines satisfactions de l'orgueil au bonheur de posséder une femme comme elle... Et puis, la réflexion vint et, avec elle, la sagesse.

Frédégonde savait bien que sa rapide ascension ne lui avait guère créé d'amis, que bien des haines, bien des jalousies la guettaient au moindre défaut. Si elle se posait en ennemie de Chilpéric, si elle cherchait des hommes de mains capables de frapper parmi ceux qui gravitaient autour de lui, elle savait qu'elle ne pourrait être sûre de leur fidélité ni de leur silence. Certains prétendaient avoir de l'amour pour elle mais qui pouvait savoir si, au moment fatal, la vieille fraternité d'armes ne jouerait pas avec la vieille fidélité des leudes, et si elle ne se retrouverait pas dénoncée, sacrifiée et, dans ce cas, impitoyablement mise à mort dans d'atroces conditions ? Non, frapper de face ne valait rien... Ce qu'il fallait c'était plier, attendre... Le temps et sa beauté dont Chilpéric était toujours si affamé, travailleraient pour elle...

Quand vint le soir et qu'il entra dans sa chambre pour passer la nuit auprès d'elle, Chilpéric trouva Frédégonde vêtue d'une longue tunique à manches qui l'ensevelissait tout entière et d'un grand voile qui la drapait complètement. Elle était pâle et tenait les yeux baissés dans une humble attitude. Lorsqu'il entra, elle s'agenouilla.

– Que fais-tu là ? demanda-t-il surpris. Pourquoi cette tenue ? Pourquoi n'es-tu pas au lit ?

Sans bouger de son humble posture, Frédégonde releva vers lui des yeux embués de larmes bien jouées et murmura, la voix tremblante :

– J'ai cessé de te plaire, mon seigneur, je le sais. Et, ce soir, je voulais te faire mes adieux.

– Tes adieux ? Que signifie ? Pourquoi des adieux ?

Se jetant en avant, Frédégonde saisit la main que Chilpéric laissait pendre à son côté et y posa ses lèvres chaudes.

– Tu es bon, mon seigneur, tu ne veux pas dire à ta servante qu'elle n'est plus rien pour toi. Merci... Mais, il est inutile de feindre. Je sais que des envoyés sont partis vers le roi des Wisigoths pour te ramener une épouse plus digne de toi... plus belle que moi.

La douleur de la jeune femme était si bien jouée que Chilpéric s'y laissa prendre. Relevant Frédégonde, il la serra contre lui avec emportement.

– Plus belle que toi, non... c'est impossible. Aucune ne saura me plaire comme toi. Tu es la chair de ma chair, Frédégonde... mais il est bien vrai que j'ai envoyé des clercs chez Athanagild pour demander sa fille.

– Tu vois bien...

– Oui, mais il ne faut pas que tu aies de peine. Il me faut épouser une princesse parce que les Wisigoths sont riches, d'or et de terres. Aucun roi n'est plus opulent qu'Athanagild dont l'ancêtre Alaric a jadis pillé Rome. Il possède les trésors du roi Salomon... et mes coffres sont vides.

– Il me faudra donc partir.

– Je ne pourrai jamais te laisser partir. Toi, ensevelie dans un couvent ? Ta beauté étouffée sous des habits de nonne ? Non, Frédégonde, jamais je ne pourrai l'accepter.

Tout en parlant, il la couvrait de baisers, arrachait le voile dont elle s'enveloppait, tentait de l'entraîner vers le lit dont les draperies brodées d'or luisaient doucement sous la lumière jaune d'une lampe à huile posée au chevet. Elle résista pourtant, prit entre ses mains la tête aux rudes cheveux blonds et y posa ses lèvres avec passion.

– Moi non plus, murmura-t-elle, je ne peux pas me résoudre à te quitter. Écoute, Chilpéric, si tu m'as aimée vraiment, accorde-moi la seule grâce qui pourrait m'aider encore à vivre.

– Laquelle ? dis vite.

– Laisse-moi reprendre au palais ma place de jadis.

– Toi ? Tu veux redevenir servante ?

– Je te le demande en grâce. Ainsi, je pourrai te voir encore, te regarder, t'entendre vivre, demeurer auprès de toi, dans ton ombre... La seule chose qui pourrait me tuer serait ton absence. Épouse qui tu veux, mais laisse- moi auprès de toi. Je te jure que jamais tu n'entendras une plainte de mes lèvres.

Le roi, indécis, regarda la jeune femme. Elle se faisait lourde dans ses bras. De ses yeux clos roulaient de grosses larmes brillantes. Jamais il ne l'avait vue si belle... Brusquement, il l'enleva de terre, l'emporta vers le lit.

– Tu feras ce que tu voudras. Reste... Moi non plus je n'accepterai pas de ne plus jamais te voir.

Les pourparlers du mariage durèrent un moment. Athanagild n'avait pas très envie de prendre pour gendre Chilpéric, dont la réputation était détestable, et faisait traîner en longueur. Mais, sur ces entrefaites, le frère de Chilpéric et de Sigebert, Charibert qui régnait à Paris mourut et, selon la loi franque, son royaume fut partagé entre ses trois frères. Gontran qui possédait Orléans et le royaume burgonde reçut la Saintonge, l'Augoumois, le Périgord, l'Agenais et Nantes. Sigebert eut en partage le Vendômois, le Poitou, Tours, le Labourd et le Couserans. Quant à Chilpéric, il ajoutait à sa Neustrie qui avait été le royaume initial de Clovis, la Normandie, le Maine, l'Anjou, le Limousin, le Quercy, Bordeaux, Toulouse, le Béarn, la Bigorre et le Comminges : la part du lion qui faisait de ce roitelet un puissant seigneur et un voisin un peu encombrant pour Athanagild. En 567, le mariage fut conclu et Galeswinthe s'arrachait des bras de sa mère en larmes pour venir à Soissons épouser Chilpéric... et son destin.

Galeswinthe n'était pas belle, du moins suivant les canons de beauté franque. Très brune, avec des cheveux et des yeux noirs, elle avait une peau couleur d'ambre qui, sous la triste lumière du nord, semblait jaune. Elle était menue, frêle et douce avec un grand air de bonté et de majesté répandu sur toute sa personne. Dès son arrivée elle s'attira toutes les sympathies, sauf bien entendu celle de Frédégonde, par le charme de son sourire et sa douceur.

Mais, au lendemain des noces, tandis que mêlée aux autres servantes, Frédégonde regardait Chilpéric conférer solennellement à sa nouvelle épouse le don du matin rituel[1] et jeter sur elle un brin de paille en prononçant le nom des cinq villes qu'il lui donnait, elle ne put retenir un sourire dédaigneux en contemplant la silhouette menue, presque enfantine malgré ses vingt ans, de la nouvelle reine. Chilpéric, selon elle, se lasserait vite de charmes aussi maigres, même si, comme c'était le cas pour le

1. Le morgengabe, douaire en terres et en or qu'il était d'usage qu'un époux offrît à sa nouvelle épouse.

moment, il était ébloui par les nombreux coffres d'or et de joyaux que des mules avaient apportés depuis Tolède. Il souriait à Galeswinthe dont la gentillesse l'attendrissait, il était heureux, fier de cette belle union qui le relevait aux yeux de ses peuples et à ses propres yeux... Tout cela ne durerait pas, Frédégonde le savait. Il suffisait de le laisser savourer un moment son vaniteux triomphe, de disparaître provisoirement... puis de réapparaître quand tout cela aurait perdu son charme de nouveauté, quand l'heure serait venue.

Chilpéric sortit de la salle de banquets quand l'aurore vint barbouiller de rose les toits de la villa de Braine- sur-Vesle qui était sa résidence favorite. Il se sentait la tête lourde, le pied peu sûr. Toute la nuit, avec ses leudes, il avait chanté et bu sans parvenir à s'amuser vraiment. Pourtant, c'était une belle fête. On avait fait combattre ensemble un molosse et un ours, puis un taureau et deux loups et Chilpéric avait gagné ses paris. Il y avait eu des danses, des filles, des bagarres, tout ce qui constituait une orgie réussie, mais Chilpéric ne se sentait pas satisfait. Le vin lui avait paru fade, les filles sans attraits... seul le sang lui avait apporté un peu de plaisir.

D'un seul coup de son scramasaxe[1] il avait fait voler les têtes de deux esclaves saxons dont les figures ne lui revenaient pas...

Comme il atteignait la grande cour centrale sur laquelle s'ouvraient les bâtiments principaux de la villa, il vit Galeswinthe qui sortait de ses appartements, avec ses femmes et qui, étroitement voilée, se rendait à l'office du matin. Une exclamation de dégoût échappa au roi. Il en avait assez d'une épouse uniquement préoccupée d'oraisons et de bonnes œuvres... Galeswinthe semblait confire dans la dévotion. Elle priait beaucoup, s'imposait des pénitences qui émaciaient davantage son corps menu. Elle était peut-être en train de devenir une sainte, mais devenait de moins en moins le genre d'épouse que souhaitait son mari.

Avec un hoquet celui-ci se dirigea vers sa chambre d'un pas mal assuré. C'était ridicule de rentrer ainsi, seul, avec un mal de tête tenace. Autrefois, quand Frédégonde était là, elle savait toujours comment apaiser les malaises dus aux excès de chair ou de boisson. Elle l'entourait de soins, ne le quittait jamais et, quand il se sentait mieux, il retrouvait la splendeur de sa beauté, la violence des sensations qu'elle lui faisait éprouver.

1. Épée courte et plate qui était un prolongement du glaive romain.

Frédégonde !... Elle avait disparu depuis plusieurs mois sans qu'il ait pu savoir où elle était passée. Et, à l'évoquer, Chilpéric se sentait tout à coup plus déprimé, plus malade.

Il atteignit sa chambre, souleva la portière qui en fermait l'accès et, soudain, eut un éblouissement. Un rayon du soleil levant frappait en plein le lit bas qui l'attendait, faisant briller l'or et les bois précieux, la pourpre des draps. Et, sur ce lit, se dressait une forme féminine, d'une blancheur de lait, sur laquelle croulait une chevelure flamboyante. Souriante, cette forme tendait ses bras, ses lèvres humides et le fixait de ses yeux luisants. Il balbutia, la voix rauque :

– Frédégonde... Tu es revenue ?

– Quelque chose m'a dit que tu allais avoir besoin de moi, fit-elle en riant. Et puis tu me manquais par trop, mon seigneur. Tu n'en veux pas à ta servante ?

– Je devrais t'en vouloir de m'avoir abandonné si longtemps, fit-il.

Puis, avec un grognement de fauve satisfait, il se précipita vers elle.

En quittant la chambre de sa femme, Chilpéric avait brisé dans sa fureur une buire de verre opalin qui se trouvait sur un coffre.

Terrifiée, Galeswinthe écoutait décroître dans les couloirs les bruits de ses pas. S'écroulant sur son lit, elle se remit à pleurer.

Depuis que cette Frédégonde était revenue, sa vie était devenue un enfer. Chilpéric affichait effrontément sa concubine qui étalait un luxe insolent, traitait la reine avec un dédain insultant, la rabrouant devant ses serviteurs comme si elle n'avait rien été de plus qu'une esclave.

Dans le cœur paisible et tendre de Galeswinthe, le sang bouillant des rois wisigoths s'était réveillé avec la notion de son rang. Cette servante, osait se prévaloir devant elle de l'amour du roi, la ridiculisait aux yeux de toute la cour, s'arrogeait un luxe et un rang de reine et poussait l'audace jusqu'à faire prendre, dans les coffres de Galeswinthe les parures qui lui plaisaient... La colère avait alors emporté la jeune reine. Ayant fait prier Chilpéric de passer la voir, elle avait éclaté en reproches violents :

– Cette fille de rien ose prendre le pas sur moi. Elle me traite moi, la reine, comme si je n'étais que son esclave, avait-elle dit.

– Laisse de côté ton orgueil, avait répondu Chilpéric. Il me plaît d'avoir auprès de moi une fille belle et fraîche. Les prières, pour moi, ne sont bonnes qu'à certains moments.

La grossièreté et le cynisme du roi avaient révolté Galeswinthe en même temps que sa peur s'éveillait. Dans cet homme qui se dandinait devant elle, les jambes écartées, la regardant avec un méchant sourire, elle devinait une bête dangereuse. Il était las d'elle, repu d'orgueil et d'or, gonflé de son importance et elle était seule en face de lui, les siens étaient loin. Qui donc se soucierait d'elle s'il lui prenait fantaisie de la tuer ?

– Écoute, fit Galeswinthe fébrilement. Il serait mieux pour nous deux que tu me laisses aller, rentrer chez moi. Tu garderas ma dot et tout l'or que j'ai apporté. Je te rendrai même les villes que tu m'as données au lendemain de notre mariage. Mais laisse-moi repartir. Je ne suis pas heureuse ici. Je veux rentrer chez moi. Là, je pourrai vivre encore sans regrets et toi, tu mèneras la vie que tu voudras avec celle qui a su te plaire...

Incrédule, cette fois, Chilpéric la regardait toujours de ses yeux injectés de sang. Que signifiait ce soudain désir de fuir, ce désintéressement ? Elle était prête à partir, abandonnant une fortune qui lui appartenait, comme cela, sans contrepartie ? Qui avait entendu parler d'une chose pareille ? Sûrement cette attitude suspecte cachait quelque chose... N'avait-on pas vu, récemment, des envoyés de Brunehaut venir saluer la sœur de leur reine et lui porter des présents de sa part ? Galeswinthe avait dû comploter avec eux, mettre sur pied un plan... peut-être décider ce bizarre départ qui serait certainement suivi d'un retour massif, à la tête d'une armée. Il prit le parti de composer. Armant son visage du sourire le plus débonnaire qu'il eût à sa disposition, il s'approcha de sa femme, posa sa main sur son épaule.

– Quelle idée, ma chère ? Pourquoi partir ? Pourquoi surtout prendre au sérieux une plaisanterie ? Frédégonde se tiendra tranquille à l'avenir, je te le promets.

Il tentait de la prendre dans ses bras, cherchait à l'embrasser. Mais il empestait la bière et ses paroles sonnaient faux aux oreilles de la malheureuse Galeswinthe qui sentait croître son épouvante avec la bonhomie de son mari.

– Je t'en supplie, pria-t-elle encore. Laisse-moi partir. Nous ne pourrons plus jamais être heureux ensemble.

– Quelle sottise ! Je ne veux pas que tu partes.

Elle avait encore insisté, si bien qu'il était entré dans une effroyable colère et avait à peu près tout brisé autour de lui.

– J'ai dit que tu ne partirais pas et tu ne partiras pas. Je te le défends.

Et il était sorti, tout furieux, laissant la jeune femme épouvantée. Au bout d'un moment, elle s'était traînée au pied d'une grande croix de marbre qui ornait son appartement et avait longtemps prié. Elle avait refusé de souper, s'était couchée, toute transie, quand elle n'avait plus eu de larmes. Longtemps, elle s'était retournée sur sa couche, essayant de ne rien entendre des bruits de l'orgie qui se déroulait dans la grande salle. Mais les beuglements des buveurs, les rires aigus des femmes et les chansons tonitruées plutôt que chantées la poursuivaient. Les yeux grands ouverts dans la pénombre de sa chambre qu'éclairait une seule lampe, elle avait prié longuement pour pouvoir échapper à cet homme dont, maintenant, elle avait peur. En la quittant il avait eu une bizarre expression de physionomie, une sorte de rictus haineux, qu'accompagnait un regard à la fois sournois et menaçant... On pouvait tout craindre de ces Francs sauvages...

Quand la prière lui eut rendu un peu de calme, elle décida d'envoyer dès le lendemain un messager à sa sœur Brunehaut pour lui demander aide et assistance. Car tous les mauvais pressentiments qui l'avaient assaillie quand, encore jeune fille, elle avait appris que Chilpéric la demandait en mariage lui étaient revenus. Le jour où sa main avait été accordée, elle s'était jetée dans les bras de sa mère, saisie d'une insurmontable terreur qui maintenant, au plus profond de cette nuit solitaire, lui revenait. Il fallait qu'elle parte. Il fallait que Brunehaut, si forte et si énergique, la tire de là. Elle seule le pouvait.

Enfin, épuisée d'avoir tant pleuré, tant prié, Galeswinthe s'endormit d'un sommeil fiévreux. C'était un sommeil lourd, qui ferma ses sens à tous les bruits venus de l'extérieur. Elle n'entendit pas, elle ne vit pas, vers deux heures du matin, une forme sombre qui se glissait dans sa chambre armée d'une lanière de cuir.

L'homme avança jusqu'au lit où reposait la reine, sans faire plus de bruit qu'un chat. Il se pencha sur elle puis, sans hésiter, avec une habileté diabolique, fit glisser la lanière autour du cou de la dormeuse puis il tira de toutes ses forces. Les yeux de Galeswinthe s'ouvrirent démesurément. Elle voulut crier mais le cri s'étouffa dans sa gorge que le lacet serrait impitoyablement. Ses mains, convulsivement se portèrent à son cou pour arracher le lien mortel, mais l'assassin sauta sur le lit, écrasant le corps de la reine sous son poids, tirant plus fort... Au bout d'un moment et après une ultime convulsion, le corps retomba sur le lit, inerte, les longs cheveux noirs glissant jusqu'à terre. L'homme attendit un moment pour être bien sûr que la mort avait fait son œuvre puis, avec bien du mal car le lien de cuir s'était profondément enfoncé dans la chair, il retira le lacet, après quoi il s'en alla aussi silencieusement qu'il était venu.

Plus loin, le tintamarre de la bacchanale était devenu assourdissant, mais Galeswinthe, les yeux grands ouverts sur l'éternité, ne pouvait plus l'entendre...

Dans la grande salle du palais de Metz, Sigebert assis sur son trône, regardait Brunehaut avec un mélange d'amour et de colère. Celle-ci, en proie à la fureur, arpentait rageusement les dalles de pierre, sans rien voir autour d'elle, tordant ses belles mains l'une contre l'autre... Finalement, elle s'arrêta devant son mari qu'elle regarda avec colère.

– Qu'as-tu à faire à demeurer ici, seigneur, alors que le sang de ma sœur demande justice contre son meurtrier ? Les Francs sont-ils donc si lâches qu'ils ne savent pas que le sang appelle le sang, que le sang seul peut laver la tache d'une famille ? Dans son palais de Soissons, Chilpéric se goberge aux bras de sa concubine, cette misérable intrigante qui a exigé la vie d'une princesse wisigothe. Et toi, mon époux, tu restes là, sans bouger...

Sigebert poussa un long soupir et tendit les mains pour obliger sa femme à venir s'asseoir auprès de lui.

– Je ne peux rien faire, Brunehaut. Si dur que ce soit pour toi, tu dois accepter notre loi et le jugement qu'a rendu mon frère Gontran. Le prix du sang te sera versé[1]. Chilpéric va être obligé de te donner la dot de ta sœur, plus les villes qu'il lui avait accordées en présent du matin. La loi est formelle, nous devons nous en contenter.

– Des villes, de l'or pour payer une vie humaine, fit Brunehaut douloureusement, alors que la vie même de Chilpéric et de sa Frédégonde ne seraient pas trop pour venger ma sœur.

Des larmes emplissaient ses larges yeux bleu sombre, leur donnant une plus grande séduction encore. Sigebert se dit que chaque jour la voyait plus belle que le jour précèdent. Jamais femme plus attirante n'avait vu le jour, jamais le soleil n'avait caressé forme plus parfaite. Comme sa sœur, Brunehaut avait des cheveux aussi noirs que l'aile du corbeau mais, grande et faite à la perfection, elle avait le teint le plus blanc et le plus délicat qui fût, à peine teinté de rose aux pommettes et illuminé par ces immenses prunelles couleur de ciel de printemps. Elle avait un charme infini, une grâce de fleur et connaissait la puissance de son sourire célèbre. Sa voix aussi, basse et douce, avec des notes rauques, était un charme ensorcelant et Sigebert pensait qu'il ne pourrait longtemps résister au désespoir de

1. Un meurtrier pouvait éviter la vengeance d'une famille en lui payant une somme convenue.

celle qu'il aimait, que les lois franques le veuillent ou non... Pour lui rendre le sourire, la joie de vivre, il était prêt à toutes les folies, à lever des armées à marcher sur son propre frère dont la conduite insensée lui faisait d'ailleurs horreur.

Pour un Franc, Sigebert était un homme extraordinairement policé et cultivé. Il savait se contrôler lui-même parmi des gens qui ignoraient tout ce qui n'était pas sauvagerie, il lisait les grands auteurs latins et, à sa cour de barbare germain, on suivait le mode de vie des anciens romains. De plus, il était l'homme d'un seul amour...

À son tour, Brunehaut le regarda. Il était extrêmement beau, blond et vigoureux avec un regard clair et un sourire juvénile dont la longue moustache blonde corrigeait un peu la douceur. Elle l'aimait de tout son cœur et savait combien il l'aimait... mais irait-il jusqu'à courir sus à son assassin de frère ?

Elle allait formuler à haute voix la question qui la hantait quand l'un des rideaux tendus entre les colonnes de la galerie qui surplombait la Moselle, se leva, livrant passage à l'un des plus hauts seigneurs de la cour austrasienne, le comte Lupus. Il s'inclina devant le trône royal et jeta rapidement :

– Pardonne-moi, ô Roi, les fâcheuses nouvelles que je t'apporte. Ton frère Chilpéric vient de violer le serment qu'il avait fait à Gontran. Il veut reprendre les terres qu'il a dû rendre avec le prix du sang. Son fils, Clovis vient de s'emparer de Tours tandis que son autre fils, Théodebert, marche sur Limoges.

Devenu soudain rouge de colère, Sigebert s'était dressé, rejetant la main de Brunehaut qu'il tenait dans les siennes. La fureur faisait étinceler son regard lui donnant ainsi une étrange ressemblance avec le brutal Chilpéric.

– S'il en est ainsi, s'écria-t-il, il n'aura pas assez de toute sa vie pour s'en repentir. Il n'est plus temps de tergiverser mais bien de marcher contre ce misérable qui était mon frère. Lupus, il nous faut rassembler l'armée et courir sus à ce bandit.

Tandis que Lupus s'esquivait précipitamment, il se tourna vers Brunehaut dont le regard ardent ne le quittait pas :

– Tu seras vengée, mon amour. Plus rien maintenant ne me retiendra.

Et il quitta à son tour la pièce, à grands pas, pour réunir ses leudes et ses capitaines. Demeurée seule, Brunehaut laissa sa poitrine oppressée se dégonfler en un profond soupir.

– Le sang seul efface le sang, murmura-t-elle.

Les hordes germaniques de Sigebert dévalèrent sur la Neustrie comme une tempête. Théodebert, le fils aîné de Chilpéric, fut tué en Charente, et des frontières de l'est à la Normandie, les troupes du roi de Neustrie furent balayées, si bien qu'il ne resta plus à Chilpéric et Frédégonde qu'une seule ville : Tournai dans laquelle bientôt, l'armée de Sigebert les assiégea.

Pendant ce temps, Sigebert était venu installer Brunehaut à Paris. Tout le royaume de Neustrie lui appartenant désormais, il avait pu s'accorder quelques jours de détente dans le palais de la Cité qu'avait bâti jadis l'empereur Julien. Là, à l'abri des vieux murs de briques et des parvis de marbre, les deux époux vécurent quelques moments de bonheur. Brunehaut était heureuse de savoir sa rivale acculée au désastre et prête à tomber entre ses mains. Sigebert était heureux de ses conquêtes et de la joie de sa femme. La douceur du climat parisien leur plut et Brunehaut y demeura tandis que son époux se rendait à la limite des royaumes de Neustrie et d'Austrasie, à Vitry-sur-Scarpe, pour s'y faire reconnaître roi des deux pays. La jeune femme en effet, venait de mettre un enfant au monde et se sentait encore trop dolente pour ce voyage.

– Je reviendrai déposer à tes pieds la double couronne, lui jura Sigebert avec un dernier baiser.

Puis il s'en alla. Des terrasses du palais, Brunehaut le regarda franchir, au milieu de ses Germains, le pont de bois qui enjambait le bras de Seine, et s'éloigner sur le chemin qui menait vers St Denis.

Dans Tournai assiégé, Frédégonde aussi venait de donner le jour à un enfant qu'elle avait résolu d'appeler Samson et que l'évêque de la ville baptisa. Elle se sentait à la fois faible et envahie de fureur. La cité, mal pourvue en ravitaillement avait beau être défendue par d'anciens murs romains et d'épaisses palissades de troncs d'arbres, elle n'en approchait pas moins de l'issue fatale. Le découragement saisissait chacun et la rage de Frédégonde se gonflait chaque jour de voir Chilpéric demeurer insensible à un tel désastre.

Le roi, atteint plus que tout autre par les privations inévitables, s'abandonnait à une sorte de fatalisme résigné. Il passait plus de temps avec ses clercs qu'avec ses soldats, se préoccupait de son salut éternel comme si la mort eût été pour demain. Or, justement, Frédégonde ne voulait pas mourir.

– Qu'attends-tu pour réunir tes hommes et tenter une sortie ? lui jetait-elle au visage chaque matin quand il quittait sa chambre.

Pour toute réponse, Chilpéric montrait, au-delà des murs les campements des Austrasiens, la multitude de l'armée à laquelle s'étaient ralliés nombre de Neustriens, et haussait les épaules.

Alors Frédégonde décida que, si Chilpéric ne voulait rien faire, elle ferait quelque chose. Parmi les soldats qui étaient restés fidèles, elle avait remarqué deux jeunes hommes, venus de la ville de Thérouanne et qui la suivaient des yeux avec admiration quand elle traversait leurs cantonnements. Chacun d'eux ne devait avoir guère plus de vingt ans. Ils étaient vigoureux, ardents et capables de n'importe quelle folie, pour peu qu'on les y aidât un peu. Un soir, elle les fit venir tous deux dans son appartement.

C'était l'une des plus belles pièces du vieux palais et, pour là rendre plus attrayante, Frédégonde y avait fait transporter tout ce qu'elle avait pu trouver d'étoffes brillantes et de choses précieuses. Elle-même se para avec plus de soin que de coutume et c'est vêtue d'une longue tunique blanche, brodée d'or et lâchement agrafée sur l'épaule qu'elle les y reçut, nonchalamment étendue sur un lit de repos. Devant elle, des plats et des coupes d'or avaient été disposés parmi des coussins.

Tard dans la nuit, les deux hommes, ébahis de leur bonne fortune, et gonflés d'orgueil demeurèrent chez la reine, festoyant et buvant. Elle leur avait d'abord adressé de douces paroles et avait gémi sur sa triste condition de femme au bord de l'abîme. Elle leur avait dit qu'elle cherchait en vain, parmi tous ceux qui jadis avaient juré fidélité à son époux, un homme qui fût encore digne de ce nom et capable de se dévouer pour une cause malheureuse. Tout ce que l'arsenal, très complet, de sa coquetterie renfermait comme armes, elle l'avait utilisé contre les deux malheureux garçons, jouant à la fois du feu de ses yeux et des charmes de son corps que les fentes de la tunique révélaient généreusement. Puis, elle les avait fait boire.

Mais le vin qu'elle offrait avait été mélangé par ses soins à une poudre inconnue qu'une Juive lui avait vendue quelque temps auparavant et qui avait le pouvoir d'obscurcir l'esprit de celui qui l'absorbait et en faisait un pantin dans des mains assez habiles pour savoir manier un jouet aussi dangereux.

Au bout de trois heures de ce régime, les deux hommes éperdus, enivrés, prêts à se battre pour obtenir cette femme qui s'offrait et se refusait avec tant de science et de grâce, jurèrent de faire tout ce qu'elle leur ordonnerait. Alors Frédégonde se leva, alla à un coffre et en tira deux scramasaxes neufs dont les poignées d'or avaient été ciselées par d'habiles artisans.

– Prenez ces glaives, leur dit-elle, et allez-vous-en à Vitry où Sigebert tient sa cour et vient de me voler la couronne. Demandez à lui parler en particulier et faites-vous passer pour deux seigneurs de Neustrie avides de lui porter leur foi. Puis, quand vous serez près de lui, frappez-le sans pitié. Mais prenez garde de ne pas vous blesser vous-mêmes car ces armes sont empoisonnées.

D'une seule voix, d'une seule main, les deux soldats jurèrent d'accomplir ce qu'elle leur demandait.

– Que nous donneras-tu, ô Reine, comme prix du sang de Sigebert ? demanda l'un d'eux. C'est un grand roi, le prix doit être élevé.

Frédégonde sourit, s'étira comme une chatte sur son lit de repos.

– J'appartiendrai au premier qui me rapportera son épée teinte du sang de Sigebert, dit-elle.

L'instant suivant, les deux hommes quittaient la villa et marchaient vers l'enceinte, à la recherche d'un passage qui leur permît de quitter Tournai sans être vus des assiégeants.

Lorsqu'ils eurent disparu de son appartement, Frédégonde soupira de soulagement et se mit à rire. La promesse qu'elle avait faite ne lui coûtait guère car elle se doutait bien que, s'ils parvenaient à frapper Sigebert, les leudes de celui-ci ne les laisseraient pas s'échapper vivants de leurs griffes. Et, Sigebert mort, que pourrait faire cette arrogante Brunehaut qu'elle haïssait sans l'avoir jamais vue parce qu'on la disait merveilleusement belle, parce qu'elle était princesse, heureuse en amour, heureuse aux armes et qu'elle n'avait que mépris pour une ancienne servante ? Bientôt, cette fière souveraine serait peut-être entre ses mains à elle, Frédégonde, et alors la fille des rois Wisigoths sentirait le poids de douleur que peut infliger une fille de rien.

Ce fut en rêvant des tortures raffinées qu'elle infligerait à Brunehaut lorsqu'elle la tiendrait que Frédégonde s'en alla prendre un peu de repos, bien gagné après une nuit si remplie.

À grand'peine, les deux assassins avaient réussi à franchir les lignes des Austrasiens massés autour de la ville, grâce à une barque volée qui leur permit de passer l'Escaut. Ensuite, ils purent voler des chevaux et le lendemain même ils arrivaient à Vitry où les fêtes se poursuivaient à la suite de la proclamation de Sigebert comme roi de Neustrie. On l'avait élevé sur un bouclier et, par trois fois, porté sur les épaules de ses leudes, il avait fait le tour de la ville. Depuis ce n'étaient que liesses, banquets et beuveries joyeuses.

La garde, dans toute cette allégresse, était assez mal assurée. Ils n'eurent aucune peine à se faire conduire devant Sigebert en déclarant que, seigneurs des environs de Tournai, ils voulaient faire leur soumission. On ne les désarma même pas, l'épée à la ceinture faisant partie du costume ordinaire d'un noble franc. Quand ils furent devant Sigebert, ils s'agenouillèrent.

– Nous sommes venus, ô Roi, nous rendre à toi et nous déclarer tes hommes liges, si tu veux bien nous faire merci...

– Approchez, fit Sigebert, et dites-moi vos noms.

Ils approchèrent, l'un à droite, l'autre à gauche. Mais à peine furent-ils à ses côtés qu'arrachant les glaives de leurs gaines, ils les plongèrent dans le flanc du roi qui s'écroula dans son sang, en poussant un cri terrible...

Leur coup fait, les deux meurtriers voulurent s'échapper mais la chambre de Sigebert s'était remplie de seigneurs accourus au cri. L'un d'eux tomba sous les coups d'Hareghisel, le camérier du roi, l'autre sous une véritable meute de Francs. Mais Sigebert était bien mort. Le coup monté par Frédégonde avait réussi. Qu'importait que les deux misérables assassins l'eussent payé de leur vie ?

À Paris, Brunehaut apprit à la fois la mort de son époux bien-aimé et le désastre qui avait suivi. En effet, l'annonce de la mort de Sigebert avait semé la panique chez les Austrasiens. Ils n'avaient plus qu'une seule hâte, retourner chez eux, sur le Rhin et la Moselle, abandonnant à la fois ce qu'ils avaient conquis et le siège de Tournai qui, du jour au lendemain, se trouva libre. Les Neustriens terrifiés si peu de temps auparavant se reformèrent, allèrent rechercher Chilpéric et Frédégonde. Triomphants, ils reprirent leur royaume et marchèrent sur Paris.

Pour Brunehaut, la situation était tragique. Enfermée dans la ville avec une poignée de soldats, elle se trouvait maintenant coupée de ses terres par toute l'épaisseur de l'armée neustrienne reconstituée.

Debout devant Brunehaut, le comte Lupus attendait ses ordres. Il l'admirait profondément, à la fois pour sa beauté de femme et pour son caractère fier. Mais jamais il ne l'avait autant admirée que ce jour-là. Elle était pâlie par l'insomnie mais parée avec autant de soin que de coutume, coiffée à ravir malgré le danger mortel qui s'approchait.

– Tu vas partir, Lupus, lui dit-elle. Il y a là un homme qui se fait fort de faire passer à deux ou trois personnes au maximum les lignes de Chilpéric qui, maintenant, entourent Paris. Tu vas partir et moi je vais demeurer.

– C'est de la folie, protesta le comte. Frédégonde clame déjà partout qu'elle te fera périr dans les supplices si elle te prend vivante. Fuis toi-même, suis cet homme.

Brunehaut hocha la tête et alla soulever une tenture qui fermait la pièce attenante. Une jeune fille apparut, portant un bébé et suivie d'un petit garçon qui pouvait avoir cinq ans.

– Celui-ci, comte Lupus, est mon fils, ton roi : Childebert. Il faut qu'il parvienne sain et sauf à Metz, où tu le feras reconnaître comme roi d'Austrasie. C'est là ton devoir. Moi, je ne compte pas. Tu emmèneras aussi ma fille Ingonde. Va et fais diligence.

Lupus tomba à genoux.

– Ne reste pas, viens avec moi. Je te sauverai, Brunehaut, ou j'y perdrai ma vie. Je ne peux me résoudre à te laisser aux mains de cette femme.

– Ta vie, chargée de celle de ton roi est plus précieuse que la mienne. Tu passeras sans peine, moi non. N'importe qui me reconnaîtrait. Frédégonde a fait publier partout que celui qui m'aiderait à fuir serait mis à mort dans les plus cruels supplices. L'homme dont je te parle ne veut pas prendre ce risque. Il t'attend à la pointe du jardin, près de la Seine, avec une barque. Vous fuirez déguisés en pêcheurs. Prends soin de mes enfants, c'est tout ce que je te demande, Mon fils en sûreté, Chilpéric n'osera peut-être pas me frapper.

– Lui non, mais elle si. Elle a trop soif de ton sang parce qu'elle a eu trop peur, dans Tournai assiégée. Viens, risquons le sort. La mort dans les supplices ne me fait pas peur.

À genoux, il implorait. Brunehaut considérait avec un étonnement mêlé d'émotion cet homme qu'elle avait cru, jusque-là, taciturne, dur, insensible, uniquement préoccupé de guerre et de carnage et qui suppliait à ses pieds, des larmes emplissant ses yeux sombres. Ainsi, il l'aimait... le doute n'était pas possible. Il l'aimait et elle ne le savait pas. Elle alla à lui, posa sa main sur la rude tête brune :

– Si je survis, Lupus, nous nous retrouverons et je saurai te payer ton dévouement. Maintenant va, il est temps.

Éperdu de douleur, il voulut discuter encore. L'idée d'abandonner ainsi cette femme qu'il aimait en silence depuis des années, le rendait fou. Mais elle le foudroya d'un regard impérieux.

– Si tu n'obéis pas, Lupus, je vais me tuer à l'instant, sous tes yeux. Emmène mon fils et sauve-le.

Péniblement, il se releva, prit le bébé dans un bras, tendit la main au petit roi.

– C'est bien, je t'obéis. Mais, si tu meurs, Brunehaut, moi aussi je mourrai une fois que j'aurai remis ton fils dans sa capitale. La vie sans toi ne me serait plus rien, fit-il sombrement.

La reine sourit, lui tendit sa main.

– Je ne te le défends pas. Il me sera doux, dans l'autre monde, de t'avoir pour compagnon.

Demeurée seule, elle écouta décroître le bruit de ses pas. Dans le palais régnait un silence de mort. Les serviteurs avaient fui, s'étaient mêlés à la foule parisienne. Brunehaut, désormais, était seule en face de son destin.

Une sonnerie de trompe, des hurlements éclatèrent soudain au-dehors, avec un tintamarre d'armes. En quelques pas rapides, elle alla jusqu'à une terrasse qui dominait le Grand Pont. Elle vit s'allonger, entre les rangs serrés d'une foule pressée sur son passage, un long serpent de fer : l'armée de Chilpéric faisait son entrée dans Paris. En tête, entouré de cavaliers aux crinières sauvages, couvert de bijoux barbares, elle distingua un homme dont les longs cheveux fauves étaient ceints d'une couronne d'or. Et, auprès de lui une femme drapée dans des voiles pourpres qui chevauchait orgueilleusement à ses côtés. La femme avait des cheveux presque aussi rouges que ses vêtements. Brunehaut comprit que c'était Frédégonde. Dans quelques instants, elle serait là et son sort se déciderait.

Alors, lentement, la reine vaincue alla s'asseoir sur le trône vide, dans la grande salle aux colonnes corinthiennes, déserte et plus vaste encore dans son abandon. Et là, rigide sous ses joyaux étincelants, la couronne sur la tête, elle attendit Frédégonde et la mort.

Avant de répandre son sang, la « fille de rien » apprendrait ce qu'est une fille de rois...

2

Aliénor d'Aquitaine, deux fois reine

La reine de France

Ce jour-là, Aliénor appprit, tout à la fois, que son père était mort, qu'elle était duchesse d'Aquitaine et que, très prochainement, elle deviendrait reine de France. Cela faisait beaucoup de nouvelles, d'un seul coup, pour une tête de quinze ans. L'adolescente s'en trouvait un peu abasourdie et ne savait pas très bien si elle devait s'affliger de la perte éprouvée, se réjouir du haut destin qui s'ouvrait ou bien s'inquiéter du poids si lourd que le fief paternel, tombant sur ses épaules, allait leur infliger.

Le mois d'août commençant, en cette année 1137, faisait peser une chaleur de four sur le château de l'Ombrière, à Belin, où la petite duchesse était née et où elle résidait le plus souvent. Sur les tours, les hommes d'armes cherchaient l'ombre en vain, étouffant dans leurs cuirasses, le front brûlé par les chapeaux de fer, traînant sans conviction leurs fauchards dans leur promenade somnolente. Quant à la Garonne dont l'eau alimentait les douves, le soleil y frappait d'aplomb, s'y reflétait en plaques éblouissantes qui n'apportaient aucune fraîcheur. Dans la grande salle du donjon, Aliénor était restée seule, ainsi qu'elle l'avait demandé, avec ses obligations nouvelles et, peut-être parce qu'elle avait vraiment de la peine, peut-être parce que ses nerfs avaient été mis à rude épreuve, elle avait commencé par pleurer.

Le duc Guillaume X ? Il était pour elle une ombre immense, un peu trop redoutable, une puissance au jugement sans appel dont elle ne s'approchait jamais qu'avec une vague inquiétude. Elle le revoyait nettement, au matin de ce jour proche où il était parti vers les lieux saints que, pour le pardon de ses péchés, il avait voulu rejoindre : une haute figure précocement voûtée, des épaules puissantes qui se ployaient légèrement sous le haubert de mailles, un regard dur où se lisait l'incertitude des lendemains.

Avant de monter en selle, il avait embrassé ses deux filles, mais distraitement, comme si les liens de la terre étaient déjà rompus chez lui. Pourtant elles demeuraient seules, toutes deux, dans la vieille demeure ancestrale puisque leur mère, depuis quelque temps déjà, avait quitté ce monde. Puis, la nouvelle était arrivée avec un chevaucheur couvert de poussière : non loin de Compostelle, en Galice, le duc était mort le regard tourné vers la basilique de Monseigneur Saint Jacques, en paix avec les hommes et avec Dieu. Le fief énorme qui englobait la Gascogne, le Périgord, l'Auvergne, le Limousin et le Poitou tombait aux mains fragiles d'une très jeune fille. Bientôt, à Bordeaux, elle recevrait l'investiture ducale.

Aliénor soupira, alla appuyer son front à la pierre d'une embrasure et regarda un moment l'eau paresseuse. Elle n'avait jamais beaucoup vécu avec son père mais, même absent, l'ombre de sa personnalité se faisait sentir. Elle et Pernelle, sa sœur, n'avaient rien d'autre à faire qu'à obéir, prendre leurs leçons, laisser couler le temps. Et voilà que, maintenant, c'était elle, Aliénor, qui allait tout diriger. Il faudrait prendre des décisions, s'intéresser aux affaires du grand duché, écouter les doléances des vassaux, faire la guerre peut-être... Un miroir d'argent poli, accroché au mur, renvoya soudainement à la jeune fille son image : une silhouette mince sans maigreur, des yeux verts, des nattes d'un blond foncé à reflets de flamme, un teint doré par les chevauchées folles à travers champs (un teint de fermière, disaient ses dames d'honneur).

Aliénor savait qu'elle était belle. Pour ce genre de renseignements, les yeux des hommes étaient vraiment les meilleurs miroirs et il y avait déjà quelque temps qu'ils s'attardaient sur elle quand elle passait. Mais comment la trouverait ce jeune Louis de France qui allait venir l'épouser, en coup de vent, alors que son propre père, Louis VI le Gros, se mourait ? Et lui-même, sous quel aspect se présenterait-il ? Était-il aussi gros que son père ? Pourrait-elle l'aimer enfin ?

Le lendemain il était là et Aliénor sentait, peu à peu, ses angoisses l'abandonner. Pourtant, son arrivée lui avait causé une nouvelle émotion, car ce n'était pas le prince Louis mais bien le roi Louis VII qui avait franchi le pont-levis de l'Ombrière. La nouvelle de la mort de son père avait rejoint le cortège du jeune homme comme il atteignait les domaines d'Aliénor. La jeune duchesse salua son suzerain et fiancé d'une profonde révérence puis se redressa et les époux de demain se regardèrent en silence.

Ce fut Louis qui baissa les yeux le premier tant le regard d'Aliénor montrait d'avidité. Pour ses dix-sept ans, il était grand et solide mais son visage aux traits calmes, aux yeux pâles, était trop sérieux, sous la couronne des cheveux blonds.

– Nos noces vont être célébrées dans de bien tristes circonstances Madame, dit-il enfin. Vous pleurez, comme moi-même, un père tendrement chéri. Seule la prière pourra apporter quelque adoucissement à nos douleurs...

– Peut-être que, si nous les mettions en commun... hasarda la jeune fille. J'aimerais vous consoler, et je crois que vous pourriez m'aider, Sire.

Mais il hocha la tête gravement :

– Prions d'abord ! L'apaisement viendra ensuite. D'ailleurs, il nous faut apprendre à nous connaître.

Tandis qu'il se retirait dans ses appartements, Aliénor le suivit des yeux avec un soupir. Dix-sept ans, ce garçon-là ? Mais il avait la gravité d'un abbé de cinquante... Il parlait de prier quand Aliénor attendait des paroles douces, des mots d'amour. Mettait-il donc toujours Dieu en avant, ce jeune roi qui cependant était beau et vigoureux ? En ce cas, ce serait vraiment bien dommage...

Le mariage fut célébré à Bordeaux le 8 août, au milieu d'une grande liesse populaire. La ville et le port, des ruisseaux aux toitures, étaient devenus bleus, rouges et or tant les tentures aux armes des deux époux avaient été déployées avec profusion.

Bannières, banderoles, oriflammes et tapisseries ruisselaient, voltigeaient, surgissaient de partout. Le vin de Bordeaux coulait de toutes les fontaines, entretenant la chaleur des esprits et, à tous les carrefours, troubadours et ménestrels chantaient à pleine voix.

Après la bénédiction nuptiale, ils reçurent ensemble la couronne d'Aquitaine. Puis il y eut un grand festin et, enfin, tard dans la nuit, les jeunes époux se trouvèrent seuls dans leur appartement. Aliénor, déjà installée dans le grand lit attendait, silencieuse et un peu angoissée. Louis ne semblait guère s'intéresser à elle alors qu'elle était toute prête à l'aimer.

Quand il apparut, très grand dans sa robe de soie bleue brodée d'or, elle lui sourit. Mais lui, cérémonieusement, s'inclina :

– Je suis venu vous donner le bonsoir, Aliénor, dit-il. Dormez en paix et prenez un bon repos.

– Mais... vous, Monseigneur ? fit-elle interloquée.

– Moi, je passerai la nuit en prières. C'est une bonne manière de commencer une vie commune si nous voulons que Dieu nous accorde une belle et nombreuse descendance.

S'inclinant à nouveau, il disparut, laissant Aliénor stupéfaite. Elle demeura un bon moment où elle était, assise bien droite dans le grand lit, essayant de réaliser ce qui lui arrivait. Quand elle eut bien compris qu'elle passerait seule cette première nuit de noces, elle entra dans une colère folle, jeta coussins et draps aux quatre coins de la chambre, cassant un peu tout ce qui lui tombait sous la main.

– Un moine ! s'écria-t-elle en piétinant rageusement son oreiller... j'ai épousé un moine !...

Puis, quand elle n'eut plus rien à casser, la nouvelle reine de France alla se jeter à plat ventre sur le matelas dénudé et se mit à sangloter à fendre l'âme.

C'est au vieux palais de la Cité, à Paris, que le jeune ménage alla s'installer. Aliénor s'y plut tout de suite, surtout à cause du grand jardin qui le prolongeait et qui s'avançait en pointe dans la Seine. Elle aimait s'y installer, avec ses dames et son troubadour favori, Saldebreuil, qu'elle avait amené avec elle de Bordeaux. De jeunes seigneurs se mêlaient volontiers à cette joyeuse assemblée et l'on passait d'agréables moments dans le jardin au bord de l'eau.

« Plein d'allégresse, je me prends à aimer une joie
À qui je veux m'abandonner... »

La voix profonde de Saldebreuil montait dans l'air doux du printemps soutenue par les accords légers du luth et seul le chant des oiseaux, dans les lilas, lui répondait car chacun des assistants était suspendu à ses lèvres. Il chantait en langue d'oc, pour plaire à Aliénor qu'une nostalgie prenait parfois de sa terre natale. Silencieuse, elle l'écoutait, les mains sagement croisées sur ses genoux minces, cherchant au fond d'elle-même l'écho des paroles de cette chanson qu'avait, jadis, composée son aïeul, le duc Guillaume IX, celui qu'on appelait le troubadour.

Saldebreuil, après Guillaume, chantait la joie d'amour, l'enchantement des cœurs unis, l'ardeur des corps confondus et c'était justement cet écho-là qu'Aliénor cherchait en vain. L'amour, en vérité, n'était pas son fait et il semblait que, plus elle l'appelait, plus il semblait la fuir.

Oh, Louis accomplissait envers elle son devoir d'époux et elle était devenue, bien réellement, sa femme devant la loi de chair ainsi qu'en attestait son corps déformé par une prochaine maternité. Mais le jeune roi, enchaîné par une piété trop étroite, un goût trop prononcé des austérités de la vie monastique parvenait à faire de ces rapprochements un devoir sans grâce. Et si, parfois, la séduction du corps charmant qu'il étreignait l'emportait dans une fièvre qu'il ne pouvait plus contrôler, il s'en punissait aussitôt par une cruelle flagellation ou le port d'un cilice. Et la nuit suivante, il la passait tout entière en prières. Qu'Aliénor lui donnât un fils et il considérerait sans doute que tous deux avaient assez fait pour l'avenir du royaume.

La jeune reine soupira et son regard mélancolique alla tomber sur un jeune couple qui bavardait non loin d'elle, assis à même une banquette d'herbe. Sa sœur Pernelle et le beau Raoul de Vermandois... Ces deux-là s'étaient aimés depuis la minute même où, à Bordeaux, leurs regards s'étaient croisés et depuis, ils ne s'étaient guère quittés, insoucieux du scandale et de la tempête. Et Dieu sait que celle qui se préparait était de taille. Car Raoul était marié à Gerberte, une virago solide et vaguement moustachue, plus âgée que lui mais bien pourvue en terres et nièce du puissant comte de Champagne à qui elle était allée porter sa plainte. Depuis, Thibaut de Champagne s'agitait, réclamait, menaçait.

Aliénor, malgré elle, ne put s'empêcher de sourire. Toute cette agitation semblait glisser sur Pernelle et Raoul qui ne voyaient rien qu'eux-mêmes. Il suffisait de les regarder pour s'en convaincre et Aliénor se jura intérieurement de défendre cet amour de toute sa puissance. Au diable Gerberte et ses revendications ! Elle, Aliénor protégerait le bonheur de sa petite sœur à défaut du sien propre...

Comme elle achevait de prendre cette résolution, la reine pâlit porta la main à son côté qu'une douleur fulgurante venait de traverser. Une sueur légère perla à sa lèvre supérieure et, d'un geste elle imposa silence à Saldebreuil.

– Nous allons rentrer, fit-elle d'une voix égale. Ton bras, Agathe, je ne me sens pas bien.

La suivante se précipita, les yeux écarquillés d'inquiétude, et chuchota :

– Est-ce votre heure, Madame ?

– Je crois, oui... Viens vite. Demeurez, vous autres si vous le voulez.

Rapidement, la reine et ses suivantes s'éloignèrent vers le palais.

Ce fut une fille. On l'appela Marie et si Louis fut déçu il n'en montra rien. D'un doigt léger il caressa le front pâle de sa femme, lui sourit :

– Dieu nous favorisera mieux une autre fois, ma mie. N'ayez pas de chagrin. Votre fille sera aussi belle que vous.

Aliénor lui sourit faiblement. Dieu, toujours Dieu !... Quelle rage avait-il de mettre toujours Dieu, comme un bouclier, entre eux ? Ils auraient pu être si heureux ensemble, si Louis n'avait eu cette mentalité plus propre au cloître qu'à la vie normale. À part cela, elle n'avait rien à lui reprocher. Il était bon, doux et patient, généreux aussi car, s'il se vêtait toujours fort simplement, Aliénor recevait à foison l'or et les toilettes. Bon chevalier de surcroît, brave et courtois... Seulement, il n'était pas fait pour prendre femme et la jeune reine se surprenait à penser avec quelque mélancolie que le manteau blanc à croix rouge du Templier eût été à merveille au roi de France.

À une époque où le sort des femmes était souvent fort loin d'être enviable, Aliénor n'était pas assez sotte pour ne pas s'accommoder de son sort et finir par trouver la vie agréable. Elle était belle, le savait et s'ingéniait à mettre en valeur cette beauté. C'est ainsi que, pour se distraire, elle s'était mise à instaurer de nouvelles modes. Il y avait vraiment trop longtemps que les femmes s'habillaient de la même manière qui n'était qu'une déviation des draperies romaines alourdies par les siècles barbares ; entretemps, il y avait eu la croisade et, d'Orient, les marchands avaient ramené des idées neuves sur la manière de parer les femmes. Lesquelles idées Aliénor adopta rapidement, innovant même à l'occasion. Finies les robes-sac et les draperies de consul romain ! Un beau matin la reine sortit de ses appartements portant une robe de soie verte, gaufrée d'or, dont la vue fit ouvrir de grands yeux à tout le monde. Le tissu brillant épousait étroitement son corps jusqu'aux hanches, soulignant hardiment la gorge, les épaules et les bras. Les hanches étaient cernées par une large ceinture qui descendait au creux de l'aine, se nouait mollement par devant et dont les pans retombaient jusqu'à terre. Les manches aussi s'élargissaient à partir du coude jusqu'à traîner à terre. Et, ainsi vêtue, ses cheveux soyeux tressés de fil d'or retombant jusqu'à ses seins, Aliénor était si belle que plus d'un homme dut détourner les yeux, rougissant, tandis que le regard avide des autres femmes ne la lâchait pas. Les prêtres crièrent au scandale mais le roi se contenta de sourire.

Du coup, ce fut un triomphe. Toutes les femmes se ruèrent sur la nouvelle mode et, en un mois, il fut plus question de robes, dans les châteaux que durant les sept ou huit siècles précédents. Pour celles qui étaient bien faites, c'était merveilleux et pour celles qui l'étaient moins, les choses s'arrangeaient grâce à une sorte de brassière fortement serrée que l'on mettait sous la robe et qui maintenait les chairs trop indépendantes.

Ayant ainsi fait de Paris, et pour jamais, la capitale de la mode et créé en quelque sorte l'industrie du corset, Aliénor se trouva une autre occupation qui allait faire fureur : la cour d'amour.

Dans son tempérament de fille du Midi, joyeux et ardent, dans son hérédité de petite-fille de poète, Aliénor avait trouvé les éléments de ces assemblées de jolies femmes, de chanteurs et de beaux seigneurs où se faisaient entendre les meilleurs poèmes, où l'amour était la grande affaire. Devant le gracieux tribunal que présidait la reine, une branche fleurie dans la main en guise de sceptre, on jugeait des différends amoureux et l'on édictait des lois fantaisistes et tendres :

« L'amour doit toujours ou augmenter, ou diminuer. »

« Le mariage n'est pas une excuse légitime contre l'amour. »

« Rien n'empêche qu'une femme soit aimée de deux hommes, ni qu'un homme soit aimé de deux femmes... » etc., etc., décrétaient les dames de la Cour d'Aliénor entre deux sourires et deux chansons. Et dans cette atmosphère frivole et tendre, la jeune reine oubliait parfois le tourment de son cœur affamé d'amour que la tendresse, presque fraternelle de Louis, laissait inassouvi. C'était en quelque sorte une manière de se tromper soi-même en s'occupant des amours des autres.

L'affaire Pernelle d'Aquitaine-Raoul de Vermandois avait très mal tourné. Un concile d'évêques avait bien annulé le mariage avec Gerberte et béni l'union des deux jeunes gens mais n'avait nullement apaisé la fureur de l'épouse délaissée. Celle-ci avait fait ses bagages et couru d'une traite jusqu'à Rome où naturellement, on lui avait donné raison. Le jeune couple était menacé d'excommunication et le royaume d'interdit parce que le roi le protégeait. Aliénor, déchaînée, fulminait, tempêtait et avait même donné pour asile aux amoureux son château de Belin tandis que Thibault de Champagne prenait les armes contre le roi.

Malheureusement pour Aliénor, elle allait trouver sur son chemin un adversaire de taille : Bernard de Clairvaux, le futur saint Bernard, un homme terrible.

Sa foi était entière, son honnêteté scrupuleuse, sa parole de flamme. Il était pauvre, doux aux malheureux, dur aux grands, ses pairs. Sa charité était inépuisable, son sens du devoir sans compromission. Entre Bernard et Aliénor, Louis allait vivre de durs moments, tiraillé de part et d'autre. Un drame alors éclata : durant la campagne contre Thibaut, Robert de Dreux qui commandait l'armée royale avait commis un véritable crime : le village de Vitry rasé, l'église incendiée avec tous les habitants à l'intérieur. Seule une pénitence exemplaire pouvait effacer ce crime : Bernard de Clairvaux allait l'indiquer.

Dans un champ, à Vézelay, sa voix tonna jusqu'aux nuages appelant les princes de ce monde à la délivrance des Terres Saintes que ravageait à nouveau l'Infidèle, au secours de ce Royaume Franc de Jérusalem qui ne subsistait qu'à force d'héroïsme. Si grande était la force émanant de ce maigre corps mystique, miné par la maladie mais soutenu par une foi capable de remuer un monde, que, d'un seul élan, Louis se jeta à genoux, demandant la croix... et Aliénor avec lui.

Quand elle se releva, la petite croix rouge cousue à l'épaule de sa robe, Aliénor ne parvint pas à réaliser ce qui avait bien pu la pousser à ce geste fou : suivre son mari à la guerre au lieu de demeurer paisiblement chez elle.

Pourtant elle ne regrettait rien parce qu'au fond d'elle-même une voix, au moins aussi puissante que celle de Bernard, lui criait qu'il fallait qu'il en fût ainsi pour que son destin s'accomplît. La jeune femme sentait confusément que quelque chose l'attendait au-delà des mers. Mais quoi ?

Antioche ! Depuis des jours et des jours que les nefs byzantines, portant le roi, la reine et la moitié de leur armée, avaient quitté Adalia, Aliénor en rêvait comme d'une terre promise. Là, elle le savait, régnait son oncle Raymond de Poitiers, prince d'Antioche par la grâce de son mariage avec l'héritière de la ville, Constance. Là enfin, elle pourrait trouver le repos, la fin des misères sans nombre endurées depuis le départ.

Un cauchemar, cette croisade ! Une marche épuisante à travers l'Europe plus ou moins ravagée, jusqu'à Byzance, des batailles, des embuscades précédant, à Byzance même, l'interminable duel diplomatique avec l'empereur Manuel, un Grec beau et gras, fourbe et astucieux qui semait à plaisir les embûches sur les pas des Francs. Ensuite la marche étouffante à travers les déserts et les monts de Cilicie, harcelés par les Turcs, décimés par la soif et l'impitoyable soleil. Enfin, la mer qui, elle aussi, s'était montrée sans douceur.

Les eaux de l'Oronte teintaient leur estuaire d'une vilaine couleur jaune sale. Le port de Saint-Siméon, qui se montrait, ne paraissait guère plus qu'une bourgade de masures blanches et grises tassées autour d'une tour de guet parmi les ruines romaines mais, à mesure que les vaisseaux avançaient, la reine pouvait distinguer des silhouettes colorées sur le vieux môle verdi d'algues, l'étincellement des armures, le fer des armes sous les flammes multicolores des bannières. Sur le devant, un homme se tenait seul. Il paraissait immense. Bras croisés sous le manteau blanc brodé d'or, jambes écartées, ses cheveux noirs voltigeant au vent de mer, il regardait approcher la flotte.

Quand on fut assez près pour qu'il fût possible de distinguer son visage, les brumes des lointains souvenirs se déchirèrent pour Aliénor. Sa petite enfance se souvenait maintenant de cet homme qu'elle n'avait fait qu'entrevoir jadis : c'était Raymond de Poitiers, le frère de son propre père, mais elle ne se souvenait pas qu'il était aussi beau.

D'un bond souple, il venait de sauter dans le vaisseau royal s'inclinait devant le roi avec un grand sourire :

– Bienvenue à vous, Sire, mon royal neveu ! Bienvenue à vous aussi ma belle nièce...

Il l'avait prise aux épaules, sans cérémonie, l'embrassait avec une chaleur toute méridionale puis, l'écartant de lui sans la lâcher, l'examinait joyeusement.

– Par la mort-Dieu, ma nièce, vous ne faites pas mentir le dicton qui veut que les filles d'Aquitaine soient les plus belles du monde. Vous avez de la chance, Louis...

Sous le compliment brutal, Louis s'était mis à rougir. Aliénor, elle, avait seulement souri. Les mains dures collées à ses épaules leur communiquaient une chaleur profonde qui l'émouvait étrangement. Sa joue brûlait encore là où s'étaient posées les lèvres fermes de Raymond. Elle constatait avec étonnement que, comme Louis, il dégageait une odeur légère d'encens et de graisse d'armes mais alors que Louis semblait toujours traîner après lui la senteur froide des églises, chez Raymond l'odeur était chaude, vivante et paraissait apporter avec elle tout le sable des déserts.

Quelques instants plus tard, ils chevauchaient côte à côte, Aliénor entre les deux hommes, sur la vieille voie romaine qui, longeant l'Oronte, menait à Antioche dont les tours se découpaient à l'horizon. Sans trop savoir pourquoi, Aliénor se sentait plus heureuse qu'elle ne l'avait jamais été. Chaque fois que le regard de Raymond se posait sur elle, et c'était très souvent, elle se sentait brûler jusqu'à l'âme sans pouvoir définir cette émotion nouvelle. Raymond parlait beaucoup, de sa voix chantante qui avait gardé les inflexions méridionales, ponctuant son discours de gestes vifs. Louis écoutait en souriant, plaçant une parole de temps en temps, calmement. Aliénor, elle, n'écoutait pas. Le regard rivé à la route poudreuse qu'elle découvrait entre les oreilles de son cheval, elle se demandait seulement à quoi pouvait ressembler cette Constance d'Antioche qui avait épousé Raymond. Était-elle belle ? Et Raymond l'aimait-il ? Incapable de répondre pour l'instant à ces questions, Aliénor décida soudain qu'elle n'aimerait pas Constance.

Malgré l'étouffante chaleur du dehors, la chambre d'Aliénor était divinement fraîche. Derrière le rempart des rideaux qui défendaient les fenêtres, la reine devinait l'incendie de midi sur sa terrasse surplombant la ville et n'en savourait que mieux le bonheur d'être étendue dans l'ombre de cette pièce. Les dallages de marbre et les murs de mosaïque bleue reflétaient le murmure d'un jet d'eau dans sa vasque de porphyre.

Elle était seule comme elle l'exigeait chaque jour à cette heure de la sieste. Tout autour d'elle, le palais dormait, depuis les cuisines jusqu'aux dames d'honneur, jusqu'à la princesse Constance. Aliénor, elle, ne dormait pas parce que c'était à cette heure-là seulement que, seule avec elle-même, elle pouvait rêver à l'homme dont l'image, depuis un mois que l'on était à Antioche, ne la quittait plus.

Raymond ! Le lien de famille s'était aboli en elle quand elle s'était aperçue qu'elle l'aimait et qu'insensiblement, lui aussi se laissait prendre au piège tendu par l'amour. Depuis quelque temps, il ne riait plus quand il la regardait, il ne l'emmenait plus dans de paresseuses promenades à travers la ville et ses ruelles colorées, couvertes de roseaux contre la chaleur. Les yeux sombres du prince fonçaient encore lorsqu'ils rencontraient le regard vert d'Aliénor et, avec une joie sauvage, elle pouvait y lire un trouble croissant.

La veille même, il était revenu, avec Louis, d'une courte expédition contre les Turcs de Zengi dont l'insolence allait croissant. Il avait eu, en la regardant, une expression si affamée que la jeune femme avait compris qu'il ne lutterait plus longtemps contre son désir et s'était demandé quand viendrait l'heure de l'aveu. Le lendemain ? ... le jour même... ou plus tard ?

Mais elle était sûre que cet aveu viendrait parce qu'elle-même le souhaitait de toutes ses forces.

Les coussins de son lit semblèrent tout à coup brûlants à la jeune femme. Elle s'étira dans la longue et fine chemise de lin brodée, largement ouverte sur sa gorge qui, seule, l'enveloppait, cherchant une place fraîche. Une fièvre légère faisait battre ses tempes. Elle avala avec peine sa salive, ferma les yeux pour trouver le sommeil. Il y eut un glissement léger sur les dalles de la chambre. Rouvrant précipitamment les yeux, Aliénor vit qu'une ombre haute et épaisse s'interposait entre son lit et le clair-obscur de la pièce. D'un preste mouvement des reins, elle se redressa sur un coude, contempla Raymond debout auprès d'elle.

Ses pieds nus n'avaient fait aucun bruit dans les couloirs déserts et maintenant il se tenait là, les mains tremblantes et le souffle un peu court, avec le regard fixe d'un somnambule. Une robe sarrazine, retenue par une ceinture cloutée d'or et largement ouverte sur sa poitrine brune le vêtait.

Ni l'un ni l'autre ne dit rien. Tous deux avaient trop espéré cet instant pour avoir besoin de paroles, seuls leurs regards accrochés l'un à l'autre traduisaient l'ouragan intérieur.

D'une main, Raymond écarta les mousselines qui enveloppaient le lit, s'agenouilla. Se laissant aller, toute molle dans les coussins, Aliénor tendit les mains avec des gestes d'aveugle, toucha les muscles du visage, durcis par la passion. Lentement, lentement, elle l'attira vers elle. Quand enfin, l'équilibre fut rompu et qu'il s'abattit sur elle, la jeune femme poussa un profond soupir et ferma les yeux. Dans sa poitrine, les battements désordonnés de son cœur l'étouffaient à demi...

Mariée depuis dix ans, Aliénor venait seulement d'apprendre ce que pouvait être l'amour. Elle et Raymond, insoucieux du scandale, s'y jetèrent avec une passion aveugle, prenant tout juste la peine de dissimuler, de sauver la façade. Rien ne semblait devoir rassasier la fringale qu'ils avaient l'un de l'autre.

Chaque jour maintenant, laissant Louis recevoir les seigneurs Francs de Syrie et de Palestine, ils partaient, à cheval, faucon au poing, prétextant la chasse à l'oiseau en vol ou à la gazelle, s'enfonçaient dans l'intérieur des terres ou suivaient le littoral de la mer. C'était d'ailleurs, le plus souvent ce chemin qu'ils choisissaient à cause de certaine grotte que Raymond avait découverte.

Pourtant, chaque nuit ou presque, ils pouvaient se rejoindre. Par vœu religieux, Louis, depuis le départ de la croisade, s'était abstenu de tout contact avec son épouse et Constance, qui attendait un enfant, n'était guère gênante. Mais plus ils s'aimaient, plus les deux amants avaient besoin l'un de l'autre. Ni l'un ni l'autre ne voulaient voir les regards curieux qui les suivaient, les épiaient sans relâche. Ils n'entendaient pas les chuchotements, ne remarquaient pas les sourires moqueurs non plus que les sourcils froncés des prêtres.

Aliénor lovée au creux de ses bras, Raymond rêvait tout haut :

– Nous ferons annuler nos unions. Louis repartira sans toi et je répudierai Constance. Rien ne nous séparera plus.

– Quel prêtre acceptera de nous unir, soupirait Aliénor ? Nos liens de parenté sont si proches !...

Mais il riait insouciant :

– Qu'importe l'église, qu'importe le mariage ! Nous serons l'un à l'autre c'est tout ce qui compte. Ce soir- même, je parlerai à Louis, à ma femme...

Mais, soir après soir, quand il rencontrait le regard calme et pâle du roi, Raymond ne trouvait plus les mots si bien préparés. Comment expliquer les furieuses tempêtes des sens à cet homme qui ne semblait même pas les soupçonner ?

Aliénor achevait de se faire coiffer devant un grand miroir quand Louis entra chez elle. Faisant signe que l'on ne se dérangeât pas pour lui, il s'assit sur un escabeau, attendant...

Dans la glace, Aliénor lui sourit machinalement puis revint à son image. Elle était plus belle que jamais. L'amour lui allait bien, lui faisait le teint plus chaud, le regard plus profond et plus brillant, les lèvres plus rouges. Sous la lumière mouvante des chandelles, ses cheveux semblaient vivre d'une vie propre et les pierres vertes qui s'y mêlaient lui donnaient l'air d'une divinité marine.

Quand elle fut coiffée, elle congédia ses servantes d'un geste, se tourna vers son époux sans pour cela quitter de l'œil le miroir :

– Vous aviez à me parler, Sire ?

Louis hocha la tête, les lèvres tirées par un mince sourire.

– Oui. Je voulais vous dire de faire préparer vos coffres. Nous partons demain à l'aube pour Jérusalem...

La surprise ouvrit tout grands les yeux d'Aliénor, sa bouche s'arrondit pour un cri qui ne sortit pas. Partir ? Il parlait de partir ? Il voulait l'emmener ? Comment cette idée folle avait-elle pu germer dans la tête de Louis ? Ne savait-il pas que, plus jamais, elle ne pourrait repartir ? Mais non, il ne savait pas...

Sans le regarder, elle articula :

– Partez sans moi. Je n'ai pas envie d'aller à Jérusalem...

La voix du roi ne monta pas d'un ton, ne perdit rien de sa douceur.

– Je ne vous demande pas s'il vous convient de me suivre, Aliénor. Je vous ordonne de vous tenir prête. J'espère que vous me comprenez.

Cette fois, elle le regarda, vit qu'il était très pâle et que ses traits étaient tirés mais il était trop tard pour reculer. D'ailleurs elle ne le souhaitait pas.

– Je vous comprends, Louis, mais c'est vous qui ne comprenez pas. Je ne partirai pas parce que je ne veux pas partir. En fait, je ne vous suivrai plus jamais. Je désire que nous nous séparions...

– Afin de continuer la vie scandaleuse que vous avez menée ici depuis que nous sommes arrivés ? Je sais.

– Vous savez ? Qui vous a dit ?

– Personne. Il suffisait de vous regarder avec un peu d'attention. Je reconnais que j'ai mis quelque temps à me rendre à l'évidence. Oh, pour la plus simple des raisons : j'avais confiance en vous et je ne supposais pas notre hôte assez vil pour aller jusqu'à l'inceste. Excusez-moi.

Aliénor ne cilla pas mais sa voix s'altéra légèrement.

– Vous ne pouvez pas comprendre, Louis. Personne ne peut comprendre, je le reconnais. Mais il nous est aussi impossible de vivre l'un sans l'autre qu'au poisson de vivre hors de l'eau. Il faut m'accorder ma liberté. Je vous la demande... Que vous importe après tout ? Vous ne m'avez jamais aimée...

– Qu'en savez-vous ? Mais là n'est pas la question. Même si j'avais pour vous de la haine, même si je vous détestais, je vous ordonnerais encore de me suivre, Madame, parce que vous êtes la reine de France, ce que vous semblez oublier à plaisir et qu'une reine ne se conduit pas comme une fille d'écurie. Je veux éviter le scandale, par respect pour ma couronne et pour la première fois de toute notre vie commune, vous m'obéirez. Je l'exige.

Aliénor ne put s'empêcher de frissonner tant il y avait de détermination dans cette voix unie comme un miroir. Elle murmura :

– Jamais... Je resterai.

Louis se leva avec effort, haussa les épaules. Il semblait tout à coup très las, vieilli de dix ans.

– Vous n'avez pas le choix, Madame, soupira-t-il avant de s'en aller.

Demeurée seule, Aliénor resta un instant sans voix, sans réaction. Dans le miroir, elle voyait une statue verte et or, figée, qui la regardait avec des yeux immenses. Puis, comme un chien qui s'ébroue au sortir de l'eau, elle secoua la tête, s'obligea à sourire. La contraindre à le suivre ? Louis perdait l'esprit. Elle était chez Raymond, dans son palais, sous sa garde. Lui saurait s'opposer, par la force au besoin, aux prétentions de son rival... D'un élan elle courut à la porte, souleva la tenture pourpre, s'arrêta net, l'élan brisé. Aux poings de deux statues de fer, des lances entrecroisées barraient le passage...

Avec un cri de rage, elle rejeta la portière, courut à la fenêtre, voulut aller sur la terrasse ouverte à la nuit. Sorties de l'ombre, deux autres lances s'abaissèrent lentement devant elle. Comprimant sous sa main les battements désordonnés de son cœur, Aliénor se rejeta dans sa chambre, cherchant autour d'elle une impossible issue, comme un oiseau captif. Elle revint à la porte s'adressa à l'un des gardes :

– Va trouver le prince Raymond, lui souffla-t-elle vivement. Dis-lui de venir ici... je te donnerai de l'or.

La statue de fer ne répondit pas. Seul le heaume vira de droite à gauche puis de gauche à droite, pour un refus silencieux. À reculons, comme si une flèche l'avait frappée, Aliénor alla s'abattre sur son lit, attendant... Il n'était pas possible que la nuit passât sans que Raymond apprît ce qui arrivait, sans qu'il vînt à elle, de gré ou de force. Tout à l'heure il allait surgir, l'épée au poing, pour l'arracher à ses gardiens...

Mais les heures s'écoulèrent sans ramener Raymond. Et, quand l'aube approcha, ce fut Louis qui entra. Il était armé de toutes pièces. Les mailles d'acier du haubert brillaient sourdement sous la cotte de soie bleue frappée de lys d'or. Une longue épée pendait à son côté et sa tête était étroitement serrée dans le capuchon de mailles. Sous son bras, il portait son heaume timbré de la couronne d'or.

– C'est l'heure, Madame, dit-il seulement.

Aliénor secoua la tête :

– Non. Je refuse de vous suivre.

Il poussa un soupir ennuyé, haussa les épaules.

– Je regrette que vous m'obligiez à cette extrémité...

Il alla à la porte, fit un signe. Deux gigantesques archers entrèrent.

– Portez la reine jusqu'à sa litière, ordonna-t-il.

Aliénor se leva comme si un serpent l'eût piquée. Une profonde rougeur envahit ses joues pâles.

– Non, fit-elle d'une voix rauque. Je vous suivrai. La violence est inutile...

Elle refusa la main que lui tendait le roi, descendit à son côté les escaliers déserts. Il semblait qu'il n'y eût plus âme qui vive, cette nuit-là dans le palais. À chaque détour, elle s'attendait à voir paraître Raymond mais on parvint dans la cour sans rencontrer personne. Là, au milieu d'une escorte déjà à cheval, attendait une litière dont Louis écarta lui-même les rideaux.

– Montez, Madame...

Désespérément, Aliénor jeta un dernier regard à la porte qu'elle venait de franchir, aux murailles vides. Rien ne vint. Elle ignorait qu'après une orageuse explication avec le roi, Raymond avait donné sa parole de ne pas bouger de chez lui et de laisser le roi agir à sa guise. Il avait trop besoin de l'aide militaire de Louis contre le Turc Zengi, son ennemi, pour que l'amour pesât bien lourd dans la balance de la politique.

Ignorant cela, Aliénor se retourna plus de mille fois, quand l'escorte eut pris la route, espérant toujours le voir surgir, l'épée nue, à la tête d'une troupe armée. Ce fut seulement quand les murailles de Jérusalem furent en vue, après bien des jours qu'elle abandonna tout espoir et comprit qu'il ne viendrait pas. Alors, derrière les rideaux fermés de sa litière, elle s'abandonna à un amer désespoir.

Ils revinrent en Europe en passant par Rome où les attendait le pape Eugène III. Le bruit énorme de l'aventure d'Aliénor était venu jusqu'à lui et le Souverain Pontife fit tous ses efforts pour réconcilier ce ménage aux trois- quarts détruit.

Assis tous deux dans son cabinet du palais de Latran, les deux époux qui depuis Antioche ne s'étaient guère parlé, essayaient de comprendre les paroles de paix et d'apaisement que murmurait ce petit vieillard vêtu de blanc.

– Seul, celui qui pardonne peut espérer le pardon, dit-il à Louis.

À Aliénor, il murmura :

– Le sincère regret d'une faute parvient toujours à l'effacer...

Alors, pour lui faire plaisir, ils signèrent la paix, promirent d'oublier l'un l'injure ressentie, l'autre ses erreurs et, le soir-même, Louis rejoignit Aliénor dans sa chambre.

L'un près de l'autre, ils rentrèrent en France où Suger, le grand ministre et abbé de Saint-Denis, avait tenu d'une main ferme le gouvernail du pays. Mais le fossé creusé entre eux était trop profond et chacun d'eux le savait. Quand ils regagnèrent le palais de la Cité, ils comprirent que plus rien ne pourrait être comme par le passé malgré la naissance d'une nouvelle fillette, Alix, affirmation de la nuit romaine.

Mais l'histoire d'Aliénor et de son oncle avait causé un trop gros scandale et Louis ne trouva personne, bien au contraire, pour l'aider à oublier. La noblesse, le clergé et le peuple, d'accord pour une fois, se montraient également blessés de cette atteinte portée à l'honneur royal. Louis dut se battre pendant des mois contre une cabale qui allait s'amplifiant.

Pour échapper à ce reproche latent qu'elle lisait sur tous les visages, Aliénor décida d'aller passer quelque temps dans ses domaines d'Aquitaine. Elle retourna à l'Ombrière, retrouva la Garonne paisible et le cri des courlis. C'était de paix, surtout, qu'elle avait besoin pour se pencher sur la plaie de son cœur qui ne voulait pas se cicatriser. L'image de Raymond était plus vivace que jamais, entre les murs de ce château qui avaient vu leurs enfances à l'un comme à l'autre. Pendant ce temps mourait Suger, emportant avec lui ses conseils de modération.

Un matin, un messager de France se présenta au château. C'était Guy de Garlande, l'un des familiers de Louis. Il plia le genoux devant Aliénor, baissa la tête :

– Madame, dit-il, je vous apporte une triste nouvelle. Après conseil de son royaume, notre Sire le roi a décidé de rompre le lien qui l'attachait à vous. Vous n'êtes plus reine de France...

Sans trop se l'avouer, Aliénor s'était attendue à ce coup. Elle le reçut sans faiblir, inclina seulement la tête pour marquer qu'elle avait compris puis son regard s'en alla chercher les lointains marins qui se devinaient par la fenêtre ouverte. Elle n'était plus reine... mais elle demeurait duchesse d'Aquitaine et elle était libre. Libre, peut- être, de retourner vers son amour ?

Reine d'Angleterre par la colère de Dieu !

Aliénor ramena sur ses épaules la cape de menu-vair qui en glissait et tendit à la flamme ses doigts glacés. Sous la chaleur dégagée par les troncs d'arbres brûlant dans l'immense cheminée, ils se dégourdirent un peu et elle les agita, comme pour en éprouver la souplesse. Le feu empourprait son visage mais elle se sentait le dos et les reins gelés. La reine poussa un profond soupir. Il semblait que ce temps affreux ne dût pas avoir de fin et que l'Angleterre demeurerait à jamais enfouie sous la neige et le froid noir. Y avait-il même, quelque part encore, un soleil ?

Le haut fauteuil à dossier raide était tourné de manière à ce que la reine ne vît pas la fenêtre qui ne reflétait qu'un ciel d'un vilain gris jaune. Elle se tenait légèrement penchée en avant, le regard perdu dans les flammes, y cherchant peut-être la réponse à ses secrètes pensées.

L'homme qui lui faisait face, assis dans un siège semblable, profitait de cette rêverie pour scruter le visage de la reine d'Angleterre. Depuis qu'elle avait gravi les marches du trône britannique aux côtés de son second époux, Henri Plantagenêt, comte d'Anjou, devenu le roi Henri II, Aliénor était un constant sujet d'études pour Thomas Becket. À trente-sept ans, le chancelier du royaume n'aimait rien tant que sonder les âmes et chercher sur les figures le secret des pensées profondes.

La reine releva soudain la tête et planta son regard vert, droit dans les yeux noirs de son visiteur.

– N'essayez pas de nier l'évidence, Becket, lui dit-elle. Depuis le jour du couronnement où j'ai vu cette femme parmi les dames de la Cour, je sais à quoi m'en tenir. Non seulement le roi n'a pas rompu avec Rosamonde Clifford en m'épousant, mais elle est toujours sa maîtresse...

Becket se permit un bref sourire qui n'atteignit pas ses yeux.

– J'admire, Madame, l'assurance de Votre Majesté... mais je cherche en vain ce qui a pu, pendant une cérémonie aussi grave et pompeuse qu'un couronnement, la lui donner... et sur un pareil sujet.

– Les femmes sentent ces choses, sire chancelier. Il m'a suffi d'intercepter un seul regard entre le roi et cette femme pour acquérir une certitude. Je ne comprends pas pourquoi vous niez l'évidence. Je vous croyais mon ami ?

Les sourcils légèrement froncés, elle détaillait l'étroit visage sans beauté mais brillant d'intelligence. Ce qui serait plus tard austère sévérité n'était encore que gravité souriante et rien ne laissait deviner le futur saint, le martyr des années à venir, dans cet homme élégant et douillettement vêtu qui jouait négligemment avec la lourde chaîne d'or pendue à son cou. Seuls, les yeux noirs, qu'il tenait de sa mère, une princesse orientale devenue Anglaise par amour, étaient admirables. Le reste du physique était ingrat mais Aliénor, tout de même, aimait bien Becket. Il lui avait toujours montré de l'amitié, depuis deux ans qu'elle était mariée, il lui avait toujours dit la vérité. D'ailleurs, c'était l'homme le mieux informé d'Angleterre. Becket savait toujours tout.

– Votre Majesté sait bien que je suis son ami, fit-il. C'est bien pour cela qu'il est inutile que je lui réponde. À quoi bon ? Le roi est ce qu'il est, mais c'est un bon roi et le ménage qu'il forme avec vous, Madame, une excellente chose pour le pays et une chose solide. Pourquoi vous tourmenter ?

Les mains fines d'Aliénor revinrent vivement se poser sur les accoudoirs de son fauteuil et les frappèrent nerveusement. Un peu de rouge était monté à ses joues pâles.

– Parce qu'aucune femme n'aime être bafouée par son mari, fût-elle reine d'Angleterre. Je sais qu'une femme qui a dix ans de plus que son mari ne doit pas se montrer trop exigeante. Mais je sais aussi que je n'ai que trente-deux ans, que je suis toujours belle et que je n'accepterai jamais de voir aucune femme régner à mes côtés, sur mon mari...

– Si peu, Madame, si peu, fit Becket avec onction. L'orgueil de Votre Majesté ne doit souffrir en rien de cette histoire car, s'il voit toujours Lady Clifford, le roi se cache bien. Évidemment, il en irait autrement si le cœur de Votre Majesté était engagé dans cette aventure.

Il ne la regardait pas, examinait soigneusement, avec une extrême attention, le bout de ses mains qu'il croisait et décroisait lentement. Tout doucement, il reprit :

– Si vous aimiez le roi, Madame...

Puis s'arrêta. Aliénor haussa rageusement les épaules.

– Vous le savez bien que je l'aime. Sinon, serais-je ici, dans ce pays glacial où je meurs d'ennui ?

– Le trône !... y a-t-il attrait plus puissant ?

– Un trône ? J'en avais un, plus beau et plus agréable que celui-ci. Croyez-vous qu'il soit tellement enivrant d'être reine d'Angleterre quand on a été reine de France ? Non, Becket. Si je n'avais pas aimé Henri, jamais je n'aurais quitté mon Aquitaine, mon doux ciel, mon chaud soleil et mes vertes campagnes. Tout ce qui me manque tellement, tout ce sans quoi je me meurs lentement...

Becket pensait avoir deviné l'âme profonde de sa souveraine, mais Aliénor ne parvenait pas à se comprendre elle-même.

Pendant des jours et des jours, une fois mariée, elle avait essayé de s'expliquer l'attirance brutale qui l'avait jetée littéralement dans les bras de ce garçon de vingt ans, qui tenait plus de la brute que du gentil seigneur. D'ailleurs, il s'était emparé d'elle sans même prendre la peine de lui demander si cela lui convenait.

C'était à l'Ombrière, à Belin, deux ans plus tôt mais Aliénor s'en souvenait comme de la veille. Elle venait d'apprendre de Guy de Garlande sa répudiation par le roi de France et, indécise autant que vexée, elle en était à se demander si elle n'allait pas fréter un navire, faire voile vers la Terre Sainte, retourner à Antioche, à Raymond... Elle hésitait parce qu'elle ne savait pas très bien, au fond, si Raymond serait tellement heureux de la revoir. Il n'avait rien fait pour la reprendre quand Louis de France l'avait enlevée de vive force du palais d'Antioche. Les années avaient passé aussi...

Aliénor en était là de ses hésitations quand, un soir, alors qu'elle séjournait dans son château de Poitiers pour régler un différend entre les notables, on était venu l'avertir que le comte d'Anjou, Henri Plantagenêt, se présentait au pont-levis, demandant à la voir.

Sur le coup, elle avait été bien près de refuser parce qu'elle se souvenait d'avoir rencontré Henri, un an plus tôt, à la cour de son mari le roi de France. Elle se souvenait surtout de son regard insolent, impudent qui l'avait détaillée aussi crûment que si elle eût été quelque servante destinée à sa couche et, pour cacher son trouble, elle avait alors décidé que c'était un bien déplaisant garçon.

Mais il était difficile de refuser la porte à son puissant voisin. Henri fut reçu, s'avança comme en pays conquis à travers la grande salle du château. Aliénor reçut à nouveau, en plein visage, l'insolent regard dont elle se souvenait, accompagné cette fois d'un sourire encore plus insolent.

– La solitude vous va, Madame, lui avait-il décoché sans ambages, vous êtes plus belle que jamais ! Mais il ne faudrait pas que cette solitude durât trop longtemps. Vous pourriez y perdre de l'éclat.

Cette étrange déclaration laissa Aliénor sans voix et sans réaction. Henri en profita pour dévorer comme six le fastueux banquet qui lui fut servi. Après quoi il offrit son poing fermé à son hôtesse pour qu'elle y posât sa main. Il la mena ainsi à sa chambre. La main d'Aliénor tremblait comme une feuille par grand vent mais Henri ne semblait pas s'en apercevoir.

Quand ils parvinrent aux appartements de la duchesse, Aliénor voulut se séparer de son compagnon et lui souhaita bonne nuit. Mais exactement comme s'il eût été chez lui, Henri entra derrière elle et referma la porte derrière lui.

– Ma parole, vous devenez fou ? s'écria-t-elle.

Mais il se contenta de secouer sa tête rousse avec beaucoup de gravité.

– Nullement. Je vous ai dit que la solitude, à la longue, ne vous vaudrait rien. J'ai décidé d'être celui qui vous en sauverait.

– Qui vous dit que je souhaite en être sauvée ?

– Le bon sens. Nos domaines sont voisins : à nous deux nous formons un vaste État... auquel j'espère bien joindre, un de ces jours, la couronne d'Angleterre à laquelle ma mère me donne droit, quand mourra le roi Étienne. Vous devez m'épouser, Aliénor. À nous deux nous serons indestructibles.

Elle fit la moue, secoua la tête.

– Je suis lasse des raisons d'état. L'amour est une trop belle chose pour qu'une fois encore, j'y renonce.

– Qui vous dit d'y renoncer ? Je suis jeune, ardent... et je vous aime autant qu'homme puisse aimer car, de plus belle dame que vous, jamais encore je n'en ai vu.

Il avait posé ses fortes mains sur les épaules de la duchesse, l'attirait vers lui, irrésistiblement. Elle sentit sur sa nuque le souffle court et chaud du jeune homme, ferma les yeux, soudain tout amollie. Il en profita pour la retourner vers lui brutalement, resserra son étreinte, chercha ses lèvres.

– Avant huit jours vous serez ma femme, murmura-t-il, mais avant l'aurore vous serez à moi.

Quelques jours plus tard, ils étaient mariés. C'était le 18 mai 1152, exactement deux mois, jour pour jour, après la répudiation d'Aliénor par Louis VII.

Thomas Becket avait respecté la rêverie de sa souveraine. Il y avait longtemps qu'il avait compris que les deux années écoulées n'avaient apporté à Aliénor aucune autre vraie joie que la naissance d'un petit

Guillaume, d'ailleurs maladif. Il n'y avait guère de place dans la vie d'Henri II, lancé ventre à terre à la conquête d'un empire, pour les sentiments délicats. Il prenait le temps, les femmes et l'amour comme ils venaient, s'en empiffrait en véritable goinfre puis passait son chemin. Aliénor lui était chère, bien sûr, parce qu'elle était belle, parce qu'elle était son bien et qu'il lui devait une énorme puissance. Ce n'était certes pas lui qui eût été assez bête, comme le cher Louis de France, pour laisser s'envoler une proie comme l'Aquitaine. Mais puisqu'elle était sienne, il n'y avait plus guère à s'en occuper.

Malgré tout, Becket eût souhaité que son souverain et ami ne reprit pas, une fois marié, le cours de ses aventures avec Rosamonde Clifford. Cela ne pouvait que porter ombrage à la reine, sans vraie raison. Rosamonde était peut-être, comme chacun le proclamait à l'envi, la plus belle fille de tout le royaume. Mais elle était aussi sotte à en pleurer. Et Becket savait bien qu'il n'y avait rien de plus dangereux qu'une sotte. Si cela continuait, si Rosamonde s'obstinait à afficher ses airs roucoulants et ses mines mystérieuses, il y aurait un jour du vilain.

En quittant Aliénor, le chancelier se promit de rappeler, à l'occasion, à Henri les obligatoires ménagements qu'exigeait le sang bouillant d'une fille d'Aquitaine. Qu'Aliénor se fâchât, qu'elle traitât aussi mal son second mari qu'elle avait mal traité son premier, avec la complicité de quelque beau seigneur et le trône tout frais du Plantagenêt se verrait bientôt peint aux couleurs, si gênantes, du ridicule.

Malheureusement, la sottise de Rosamonde Clifford allait gagner Becket de vitesse. Deux jours plus tard, à un banquet à Westminster, la belle apparut parée d'une ceinture d'or cloutée de pierreries qui fit sensation. Mais ce fut sur Aliénor que cette ceinture fit le plus d'effet car elle n'eut aucune peine à reconnaitre, dans le motif central, une fort belle escarboucle qu'elle avait donnée à Henri parmi d'autres joyaux.

Sous le choc, la reine était devenue aussi blanche que le voile argenté qui gainait son visage mais, quand Rosamonde lui fit sa révérence, elle ne dit rien, se contenta de se tourner vers son mari qui, lui, était devenu aussi rouge qu'elle était pâle. Visiblement, il ne s'attendait pas à voir sa maîtresse étaler sous les yeux de sa femme ce présent qu'il lui avait fait pour la naissance du fils qu'il en avait eu. Se penchant vers Aliénor, il posa sa main sur son bras, ouvrant la bouche pour dire quelque chose mais, comme si un serpent l'eût piquée, la reine avait évité son contact et s'était levée.

– Veuillez m'excuser, Sire, de ne point présider ce repas, mais, pour lors, je suis souffrante et ne saurais demeurer...

Incapable d'articuler une parole, le roi lui adressa un éloquent et suppliant regard. Autour d'eux, un silence de mort s'était établi. Seule, Lady Clifford qui n'avait rien compris continuait à sourire avec satisfaction. Aliénor eut pour elle un regard foudroyant qu'elle posa ensuite sur son mari.

– Il ne saurait y avoir deux reines dans une même cour, lança-t-elle. Vous vous contenterez de celle que je vous laisse...

L'écrasant mépris du ton secoua la torpeur d'Henri. Il serra les poings, se leva pour rejoindre sa femme. Une main se posa vivement sur son bras, celle de Becket.

– La reine est souffrante, Sire, murmura-t-il. Mieux vaut ne point la contrarier, sinon un séjour en Aquitaine lui deviendrait peut-être nécessaire. Déjà, elle regrette trop son pays...

La voix calme de son chancelier agit sur la fureur du roi comme une douche glacée. Il comprit soudainement l'allusion. Si Aliénor, offensée, s'en retournait chez elle, demandait l'annulation ? ... Henri n'avait pas plus envie de perdre sa femme que l'Aquitaine.

– Si quelqu'un mérite votre fureur, poursuivit Becket, ce n'est certes pas la reine...

Son regard s'en allait chercher la tête blonde de la belle Rosamonde et s'y posait, comme par mégarde. Le roi haussa les épaules.

Certes, je mériterais d'être battu. J'aurais dû savoir que sa vanité ne résisterait pas à l'envie de montrer ce présent. Tu as raison, Thomas. Je vais chez la reine...

Et il s'élança sur les traces de sa femme, laissant la Cour incertaine de ce qu'elle devait faire. Fallait-il tout de même se mettre à table ou bien serait-on contraint d'attendre la fin de l'orage royal ?

Vous choisirez entre cette fille et moi, rugit Aliénor hors d'elle. Les filles de ma maison n'ont point coutume de se voir ridiculiser sous leur propre toit. Et je ne le supporterai pas.

– Vous êtes ma femme et vous le resterez, hurla Henri. Bon gré mal gré, et même si je dois vous enfermer.

– J'en appellerai à mon premier mari de la violence qui m'est faite. J'en appellerai à mes sujets d'Aquitaine...

– Votre premier mari se moque bien de vous. Il vient d'épouser Constance de Castille et ne souhaite que vous oublier...

– Exactement comme je souhaite, moi, vous oublier. J'en ai assez de ce pays lugubre et glacé, j'en ai assez de votre brutalité, de vos maîtresses et de tout le reste. Je crierai tant à la face des princes chrétiens qu'il vous faudra bien me libérer...

– Alors que vous portez un enfant de moi ? Allons, Aliénor, soyez raisonnable. Je vous ai toujours aimée, autant pour votre sagesse que pour votre beauté. Que vous importe que j'accorde quelques faveurs à certaines femmes si mon cœur vous reste ?

– Il m'importe ce qui vous importerait à vous si j'accordais mes faveurs à quelques jeunes et beaux seigneurs. Je maintiens ce que j'ai dit : si cette Rosamonde ne disparaît pas de votre vie, ou bien je m'en irai, ou bien je m'en débarrasserai.

– Vous êtes folle, je pense ? Qu'entendez-vous par là ?

La colère d'Aliénor sembla tomber d'un seul coup. Elle offrit à son mari un sourire charmant que démentait la dureté de son regard.

– J'entends, mon cher Henri, que je la ferai tuer. Tout simplement...

La menace, et aussi les conseils de modération de Becket firent leur effet. Henri capitula et Rosamonde disparut de la Cour pour raison de santé. Les médecins lui interdisaient l'air vicié de Londres et elle devrait vivre désormais dans la salubrité de la campagne, à Woodstock, le château de ses parents. Aliénor, soulagée, respira. Rosamonde enterrée dans les brumes de la campagne anglaise, elle pensait qu'Henri aurait tôt fait de l'oublier. De plus en ce qui la concernait, la reine était très occupée, depuis la naissance de son dernier enfant, par un jeune troubadour de son pays qui était arrivé depuis peu, précédé d'une brillante réputation, à la fois de poète et de bourreau des cœurs. On l'appelait Bernard de Ventadour.

Je ne sais plus me gouverner
Et plus ne puis m'appartenir
Depuis le jour où elle a permis à mes yeux
De se mirer dans un miroir qui tant me plaît...

En écoutant chanter Bernard, Aliénor pensait qu'il avait certainement la voix la plus agréable et la plus chaude du monde. Il savait à merveille détailler les charmes de cette chanson, écrite pour elle et le regard de ses yeux sombres était au moins aussi éloquent.

La reine connaissait trop les hommes pour se tromper sur l'expression de ces yeux-là. Bernard de Ventadour l'aimait, elle en était sûre et, pour rien au monde, n'eût fait quoi que ce soit pour l'en détourner. C'était tellement agréable de sentir brûler auprès de soi ce cœur d'homme d'Aquitaine... À ce feu, le cœur transi de la reine se réchauffait peu à peu, sans bien se rendre compte du danger couru. Lui au moins, lui disait qu'elle était toujours belle et désirable.

Aliénor soupira et détourna un instant sa pensée du chanteur pour songer à son mari. Les années qui coulaient sur eux ne les rapprochaient pas. Ponctuellement, tous les ans, elle lui donnait un enfant. Il s'en montrait ravi, l'embrassait à l'étouffer puis retournait à ses nombreuses maîtresses en attendant la naissance suivante. En dehors de cela, ils étaient deux étrangers : le roi et la reine d'Angleterre... des statues de cathédrale posées côte à côte, rien de plus. Entre eux, la chaleur humaine était morte, il n'y avait plus que des intérêts, supérieurs, mais des intérêts tout de même.

– Vous ne m'écoutez pas, Madame... reprocha doucement Bernard... Est-ce que vous n'aimez pas ma chanson ?

Elle lui sourit :

– Si fait, mon doux ami. Continuez, je vous écoute...

Ce fut ce soir-là qu'elle apprit qu'Henri chassait régulièrement du côté de Woodstock dont il avait fait, en quelque sorte, le centre de ses chasses et où fréquemment il passait deux ou trois jours quand elle le croyait à York ou à Salisbury. Un de ses écuyers qu'elle avait chargé d'une mission dans les environs, avait aperçu les équipages du roi sortant du château des Clifford. Quelques habiles questions posées aux paysans d'alentour avaient fait découvrir le pot aux roses. Aliénor se mordit les lèvres jusqu'au sang et pâlit de colère. Ainsi, il n'avait pas tenu parole, il voyait toujours cette Rosamonde... et sans doute toute la cour en faisait-elle des gorges chaudes ? On devait se moquer de cette reine aveugle et trop crédule... Eh bien on allait voir !

Depuis le matin, Aliénor chevauchait à la tête de la petite escorte qu'elle s'était commandée. Deux dames seulement l'accompagnaient et une poignée d'hommes d'armes commandés par un seul chevalier. Voile et cape claquant au vent, la reine menait un train d'enfer que ses compagnons avaient bien du mal à suivre. La rage la possédait, lui donnait des forces neuves. Elle se sentait de taille à étrangler sur place l'impudente qui avait osé ainsi se moquer d'elle.

Quand les tours noires, verdies de mousse, de Woodstock apparurent dans leur cadre de sombre forêt, Aliénor sentit son cœur bondir dans sa poitrine. Une ivresse qui ressemblait à celle du chasseur quand vient l'instant où le gibier, forcé, va tomber sous ses coups la soulevait tout entière. L'heure de la vengeance avait sonné.

Les cavaliers mirent pied à terre dans la cour intérieure sans avoir rencontré âme qui vive. Le chemin de ronde était vide, le pont-levis baissé, la herse levée. Nulle vie ne se manifestait dans cette cour, cependant nette et bien entretenue.

– Cette demeure est vide, fit Lady Suffolk qui avait accompagné la reine.

Aliénor secoua la tête.

– En apparence peut-être. Les gens d'ici prétendent qu'aucune vie, jamais ne s'y voit. Pourtant, régulièrement, le roi entre ici, dans cette maison inerte, y demeure plusieurs jours et repart sans que jamais nul n'apparaisse aux créneaux. Il doit y avoir de vastes souterrains s'étendant au loin. Je vais voir ce qu'il en est...

– J'accompagne Votre Majesté, fit le chef de l'escorte.

Mais la reine refusa.

– Non. J'irai seule. C'est préférable pour ce que j'ai à faire.

Relevant légèrement sa robe de velours, Aliénor pénétra sous la porte à la voûte basse qui ouvrait le logis. Un long couloir s étendait devant elle. Elle le suivit. Il fit un coude. Elle tourna aussi, ouvrit une porte, découvrit un autre couloir, exactement semblable, une longue salle vide puis un autre couloir.

De plus en plus surprise, Aliénor dut bientôt se rendre à l'évidence. Il était à peu près impossible de se diriger dans ce château dont les pièces et les couloirs s'enchevêtraient habilement les uns dans les autres jusqu'à former un véritable labyrinthe. Au bout d'un moment la reine était complètement perdue. Il semblait que couloirs et salles aveugles, mais éclairés par des torches qui attestaient la vie, n'eussent jamais de fin. Pourtant, au bout d'une grande demi-heure, une porte s'ouvrit sous la main nerveuse de la reine, découvrant une grande chambre, somptueusement meublée et dans laquelle une présence féminine était proclamée par des étoffes soyeuses débordant de coffres ouverts, par des objets de toilette sur une table, par un lit aux épaisses courtines de satin bleu que l'on venait tout juste de quitter... Mais dans cette chambre il n'y avait personne.

Folle de rage, Aliénor grinça des dents, puis bondit. Sur un prie-Dieu placé devant une belle statue de sainte, elle venait d'apercevoir un gant de cuir épais, de ceux que les chasseurs emploient pour porter le faucon ou l'épervier. C'était celui d'Henri.

Deux portes s'ouvraient encore dans cette chambre mais toutes deux menaient à l'un de ces couloirs infinis qui semblaient s'enrouler autour de la pièce comme une nichée de serpents autour d'une même proie. Aliénor comprit qu'elle était jouée, que c'était sans doute Henri qui avait conçu et fait exécuter cette étrange disposition dont lui et sa maîtresse devaient avoir la clef et qui les mettait à l'abri de toute surprise. Le labyrinthe était si habilement conçu que, se penchant à l'une des fenêtres de la chambre, Aliénor s'aperçut qu'elle n'était plus au rez-de-chaussée alors qu'elle ne se souvenait aucunement d'avoir gravi le moindre escalier.

Glissant le gant dans sa ceinture, elle prit une bobine de soie près d'un métier à broder posé devant la cheminée, attacha l'un des bouts à la poignée d'une porte et se mit à la dévider.

Ce fil d'Ariane lui permit d'éviter les retours sur ses pas et elle parvint sans trop de mal, à retrouver la porte par laquelle elle était entrée. Sombrement, elle considéra son escorte qui l'attendait, figée près des chevaux et vaguement inquiète. Lady Suffolk s'avança.

– Votre Majesté est bien pâle ! VotreMajesté n'est pas souffrante ?

– Quelle idée, Jane ? Je vais à merveille. À cheval, vous autres. Nous n'avons plus rien à faire ici. La maison est vide.

C'était moins cruel à son amour-propre qu'avouer que les tourtereaux dérangés avaient fui devant elle et l'avaient jouée. Elle ne voulait pas penser à leur triomphe impudent, ni à leurs sourires s'ils avaient pu jouir de sa déconvenue, pour ne pas être reprise de la rage meurtrière qui, déjà, l'avait saisie.

Jusqu'à ce que les murailles de Londres se profilassent à l'horizon, la reine chevaucha en silence, enfermée dans son manteau et dans ses réflexions comme dans une cuirasse. Elle rentra chez elle sans rien dire, sans marquer ni colère ni impatience. Seulement, elle donna à ses femmes l'ordre de préparer ses coffres.

Quand le roi se présenta, elle l'accueillit sans rien laisser paraître puis, froidement, lui annonça son intention d'aller séjourner sur ses terres d'Aquitaine.

– Voici longtemps déjà que les notables du pays réclament ma présence, dit-elle. Il ne serait pas sage de les décevoir... Je partirai demain.

– Pourquoi tant de hâte ? Qui vous presse ? Ici aussi on a besoin de vous...

Un pâle sourire vint éclairer le visage de la reine. Elle haussa les épaules.

– Beaucoup moins, Henri, beaucoup moins.

– Cependant...

D'un geste de la main, elle lui imposa silence, puis, tirant de son aumônière le gant de fauconnier, elle le jeta entre eux, sur la table.

– Vous ne parviendrez pas à me convaincre du contraire, Henri...

Pour la première fois de sa vie, peut-être, Henri II ne trouva rien à répondre et se contenta de baisser la tête.

Dès le lendemain, une nef aux armes royales emportait vers Bordeaux la reine Aliénor et une suite réduite dont, cependant, faisait partie Bernard de Ventadour. Le soir même de son arrivée à l'Ombrière, Aliénor devenait la maîtresse de son poète.

Sous le soleil de la Garonne, il était bien difficile d'évoquer les brumes londoniennes. Aliénor, délivrée d'une sorte de cauchemar permanent, se laissa emporter par cet amour nouveau qui l'exorcisait de l'ancien dont avait fait si peu de cas le roi Henri. Bernard était tendre, doux, profondément amoureux, fou de joie et incapable de réaliser sa chance. Ne trouvant rien de mieux, il la mit en vers et la chanta.

« Elle peut maintenant me dénier son amour
Je pourrai toujours me flatter
D'en avoir obtenu le doux témoignage... »

Au milieu de ce bonheur tout neuf, Aliénor apprit enfin que Rosamonde Clifford venait d'entrer dans un couvent. Mais la nouvelle la laissa froide. D'abord parce qu'elle savait bien que ce n'était pas à cause du chagrin, à elle-même causé, qu'Henri avait expédié sa maîtresse au couvent mais bien parce qu'il devait en être enfin las. Et puis, même en cherchant bien, Aliénor ne trouvait plus, dans son cœur, le moindre battement pour Henri. Il était mort pour elle, à tout jamais.

Auprès d'elle s'élevaient doucement ses plus jeunes enfants, et parmi eux, son fils préféré, Richard dont elle avait confié l'éducation militaire à un redoutable capitaine gascon nommé Mercadier. Celui-ci s'était pris d'affection pour le futur Cœur de Lion et l'aimait comme son propre enfant. Avec Mercadier comme mentor, Aliénor était tranquille : son fils deviendrait un vaillant soldat.

Et, parce qu'il ne manquait vraiment plus rien à son bonheur, la reine d'Angleterre décida de demeurer désormais, la plupart du temps, dans ses domaines. Elle avait conçu pour l'Angleterre, une véritable haine car jamais elle n'y avait été heureuse, et elle signait ses lettres « Aliénor, reine d'Angleterre par la colère de Dieu... »

Malheureusement, les tendres divagations sentimentales de Bernard de Ventadour n'allaient pas tarder à revenir aux oreilles d'Henri II. Et celui-ci, vindicatif comme un mari volage, fit avertir sa femme qu'il ne tolérerait pas son infortune s'il en avait la preuve. Bernard était en danger s'il demeurait auprès d'Aliénor. Elle le fit partir.

– Que deviendrai-je sans ma dame ? pleura le troubadour.

– Ce que je deviendrai sans toi : un modèle de sagesse. Nous avons eu de belles heures, Bernard. Maintenant il faut les payer... autant que possible avec le sourire.

Mais, malgré ces paroles courageuses, le ressentiment d'Aliénor contre son époux s'en accrut d'autant. Cet homme, décidément, n'avait été que son mauvais génie...

Quand il n'y eut plus, sur le chemin qu'avait suivi Bernard, qu'un petit nuage de poussière, Aliénor soupira. Le temps des amours était mort. Il lui fallait maintenant songer à ses enfants, à ses vassaux. L'Aquitaine la réclamait tout entière et elle décida de ne pas s'y dérober.

Le temps passa, chargé de joies et de peines. Les enfants étaient devenus des hommes et des femmes, sauf le petit Guillaume qui était mort. Éléonore était reine de Castille, Jeanne reine de Sicile et Mathilde duchesse de Bavière. Le jeune Henri avait épousé Marguerite, fille de Louis de France et de sa seconde épouse tandis que Richard était fiancé à Alix, fille du même Louis VII et de sa troisième épouse, Adèle de Champagne.

Durant de longues années, Aliénor avait offert asile à son ami Becket. Devenu archevêque de Canterbury, l'ex-chancelier avait pris très à cœur les affaires de l'Église, s'était opposé à la main-mise d'Henri II sur elle et avait dû chercher son salut dans la fuite. Entre eux l'amitié était morte. Quand Becket rentra en Angleterre ce fut pour se faire assassiner par ordre d'Henri. Le peuple, d'emblée, le canonisa et Henri dut faire publiquement amende honorable pour sa mort.

Pour cette occasion, Aliénor rentra en Angleterre, mais la vue de son mari, à demi-nu, flagellé par des prêtres devant le tombeau de Becket, n'atténua pas son ressentiment. Sa haine ne faisait que grandir et se doublait des rancœurs de Richard. Celui-ci, en effet, avait vu sa fiancée, Alix de France, souillée par son père qui s'était pris pour elle d'une passion sénile. Il ne devait pas le lui pardonner.

Alors, les fils d'Henri se révoltèrent contre leur père. Aliénor les aida de tout son pouvoir. Malheureusement, ils furent vaincus et, tandis qu'Henri pardonnait à ses fils, il faisait saisir sa femme à Chinon. Elle allait demeurer seize ans prisonnière à Salisbury.

La mort d'Henri la libéra. Ses fils aînés avaient péri, c'était Richard qui montait sur le trône. Il trouva en sa mère une alliée dévouée. Quand il partit pour la croisade, ce fut elle qui lui amena, en Sicile, la fiancée qu'elle lui avait choisie : Bérengère de Navarre. Quand il fut prisonnier, ce fut elle qui garda le royaume contre les appétits du dernier fils, Jean sans Terre, elle encore qui le fit rechercher dans les geôles autrichiennes, qui paya la rançon, elle toujours qui lui ferma les yeux quand il fut tué d'une flèche au château de Chalus.

Infatigable, malgré les ans, ce fut elle toujours, qui s'en alla au fond de la Castille chercher une jeune princesse, sa petite-fille, pour la ramener en France où régnait alors Philippe Auguste et lui faire épouser le petit-fils de Louis VII. Cette petite princesse se nommait Blanche de Castille. Elle allait donner à la France le futur Saint-Louis.

Enfin, l'heure du repos sonna pour la vieille reine. Épuisée, chargée d'ans mais sereine, elle s'endormit dans la paix du Seigneur, le 31 mars 1204, à l'abbaye de Fontevrault, où dormait déjà Richard Cœur de Lion, et où elle repose au milieu de cette terre poitevine qui avait toujours su, dans les moments cruels de sa vie tourmentée, lui apporter le réconfort.

Mais Aliénor d'Aquitaine, en quittant ce monde, ne pouvait savoir qu'elle laissait derrière elle les ferments d'une guerre impitoyable qui, durant Cent Ans, ravagerait sans répit le sol de France.

3

Isabelle d'Angoulême, la reine vassale (1200)

La grande salle du palais d'Angoulême avait revêtu son visage des jours de fête. Des brassées de fleurs fraîches et d'herbes odorantes jonchaient le dallage de pierre, des tapis aux couleurs vives pendaient des murailles, une véritable forêt de torches brûlait tout autour, répandant une telle chaleur qu'il avait fallu ouvrir les fenêtres sur la douce soirée de mai. Une foule brillante se pressait devant les tables dressées, attendant l'heure du souper pantagruélique qui s'annonçait. Il y avait là les plus grands noms de la province, les plus séduisants seigneurs, les plus belles dames, les plus bavardes et les plus gourmandes aussi, car Aymar Taillefer, comte d'Angoulême, passait pour un hôte fastueux et hospitalier. Et, ce soir-là, personne n'eût voulu manquer la fête, car c'était, en vérité, un très grand jour. L'an 1200 venait tout juste de commencer et, demain, Aymar mariait sa fille Isabelle, âgée de quinze ans, au plus vaillant, au plus puissant... au plus aimable aussi des grands féodaux des environs : Hugues de Lusignan, comte de la Marche. De plus, on chuchotait que le nouveau roi d'Angleterre et duc de Guyenne, Jean (que si longtemps l'on avait surnommé sans Terre) arrivait de Bordeaux, sa bonne ville, pour assister à ces belles noces !

Le groupe le plus bruyant entourait l'heureux fiancé. Il y avait là le seigneur de Taillebourg, Geoffroy de Rancon, Renaud de Pons, le chevalier-poète Savary de Mauléon, Eudes de Marsillac, mais Hugues de Lusignan les dominait tous. C'était presque un géant et sa force était proverbiale. Noir de poil, brun de peau, mais avec des yeux couleur de ciel, le fiancé était sans contredit possible un garçon magnifique, et personne ne s'étonnait que, parmi ses nombreux prétendants, Isabelle d'Angoulême l'eût choisi.

Car c'était elle, la jouvencelle de quinze ans, qui avait imposé son choix, voici un an déjà, avec une fermeté incroyable chez une fille si jeune. Mais Isabelle savait à la fois ce qu'elle valait et ce qu'elle voulait.

– Je suis la plus belle. J'épouserai le plus beau, le plus puissant aussi...

Et, apparemment, c'était ce qu'elle était en train de faire. Personne d'ailleurs ne souriait de son orgueilleuse affirmation, et moins encore lorsqu'elle apparut, annoncée par les sonneurs de trompe, dans la grande salle des banquets. Jamais on n'avait vu fille aussi belle ! Grande, mince, souple, avec cependant des formes déjà affirmées, Isabelle avait le plus fier et le plus ravissant visage qui fût. Une masse de cheveux d'or mettait en valeur le vert de ses yeux et son allure était pleine à la fois de hauteur et de grâce : un magnifique animal de race, portant avec une parfaite aisance l'écrasante robe de brocart vert et les joyaux presque barbares qui le paraient. Le murmure d'admiration qui salua son entrée lui arracha un fugitif sourire et, s'arrêtant un instant au seuil, elle laissa planer sur l'assemblée un regard à la fois satisfait et critique qui s'arrêta sur la haute silhouette de son fiancé.

Il se détachait du groupe des jeunes seigneurs et venait vers elle, une flamme de joie dans les yeux. La passion évidente qu'il lui montrait plaisait à Isabelle. Elle trouvait plaisir à tenir en laisse ce grand fauve qui, pour elle, faisait griffe de velours et se couchait à ses pieds, l'œil adorant. Tandis qu'il lui offrait son poing fermé pour qu'elle y posât sa main, la jeune fille lui sourit avec une sorte d'indulgence. C'était là, désormais, le fondement principal du sentiment qu'elle lui portait : une indulgente tendresse, mais ce n'était déjà plus l'emballement des premiers temps. Un an plus tôt, Isabelle avait aimé Hugues, violemment, impatiemment...

Malheureusement, depuis un an, bien des choses avaient changé et Isabelle n'était plus aussi fière que par le passé d'épouser Hugues de Lusignan. Depuis un an avait eu lieu la grande révolte des féodaux contre leur suzerain, le roi d'Angleterre. Mais ce roi, c'était Richard Cœur de Lion, et il avait fait mordre la poussière à ses barons révoltés. Il était entré en vainqueur dans Angoulême, et peut-être eût-il fait pire si le roi de France, Philippe-Auguste, n'était intervenu. Devant la menace du Capétien, Richard avait accepté la négociation. Il avait lâché prise et, peu après, la flèche d'un archer, devant Châlus, avait fauché sa vie. Mais, pour Isabelle, l'humiliation ressentie demeurait intacte. Hugues, comme Aymar, son père, n'étaient plus que des vaincus qui devaient au roi de France d'être encore en vie et en possession de leurs biens. Alors qu'elle rêvait d'empire !...

Aussi, était-ce sans joie véritable, comme sans tristesse réelle, qu'elle se laissait marier à l'homme qu'elle avait choisi. Une seule chose consolait son orgueil blessé : tout à l'heure, le roi d'Angleterre serait là et, demain, c'est lui qui la conduirait à l'autel ! Cette compensation était bien fragile et bien mondaine mais elle apaisait un peu les meurtrissures invisibles.

Isabelle n'eut pas longtemps à attendre. À peine avait-elle achevé de saluer les invités de son père quc les trompettes sonnaient à tous les échos et qu'un héraut chamarré d'or annonçait le roi Jean. Aussitôt, la foule se forma sur deux rangs, prête à la révérence tandis qu'Isabelle, son père et son fiancé s'avançaient pour accueillir le royal visiteur.

En le voyant paraître, elle retint une moue de déception. À trente-trois ans, Jean sans Terre avait un physique agréable mais sans plus, et en tout cas aucunement comparable à celui de Lusignan. De plus il était un peu trop gros et son allure sournoise comme son regard faux ne prévenaient pas en sa faveur. Mais il était roi et, pour l'ambitieuse jeune fille, ce titre prestigieux le parait d'une auréole incomparable. Qu'importait qu'il fût un usurpateur, qu'il eût spolié son neveu, le jeune Arthur de Bretagne, héritier légitime de la couronne anglaise, ou qu'il eût répudié sa femme Hadvise de Gloucester ! Il était roi ! Et la révérence de la jeune fille se ressentit de cette conviction : elle fut profonde et gracieuse à souhait. Une main se tendit d'ailleurs pour la relever.

– À Dieu ne plaise que vous vous courbiez à mes pieds alors que je devrais être aux vôtres !

– Sire, c'est, en vérité, faire beaucoup d'honneur à votre humble sujette !

– Humble sujette ! Morbleu, damoiselle, quand on a votre beauté, on n'est sujette de personne : on règne et chacun s'incline !

Rouge d'orgueil, Isabelle accepta la main que lui offrait le roi et se laissa mener par lui à table. Avec un léger froncement de sourcils, Hugues de Lusignan suivit avec Aymar Taillefer, et toute l'assemblée se referma derrière eux.

Tout au long du dîner, Jean accabla Isabelle de propos chuchotés qui la faisaient sourire et rougir, de regards appuyés et de frôlements de main sur la nappe. À sa place, Lusignan pâlissait, rougissait et crispait les poings, retenant de son mieux son impuissante colère. Quand, enfin, le banquet prit fin, la sueur perlait au front du fiancé, mais Isabelle ne parut pas s'apercevoir de sa colère. Elle souriait, de son plus radieux sourire, au roi Jean.

Celui-ci finit par se retirer dans ses appartements avec sa suite et Hugues, enfin, retrouva sa fiancée. Il ne retint pas plus longtemps son mécontentement.

– En vérité, Isabelle, qui dirait, à vous voir, que vous serez demain mon épouse ? On penserait plus aisément que le roi est votre fiancé !

– Seriez-vous jaloux ? Quelle sottise ! On ne jalouse pas un roi ! Il est le maître, il commande... et on lui obéit ! Pouvais-je me montrer désagréable envers lui ? Il est notre hôte !

– Je sais ! Je sais tout cela aussi bien que vous. Mais deviez-vous lui sourire autant ? Par Dieu ! il vous dévorait des yeux et vous vous laissiez fort aisément dévorer, il me semble !

Isabelle sourit en fermant à demi les yeux.

– Quelle femme n'est sensible aux hommages sincères ? fit-elle doucement. À plus forte raison lorsqu'il s'agit d'un roi. Permettez-moi de me retirer maintenant, Hugues. Il est tard et je veux être très belle, demain...

– Soyez belle autant que vous le voudrez, Isabelle, murmura sombrement le jeune homme, mais ne le soyez que pour moi ! En vérité, il y a des moments où j'aimerais vous voir quelque défaut !

– Vous continuez à dire des bêtises. Si j'étais laide, vous ne m'auriez pas aimée.

Elle se dirigeait vers la porte pour rejoindre ses femmes. Le jeune homme la retint.

– Ne partez pas ainsi ! Au moins... dites-moi que vous m'aimez ?

Les yeux verts de la jeune fille eurent soudain un éclat moqueur.

– Je vous épouse, Hugues ! N'est-ce pas la meilleure réponse ?

Le lendemain, la ville entière était pavoisée. Les pièces de soierie, les draps fins étaient pendus à toutes les fenêtres, mettant sur les façades des taches de couleurs vives. Les rues étaient pleines d'un peuple joyeux en habits de fête qui, aux abords de la cathédrale Saint-Pierre, toute blanche encore dans sa nouveauté, devenait une foule dense, difficilement contenue par les hommes d'armes. Par les grandes portes ouvertes, on apercevait le chœur, tout flambant d'une multitude de cierges, où attendait le clergé.

Quand le cortège, à cheval, apparut enfin, une longue ovation monta vers le ciel, bleu comme aux plus beaux jours d'été. Elle s'adressait à la fois au bon comte Aymar, à la beauté d'Isabelle, toute brillante d'or et de pierreries, et au roi Jean qui allait mener à l'autel, comme son suzerain, une si belle fiancée. Hugues de Lusignan passait un peu à l'arrière-plan. Il n'était que le fiancé.

Au son des trompettes, on mit pied à terre devant l'église, et Jean, prenant Isabelle par la main, la conduisit par le chemin jonché de fleurs fraîches qui, du porche, menait à l'autel. En même temps, les chœurs éclatèrent... Dans la main de Jean, celle d'Isabelle tremblait. Elle ne voyait rien de la foule brillante qui l'entourait, ne regardant que ce roi qui la menait par la main. À cette minute, elle se sentait reine et eût voulu que la marche à l'autel durât une éternité... Quel regret était le sien de n'avoir point rencontré le roi anglais avant de se promettre sottement à Hugues ! Tout Lusignan qu'il était, il n'était qu'un vassal ! Peu de chose auprès d'un souverain ! Et les yeux de Jean lui avaient répété à satiété, depuis la veille, combien elle lui plaisait.

Parvenue au pied de l'autel, elle leva sur le prince un regard lourd de regrets. Mais, au lieu de lâcher sa main pour la remettre dans celle d'Hugues, Jean sans Terre la serra plus fermement, et s'adressant à l'évêque qui descendait vers eux, il déclara avec audace :

– Marie-nous, évêque ! Je déclare ici ma volonté de prendre, sur-le-champ, cette jeune fille pour épouse !

Le brouhaha qui éclata empêcha que l'on entendit la parole embarrassée du prélat abasourdi. Un double cri avait éclaté derrière le couple : celui du comte Aymar, celui de Hugues. Déjà le jeune homme, donnant libre cours à sa fureur mal contenue depuis la veille, se ruait sur Jean. On le retint juste à temps : son poing allait frapper le visage royal. Cependant, Jean ne paraissait pas autrement ému. Au comte Aymar qui tentait de lui représenter que ce mariage ne se pouvait faire, il répondit insolemment :

– Tu es mon vassal, comme ta fille. Tous deux, vous m'appartenez et me devez obéissance aveugle. Je veux Isabelle et je l'aurai, même par la force !

– Isabelle ! cria Hugues désespérément. Dis-lui que tu m'aimes, que tu ne veux pas être à lui !

Mais la jeune fille, ravie, croyait vivre un rêve. C'était si merveilleux de voir soudain son profond désir se réaliser ! Un mot, un tout petit mot, et elle allait être reine ! Détournant les yeux pour ne pas voir le visage torturé d'Hugues, elle répondit :

– Non, Hugues ! S'il veut de moi, c'est au roi que je désire appartenir !

L'insulte que lui lança Lusignan s'acheva dans un sanglot. Fendant la foule, comme un ours furieux, le jeune homme se rua vers la sortie, suivi de ses amis et de ses gens. Le roi, alors, se tourna vers l'évêque qui attendait, pétrifié. Il lui sourit.

– Allons ! fit-il. Fais vite ! Marie-nous...

L'office commença. Jamais, sans doute, messe de mariage ne fut plus lugubre. L'assistance, grondante mais matée, contenait mal son indignation, par simple solidarité de pays. Chacun, hormis les Anglais, bien sûr, ressentait l'insulte faite à Lusignan. Le comte Aymar n'osait plus lever les yeux. Quant à l'évêque, il expédia le mariage aussi rapidement qu'il le put.

La dernière bénédiction prononcée, Jean reprit la main d'Isabelle et se tourna vers Aymar :

– Ta fille est mienne, maintenant, comte Aymar. Et je l'emmène sur l'heure ! Adieu !...

Entraînant la jeune fille, il gagna le portail, suivi de ses gens qui, comme une garde, se refermèrent derrière le couple. Sur la place, la foule silencieuse, stupéfaite, attendait. Il n'y eut ni cris, ni vivats ! Tous ces gens eussent cent fois préféré voir leur demoiselle épouser un garçon du pays plutôt que cet étranger voleur. Mais Jean n'en avait cure. Tout en haussant les épaules, il jucha Isabelle sur son cheval et, sautant en selle, piqua des deux sans se soucier de renverser quelqu'un. La foule s'ouvrit précipitamment et, comme un orage, les Anglais passèrent au milieu d'elle. Soulevant un nuage de poussière, la cavalcade s'éloigna sur la route du nord. Jean emmenait sa proie au château de Chinon.

Cependant, nichée contre l'épaule grassouillette de celui qui était désormais son époux, Isabelle fermait les yeux, s'abandonnant à l'idée grisante qui l'envahissait. Peu lui importait le scandale, peu lui importait même d'avoir dû abandonner les siens : elle était reine ! Dans quelque temps, elle serait couronnée et elle régnerait sur un grand pays ! Elle n'avait même pas une pensée pour Hugues qu'elle avait tant aimé. Elle serait reine !

À Chinon, d'abord, puis en Normandie, et enfin au palais de Westminster, la lune de miel se poursuivit... interminable ! Bientôt, Isabelle se prit à penser que le rôle de femme mariée pouvait être singulièrement astreignant.

En effet, l'amour que Jean lui vouait était de ceux qui ne laissent ni trêve ni repos. Durant des jours et des nuits, il la gardait enfermée avec lui dans sa chambre, l'accablant d'une passion qui semblait insatiable. Et, quand, parfois, il acceptait la vie publique normale d'un couple royal, c'était pour couver la jeune femme d'un œil si jaloux qu'Isabelle n'osait même pas regarder un autre homme dans les yeux !

– Si quelqu'un levait son regard jusqu'à toi, je le ferais périr dans les plus affreux supplices ! affirmait-il si sauvagement qu'Isabelle en frémissait.

– À quoi cela servirait-il ? répondait-elle alors. Il est normal que l'on regarde une reine. Ce qui compte, c'est qu'elle ne regarde aucun de ses sujets. Et comment le pourrais-je, étant ton épouse ?

À dire vrai, le cœur n'y était déjà plus et quand elle reçut la couronne royale, au mois d'octobre, Isabelle ne rêvait que de s'émanciper autant que possible de la tutelle maritale. Dans l'amour, tout d'orgueil, qu'elle portait à son époux, l'attrait physique n'entrait que pour une très faible part. Encore cette faible part diminua-t-elle quand elle comprit le genre d'homme qu'elle avait épousé.

Faux, cruel et veule, Jean n'avait aucune des qualités qui font un roi. Se produisait-il quelque affaire ennuyeuse ? Il courait se réfugier au lit de sa femme et cherchait dans les caresses l'oubli de ses tracas. Si les barons poitevins révoltés à l'appel de Hugues de Lusignan n'emportèrent pas sa puissance continentale au vent de leur colère, il le dut uniquement à la valeur des troupes et des gouverneurs laissés dans son fief français.

Battu, mais non satisfait, Hugues de Lusignan ne se tint pas tranquille pour autant. Jean, dans son fief normand, était vassal du roi de France. Hugues en appela au Capétien et Philippe Auguste somma Jean de comparaître devant la Cour des pairs de France. Ce qu'il se garda bien de faire, malgré les objurgations d'Isabelle qui voyait les choses de tout autre façon et eût voulu le voir entrer en vainqueur dans le palais de Paris.

– Allez apprendre au Capétien que vous êtes roi, mon Seigneur ! Allez à Paris avec votre armée et voyons qui est le meilleur !

– La chose est de trop peu d'importance, ma mie. Laissez crier Philippe, il se lassera... D'ailleurs, on dit que Lusignan vient de prendre femme. L'affaire ne saurait tenir.

Isabelle malgré elle, se sentit pâlir. Hugues marié ? Tout au fond d'elle-même, elle s'était imaginé que son amour pour elle le garderait, sa vie durant, de toute autre femme. Et elle découvrait que les souvenirs de jadis étaient mieux ancrés dans son cœur et plus cruels qu'elle ne l'aurait supposé. Un instant, elle évoqua la haute silhouette d'Hugues, son visage, sa voix rude qui savait se faire si douce lorsqu'il prononçait son nom. Comme il l'aimait alors !... Et, maintenant, c'était à une autre qu'il murmurait les mots d'amour dont Isabelle gardait le souvenir chaque jour plus nostalgique. C'était une autre que, la nuit venue, il prenait dans ses bras tandis que la reine d'Angleterre devait, comme une esclave de harem, se soumettre interminablement à un amour trop connu, devenu fatigant.

Ce fut pire encore lorsque, sommé à nouveau de comparaître pour l'assassinat de son jeune neveu Arthur de Bretagne, Jean refusa, une fois de plus, de se rendre à Paris. Même la nouvelle que Philippe-Auguste était allé prendre l'oriflamme à Saint-Denis ne parvint pas à lui faire passer l'eau. Peu après le Capétien lui arrachait ses fiefs du nord de la France et, en 1204, Château-Gaillard, la forteresse des Andelys qui avait été l'orgueil de Richard Cœur de Lion, tombait devant le roi de France, avec toute la Normandie.

– Vous n'êtes pas un roi, lui lança Isabelle furieuse. Même pas un homme !

– Qu'importent ces terres françaises qu'un jour ou l'autre Philippe-Auguste aurait reprises ! soupira Jean. Il nous en reste encore tellement pour être heureux !

Un tel langage n'était pas fait pour plaire à la fille d'Aymar Taillefer. Malgré ses défauts, Isabelle avait, elle, ce courage d'homme qui faisait si grandement défaut à son époux. Et, ce soir-là, pour la première fois, elle ferma sa porte à clef.

Une autre femme d'ailleurs allait souffrir, assez cruellement pour en mourir, de l'incurie de Jean. Sa mère, la vieille reine Aliénor d'Aquitaine, celle que l'on avait surnommée l'« Aigle des deux Royaumes », mourut de chagrin et s'en alla rejoindre le Cœur de Lion sous les voûtes angevines de l'abbaye de Fontevrault. Mais Jean ne pensait qu'au lit d'Isabelle !

Chaque soir l'appartement royal devint la scène d'une tragi-comédie.

– Ouvrez, Madame, si vous ne voulez pas que je fasse enfoncer cette porte !

Blême de colère, Jean s'adressait ainsi à la porte close de sa femme. Une rage furieuse, née de son désir frustré, le secouait tout entier. Il était prêt aux pires excès, mais, à travers l'épais vantail, la voix froide d'Isabelle lui parvenait, immuable.

– Allez réclamer vos terres à Philippe de France ! Ensuite seulement, je vous ouvrirai ma porte.

– Je vous dis que je vais la faire enfoncer !

– Faites ! Vous ajouteriez le ridicule à votre position, et cela ne vous servira de rien. Car j'aimerais mieux mourir que vous appartenir de force !

Vaincu, le roi abandonnait la partie, pour cette nuit-là tout au moins, car, le lendemain, il se plaignait amèrement à la jeune femme de son attitude.

– Vous ne pouvez me repousser, Isabelle. Je suis votre époux, j'ai tous les droits !

– Mon époux est roi d'Angleterre, duc de Normandie et autres terres que vous n'avez plus ! Vous n'êtes pas mon époux.

Engagée de cette manière, la discussion était impossible, mais comme soir après soir, Jean venait inlassablement frapper à sa porte, Isabelle prit le parti de faire un voyage. Elle fit ses préparatifs discrètement et, une belle nuit, s'embarqua pour la France avec quelques personnes de sa suite. Seul restait un chambellan chargé d'apprendre au Roi que son épouse se rendait à Angoulême où l'appelait son père et que, de là, elle irait tenir sa cour à Bordeaux.

À Angoulême, Isabelle éprouva beaucoup de douceur à retrouver sa maison. Aymar Taillefer aimait trop sa fille pour lui avoir tenu rigueur de son enlèvement. Pour la jeune femme, la ville pavoisa, des fêtes furent données auxquelles se pressa toute la noblesse des environs... hormis un seul homme, le seul sans doute qu'Isabelle eût secrètement, souhaité revoir.

Mais il était bon de se sentir jeune, libre... et plus belle peut-être qu'elle n'avait jamais été. Son visage et son corps, épanouis par deux maternités, avaient acquis un éclat et une plénitude fort attirants : les hommes tombèrent amoureux d'elle par dizaines et, plus que tous, peut-être, Geoffroy de Rancon qui, jadis, avait brigué sa main.

Il était jeune, il était beau, plus beau que Jean et, surtout, il était infiniment plus brave. Isabelle découvrit dans ses bras que l'infidélité pouvait avoir beaucoup de charme et se dit qu'après tout un homme comme Jean ne méritait pas qu'une femme comme elle se privât de plaisirs si doux.

Forte de cette assurance, Isabelle ne vit aucun inconvénient à goûter aux baisers de deux autres jeunes seigneurs, dont le poète Savary de Mauléon qui savait dire de si douces choses. Malheureusement, à ce degré de ses expériences, elle apprit que son époux était à Bordeaux où il la priait de le rejoindre au plus vite.

Tromper Jean était une chose, rompre avec lui en était une autre. Il y avait cette couronne d'Angleterre, à laquelle la jeune femme tenait toujours autant. De plus, le comte d'Angoulême commençait à trouver que sa fille en prenait un peu trop à son aise. Isabelle partit donc... une bonne quinzaine de jours après l'appel de son époux.

Elle savait parfaitement ce qu'elle faisait. Au lieu de l'accueillir avec des reproches, à vrai dire assez mérités, Jean fut si heureux de la revoir – il avait tant craint de l'avoir à jamais perdue ! – qu'il l'accueillit à bras ouverts et même lui demanda pardon de l'avoir déçue. Magnanime, Isabelle accepta, cette nuit-là, de lui ouvrir sa chambre. Et Jean, éperdu de bonheur, oublia tout ce qui n'était pas sa bien-aimée reine.

Revenue en Angleterre avec son époux, Isabelle ne vit aucune raison de ne pas poursuivre les agréables expériences si bien commencées à Angoulême. Elle connaissait depuis longtemps son pouvoir sur les hommes, mais trouva à en user et même à en abuser un singulier plaisir. Quant à son époux, si elle lui permit fréquemment de franchir le seuil de sa chambre, elle sut aussi lui faire comprendre qu'elle entendait dormir seule quand bon lui semblerait. Et Jean, plus esclave que jamais, se soumit, par peur de la voir fuir à nouveau. Tout plutôt qu'endurer à nouveau cette longue absence, cette disparition de son astre adoré !

Parmi tous ceux que sa beauté enchaînait, Isabelle commença par distinguer le beau comte de Coventry et n'eut aucune peine à en faire son amant. Quand elle ne le rejoignait pas dans un petit château proche de Londres, une suivante fidèle ouvrait discrètement, de nuit, la porte de la chambre royale dont le roi momentanément, avait été écarté.

Soucieuse de ménager la jalousie toujours latente de Jean, Isabelle prenait vraiment de grandes précautions. Pourtant, elle n'en prit pas encore assez. Et un soir, en rentrant dans sa chambre, elle y trouva la plus affreuse des surprises : le comte de Coventry, les mains liées au dos, était pendu au baldaquin de son lit...

Force fut à la reine d'étouffer sa colère. Elle s'apprêta même, avec orgueil, à affronter celle de Jean. Or il n'en fut rien. Débarrassé d'un rival, le roi ne lui fit pas le moindre reproche.

l'audace d'Isabelle s'en accrut. Elle remplaça Coventry par un beau trouvère venu de Guyenne... qu'un beau soir elle trouva, lui aussi, pendu à son ciel de lit. Un troisième amant eut le même sort et Jean ne disait toujours rien.

Isabelle, découragée, trouva plus simple de lui donner un autre enfant...

Cependant le règne désastreux de Jean se poursuivait. Ayant mécontenté le pape Innocent III, il se trouva excommunié en 1213 et déchu du trône. En 1215, les barons anglais révoltés lui arrachèrent la Grande Charte. L'humiliante signature de ce célèbre document, jamais aboli jusqu'à ce jour, détermina chez le roi des crises furieuses. Ce fut au tour d'Isabelle de garder le silence, mais son humiliation, à elle, était cent fois plus cuisante.

Peu à peu, la situation se détériora. Les barons anglais, s'appuyant sur l'interdit jeté par le pape sur le royaume, appelèrent au secours le roi de France, qui envoya son héritier, le prince Louis, pour ceindre la couronne anglaise. Jean dut fuir à travers son royaume, traînant après lui une Isabelle révoltée. Si précipitée fut cette fuite qu'il y perdit la couronne royale dans les marais de Lincoln !

Le triste roi chercha alors un dérivatif dans les plaisirs de la table et, bien entendu, dans ceux de l'amour – qu'Isabelle, à vrai dire, lui dispensait chichement. Un soir, à Newark, à la suite d'un repas copieux, il mangea immodérément d'une compote de pêches marinées dans le vin et le cidre. Dans la nuit une violente dysenterie se déclencha – une dysenterie qui peut-être, eût été moins grave sans l'aide discrète de la reine ! Le lendemain, 18 octobre 1216, le roi Jean mourait dans sa quarante-neuvième année.

Sa mort sauvait la couronne qui passait à son fils aîné. Louis de France dut regagner Paris tandis qu'Isabelle, devenue veuve et reine mère, se reprenait à penser à son doux pays d'Angoumois...

Elle y pensa tant qu'elle y repartit. Cette fois, Hugues de Lusignan ne se déroba pas à une rencontre.

Vingt ans ! Vingt ans avaient passé avant cette minute où ils se retrouvèrent enfin, face à face, l'ambitieuse fille des Taillefer, devenue reine, et le fiancé de jadis, si cruellement abandonné ! Et chacun d'eux s'étonna que l'autre fût demeuré tellement semblable à ses souvenirs. À trente-cinq ans, Isabelle avait un éclat inchangé, et quant à Hugues de Lusignan, la quarantaine proche, sans rien lui ôter de sa beauté barbare, lui conférait plus de puissance peut-être et plus d'attrait !

– Dame, murmura-t-il ému, il semble qu'à cette minute le temps disparaisse ! C'est hier, sans doute, que vous nous avez quittés !

Il y avait de l'émerveillement dans les yeux d'Isabelle. Depuis trois ans, en cet automne 1219, qu'elle avait perdu son mari, la reine d'Angleterre avait tourné le dos à son royaume pour redevenir comtesse d'Angoulême.

D'abord parce qu'elle était heureuse de retrouver son pays, les gens qu'elle aimait et le doux climat de sa région, ensuite parce qu'à Angoulême elle était la maîtresse, la première, depuis qu'Aymar Taillefer, son père, s'en était allé dormir son dernier sommeil sous les nobles voûtes de l'abbaye de la Couronne, aux portes de sa ville.

En Angleterre, où régnait son fils Henri III, Isabelle n'était plus que reine mère, peu de chose, en vérité, au regard de la nouvelle génération. Aussi, mal résignée à ce rôle effacé qui cadrait mal avec son éclatante beauté, avait-elle repris le chemin de son comté natal où le peuple lui avait réservé un accueil délirant.

Toute la noblesse d'alentour était, bien entendu, venue lui faire sa cour, hormis un seul. Et celui-là, durant des mois, avait refusé de la rencontrer jusqu'à ce jour de novembre où il était enfin apparu, tout de noir vêtu sous l'armure qu'endeuillait un crêpe funèbre : son épouse, dont il n'avait pas eu d'enfant, était morte. Hugues, maintenant, pouvait sans trahir revoir celle qu'il n'avait jamais cessé d'aimer.

Lorsqu'il était apparu, la comtesse reine siégeait sur son trône – ce trône auquel elle tenait par-dessus tout pour que nul n'oubliât qu'elle demeurait reine couronnée. Du plus loin qu'elle l'avait aperçu, elle s'était levée et, à travers la vaste salle, elle était venue à lui, les mains tendues, effaçant par ce geste d'accueil spontané les lourdes heures de regret et de chagrin !

– Cette fois, demanda Hugues, vous ai-je vraiment retrouvée ?

– Avez-vous pu penser que vous m'aviez jamais réellement perdue ? Je ne vous ai jamais oublié, Hugues de Lusignan !

Quelques mois plus tard, au printemps 1220, dans la cathédrale Saint-Pierre, pavoisée jusqu'aux voûtes et noyée sous les fleurs, Isabelle d'Angoulême, reine d'Angleterre, épousait Hugues de Lusignan qui, de ce fait, prenait le titre de comte d'Angoulême. Et aucun roi pirate ne vint interrompre la fastueuse cérémonie pour réclamer la belle mariée...

Dans les années qui suivirent, Hugues de Lusignan, comte de la Marche et comte d'Angoulême, connut enfin le bonheur qu'il avait tant désiré. Auprès d'Isabelle, il tenait une place qu'aucun homme n'avait jamais tenue, et si la comtesse reine se plaisait, comme toutes les hautes dames de ce temps, à s'entourer de ménestrels et de poètes, à tenir cour d'amour, du moins le temps des aventures galantes était-il révolu pour elle. Du jour où elle devint sa femme, elle demeura fidèle à son époux, auquel elle devait donner deux fils.

Soit à Angoulême, soit dans le fort château de Lusignan, la vie était agréable, fastueuse et douce. On entretenait avec l'Angleterre les meilleures relations, grâce aux trois enfants qu'Isabelle y avait laissés : le roi Henri, Richard, comte de Cornouailles, et Eléonore. Cependant, la position politique d'Hugues était assez délicate : pour Angoulême, il était vassal du roi d'Angleterre, mais, pour son fief de la Marche, il dépendait du roi de France. Grâce à beaucoup d'habileté, il parvenait à maintenir l'équilibre entre les deux royaumes rivaux... et même à ménager la susceptibilité de son épouse, qui tolérait à peu près de reconnaître pour suzerain son propre fils, mais qui, à aucun prix, ne voulait entendre parler du roi de France, Louis IX, ni de sa redoutable mère, Blanche de Castille. Il y eut déjà quelque tirage quand, en 1236, le roi d'Angleterre épousa Eléonore de Provence, sœur de la reine Marguerite de France. Isabelle jugea que l'alliance n'était pas digne d'elle, mais dut faire contre mauvaise fortune bon cœur.

Ses relations avec son époux étaient assez extraordinaires, en ce sens qu'elles étaient celles d'un chevalier et de sa dame. Hors de la chambre conjugale où il était seul maître, Hugues vouait à sa femme une sorte de respect, de déférence courtoise qui lui laissait le rang de reine, se contentant pour lui de celui, sans gloire, de prince consort. Pour cet homme au cœur inchangé, à l'amour toujours aussi chaud, seul importait le bonheur d'Isabelle. Quelle fût heureuse, et il se sentait payé de tout.

Mais le temps n'était plus éloigné où l'orgueil de l'ex-souveraine allait passer, une fois encore, avant l'amour et où, par folle bravade et sotte vanité, elle allait détruire tout ce bonheur, si patiemment édifié.

En 1241, le frère du roi Louis IX, Alphonse de Poitiers, atteignant ses vingt et un ans, prit possession de l'héritage que lui assignait le testament de son père, le feu roi Louis VIII : les comtés de Poitou et d'Auvergne. Et, tout naturellement, le jeune prince vint, en compagnie du roi, son frère, de sa mère et de toute la cour de France, prendre possession de son fief et recevoir l'hommage de ses vassaux... parmi lesquels Hugues de Lusignan et son épouse. C'était faire toucher du doigt à l'orgueilleuse Isabelle sa situation de vassale. C'était aussi, malgré les sages représentations de son époux, faire éclater chez elle la plus folle et la plus aveugle colère. Le malheureux Lusignan s'en aperçut bien quand, en revenant avec ses frères vers ses propres terres, le jeune roi de France fit halte, pour une nuit, au château de Lusignan.

Louis IX avait beau être du bois dont on fait les saints, il n'en était pas moins sensible aux nuances et n'aimait guère qu'on ne lui rendît pas les honneurs dus à son rang. Mais il ne manquait pas non plus d'humour. Aussi quand, précédé de Lusignan, il pénétra dans les salles du château... et constata qu'il n'y restait ni un meuble, ni une tenture, ni un ornement, ni même une statue dans la chapelle, ne put-il s'empêcher de remarquer :

– Je vous savais de mœurs austères, en Poitou, mais à ce point ! Est-ce que vous n'aimez pas un peu trop le dépouillement ?

Pourpre de honte, Lusignan contemplait sa maison vide. Le malheureux ne comprenait que trop ce qui s'était passé : Isabelle dans sa fureur, avait déménagé le château de fond en comble et vidé les lieux. Mais il lui fallait sauver la face. Appelant son intendant qui vint, le dos rond et s'agenouilla aussitôt, il demanda durement :

– Que s'est-il passé ? Avons-nous subi la visite de brigands pillards ? Où est ma dame ?

L'homme tremblait visiblement. Lusignan avait la réputation d'avoir la main lourde et puis ce jeune roi aux cheveux d'or, aux yeux clairs, savait en imposer par sa seule présence.

– La comtesse... je veux dire, la reine est partie pour Angoulême. C'est elle qui a emporté ce qu'il y avait ici. Elle... elle a dit qu'elle en avait besoin pour son palais.

Profondément humilié, Lusignan ne savait que dire, mais Louis IX avait éclaté de rire :

– En ce cas, elle a bien fait ! À Dieu ne plaise que notre noble cousine puisse manquer de ce qui lui est nécessaire, quand nous pouvons nous contenter de paille pour dormir, de pain et de vin pour souper ! Ce ne sera ni la première ni la dernière fois ! Ne vous tourmentez pas, Lusignan. Les dames ont tous les droits.

Force fut à Lusignan de ravaler son humiliation, pire encore maintenant, puisque le roi pouvait le supposer si pauvre hère que sa femme devait déménager sa maison chaque fois qu'elle s'en absentait. Aussi, à peine le roi et son escorte se furent-ils éloignés vers la Loire, qu'à francs étriers il courut à Angoulême, bien décidé à demander à Isabelle les explications qui s'imposaient. Mais elle ne lui en laissa pas le temps. Dès qu'elle le vit apparaître, elle se précipita sur lui comme une furie et, lui montrant la porte :

– Hors d'ici ! Comment osez-vous encore vous présenter devant moi, vous qui recevez avec honneur ceux qui vous déshéritent ? Je ne veux plus vous voir !

– Avec honneur ? fit Lusignan amèrement. Comment aurais-je pu ? En fait, c'est vous qui m'avez fait perdre la face en vidant ma demeure ! De quoi ai-je l'air ? D'un misérable qui n'a pas de quoi meubler deux maisons...

– Voilà qui m'est égal. Votre roi ne s'est pas pavané dans mes possessions...

– Ce n'étaient pas les vôtres, il me semble, mais bien les miennes, et je suis votre époux. Quant à recevoir le Roi, vous oubliez qu'il est mon suzerain.

– Je ne reconnais d'autre suzerain que moi-même. Vous étiez vassal de la couronne anglaise et je suis reine !

– Vous l'étiez ! Et, suzerain pour suzerain, je préfère le jeune roi Louis, qui est sage et que le peuple vénère, plutôt que votre fils.

Ainsi commencée, la dispute n'était pas près de se terminer. Durant trois jours, Isabelle, claquemurée chez elle, refusa d'ouvrir sa porte, recourant ainsi à ce vieux moyen qui l'avait si bien servie jadis. Mais, au bout du troisième jour, elle changea de tactique, comprenant qu'en humiliant un homme tel que Lusignan elle n'avait pas pris le bon moyen. Quand elle accepta de revoir son époux, c'est en pleurant qu'elle le reçut et, du coup, Hugues, peu habitué à cette manifestation de faiblesse chez une femme qui ne pleurait jamais, se trouva devant elle totalement désarmé.

– Isabelle ! murmura-t-il, bouleversé. Qu'avez-vous ? Pourquoi ces larmes ?

– Parce que j'ai toujours cru que vous étiez avant tout mon défenseur, mon chevalier d'honneur et que vous m'avez laissé humilier sans rien faire pour en tirer vengeance.

– Moi ? Je vous ai laissé humilier ? Et par qui ?

– Vous le savez parfaitement. Par votre Roi et son odieuse mère, lorsque nous nous sommes rendus au palais de Poitiers pour les saluer. Pensiez-vous donc qu'en agissant comme je l'ai fait, lors de la visite à Lusignan, je n'avais pas de bonnes raisons ?

– Comment ? Vous avez été humiliée ? Et vous n'en aviez rien dit ? Mais que s'est-il donc passé ?

– D'abord, j'ai dû attendre trois jours pour être admise en présence de votre roi et de votre reine et, quand enfin on m'a introduite, j'ai pu voir que le roi assis dans une grande chaise et les deux reines dans d'autres ne se levaient même pas pour m'accueillir, moi qui suis leur égale. Ils ne m'ont pas proposé de m'asseoir, mais m'ont laissée là, debout comme une servante, devant toute la noblesse et tout le peuple qui regardaient. Et, ni à mon entrée, ni à ma sortie, ils ne se sont levés, pour bien montrer le mépris où ils nous tiennent, aussi bien vous que moi. Et vous auriez voulu que j'aille, à genoux, leur ouvrir les portes de ma maison ?

Hugues, atterré, avait laissé couler ce flot amer qui s'acheva dans des sanglots convulsifs. Doucement, il vint s'agenouiller auprès de sa femme en larmes et prit ses mains.

– Pourquoi ne m'avez-vous pas dit cela plus tôt ? Pourquoi avoir gardé un tel silence ?

– Parce que je ne voulais pas risquer de vous entraîner dans un conflit que vous ne souhaitiez pas. Mais quand j'ai vu que vous vouliez recevoir ces gens-là, j'ai été si indignée, si malheureuse...

Pleurant de plus belle, elle avait laissé tomber sa tête sur l'épaule de son mari qui s'était glissé auprès d'elle, sur le long banc de bois où elle était assise. Un long moment il garda le silence. Enfin, il demanda :

– Que voulez-vous que je fasse, Isabelle ? Ordonnez, vous savez bien que je ferai pour vous tout ce qu'il sera possible et même au-delà...

– Vengez-moi, sinon, j'en jure Dieu, jamais plus vous ne dormirez auprès de moi ! Vous n'aviez pas à prêter hommage au comte de Poitiers, car vous êtes d'aussi bonne naissance que lui et avez autant que lui de sang royal en vous... De plus, vous êtes mon époux, à moi qui suis reine !

Hugues était trop troublé, trop désemparé pour remarquer la soudaine netteté, la soudaine exigence de sa femme – si désespérée l'instant précédent – qui s'appuyait toujours contre lui. Une seule chose comptait : Isabelle était dans ses bras et elle avait besoin de fuir. Aussi se jeta-t-il aussitôt en pleine conspiration contre son suzerain naturel. Il chercha des alliés, en trouva sans peine dans la foule de seigneurs saintongeais ou poitevins qui l'entouraient. Tous préféraient l'Anglais, infiniment plus éloigné, donc moins encombrant, à ce roi de France qui voulait la grandeur et l'unité de son pays. Il parvint même à attirer à lui le propre beau-père du jeune Alphonse de Poitiers, l'ambitieux et avide comte de Toulouse, qui ne souhaitait, dans l'aventure, que récupérer son Languedoc. Bientôt se groupa autour de lui une véritable armée qu'Isabelle contempla avec une sorte d'ivresse. Son stratagème avait brillamment réussi et la fameuse scène d'humiliation qu'elle avait décrite et qui existait surtout dans son imagination produisait tout l'effet qu'elle en attendait.

Avec quelle joie vit-elle son époux partir pour Poitiers à la tête de ses partisans, afin d'y renier son hommage de vassalité.

– Je ne vous reconnais pas pour mon seigneur, déclara sans rougir Lusignan au jeune Alphonse, et je reprends la foi que je vous ai donnée.

Là-dessus, la troupe partit en coup de vent, s'en alla mettre le feu aux logis qu'elle avait occupés, ce dont Poitiers tout entière faillit bien périr, et regagna ses positions.

Comble de joie et triomphe final de l'orgueil, Isabelle vit débarquer son fils, le roi d'Angleterre, à la tête, à vrai dire, d'une très petite troupe de sept cents chevaliers, mais avec beaucoup d'argent pour entretenir la guerre. Il venait aider sa mère, passant outre aux reproches de sa propre épouse qui réprouvait une guerre contre le roi de France, son beau-frère, uniquement pour plaire à une femme vindicative et acariâtre.

– Bientôt, déclara Isabelle à son fils, vous entrerez en vainqueur dans Paris et prendrez la place qui vous est due comme au meilleur et au plus noble.

Ces belles prédictions allaient se trouver rapidement réduites à néant. Provoqué, le roi de France envoya vingt galères croiser devant les côtes d'Aunis pour les protéger de l'Anglais puis, après être allé chercher à Saint-Denis l'oriflamme, se mit à la tête d'une forte armée et prit le chemin des pays rebelles.

Devant le pieux souverain tombèrent toutes les villes, tous les châteaux des insurgés. Taillebourg-le-Fier, lui- même, ouvrit ses portes au jeune roi qui, sur les bords de la Charente, établit son camp. Face à l'armée royale, celle des révoltés, dont Isabelle avait été si fière, faisait piètre figure.

Si piètre même que la comtesse reine pensa qu'une bataille n'était guère souhaitable et songea à d'autres moyens de vaincre. Elle avait un majordome qui, de tout temps, lui avait été fort dévoué. On le nommait Gaucher le Borgne et, pour sa reine, cet homme eût renié Dieu ou tué sa mère sans la moindre hésitation, il l'avait prouvé au moment de l'indigestion du roi Jean !

– Une seule chose, lui dit-elle, peut nous sauver de la colère du roi de France. Sais-tu quelle est cette chose ?

– La mort. Ce sera fait si vous le désirez, noble Reine. Dites-moi seulement comment. Voulez-vous le fer, le feu ?

– Rien d'aussi visible. J'ai ce qu'il faut...

Dans un petit coffret, caché au fond d'un plus grand, elle prit un paquet bien enveloppé d'argent et le lui tendit.

– Il y a là un poison qui tue sans miséricorde et sans que la victime ait le temps de se plaindre. Va auprès du Roi, arrange-toi pour entrer dans son intimité et donne-lui cette poudre.

Gaucher le Borgne prit le paquet et saluant, se retira. Le soir venu, il se rendit aux alentours du camp royal, avec un sien cousin, son habituel complice, qu'il avait mis dans la confidence. Ils s'étaient partagé le poison, pensant que deux assassins valaient mieux qu'un seul.

Mais le roi était bien gardé. L'amour et le respect de ses gens veillaient sur lui mieux qu'une armée entière. Les allures louches des deux hommes surprirent, puis inquiétèrent. Finalement, on les arrêta. Le poison fut trouvé sur eux et la torture fit le reste. Ils avouèrent que la reine Isabelle les avait envoyés pour empoisonner le roi de France.

Quelque temps après, Louis IX battait si totalement ses adversaires, sous les murs de Saintes, que Lusignan, épouvanté de ce que lui avait fait faire Isabelle, songea à se soumettre. Malgré les cris et les fureurs de sa femme, qu'il dut enfermer dans son appartement pour qu'elle ne tentât pas de le tuer à son tour, il chargea son ami Pierre de Dreux, comte de Bretagne, de parler pour lui :

– Mon seigneur Roi, dit ce dernier, votre homme, le comte de la Marche, qui confesse vous avoir grandement offensé, se recommande non à votre justice, mais à votre clémence.

Le saint roi ignorait la rancune. Il accepta de pardonner à Lusignan, mais à la condition qu'il livrerait ses places fortes et, pour les fiefs qui demeuraient en sa possession, rendrait à nouveau hommage de vassalité au comte Alphonse de Poitiers, son légitime seigneur. De plus, le jour où il rendrait, publiquement, ainsi que le voulait la coutume, l'hommage en question, la comtesse reine, coupable de lèse-majesté, devrait, elle aussi, faire devant tous sa soumission.

– Jamais elle n'y consentira ! gémit Hugues en apprenant ces conditions. Elle aimera mieux mourir...

– Alors, dites-lui bien que c'est ce qui ne saurait manquer de lui arriver, répondit Pierre de Dreux. Car le Roi tient toujours en prison – les deux misérables qu'elle avait chargés de l'empoisonner. Si elle refuse de se soumettre, à des conditions somme toute fort douces pour une vassale qui a rêvé la mort de son suzerain, elle périra, certes, mais ignominieusement, et de la main du bourreau !

– C'est bien, soupira le pauvre époux. Je le lui dirai.

Le 1er août 1242, le camp royal était installé dans une belle prairie, au bord de la Seugne, près de la cité de Pons. Des tapis étaient étendus sur l'herbe verte, de riches draperies décoraient les tentes, d'innombrables oriflammes dansaient dans le soleil et, sur la tête du roi, brillait la couronne aux fleurs de lys. Dans un instant, les seigneurs rebelles allaient paraître et, un à un, faire devant lui leur soumission, en renouvelant leur vœu de vassalité.

Ils parurent, accablés de honte, osant à peine lever la tête au moment de l'agenouillement. D'un mot, le roi leur rendait à la fois l'estime d'eux-mêmes et le goût de vivre, car il pratiquait, mieux que quiconque, la vertu de pardon et, en vrai chevalier, savait ce que coûte à l'orgueil humain le mot de soumission. Mais ce n'était pas eux qu'attendait la grande foule venue pour la circonstance, pas même ce grand Lusignan qui, entouré de ses deux fils, avait fléchi le genou le dernier.

Enfin, elle vint, la reine-vassale qui, par haine et trop grand orgueil, avait voulu descendre jusqu'au crime. Vêtue d'une longue robe de laine noire, sans ornement, ses cheveux défaits sous un voile de deuil, sans joyaux et le visage ravagé elle apparut dans la prairie. Le silence se fit.

Droite, les yeux fixes, elle marcha d'un pas d'automate vers le trône où l'attendait le roi. Dans sa figure pâle, ses yeux verts brillaient d'un éclat fiévreux. Il ne restait rien, cette fois, des grâces de la jeunesse, de cet éclat souverain qui, durant tant d'années, avaient courbé les hommes aux pieds d'Isabelle. Ce n'était plus qu'une vaincue qui, désespérément, souhaitait mourir là, foudroyée, avant d'accomplir les gestes qui devaient être accomplis.

Mais non. Le Ciel n'avait pas pitié d'Isabelle. Un pas, et encore un pas, un autre encore... voici le pied du trône. Alors, lentement, dans un silence de mort, Isabelle d'Angoulême courba la tête. Ses jambes plièrent et, lourdement, elle tomba à genoux devant celui qu'elle avait voulu assassiner.

Mais aucun son ne sortit de ses lèvres blêmes. Brisée par la contrainte imposée à son fol orgueil, Isabelle fut incapable de prononcer les paroles de soumission. Éclatant en sanglots, elle cacha son visage dans ses mains tremblantes. Alors, le roi se leva et descendit de son trône.

La reine vaincue sentit que deux mains prenaient les siennes, tandis qu'une voix douce disait, sur un ton plein de pitié :

– Il n'est si grand péché qui ne trouve son pardon, madame et ma cousine, quand le cœur a grande contrition. Votre peine me touche au plus profond. Venez et prenez place parmi les dames, qui vous donneront réconfort, car je ne veux plus qu'il y ait ici vainqueur et vaincus, mais seulement gens d'un même royaume et serviteurs soumis du Seigneur Dieu.

Abasourdie, Isabelle n'en croyait pas ses oreilles. Elle attendait des paroles dures, voire des moqueries, une peine de prison peut-être. Pour la première fois, osant le regarder avec des yeux que n'obscurcissait plus la haine, elle vit que les yeux bleus du roi étaient pleins de lumière. Il lui sourit.

– Ne savez-vous pas que celui qui s'abaisse en ce monde sera élevé dans l'autre ? Vivons désormais en paix, ma cousine, et que tout soit oublié.

Mais Isabelle ne pouvait oublier. Son cœur ulcéré pouvait être sensible à la grandeur, à la pitié du roi Louis, il ne pouvait oublier que cette pitié était due à ceux qui, selon elle, n'avaient pas su la défendre. Elle le fit voir dès le soir même.

Quand Hugues de Lusignan vint lui demander quand elle souhaitait regagner Angoulême, elle détourna les yeux et déclara, durement :

– Plus jamais je ne retournerai à Angoulême. C'est ici, et pour toujours, que nous nous séparons, Hugues !

– Que voulez-vous dire ?

– Qu'après ce jour je ne veux plus risquer de rencontre un seul des visages que j'ai vus ici. Je vais gagner le seul refuge où je n'aurai à baisser la tête que devant le seul souverain que je reconnaisse, le seul lieu où une reine d'Angleterre puisse retrouver la paix de l'âme et le respect d'elle-même : l'abbaye de Fontevrault.

Rien ne put fléchir l'impitoyable créature. Sans voir les larmes de son mari ni de ses fils, elle partit le soir même, avec une petite escorte, pour le pays de la Loire et la riche abbaye où dormaient ses grands prédécesseurs : Aliénor d'Aquitaine et Richard Cœur de Lion. Là, le silence auguste des pierres bénédictines se referma sur le cœur à jamais meurtri de la reine-vassale. Elle devait y mourir, inconsolée, trois ans plus tard.

Pour l'homme qui, une vie durant, l'avait aimée aux limites de l'impossible, il ne restait plus qu'un chemin à suivre : celui que traçait le roi enfin accepté, le saint couronné dont il avait pu mesurer la grandeur et la mansuétude.

Parti pour la croisade, Hugues de Lusignan devait tomber en héros devant Damiette. Mais, avant de rendre le dernier soupir, il avait fait jurer à son plus jeune fils qui l'accompagnait de rapporter son corps en terre saintongeoise. Puisqu'il ne pouvait la rejoindre sous les voûtes royales de Fontevrault, c'est à Angoulême, dans la terre natale d'Isabelle, que voulait reposer son éternel amoureux. Et c'est à l'abbaye de la Couronne, dont les ruines demeurent encore aux portes d'Angoulême, qu'Hugues de Lusignan attend l'Éternité.

4

Marguerite, Blanche et Jeanne de Bourgogne, les reines maudites

14 mars 1314 sur l'île aux Juifs à la pointe de l'île de la Cité à Paris... Les flammes du bûcher incendiaient la nuit. Elles montaient à l'assaut du ciel noir enveloppant de toutes part des poteaux de chêne où le bourreau avait enchaîné deux vieillards usés par la prison, affaiblis par la misère et plus encore par le désespoir, deux hommes si hauts personnages encore, il n'y a guère que nul n'aurait pu les supposer voués à pareil sort : Jacques de Molay, Grand Maître de l'Ordre du Temple, parrain de l'héritier du trône, et Geoffroy de Charnay, précepteur de Normandie. En dépit de l'humidité du fleuve, le feu ronflait si fort qu'il semblait impossible que quelque chose de vivant put encore subsister au cœur de cet enfer. Pourtant, de cet enfer, une voix terrible venait de hurler :

Pape Clément !... Roi Philippe !... Chancelier Guillaume de Nogaret ! Avant un an je vous cite à comparaître au tribunal de Dieu pour y répondre de vos crimes. Maudits !... Tous maudits jusqu'à la treizième génération de vos races !... Maud...

Ce fut tout. Un tourbillon de flamme étouffa la voix du Grand Maître. Son compagnon, lui, était déjà mort. Il n'y eut plus, face à la foule qui s'entassait sur les berges du fleuve, face au palais de la Cité d'où le Roi, ses fils et sa cour assistaient au spectacle, qu'un énorme brasier et un silence terrifié...

Pas un trait, pourtant, n'a bougé sur le visage de Philippe IV, beau comme celui d'un archange glacé et plus secret qu'une tombe. Vivante statue du Pouvoir nul ne peut se vanter de savoir ce qu'il pense car il faut une bien grande hardiesse pour oser affronter ce regard qui ne cille pas.

On sait pourtant qu'il a aimé – une seule fois ! encore était-ce celle dont la raison d'État avait fait son épouse : Jeanne de Navarre, comtesse de Champagne... Elle était fort belle mais d'humeur hautaine et presque aussi secrète que son époux. En tous cas, depuis sa mort survenue neuf ans plus tôt, aucune femme n'a pu se vanter d'avoir entrouvert le cœur fermé du Roi. Seules, la France et son symbole – ce cercle d'or fleuronné qu'il porte mieux que quiconque ! – l'habitent et l'animent. Et il ne doute pas d'avoir raison, toujours raison grâce à un sentiment d'infaillibilité quasi papale, même lorsqu'il jette au feu comme un vulgaire sorcier le Grand Maître du Temple après un implacable procès de sept longues années.

La malédiction l'a-t-elle touchée ? Ce n'est pas certain et si c'est le cas, c'est uniquement parce que le peuple vient d'être témoin et que l'esprit d'un peuple est chose vacillante, changeante et fragile. Il était naguère assez satisfait, ce peuple, de voir abattre les Templiers si riches et si puissants ! Mais les effrayantes paroles sorties des flammes peuvent le retourner. Et c'est d'ailleurs ce qu'il fera, ce déraisonnable chœur antique en commençant à édifier la mauvaise réputation historique de Philippe le Bel oubliant que son roi s'est toujours montré soucieux de lui, qu'il a « inventé » les états généraux, aboli le servage, tiré de classes modestes ses meilleurs conseillers et imaginé, pour mieux entendre ce qu'il dit, ce peuple, des « bains de foule » quasi quotidiens. Il est vrai qu'il a aussi procédé à la première dévaluation et qu'il règne avec une main de fer sans se soucier de la recouvrir de velours.

Parmi les autres « maudits » le pape Clément V qui doit sa tiare au roi de France, est bien entendu absent. Mais il y a là Guillaume de Nogaret un juriste de la région de Toulouse que l'on dit fils de Cathare, ancien juge royal de la sénéchaussée de Beaucaire, à présent maître absolu de la Justice et membre du Conseil Étroit. C'est l'homme qui, de son gantelet de fer a souffleté le vieux pape Boniface VIII à Anagni. C'est lui encore qui, depuis sept ans, mène l'effrayant procès, les interrogatoires, les enquêtes. Il n'a pas plus de sensibilité que ses bourreaux et les cris arrachés par la torture ne l'on jamais incommodé. La malédiction lui arrache tout juste un haussement d'épaules. Pourquoi donc le maudirait-on puisqu'il n'a jamais fait que son devoir. Même si la France n'a jamais eu si rude Chancelier...

Seulement, il y a là aussi les trois fils de Philippe et à l'exception d'un seul – le second, Philippe de Poitiers – le roi n'a guère de raisons d'en être satisfait. L'aîné, Louis, roi de Navarre par héritage maternel, s'est déjà vu affublé par la vox populi d'un surnom mérité : on l'appelle le Hutin, le querelleur, le confus ! C'est un Capétien raté. Il n'est pas laid et même il ressemblerait un peu à son père mais comme un brouillon hésitant ressemble à une œuvre achevée. Vaniteux comme un paon, fier de sa couronne navarraise, il ne s'intéresse qu'au jeu de paume et, bien que pourvu d'une épouse ravissante il a mis sept ans à lui faire un enfant. Une fille par dessus le marché. Côté cœur, il n'est pas plus intéressant : le Grand Maître était son parrain pourtant, non seulement il n'a pas levé le petit doigts pour le secourir mais encore il l'a regardé monter au bûcher avec un certain plaisir, dirait-on. Jusqu'à la malédiction, toutefois qui l'a terrifié...

Philippe, comte de Poitiers, dit le Long – ce qui le décrit – est sage et réfléchi. Son père l'apprécie et déplore, en son fort intérieur, qu'il soit seulement le puiné. Mais on ne choisit pas l'ordre d'entrée en scène de ses enfants. Quant à Charles, comte de la Marche, le dernier, ce n'est encore qu'un beau garçon peu sorti de l'adolescence et, malheureusement il n'en sortira jamais. C'est une superbe coquille vide mais ce qui vient de se passer l'a terrifié. Aussi est-ce avec soulagement que les trois frères reçoivent l'autorisation de rentrer chez eux afin d'y retrouver la présence de leurs épouses dans un décor plus souriant.

Tous trois sont mariés et, bien qu'ils les apprécient différemment, leurs épouses comptent parmi les plus belles du royaume. Elles sont jeunes, en effet, ravissantes, la lumière et la joie d'une cour qui n'était déjà pas gaie avant la mort de la reine Jeanne. Pour elles seules l'impassible Philippe trouve parfois un sourire.

La reine de Navarre, épouse de Louis l'héritier grognon, c'est Marguerite de Bourgogne, fille du duc Robert II de Bourgogne – l'un des plus fidèles conseillers du Roi – et d'Agnès de France fille de Saint Louis et de Marguerite de Provence. Elle a vingt quatre ans cette année-là et sa beauté déjà épanouie atteint la perfection. Brune et plutôt petite, elle est faite comme une déesse, elle a les grands yeux sombres et le teint d'ivoire des méridionales. Elle en a aussi la vitalité, le goût des belles choses et de la toilette et aussi, il faut bien le dire, un tempérament exigeant qui ne trouve guère son compte dans l'hommage rare et parcimonieux que lui rend parfois un époux méfiant parce qu'il l'aurait préférée blonde et grasse...

Elle n'avait que quinze ans quand, le 13 septembre 1305, elle a épousé Louis qui en avait seize. Le mariage a eu lieu à Vernon, dans la vallée de la Seine – l'Histoire a de ces retours étranges ! – à cinq lieues environ de

Château-Gaillard, la sourcilleuse forteresse jadis construite par Richard Cœur de Lion, alors duc de Normandie, pour garder la vallée. La chose était toute naturelle, Vernon faisant partie de la dot d'Agnès de France. Saint Louis, en effet, aimait beaucoup cette petite ville où il séjournait fréquemment pour s'y régaler du délicieux cresson de fontaine que l'on y cultivait pour lui et, tout naturellement, il l'avait offerte à sa fille au moment du mariage avec Robert de Bourgogne. Celui-ci d'ailleurs y achevait ses jours et allait y mourir six mois après l'union de Marguerite et de Louis le Hutin.

On sait peu de choses sur les débuts du jeune ménage. Mari et femme avaient été pratiquement élevés ensemble car le contrat avait été signé six ans plus tôt, le 28 février 1299 à Longchamp mais la suite de leurs relations peut donner à penser qu'ils ne s'aimaient guère. Fière et ardente, Marguerite avait besoin d'être subjuguée et, en dehors de son côté sportif, le Hutin ne possédait aucune des qualités physiques ou intellectuelles susceptibles d'en faire le maître d'une telle femme.

Le même traité de Longchamp avait signé le sort des autres fils du Roi. Il avait décidé que Philippe de Poitiers épouserait la Franche-Comté en la personne de Jeanne, cousine de Marguerite, fille d'Othon IV comte de Bourgogne et de la redoutable comtesse Mahaut d'Artois. Et puis, pour faire bonne mesure, la dernière fille de Mahaut, la petite Blanche avait été fiancée à Charles de la Marche, le dernier fils de Philippe le Bel. Ces deux mariages furent célébrés au château de Corbeil, le premier en 1307 et le second en 1308, à l'entière satisfaction cette fois, des nouveaux couples. Philippe le Long, l'Intelligent, avait tout de suite aimé cette Jeanne élégante, racée, d'un joli blond cendré et aussi discrète dans son comportement que dans ses atours. Elle lui avait rendu son amour en lui donnant cinq enfants : un fils qui ne vécut guère et quatre filles. De son côté, le beau Charles s'était montré ravie de sa petite épouse blonde et rose comme une aurore, espiègle et gaie comme un farfadet. Une fille leur était née.

Toute cette jeunesse entretenait alors une atmosphère brillante dans les châteaux royaux, les princesses s'entendant à merveille, ne se quittant guère et traînant après elles une cour de jolies femmes et de jeunes hommes.

Une cour qui fréquente plus volontiers l'hôtel de Nesle, résidence du roi et de la reine de Navarre, que le palais de la Cité ou le Louvre.

C'était, en vérité une demeure tout à fait royale : un ensemble de vastes constructions et de jardins dont l'emplacement est occupé, de nos jours, par l'Institut de France et la Monnaie. Mais, construit jadis par un Prévot de Paris et bordé par l'ancien rempart de Philippe- Auguste, il se ponctuait au nord d'une rébarbative tour crénelée dont les pieds baignaient dans la Seine... Complètement détachée des logis d'habitation, la tour n'a pas encore acquis, à l'heure du bûcher des Templiers, sa détestable réputation bien que certains conteurs se fussent fait l'écho d'une sorte de légende selon laquelle feue la reine Jeanne, belle-mère des trois princesses, aurait en dépit de sa réputation sans taches et de ses mœurs austères, employé la tour pour y recevoir de jeunes amants, issus de l'université ou de la batellerie et que l'on jetait à la Seine après usage cousus dans des sacs de cuir. En fait, jamais la reine Jeanne n'eut l'idée, et encore moins la possibilité, d'aller installer une quelconque chambre d'amour chez le seigneur de Clermont-Nesle. Elle quitta ce monde en avril 1305 six mois avant le mariage du Hutin et ce ne fut qu'en 1308 que le roi Philippe acheta l'hôtel pour en faire don aux jeunes Navarre.

C'est donc en toute tranquillité d'esprit – tout au moins en ce qui concerne les éventuels fantômes de la tour, que le Hutin regagne son logis ; non pour y retrouver les tendres bras d'une épouse aimante mais pour essayer d'effacer, à l'aide de quelques pots de vin, l'impression pénible que lui laisse le testament oral de son parrain. Qu'il le veuille ou non, il est bel et bien maudit même s'il n'est pas pour grand'chose dans l'effondrement du Temple. Néanmoins, il n'imagine pas encore l'étendue de son infortune car non seulement il est maudit mais aussi il est cocu !

Non que Marguerite se livre à la débauche en changeant d'amant toutes les nuits comme l'en accusera plus tard le cher Alexandre Dumas. Elle est tout simplement amoureuse d'un superbe garçon, une jeune gentilhomme blond et superbement bâti qui a nom Philippe d'Aunay et appartient à la maison du comte de Poitiers.

La beauté de la jeune reine n'est pas de celles qui laissent indifférent. En outre elle sait à merveille la mettre en valeur. C'est ainsi qu'elle a inventé une mode, aussitôt adoptée par sa cousine Blanche et qui créa une petite révolution le jour où elle arbora pour la première fois une robe fendue sur le côté jusqu'à la hanche mais coupée si habilement qu'elle s'ouvrait seulement dans la marche pour laisser entrevoir dans toute leur perfection la finesse d'un mollet et la rondeur d'une cuisse...

Le succès fut énorme. Seul, le Roi fronça un peu le sourcil mais ses brus étaient si charmantes ! La mode fut adoptée et offrit bientôt des spectacles de valeurs diverses, les longues jambes fines n'étant guère plus fréquentes au XIVe siècle qu'au temps des mini-jupes...

Pour en revenir à Philippe d'Aunay, c'était un garçon d'excellente famille. Son père était seigneur de Moussy- le-Vieil, du Mesnil et de Grand-Moulin près de Dammartin- en-Goele. Son frère aîné Gautier avait épousé Agnès de Montmorency, des premiers « barons chrétiens » de France mais il était au moins aussi beau que son frère.

Le bonheur secret que Marguerite goûtait dans les bras de son amant tenta Blanche, plus par fantaisie et amour de la nouveauté que par détachement d'un époux qui lui convenait. La jeune folle jeta son dévolu sur Gautier d'Aunay et n'eut guère de peine à en faire son amant. Ainsi donc, sur les trois fils du Roi, deux se trouvaient nantis de cette invisible ramure, si légère quand on l'ignore mais si pénible lorsqu'on en a conscience. Seul Philippe de Poitiers échappait à la malédiction. Sans doute parce que Jeanne l'aimait et se trouvait satisfaite de son sort.

Elle n'en était pas moins indulgente aux amours des deux autres et les protégeait de son mieux ; ce qui était assez facile puisque les frères d'Aunay appartenaient à la maison de son époux. C'était donc elle qui se chargeait des messages et veillait à la sécurité quand les amants étaient réunis. Une surprise quelconque eut été dramatique et toutes trois le savaient.

C'est d'ailleurs afin de mieux assurer cette sécurité que Marguerite eut l'idée de faire aménager à son seul usage la vieille tour de son hôtel. L'excuse invoquée étant qu'elle désirait posséder un petit logis assez écarté pour être protégée du bruit et du va-et-vient incessant d'une demeure royale. Avec la complicité de serviteurs dévoués parce qu'achetés à prix d'or, la reine de Navarre s'était donné une chambre d'amour où les frères d'Aunay venaient la rejoindre, elle et Blanche, lorsque leurs époux étaient retenus au palais ou chassaient loin de Paris. Les deux hommes à la nuit close pénétraient dans la tour par une porte donnant directement sur la grève et repartaient par le même chemin quelques heures plus tard. Or, deux mois à peine après le bûcher des Templiers et en dépit des précautions prises, les heures exquises de l'amour vont s'effacer devant l'horreur, le sang, la mort... Une femme va, au nom de la Couronne, semer le désastre chez les trois fils de Philippe le Bel. Une femme qui est leur sœur...

Outre ses fils, le Roi a en effet une fille qui lui ressemble beaucoup plus que les garçons : Isabelle, reine d'Angleterre. Elle possède la même beauté altière et froide que son père, la même âme inflexible, le même orgueil de race et jusqu'à présent, elle a payé le prix de cette ressemblance : sans l'ombre d'une hésitation, Philippe l'a, cinq ans plus tôt, vouée délibérément à un sort pénible parce que sa politique l'exigeait et qu'Isabelle avait été élevée pour occuper un trône. Ce trône, elle l'avait trouvé à Londres sans pour autant y trouver le bonheur : son époux, Édouard II est loin, bien loin d'être un mari au moins convenable.

Le jour – 22 janvier 1309 – où Philippe le Bel, à Boulogne, remit sa fille à Édouard, il sut que cette alliance ne serait jamais une union entre deux êtres. Non que l'époux fut âgé, malade ou répugnant. Bien au contraire, l'Anglais âgé de vingt-quatre ans, est un garçon solide, blond, bien bâti, de visage agréable et jouissant visiblement d'une excellente santé. Mais les traits du visage sont mous et les airs de tête superbes, les regards hautains ne parviennent pas à tromper l'observateur averti qu'est lc Capétien. Ce garçon-là n'a rien de son père Édouard Ier, le « Justinien britannique », le « Marteau des Écossais ». Ce n'est qu'une apparence de roi et si, secrètement, le souverain français se réjouit de voir l'Angleterre en des mains si peu dignes, le père ne peut s'empêcher de craindre, pour sa fille, une vie conjugale difficile. Comment, en effet, ne pas remarquer l'intimité trop tendre qui unit Édouard à un chevalier gascon, Pierre de Gabaston ? C'est, sans doute, un compagnon de jeunesse mais c'est aussi un gentillâtre sans fortune dont on a fait un comte de Cornouailles bientôt marié à Éléonore de Clare l'une des plus riches héritières du royaume et sœur du comte de Gloucester. Mais on ne repousse pas un roi d'Angleterre parce qu'il est pédéraste.

Philippe le Bel garda pour lui ses réflexions et Isabelle prit place sur la nef pavoisée de léopards d'or sur champ de gueule et de lys d'or sur champ d'azur qui allait la conduire dans son royaume.

La traversée n'eut rien d'un voyage de noces. La mer était ce qu'elle est en hiver et si Édouard fit quelques efforts pour sa jeune épouse il ne le soutint pas longtemps. À peine eut-elle reçu, le 22 février suivant à Westminster, la couronne royale qu'elle en mesura la pesanteur en se demandant si elle avait bien réellement épousé un roi.

Le comportement d'Édouard était celui d'un hobereau sportif aimant la chasse, les bains, l'aviron, la musique, les travaux manuels... et les beaux garçons... Il s'entourait de valets d'écuries, d'ouvriers et surtout de maçons auquels ils se plaisait à donner un coup de main pendant les travaux de son palais. Quant à son amour il allait tout entier à Pierre de Gabaston avec lequel il passait le plus clair de ses jours et le plus sombre de ses nuits...

Traitée avec rudesse, délaissée, voire pillée par un époux qui osait lui « emprunter » ses joyaux fin d'en parer son favori, Isabelle n'avait pour accrocher ses rêves que l'idée abstraite d'un trône, perdit toute joie de vivre et sombra dans l'amertume. Seule la venue d'un fils après trois ans de mariage lui rendit quelque courage mais son cœur semble se dessécher et, quand elle revoit la France, quatre ans après l'avoir quittée, chacun peut s'apercevoir qu'elle a changé...

En effet, au printemps 1313, Philippe le Bel a convié son gendre et sa fille aux fêtes qu'il donne pour l'adoubement de ses trois fils auxquels ils conférera la chevalerie de sa propre main.

À Paris, les souverains anglais reçoivent un accueil magnifique. Le Roi donne, en leur honneur, un festin dans les jardins de Saint-Germain-des-Prés. Les serviteurs à cheval servent sous des tentes tissées de soie et d'or. On joue des fabliaux, on chante des chansons, on fait assaut de galanterie et de gaîté ; toutes choses qui viennent ajouter aux regrets d'Isabelle surtout lorsqu'elle compare son sort à celui de ses trois belles-sœurs. Les princesses sont superbement parées, entourées, adulées, visiblement heureuses de vivre alors qu'elle-même s'efforce de ne pas montrer sa détresse morale. Leur tenue lui semble d'ailleurs à la limite de la décence.

Ces robes insensées qu'on leur permet de porter ! Et lorsqu'elle pense que Marguerite sera un jour reine de France, Isabelle sent la colère envahir son cœur.

Elle les aimait pourtant bien quand, élevées avec elle, les jeunes folles étaient autrefois ses compagnes. Aussi a-t-elle pensé à leur porter des présents. C'est sans doute lors de cette visite qu'elle leur offrit des aumônières identiques, brodées d'or et enrichies de pierreries qu'elle avait fait confectionner pour elles. Les princesses se montrèrent ravies mais remirent à plus tard de s'en parer : elles étaient tellement gâtées en matière de toilettes !

Isabelle qui l'était si peu se sentit blessée. Or, dans l'entourage royal, quelqu'un a remarqué sa mine assombrie. Ce quelqu'un c'est son cousin Robert d'Artois, un garçon de vingt huit ans hors du commun : géant haut en couleur, haut en violence. Depuis des années une haine solide l'oppose à sa tante Mahaut, mère de Jeanne et de Blanche, pour le comté d'Artois dont elle a hérité de son père Robert II alors que lui-même le réclamait en tant que petit-fils du même Robert II. C'est un jugement royal qui, en 1309, a tranché le différend et, ce jugement, Robert ne l'a jamais accepté. La haine qu'il voue à Mahaut s'étend à présent au Roi, à ses fils, ses belles-filles, surtout Jeanne et Blanche parce qu'elles sont filles de Mahaut. Quant à Marguerite, s'il la déteste c'est peut-être parce qu'elle a repoussé ses avances...

Quoiqu'il en soit, il a deviné en Isabelle une alliée possible. Et il trouve une oreille complaisante encore que scandalisée par les insinuations qu'il y glisse touchant la conduite des princesses. Il est certain qu'elles sont infidèles. Mais avec qui ? Comment ? Et où ?

Cela, il le saura. Isabelle peut repartir tranquille pour son triste royaume : dès qu'il aura une preuve il la préviendra. Et la reine accepte que ce haut baron que le Roi vient d'armer chevalier en même temps que ses fils – et que les frères d'Aunay ! – oublie sa chevalerie pour se faire espion. Et bas espion puisqu'il s'agit de surveiller des chambres à coucher...

Robert d'Artois surveille. Il épie les abords de l'hôtel de Nesle dès que vient la nuit. Très vite il découvre l'intrigue et, le jour où à la ceinture des Aunay il reconnaît les aumônières de la reine Isabelle il comprend qu'il tient à la fois sa preuve et sa vengeance. Alors il envoie un messager à Isabelle qui, sous un prétexte quelconque revient en France.

On peut se demander quelle folie a poussé Marguerite et Blanche à offrir les présents de leur belle-sœur à leurs doux amis ? Peut-être parce qu'ils étaient frères et les aumônières semblables ? Peut-être aussi parce qu'elles n'imaginaient pas revoir Isabelle de sitôt ? ... Mais elle revient et le drame éclate car à peine arrivée, la reine d'Angleterre va dénoncer la reine de Navarre et ses cousines. La scène se passe à l'abbaye de Maubuisson, près de Pontoise, où le roi Philippe aime à se retirer « pour prendre conseil de son silence ». Isabelle parle, excusant sa délation par le souci de grandeur du trône paternel. S'il n'y avait eu que Blanche, elle n'aurait sans doute rien dit mais Marguerite, déjà reine de Navarre sera un jour reine de France. L'idée qu'une femme adultère pourrait souiller la couronne jadis portée par sa mère insupporte la jeune femme.

On ne sait comment le plus silencieux de nos rois prit la révélation. On sait seulement qu'il demeura seul de longues minutes, réfléchissant. Sans doute fut-il tenté d'étouffer le scandale mais cela se pouvait-il ? Isabelle l'affirmait de notoriété quasi-publique. En outre lui-même ayant appliqué si rude justice au Grand Maître du Temple pouvait-il épargner des femmes ayant honni le mariage sous prétexte qu'elles étaient de sa famille ? Sa justice se voulait la même pour tous mais plus rude pour les grands que pour les petits. Alors elle frappa...

Dans la nuit Marguerite, Blanche et Jeanne sont enfermées et gardées à vue dans leurs appartements tandis que l'on arrête les frères d'Aunay immédiatement livrés aux tourmenteurs sous l'œil de Guillaume de Nogaret. Jusqu'à l'aube ils subiront la question dans les caveaux du château de Pontoise. On les torturera jusqu'à ce qu'ils avouent et, naturellement, ils avoueront. Nogaret qui sut arracher à des chevaliers du Temple tant d'aveux allant parfois jusqu'à l'invraisemblance possède la manière de faire parler les plus récalcitrants aguerris et coriaces. Eux ne sont que des jeunes hommes plus habitués à la Cour qu'à la bataille : ils parlent. Ils avouent tout : les rendez-vous secrets, les nuits de la tour de Nesle, les noms de qui leur ouvrait les portes et veillait sur leurs amours. Ce n'est qu'une fois à bout de force qu'on leur accorde un peu de repos, que l'on soigne leurs blessures, leurs brûlures. Ils mourront bientôt et de mort cruelle car leur crime est de lèse-majesté. Mais auparavant on juge les princesses.

Informée des aveux de son amant, Marguerite avoue à son tour, et aussi Blanche qui ne cesse de pleurer. L'adultère est prouvé et d'autant plus grave que l'on ne saura jamais si sa fille unique, Jeanne, venue longtemps après le mariage est du Hutin ou de Philippe d'Aunay. Alors on leur rase la tête, on les revêt de bure grossière et, pieds nus, à genoux sur les dalles de pierre, elle reçoivent leur sentence : la prison à vie.

Jeanne de Poitiers pourtant se défend avec vigueur : jamais elle n'a trahi le mariage ! Son aumônière elle la possède toujours et, au milieu des tourments, les frères d'Aunay n'ont rien dit qui puisse l'accuser dans ce sens. Simplement elle a aidé les amants, elle a joué les entremetteuses. Aux juges, elle répond qu'elle ne sait rien des amours de Marguerite et Blanche, qu'elle n'était pas « de leur cour ni en leurs secrets conseils appelée ». Bien mieux : elle exige de voir le Roi et, en face de lui, proclame : « Je dis que je suis prude femme ! »

Il y a tant de force dans ce cri que Philippe le Bel répond : « Dame, nous saurons et droit vous ferons mais par devers nous demeurerez et droit et raison aurez. »

Sans doute mais, en attendant, elle n'a plus de cheveux et elle est traitée en prisonnière d'État. Seul adoucissement : alors que Marguerite et Blanche vont être emprisonnées à Château-Gaillard, ce qui est rude, elle ira au château de Dourdan où elle sera traitée avec beaucoup plus de ménagements. Néanmoins, avant de s'y rendre, elle devra assister avec les deux autres au supplice des frères d'Aunay. Et quel supplice ! hissés sur un échafaud bas édifié sur la place du Martroi à Pontoise, les malheureux sont rompus, châtrés, écorchés puis traînés sur un chaume fraîchement coupé avant qu'on leur fasse la grâce de les décapiter puis de les accrocher au gibet par les aisselles.

Debout chacune dans le chariot qui va les emmener, les princesses ont vu cette horreur mais seule Marguerite a gardé fière contenance. Blanche n'a cessé de sangloter quant à Jeanne, à demi-folle de terreur, elle s'est mise à hurler quand on l'emmena cramponnée aux planches de son chariot : « Dites à mon seigneur Philippe que je suis innocente ! Dites que je ne l'ai pas honni, que je n'ai pas trahi le mariage ! »

Autant en emporta le vent de mai habitué cependant à de plus doux murmures, à de plus fraîches odeurs que celle du sang... Jeanne, pourtant verra un jour son bon droit reconnu. Philippe, son époux, pardonnera ce qui n'était, après tout, qu'inconséquence et la rappellera auprès de lui. Sans doute l'aimait-il réellement. Et puis, il y avait la Franche-Comté qui était sans doute plus chère à ce vrai roi que l'honneur de ses frères...

Marguerite et Blanche n'eurent pas cette chance. Réduites au pire dénuement dans leurs prison, soumises à une nourriture à peine mangeable à l'humidité et au froid, elles atteignirent bientôt le fond de la misère. Pourtant, un espoir leur vint quand, à la fin de cette année 1314 qui avait vu mourir les Templiers et leur propre désastre, elles apprirent que le roi Philippe venait de mourir subitement, comme était mort le pape Clément V comme était mort Guillaume de Nogaret. Tous morts avant que l'année fut close ! Le Hutin devenait le roi Louis X et Marguerite, toute prisonnière qu'elle était n'en était pas moins reine de France.

Elle se cramponna à ce titre car elle connaissait la faiblesse de Louis, refusa une séparation qui lui eut assuré un sort plus convenable, s'entêta... Elle n'imaginait pas que Louis put, à présent, la haïr pour l'affront sanglant infligé à son orgueil et qu'il souhaitât être promptement débarrassé d'elle afin de pouvoir se remarier et se donner un héritier sûr...

Une nuit la porte du cachot de Marguerite s'ouvrit pour laisser passer un homme masqué. Les murs de Château- Gaillard sont énormes et nul n'entendit rien mais au matin la reine de France fut trouvée morte, étranglée. On l'enterra à Vernon, là où elle s'était mariée, là où son père était mort.

Blanche, elle, accepta la séparation, signa tout ce que l'on voulut. On dit qu'elle était moins malheureuse que Marguerite parce que l'un de ses geôliers s'était épris d'elle et adoucissait son sort. Elle quitta pourtant Château- Gaillard mais pour devenir nonne en l'abbaye de Maubuisson où elle mourut douze ans après le drame.

Ce fut au moment de l'arrestation des princesses que la tour de Nesle acquit sa détestable réputation. Fou de rage devant le ridicule qui s'abattait sur lui, Louis le Hutin fit arrêter tous les serviteurs de sa femme.

On tortura, on exécuta sommairement et le Seine se mit à charrier des corps que l'on mettait parfois dans des sacs mais pas toujours. Les imaginations firent le reste. On dit d'abord que le mari faisait tuer les amants de sa femme puis, le temps passant, que la femme elle-même les livrait au poignard après l'amour...

Le règne du Hutin ne dura guère : un an et deux mois après Marguerite, il mourait à Vincennes auprès de Clémence de Hongrie qu'il avait épousée. Elle lui avait donné un fils qui mourut à quelques jours. C'est alors que la faute de Marguerite pesa sur la dynastie. Les doutes qui planaient sur sa naissance écartèrent la petite Jeanne de la succession. On alla déterrer l'antique loi des Francs Saliens qui interdisait le trône à une femme. Et Philippe le Long succéda à son frère. Jeanne de Bourgogne, la prisonnière de Dourdan, fut reine de France. Pas longtemps : tout juste un peu plus de cinq ans jusqu'à cette nuit du 2 au 3 janvier 1322 où Philippe le Long mourut de dysenterie, à Longchamp.

Alors, la reine-veuve s'en alla vivre dans l'hôtel de Nesle dont le Hutin avait fait présent à son frère en aimable don de joyeux avènement. Allat-elle parfois se souvenir dans les salles désertes de la tour, contempler des fenêtres cet îlot des Juifs où s'était dressé le bûcher des Templiers ? Ce fut là, en tous cas, qu'elle mourut, le 21 janvier 1330. Peut-être du poison qui avait tué sa mère, Mahaut d'Artois, tout juste deux mois avant elle.

Réfugié en Angleterre auprès d'Édouard III, le fils d'Isabelle à la suite d'une sordide affaire de faux papiers destinés à lui rendre le comté de son père, Robert d'Artois y alluma par vengeance, une guerre qui allait durer cent ans...

Tué sous les murs de Vannes qu'il assiégeait, il a trouvé sépulture à l'abbaye de Westminster...

5

Isabelle, la louve de France

Ses trois belles-sœurs dûment écrasées, rasées et emprisonnées, Isabelle avait regagné l'Angleterre sans paraître remarquer les traces de sang que laissait sa traîne. Elle n'avait plus grand chose à faire en France où, à l'exception peut être de son père et de son complice Robert d'Artois, on n'avait plus tellement plaisir à la rencontrer. En Angleterre non plus d'ailleurs car les goûts de son époux s'ils avaient changé d'objet n'en avaient pas pour autant changé de direction.

Pour bien comprendre le paysage politique tel qu'il se présentait de l'autre côté de la Manche en cette année 1314, il faut revenir quelques années en arrière et quelques mois après le mariage d'Isabelle et d'Édouard II. À ce moment, la jeune femme avait fait table rase, ou à peu près, de tout espoir de bonheur conjugal. Elle en était venue à penser que l'honneur d'être reine pouvait le remplacer car, fille d'un homme qui ne vivait que pour la grandeur de son royaume, elle aurait eu assez de grandeur d'âme pour demander à l'exercice du pouvoir de compenser sa vie gâchée de femme. Or, un an après son mariage, elle avait vu cet espoir là s'effriter comme l'autre.

À la suite d'une révolte des barons anglais, elle a vu son époux contraint d'autoriser barons et prélats anglais à nommer pour un an, à chaque Saint-Michel, douze seigneurs nantis du pouvoir de promulguer des ordonnances à l'usage de la Curie royale et que, de ce fait, on nomma les Lords ordonnanciers. À leur tête le neveu du roi, Thomas de Lancastre, et le puissant comte de Warwick. Le troisième homme de cette ligue fut un seigneur gallois destiné à jouer, dans la vie de la reine, un rôle prépondérant : Roger Mortimer, comte de March et époux de la dame d'honneur favorite d'Isabelle, Jeanne de Joinville.

Naturellement, l'orgueil de la reine a souffert en voyant son époux mis ainsi en tutelle mais elle découvrit bientôt que les Lords ordonnanciers avaient du bon ne fût-ce que par la haine solide qu'ils portaient à Gabaston dont les railleries incessantes et les ingérences dans les affaires de l'État entretenait chez eux une fureur latente.

Sentant venir l'orage, Édouard II et son favori tentèrent bien de le détourner en lançant sur les Écossais cette opposition grandissante. En vain. L'an 1311, les Lords ordonnanciers rendaient contre Gabaston un arrêt d'exil à perpétuité. Bon gré mal gré le favori dut abandonner son confortable poste et gagner les Flandres en tout hâte. Isabelle, reconnaissante, s'en crut délivrée.

Ce n'était hélas qu'une illusion. Rusé comme beaucoup de faibles, Édouard parut accepter aisément le départ de son mignon. Mais, sous le prétexte que l'air de Londres était mauvais pour sa santé, il décida un petit voyage à York pour y « chercher le bon air ». Isabelle, naturellement fut du voyage, sans la moindre méfiance.

Mais, au cœur des provinces où le respect de la personne royale était intact, Édouard se sentit plus fort. Il rappela Gabaston qui ne se le fit pas dire deux fois. Les deux compères trouvèrent plus de saveur encore à ces retrouvailles parce qu'elles avaient un parfum de défi envers les Lords ordonnanciers. Un parfum qui s'évapora bien vite.

Ceux-ci, en effet étaient décidés à tout pour se débarrasser du favori et lui ôter le goût des voyages. À la tête d'une troupe solide, Lancastre et Warwick marchèrent sur York, ce qui eut pour effet d'affoler Édouard. Laissant Isabelle s'arranger comme elle l'entendrait, celui-ci partit précipitamment pour Tinmouth en compagnie du cher Gabaston. Puis de là, on gagna la puissante forteresse de Scarborough aux solides murailles de laquelle le roi confia celui qui lui était si scandaleusement cher. Après quoi, rassuré, Édouard s'en revint tranquillement vers York, arborant, du moins il l'espérait, une mine pleine d'innocence.

Malheureusement pour lui, Warwick n'était pas de ceux qui croient aux contes de fées. Tandis qu'Édouard rentrait à York, il vint mettre le siège devant Scarborough où Gabaston, terrifié de se retrouver seul, lui proposa de traiter. Naturellement Warwick accepta puis, une fois les portes ouvertes, il renia tranquillement l'engagement pris. Il fit charger de fers le favori et l'emmena chez lui à Warwick afin d'en disposer plus librement. Et là, sur la colline de Blacklow, il le fit tout bêtement décapiter. Après quoi il revint en hâte à York afin d'aider Lancastre à protéger Isabelle contre ce qu'il pensait être l'affreux désespoir du roi.

Or, il n'y eut pas d'affreux désespoir. Édouard II parut accepter la fin de Gabaston avec un certain détachement. Non seulement il ne montra aucun déplaisir mais au contraire fit soudain preuve d'une certaine amabilité envers sa jeune femme.

Un peu surprise, celle-ci en vint à penser qu'il serait peut-être possible d'amener doucement Édouard à une vie plus digne et plus normale. Et quand, quelques mois plus tard, le 13 novembre 1312, elle mit au monde, à Windsor, un petit garçon, elle pensa que son existence était enfin remplie. L'enfant reçut le prénom d'Édouard et le titre de prince de Galles que son père, premier des héritiers royaux anglais, avait porté avant lui.

Hélas, Édouard pensait, de son côté, qu'il en avait fait assez à présent pour le royaume et qu'il pouvait retourner paisiblement à ses chères habitudes. Il remarqua bientôt – le contraire eut été difficile, on le lui mit littéralement sous le nez – un garçon blond, de belle mine et de figure avantageuse qui eut devant lui des rougeurs de jeune fille et de charmants battements de cils qu'il avait fort longs. Ce jeune éphèbe se nommait Hugh Despenser, de bonne noblesse normande. Solidement étayé par une famille très au fait de ses intérêts, il réussit au-delà de ses espérances dans son entreprise de séduction. Les Lords Ordonnanciers achevaient tout juste de boire à la santé du nouveau-né et Isabelle relevait à peine de ses couches que tous découvrirent que Gabaston avait un successeur. Et un successeur qui n'allait pas tarder à leur faire regretter le Gascon.

Car l'affaire Despenser prit bientôt l'allure d'une exploitation familiale. Derrière le mignon du roi apparut son père, Hugh l'aîné, homme avide, rusé et sans scrupules qui, par le truchement de son trop joli rejeton, mit aussitôt la cour en coupe réglée. Puis, Édouard maria son nouveau favori à la belle-sœur de feu Gabaston, Éléonore de Clare qui obtint sans peine le poste de dame d'honneur de la reine, aux lieux et places de Lady Mortimer. Isabelle et les Lords avaient changé leur cheval borgne pour un aveugle.

Dès lors la vie de la reine devint positivement intenable. Les Despenser mirent la main sur ses biens personnels, rognèrent sur sa cassette, contrôlèrent sa toilette. Bafouée dans sa dignité de reine, d'épouse et même de mère, la jeune femme s'aigrit et se cuirassa d'une dureté qui ne fut peut-être jamais née en d'autres circonstances et qui explique, sans l'excuser tout à fait, le drame qu'elle allait déchaîner en France. Son amertume était d'autant plus grande que l'or royal, manié largement par le favori avait réussi à lui concilier quelques uns des Lords ordonnanciers.

Les choses en sont là quand Isabelle, laissant la ruine et le deuil, regagne Londres pour y faire face à deux autres drames : l'un qui la touchera à la tête, c'est-à-dire à la couronne, l'autre qui la touchera au cœur.

À la fin du printemps 1314, Robert Bruce, le nouveau champion de l'Écosse a mis le siège devant la forteresse de Stirling tenue par les Anglais. Édouard, décidé à en finir une bonne fois avec les Écossais s'est arraché aux joies de l'alcôve, a levé une armée de vingt-cinq mille hommes – ce qui est énorme pour l'époque – et, au début de juin, cette armée franchit la Tweed pour rencontrer les quelques dix mille hommes du roi d'Écosse.

Habile stratège et vaillant chevalier, celui-ci sait mettre les chances de son côté. Disposant son armée entre d'épais fourrés qui gardent ses ailes au-delà du ruisseau de Bannock, il fait creuser devant ses troupes des trous larges et profonds qu'il camoufle de branches d'arbres et de mottes d'herbes destinés à engloutir la charge des lourds escadrons anglais.

Le 24 juin, le désastre de Bannockburn coûte à Édouard II les neuf dixièmes de son armée et le renvoie à Londres honteusement battu. Encore que la tactique de Bannockburn dut profiter aux Anglais qui nous la resservirons plus tard, à Crécy. La facture est lourde à payer : des milliers d'hommes ont péri, le trésor est à sec et le roi entièrement au pouvoir de ses barons. Pendant un moment, Lancastre se retrouve l'homme du jour. Puis le pouvoir passe à Pembroke qui est un modéré et finalement, il se retrouve comme par magie, reposer tout entier aux mains des Despenser. Mais Isabelle n'a même pas le courage de s'en soucier. C'est qu'une terrible nouvelle vient d'arriver : celle de la mort de son père. Philippe le Bel est mort à Fontainebleau, le 29 novembre de cette année 1314. Huit mois après le Grand Maître du Temple...

Alors, des années vont passer, mornes et lugubres pour la reine d'Angleterre murée dans un silence qui rappelle celui qu'elle ne cesse de pleurer quand les regards malveillants ne sont pas fixés sur elle. Une seule joie dans l'enfer qui est le sien : son fils, le petit Édouard dont l'intelligence vive, l'énergie et la vaillance lui rappellent chaque jour davantage Philippe le Bel. Avec orgueil Isabelle regarde grandir devant elle le dernier des grands capétiens.

Tout de même, on ne se croise pas absolument les bras chez les barons anglais. Les lords des marches galloises ayant à leur tête le comte de March, Roger Mortimer, se sont unis à Lancastre pour attaquer les Despenser. Un instant ils ont tenu la victoire : exilés, les rapaces n'ont pas tardé à revenir, rappelés par Édouard et donc plus forts que jamais. Pour la première fois de sa vie – et peut-être la seule –, le roi a fait preuve d'énergie. Il s'est porté lui-même au-devant des révoltés et, en 1321, il les a battu à Boroughbridge, dans le Yorkshire.

Le résultat ne se fait pas attendre. Montrant qu'il est toujours un sportif bien entraîné, Édouard décapite lui-même, sur le champ de bataille, son oncle Thomas de Lancastre, non sans mentionner que c'est la seule manière de lui remettre la tête d'aplomb. Et de rire... Pour sa part Roger Mortimer est enfermé dans la Tour de Londres cependant que sa femme, chassée définitivement du service de la reine en dépit des protestations de celle-ci – mais qui peut bien faire attention à une protestation d'Isabelle ? – est contrainte de se retirer au château de Kenilworth avec interdiction d'en sortir. Cette fois, Isabelle est bien seule entre un époux devenu franchement haineux et les abominables Despenser. Mais nul ne devinera l'effrayant désir de vengeance qui brûle sourdement au fond de ce cœur muré, derrière la lisse et pure façade d'un beau visage blond immobile...

Si peu de puissance qu'elle possède, Isabelle n'en use pas moins avec habileté. Une belle nuit Roger Mortimer réussit à s'évader de la Tour avec l'aide quasi officielle de l'évêque d'Hertford, Adam Orleton. Les derniers joyaux d'Isabelle ont disparu dans l'opération mais Mortimer a pu gagner Paris où le troisième frère de la reine, Charles IV le Bel, lui accorde une généreuse hospitalité.

S'il n'y avait son fils, Isabelle l'eut volontiers suivi. Rentrer en France, quitter ce trône bourbeux qui lui fait horreur, c'est le plus beau rêve de la reine d'Angleterre car la fuite de Mortimer a rendu sa position plus inconfortable encore. À présent, elle en vient à craindre pour sa vie et se garde de tous côtés...

Sur ces entrefaites, et encouragé par Mortimer, Charles IV s'empare brusquement de la Gascogne, à l'exception d'une mince bande côtière. Isabelle alors saisit la balle au bond. Si quelqu'un peut négocier avec le roi de France le retour à la couronne anglaise de la précieuse province, c'est elle et elle seule. Content peut-être d'être débarrassé d'elle sans avoir à la supprimer ainsi que l'en prie son favori, Édouard accepte et par un beau jour du printemps 1325, Isabelle s'embarque pour la France qu'elle n'a pas revue depuis onze ans...

Lorsqu'elle y arrive, la joie qu'elle en éprouve l'effraye un peu. Jamais le printemps de Paris ne lui est apparu si beau ! Son frère, le roi Charles, et sa belle-sœur Jeanne d'Évreux – celle qui a remplacé la blonde et folle Blanche – lui réservent un accueil chaleureux. Le temps, en effet, a effacé les souvenirs tragiques. Marguerite est morte depuis longtemps, Blanche est moniale à Maubuisson, Jeanne vit retirée dans son hôtel de Nesle. Les autres témoins sont morts. Et puis Isabelle refuse de se souvenir. Pour la première fois de sa vie, elle veut oublier qu'elle est reine et ne se souvenir que de trois choses : elle est femme, elle est belle et elle n'a que trente-trois ans...

Celui qui lui remet en mémoire ces vérités oubliées n'est pourtant qu'un proscrit, mais ce proscrit elle a pu mesurer, au temps où avec Lancastre et Warwick il menait les Lords ordonnanciers, le courage, la volonté, l'autorité. La seule chose qu'elle n'ait pas encore mesurée en lui, c'est l'appétit de puissance et quand elle s'en apercevra, il sera trop tard pour l'endiguer. Cet homme, c'est Roger Mortimer.

Pour que sa présence à Paris ne soit pas trop grave offense au roi d'Angleterre, il a pris logis à l'abbaye de Saint-Germain-des-Prés, mais il n'est pas de fête chez le Roi où il ne soit convié. Ainsi ce banquet dans la grande salle du palais de la Cité, si magnifiquement agrandi et en partie reconstruit par Philippe le Bel. C'est là qu'il retrouve Isabelle. C'est là que, pour la première fois peut-être, il osera parler d'amour puisqu'en venant à Paris où elle sait le retrouver, elle a en quelque sorte fait le premier pas vers lui...

Depuis combien de temps Isabelle aime-t-elle Mortimer ? Il est impossible de le savoir. Le masque de la jeune reine est presque aussi difficile à déchiffrer que celui de son père. Mais on peut imaginer que cela ne date pas d'hier. Peut-être depuis des années, depuis qu'elle a pu établir une comparaison entre son triste époux et le beau comte de March. N'a-t-elle pas tout récemment mis en péril sa situation déjà précaire et peut-être sa propre vie pour l'arracher à la Tour de Londres ?

Le printemps de Paris fait le reste et il s'écoule bien peu de temps entre l'arrivée de la reine et l'instant où, entre les bras de Mortimer, elle va oublier tous ces principes rigides dont elle faisait si grand état, toute cette grande dévotion à l'intangibilité de la couronne dont elle a fait payer si cher l'oubli à ses trois belles-sœurs, coupables seulement au fond d'être plus heureuses qu'elle. Elle et Mortimer découvrent alors combien il est difficile de se résister à soi-même quand la passion vous emporte.

Habilement contrôlée d'ailleurs, cette passion, chez Mortimer !... Certes, il aime Isabelle, il la désire mais il n'oublie pas ce qu'elle représente. Ce qu'il veut c'est en faire l'instrument de son pouvoir personnel après avoir abattu Édouard.

Mais avant de passer à l'attaque, il faut arracher à l'Angleterre le gage précieux qu'elle détient : le jeune prince de Galles. Et de cela Mortimer ne doute pas un seul instant car son plan, ourdi de longue main, a été soigneusement établi. N'est-ce pas lui qui a poussé le faible Charles IV à s'emparer de la Gascogne ? N'est-ce pas lui qui a soufflé l'idée de faire venir Isabelle pour en négocier le retour à la Couronne anglaise ? Retour qu'Isabelle, soutenue par lui n'a eu guère de peine à obtenir. À présent le prétexte à la venue du jeune Édouard est tout trouvé : le duché d'Aquitaine est son apanage ; il convient donc qu'il vienne rendre hommage au roi de France, son suzerain, pour le duché qui lui est ainsi rendu. Et bientôt, l'héritier d'Angleterre arrive.

C'est un garçon de quatorze ans, grand et vigoureux pour son âge et dans lequel Isabelle retrouve plus d'un trait de Philippe le Bel. Plus mûr que la normale, témoin de trop de choses grisâtres, il hait les Despenser. Retrouver sa mère lui est une grande joie et surtout la retrouver libre. Le jeune Édouard ignorera longtemps le lien d'amour qui unit Isabelle à Mortimer.

Mère et fils s'attardent à Paris. Assez pour inquiéter Édouard II qui, bientôt, las d'ordonner un retour qui ne se produit jamais, se met à accabler Charles IV et son entourage de lettres aux termes desquelles il dénonce inlassablement l'ignominie de sa femme. Il va jusqu'à exiger que l'on s'assure d'elle et qu'on l'embarque de force sur un vaisseau en partance pour l'Angleterre.

Comme il en vient aux menaces, Charles le Bel en vient, lui, à penser que ses trois Anglais deviennent encombrants. Ceux-ci en sont d'ailleurs parfaitement conscients et annoncent leur départ. Non pour l'Angleterre mais pour le Hainaut où le comte Guillaume leur prépare une armée de mercenaires commandée par son propre frère, Jean. On quitte Paris en grande cérémonie et... au grand soulagement de Charles IV.

En Hainaut, l'accueil est chaleureux. L'accord qu'Isabelle conclut avec le comte trouve un ciment inattendu dans un amour juvénile : celui qui fleurit soudain entre le jeune Édouard et la petite Philippa, troisième fille de Guillaume. Les deux adolescents s'aiment d'un si tendre amour qu'on les fiance sur-le-champ. Pour une fois la politique et le cœur se sont trouvés d'accord. Il ne reste plus qu'à rentrer en Angleterre.

Partie d'un port hollandais, la petite armée que mènent Isabelle, Mortimer et le prince de Galles prend terre à Harwich puis se dirige sur Londres que l'on atteint d'ailleurs sans coup férir. Une série de révoltes en chaîne a ouvert le chemin à celui qui se nomme déjà le roi Édouard III. Balayé par la vague qui l'a emporté avant même de se reconnaître, le triste Édouard II a été conduit sous bonne garde au château de Kenilworth. Là, on l'a contraint à signer son abdication...

Mais Kenilworth est encore trop près de Londres. On conduit l'ex-roi qui n'est plus qu'un prisonnier au château de Berkeley. C'est là qu'il va vivre un calvaire qui d'un roi honni fera peu à peu un martyr. Quant aux Despenser père et fils, on les mène à l'échafaud. Hugh le jeune fut châtré. Puis le bourreau lui arracha le cœur et les entrailles avant de lui trancher la tête et de couper son corps en quatre morceaux. Celui de son père avait déjà subi un sort semblable ou presque et les quartiers furent envoyés, pour y être exposés sur les remparts, aux plus importantes villes du royaume.

Isabelle et Mortimer triomphent. Certes, le 1er février 1328, ils font couronner à Westminster le jeune prince de Galles qui devient le roi Édouard III. Mais il n'est pas encore majeur et la régence attribuée tout naturellement à sa mère, passe en fait entre les mains de Roger Mortimer, avec le beau titre de « Gardien d'Angleterre... »

Il devrait s'estimer heureux puisqu'à présent il a tout, tout ce qu'a pu lui apporter l'amour d'Isabelle. Mais c'est un homme violent, ambitieux, cruel et il ne sait pas jouir de son triomphe. Rapidement son règne s'étend sur le pays aussi despotiquement que sur le cœur de la reine auprès de laquelle il occupe, ouvertement à présent, la place d'un époux. La douce Jeanne de Joinville qui, cependant, lui a donné onze enfants – onze ! – a dû s'éloigner. Elle l'a fait d'elle-même ayant enfin compris comment les deux amants entendaient la payer l'un de son amour, l'autre de son dévouement aux plus mauvais jours.

Alors, parce que Mortimer ne sait pas s'arrêter, lui et Isabelle vont peu à peu s'aliéner le pays d'abord puis, ce qui est plus grave, le jeune roi dont les yeux sont enfin ouverts. Sans grande peine car ils ne se cachent plus.

Le scandale qui grandit, la férule que Mortimer fait peser sur l'Angleterre, les têtes qui commencent à tomber, enfin la mort atroce que le Gardien d'Angleterre va ordonner pour le roi détrôné vont tracer un cercle d'horreur autour des amants maudits.

À Berkeley, en effet, le prisonnier coule des jours affreux. On le maltraite, on l'affame, on le réduit à une abjecte misère dans l'espoir qu'il se décidera à mourir. Mais son organisme est solide et Édouard ne se résigne pas à quitter une vie qu'il a beaucoup aimée. Il espère encore, contre toute logique, contre toute évidence. Il espère follement en tout :

en sa femme bafouée et qui le hait, en son fils qu'il a ignoré, en l'amour de ses sujets qu'il n'intéressait guère...

Pourtant, il faut qu'il meure. Ainsi le veut Mortimer pour que la reine ne soit plus adultère, tardive délicatesse qui frise l'hypocrisie. En outre il faut qu'il meure « sans que la moindre trace demeure » afin qu'Isabelle ne soit pas accusée de meurtre. Et ce n'est pas si facile : le poison noircit, la corde marque et plus encore le poignard...

Est-ce Mortimer lui-même qui trouve l'abominable solution ou bien ses deux hommes à tout faire, Mautravers et Gournay qu'il a chargés de garder le prisonnier ? On ne sait. Mais dans la nuit du 21 septembre 1327 le malheureux qui avait été le roi Édouard II d'Angleterre fut empalé avec un fer rouge enfoncé dans ses entrailles au moyen d'une corne coupée. On dit que le hurlement poussé par le supplicié fut si effroyable qu'il perça les murs du château et s'en alla frapper de terreur les paysans au fond de leurs lits...

Une chose est certaine : il ne fit de doute pour personne qu'Édouard avait été tué. La vérité se sut et, par les chemins mystérieux qu'elle se plaît souvent à emprunter, parvint jusqu'au jeune roi et jusqu'au peuple d'Angleterre.

De cet instant, Isabelle que l'on avait plainte et admirée devint, comme Mortimer un objet d'exécration. On l'appela « La Louve de France » et la haine qui enveloppait déjà son amant l'enveloppa elle aussi.

De cette haine, Mortimer se souciait peu. Il était ivre de puissance et d'orgueil. Tellement qu'oubliant toute prudence il commit un crime de trop : lorsque profitant d'une absence du jeune roi, il fit trancher la tête de son jeune oncle Edmond comte de Kent. Édouard III se souvint alors qu'il était roi couronné.

Édouard abhorrait à présent Mortimer. Il ne voyait plus en lui que l'homme qui déshonorait sa mère, une mère qu'il jugeait à présent avec les yeux sans pitié d'un homme et d'un fils jaloux. D'ailleurs le meilleur de ce cœur allait à Philippa devenue sa petite épouse et qui, au mois d'octobre 1330, lui donna un fils, le futur Prince Noir. Ce fut la naissance de l'héritier qui le décida à frapper.

Une nuit de novembre, au château de Nottingham, le roi et ses jeunes partisans s'emparent de Mortimer dans la chambre même d'Isabelle. Le Gardien d'Angleterre ne porte que sa chemise et ses chausses. Dans le lit, Édouard peut apercevoir sa mère dont la nudité s'abrite sous les draps. Elle en sortira bien vite pour implorer la clémence de celui qui est bien réellement le roi à cette heure. Pas pour elle mais pour celui qu'elle aime toujours aussi passionnément...

Peine perdue ! À l'aube, une charrette emporte Mortimer enchaîné vers le châtiment. Il va retrouver son cachot de la Tour de Londres dont Isabelle l'avait tiré jadis. Mais quand il en sort, cette fois, c'est pour aller à la mort.

Cette mort, il en espérait quelque grandeur : un grand échafaud tendu de noir comme pour le quasi-souverain qu'il avait été, un certain apparat... Il n'aura rien de tout cela ; on le traîne sur une claie dans la boue et les ordures jusqu'au gibet de Tyburn, le gibet des voleurs où on le pend comme un simple tire-laine.

Pour Isabelle tout est fini. L'impitoyable justice qui fut celle de son père vient de se manifester dans son fils. Elle sait qu'Édouard ne pliera pas plus que ne pliait Philippe ou qu'elle ne pliait elle-même. Alors elle accepte son sort. Va-t-il l'exécuter elle aussi ?

Non. Elle vivra au château de Rising, dans le Norfolk. Elle vivra entourée d'un apparat et d'une cour conforme à son rang de reine douairière mais sans que jamais s'ouvrent devant elle les portes de sa prison dorée. Une fois l'an seulement, à date fixe, Édouard franchira ces portes pour venir s'incliner devant elle et elle l'accueillera toujours avec honneur et affection sans jamais se plaindre d'une existence qu'elle ne souhaite pas différente et qui lui est à charge depuis que Roger Mortimer ne la partage plus.

Pour Isabelle de France, les regrets dureront vingt ans jusqu'à ce 26 août 1358 où s'éteindra enfin la fille de Philippe le Bel.

6

Blanche de Bourbon, la reine assassinée

Les cloches de la cathédrale sonnaient à perdre haleine ; déversant sur la foule massée aux portes leur carillon forcené. Il était près de midi et la chaleur de cette journée de septembre 1352 tombait d'aplomb d'un ciel indigo incendiant les murs dont la blancheur devenait aveuglante. Mais le peuple de Valladolid ne se souciait guère de la chaleur. Pour rien au monde, il n'eût renoncé au fastueux spectacle qui se déroulait devant lui.

Sous l'ombre fraîche de l'église, le service divin s'achevait. Depuis près d'une heure, le couple juvénile et royal agenouillé aux pieds de l'archevêque était uni pour jamais. Lui, Pierre Ier de Castille, dix-huit ans, elle, Blanchc de Bourbon, pas tout à fait quinze. Tous deux également beaux, également blonds... Une union qui semblait vraiment créée de toutes pièces par les mains même de l'amour.

Pourtant, quand la bénédiction était tombée sur les deux têtes inclinées, le vieux duc d'Albuquerque avait poussé un profond soupir de soulagement. Le mariage était fait, il n'y avait pas à y revenir et c'était tant mieux car, jusqu'à cet instant, le ministre s'était demandé si cette union si soigneusement préparée n'allait pas tourner mal et se changer en déclaration de guerre. Le jeune roi, en effet, n'avait montré, jusqu'au matin du mariage que la plus offensante indifférence à sa fiancée. Il ne l'avait même pas vue.

Le jour où la princesse avait franchi la frontière de Castille, seul Albuquerque s'était trouvé là pour l'accueillir. Le roi chassait dans le sud avec sa maîtresse et il n'avait même pas daigné se déranger. Cette absence avait été extrêmement difficile à expliquer de façon satisfaisante aux envoyés du roi de France Jean le Bon, qui escortaient la fiancée, nièce du souverain. Un instant, Albuquerque avait cru que les épées allaient voir le soleil. Il avait arrangé les choses en prétextant une indisposition du jeune roi mais ce n'avait pas été sans mal. Maintenant, Dieu en soit loué, tout était terminé et il n'y avait aucune raison pour que le reste n'allât pas bien. La jeune princesse était assez jolie pour retenir un mari de dix-huit ans, même amoureux d'une autre.

En évoquant le doux visage de Maria de Padilla, que lui-même avait poussée dans le lit de Pierre, Albuquerque ne put retenir un nouveau soupir, de regret celui-là. Il avait cru bien faire en aiguillant sur l'amour l'ardeur un peu trop... violente du roi et, dans un sens, il avait réussi.

Quand Pierre Ier était monté sur le trône, deux ans auparavant, son premier soin avait été d'assouvir férocement tout ce qu'il croyait avoir d'offenses à venger. La première, la maîtresse du feu roi Alphonse, la belle Leonor de Guzman qui lui avait donné plusieurs fils bâtards, les Trastamare, avait été sauvagement assassinée sur son ordre. Ensuite, plusieurs hommes de bien avaient payé de leur vie leur attachement au roi défunt ou leur audace d'avoir voulu donner quelque conseil à ce roi de seize ans. Le sourcil froncé, Albuquerque avait assisté à un débordement de sauvagerie qui l'avait fait frémir. Pour en venir à bout, il avait pensé que seule, la main douce d'une jeune femme, avait quelque chance de réussir et c'est pourquoi, un beau soir, après la chasse, il avait présenté au jeune roi, la ravissante Maria de Padilla qui était un peu sa pupille. Le succès avait été foudroyant : les cheveux noirs, les yeux clairs et le corps charmant de la jeune fille avaient séduit Pierre au premier coup d'œil. Le soir même de son arrivée au château de Sahagun, où cette rencontre avait eu lieu, il avait exigé que la jeune fille lui fût amenée et, le lendemain, en repartant pour Valladolid, il l'emmenait avec lui, s'arrêtait à Tordesillas où il s'enfermait de longs jours, avec Maria, dans le palais. La Cour avait respiré, les exécutions avaient pratiquement cessé.

Mais, ce que le ministre avait pensé ne devoir être qu'un feu de paille était devenu, à sa grande surprise, une passion exigeante, absolue qui lia Pierre à Maria avec des chaînes de fer. Et les difficultés recommencèrent quand il s'agit de marier le roi. Pierre ne voulait rien entendre. Maria lui avait donné une fille, il était heureux et passait le plus clair de son temps dans son Alcazar de Séville, auprès de sa maîtresse, chassant et festoyant entouré d'une cour de Maures et de Juifs qui étaient ses serviteurs préférés. Les choses avaient même été si difficiles qu'un moment Albuquerque avait craint pour sa tête mais il avait tenu bon, brandissant devant lui, comme un bouclier, la toute-puissante raison d'état. Pierre, enfin, s'était incliné.

De l'autre côté de la nef, Albuquerque intercepta le regard inquiet que la reine mère, Marie de Portugal, posait sur le jeune couple puis sur lui-même. En réponse, il sourit d'un air encourageant. Se tenant par la main, graves et hiératiques dans leurs vêtements de brocart d'or ourlés d'hermine, un peu écrasés sous le poids des couronnes étincelantes qui ceignaient leurs têtes mais beaux comme des personnages de vitrail, Pierre et Blanche marchaient gravement vers la grande porte. Quand ils atteignirent le seuil, le soleil fit flamber leurs somptueux vêtements et la foule éclata en une longue acclamation. Puis, sur deux mules jumelles, ils prirent, au milieu des vivats, le chemin de leur palais. Mais si la jeune reine, très gracieuse, multipliait les sourires et les signes amicaux, Pierre passait roide et glacial sur sa monture, ne regardant ni à gauche ni à droite.

Voyant cela, la reine mère soupira et murmura dans l'oreille de sa suivante :

– Je n'augure pas bien de la nuit de noce, Inès. Vois comme le roi est froid et insensible ! Sûrement il pense à cette Maria.

La jeune fille haussa les épaules avec insouciance et se mit à rire sans retenue :

– Regardez mieux Madame Blanche, Votre Majesté. Est-ce qu'elle a vraiment l'air d'une jeune fille qu'un garçon, si difficile soit-il, dédaigne ? Gageons que lorsqu'il la retrouvera dans son lit, notre jeune roi perdra beaucoup de son air rigide... et oubliera quelque peu la Padilla. Ne dit-on pas d'ailleurs, qu'il lui a déjà fait quelques infidélités ?

– Je sais. Mais il était si hostile à ce mariage !

– Bah ! Un sourire, un joli minois, un corps gracieux, la princesse a tout cela. Demain le roi Pierre sera tout sourires...

Mais le soir même, dès que fut fini le long repas d'apparat qui avait réuni toute la cour autour des jeunes souverains, Pierre descendit secrètement dans la cour d'honneur, se fit seller un cheval. Quelques instants plus tard, il franchissait au triple galop les portes de Valladolid et prenait la route de Montalvan où devait se trouver Maria de Padilla.

Au château de Montalvan, Maria avait laissé toute cette longue journée couler sur elle, en s'efforçant de ne pas penser. Il lui avait fallu beaucoup de courage et d'empire sur elle-même pour ne pas supplier Pierre de renoncer à ce mariage, de demeurer auprès d'elle. Quelle femme éprise ne l'aurait comprise ? Depuis le matin, elle chassait de toutes ses forces les images qui, sur la toile de fond de son imagination lui montraient Valladolid en fête, les tapisseries pendant des murailles, les soieries bariolées des étendards claquant au vent de la sierra, les costumes rutilants des courtisans. Elle ne voulait pas imaginer Pierre, son Pierre qu'elle aimait si ardemment, marchant auprès d'une fillette ravissante et blonde dont il tenait la main. Mais ce fut quand le jour commença à décliner que la lutte devint encore plus dure. Est-ce qu'au plus profond de la nuit, il n'irait pas la rejoindre et qui sait ? ... oublier sur ces lèvres inconnues mais fraîches leurs derniers baisers à peine effacés ?

La souffrance devint bientôt si aiguë que Maria alla s'enfermer dans son oratoire. Seule, la prière, peut-être, pouvait l'aider...

Elle y était retirée depuis une grande heure déjà, la tête enfouie au fond de ses mains, pleurant et suppliant un ciel sourd et aveugle d'adoucir sa douleur quand on gratta légèrement à la porte. La tête enturbannée d'un jeune Maure que Pierre lui avait donné comme page apparut dans l'entrebâillement de la porte. Pour rien au monde, le jeune musulman n'eût franchi le seuil de la chapelle.

– Madame, chuchota-t-il. C'est le roi...

Maria sursauta comme si un serpent l'eût piquée et se retourna sur son prie-Dieu.

– Le roi ? Que veux-tu dire ?

– Que le roi vient d'arriver sur un cheval écumant et couvert de poussière. Il est en train de le remettre aux gens de l'écurie...

Pierre ? Pierre était là. Il était venu à elle, envers et contre tout et le soir même de ses noces ? Avec un cri de joie où sa délivrance se traduisait en clair, Maria bondit hors de la chapelle, bousculant le jeune garçon et se mit à courir, ramassant ses jupes pour être plus légère. Elle rejoignit son amant comme il atteignait le haut du grand escalier et, avec un cri de bonheur, se jeta dans ses bras.

– Toi... toi, tu es venu ? Tu ne m'as donc pas oubliée ?

– Comment l'aurais-je pu ? Tu fais partie de moi-même Maria, et durant tout ce jour, j'ai souffert mille morts. Je ne pensais qu'à la minute où je pourrais courir vers toi...

Il la serrait dans ses bras, presque convulsivement, saisi d'une de ces frénésies amoureuses qu'elle connaissait bien. Sa bouche, exigeante se rapprochait déjà de celle de la jeune femme mais, interdite soudain, elle se détourna légèrement.

– Mais... la reine ?

– Il n'y a pas pour moi d'autre reine que toi. La seule reine de mon cœur et de ma vie ; viens maintenant... j'ai trop attendu cette minute.

Le baiser dévorant qui ferma les lèvres de Maria arrêta en même temps la faible protestation que, tardivement prise de remords, elle allait émettre.

Avec un soupir, elle se laissa emporter vers sa chambre.

La nouvelle reine de Castille essayait vainement de comprendre quelque chose à ce qui lui arrivait. Depuis le soir de son mariage, survenu deux jours plus tôt, elle n'avait pas revu son époux. Des heures durant, elle l'avait attendu dans le lit nuptial, mais en vain. Au bout d'un interminable laps de temps, une camériste était entrée et, avec beaucoup de ménagements, était venue dire qu'on avait vu le roi partir à cheval et que, vraisemblablement, il ne reviendrait pas de la nuit. La reine mère, alors, avait pâli tandis que Blanche sentait le sang quitter ses joues. Elle était trop jeune encore pour comprendre l'ampleur de l'offense qui lui était faite mais elle savait seulement qu'elle était triste d'être seule. Pierre lui avait paru tellement séduisant, quand il était apparu dans la cathédrale, qu'ingénument, elle avait attendu le moment où ils seraient seuls ensemble. Ce moment n'était pas venu.

Assise au milieu de ses femmes auprès de la reine Marie, Blanche essayait de s'intéresser à la tapisserie qu'elle brodait depuis des années et qu'elle avait apportée de France avec elle. Mais, en vérité, le cœur n'y était pas et la jeune reine poussait plus de soupirs qu'elle ne traçait de points.

– Il viendra, ma chère, lui murmurait doucement la reine mère en manière de consolation. Il viendra sûrement, prenez patience. Ce n'est là qu'un caprice de jeune homme, un enfantillage...

Blanche souriait tristement, ne répondait pas.

Au matin du troisième jour, un officier entra chez la jeune reine au moment où elle se disposait à se rendre à la messe. Il salua profondément, puis déclara :

– Il faut que Votre Majesté daigne faire ses préparatifs. J'ai ordre de l'escorter, de par le roi, jusqu'à la résidence choisie par Monseigneur lui-même.

La reine Marie montra une grande joie.

– Il vous fait demander, mon enfant. Je savais que cette bouderie ne durerait guère.

Et elle se mit à presser les femmes de la reine. Celle-ci, rose d'émotion, n'avait qu'une hâte, que tout fût fini et que l'on se mît en route. Elle voulait savoir où le roi l'attendait, si le voyage serait long. Mais l'officier se contentait de secouer la tête avec un sourire ambigu. Enfin l'on partit et Blanche se crut sur le chemin du bonheur. En fait, ce long chemin qui, à travers les sierras, allait lui faire traverser presque toute l'Espagne n'avait pour but que la forteresse de Medina-Sidonia : une prison où, à peine arrivée, elle fut enfermée avec son entourage.

La nouvelle parvint plusieurs jours plus tard à l'Alcazar de Séville où Maria, sur l'ordre de Pierre, avait rejoint ses appartements habituels. Mais quand elle l'apprit, la jeune femme ne voulut point y croire et, quand le jeune roi rentra de la chasse, elle se précipita chez lui pour apprendre la vérité.

– Ce n'est qu'un bruit, n'est-ce pas ? demanda-t-elle.

La journée de chasse avait été mauvaise. En conséquence, l'humeur du roi était exécrable. Il s'était laissé tomber sur un divan bas, couvert de velours ciselé dans la salle des azulejos qui était sa préférée. Là, avec ses cheveux blonds en désordre et son regard farouche, il avait assez l'air d'un dogue prêt à mordre.

– Pourquoi un bruit ? grogna-t-il. Je n'ai jamais voulu ce mariage, je n'ai jamais touché la princesse. Le mariage est blanc... Je le ferai casser.

D'un élan, Maria se laissa couler à terre auprès du divan bas où reposait Pierre, joignit les mains.

– Par grâce, monseigneur... vous ne pouvez faire cela. Si vous m'aimez vous ne le ferez pas. Songez que l'on dira que mon influence est néfaste, que c'est moi qui vous conseille ainsi parce que je suis jalouse de la reine.

– On dira ce qu'on voudra. Que m'importe ? Je ne veux pas de cette femme.

– Vous êtes bien marié, cependant. La bénédiction religieuse...

– L'église défera ce qu'elle a fait et voilà tout ! hurla le roi. Quant à vous, Madame, si vous ne voulez connaître le poids de ma colère, je vous conseille de ne plus me parler de cette histoire. Je suis le roi, je fais ce qu'il me plaît. Venez-vous au bain ?

Élevé par des Maures, Pierre leur avait pris leur extrême souci de propreté et les bains du palais étaient demeurés en grande activité sous son règne. Il aimait, notamment conduire Maria à la piscine qui avait été celle des sultanes almohades, une ravissante pièce d'eau enfermée dans les faïences précieuses aux tons chatoyants au bord de laquelle les roses et les orangers fleurissaient en abondance. Et il était si fier de la beauté de sa maîtresse que c'était, pour les hauts personnages de la cour, une marque de faveur qu'être convié à assister au bain de Maria. Quand elle en sortait, aussi nue que notre mère Ève, il était de règle que les invités se penchent et recueillent pour la boire un peu de l'eau qui avait contenu ce corps si précieux. Un seul officier osa, un jour, refuser de se plier à cette règle bizarre et comme Pierre, furieux, en demandait la raison il répondit, avec un sourire qui lui valut son pardon :

– Je craindrais, sire, après avoir goûté à la sauce d'être tenté par la perdrix...

Ces moments où il jouait vraiment les sultans étaient parmi les préférés de Pierre le Cruel et, en général, il y retrouvait sa bonne humeur. Mais ce jour-là, Maria refusa de se prêter à son caprice.

– Non, mon doux seigneur. Je ne saurais.

Aussitôt, sa colère éclata.

Venez au bain, je vous l'ordonne. Quel est ce nouveau caprice ?

– Ce n'est pas un caprice. Mon âme est troublée jusqu'en ses profondeurs. J'ai besoin d'un peu de solitude, de recueillement...

– Vraiment ?

Pierre s'était levé d'un bond et avait saisi la jeune femme par le long voile de gaze perlée qu'elle portait à la manière des mauresques. Sauvagement il déchira le voile.

– Rentrez chez vous, Maria. Je vous ferai comprendre que je suis bien le maître et que nul n'est ici assez puissant pour me faire la leçon. Allez vous recueillir : la suite de cette histoire vous apprendra à me mieux connaître...

Il levait déjà la main sur elle, prêt, dans son aveugle fureur, à frapper sans merci mais, avec un gémissement de terreur Maria se dégagea et, abandonnant son voile aux mains du roi, reprit en courant le chemin de son appartement.

Le patio de las Munecas, à l'Alcazar était l'un des coins préférés de Maria qui en aimait les hautes colonnes sveltes, le mince jet d'eau chantant parmi les fleurs et l'ombre douce de ses galeries tapissées d'azulejos et de divans dorés. Mais ce jour-là, elle n'était pas sensible au charme du décor.

Les yeux baissés, les joues marbrées de larmes récentes, elle écoutait ce que lui disait don Frédéric de Trastamare, le plus jeune des frères bâtards du roi, le plus jeune tout au moins de ceux qui restaient car, sur cinq, trois avaient déjà été assassinés et l'aîné, Henri, était en fuite.

– Chaque jour, disait don Frédéric, les morts s'accumulent. On a pendu hier dix bourgeois de Burgos, le grand maître de l'ordre de Calatrava a été décapité, les notables de Miranda bouillis vivants pour avoir donné asile un moment à notre frère Henri. Enfin, le pauvre Albuquerque...

Un sanglot de Maria interrompit momentanément le jeune prince. En effet le vieux ministre venait d'être empoisonné par ordre du roi et Maria en avait ressenti une peine cruelle. D'ailleurs, toutes les actions de Pierre semblaient maintenant dirigées par le seul désir de faire souffrir Maria. Ne venait-il pas d'obliger l'évêque de Salamanque à annuler son mariage avec Blanche de Bourbon, ce que la pieuse Maria considérait comme un sacrilège ? Mais, ce qui était encore plus grave et atteignait la jeune femme au plus sensible, il avait également obligé le même prélat à bénir le mariage qu'il venait de contracter, par pure fantaisie, avec une belle Sévillane, Juana de Castro. Maria devait comprendre – que non seulement Pierre n'entendait pas lui obéir mais encore voulait lui faire bien sentir qu'elle n'était pas la seule femme au monde. Il n'avait que trop réussi et, depuis le mariage sacrilège, Maria avait versé toutes les larmes de son corps.

Don Frédéric respecta un moment sa douleur, se contentant de la conduire par la main jusqu'à l'un des divans où elle put s'asseoir.

Il éprouvait pour la jeune femme une profonde pitié mêlée à un sentiment plus doux. Il admirait passionnément sa beauté et la plaignait d'être tombée dans les mains du fou sanguinaire qu'était Pierre. Il la plaignait surtout d'aimer cet homme plus qu'elle-même et, par cet amour, d'offrir tant de prise aux coups impitoyables que le roi se plaisait à lui porter.

Maria essuya ses yeux et fit effort pour sourire au jeune homme.

– Je suis égoïste, don Frédéric. Je pleure sur moi quand tant de braves gens paient de leur vie leur courage en face de Pierre. C'est à vous qu'il faut songer. Vous n'êtes plus en sûreté ici et je crois qu'il vaudrait mieux rejoindre votre frère.

Le jeune prince eut un geste insouciant.

– Bah, Pierre me considère comme un objet inoffensif et me montre toujours la même affection. Je ne crois pas être en danger, et, le serais-je que je ne partirais encore pas. Que me serait la vie Maria, si je n'avais plus la joie de vous voir et d'être votre ami ?

– Le seul ami, Frédéric. Hormis vous, je n'ai ici personne à qui me confier dans ce peuple de Maures dont le roi s'entoure. Ils me font peur.

Ils sont trop hermétiques, trop silencieux. Les visages sont de pierre mais les yeux lancent des flammes dangereuses. Sur un signe du maître ils sont prêts à commettre les pires crimes, nous en avons la preuve.

– Vous voyez bien. Il faut que je reste...

Le mariage du roi avec Juana de Castro avait épouvanté Maria au moins autant qu'il l'avait fait souffrir. Derrière son amour pour le roi elle voyait maintenant s'élever les flammes de l'enfer. D'Avignon, le pape Innocent VI, indigné des procédés du roi et de cette bigamie insolente qu'il étalait, avait lancé contre lui l'excommunication majeure, celle qui déliait les sujets du roi de leur obéissance envers lui. Cette mise au ban de l'église était pour Maria la plus terrible menace et elle voulut s'y soustraire. Elle avait déjà décidé de fuir Pierre quand un nouveau coup vint la frapper : don Frédéric, dont les visites quotidiennes avaient fini par porter ombrage à la jalousie du roi, fut assassiné sous ses yeux. Comme le jeune prince franchissait le portail de l'Alcazar, après l'avoir ramenée d'une promenade, il fut abattu d'un coup de masse d'armes par l'un des gardes Maures. Puis, un esclave lui trancha la tête qui fut portée au roi.

La coupe était pleine pour Maria. Elle implora du pape, non seulement le pardon de ses fautes mais la permission de fonder un couvent pour s'y enfermer. Permission qui lui fut accordée bien volontiers.

Une fois de plus ils étaient face à face. Quand il avait appris que Maria voulait prendre le voile, Pierre était accouru à francs étriers de Salamanque où il se trouvait, plantant là sa nouvelle épouse sans un mot. Brusquement, tout son amour pour celle qui voulait lui échapper lui était revenu. L'idée de la perdre à jamais lui était intolérable. Il voulait, de toutes ses forces la reprendre et c'est ce qu'il lui dit, passionnément, dès qu'il la revit.

– Toi et moi nous ne pouvons pas nous arracher l'un à l'autre Maria, tu le sais bien.

– Je sais surtout que Votre Majesté ne sait plus que me faire souffrir. Je suis lasse, mon cœur est trop lourd et je n'aspire plus qu'à la paix du cloître...

– Et moi ? Que deviendrai-je sans toi ?

Un sourire mélancolique étira les lèvres pâles de la jeune femme.

– Il semble que Votre Majesté se soit fort bien passée de moi ces temps derniers. Oublie-t-elle qu'elle a une jeune épouse... et même deux ? Que pensera dona Juana ?

– Au diable cette femme ! Je ne l'ai épousée que parce que tu m'avais exaspéré. À l'heure actuelle, Juana a dû prendre le chemin du couvent où je l'envoie. D'ailleurs, le pape l'exige et il est de bonne politique de lui donner cette satisfaction, même si son opinion et celle de son église m'importent peu. Mais toi, Maria, il faut me croire, me comprendre. Je n'aime et n'aimerai jamais d'autre femme que toi. Tu es le seul être qui compte vraiment pour moi et, si tu me quittes, tu ne sais pas à quelles extrémités je pourrais être poussé. Crois-tu que les murs d'un couvent m'arrêteraient ?

– Dieu, peut-être vous arrêterait !

– Je ne crains pas Dieu et malheur à l'abbesse qui te recevrait parmi ses filles. Elle devra savoir qu'aucune clôture, aucune muraille ne saurait m'arrêter quand j'ai décidé de reprendre mon bien. Reste avec moi, Maria. Ne m'oblige pas à te reprendre par la force...

Maria regardait le roi avec un mélange d'effroi et de désespoir. Quel homme étrange et terrible il était ! Son amour exigeant était aussi cruel et sans pitié que la haine. À son service il mettait la menace, la peur. Elle le connaissait assez pour savoir qu'il était capable de brûler le couvent où elle se retirerait, de passer les nonnes au fil de l'épée. Quand ses désirs se trouvaient contrariés, Pierre devenait un fauve à face humaine.

Elle laissa retomber le long de son corps les mains qu'elle levait déjà dans une ébauche de supplication. À quoi bon ? Il ne voudrait rien entendre. Détournant la tête, Maria soupira avec lassitude.

– Comme il vous plaira, sire. Ne suis-je pas votre servante ?

Mais d'un bond il fut sur elle, l'enferma dans ses bras avec passion.

– Non, tu n'es pas ma servante. C'est moi, au contraire qui suis l'esclave de ta beauté. Ne peux-tu comprendre, Maria, à quel point tu me tiens ? Tu pourrais faire de moi ce que tu voudrais, si seulement tu le voulais !...

La jeune femme sourit tristement, avec un peu d'ironie toutefois.

– Si seulement vous-même le vouliez, Sire !

Une fois rassuré sur le départ de Maria, Pierre reprit sa vie inquiétante et dissipée. Les femmes, malgré l'amour sincère qu'il portait à sa maîtresse, l'attiraient avec la puissance d'un aimant. C'est ainsi qu'il tira d'un couvent pour en faire sa maîtresse, la belle Aldonza de Guzman dont il avait fait tuer le père. Bon gré mal gré, la jeune femme dut lui céder et il plut au roi de l'installer à l'Alcazar dans un appartement voisin de celui de Maria. Une fois de plus, Maria souffrit mais ne dit rien. Elle savait trop à quel point les plaintes attisaient chez Pierre le fond de cruauté sadique qui habitait son cœur. Elle était d'ailleurs trop lasse pour mener la moindre bataille parce qu'elle attendait un enfant prochainement.

Ce silence toucha Pierre plus que les larmes et plus encore le fait que l'enfant qui vint au monde était un garçon. Fou de joie, le roi le proclama son héritier et, en cadeau de joyeuses relevailles, offrit à Maria le départ d'Aldonza de Guzman qui regagna le couvent d'où elle était sortie.

– Maintenant que tu m'as donné un fils, dit-il à sa maîtresse, je sais ce qu'il me reste à faire. L'enfant ne peut être un bâtard. Il faut que tu soies ma femme, la reine de Castille.

Maria, épouvantée de voir se profiler encore à l'horizon le spectre de l'excommunication, protesta de toutes ses forces.

– Vous êtes marié, sire, même si vous ne voulez pas l'admettre. Un mariage avec moi serait impie, le pape lancerait encore les foudres contre nous. C'est impossible, impossible. Je n'ai jamais demandé la couronne.

– Je sais. Mais il me plaît à moi de te la donner. Quant à ce mariage qui t'inquiète si fort, tu peux être sans crainte. Le pape n'aura pas à nous frapper d'anathème.

Sans autre explication, il sortit de la chambre de Maria qui, le cœur étreint d'une indéfinissable angoisse, retomba sans forces sur ses oreillers. Rentré chez lui, le roi appela le chef de sa garde maure, lui parla un moment à voix basse. L'officier fit signe qu'il avait compris, salua et sortit. Un moment plus tard, le galop de son cheval ébranlait les échos des étroites ruelles sévillanes.

Blanche de Bourbon n'avait plus l'espoir de voir un jour se terminer sa captivité. Les années passaient sans rien changer à sa vie de recluse, toutes tissées de jours semblables. Les heures en étaient scandées par la relève de la garde sur les remparts de la forteresse. Seul le cri des guetteurs sur les tours mettait un peu d'animation dans la monotonie insupportable du temps.

Les pièces du château étaient hautes et nues, le mobilier tout juste suffisant et deux femmes seulement avaient été laissées à la jeune recluse avec un chapelain qui, chaque matin, disait la messe pour elle. À vingt-trois ans, Blanche n'était plus que l'ombre de la ravissante fille blonde qui, un matin, avait franchi pour son malheur la frontière espagnole.

Plusieurs fois, parce que ses yeux s'emplissaient de larmes quand elle évoquait son pays, la pauvre princesse avait tenté d'intéresser quelque serviteur à son sort. Certains s'étaient laissé gagner, touchés par son malheur et sa beauté, d'autres par l'appât d'une récompense. Ils avaient accepté de partir pour la France avertir le Dauphin Charles qui régnait en l'absence du roi Jean, prisonnier des Anglais. Mais aucun, jamais, n'était revenu et aucune nouvelle n'avait jamais appris à Blanche qu'une de ses lettres fût seulement parvenue en France.

Avec la prière, la tapisserie était la seule occupation qui fût tolérée à la prisonnière. Cruellement, Pierre lui avait fait savoir qu'elle eût à lui broder une bannière « le fond couleur de son sang et la broderie couleur de ses larmes... »

C'était à cet ouvrage que la reine captive travaillait quand la corne du guetteur signala qu'un cavalier s'approchait de Medina Sidonia.

– C'est un Maure, Madame, fit la jeune servante qui était allée regarder à une fenêtre. Il porte le burnous et le casque doré des gardes du roi.

– Sans doute quelque nouvelle pour le gouverneur, soupira Blanche sans lever la tête. Car pour moi, je suis bien oubliée !

Pourtant, quelques instants plus tard, l'envoyé, Rebolledo, était introduit dans la chambre de la jeune femme dont il chassa la servante d'un geste. Il était armé de pied en cape et une lourde masse d'armes pendait au bout de son bras droit. Il ne salua pas, se tint sur le seuil, aussi raide que la statue de l'impassibilité.

– Il faut mourir, Madame. Par ordre du roi.

Blanche se leva, les lèvres tremblantes, blême soudain tandis que la servante s'enfuyait en criant d'épouvante.

– Mourir ? Mais qu'ai-je fait ?

– Le roi est seul à connaître votre crime. Moi je ne suis que son bras. Préparez-vous, Madame, car je n'ai que peu de temps. Ordre m'a été donné de vous laisser dire une prière...

Sans un mot, la jeune femme se mit à ranger son ouvrage et ses bobines de soie. Elle était calme, tout à coup, résignée à ce sort qui, après tout, serait une délivrance.

Lentement, elle alla vers son oratoire, s'agenouilla et fit le signe de croix. Un long moment, elle pria avec ferveur, les mains jointes et la tête inclinée sur sa poitrine. Puis le messager de mort qui attendait, impassible, vit que tout son corps était parcouru d'un long frisson. Il l'entendit murmurer :

– Castille, dis-moi, que t'ai-je fait ?

Alors, il leva la lourde masse d'armes au-dessus de la tête blonde sans défense. L'arme s'abattit avec violence et la jeune reine s'écroula sans un cri, le crâne fracassé. Le coup avait été si terrible que la cervelle avait jailli jusque sur les murs mais le bourreau ne sourcilla même pas. Il enveloppa d'un dernier regard glacial le mince corps étendu puis, haussant les épaules, s'en retourna par où il était venu, dire à son maître que ses ordres avaient été exécutés.

Maria se relevait mal de ses couches. La fièvre ne la quittait guère et elle se sentait faible. Quand Pierre vint lui annoncer la mort de Blanche de Bourbon, elle poussa un cri d'horreur et le regarda avec épouvante.

– Vous ne voulez pas dire que vous... l'avez fait tuer ?

Le roi haussa les épaules avec insouciance.

– Quel autre moyen avais-je de rompre ce mariage ? Maintenant Blanche est morte et dès que tu seras rétablie, tu seras couronnée reine.

Mais Maria s'était redressée dans son lit. Ses joues étaient en feu, ses yeux chargés d'horreur. Elle tendit vers lui une main tremblante qui le repoussait.

– Jamais... Jamais je ne vous épouserai. Je ne veux pas... être votre complice. Assassin... assas...

Épuisée, elle retomba en arrière sans que le roi, médusé, ait eu le temps de faire un geste.

La maladie, dès lors, fit d'effrayants progrès. Muette, Maria regardait venir la mort sans effroi. Les remords l'écrasaient car elle s'accusait d'être la cause du meurtre de la jeune reine. L'horreur que lui inspirait Pierre était parvenue à repousser l'amour insensé qu'elle lui avait toujours porté. Lorsqu'il entrait dans sa chambre, elle fermait les yeux pour ne pas le voir et, pas une seule fois, il n'entendit le son de sa voix.

C'est sans un mot que Maria de Padilla s'éteignit enfin au début de l'année 1362, laissant au roi un affreux désespoir mais pas le moindre remords. Deux ans plus tard, son fils, le jeune héritier du trône, la suivit dans la tombe. La malédiction divine commençait à s'appesantir sur Pierre le Cruel.

Elle allait venir à lui, portée par les vœux des Castillans que la folie sanguinaire du roi avait saturés d'horreur et de dégoût, sous la forme du plus grand capitaine de ce temps. En 1367, à la tête des Grandes Compagnies, Bertrand du Guesclin descendait en Espagne. Il escortait le prince Henri de Trastamare, le seul qui eût échappé à la rage de Pierre, que le roi Charles V avait recueilli à sa cour. Il portait aussi avec lui la colère et l'indignation de son roi qui l'envoyait venger le sang d'une fille de France.

Pierre, que les siens abandonnaient, se jeta alors dans les mains des Anglais. Le prince Noir lui promit son aide et, à Navarette, Du Guesclin, trahi par l'un des Chefs des Compagnies, fut fait prisonnier. Ce n'était qu'un mince répit. L'énorme rançon exigée par l'Anglais dûment payée par le roi de France, Du Guesclin, à nouveau, se jeta en Espagne. À la bataille de Montiel, près de Tolède, il écrasait définitivement Pierre le Cruel.

Celui-ci, pourtant, n'était pas mort dans la bataille. Au soir, sautant sur un cheval, il tenta de prendre la fuite, se trompa de chemin, tomba droit sur le camp français. Amené devant la tente de Du Guesclin, il en vit sortir un homme qui tenait une dague au poing : son demi-frère, le prince Henri. Les deux hommes s'entre-regardèrent, la haine au fond des yeux. Alors, aveuglé par la fureur, Pierre tira sa dague, bondit sur son frère. Les deux hommes roulèrent à terre, noués l'un à l'autre, soudés dans une lutte à mort.

Des chevaliers voulurent se précipiter, les séparer. Un geste de Bertrand du Guesclin les arrêta :

– Laissez. C'est à Dieu de juger...

Ce fut rapide. Quelques instants plus tard, Pierre le Cruel, la gorge tranchée, rendait le dernier soupir tandis que le sable buvait peu à peu son sang. Celui qui se releva, poudreux et sanglant mais victorieux, allait être le roi Henri II de Castille. Il avait vengé ses frères, sa mère et les innombrables victimes d'un règne dont les siècles n'oublieraient pas la terreur.

ELLES ONT AIMÉ

ATROCE MABILE...

La vipère de Bellême

Elle n'était pas belle et le savait, mais elle fascinait par l'éclat inquiétant de deux yeux d'un vert doré, énigmatiques comme ceux d'un chat et par la splendeur d'une crinière de lionne, rousse comme une flamme. En dehors de cela, sa taille courte et grasse, précocement empâtée par d'énormes ripailles à la normande, sa peau tavelée de son et son nez trop gros détournaient le regard des garçons d'abord attirés par l'éclat apparent.

L'âme ressemblait à son enveloppe charnelle et, à quinze ans, Mabile Talvas, comtesse de Bellême, la plus riche peut-être et la plus puissante parmi les héritières de Normandie joignait à la violence d'appétits sexuels dévastateurs et à une cruauté rare, même au XIe siècle, un goût de la fourberie et des menées tortueuses, une passion du mensonge et une cupidité qui, dès son plus jeune âge, avaient terrifié ses nourrices, ses compagnes, ses pages, ses serviteurs et jusqu'aux rudes guerriers qui gardaient les forteresses familiales.

Il faut bien avouer qu'elle avait de qui tenir. Son père, Guillaume Talvas, surnommé Le Lièvre, était sans doute le coquin le plus redoutable, le plus couard en même temps que l'on pût trouver alentour.

D'ancienne famille bretonne venue chercher fortune un siècle plus tôt sur les riches terres normandes, Guillaume Le Lièvre comptait pourtant, dans ses aïeux, des hommes de valeur. Yvon, l'ancêtre, esprit brillant, ingénieur en machines de guerre, avait eu la bonne fortune d'arracher des mains du roi Louis d'Outremer, le jeune duc Richard Ier de Normandie. La récompense avait été à la hauteur du service rendu : le vaste et riche comté de Bellême qui comportait tout le Perche et lançait des tentacules vers la mer.

Guillaume, son fils, avait reçu l'Alençonnais. Lui aussi était un bâtisseur, mais de forteresses. Il avait élevé celle de Bellême, celle de Domfront, celle de Mortagne, celle d'Alençon, mais la violence était latente dans le sang des Talvas et, avec la richesse, était venu le goût d'une puissance sans cesse accrue. Bientôt, Guillaume l'Ancien compta plus d'ennemis qu'il n'avait de châteaux...

À cette époque où la Normandie était fraîchement soumise aux guerriers venus du nord sur leurs drakkars aux couleurs rutilantes, la diplomatie était à peu près inexistante. Seule comptait la force du bras armé jointe à celle des bandes plus ou moins nombreuses, plus ou moins féroces. Les ducs eux-mêmes avaient le plus grand mal à obtenir un semblant d'ordre.

Aussi, en révolte contre Robert II, dit le Diable, Guillaume Talvas fut-il abattu avec la plus grande partie de sa famille. De ses quatre fils, ne resta que le dernier, Guillaume le Couard ou le Lièvre, Guillaume qui avait pris grand soin de ne point trop s'exposer aux coups et qui, par cette habileté, récoltait sans coup férir tout l'énorme héritage.

Devenu comte de Bellême, il entreprit de faire régner la terreur sur ses terres et, sûr de sa puissance, se crut tout permis. Qu'avait-il à craindre d'ailleurs ? Le duc Robert, mort en Terre Sainte, n'avait laissé pour héritier qu'un enfant bâtard, un petit Guillaume né de ses amours avec Arlette, la jolie fille du tanneur de Falaise, et contre cet enfant tous les hauts barons se levaient, âpres à la curée, persuadés d'avoir sans peine raison d'un gamin sans puissance, presque sans soutien, quitte à s'entre-tuer ensuite pour la couronne ducale. Il avait fallu que les rares fidèles du petit Guillaume le fissent passer en France pour le confier à la protection du Roi. Mais l'absence de pouvoir à Rouen laissait le champ libre à toutes les fantaisies...

Un beau jour, Talvas, marié et pourvu de trois enfants, s'éprit d'une jouvencelle, bien rentée au surplus, car chez lui les sentiments devaient toujours s'appuyer sur une base solide, et s'aperçut du même coup que sa douce et pure épouse, Héréburge, lui était devenue une gêne et un problème. Or, s'il y avait une chose que Talvas détestait, c'était la gêne...

Au matin de Pâques 1042, la comtesse Héréburge suivie de ses femmes et tenant sa fille Mabile, alors âgée de dix ans, par la main, se rendait en grande pompe à l'église pour y entendre la messe. Elle n'avait pas fait la moitié du chemin qu'une troupe armée s'avança, dispersant les femmes, bousculant la fillette, qui alla rouler contre le montoir à chevaux d'une maison, avant de se jeter sur la comtesse. Quand ils quittèrent la place, il ne restait plus au milieu de la rue que le cadavre d'Héréburge gisant dans les soies pourpres de sa robe de fête, étranglée avec son propre voile...

L'horreur de ce crime secoua la ville, mais personne n'osa ouvrir la bouche. Seule Mabile, regardant son père au fond des yeux, remarqua :

– Vos hommes ont failli me tuer, moi aussi ! Dois-je me préparer à mourir ?

Talvas eut un vilain rire.

– Pourquoi vous tuerai-je, du moment où vous me promettez d'être aimable avec la nouvelle mère que je vais vous donner ?

– Je serai aimable ! promit l'enfant, mais la bouffée de haine qui enfla alors son cœur emporta tout ce qu'il pouvait demeurer, au fond de cette âme enfantine, de sentiments humains.

Son père lui montrait comment il fallait s'y prendre pour obtenir ce que l'on désirait, c'était là une leçon qu'elle n'oublierait pas... Et quand, deux jours après la mort d'Héréburge, Talvas épousa la fille dont il convoitait à la fois la beauté et les terres, l'enfant de l'assassinée assista, souriante, à la cérémonie. En contemplant le nouveau couple elle se disait que, faute de beauté, elle pourrait peut-être obtenir une grande puissance, une immense richesse et qu'après tout son père travaillait sans le savoir pour elle, pour le jour où elle serait seule maîtresse du fabuleux héritage... lorsqu'elle se serait débarrassée de son père et de ses deux frères...

Ces noces infâmes furent d'ailleurs marquées d'un épisode atrocement sanglant...

Dans son comté de Bellême, Talvas comptait une puissante famille de grands vassaux, les Giroie, seigneurs d'Echauffour, de Montreuil l'Argillé et de toute la vallée de la Charentonne. Ces Giroie, Bretons d'origine eux aussi et qui avaient jadis été les alliés, les amis, des anciens Talvas, étaient aimés autant que Talvas était haï. C'était une superbe famille : quatre filles et sept fils, des géants blonds faits pour porter le heaume conique et la cotte de mailles, des cavaliers aussi, puissants comme leurs chevaux percherons, riches de toutes leurs terres acquises par mariage ou à la pointe de l'épée.

Certes, ils reconnaissaient les comtes de Bellême pour suzerains, mais leurs terres leur appartenaient en propre et ces terres Giroie, Talvas brûlait maintenant de se les approprier...

Or, depuis quelque temps, les Giroie semblaient poursuivis par le malheur. Ernauld, l'aîné, luttant à mains plates avec un charbonnier de ses forêts, avait péri, les reins brisés, sur les dalles de sa cour seigneuriale.

Le second, Foulques, était tombé en 1040, tué par son frère Robert en défendant leur tuteur commun, Gislebert de Brionne, accusé par les Giroie de malversations. L'avant-dernier, Hughes, venait de mourir d'un accident au cours d'un concours de tir à l'arc. Quant au dernier Giroie disparu, il était devenu fou.

Trois seulement restaient : Guillaume, un homme de bien, Robert, le meurtrier sans le vouloir, et Raoul, un être rare, une âme privilégiée, qui avait choisi à la fois le couvent et la médecine. Élève de la grande abbaye du Bec-Hellouin, il s'était retiré à celle de Saint-Evroult, qui devait tout à sa famille, pour y poursuivre des études vouées au soulagement de l'humanité souffrante, une préoccupation fort rare à l'époque et parfaitement insolite chez un seigneur. À cause d'une tonsure quelque peu hérissée, le peuple qui l'adorait l'avait surnommé « Malcouronné ».

De tous ces Giroie, c'était Guillaume que Talvas haïssait le plus parce qu'il était le plus riche. À ses noces scandaleuses, il l'invita et Guillaume, bonne âme, crut qu'un refus chagrinerait son voisin sur lequel s'appesantissait le ressentiment public. Mal lui en prit...

Le repas de noces terminé, Talvas se retira avec sa nouvelle épouse, livrant Giroie à ses hommes qui le martyrisèrent, lui coupèrent les oreilles, le nez, lui crevèrent les yeux et le châtrèrent avec une sauvagerie que l'on tenta par la suite d'attribuer à la folie du vin. Car le malheureux ne mourut pas de cette abomination qui eut lieu sous les yeux mêmes de Mabile, d'une Mabile qui y prit grand plaisir...

Soigné par Fulbert et Jean le Sourd, qui avaient été les maîtres de son frère Raoul, le malheureux Guillaume survécut, cacha sa face devenue monstrueuse sous un voile et choisit de devenir un saint. Mais tandis qu'il gisait sur son lit de souffrance, au château familial de Pont Echanffray, Robert s'en alla tirer son frère Raoul de son monastère.

– Nous ne sommes plus que deux ! lui dit-il. Avant que d'être un moine, tu es un Giroie. Tu dois m'aider à piéger le Talvas et à le punir de son forfait ; c'est toi que Guillaume aime le mieux...

Alors le grand moine quitta sa cellule au bord des étangs paisibles, réendossa la broigne à écailles de fer, ceignit la longue épée normande, mais, refusant le casque pour combattre tête nue, à la grâce de Dieu, suivit Robert.

Ils rameutèrent leurs gens et une hallucinante poursuite commença. Devant leur colère, Talvas détalait comme le Lièvre de son surnom, traînant sa femme et sa fille avec lui, refusant le combat dont il savait qu'il ne sortirait pas vivant. Il allait de l'un à l'autre de ses châteaux, s'y cachant du lundi matin au mercredi soir, car la loi de l'Église avait institué la Trêve de Dieu qui interdisait l'usage des armes le reste de la semaine. Ces jours-là, alors, Talvas reparaissait, narguant ses ennemis... pas trop près tout de même car on ne pouvait pas savoir, puis filait se rembucher dans une autre tanière. Mabile suivait, silencieuse, murée sur ses pensées, mais jouissant des sueurs paternelles quand le danger se faisait plus pressant...

Chaque fois qu'ils trouvaient l'oiseau envolé, les Giroie brûlaient son gîte, puis reprenaient la piste, les dents serrées, plus sombres que jamais.

Un jour un jeune homme vint vers eux :

– Pour prendre un Talvas, il faut un autre Talvas... Laissez-moi vous aider, leur offrit-il.

Cet homme, c'était Arnulf, le propre fils du Lièvre... et qui ne valait guère mieux. Le cœur au bord des lèvres, les deux autres acceptèrent, traquèrent leur gibier qui, une fois de plus, leur échappa. Mais, cette fois-là, Talvas avait eu si peur qu'il passa en France laissant le champ libre. Arnulf d'ailleurs mourut peu après d'une indigestion. Il avait volé un cochon à une religieuse et le mangea tout entier.

Il ne restait plus, comme héritiers, qu'Yvon évêque de Sees... et Mabile. Bien souvent, celle-ci avait pensé tuer son père. Elle était habile en poisons, grâce à l'aide d'une sorcière de Bellême dont elle s'était fait une amie, mais le temps n'était pas encore venu de rentrer en Normandie et de réclamer ses terres... Les choses en effet changeaient d'aspect : le duc Guillaume, Guillaume le Bâtard, était revenu en force. En 1047, à Mézidon, il battait ses barons révoltés. Il était redevenu le maître, un maître à la poigne de fer.

– Vous n'avez pas combattu le duc, mon père, dit Mabile. Il est temps d'aller à Rouen plier le genou et réclamer vos biens. Le duc ne peut refuser car vous êtes trop haut sire !

Talvas suivit le conseil, alla à Rouen où il fut accueilli avec une grâce inattendue. Guillaume le reçut avec bonté... mais lui fit comprendre très vite que la récupération de ses terres était soumise à une condition : le mariage de sa fille et unique héritière avec son bras droit, son plus fidèle serviteur : Roger de Montgomery, seigneur de Vimoutiers...

Talvas et Mabile acceptèrent d'enthousiasme. Le premier parce que les terres Montgomery, jouxtant celles des Giroie, allaient permettre la prise en tenaille des ennemis de toujours, la seconde parce que Montgomery avait tout ce qu'il fallait pour lui plaire... jusqu'à une singulière habileté à manier son arme favorite, le poison. Par les soins de son « bras droit », le duc avait été proprement débarrassé de son tuteur et régent du duché, le duc Alain de Bretagne. Ce fut le seul qu'elle aima sans le lui dire jamais.

Le mariage eut lieu à Rouen, en grande pompe, et peu de temps après que Guillaume lui-même eut épousé, non sans peine, la farouche Mathilde de Flandres qu'il avait dû battre comme plâtre pour l'obliger à avouer qu'elle l'aimait.

Devenue dame de Montgomery, Mabile, libérée de la tutelle paternelle, entreprit la réalisation du vaste plan qu'elle s'était proposé. Son père, le tout premier, disparut à la suite d'un trop bon repas pris au château de Bures, chez son gendre. Puis elle s'occupa des Giroie.

Ceux-ci étaient mal en cour. Montgomery avait réussi à se faire donner une partie de leurs terres. Guillaume, l'Essorillé, était parti en pèlerinage en Terre Sainte et son fils Ernauld avait fui en Italie. Raoul lui aussi avait quitté la vallée de la Charentonne pour s'adonner, en Sicile, à de plus hautes études de médecine auprès de la célèbre Trotula. Mais restait Robert, Robert marié à une cousine du duc, Adélaïde, dont Mabile sut se faire une intime amie. Et tout alla bientôt selon les désirs de la terrible femme : Robert mourut un beau soir après avoir mangé de superbes pommes que lui avait présentées sa propre épouse.

Mabile alors se crut assurée de la victoire. Les terres Giroie étaient pratiquement sans maître. Il suffisait de tendre les mains... Elle les tendit.

Soudain reparut Ernauld après son tour d'Italie, Ernauld qui rapportait au duc un manteau précieux... et faisait lui aussi sa paix. Tout était à recommencer. Mais la dame de Montgomery n'était pas femme à se décourager si facilement. Avec toute la grâce dont elle était capable, elle invita le jeune homme à un grand souper. Sans résultat. Prévenu, Ernauld s'excusa.

Alors, elle essaya autre chose : tandis qu'il se préparait à réintégrer son château d'Echauffour, on lui offrit, en signe de bienvenue, un pot de vin frais. Echauffour avait appartenu un temps à Mabile, Ernauld refusa le vin, mais l'un de ses compagnons assoiffé accepta... et mourut le soir même. Le malheur voulut que ce compagnon eût été le propre beau-frère de Mabile, Gislebert de Montgomery !

C'était encore raté ! Mais le Diable était avec l'affreuse petite femme : elle acheta les services du maître d'hôtel d'Ernauld, un certain Roger Goulafre de la Goulafrière qui, moyennant un tas d'or, se chargea volontiers d'accommoder les boissons de son maître. Et Ernauld rejoignit lui aussi ses ancêtres par la vertu des breuvages de Mabile. Il laissait un fils qui préféra s'en aller très vite offrir ses services au roi de France et mettre le plus de champ possible entre lui et sa dangereuse voisine.

Le temps d'ailleurs marchait. Le duc Guillaume, flanqué de Montgomery, s'en allait conquérir l'Angleterre. Les honneurs se mirent à pleuvoir sur les Montgomery, mais Mabile n'aimait pas la mer. Elle préférait demeurer sur ses terres normandes qu'elle continuait à arrondir au moyen de décoctions judicieusement distribuées tout en mettant dans son lit tous ceux de ses vassaux qu'elle jugeait convenablement bâtis. À la grande joie, il faut bien l'avouer, d'un mari désormais terrifié par une telle femme et qui ne souhaitait plus guère cohabiter. Et de cet éloignement elle souffrit, mais ne s'en montra que plus avide d'amants...

Le châtiment vint enfin, longtemps après : le 2 décembre 1082. Ce jour-là, Mabile, fidèle à une vieille habitude, avait pris comme de coutume son bain dans l'eau glacée de la Dives. Dûment ragaillardie, elle rentra chez elle, s'étendit sur son lit devant un grand feu, aussi nue que la main, suivant les coutumes d'un temps où l'on ne mettait rien pour se coucher. La nuit tombait d'ailleurs et Mabile, après s'être fait servir un bon repas, s'apprêtait à dormir quand la porte de sa chambre s'ouvrit, livrant passage à trois hommes armés de pied en cap.

Elle n'eut pas le temps de crier : une seconde plus tard, sa tête volait à travers la pièce, tranchée par un maître coup d'épée. L'auteur de cet exploit était un cousin des Giroie, Hughes de Saugei, dépossédé, lui aussi, au profit de Mabile, de son château de la Motte Igé. Puis les justiciers disparurent dans la nuit... sans même que le fils de Mabile, qui cependant tenait le château, eût paru s'apercevoir de leur intrusion. Il les poursuivit quelques heures après, pour la forme, et ne trouva rien...

On enterra la Locuste du Perche dans le couvent de Troarn... et Roger de Montgomery, devenu veuf, poursuivit tranquillement une éblouissante carrière qui le mena jusqu'à la vice-royauté d'Angleterre où, à l'aide d'une nouvelle épouse, il fonda la branche anglaise des Montgomery...

IMPÉTUEUSE BERTRADE !

Ou comment on devient reine

Cette année-là, 1092, Tours préparait les fêtes de Pentecôte avec un éclat inusité. Les ordres du comte Foulques étaient formels : ne rien négliger pour que le visiteur attendu puisse se faire une haute idée de l'Anjou en général et des Plantagenêts, ses seigneurs, en particulier car le visiteur en question n'était pas n'importe qui !... Il s'agissait du roi de France, Philippe Ier, et, comme il était auréolé d'une grande réputation de magnificence, Foulques entendait que l'on se donnât du mal pour être au moins à sa hauteur.

Mais, parmi tous ceux qui attendaient le Roi, il y avait à Tours quelqu'un qui l'attendait tout particulièrement et ce quelqu'un, c'était Bertrade, la belle comtesse d'Anjou, la propre épouse du maître de maison. En fait, cette visite était son œuvre exclusive et elle en espérait beaucoup...

Quelques semaines plus tôt, incapable de contenir plus longtemps une curiosité aussi ardente que passionnée, elle avait écrit et fait porter à Philippe une lettre dont le moins que l'on puisse dire est qu'elle était assez inattendue, s'agissant d'une femme mariée s'adressant à un homme marié. Une lettre qui pourrait se résumer ainsi : « Je suis mal mariée et malheureuse en amour, car, sans vous avoir jamais vu, je vous aime et j'ai juré de n'appartenir, de corps et d'âme, à un autre homme que vous... »

Ce sont de ces choses qui frappent l'imagination, même quand on est marié, même quand on est roi... mais surtout quand on s'appelle Philippe Ier car c'était un roi d'un modèle un peu exotique.

Fils d'Henri Ier et d'une princesse russe, Anne de Kiev (la seule Russe qui eût jamais régné en France), il tenait de sa mère, une affolante sirène blonde venue du fond des steppes avec un train de princesse orientale et un trésor digne des Mille et Une Nuits, une extrême beauté, un tempérament volcanique, ce prénom de Philippe, byzantin et parfaitement inusité en France où les rois avaient plutôt tendance à se nommer Louis, et, bien entendu, le charme slave. Un charme qui plongeait dans la mélancolie nombre de femmes du royaume et ravissait quelques favorisées discrètes.

Or, ce colosse blond, taillé comme un dieu nordique et charpenté comme un ours, était marié depuis l'âge de quinze ans à une petite Hollandaise rose et ronde, Berthe de Hollande qui, de rose et ronde, était devenue avec les années obèse et couperosée. Elle lui avait donné (non sans peine car le premier s'était fait attendre huit ans) deux enfants : Louis et Constance, qui annonçaient déjà tous deux une nette propension à imiter le tour de taille maternel[1].

Dans ces conditions, il est aisé de comprendre que Philippe, grand amateur de beauté pure comme l'était sa mère, se fût mis à rêver sur l'espèce d'appel au secours de la comtesse d'Anjou. D'autant plus que la réputation de beauté de Bertrade n'était pas à négliger. Seigneurs et ménestrels vantaient à qui mieux mieux la splendeur de ses yeux sombres, les anneaux bleutés de sa longue chevelure, la grâce de sa démarche, la souplesse de son corps et la perfection de son visage. Bientôt, le roi n'y tint plus et fit annoncer à son vassal une visite de courtoisie, prétextant le désir déjà ancien qu'il avait de visiter une terre si riche, si fertile et si bien administrée. Ainsi noyé sous un grand seau d'eau bénite de cour, Foulques se rengorgea et mit en branle son personnel afin de justifier pleinement une si bonne opinion.

On aurait assez tendance à plaindre l'infortuné seigneur ainsi menacé d'une cruelle disgrâce si Foulques avait été un homme sympathique. Mais il s'en fallait de beaucoup qu'il le fût ! Ses sujets, qui s'y connaissaient, l'avaient surnommé le Réchin, autrement dit le Hargneux ou le Grognon. Dans son cas, c'était plutôt un euphémisme.

Le premier à s'en apercevoir avait été son frère aîné, Geoffroy le Barbu. Mécontent d'avoir reçu la Saintonge en apanage tandis que Geoffroy se taillait la part du lion avec l'Anjou et la Touraine, Foulques le Malgracieux avait pris le taureau par les cornes, sa bonne épée d'une main, sa bannière de l'autre et s'en était allé bouter le feu et la guerre chez son frère. Sans doute était-il meilleur guerrier car Geoffroy, battu et capturé à Brissac,

1. Louis était déjà surnommé le Gros.

s'était vu bouclé au fond d'une geôle fraternelle où il put méditer durant trente années, avant d'en mourir, sur les inconvénients d'un mauvais caractère chez un cadet, tandis que Foulques s'installait à sa place.

Les trois premières épouses du comte (Bertrade portait le numéro quatre) n'avaient pas eu à se louer de lui plus que le frère aîné. Hildegarde de Beaugency était morte d'une raclée un peu trop copieuse administrée de la propre main de son tendre époux au cours d'un léger accès de mauvaise humeur. Les deux suivantes, Hennengarde de Bourbon et Arengarde de Castillon n'avaient pas eu sort meilleur. Foulques s'en était débarrassé de la plus pieuse façon et l'une comme l'autre, répudiées, méditaient désormais dans un couvent sur les inconvénients d'un caractère pointilleux chez un mari.

Dans ces conditions, il est aisé à comprendre que la fière Bertrade, malgré sa beauté et le fils qu'elle avait eu le bon esprit de donner à son époux, ne se fît guère d'illusions sur ce qui l'attendait à plus ou moins brève échéance : tôt ou tard, l'aimable Foulques la prendrait en grippe, et comme elle n'avait goût ni pour la vie monastique, ni pour une fin prématurée, Dieu seul savait comment cela se terminerait ! De là l'idée de prendre les devants et d'assurer sa sécurité tout en donnant libre cours à son penchant naturel pour les beaux hommes, catégorie à laquelle n'appartenait pas le Réchin.

L'arrivée de Philippe Ier à Tours, outre l'éclat exceptionnel qu'elle revêtit, confirma Bertrade dans l'opinion qu'elle avait eu pleinement raison de s'adresser à lui. Le coup de foudre fut immédiat, réciproque et tandis que le géant blond s'assurait le cœur de l'ardente comtesse, la capiteuse beauté de Bertrade déchaînait chez le Roi l'une de ces passions dévorantes qui occupent toute une vie et dont on ne se relève pas.

Dès le lendemain de l'arrivée, une courte conversation les éclaira sur leurs sentiments mutuels.

– Je suis venu, ainsi que vous me l'avez demandé, dit Philippe, je vous ai vue et mon cœur a cessé de m'appartenir, mais ai-je vaincu bien réellement le vôtre ?

– Il y a longtemps que le mien vous appartient, déclara Bertrade à ce César d'un nouveau genre, mais, si vous désirez que je sois à vous tout entière, il vous faut m'enlever !

– Où et quand vous voudrez ! Dès maintenant, je sais que je ne pourrai plus me passer de vous.

C'était, comme on le voit, un homme de décision et, sur ce point, la belle comtesse ne lui était pas inférieure. C'était, également, un homme assez bien armé sous le rapport de la dissimulation, et, tandis que, dans l'église Saint-Jean, Philippe inaugurait avec Foulques les fonts baptismaux tout neufs et jurait à son hôte une éternelle amitié, Bertrade, qui s'était fait dispenser de la cérémonie sous le fallacieux prétexte d'un malaise, faisait ses bagages. Les adieux officiels avaient eu lieu. Visite terminée, le Roi quittait Tours immédiatement après la cérémonie pour regagner sa ville royale d'Orléans où se tenait sa cour. Et quand, après les congratulations d'usage, Philippe prit congé de son hôte et sauta à cheval pour prendre le chemin du retour, Bertrade, le cœur battant et le sourire aux lèvres écouta monter puis décroître les acclamations qui saluaient le départ de l'hôte illustre. Elle savait que bien peu de temps s'écoulerait au sablier avant qu'elle ne retrouvât Philippe. Il n'allait pas bien loin...

Exactement jusqu'au premier pont jeté sur le Beuvron où il s'installa pour tendre à sa belle un simulacre d'embuscade. De son côté, Bertrade, escortée seulement de deux suivantes, monta à cheval vers la fin du jour et quitta le château, prétendant aller faire ses dévotions dans un moutier des environs. Mais, à peine hors de la ville, elle piqua des deux et rejoignit au grand galop celui qui, dans sa pensée, était déjà son amant.

Une heure plus tard, sous la tente de soie qu'il avait fait dresser au bord de la rivière, il le devenait réellement. Ce fut, grâce à la douceur du temps, une mirifique nuit d'amour à la belle étoile dont ni l'un ni l'autre ne devaient jamais oublier le goût sauvage. Et le lendemain, en pleine lune de miel, ils empruntèrent côte à côte le chemin d'Orléans, mais en prenant bien garde de ne pas se hâter car il fallait laisser aux émissaires de Philippe le temps de faire un peu de ménage au palais royal... au palais royal où vivait tranquillement l'innocente Berthe de Hollande, victime inconsciente de sa cellulite et de son amour des pâtisseries.

Dans un grand souci de délicatesse, le Roi jugeait peu élégant de mettre en présence une compagne de vingt ans et une maîtresse de la veille. Il avait donc décidé de faire place nette et tandis que, sous sa tente, il initiait Bertrade aux joies violentes de l'amour partagé, quelques-uns de ses hommes galopaient, mors aux dents, pour informer la Reine de son infortune conjugale et d'une répudiation peut-être un peu précipitée mais irrévocable. C'est tout juste si on laissa à la pauvre femme, le temps de se confectionner un baluchon avant de l'embarquer dans une litière fermée et de la conduire, sous forte escorte, jusqu'au couvent de Montreuil-sur-Mer.

C'était un bon couvent, solide et, pour l'époque, relativement confortable. Et puis, surtout, Philippe n'en connaissait pas de plus éloigné. Mais on devine sans peine de quel œil les deux enfants de la répudiée, le gros Louis et sa sœur Constance, considérèrent l'arrivée fracassante de la nouvelle conquête paternelle.

– Tôt ou tard, murmura Constance, il faudra nous débarrasser de cette femme.

– Mais le plus tôt sera le mieux, répondit Louis en écho.

Il serait donné à Louis d'exécuter le projet commun car, en ce qui concerne Constance, ce fut Bertrade qui s'en débarrassa, de façon agréable d'ailleurs, mais définitive, en la mariant.

Que faisait, pendant ce temps, le Ménélas de cette nouvelle Hélène ? Naturellement, Foulques le Grincheux n'avait pas manqué une si belle occasion de se mettre en colère. Cet ancêtre des rois d'Angleterre n'était malheureusement pas celui de l'humour anglais. Il jeta feu et flammes, couvrit Philippe et Bertrade d'injures qui faisaient grand honneur à son vocabulaire et prit la Chrétienté tout entière à témoin de son malheur. On a beau savoir se débarrasser allégrement de ses femmes successives, il est toujours offensant de se voir pris de vitesse et laissé pour compte.

Du moment où Bertrade ne voulait plus de lui et le faisait savoir de façon éclatante, Foulques découvrait que, justement, il tenait essentiellement à Bertrade.

Son premier mouvement fut de prendre les armes et d'aller investir Orléans, mais il se ravisa : les deux autres enfermés dans la ville et bien protégés par une armée puissante, ne le craignaient guère en vertu du vieil adage qui veut que l'amour se rie de tout. Foulques comprit qu'il perdrait son temps et, à la réflexion, tourna les talons mais, au lieu de rebrousser chemin, préféra prendre celui de Rome.

Philippe avait eu en effet une idée brillante : non content d'avoir cloîtré sa femme et d'avoir enlevé celle d'un ami, il s'était mis dans la tête de l'épouser. Il voulait que sa bien-aimée pût coiffer la couronne royale et cela dans les plus brefs délais. C'est dire que le recours à Rome pour mettre la situation au net lui paraissait insupportablement long ! Mais, quand on est roi, on trouve facilement des amis obligeants tout prêts à vous aider. Il en trouva : quelques évêques de bonne volonté qui, pour lui faire plaisir, annulèrent tranquillement son mariage avec Berthe puis un autre, Ursion, évêque de Senlis, qui accepta de bénir à Paris son union un peu hâtive avec Bertrade.

C'était cette dernière nouvelle qui avait décidé Foulques à s'en aller voir à Rome de quel œil le pape voyait la chose. Il fut tout de suite fixé : le pape Urbain II voyait cela fort sévèrement, mais, engagé dans la lutte du Sacerdoce et de l'Empire, le Saint Père avait bien d'autres chats à fouetter. En outre, depuis des années déjà il était hanté par l'idée d'une Croisade qui enlèverait aux Infidèles le tombeau du Christ et assurerait la sécurité des pèlerinages à Jérusalem. Enfin, c'était un homme sage qui connaissait bien la nature humaine : il pensa qu'avec des tempéraments aussi volcaniques que ceux de Philippe et de Bertrade, l'amour ne serait qu'un feu de paille, s'éteindrait de lui-même et que tout rentrerait dans l'ordre sans qu'il eût à se mettre à dos l'un des principaux souverains de l'Europe au moment où il en avait si grand besoin.

Ce laps de temps donna aux deux coupables tout le loisir de mettre au monde deux enfants... et à la malheureuse Berthe celui de mourir d'ennui dans son couvent des bords de la mer (en 1094). Au reçu de cette nouvelle, Philippe ne perdit pas un instant et convoqua à Reims une vaste réunion d'évêques pour faire valider un mariage dont la légitimité, tout de même, lui paraissait sujette à caution.

C'était aller un peu vite car, si Berthe de Hollande était morte, Foulques, lui, était bien vivant et pas calmé le moins du monde. En vertu de quoi la belle réunion d'évêques ne valida rien du tout. Car le pape trouvant, cette fois, la chose un peu forte, se fâchait : il commença par excommunier le roi de France et sa concubine. Puis, il convoqua le concile à Nîmes et vint le présider personnellement.

Un peu inquiet de la tournure prise par les événements, Philippe promit de renoncer à Bertrade et se sépara d'elle momentanément : tout juste le temps nécessaire au pape pour lui donner l'absolution et retourner chez lui. Après quoi, incapable de résister à la passion toujours aussi vive qu'il éprouvait, il rappela Bertrade auprès de lui, puis fit la sourde oreille quand on vint lui parler de la Croisade : il ne supportait déjà pas l'idée de se séparer de son amie pour quelques jours, il n'était donc pas question de s'en aller guerroyer au bout de la terre, sans trop savoir si l'on en reviendrait et, avec pour tout viatique, une boucle de cheveux noirs pour charmer ses soirées solitaires. Il y aurait bien eu la solution d'emmener Bertrade mais Dieu sait comment Urbain II aurait pris la présence de la sémillante comtesse au milieu de l'armée du Christ...

Aussitôt prévenu des incartades de Philippe, le pape entra dans une violente colère et, non seulement excommunia de nouveau le couple adultère mais, cette fois, lança l'interdit sur tout le royaume. C'était, alors, une arme terrible et justement redoutée : toute vie religieuse devait s'arrêter dans le royaume et, comme les prêtres et moines accomplissaient nombre de tâches de toute première nécessité, c'était laisser les malades sans soins, les morts sans sépultures, les mourants sans consolations, les enfants sans baptême et les mariages sans bénédiction : c'était la mort spirituelle pour tout le monde.

Le peuple en gémit de douleur et s'enferma pour prier Dieu d'éclairer son souverain. Philippe fit la sourde oreille. Trop pris par son amour, il se moquait bien des souffrances de ses sujets. Lui et Bertrade s'affichaient avec un dédain superbe. L'excommunication semblait les laisser froids et quand, à leur entrée dans une ville, les cloches demeuraient muettes, les portes se fermaient, et les gens se sauvaient comme devant la peste ils riaient de ce qu'ils appelaient la pusillanimité des manants. Un jour même où, après leur départ, les cloches s'étaient remises à sonner et où leur chant plaintif les poursuivait dans la vaste plaine où ils chevauchaient côte à côte, Philippe se pencha vers sa compagne et lui dit en riant :

– Écoute, ma belle, écoute comme ils nous chassent !

Pourtant, malgré l'endurcissement de leurs trop heureuses amours, les coupables fussent peut-être venus à composition tant les souffrances étaient grandes... et tant les murmures des grands devenaient gênants. Mais, l'année même où les Croisés de Godefroy de Bouillon entraient dans Jérusalem, le grand pape Urbain II mourait. Son successeur, Pascal II, allait se montrer infiniment plus compréhensif.

Il envoya en France deux de ses fidèles, Jean de Gubbio, cardinal de Sainte-Anastasie, et Benoît, cardinal de Sainte-Eudoxie, avec des instructions très modérées : cette vieille histoire commençait à traîner en longueur et, après tout, un amour aussi tenace méritait bien quelque considération : enfin Foulques le Réchin s'était calmé par force, car il avait suffisamment à faire chez lui où ses fils menaçaient de s'entr'égorger. Ainsi, le jeune Foulques, fils de Bertrade, n'avait échappé à son aîné, Geoffroy-Martel, fils de l'une des répudiées, qu'en fuyant à la cour de France où il avait trouvé bien entendu accueil, aide et assistance.

Alors, le père affligé s'était rendu auprès de son ancienne épouse et de son rival pour leur dire sa reconnaissance et les retrouvailles s'étant passées le mieux du monde, cela donna toute latitude aux deux cardinaux pour faire traîner les choses en longueur afin de ne pas troubler une atmosphère aussi familiale.

Pourtant, il y avait, à la cour de France, deux personnages qui ne désarmaient pas : le prince Louis et sa sœur Constance. Louis, déjà associé au trône par son père suivant la coutume féodale, était sans cesse en butte à des tentatives d'assassinat contre lesquelles son père ne le défendait que mollement. Quant à Constance, dont Bertrade s'était débarrassée en la mariant, son mariage avait si mal tourné que la princesse était revenue chez son père, ce qui n'avait pas arrangé un caractère capable de supporter la comparaison avec celui de Foulques lui-même.

En 1097, elle avait quinze ans, quand on l'avait mariée au séduisant Hughes, comte de Champagne. Mais celui-ci, après huit ans de mariage... et l'amère constatation que son épouse serait bientôt aussi ronde que feue Berthe de Hollande sa belle-mère, s'était avisé tout à coup de ce que son mariage offensait l'Église pour la raison que lui et Constance étaient cousins au troisième degré. Aussitôt, il avait convoqué un concile à Soissons, battu sa coulpe et déclaré hautement, avec de vraies larmes dans les yeux et de la cendre sur la tête, qu'il était un grand coupable et que son mariage était un trop grand péché pour continuer normalement.

Hautement édifiés, les évêques félicitèrent Hughes de son zèle pieux et renvoyèrent Constance à son père tandis que l'hypocrite seigneur courait se consacrer à la jolie fille svelte qui lui avait inspiré des principes d'une si grande délicatesse. Constance, la rage au cœur, regagna le château paternel de Melun où se tenait alors la cour.

L'œil ironique avec lequel Bertrade salua le retour au bercail de sa belle-fille fut plus que la princesse n'en pouvait supporter : la guerre entre les deux femmes devint inexpiable. Tant et si bien que Bertrade chercha fébrilement un nouvel époux pour cette fille qui, maintenant, lui faisait peur. Les tentatives d'empoisonnement reprirent de plus belle entre Bertrade et les enfants de Berthe mais, cette fois, dans les deux sens et sans d'ailleurs amener autre chose que de violentes indigestions de part et d'autre. N'est pas Borgia qui veut !...

L'époux souhaité tomba brusquement du Ciel un soir de mars 1106. Il se nommait Bohémond de Tarente, prince d'Antioche par la grâce de la Croisade et, tout juste libéré des geôles de l'émir de Sivas, Gumutchekin, il accourait en France y demander des secours en or et en hommes pour continuer la guerre contre son ennemi. C'était un homme d'une cinquantaine d'années, mais qui ne les portait guère : sanglé de la tête aux genoux dans la broigne normande aux écailles d'acier qui le faisaient ressembler à quelque requin géant, ses yeux sauvages, couleur de mer, séparés par le nasal de fer et le chaume clair qui couvrait sa tête grisonnant à peine, Bohémond avait l'allure d'un héros de roman et, en fait, c'en était un à sa manière qui était assez celle de Maître Renard.

Les amples formes de Constance n'étaient pas pour lui faire peur. Il trouva la princesse à son goût et la dot royale plus encore. Quelques mois plus tard, il emmenait Constance sans esprit de retour tandis que l'une des filles de Bertrade, la petite Cécile âgée de onze ans, quittait à jamais sa famille et s'embarquait elle aussi pour la Terre Sainte afin d'y épouser Tancrède, le propre neveu de Bohémond, et de resserrer ainsi l'alliance royale.

Si grand fut alors le soulagement de Bertrade en voyant disparaître à l'horizon une belle-fille si profondément détestée, qu'elle ne montra que peu d'émotion devant le départ de sa propre enfant. Il est vrai que, sur les quatre qui avaient sanctionné son adultère royal, il lui en restait encore trois : le jeune Philippe, déjà marié à la fille du sire de Montlhéry, Fleury âgé de douze ans et Eustacie qui en avait sept.

Seul, en face de sa terrible belle-mère, demeurait le prince Louis. Mais, privé de sa meilleure alliée, le Gros choisit la prudence et se tint écarté le plus possible des terrains de chasse de Bertrade. Il se savait, d'ailleurs, mal toléré par un père, toujours aussi amoureux qui prenait automatiquement le parti de sa bien-aimée et, dans ces conditions, il préférait sagement éviter les drames familiaux.

Sa patience fut enfin récompensée : quand, dans la nuit du 30 ou 31 juillet 1108, Philippe Ier mourut, sans laisser beaucoup de regrets, tué par les excès d'amour.

« Depuis qu'au détriment de sa femme légitime, devait écrire plus tard Suger, le fidèle conseiller du nouveau roi Louis VI et son plus sage ministre, Philippe s'était uni à la comtesse d'Anjou, il ne faisait plus rien qui fût digne de la majesté royale : entraîné par sa passion désordonnée pour cette femme qu'il avait enlevée, il ne connaissait d'autres soins que de se livrer à la volupté, ne pourvoyant à aucun des besoins de l'État et, s'abandonnant aux plaisirs plus qu'il ne fallait, ne ménageait pas même la santé de son corps. »

On enterra Philippe au monastère de Fleury-sur-Loire. La lutte interminable, entre Bertrade et son beau-fils s'achevait. Comme jadis Berthe de Hollande, la comtesse fut chassée de son palais et dut chercher refuge au prieuré des Hautes-Bruyères où elle finit par mourir en 1117, ignorant le destin glorieux de son premier fils, Foulques d'Anjou qui devait, quelques années plus tard, épouser la princesse Mélisende de Jérusalem et coiffer, à son tour, la couronne royale de Terre Sainte...

LES CHEMINS
DE L'AVENTURE

JEANNE DE CLISSON

Pirate par amour

Assise dans l'embrasure d'une des hautes et étroites fenêtres, sur le banc de pierre ménagé à cet effet, Jeanne de Clisson regardait la troupe nombreuse assemblée dans la cour du château. Les chevaux piétinaient d'impatience, arrachant des étincelles aux pavés, dansant sous les caparaçons multicolores. Leurs claquements de sabots faisaient un joyeux tintamarre avec les voix sonores des hommes d'armes et des seigneurs qui bavardaient entre eux. Au bout des lances, les flammes de soie dansaient, le soleil faisait briller les armures bien astiquées et l'on sentait la hâte qu'avaient tous ces hommes de s'en aller vers Paris, vers les tournois et les fêtes qui les attendaient à la cour du roi Philippe VI. Mais, malgré elle, Jeanne de Clisson ne parvenait pas à mettre son âme au diapason de toute cette gaieté.

Son fils, Olivier, âgé de sept ans, qui se pressait contre ses jupes avec son plus jeune frère, Jean, de quatre ans son cadet, s'en aperçut et le lui reprocha doucement.

– Mère, vous êtes triste... plus triste que lorsque notre père s'en allait au combat. Cependant, il ne s'agit là que de se rendre à la Cour, de voir des fêtes ! Voyez comme tout le monde est joyeux !

C'était vrai ! Jeanne s'efforça de sourire à l'enfant et d'étouffer les angoisses de son cœur. Déraisonnables, d'ailleurs, ces angoisses si l'on y réfléchissait bien. On était en juillet 1343 et, depuis quelques mois, la trêve avait été signée à Malestroit entre les tenants des Montfort et ceux de Charles de Blois. Cette guerre qui coupait en deux la Bretagne, liant un parti à la France, l'autre parti à l'Angleterre, depuis deux ans qu'était mort le duc Jean III, sans enfants, avait ouvert entre sa nièce Jeanne de

Penthièvre, mariée à Charles de Blois, et son demi-frère Jean de Montfort un conflit inexpiable. Les Clisson tenaient, comme tous les Bretons épris d'indépendance, pour Montfort mais cet amour de l'indépendance leur avait fait tendre la main à l'Anglais. À contrecœur sans doute et il avait fallu pour cela le besoin de troupes et d'argent...

Or, un an plus tôt, le duc de Normandie, fils du roi Philippe[1], avait pris Nantes et fait prisonnier Jean de Montfort. Une trêve avait donc été décidée et le roi, fort ami des fêtes et des tournois, conviait à Paris tous les seigneurs du royaume, même ceux de Bretagne. Olivier de Clisson avait décidé de s'y rendre avec quelques amis. Il raffolait des tournois et ne pouvait résister au désir de se distraire un peu. Jeanne, malgré la peine qu'elle éprouvait à le voir s'éloigner, n'avait que peu résisté à ce désir. Elle l'aimait trop chèrement pour ne pas vouloir tout ce qu'il voulait.

Mais, tandis qu'elle regardait le pennon de son époux, d'argent frappé d'un lion pourpre, danser dans le soleil au poing d'un écuyer, elle avait bien du mal à retenir ses larmes. Un instant plus tôt, Olivier l'avait embrassée passionnément, la serrant contre l'acier de l'armure à la faire gémir et il avait ri, de toutes ses dents blanches, à la voir si dolente.

– Je vais cueillir des lauriers à brassées, mon cœur, et je reviens les jeter à vos pieds ! Il est bon que l'on sache, chez le roi, ce que nous valons nous autres Bretons...

Elle lui avait rendu ses baisers, luttant contre l'envie de se pendre à son cou, de l'implorer de demeurer, de ne pas la laisser seule. Mais déjà il embrassait le jeune Olivier, son fils, puis le petit Jean... Et il était parti. Jeanne avait entendu décroître le claquement sonore de ses solerets de fer dans l'escalier du donjon.

Malgré son chagrin, la jeune femme arma son visage d'un sourire. Son mari venait d'apparaître dans la cour, accueilli par les cris joyeux de ses compagnons. Elle le vit se mettre en selle, lui adresser de la main un dernier baiser qui fit étinceler au soleil la bague d'or qu'il portait à l'annulaire. Comme il semblait jeune, et gai et heureux de vivre !... Jeanne agita son écharpe blanche tandis que les enfants se penchaient à tomber sur la pierre nue de la fenêtre. La troupe se mit en marche, Olivier en tête avec son ami Malestroit. Le pont-levis gronda sous le poids des hommes et des chevaux, la grande ogive de pierre de la porte les avala l'un après l'autre

1. Futur Jean II le Bon.

et, bientôt, il n'y eut plus rien dans la cour que les quelques soldats de garde qui se hâtaient de baisser la herse et de relever le pont.

Jeanne laissa alors une larme rouler sur sa joue, étouffa un sanglot et envoya les enfants jouer au-dehors. Elle avait besoin d'être seule pour prier Dieu d'ôter de son cœur ce poids étouffant. Tout autour d'elle c'était la splendeur d'une belle journée d'été, la douceur de ce val de Sèvre où s'étageait le petit bourg de Clisson, reflété par les eaux claires avec ses saules argentés et ses toits aigus. Mais dans l'âme de la châtelaine, la nuit se faisait à chaque instant plus épaisse et plus noire. Il lui semblait que chaque pas du cheval emportant Olivier résonnait au fond de son cœur, lourdement, impitoyablement...

Le noir pressentiment n'était que trop fondé ! L'invitation de Philippe VI cachait une laide traîtrise. À peine arrivé à Paris, Olivier de Clisson avait été appréhendé avec ses amis, jeté au fond d'une geôle du grand Châtelet. L'idée première du roi, en le faisant venir, avait bien été pure et sans arrière-pensées. Mais, entre-temps, il avait reçu la preuve des tractations de Clisson avec Édouard III d'Angleterre par les soins du comte de Salisbury, un mari trompé qui avait trouvé ce moyen de se venger du roi Édouard[1].

Le sort du malheureux Clisson fut vite réglé. Le 2 août, il était traîné sur la claie jusqu'aux Halles où, sur un grand échafaud tendu de noir, il fut décapité. Après quoi le corps sans tête fut accroché par les aisselles au grand gibet de Montfaucon tandis que, par ordre du roi, la tête était envoyée à Nantes pour y être exposée au-dessus de la porte Sauve-Tout. Seize de ses compagnons, dont les Malestroit père et fils, devaient subir, les jours suivants, un sort semblable.

L'orage avait crevé sur Nantes et des trombes d'eau balayaient les ruelles étroites de la ville, les transformant en autant de bourbiers, transperçant les vêtements et même les toits. Mais Jeanne de Clisson ne sentait pas l'eau qui l'inondait, collait ses cheveux et son voile à son visage. La

1. C'est en l'honneur de la belle comtesse de Salisbury qu'Édouard III fonda l'ordre de la Jarretière.

pluie se mêlait à ses larmes dont le flot ne semblait pas près de tarir. Elle demeurait là, les pieds dans la boue, droite et rigide devant la porte de la ville, serrant contre elle ses deux fils sous le manteau trempé.

Son regard ne pouvait se détacher de cette chose hideuse qui surmontait la porte, cette tête tranchée aux yeux clos, exsangue, déjà défaite par la mort et sur qui l'eau du ciel ruisselait, plaquant les cheveux noirs. Un rictus rentrait les lèvres noircies sur les dents, naguère étincelantes, maintenant jaunies. Hagarde, Jeanne regardait cet objet qui avait été l'homme qu'elle aimait plus que tout, qui avait reposé contre sa poitrine, qu'elle avait embrassé, caressé et qui lentement, dépouillé de la pudeur du tombeau, s'en retournait au néant. L'orage avait rejeté dans les trous du mur les corbeaux noirs qu'elle avait vus tout à l'heure mais ils reviendraient... Ils reviendraient bientôt...

Lentement, elle écarta les bras, découvrant les enfants à qui elle désigna l'affreuse relique.

– Regardez, enfants ! Regardez et n'oubliez plus ! Voilà ce que le roi de France, par laide traîtrise, a fait de votre père ! Vous, ses fils, vous allez jurer ici, avec moi, de n'avoir ni trêve ni repos avant d'avoir tiré vengeance de ce crime...

Sa voix sortait avec peine de ses lèvres tremblantes et les enfants, épouvantés, regardaient tantôt cette tête où ils ne reconnaissaient pas leur père, tantôt la femme rigide et pâle qui était leur mère. Le petit Jean tremblait de peur mais Olivier tendit la main, déjà durci.

– Je le jure, ma mère !

– Moi... moi aussi ! fit le petit.

Alors Jeanne à son tour jura :

– Devant Dieu qui m'entend, moi, Jeanne de Belleville, dame de Clisson, je fais serment de verser, pour cette seule tête, tant de sang que la terre refusera de le boire et criera vers le ciel. Je jure la vengeance à perpétuelle mémoire... Je te jure, Olivier, que des cadavres par centaines paieront pour ta vie... ou que j'y perdrai la mienne !

Ayant dit, elle se détourna, revint vers l'escorte de quelques hommes d'armes qui, un peu plus loin, l'attendaient avec les chevaux. Son regard vert rencontra celui du chef de ses gardes.

– À cheval, maintenant... Il me reste à le venger comme jamais homme ne le fut...

Au grand trot, sous la pluie, la troupe s'éloigna de Nantes.

Jeanne était revenue à Clisson mais c'était seulement pour y dénombrer ses forces et y prendre tout ce qu'elle pouvait avoir de précieux. Elle n'ignorait pas que, par la condamnation de son mari, ses biens devaient être confisqués et que, bientôt, les gens du duc de Normandie viendraient, en force, prendre possession du domaine. Mais elle s'y était préparée et, plutôt que de se laisser assiéger dans la forteresse qu'avait jadis construite Olivier le Vieux d'après les modèles de forteresses vues en Terre sainte, elle avait décidé de passer à l'action : pour un château qu'on lui prenait, elle en prendrait dix, vingt, raserait, brûlerait, pillerait, tuerait sans pitié, sans merci...

Avec quelques compagnons, elle se lança sur le plus proche, Montaigu. Elle y arriva au soir tombant, alléguant que, revenant de la chasse, elle avait perdu son chemin, demandant le coucher pour la nuit. Cela lui fut accordé en même temps que l'accueil dû à une voisine portant si beau nom. Mais les gens de Montaigu étaient du parti de Blois, du parti du roi de France. Dans la nuit, les hommes de Jeanne, conduits par elle, se levèrent. Les dagues luirent dans l'obscurité et s'abattirent, tranchant des gorges, perçant des poitrines. En quelques instants, trente cadavres sanglants jonchèrent les dalles de pierre du château, trente cadavres qui étaient passés du sommeil à la mort sans même s'en rendre compte... trente holocaustes à la mémoire d'Olivier de Clisson, parmi lesquels étaient femmes et enfants.

À l'aube, Jeanne, maîtresse du château, pâle et résolue, essuya tranquillement sa dague à un pan de sa robe. Elle pouvait regarder ce carnage sans faiblir. Son cœur était mort et ces victimes n'étaient que les premières...

Rien, jusqu'à la tragédie qui avait bouleversé sa vie, n'avait pourtant prédestiné Jeanne de Belleville au rôle atroce qui allait être le sien... Elle avait vingt-cinq ans, elle était belle à miracle, « l'une des plus belles dames de son temps », disent les vieux chroniqueurs, « et douce et bien disante ». Ses longs cheveux de nuit contrastaient avec sa peau si blanche et ses yeux couleur de mer. Son corps était la perfection même et ses mains, plus fines et plus délicates que celles d'une reine... Ces mains qui allaient délaisser les soies de la tapisserie pour le maniement de la lourde épée ou le bois de la hache.

Seulement on lui avait tué l'homme qu'elle aimait plus que tout au monde, plus qu'elle-même, plus que ses enfants, plus que Dieu même !

Amour plus grand, plus entier que le sien jamais ne s'était vu sur toute la terre ! On avait tué cet amour, lâchement, par trahison ! Elle tuerait donc, elle aussi, et tous les moyens lui seraient bons !

Dès lors, avec les siens, une poignée d'hommes auxquels peu à peu se joignaient d'autres révoltés, des gentilshommes aussi, avides de reprendre le combat pour le parti de Montfort, elle courut la campagne, prit des châteaux, assaillit des villages, toujours en tête, cheveux au vent sur l'armure qu'elle portait comme un homme, pillant, tuant, brûlant sans jamais faire quartier. Elle allait, au hasard de sa fureur et de sa haine, rougissant quotidiennement sa lame du sang de tous ces gens dont le tort le plus clair à ses yeux était d'être vivants.

En ce même temps, une autre Jeanne, en Bretagne, reprenait la lutte. Elle se nommait Jeanne de Flandre, comtesse de Montfort. Elle était l'épouse du prétendant au trône que Jean de Normandie tenait prisonnier à Nantes dans une forte tour. Enfermée dans Hennebont, elle tenait tête aux gens de Charles de Blois, menait le combat virilement par toute la Bretagne. On la surnommait Jeanne la Flamme...

D'elle, la terrible dame de Clisson allait recevoir aide, secours, encouragement et amitié. Pendant des mois, ces deux femmes menèrent la lutte mieux que des hommes, se retrouvant parfois, l'une pour pleurer celui qu'elle ne pouvait oublier, l'autre pour avouer ses craintes d'un sort semblable pour le prisonnier de Nantes.

Pourtant, les exploits de Jeanne avaient fait du bruit et la rumeur de terreur qu'elle semait s'en était allée jusqu'à Paris où le roi s'était ému. En décembre 1343, le parlement de Paris lui intimait l'ordre d'avoir à se présenter devant lui sous peine d'être poursuivie par les armées du royaume et amenée de force devant ses juges.

Jeanne n'avait aucunement l'intention de se livrer... Mais ses forces n'étaient pas, et de loin, suffisantes pour lui permettre de s'opposer à une armée royale. Alors elle se prit à réfléchir.

Les biens des Clisson avaient été mis sous contrôle royal mais ceux que Jeanne tenait de sa famille de Belleville lui demeuraient encore... du moins jusqu'à ce que le Parlement les confisquât. Elle décida de ne pas attendre cette éventualité, hypothéqua ses terres, vendit ses meubles et ses joyaux, rassembla une forte somme d'or, s'en alla à Hennebont avec ses hommes que commandait son écuyer Robert de Vallet et ses deux enfants qui la suivaient partout.

Là, elle acheta un navire, fit ses adieux à Jeanne la Flamme.

– Je veux, dit-elle, m'en aller par-devers le roi anglais et lui demander des navires. Je ne peux plus me battre sur terre où les troupes de Philippe de France auront tôt fait de me prendre. Je me battrai donc sur mer... et malheur à ceux qui tomberont entre mes mains...

Elle fit comme elle avait dit, quitta la Bretagne avec un navire qu'elle venait d'acheter, gagna l'Angleterre. Le 1er décembre, le parlement de Paris l'avait bannie mais elle n'en avait cure.

Le roi Édouard III reçut avec bienveillance cette femme courageuse dont le renom déjà la précédait. On l'appelait « la lionne de Clisson », faisant à la fois allusion à son indomptable caractère et au fauve qui rampait sur ses armes.

– Je vous donne trois navires, Madame, lui dit-il. Mais vous devrez les armer et les équiper. Je ne peux faire plus car j'ai trop besoin de mes vaisseaux pour les mettre en main de femme.

– C'est tout ce que je désirais. Je me charge de tout.

Et, de fait, aidée du fidèle Robert qui, inlassable parce que follement épris, la suivait comme son ombre, elle se mit à l'ouvrage, prit livraison à Douvres de trois nefs que lui remit la Ligue des cinq ports, recruta des équipages dont elle jaugea chaque membre d'un froid coup d'œil, acheta des vivres, des armes puis, un matin, prit la mer, ses deux enfants à bord de sa nef capitane.

Quand, sous les voiles que le vent gonflait et faisait chanter au-dessus de sa tête, elle vit s'ouvrir devant elle la houle verte et grise de la Manche, Jeanne de Clisson éprouva pour la première fois depuis des mois une intense sensation de délivrance. Elle était l'oiseau de proie qui, de son aire hautaine, s'en va fondre sur ses victimes. Des victimes, la mer allait lui en fournir par douzaines qu'elle enverrait rejoindre, devant le trône de Dieu, l'âme trahie de son bien-aimé !

Sur l'escalier du château arrière, Robert de Vallet regardait en soupirant Jeanne, dressée seule à l'avant, isolée à la fois dans sa rêverie et dans son orgueil. Jamais autant qu'à cette minute où, côte à côte, ils s'en allaient vers la commune aventure, elle ne lui avait paru aussi lointaine, aussi cruellement inaccessible.

De la côte d'Espagne à la mer du Nord, les trois navires de la Lionne de Clisson semèrent la mort et la terreur tout au long de la côte de France. Sur les lourds navires marchands roulant au creux des lames comme sur les nefs royales, battant pavillon fleurdelisé, sur les villages isolés de la côte comme sur les châteaux et les abbayes nichés au creux des falaises, elle fondait soudain, sortant de la brume ou de la nuit comme un grand rapace, toujours vêtue de noir, toujours gantée de sang. Les navires étaient pillés et leurs richesses s'entassaient dans ses cales, servant à entretenir les trois équipages de forbans, les châteaux brûlés, les villages rasés. Jamais elle ne faisait merci, jamais elle n'accordait de grâce. Toujours, la première, elle frappait, maniant le glaive aussi sûrement qu'un chevalier cherchant à éteindre, dans les cris de souffrance des autres, la plainte inlassable de son cœur ulcéré. Tuer était devenu sa seule raison de vivre.

Auprès d'elle, les deux enfants apprenaient le silence, la haine, le sang et la mort. L'aîné, Olivier, avait déjà ce regard d'épervier, reflet de celui de sa mère, et une admiration passionnée l'attachait à cette femme indomptable pour qui la vengeance n'était pas un vain mot.

Pour ses hommes, elle était une énigme. Sur les deux autres navires, il y avait eu, au début, des chuchotements, des clins d'œil entendus... Le jeune Robert qui la dévorait continuellement des yeux ne pouvait être que son amant et tous deux dans le secret de la cabine de cet étrange amiral devaient vivre de bien agréables nuits !

Ces vagues ragots vinrent aux oreilles de Jeanne. Elle ne dit rien mais le soir même, des pendus se balançaient aux vergues des navires au milieu d'un cercle jacassant de mouettes.

Pour ses expéditions, elle choisissait de préférence la côte normande qu'elle ravageait avec un étrange plaisir. Peut-être parce que le prince Jean, ce fils du roi qui avait pris Nantes et avait fait placer la tête d'Olivier sur la porte Sauve-Tout, était duc de Normandie. Maintes et maintes fois, le Cotentin et la basse-côte du pays d'Auge reçurent sa redoutable visite et, chaque fois, les cadavres s'amoncelaient.

Un soir où, regagnant son bord après le sac d'un château non loin de Fécamp et où, épuisée, les vêtements couverts de sang, elle pénétrait dans la cabine qu'elle partageait avec son plus jeune fils pour s'y laisser choir sur la couchette, elle eut la surprise de voir que Robert l'avait suivie. Il se tenait là, dans l'ouverture de la porte trop basse qui l'obligeait à se courber un peu, la regardant avec une tristesse infinie.

– Que veux-tu ? lança-t-elle encore haletante.

Il ne répondit pas tout de suite, hocha la tête lentement.

– Combien de temps, encore, allez-vous mener cette vie insensée ? Jusqu'à quand poursuivrez-vous cette lutte terrible, ce massacre incessant ? Moi qui suis un homme, pour qui la guerre est une seconde nature... je suis las, et un peu écœuré.

– Quels étranges propos pour un guerrier ! Je continuerai tant que je vivrai, Robert, car il n'y aura jamais trop de cadavres de Français pour venger mon cher époux, mort traîtreusement.

– Êtes-vous sûre, bien sûre au fond de vous-même qu'il vous approuverait ? En conscience, je ne le crois pas. Que vous massacriez des hommes, valides et capables de se défendre, soit. Mais messire Olivier était trop vaillant et preux chevalier pour tuer des femmes, des enfants, des vieillards... comme vous le faites. Ah ! certes non, il ne vous approuverait pas.

– La mort des femmes, des enfants et des vieillards fait souffrir les hommes qui échappent à ma colère. Ainsi, je les atteins tout de même !

Robert s'approcha, s'agenouilla auprès de la couchette sur laquelle Jeanne s'était redressée. Doucement, il prit sa main dans la sienne qui était bien deux fois plus grande.

– Comment croire que si petite et si douce main puisse si rudement manier l'épée... et que le cœur caché dans une enveloppe si belle soit si dur, si impitoyable ! Madame, n'aurez-vous donc jamais pitié de tous ces innocents ? N'en avez-vous pas fait assez pour votre vengeance ? Le temps du repos n'est-il pas encore venu ? Songez à vos fils...

D'un geste vif, Jeanne retira sa main. Elle haussa les épaules.

– Mes fils ont, comme moi, juré sur la tête de leur père de le venger. Olivier aime déjà la bataille et le sang.

– Mais le petit Jean en souffre. Il est trop jeune pour voir tant d'horreurs, tant de carnages.

Les yeux de Jeanne se tournèrent vers l'enfant endormi dans son coin sur les matelas qui composaient son lit. Il était chaudement couvert et confortablement installé mais son sommeil était agité, nerveux. Il était pâle avec de grands cernes bleus autour de ses yeux. La voix de Robert se fit plus douce.

– Quatre ans !... Songez-y, Madame. Son âge est trop tendre pour cette vie terrible. Regardez-le. Il dépérit chaque jour. Son petit corps s'amenuise. Pour lui, au moins, arrêtez-vous quand il en est temps encore !

Doucement, Jeanne passa sa main légère sur le front de son plus jeune fils. Elle paraissait songeuse et, un instant, Robert crut avoir gagné. Peut-être, enfin, se laisserait-elle toucher. Peut-être était-elle enfin fatiguée...

Elle était riche. Les cales de ses navires regorgeaient d'or et de butin. Ne pourrait-elle s'en aller vivre en paix, soit en Angleterre soit en Bretagne, y retrouver la vie normale d'une femme ? Pour lui-même, le jeune homme souhaitait retrouver l'existence habituelle du guerrier. Il était las de la mer, las de ces brigandages, car il était inutile de s'illusionner et de leur donner un autre nom. Il se sentait perdu au milieu de ces forbans dont Jeanne avait composé ses équipages et qui ressemblaient plus à des bandits qu'à de vrais soldats. Robert ne se sentait vraiment pas l'âme d'un pirate...

Mais Jeanne de Clisson rejetant, d'un mouvement à la fois las et résolu, la masse humide de ses cheveux noirs derrière son dos, faisait face au jeune homme.

– Je ne peux plus m'arrêter, Robert... Même si je le voulais ! Il y a en moi quelque chose qui me pousse en avant, toujours en avant, toujours plus loin. Le sang est une étrange liqueur dont la griserie rend esclave... Je ne peux plus m'arrêter.

– Prenez garde, au moins ! Ne craignez-vous pas de lasser la patience de Dieu et que sa main, un jour, ne s'abatte sur vous ?

– Dieu ? Elle regarda le jeune homme d'un air sincèrement surpris qui le fit frémir... Il y a longtemps que je ne sais plus si, dans ce ciel qui nous domine, il y a quelqu'un qui veille sur nous...

– Il y est, Madame, n'en doutez pas ! Un jour, il pourrait se souvenir de vous...

– Pourquoi ? J'étais innocente, je n'avais rien fait... Et il m'a frappée dans ce que j'avais de plus cher. Le Roi Très-Chrétien, l'oint du Seigneur, son lieutenant sur la terre a pris la vie de mon mari... Je ne dois rien à Dieu...

Le Ciel allait se souvenir de la terrible veuve et, avec lui, le roi Philippe. Depuis plus d'un an, Jeanne de Clisson courait les mers. Ses victimes, ses razzias ne se comptaient plus et elle avait à son actif plusieurs navires de la flotte royale pour compenser la perte desquels le roi avait dû passer commande de nouveaux vaisseaux au Clos des Galées, en la ville de Rouen. À plusieurs reprises, quelques bateaux avaient été lancés sur la trace de la flottille mais chaque fois, quand le nombre était supérieur, Jeanne avait pu fuir, glissant entre les mailles du filet tendu comme une véritable anguille. Le roi décida qu'il fallait en finir une bonne fois. Une flotte entière, vingt nefs de bataille furent lancées sur la trace de la comtesse-pirate. Au large de Guernesey, un soir de mars 1345, Jeanne vit surgir les voiles et les fleurs de lis de la flotte royale.

Elle voulut fuir mais ses navires, lourdement chargés de butin, voyaient encore leur marche ralentie par les coquillages et les algues que la mer avait accrochés à leur coque. Il fallut accepter le combat inégal...

Par-dessus les têtes des marins massés près du bordage, regardant grandir les navires royaux, elle chercha les yeux de Robert.

– Cette fois, dit-elle tranquillement, je crois que nous n'échapperons pas et que voilà notre fin !

– Il nous reste seulement à bien mourir, fit une petite voix derrière elle. Se retournant, Jeanne vit son fils aîné qui, une dague dans sa petite main, se tenait près d'elle d'un air résolu. Chose étrange, la vue de ce courage enfantin faillit lui enlever le sien. Pour la première fois, elle réalisa dans quelle terrible aventure elle avait entraîné ses fils, si jeunes. Robert vit une larme, la première depuis des mois, monter dans les yeux verts. Sa main se posa sur l'épaule de la jeune femme, lourde, insistante.

– Il n'est plus temps de faiblir, Madame. Vous n'avez plus le choix !

Le combat désespéré s'engagea.

Jeanne, pourtant, ne devait pas périr. La nuit venait, rapide. Bientôt, elle recouvrit totalement le champ mouvant de la mort. Jeanne avait déjà perdu deux navires qui avaient coulé mais la nef capitane tenait encore bon. Les pots à feu n'apportaient qu'une lumière insuffisante pour se battre encore. Encerclant le navire pirate, la flotte royale attendrait le jour pour se lancer à la curée. C'est alors que Robert prit la direction des événements.

– Il faut tenter de fuir, cette nuit même, dit-il à Jeanne. Prenez la barque avec vos enfants et deux hommes sûrs et tentez de vous glisser entre les navires du roi. Moi je resterai !

– Jamais ! Nous avons lutté ensemble, nous mourrons ensemble ! Que m'importe la vie, s'écria furieusement la jeune femme.

– Sans doute la vie vous importe peu. Mais il y a vos fils. Eux morts, que restera-t-il du sang et du nom de Clisson ? Vous n'avez pas le droit de sacrifier la race de votre mari, Madame. Partez, maintenant... et tâchez de vivre.

Jeanne avait envie de se défendre encore mais les paroles du jeune homme entraient en elle comme des flèches, frappant au plus sensible. Ses fils ! Robert avait raison, elle devait tenter de vivre pour eux. Il fallait que vive la race des Clisson et, pour la première fois, Jeanne mesura sa folie. Mais le temps n'était plus aux réflexions ni aux regrets. Déjà Robert faisait glisser à la mer la lourde barque, choisissait deux hommes et leur faisait descendre quelques provisions. Puis il se tourna vers Jeanne qui était allée chercher le petit Jean. Elle le tenait dans ses bras et l'avait soigneusement enveloppé car, depuis deux jours, il était fiévreux et la nuit était froide.

– Tout est prêt ! murmura-t-il enfin. Partez, Madame... et que Dieu vous garde.

Au moment de quitter ce fidèle compagnon, Jeanne sentit le chagrin l'envahir. Elle s'agrippa à son bras.

– Venez... ne me laissez pas seule !

– Il n'y a pas de place pour tout le monde. Je dois rester avec les autres. Nous essaierons de nous sauver comme nous pourrons ! Adieu, Jeanne !

C'était la première fois qu'il lui donnait ce nom et, dans l'accent de sa voix, la jeune femme comprit enfin tout ce qu'avait renfermé d'amour pour elle ce cœur loyal. Pendant des jours et des jours il l'avait suivie aveuglément, sans se plaindre, sans rien demander pour lui. Il n'avait jamais tenté de lui faire comprendre qu'il l'aimait... Jeanne découvrait que d'autres qu'elle pouvaient aimer jusqu'au suprême sacrifice.

Se haussant sur la pointe des pieds, elle posa rapidement ses lèvres sèches sur celles du jeune homme.

– Adieu, Robert !... Dieu vous garde !...

Pendant six jours, six terribles et mortels jours, la barque erra sur les eaux grises de la Manche. Ils avaient pu se glisser entre les hautes coques des navires ennemis grâce aux avirons enveloppés de linges et à l'habileté des deux marins qui les maniaient. Mais ensuite l'immensité de la mer s'était ouverte devant les fugitifs.

Le jour venu, il n'y avait plus qu'eux, perdus au milieu de la profonde houle crêtée d'écume blanche. Rien en vue, ni terre ni navire... Ils ignoraient où ils se trouvaient, n'ayant ni carte, ni compas, ni aucun moyen de se diriger autre que le soleil.

Le froid était vif et, parfois, des paquets de mer entraient dans la petite mais solide embarcation, inondant ses occupants. Contre elle, enfermé dans le cercle désespéré de ses bras, Jeanne sentait grelotter le petit Jean.

La vie le quittait peu à peu et la mère, affolée, ne savait que faire pour le garder en vie. Olivier aussi était pâle, lui aussi tremblait de froid, assis tout contre sa mère au fond de la barque. Mais ses traits gardaient la volonté farouche de vivre, envers et contre tout ! Lui, avec ses neuf ans, conservait une force incroyable, une vitalité inattendue. Mais le plus jeune déclinait.

Le troisième jour, le petit Jean mourut dans les bras de sa mère.

Au matin du septième jour, la barque toucha terre, quelque part sur la côte anglaise des Cornouailles. Des pêcheurs qui rentraient en virent descendre une femme brune, très belle et très pâle, dont les yeux verts avaient les reflets mêmes de la mer. Elle était trempée comme si elle surgissait soudain des profondeurs et marchait les bras flottants le long de son corps comme s'ils n'avaient plus la force de retenir quoi que ce soit. Les bras de cette femme étaient vides, ses yeux étaient vides, ses joues ravinées par les larmes et le sel... Nul ne pouvait savoir qu'elle avait dû confier aux flots le corps de son enfant, que son cœur portait une profonde blessure par laquelle la haine et l'amertume de la vengeance enfin s'en étaient allées. Dans cette mort affreuse d'un enfant, dans le froid, le noir et l'humidité, Jeanne avait vu la main de Dieu frappant sans pitié celle qui n'avait jamais eu pitié.

Un enfant exténué et deux hommes à bout de forces suivaient la revenante, ou plutôt se traînaient à sa suite. On les accueillit dans une chaumière, on les réchauffa, on les réconforta. Peu à peu, le sang figé dans leurs veines se remit à couler normalement. Les visages reprirent couleur.

– Mère, fit le petit Olivier, qu'allons-nous faire maintenant que nous avons tout perdu ?

La vie, bien simplement, allait reprendre ses droits. Si elle était maudite des Français, Jeanne de Clisson était regardée par les Anglais comme une véritable héroïne. On lui fit accueil et la cour du roi Édouard s'ouvrit pour elle. C'est là qu'elle devait demeurer jusqu'à sa mort, encore lointaine.

Peu à peu, les souvenirs torturants ou terribles s'estompèrent, et même le remords ne la toucha jamais. Vint le temps où elle se souvint qu'elle était belle, encore jeune et où elle s'aperçut avec stupeur qu'elle pouvait encore aimer. Elle aima Gauthier de Bentley, l'épousa et vieillit doucement auprès de lui, oubliant la mer, la mort et le carnage.

Mais l'enfant sorti vivant de la terrible aventure ne devait pas, lui, demeurer en Angleterre. Quand il fut en âge de porter l'épée, il retourna se battre en Bretagne, se brouilla avec les Montfort et rencontra un hardi compagnon qui devait le subjuguer et lui montrer le chemin du devoir. Cet homme, qui se nommait Bertrand Du Guesclin, ne connaissait qu'un roi, le roi de France, et haïssait l'Anglais. Auprès de lui, Olivier apprit à devenir français.

Fidèle serviteur du roi Charles V, le fils de l'impitoyable comtesse-pirate était destiné à succéder à son ami et à porter à son tour, vaillamment, glorieusement, le plus beau des titres, celui qui donnait le pas sur les princes du sang et rejetait dans la nuit des temps la haine aveugle d'une femme désespérée : Olivier de Clisson, connétable de France...

ARNAUD L'ARCHIPRÊTRE

Terreur de la Provence et autres lieux

Le Juif était vieux et courbé par l'âge, le sentier qui escaladait les rocs jusqu'aux murailles du bourg fortifié, rude et si accidenté que le vieux fut bientôt essoufflé. Mais la poigne des deux hommes d'armes qui s'étaient emparés de lui au premier poste de garde ne lui laissait ni trêve ni repos. On lui avait pris la mule sur laquelle il était venu de Beaucaire et, quand il faisait mine de s'arrêter pour souffler un peu, un coup de poing ferré entre les deux épaules ou un coup de pied au bas du dos l'incitaient à plus de célérité.

– Allons, chien, avance !... On t'attend là-haut !

Là-haut !... Les formidables courtines du château des Baux, accrochées au bord de la falaise blanche au-dessus du village qu'enserraient ses défenses, brillaient sur le ciel bleu. Le castel avait l'air d'un aigle d'or, menaçant et invincible, aux ailes étendues toutes grandes pour protéger sa couvée, si haut perché dans l'azur. Des tours et encore des tours sous les mâchicoulis desquels de longues traînées luisantes et noires proclamaient que cette invincible forteresse était souvent assiégée et que l'on n'y marchandait ni la poix ni l'huile bouillante. Sur le donjon arrogant, une longue bannière pourpre frappée d'une étoile d'argent à seize branches flottait auprès d'une autre, placée légèrement plus bas, noire celle-là et blasonnée d'un grand cerf d'or rampant : les armes de Raymond des Baux, seigneur du pays et d'une foule d'autres lieux, l'orgueilleuse bannière à l'étoile du Roi mage[1] et celle de son terrible allié, le seigneur Arnaud de Cervole dont le pape

1. Les seigneurs des Baux prétendaient descendre de Balthazar.

Innocent lui-même, en son sûr palais d'Avignon, ne prononçait le nom qu'en tremblant.

Une pierre roulant sous son pied fit trébucher le vieux Moshe ben Jehuda. Il tomba, s'entama cruellement le genou et poussa un gémissement plaintif. Sa belle robe de velours noir était grise de poussière et déchirée lamentablement. L'un des soldats le saisit sous le bras et le remit brutalement sur ses pieds.

– Tu ne tiens pas debout, Juif, tu te traînes ! Je te croyais si pressé de voir monseigneur Raymond ?

– J'ai grande hâte, en effet, messire, mais je suis bien vieux, bien usé et ce chemin est si rude !

Pour toute réponse, l'autre soldat lui piqua les reins de la pointe de sa faux de guerre et ricana.

– Pas tant de jérémiades ! Par le Christ, ce vieux hibou essaie de nous attendrir. Allez, toi, avance et plus vite que ça !

Sous la douleur, Moshe fit un bond en avant. Heureusement pour lui, la montée tirait à sa fin. Le sentier se perdait bientôt sous les ombres crues de la porte Mage dont le pont-levis était présentement baissé.

– Nous avons trouvé ce Juif sur le chemin qui vient de Beaucaire, dit l'un des deux gardes au chef des archers de la porte. Il s'est laissé prendre sans résistance. Il dit qu'il vient voir monseigneur Raymond...

L'officier éclata de rire et regarda sous le nez le pauvre Moshe bien près de défaillir.

– Qu'est-ce qui te gêne le plus, Juif, ton or ou ta peau ? Mais sois sans crainte, monseigneur Raymond saura bien t'arracher l'un et l'autre. Tu dois être un peu fou pour être venu ici...

– Il faut que je voie le seigneur, il le faut absolument, implora Moshe prêt à pleurer. C'est pour moi plus important que la vie.

L'archer haussa les épaules.

– C'est bon ! On va te mener au château. Mais ne t'en prends qu'à toi si, tout à l'heure, tu te retrouves là-haut...

Du pouce, il désignait le couronnement d'une tour sur laquelle se découpait la silhouette sinistre d'une potence vide...

– Que le Tout-Puissant me vienne en aide, fit le Juif, mais il faut tout de même qu'il m'entende...

L'homme aux pieds de qui on jeta Moshe, sur les dalles de la grande salle, n'avait rien de rassurant. Grand et maigre, osseux même, il avait un visage très dur, aux pommettes saillantes, qui semblait taillé dans du vieux chêne sous une ronde calotte de cheveux très noirs. Un nez et des yeux de rapace, des dents étincelantes, aiguës sous les lèvres minces et rouges comme une coupure. Il se tenait debout devant la gigantesque cheminée ornée d'écus multicolores, très grand dans une longue houppelande de drap vert moucheté d'argent dont les interminables manches doublées de martre tombaient jusqu'à terre. Sur une table, auprès de lui, un échiquier d'or et de cristal était disposé. Il jeta sur le Juif écroulé un regard dont le dédain en disait long et ne lui ordonna pas de se relever.

– Que veux-tu, toi ?

– Monseigneur !... Monseigneur Raymond, commença Moshe éperdu. C'est pour...

Mais l'autre coupa brutalement.

– Monseigneur Raymond est aux étuves présentement mais je le remplace en tout. Je suis Arnaud de Cervole. Parle. Que veux-tu ?

– L'Arch...

La voix de Moshe ben Jehuda s'étrangla dans sa gorge sous l'emprise d'une terreur folle. L'Archiprêtre !... L'homme dont le surnom trop fameux faisait tressaillir d'horreur tout le pays [1]. C'était dans les mains de cet homme redoutable, venu du Nord avec ses bandes de routiers à l'appel du seigneur des Baux en guerre avec son suzerain le roi de Naples, de ce fléau dont les hommes pillaient, brûlaient, ravageaient et violaient à l'envi que sa mauvaise étoile l'avait fait tomber... Moshe se vit perdu mais il était trop tard pour reculer. Courageusement et sans attendre la permission, il se releva, épousseta machinalement ses genoux douloureux.

– C'est justice que je venais demander au seigneur Raymond. Je suis Moshe ben Jehuda, rabbin de la communauté de Beaucaire. Je n'avais qu'une fille, seigneur, une fleur, un ange trop pur pour cette terre de douleur. Elle m'a été enlevée voilà cinq jours par l'un des hommes de messire Raymond. Je sais qu'elle a été amenée ici...

– Ta police est bien faite, à ce qu'il paraît. Mais je te trouve fou de venir ici faire tout ce bruit pour une vile Juive. Que nous importe ta fille ?

1. Arnaud de Cervole n'avait jamais reçu les ordres. Ce sobriquet lui était resté parce qu'il avait perçu, jadis, les revenus de l'archiprêtre de Velins (Dordogne).

Si elle est belle, elle a dû être violée au moins cent fois depuis cinq jours. Elle est sans doute morte à l'heure qu'il est...

Un éclair de haine brilla dans les yeux du vieux rabbin mais il n'en montra rien. Sa voix demeura froide, étrangement calme.

– Je suis riche, seigneur Archiprêtre, très riche même. Dans la riche et libre ville de Beaucaire, je suis l'un des plus riches. Pour reprendre ma fille, je donnerais beaucoup...

À leur tour, les yeux noirs d'Arnaud de Cervole s'allumèrent.

– Vraiment ? Comme c'est intéressant ! Encore faudrait-il, pour faire droit à ta requête, s'il en est temps encore, savoir le nom du ravisseur. Sans ce nom, messire des Baux ne pourra rien pour toi.

– Je connais ce nom. Il se nomme Bernard Donat...

Cervole haussa les sourcils tandis qu'un large sourire s'étalait sur son visage tanné.

– Bernard Donat est l'un de mes lieutenants. Cette histoire me regarde donc, moi seul. Et quelque chose me dit que nous allons nous entendre... Holà, gardes !

Tandis que Cervole donnait quelques ordres à un homme d'armes qui venait d'apparaître, Moshe ben Jehuda se retira discrètement près d'une fenêtre dont l'arc en plein cintre ouvrait sur l'infini de l'horizon. Sombrement, il considéra l'immense campagne étendue à ses pieds. De ce nid d'aigle, on pouvait voir même la ligne bleue de la mer. Mais, jusque-là, c'était la désolation de la terre brûlée, ravagée par un an de razzias impitoyables. Les oliviers n'étaient plus que des troncs tordus, noircis, tandis que des amas de pierres où déjà s'accrochait la ronce marquaient la place des villages rasés sur lesquels, parfois, veillait encore une croix impuissante surgie des décombres. De loin en loin, une fumée noire montrait que, malgré tout, il restait encore quelque chose à brûler, ne fût-ce que les cadavres d'hommes ou de bêtes que l'on trouvait un peu partout dans la campagne et que l'on flambait par grande peur que ne revînt la terrible peste noire. Naguère encore, elle avait ravagé l'Europe entière. C'était le début du printemps de l'an de grâce 1358, alors que le roi Jean le Bon était prisonnier de l'Anglais et que le dauphin Charles tenait la régence du royaume meurtri.

À la grande surprise du rabbin, le ravisseur de Deborah n'avait pas l'air d'un bandit. C'était un garçon jeune, vigoureux et de visage sévère mais sur lequel le chaume doré des cheveux et la candeur du regard bleu mettaient une douceur. Il ne fit aucune difficulté, sous les sèches interrogations de son capitaine, pour reconnaître qu'il avait effectivement enlevé la fille de Moshe et l'avait installée dans une petite maison du bourg, près du four banal et sous la garde d'une vieille sorcière qui lui avait quelques obligations pour l'avoir sauvée de la corde.

– Mais je l'ai respectée, affirma-t-il avec force. Parce que je l'aime...

Le mot fit ouvrir de grands yeux à l'Archiprêtre. Aimer ? C'était là un terme qu'il connaissait mal. Si, bien sûr, il aimait son cheval, sa meute de molosses et aussi, peut-être, ses hommes, mi-fauves, mi-bandits, quand il les lançait au cœur de la mêlée. Ah, au fait, il aimait encore, à sa manière bien sûr, son épouse, la noble Jeanne de Graçay qui l'attendait dans son castel berrichon. Encore n'était-il guère capable de démêler cet amour-là de celui qu'il portait à la riche seigneurie de Levroux qu'elle lui avait apportée en mariage. Et puis, naturellement, il aimait son roi prisonnier... Mais aimer une fille quelconque, et juive de surcroît, voilà qui dépassait l'entendement. C'était un phénomène qu'il fallait voir de près.

– Fais-la chercher ! ordonna-t-il durement. Qu'on l'amène ici.

Sans protester mais tête basse et avec un soupir qui alla trouver un bizarre écho dans l'âme du vieux rabbin, il sortit pour exécuter l'ordre.

Arnaud de Cervole n'était pas au bout de ses étonnements car la fille qui franchit, peu après, le seuil de la salle, lui en fournit un qui faillit lui couper la respiration. Quand elle rejeta le voile blanc qui l'enveloppait de la tête aux pieds à la mode d'Orient, il rougit brusquement sous son hâle, sentit le sang monter à sa gorge, à ses oreilles... Jamais il n'avait vu beauté semblable...

Sans être très grande, Deborah était si bien faite qu'elle paraissait extraordinairement élancée. Ses nattes, noires et brillantes, traînaient sur ses talons encadrant un visage qui semblait fait d'un pétale de rose safranée. Des yeux longs comme une nuit de rêve et ourlés de cils épais s'étiraient vers ses tempes hautes et des lèvres rondes, fraîches et bien dessinées s'ouvraient sous un ravissant petit nez. Quant au corps de Deborah dont la robe collante, en légère soie jaune, épousait toutes les formes, il était la perfection même, un irrésistible mais inconscient appel à l'amour.

Les lèvres desséchées, la voix soudain enrouée, l'Archiprêtre regarda sombrement Moshe ben Jehuda dont le visage s'était illuminé en revoyant vivante celle pour laquelle il avait tellement tremblé.

– C'est là ta fille ?

– Oui, seigneur. C'est bien elle, mon enfant chérie, mon trésor...

– Cela suffit. Un trésor, cela se paie ! Nous allons discuter du prix. Ensuite tu seras libre de rentrer chez toi pour chercher la rançon...

Bernard Donat, les poings crispés, s'interposa.

– Capitaine, cette fille est à moi de par la loi de la guerre. Je l'ai prise, je ne la rendrai pas.

– Assez ! coupa sèchement Arnaud. Beaucaire est ville franche, nous ne pouvons molester ses habitants. Le Juif reprendra sa fille... mais un peu plus tard.

Le sourire radieux s'effaça brusquement du visage du rabbin.

– Mais, seigneur, puisque je paie rançon, ne pourrais-je emmener ma fille ?

Arnaud de Cervole le toisa avec hauteur.

– Tu perds la raison ? Paie d'abord, rabbin, ensuite tu la reprendras. Jusque-là, elle demeurera au château même, sous bonne garde. J'ai dit.

Son regard dur glissa de la tête courbée au visage enflammé de colère de Donat. Mais si puissant était l'empire de ce chef de guerre sur ses hommes que le jeune homme baissa la tête à son tour, sans protester. D'ailleurs, si Deborah demeurait au château, il y aurait espoir de l'enlever encore, de se sauver cette fois, avec elle... Peut-être au-delà de la mer, là où la serre de l'Archiprêtre ne pourrait les atteindre. Il était si sûr maintenant d'avoir gagné le cœur de la jeune fille. Le matin même, ne lui avait-elle pas dit qu'elle l'aimait ?

Une heure plus tard, le vieux rabbin, traînant toujours son poids d'angoisse, franchissait les portes du château où il devait encore laisser sa fille. À la sortie du rempart il retrouva, à son grand étonnement, sa mule qu'Arnaud, magnanime, lui avait fait rendre. Le cœur lourd, il descendit la rampe abrupte, ne trouvant le courage de se retourner que lorsqu'un bon bout de plaine eut défilé sous les pattes de sa monture. Dans la nuit montante, la formidable masse féodale des Baux se dressait à l'horizon, éperon menaçant déchirant le ciel, et qu'une lumière jaune, unique, piquait comme un diamant : la lanterne des morts où, suivant la coutume, on allumait un feu sur le toit de l'église quand une âme entrait en agonie. Sous sa robe déchirée, les yeux agrandis, Moshe ben Jehuda frissonna. Le lugubre fanal lui semblait d'un mauvais présage.

Dans sa chambre du donjon, Arnaud de Cervole tournait depuis des heures comme une bête en cage, incapable de retrouver son empire sur lui-même. Depuis qu'il avait posé les yeux sur le visage dévoilé de la Juive, il connaissait un marasme intérieur, un désarroi nouveau pour lui. Jamais en quarante-huit ans d'existence il n'avait connu ce feu dévorant qui brûlait maintenant ses entrailles. Bien sûr, au cours de sa vie mouvementée, vouée tout entière au métier des armes et à ses dangers, il avait maintes et maintes fois rencontré le désir brutal. Il le satisfaisait violemment, sans s'inquiéter des sentiments de celle qu'il avait élue. Il avait toujours traité les femmes en villes conquises et d'amour il n'avait jamais été question. Il ignorait tout de la chose et, d'ailleurs, n'en avait jamais pris le temps. « Pour Dieu, le roi et les dames... », criaient les rois d'armes dans les tournois mais, de cette trinité, Cervole n'avait jamais servi que deux personnes. Aussi ne comprenait-il rien à ce qui lui arrivait, à cette tempête intérieure. C'était inexplicable et c'était à devenir fou...

Se jetant dans une chaise de bois à haut dossier sculpté qui occupait le coin de la cheminée, il se prit la tête à deux mains. Des idées folles y dansaient en liberté et dont la moins folle était de courir jusqu'à la chambre où l'on avait enfermé Deborah sur son ordre, de la faire sienne de gré ou de force. Mais la pensée de Donat le retint...

Pour cet homme féroce que ses victimes proclamaient sans foi ni loi, la fraternité d'armes n'était pas un vain mot. Les loups ne se mangent pas entre eux et Cervole veillait, avec un soin jaloux, à ce que la bonne entente régnât dans les escadrons de sa « Grande Compagnie ». Violer la Juive, c'était offenser Donat qui n'était déjà pas trop content. Non, il ne le ferait pas...

La tête maintenant appuyée au dossier raide, l'Archiprêtre passa sur son front sa main sèche et brûlante. Que faisait-il là à gémir et à trembler de fièvre au fond de cette chambre ? Il n'y avait rien de changé dans sa vie. Il était toujours l'homme qu'il avait voulu être : un puissant chef de guerre avec qui les rois comptaient.

Quel chemin parcouru, cependant, depuis que, petit cadet de Gascogne, il avait quitté son hameau de Cervole, auprès de la Dordogne, pour s'en aller servir sous le maréchal de Nesle ! Pour ses brillants services, le roi l'avait fait seigneur de Châteauneuf-sur-Charente, puis lui avait donné la capitainerie d'Évreux, puis celle de Beaumont-le-Roger. Ensuite il y avait eu le grand, le terrible jour de la défaite qui, cependant, avait été pour lui le jour de gloire sans seconde. Poitiers où le roi et lui-même avaient été pris et où lui, petit gentilhomme sans grande naissance, avait combattu sous le harnois et l'armure d'un fils de France. Pour cette bataille à laquelle se devait d'être la fleur de la chevalerie française, la veuve de Charles d'Espagne, connétable de France, avait voulu que les armes de son époux, celles de son trop jeune fils le duc d'Alençon, fussent au premier rang. C'est au plus fidèle compagnon du mort qu'elle avait fait cet honneur sans égal et, malgré les deux ans écoulés, Arnaud de Cervole ne pouvait oublier l'orgueil qui gonflait sa poitrine sous son harnais fleurdelisé, sous l'écu aux armes de France, la fièvre qui brûlait sa tête sous le heaume couronné d'or, les armes fastueuses qui le faisaient confondre avec le roi lui-même. Tant qu'il vivrait, ne pourrait s'effacer la minute merveilleuse où, côte à côte avec le roi Jean, il avait mené la charge contre l'Anglais...

Et puis la vie avait repris son cours normal. La geôle anglaise, la rançon acceptée, le retour en laissant le roi à Londres, le mariage avec une riche veuve puis l'inaction, le repos des armes jusqu'à cet appel de Raymond des Baux qui avait à venger sur le roi de Naples, Louis de Tarente, son suzerain et comte de Provence, la mort de son père et de son frère assassinés. Il avait alors rameuté toutes les troupes de routiers, tous les hommes sans emploi qui, pour vivre, ravageaient le royaume du roi captif et, joyeusement, il s'était lancé avec eux sur la Provence, alors terre d'Empire. Depuis, il avait tué, pillé, brûlé, commis les pires forfaits peut-être par regret d'une trop grande minute de gloire perdue...

De chevalier, il s'était fait loup parmi les loups. Il aimait l'or, la guerre, le sang et il pouvait s'en gorger, s'en saouler puisque c'était tout ce qui restait à faire maintenant...

Quand la nuit fut en son milieu, Arnaud l'Archiprêtre se fit apporter une grande quantité de vin de Malvoisie et s'en grisa superbement, pour y noyer la tentation d'offenser gravement un frère d'armes. Mais dans les fumées du vin, une bizarre idée surnagea, se fit jour, s'enracina bientôt dans le cerveau assoupi du capitaine. Son état n'était pas normal et cette folie qui l'habitait depuis que la fille l'avait regardé ne pouvait s'expliquer que d'une seule façon : la Juive lui avait jeté un sort. Comme toutes ses pareilles, la fille était sorcière !... Sorcière !... SORCIÈRE !...

Quelques jours plus tard, on retrouva, au bas du roc des Baux, le corps déchiqueté du vieux rabbin, déjà plus qu'à demi dévoré par les charognards. Mais de l'or qu'il avait apporté, on ne retrouva rien. Peut-être, en cherchant bien, l'eût-on retrouvé au fond des coffres de l'Archiprêtre comme on aurait retrouvé aux écuries les mules qu'il avait chargées. Mais les hommes de la Grande Compagnie savaient mieux que quiconque tendre une embuscade puis en effacer les traces définitivement...

Le soir même, Bernard Donat vint trouver son capitaine. Il voulait régler avec lui le sort de Deborah qu'il n'avait pas eu la permission de voir depuis que, sur l'ordre d'Arnaud, elle avait été mise au secret. Il le trouva sur le chemin de ronde, armé de toutes pièces et scrutant la plaine sur laquelle s'étendaient déjà les ombres du soir. L'Archiprêtre était seul, appuyé au créneau, l'air sombre. Donat s'arrêta à quelques pas, raidi dans son armure, et parla à voix continue.

– Le vieux rabbin est mort et nul ne peut plus réclamer Deborah. Je suis venu, messire, vous demander de me la rendre. Elle m'appartient par droit de prise...

Tourné vers l'horizon, Arnaud de Cervole ne bougea pas d'un pouce. S'il semblait ne pas entendre, c'était pour se donner le temps de la réflexion. Il savait que cette minute viendrait où il devrait lutter, face à face, contre l'amour de son lieutenant mais il avait espéré pouvoir la choisir librement. Il ne se sentait pas prêt encore...

Croyant n'avoir pas été entendu, Donat répéta sa question. Alors la statue de fer se tourna lentement vers lui. Sous la visière relevée du casque noir, il vit luire les yeux sombres du capitaine.

– Non, fit seulement Arnaud. Je ne te la rendrai pas.

– Pourquoi ? C'est mon droit !

– Je sais. Mais cette fille est mauvaise pour toi... comme pour tout homme ! C'est une Juive, une fille de la race maudite, habile en maléfices et enchantements de toutes sortes. Te la rendre, ce serait perdre ton âme.

Jusque-là les deux hommes avaient gardé un ton égal, des voix étrangement unies et mesurées. Mais celle de Donat claqua soudain comme un coup de fouet.

– Que vous importe mon âme ? Avec vous, je l'ai cent fois perdue à torturer, piller, tuer inlassablement. Jamais vous ne m'avez alors parlé de mon âme ! Le souci ne vous en serait-il pas venu depuis que la beauté de Deborah vous a été révélée ?

L'Archiprêtre haussa ses épaules vêtues d'acier noir.

– Peut-être... Tu vois, je l'admets. Mais c'est parce que j'ai mesuré le danger que cette fille me faisait courir que je veux aussi t'en préserver. Elle est trop belle, elle s'empare de la raison d'un homme ainsi qu'une magicienne et l'homme devient entre ses mains plus faible et plus craintif qu'une vieille femme. Elle possède les charmes qui entravent, qui retiennent l'élan de l'homme, qui donnent le regret et le désir du retour que ne peut se permettre un homme de guerre. Toi et moi sommes des guerriers, pas des troubadours qui usent leur vie à chanter aux genoux d'une belle. Bats-toi, tu oublieras !

Donat approcha de quelques pas, jusqu'à sentir l'haleine du capitaine et l'odeur de graisse d'armes de son armure.

– Et que ferez-vous de Deborah ?

– Honnêtement, je ne sais pas. Je la renverrai peut-être à Beaucaire parmi ses frères. Non, sois sans crainte, je ne la toucherai pas. Elle me fait peur...

– Pas à moi. Donnez-la-moi si vous ne voulez pas que je la prenne de force !

La voix de l'Archiprêtre sonna tout à coup très dure.

– J'ai dit non ! Quant à la prendre, il va y avoir céans d'autre besogne que s'occuper d'une femme. Regarde ces lueurs là-bas. Sais-tu ce que c'est ? Ce sont les troupes du lieutenant général du Dauphin en Languedoc, Jean d'Armagnac, que l'on nous envoie à la prière du pape pour nous faire entendre raison. Va prévenir Raymond des Baux, c'est pour lui que nous nous battons. C'est à lui de décider s'il faut résister ou non.

Dressé depuis longtemps à la discipline de fer qu'imposait l'Archiprêtre, Donat obéit sans souffler mot. Mais, à l'instant de disparaître dans l'escalier noir de la tour, il s'arrêta.

– Vous ne voulez vraiment pas me la rendre ?

– Non. Je l'ai déjà dit deux fois !

Il y avait de la lassitude dans sa voix mais Donat était trop plein de colère pour s'en rendre compte.

Raymond des Baux refusant de poser les armes avant d'avoir fait rendre gorge à son ennemi mortel, Philippe de Tarente, frère du roi de Naples, et refusant tout aussi énergiquement de libérer Cervole de son engagement, Jean d'Armagnac mit le siège devant les Baux. Un siège sans grande conviction, il faut le dire. La forteresse cyclopéenne, dressée sur son rocher, était un défi permanent et hautain à toute atteinte. Armagnac n'espérait guère en venir à bout, surtout avec l'Archiprêtre de l'autre côté de la barrière. Mais quoi ? Le jeune Dauphin s'était ému des plaintes du pape Innocent VI que la grande misère des terres provençales dévastées empêchait de dormir. Il voulait que cette guerre stupide et sans issue visible, dont souffraient surtout les pauvres gens des campagnes, cessât au plus tôt. Et puisque le seigneur des Baux ne voulait pas entendre raison, le mieux était de chercher à l'intimider. Bien que le lieutenant général du Languedoc ne le crût guère intimidable...

Cependant, quelqu'un avait vu dans l'investissement du château une planche de salut : Bernard Donat. À moitié fou de rage et d'amour, prêt à tout pour reprendre la femme qu'il aimait, il en oublia la foi jurée et les liens d'honneur qui le liaient à son capitaine. Il ne vit plus en lui qu'un ennemi, un homme qui convoitait la même femme et la détenait indûment sous sa dépendance. Tôt ou tard, selon Donat, Deborah deviendrait la proie de l'Archiprêtre... Une nuit, le jeune homme se glissa hors du château, se rendit au camp d'Armagnac, lui proposa, moyennant certaines conditions, de lui ouvrir une porte, une prochaine nuit...

Malheureusement pour Donat, il avait été vu. Quand il regagna le château, il trouva Arnaud sur son chemin. Debout, bras croisés, le capitaine barrait toute la largeur de l'escalier du donjon. Donat, qui ne s'attendait pas à le voir, se sentit rougir.

– Je sais d'où tu viens, fit calmement Cervole. Je sais que tu es un traître...

Donat, envahi par une soudaine honte, voulut protester. Il lui imposa silence.

– Tais-toi ! Laisse-moi parler sans m'interrompre. C'est à cette seule condition que, peut-être, j'arriverai à maîtriser l'envie que j'ai de t'étrangler. Mais... je ne te tuerai pas, je ne te chasserai pas non plus de la Compagnie. Parce que je sais pourquoi tu as été vers Armagnac... pour qui, surtout. Je t'avais dit que cette fille te ferait perdre la tête et peut-être l'honneur. C'est fait. Mais je suis seul à le savoir. Alors je ne te punirai pas... pas toi.

– Pas elle, alors ! cria Bernard. Elle est innocente !

Arnaud descendit quelques marches jusqu'à mettre son visage convulsé de fureur presque à la hauteur de celui, blême, du jeune homme.

– Si, elle est coupable ! Coupable de t'avoir ensorcelé comme elle m'a ensorcelé. C'est une sorcière, tu entends, comme ses pareilles. Elle a des charmes pour envoûter les hommes et elle te tient déjà, toi, en son pouvoir. Alors, comme ses pareilles, elle mourra...

– Non, hurla Bernard, non, je ne veux pas !

Sur un signe du chef, deux hommes d'armes qui, sans qu'il les vît, avaient barré la descente de l'escalier derrière Donat, s'emparèrent du jeune homme qui fut rapidement maîtrisé malgré une sauvage défense. Arnaud de Cervole, impassible, avait assisté à la lutte. Quand enfin le jeune homme haletant fut immobilisé, il déclara froidement :

– Dès l'aube, la Juive Deborah sera jetée au bûcher. Ensuite tu pourras guérir...

Cramponné des deux poings aux barreaux de l'étroite fenêtre de sa prison, Bernard Donat, hypnotisé d'horreur, ne pouvait détacher ses yeux de l'effroyable spectacle qui se déroulait sous ses yeux. Sur la petite place que la masse du château dominait de toute sa hauteur, un bûcher flambait avec de grandes flammes rouges attisées par le violent mistral qui s'était levé dans la nuit. Elles étaient si hautes maintenant que l'on ne voyait plus la mince forme blanche qui avait été enchaînée tout à l'heure au poteau central. Ce n'était plus qu'une fournaise que les gens du bourg regardaient dans un silence effrayé et devant laquelle veillaient des hommes d'armes en chapeau de fer et camail d'acier, jambes écartées, tenant au poing un fauchard luisant, visages vides...

Les cris atroces qui tout à l'heure s'élevaient du milieu des flammes s'étaient tus depuis longtemps mais le malheureux dans sa prison les entendait encore. Il était sûr qu'au fond de toutes ses nuits il les entendrait toujours... Son visage le brûlait comme si lui aussi eût été enchaîné dans ces flammes qui achevaient de consumer Deborah. Une idée fixe battait sous son crâne douloureux.

– Je le tuerai ! Un jour, je le tuerai !... Même si je dois attendre des années pour frapper car il ne se garde que trop bien...

Au-dessus de sa tête, il ne pouvait voir sur le chemin de ronde un homme seul, debout dans une armure noire, un homme immobile qui, à travers les trous de la visière baissée, regardait lui aussi l'affreux spectacle... Quand les flammes retombèrent, il n'y avait plus aucun point commun entre la chose noire qui demeurait et la forme charmante de Deborah. Alors, se croyant délivré de son tourment, Arnaud l'Archiprêtre s'éloigna lentement. Mais l'apaisement ne vint pas. Il comprit bien vite qu'il n'avait fait que changer de torture. La coupe enfiellée du remords avait éteint la soif d'amour mais laissait derrière elle une amertume qui ne s'effacerait plus...

La guerre de Provence s'éteignit bientôt. Jean d'Armagnac leva soudain le siège sans qu'on sût trop pourquoi et s'éloigna. De son côté l'Archiprêtre s'en alla, sans plus de succès, mettre le siège devant Aix qui fournit une belle et vigoureuse résistance. Enfin, après beaucoup de bons offices du pape et de son conseiller, le cardinal de Talleyrand-Périgord, la haine s'éteignit peu à peu. Le Dauphin-Régent, au surplus, avait besoin de ses capitaines. Il rappela Arnaud qui, après une solennelle visite au pape, reprit le chemin de Paris en décembre 1358 tandis que les Baux poursuivaient leur destin.

Durant tous ces événements, Bernard Donat avait disparu. Il était allé offrir son épée à un autre capitaine, pour laisser à sa haine le temps de refroidir, à sa vengeance le temps de mûrir.

Pour Arnaud de Cervole, la vie continua. Veuf, il se remaria avec la sœur d'un ancien camarade de captivité, Jeanne de Châteauvilain, de grande famille bourguignonne. Il prit part à la bataille de Brignais, y fut fait prisonnier puis lutta, en Bourgogne, contre les Grandes Compagnies, devenues un véritable fléau. Les temps changeaient, l'épée vengeresse de la France était maintenant aux poings noueux d'un petit Breton laid et obstiné qui commençait d'écrire en lettres fulgurantes, sur les terres dévastées, le nom de Bertrand Du Guesclin. Arnaud sentit revivre en lui, sous l'écorce du chef de bande, l'âme du chevalier bleu et or de Poitiers...

Un jour, un homme au rude visage sans âge vint lui demander de reprendre du service chez lui : Bernard Donat...

Arnaud de Cervole avait un peu oublié les événements tragiques des Baux. On était en mai 1366, huit ans avaient passé... Il accueillit comme un frère celui qui revenait, croyant comprendre que l'autre avait pardonné, que l'enchantement maudit ayant cessé, il avait retrouvé intacte la vieille amitié des armes. On fêta le lieutenant à grand renfort de vins de Beaune puisque l'on était en Bourgogne.

Mais, vers la fin du mois, le 26 mai, comme l'on campait entre Lyon et Mâcon, à Glaizé, Arnaud l'Archiprêtre fut poignardé sans que l'on pût découvrir jamais le coupable. On le trouva sous sa tente, baignant dans son sang, la gorge ouverte, les yeux ouverts avec, au fond de leur eau noire, un immense étonnement...

PIERRE DE GIAC

L'homme qui vendit sa main au diable

L'homme qui descendait en chancelant les raides marches de pierre du donjon semblait ivre. Le regard halluciné, les lèvres tremblantes et le corps secoué de frissons, il frottait convulsivement sa main droite. Ses jambes raidies lui conféraient un étrange pas d'automate, lourd et mécanique.

Parvenu au second étage, il poussa du pied l'épaisse porte de chêne, marcha vers son lit sur lequel il se laissa tomber de tout son long. Son cœur battait à se rompre contre ses côtes. Il fut un long moment à reprendre une respiration normale.

Un instant, il eut la tentation d'appeler ses gens pour les envoyer au secours de Jacopo, son astrologue, qu'il avait laissé sans connaissance dans la chambre haute mais il se reprit, haussa les épaules. Jacopo se réveillerait bien tout seul...

Peu à peu, les effets du choc violent qu'il avait subi s'atténuaient et il se sentait redevenir lui-même. Pour la première fois de sa vie, Pierre de Giac avait eu peur ! Ce n'est pas une sensation agréable. Elle laissait, en se retirant, une amertume dans la bouche, un sentiment de honte... mais qui n'aurait eu peur en face du Diable en personne !

Un nouveau frisson lui parcourut l'échine tandis qu'il évoquait la scène qu'il venait de vivre. Chacun des détails s'était gravé dans sa mémoire.

C'était un peu avant minuit qu'il avait rejoint maître Jacopo dans la chambre haute du donjon où l'astrologue demeurait. Une seule torche fixée au mur par une griffe de fer éclairait les voûtes de pierre et, sous cette lumière pauvre, le vieil Italien lui-même, dans sa longue robe brodée de signes cabalistiques, était impressionnant. Il avait accueilli son maître sans un mot, l'avait pris par la main pour le mener au centre de la pièce où il l'avait laissé debout. À l'aide d'une épée, l'astrologue avait tracé plusieurs cercles autour de Giac et un certain nombre de caractères étranges où se retrouvaient les armoiries du seigneur et des croix. Dans un coin, un grand pot de terre plein de braises rouges avait été déposé. Jacopo jeta dessus de l'encens, de la myrrhe et de l'aloès qui ne tardèrent pas à dégager une épaisse et âcre fumée.

– Avez-vous préparé le parchemin sur lequel je vous avais demandé d'écrire, de votre sang, la supplique que vous désirez présenter au Seigneur des ténèbres, messire ? demanda l'astrologue à voix contenue.

Pour toute réponse, Giac tira un rouleau de sous son pourpoint, le glissa dans la main sèche du vieillard. Celui-ci le déroula, le lut puis approuva.

– Bien ! Maintenant veuillez vous agenouiller et, au fond de vous-même, implorer de toutes vos forces messire Satan de venir jusqu'à vous. Je vais commencer les invocations.

Tandis que Giac s'agenouillait, Jacopo alla s'accroupir dans un coin, un gros livre ouvert devant lui, et se mit à réciter une incompréhensible litanie. Bientôt la fumée se fit plus dense, emplit la pièce au point que Pierre de Giac ne pouvait plus distinguer nettement les objets qui l'entouraient. Les yeux lui piquaient et il toussa plusieurs fois. Soudain, son sang se glaça dans ses veines : au milieu de la fumée une forme noire, qui lui parut gigantesque, venait de se dessiner tandis qu'une voix grinçante se faisait entendre qui semblait venue des profondeurs de la tour.

Un curieux dialogue s'établit alors entre l'ombre et l'astrologue que Giac ne voyait plus mais dont il reconnaissait parfaitement la voix sans qu'il pût rien comprendre de ce qui se disait. À un moment donné, Jacopo redevint compréhensible :

– Messire Satan dit qu'il vous accordera vos désirs si, lui abandonnant votre main droite, vous promettez de le servir en toutes choses...

Giac ne reconnut pas sa propre voix quand elle franchit ses lèvres.

– Tout ce qu'il voudra ! Je promets tout... Mais je veux tout, fortune, puissance, amour !

– Vous aurez tout !

Le bizarre dialogue reprit, implorant chez Jacopo. Puis il y eut un cri déchirant, l'ombre noire disparut tandis que de hautes flammes se mettaient à jaillir du pot de terre, remplaçant la fumée qui se dissipait, éclairant la pièce. Giac terrifié vit alors que Jacopo gisait à terre, sans connaissance, un peu de sang coulant de sa bouche. Auprès de lui, le parchemin écrit avec du sang portait maintenant une large brûlure en forme de main. L'odeur de soufre était devenue intolérable.

Titubant, Pierre de Giac se releva péniblement et sortit de la chambre. Il ne put fermer l'œil de tout le reste de la nuit, demeura les yeux grands ouverts dans l'ombre qui se faisait de plus en plus claire sur la plaine de Limagne et les lointains monts bleus d'Auvergne. C'était un jour d'automne 1425 qui se levait ainsi. Pierre de Giac se glissa hors de sa couche, souleva le rideau qui fermait l'étroite fenêtre, respira l'air vif du matin. Sa main droite qu'il avait vouée cette nuit au démon lui semblait étrangement légère et habile. Il la caressa avec précaution comme si ce point noueux fût devenu fragile, puis sourit. Cette main n'allait-elle pas lui ouvrir les portes enchantées de tous ses désirs ?

À quarante-cinq ans, Pierre de Giac était le type du forban féodal. Beau, d'une sombre beauté d'ange déchu où le regard noir, inquiétant, brûlait d'un feu dangereux sous l'orbite profonde, il était cruel avec raffinement, fourbe et souple comme un serpent, d'une folle bravoure. Fastueux autant que rapace, de surcroît, il était passé maître dans l'art de nager en eau trouble.

Dans cette période particulièrement sombre de notre histoire qui suivait le règne désastreux du malheureux Charles VI, le pauvre fou mort depuis trois ans, et qui voyait la France déchirée entre les factions rivales des Armagnacs et des Bourguignons, pillée par l'Anglais qui tenait Paris où régnait, de par la volonté de la désastreuse Isabeau de Bavière, un jeune monarque anglais nouveau-né, Giac se sentait parfaitement à son aise. Il avait su à merveille louvoyer parmi tant d'écueils, forçant son chemin tortueux de la cour de Bourgogne dont il avait été longtemps un conseiller écouté jusqu'au lit de la Bavaroise obèse qui vendait la France à l'encan. Pendant ce temps, sa propre femme, dame d'honneur d'Isabeau, devenait la maîtresse de Jean sans Peur, l'inquiétant duc de Bourgogne qu'elle avait su mener à sa perte au pont de Montereau. Service dont Charles VII, le faible et influençable roi de Bourges, ne cessait de payer le ménage. Giac était devenu son favori, son conseiller le plus écouté, balançant même l'influence de Georges de la Trémoille qui avait dû partir pour une mission difficile autant qu'épineuse à Dijon.

Alors que la plus grande partie de la France, exsangue, mourait de faim, dévastée à la fois par les Anglais et par les redoutables bandes d'Écorcheurs, Giac peu à peu construisait sa fortune. Mais il n'était jamais satisfait, voulait toujours davantage, la puissance suprême, l'amour de la femme dont il était éperdument amoureux, cette Catherine de l'Isle-Bouchard, veuve depuis deux ans d'Hughes de Châlon, comtesse de Tonnerre et aussi fabuleusement riche que dangereusement belle.

Pierre de Giac songeait encore à toutes ces choses quelques heures plus tard tandis qu'à travers vignes et champs il s'en revenait vers son beau château de Vigosche[1], si fier et si solide dans ses pierres neuves. Il se remémorait surtout le dernier entretien qu'il avait eu avec la belle Catherine à la résidence habituelle de Charles VII, le merveilleux château de Mehun-sur-Yèvre. Alors qu'enflammé d'amour il la pressait de répondre à son désir, elle avait secoué sa tête brune coiffée d'un hennin immense et étincelant, puis s'était mise à rire.

– Une femme de ma maison ne se donne qu'en mariage, mon cher Pierre. Devenez mon époux et je serai à vous.

– Vous êtes cruelle, Catherine ! Ne savez-vous pas que je suis déjà en possession d'épouse ?

– Alors que je suis veuve. Une épouse utile, une belle maîtresse... ce serait un bon calcul, n'est-ce pas ? Mais peut-être ne serai-je plus veuve longtemps.

– Que voulez-vous dire ?

– Que Georges de la Trémoille, avant de nous quitter, m'a fait l'honneur de poser sa candidature à ma main. Il m'aime, lui aussi... et il est au moins aussi grand seigneur que vous ! Je l'épouserai sans doute puisque vous n'êtes pas libre.

– Et si j'étais libre ?

– Alors... je pourrais reconsidérer la question.

Elle s'était éloignée, traînant derrière elle ses brocarts argentés et ce parfum qui empêchait Giac de dormir. Depuis, il était hanté par l'idée qu'elle pourrait lui échapper, que le gros La Trémoille bientôt posséderait cette beauté sans rivale. Que serait la puissance, la richesse s'il n'avait pas Catherine ? C'est alors qu'il avait songé à Satan, à son château d'Auvergne, à sa femme enfin qui, enceinte de cinq mois, s'y était retirée avec une partie

1. Premier nom de Châteaugay, non loin de Clermont-Ferrand.

de leur maison. Laissant la cour de Charles, il était parti pour réfléchir et conclure ce pacte infernal auquel il rêvait depuis déjà de longs mois.

En pénétrant dans la cour de la forteresse, Giac aperçut sa femme qui revenait de l'église. Avec l'âge qui venait s'en allait la beauté de cette Jeanne de Naillac, épousée jadis par amour. La tardive et proche maternité ne l'embellissait pas. Elle était très grosse, son teint s'était brouillé, couvert de taches de son, ses cheveux étaient devenus ternes. À la regarder, Giac sentit la haine et le dégoût lui gonfler le cœur. Elle était un obstacle à son bonheur, elle vieillissait, ne serait plus utile à rien. Avec un mauvais sourire, Pierre regarda sa main droite. Il décida que cette nuit même, cette main le délivrerait de Jeanne.

Prenant lui-même le hanap d'argent sur le dressoir, Giac emplit deux gobelets de vin. Il le versa lentement, d'un peu haut. Le liquide rouge moussa légèrement. Puis, saisissant l'un des gobelets, il le tendit à sa femme.

– Buvons à mon triomphe, ma chère. Il est tout proche maintenant.

Machinalement, Jeanne de Giac prit ce qu'il lui offrait mais n'y trempa pas ses lèvres.

– Quel triomphe ? Que préparez-vous encore ?

Un sourire sardonique éclaira les traits durement accusés du comte.

– Buvez d'abord, je vous le dirai ensuite.

Pour l'encourager à boire, il porta la coupe à sa bouche mais se garda bien de tremper ses lèvres dans le liquide. Son regard aigu ne quittait pas Jeanne. Sans méfiance, celle-ci but mais ne vida pas le gobelet qu'elle reposa à demi plein.

– Voilà, j'ai bu ! Dites maintenant !

Mais il secoua la tête, posa son gobelet toujours plein et se croisa les bras.

– Pas encore. Pourquoi n'avez-vous pas tout bu ?

– Mais... Je ne sais ! Je n'ai pas très soif !

– Buvez, vous dis-je... Et jusqu'à la dernière goutte !

Quelque chose vacilla dans le regard de Jeanne. Son mari vit la terreur y monter lentement. Il fit trois pas vers elle, la main à la dague qu'il portait à sa ceinture.

– Allons... Bois !

Elle se leva avec un cri, renversa d'un revers de main ce qui restait du vin dont elle venait de comprendre ce qu'il contenait et s'enfuit jusqu'au fond de sa chambre. Puérilement, elle chercha un refuge fragile derrière les courtines du lit.

– Misérable ! Tu veux donc me tuer ? Mais pourquoi, pourquoi ?

Il marcha sur elle, le regard fou, la saisit d'une main et la jeta à terre.

– Tu me gênes. Tu n'es plus bonne à rien et j'en aime une autre. C'est cela le triomphe dont je te parlais. Demain je serai veuf, je pourrai l'épouser.

– Non... Je ne mourrai pas ! Grâce à Dieu, je n'ai pas tout bu !

– Tu en as bu assez et je vais veiller à ce que l'effet s'en fasse rapidement.

Se baissant, il saisit sa femme dans ses bras. Elle était très lourde avec ce poids de chair qu'elle portait en elle mais il était d'une force herculéenne que décuplait encore la fureur. En courant, sans même prendre la peine de jeter un manteau sur sa victime qui, sur le point de se coucher, était seulement vêtue d'une longue chemise, il dévala l'escalier du donjon. Les cris de Jeanne résonnaient dans la vis de pierre, lamentables appels au secours qui eussent attendri ces mêmes pierres. Mais des ordres avaient été donnés. Aucun serviteur, aucun homme d'armes ne se montra. Dans la cour du château que la nuit emplissait d'ombre, c'était aussi le désert, le silence. Il n'y avait rien qu'un cheval tout sellé attaché près d'un pot à feu. Jeanne de Giac, terrorisée, crut atteindre la porte de l'enfer.

D'un élan, Pierre la jeta en travers de la croupe de la bête, l'y attacha solidement, sauta en selle et piqua des deux. L'animal partit comme une flèche, fit résonner les planches du pont-levis sous son galop puis fonça à travers la campagne. Jeanne en qui le poison commençait à produire son effet hurla, torturée par le galop de la bête.

– Pitié, Pierre... Pense à l'enfant que je porte !

Un éclat de rire sauvage lui répondit.

– Un bâtard ramassé Dieu sait où... Aucune importance ! Je ne m'arrêterai que lorsque tu crèveras !

Le gémissement de la malheureuse se confondit avec le hennissement du cheval blessé cruellement par l'éperon. Le train d'enfer augmenta encore. À demi étranglée par ses liens, sa tête et ses jambes battant à chaque mouvement de la bête, Jeanne de Giac gémissait spasmodiquement. D'intolérables douleurs tenaillaient ses entrailles qui semblaient charrier de la braise.

À travers vignes, forêts et champs, le galop meurtrier se poursuivit, allant frapper de terreur le paysan au fond de sa chaumière, le forestier dans sa hutte. Ceux qui virent passer ce cavalier noir qui, sur ce cheval fou, emportait une blanche forme hurlante, crurent avoir rencontré le chasseur maudit menant jusqu'au fond de la nuit sa chasse infernale.

Pierre de Giac traîna ainsi sa victime durant quinze lieues au bout desquelles, sentant trembler entre ses cuisses le cheval épuisé, il s'arrêta enfin. Sur la croupe de l'animal il n'y avait plus qu'un cadavre raidi, souillé de sang et dont le visage crispé reflétait une atroce agonie.

Il le détacha, le laissa glisser à terre. Les longs cheveux de la malheureuse, collés par la sueur, s'étalèrent dans une flaque de lune mais Giac n'eut pas un regard pour celle qui avait été si longtemps sa compagne et sa complice. Prenant, à l'arçon de sa selle, une pelle qu'il avait eu la prévoyance d'emporter, il creusa un trou là où il se trouvait, en plein bois, y tassa le corps de Jeanne, rejeta la terre et ajouta quelques grosses pierres. Puis, remontant sur son cheval fourbu, il s'en alla au petit trot, sans regarder derrière lui. Comme il se l'était promis, il était libre.

Quelques semaines plus tard, il épousait en grande pompe la belle comtesse de Tonnerre. Le roi en personne assista à la cérémonie.

Dès lors, il sembla que tout dût réussir à Pierre de Giac. L'influence pernicieuse qu'il avait prise sur le faible et instable Charles VII parut grandir de jour en jour. Bientôt, favori incontesté, il régna en despote sur la cour de Bourges, terrifiée et muette. Le 3 août 1426, il devint premier chambellan. Il était le maître absolu. Devant sa morgue insolente, les plus hauts seigneurs tremblaient, se répandaient en courbettes, en présents fastueux pour écarter d'eux les ressentiments du favori. N'avait-il pas imaginé de former une troupe de cent cinquante estafiers, véritables bandits dont il prétendit faire une garde au souverain ? En réalité, cette bande de brigands étaient les hommes de main de ce seigneur-pirate à qui tout devait rapporter, bon gré mal gré. Le roi, heureux de voir s'abaisser ces grands féodaux dont la morgue, tant de fois, l'avait fait souffrir, laissait faire, souriait... et se taisait. Mais, sur ces entrefaites, Georges de la Trémoille revint enfin de son infructueuse ambassade en Bourgogne. Il ne lui fallut que quelques regards, quelques paroles échangées pour voir où en étaient les choses : la femme qu'il aimait était mariée à Giac et celui-ci, régnant en véritable tyran, évinçait sans hésiter tout ce qui le gênait. La Trémoille comprit qu'il ne pouvait y avoir de place pour deux. Par beaucoup de points, il ressemblait à Giac : même goût forcené de puissance, même appétit de richesse, même absence totale de scrupules mais, chez ce grand seigneur qui, à son tour, devait jouer un rôle si funeste[1], cela se nuançait d'une astuce et d'une souplesse politique dont Giac était dépourvu.

Après un bref éclat qui l'opposa au tout-puissant favori, La Trémoille n'insista pas. Il s'en alla, dans l'ombre, préparer ses plans.

Dans ces années de profonde misère, la France avait cependant trouvé un ange gardien qui, patiemment, inlassablement, mettait tout en œuvre pour détruire l'ouvrage néfaste d'Isabeau, pour protéger le faible roi, au besoin contre lui-même, pour tenter de rassembler le pays morcelé autour de son souverain. Cet ange qui, plus tard, allait aplanir le chemin sous les pas de Jeanne d'Arc dont, la première, elle devinerait le rôle décisif, était une femme, la propre belle-mère de Charles VII, celle qui durant des années l'avait sauvé des entreprises d'Isabeau, lui avait servi de mère, l'avait élevé, instruit, hissé au trône : Yolande d'Aragon, duchesse d'Anjou, comtesse de Provence, reine de Sicile, l'une des plus grandes dames de tous les temps, une âme de chef d'État, un cœur de chevalier. Celle que l'on nommait la reine des Quatre Royaumes[2].

À ce roi trop faible qu'elle essayait sans cesse d'arracher à lui-même, elle avait donné un remarquable chef d'armées : Arthur de Richemont, frère du duc de Bretagne. Ce Breton hautain et têtu au rude visage raviné de balafres avait, en recevant l'épée de connétable, voué sa vie et ses biens au service de ce roi dont, comme Yolande, il s'était juré de faire un grand roi. À eux deux ils maintenaient à la force du poignet tout ce qui, dans le malheureux royaume, pouvait encore être maintenu. Ils ne pouvaient que déplorer l'influence dévastatrice de Giac, La Trémoille n'en doutait pas. Il s'en alla donc trouver la reine de Sicile. Justement, avec l'hiver venu, la guerre faisait trêve. Délivrés momentanément de ce souci, Yolande et Richemont allaient pouvoir s'occuper de Giac.

– Cela ne peut durer, Madame, s'écria La Trémoille avec indignation. Avec quoi Votre Majesté espère-t-elle reprendre la guerre au printemps ? Giac s'est fait remettre tout l'argent qui avait été voté par les États. En outre, ses crimes ne se comptent plus...

1. L'abandon et même la trahison dont fut victime Jeanne d'Arc furent son œuvre.
2. Aragon, Sicile, Naples et Jérusalem.

– Sans oublier, fit Richemont sombrement, l'étrange disparition de sa femme. La dame de Giac serait morte en couches, à ce que prétend son mari, mais il a mis tant de hâte à reprendre épouse que cette fin semble bien providentielle !

– Monseigneur le connétable dit vrai ! reprit La Trémoille. Cet homme est un mal profond au flanc de notre roi. Il faut l'en débarrasser avant qu'il ne nous dévore tous, et le reste du royaume avec nous.

Les yeux gris de Yolande d'Aragon se posèrent calmement sur le gros seigneur, éblouissant dans une longue robe écarlate fourrée de zibeline.

– Que proposez-vous donc, messire ? Le roi ne se sépare guère du sire de Giac et il s'opposera de toutes ses forces à une quelconque action contre lui.

La Trémoille frappa du poing sur la table.

– Il faut passer outre, Madame. Ce ne sera pas le premier service que Votre Majesté aura rendu au roi contre sa propre volonté.

– Cela est aisé à dire, mais moins facile à exécuter.

– Peut-être y aurait-il un moyen...

Le connétable s'était approché du fauteuil de la reine de Sicile et courba légèrement vers elle sa haute taille.

– Nous devons, sous peu, partir à la suite du roi pour une tournée dans la province. Il nous faudra faire en sorte de marquer une halte à Issoudun. Là j'ai des intelligences, mais il nous faudra jouer serré. Le renard est fin et il se méfie.

– Il est amoureux ! jeta La Trémoille avec rage. Quel homme songe à se garder quand il est dans les bras de la femme qu'il aime ?

– Si elle l'aime aussi, elle saura le défendre, dit la reine.

La Trémoille haussa les épaules.

– La belle Catherine n'aime qu'elle-même ! Elle eût été à moi sans cette fâcheuse ambassade qui a laissé le champ libre à ce démon. Que Giac perde sa puissance... ou la vie, et elle ne lui donnera pas un regret.

– Dans ce cas, faites pour le mieux, messeigneurs, conclut Yolande. Mais faites vite ! Le temps nous est compté et le royaume si malade...

Au début de février, la cour de Charles s'installa à Issoudun. Le château était une forteresse puissante bâtie autour de son donjon que l'on nommait la Tour Blanche, en souvenir de la reine Blanche de Castille. Giac et sa femme, qui revenaient d'Auvergne, occupèrent naturellement l'une des plus belles chambres, près du roi et dans le donjon.

Au soir du 7 février, Arthur de Richemont se fit apporter les clefs du château par le capitaine de la place.

– Je les garderai par-devers moi, lui dit-il. Mes éclaireurs ont signalé une bande armée dans les alentours. On n'a pu l'identifier et, lorsqu'il s'agit de la sauvegarde du roi, on ne déploie jamais trop de prudence. Cette nuit, je garderai moi-même Sa Majesté.

L'officier se retira en saluant. Richemont sortit alors, posta une forte escouade de ses Bretons aux différentes issues du château et surtout autour du donjon. Le roi s'était déjà retiré chez lui et son favori en avait fait autant avec la belle Catherine. Ayant vérifié la fermeture de toutes les portes, le connétable alla se coucher et fourra les clefs sous son chevet. Le coup de main était prévu pour les dernières heures de la nuit.

Il se fit éveiller dans l'heure qui précède l'aube, passa son armure et se rendit à la chapelle où l'aumônier disait la messe de l'aurore. Là, il attendit, priant du fond du cœur pour la réussite de son plan.

L'Élévation venait d'être sonnée quand un homme entra sans bruit, toucha l'épaule du connétable.

– C'est l'heure ! dit-il. Ils sont là !

Au-dehors, dans la brume du petit matin, une troupe armée jusqu'aux dents attendait, menée par La Trémoille. Sous ses armes, le gros homme avait l'air d'une montagne de fer.

– Allons ! fit le connétable.

Il ouvrit lui-même la porte du donjon et, derrière lui, tous s'engouffrèrent dans l'escalier. Ils s'efforçaient d'amortir le bruit de leurs pas de leur mieux afin de ne pas donner l'alerte aux gens du roi qui, à cette heure, devaient dormir dans les étages. En silence, les soldats prirent les postes qui leur avaient été assignés.

Alors Richemont s'arrêta devant une porte dont il ébranla le bois de son gantelet d'acier.

– Levez-vous ! cria-t-il. Vous êtes trop à votre aise !

Il y eut, derrière la porte, un clapotis de pieds nus sur le dallage. Le vantail s'ouvrit, découvrant une vaste chambre dont un immense lit tenait la plus grande place. Une veilleuse éclairait cette chambre. Quant à l'homme qui venait d'ouvrir et qui ne portait pas le moindre vêtement, c'était Pierre de Giac. Dans le lit, redressée sur un coude, on apercevait la belle Catherine aussi peu vêtue.

Giac ouvrit la bouche pour dire quelque chose mais le reflet de la chandelle venait d'éclairer le visage balafré du connétable, dur comme la pierre sous la visière relevée du heaume à plumes noires.

– Richemont ! s'écria-t-il. Je suis mort !

Il n'eut pas le temps de prononcer d'autres paroles. Trois hommes s'étaient jetés sur lui, l'enveloppant dans une couverture qui étouffa ses cris. On l'emporta comme un simple paquet.

Pendant ce temps, La Trémoille était entré dans la chambre où Catherine l'avait regardé venir avec un parfait sang-froid. Il s'arrêta au pied du lit, sourit aimablement.

– Je suis désolé, belle dame, d'avoir dû forcer ainsi votre porte... mais l'homme que vous aviez commis la folie d'épouser n'était pas digne d'un tel honneur. Le mieux serait de l'oublier... et le plus tôt serait le mieux...

Catherine n'était pas femme à se désoler pour un mari. La Trémoille avait vu juste en pensant que seule la puissance de Giac l'avait attirée. Elle haussa les épaules et s'apprêta à se recoucher quand elle s'aperçut soudain que deux soldats, demeurés dans la chambre, étaient occupés à faire main basse sur les pièces d'orfèvrerie qui l'ornaient.

– Voleurs ! s'écria-t-elle. Laissez cela !

Mais, au lieu d'obtempérer, les deux hommes s'enfuirent à toutes jambes, emportant leur butin. Folle de rage, alors, la digne épouse de Pierre de Giac sauta à bas de son lit et apparut complètement nue. Sans se soucier le moins du monde de sa tenue, elle se lança, dans cet appareil, à la poursuite des voleurs, poussant de telles clameurs qu'elle parvint enfin à réveiller Charles VII.

Affolé, le roi se leva et s'en alla aux renseignements. Il apparut au milieu de ses gens effarés qui, en tremblant, lui racontèrent ce qui s'était passé. Il éclata en une violente colère, voulut lancer ses gens à la poursuite des ravisseurs de son favori. Il se heurta à Richemont qui venait d'apparaître l'épée à la main, au seuil de l'appartement royal. Le connétable salua mais, se redressant aussitôt, domina le roi de toute sa taille.

– Ce que je fais, je le fais pour le bien du roi... dit-il gravement.

Dompté, le roi baissa la tête et regagna sa chambre.

Pendant ce temps, les hommes de Richemont emmenaient Giac, dûment enchaîné, hors de la ville dont les portes, grâce aux clefs, s'étaient ouvertes devant eux. L'ordre du connétable était de conduire le prisonnier à Dun-le-Roi, qui appartenait à Mme de Richemont. Là, un tribunal composé de gens de Richemont l'attendait... et aussi des bourreaux.

Sous la torture, Pierre de Giac avoua tous ses forfaits, à commencer par l'assassinat de sa femme. Il en avoua même plus qu'il n'en avait commis tant la douleur l'avait affolé.

Quand on le ramena devant ses juges que présidaient le bailli de Richemont et le connétable lui-même, ce n'était plus qu'une loque humaine, moralement parlant. Il se jeta aux pieds de son ennemi.

– Je sais que vous allez me tuer... mais, par pitié, avant de m'envoyer devant le tribunal de Dieu, coupez-moi le poing droit !

Comme Richemont s'étonnait, il fit, d'une voix entrecoupée, le récit de son pacte infernal. Il avait voué sa main au Diable. Si cette main demeurait attachée à lui, c'est par elle que Satan l'entraînerait aux enfers brûler pour l'éternité.

– Je ne veux pas être damné ! sanglotait maintenant Giac. Par pitié, monseigneur, coupez-moi cette main maudite ! C'est elle qui a tout fait, elle qui est cause de tout ce mal. Ne me laissez pas mourir avec elle.

Le connétable garda le silence un instant puis haussa les épaules.

– C'est bien. On vous la coupera.

Le bourreau alors s'avança, levant une lourde hache... Il y eut un cri affreux, puis des sanglots qui rendaient un curieux son de soulagement.

Dès le lendemain, la sentence qui condamnait Pierre de Giac à la noyade fut exécutée. Dans l'aube grise, l'ancien favori fut cousu dans un sac de cuir, puis jeté à l'Auron. Sur le sac était attaché un large écriteau qui portait l'inscription « Laissez passer la justice du roy ».

Un mois plus tard, Georges de la Trémoille et Catherine de l'Isle-Bouchard, veuve de Pierre de Giac, étaient unis par les liens sacrés du mariage...

GILLES DE RAIS

Le véritable Barbe-Bleue

La halte de nuit avait été trop brève, les quatre chevaux étaient épuisés de fatigue, surtout celui de tête qui portait double charge. À l'aube tardive de novembre, la pluie et la crasse trempaient tout, si abondantes qu'elles eussent rouillé les armures sans la protection de la graisse d'armes. Mais le jeune cavalier qui menait la course infernale refusait farouchement de réduire le train. Les hommes lancés à sa poursuite étaient distancés depuis longtemps mais tant qu'ils seraient sur les terres de Thouars, leur sûreté ne serait pas complète. Gilles de Rais le savait bien.

Sur son épaule, la tête de Catherine, lourde encore de sommeil, glissait. Il la recala d'un mouvement sec qui éveilla à demi la jeune fille. Elle laissa filtrer un regard brumeux entre ses cils mi-clos, lui adressa un sourire tremblant et referma les yeux. Elle était si lasse que même le dur galop du cheval ne résonnait plus dans son corps meurtri. Elle se laissait aller contre l'épaule du garçon, coincée par un bras qui meurtrissait ses côtes, parce qu'on ne lutte pas contre un destin que l'on a appelé de toutes ses forces et qu'elle aimait ce garçon de seize ans qui l'avait enlevée de son propre consentement.

À travers ses paupières mi-closes, la jeune fille – on pourrait presque dire la fillette, puisque Catherine de Thouars n'avait que quinze ans – regardait son ravisseur. Il lui semblait que jamais elle ne pourrait se lasser de ce visage précocement durci dont une barbe naissante accusait encore les traits tourmentés. Les yeux, surtout, d'un noir profond avaient quelque chose de fascinant, peut-être à cause de leur expression à la fois avide, lointaine et cependant ardente... Au fond, elle ne cherchait pas beaucoup à analyser ce qu'elle éprouvait. Depuis leur première rencontre, elle était sans force et sans volonté devant lui.

Le cheval fourbu heurta une pierre, faillit tomber. D'une poigne de fer, Gilles, les dents serrées, le maintint en ligne. Par-dessus son épaule vêtue de cuir épais, Catherine pouvait voir ses trois compagnons qui galopaient en silence, le nez dans leur manteau.

Une troupe armée barra soudainement le chemin creux. Une vingtaine d'hommes d'armes à la tête de laquelle se détachait un vieux chevalier, tête nue. Le visage couronné de cheveux gris, seule chose découverte dans cette statue de fer vêtue, offrait une extraordinaire ressemblance avec celui de Gilles. Seuls l'en différenciaient les griffes que l'âge avait imprimées sur la figure tannée et les cheveux, presque blancs, alors que ceux du jeune baron de Rais étaient bleu-noir. Catherine comprit que c'était là le grand-père de Gilles, le redoutable Jean de Craon, celui qui l'avait, orphelin, pris sous sa tutelle et complètement élevé. Il attendait sous la pluie, appuyé à deux mains sur sa grande épée, impassible en apparence. Derrière lui, en fond de décor, le clocher croulant d'une petite chapelle émergeait de la brume. Plus loin encore, c'était la Loire.

Gilles arrêta son cheval. La bête plia les jarrets juste devant le grand-père. Sans un mot, il fit glisser Catherine de sa selle jusque dans les bras que le vieux seigneur tendait pour la recevoir. Jean de Craon n'était pas beaucoup plus bavard.

– Le prêtre vous attend, dit-il seulement. Il faut faire vite.

Sous son voile mouillé, Catherine rougit subitement.

– Nous allons être mariés ? Si vite ? Mais je croyais que nous étions trop proches cousins pour que l'Église ne mît empêchement ?

Quelque chose qui à la rigueur pouvait passer pour un sourire passa sur le visage de Jean de Craon.

– Tous les prêtres ne sont pas stupides, grommela-t-il. Et j'ignore le mot « empêchement ». Venez.

Toute la troupe s'engagea dans la chapelle se dirigeant vers l'autel où un prêtre en vêtements sacerdotaux attendait déjà. C'était un petit moine aux yeux inquiets, à la minuscule tonsure et il suffisait de voir les regards terrifiés qu'il jetait sur Jean de Craon et ses hommes pour comprendre quels moyens le vieux seigneur avait pu employer pour décider ce jeune prêtre à célébrer ce mariage défendu.

Tremblante, Catherine de Thouars s'agenouilla auprès de celui qui allait devenir son époux, tenta de prier. Mais c'était difficile dans cette bizarre atmosphère. Quel drôle de mariage ! Pas une femme n'y assistait. Il n'y avait que des hommes en armure, des visages burinés de guerriers, des poings couverts de fer et noués sur des armes lourdes. Il faisait froid, les murs verdis de l'église suintaient d'humidité et la pluie même tombait sur un banc par le toit où manquaient quelques ardoises. La mariée, trempée et frissonnante sous sa mante alourdie d'eau, se sentait misérable et abandonnée. C'était vraiment une étrange manière d'unir les héritiers des deux plus puissants fiefs de la région : la maison de Thouars, de souche princière, et celle de Rais-Laval, la plus riche de Bretagne et d'Anjou.

Le prêtre avait hâte que tout fût fini. Il expédia la cérémonie, bénit hâtivement le jeune couple, bâcla la messe.

– *Ite missa est*, fit-il avec un soupir de soulagement.

Quelques minutes plus tard, la cavalcade grossie reprenait le chemin détrempé. Gilles et Catherine retrouvèrent leur cheval commun et la pluie insistante. La Loire fut passée sans trop de difficultés. Bientôt se profilèrent au bout de la route les onze tours de Champtocé, la forteresse ancestrale, le repaire de Jean de Craon et de Gilles. On était arrivés.

Ce que Catherine avait pris pour le plus romanesque des mariages d'amour n'était en réalité qu'une brillante opération dûment préparée à l'avance. Le vieux Jean de Craon, dont l'énorme fortune n'éteignait pas pour autant les appétits toujours en éveil, voulait pour son petit-fils le plus brillant des établissements. Très riche, Gilles ne devait épouser qu'une fille également très riche et Jean de Craon partait de ce principe que l'on n'a jamais trop d'or ni trop de puissance. De plus, il aimait réellement et profondément ce petit-fils, le seul mâle digne du nom demeuré dans la famille depuis qu'avait péri, dans la boue sanglante d'Azincourt, cinq ans plus tôt, le fils unique du vieux seigneur. Gilles avait bien un frère, René de la Suze, ainsi nommé à cause de l'une des seigneuries de la famille, mais c'était un garçon faible, plutôt mou qui n'intéressait nullement Craon.

Le dévolu de l'aïeul s'était jeté sur Catherine de Thouars dont les domaines imposants formaient lien entre les terres angevines des Craon et les terres bretonnes des Rais-Laval. Un seul obstacle, mais de taille : les deux jeunes gens étaient cousins. Cependant, les foudres de l'Église n'impressionnaient guère Craon ni Gilles. Le père de la jeune fille, Milet de Thouars, étant mort subitement à Meaux, on décida de passer à l'attaque. Gilles fit quelques visites à Catherine et à sa mère, Béatrice de Montjean. Se faire aimer fut un jeu pour lui. Un autre jeu fut de décider la jeune fille à se laisser enlever afin de mettre l'irréparable entre eux et de placer du même coup l'Église devant le fait accompli. Un soir de ce mois de novembre 1420, Catherine s'attarda à rêver sur les bords du Thouet, à l'heure où chacun regagnait le château. Gilles et ses hommes bondirent sur elle, l'emportèrent au triple galop tandis que, sur les tours de Thouars, les guetteurs donnaient l'alarme.

Une étrange vie conjugale attendait Catherine, derrière les formidables murailles de Champtocé. Dès le soir du mariage célébré dans la chapelle au milieu des champs, elle était devenue l'épouse de Gilles, sans trop comprendre ce qui lui arrivait. Tout avait été si brusque, si rapide ! Au matin, pourtant, s'éveillant dans le grand lit à courtines du donjon, elle avait souri au jour gris et bas, au grand feu qui flambait dans la cheminée, à ce décor nouveau qui marquait, pour elle, le début d'une vie pleine d'amour et de joie. Mais, lorsqu'elle avait cherché auprès d'elle son jeune époux, on lui avait appris qu'il était parti de grand matin pour la chasse avec ses compagnons habituels, qu'il ne reviendrait que dans deux ou trois jours. Catherine, alors, avait soupiré profondément. Était-ce là cet amour fervent, passionné qu'il lui avait promis, cet été, sous les saules de Thouars ? Une étreinte brutale, cruelle même... et puis la solitude ?

Mais quand, à l'heure du repas, elle s'était trouvée en face de Jean de Craon qui l'attendait, debout sous le dais seigneurial, elle avait redressé fièrement son long cou blanc, sa petite tête fine sous la corne immense du hennin ennuagé de voile de Mossoul[1] couleur d'azur, pour qu'il ne vît pas qu'elle avait pleuré. Ce geste d'orgueil avait plu au vieux seigneur et il lui avait souri, paternellement, en lui tendant la main pour la mener à table.

– Gilles reviendra bientôt, ma mie, n'ayez crainte ! lui avait-il dit. Mais il n'a jamais su résister à l'attrait d'une horde de loups.

Tout le temps du repas, il l'avait observée. Elle était bien mieux qu'il ne l'eût cru, la petite cousine ! Pas jolie, certes, mais longue et fine, plus élégante et racée que vraiment belle. Ses yeux, couleur de noisette, avaient de l'éclat, sa peau était blanche et fine mais sa principale beauté était faite de ses doux cheveux d'un blond léger qui se tordaient en tresses épaisses sous l'édifice fantastique de la coiffure. Charmante, riche et possédant de belles terres, Catherine était tout à fait la petite fille selon le cœur de Craon. Il se sentit content de lui.

1. Le nom que portait alors la mousseline, tissu originaire de cette cité d'Orient.

Catherine n'était à Champtocé que depuis peu de temps quand une surprise lui arriva, la seule bonne surprise peut-être que devait lui réserver sa vie conjugale. Un mois après son propre mariage, elle assista au remariage de Jean de Craon, veuf depuis peu, avec... sa propre grand-mère, Anne de Sillé, femme encore jeune, douce et assez effacée. La voir s'installer à Champtocé comme dame et maîtresse, c'était pour la déracinée renouer avec le passé encore proche, retrouver la chaleur du foyer. C'était surtout une féminine et tendre présence au milieu de ces hommes qui semblaient faits du même fer que leurs armures. Une présence dont elle allait avoir le plus grand besoin pour affronter les premiers avatars de l'existence. L'Église, en effet, s'était insurgée contre ce mariage bâclé malgré ses lois, le déclarait nul, exigeait que les deux jeunes époux se séparassent en attendant son jugement, ne serait-ce que par pénitence et pour faire preuve de son bon vouloir. La promesse formelle fut ajoutée que le mariage serait béni à nouveau, selon les règles. Gilles et son grand-père s'inclinèrent. Catherine quitta Champtocé, retourna à Thouars pour trois mois, pas plus car les seigneurs de Champtocé étaient beaucoup trop remuants pour que les prêtres se risquassent à les faire attendre longtemps. Gilles, d'ailleurs, allait fréquemment voir sa femme envers qui il avait retrouvé ses façons d'amoureux. Pendant ce temps, les émissaires galopaient à perdre haleine sur la route de Rome, dans les deux sens, pour obtenir l'accord formel du Saint-Père. Le mariage ayant été consommé et la parenté n'étant pas trop immédiate, celui-ci tint compte de l'obéissance du jeune couple, accorda sans difficulté l'autorisation. Le 21 avril 1421, le mariage de Gilles de Rais et de Catherine de Thouars était béni à nouveau, solennellement cette fois, par l'évêque d'Angers. Après la cérémonie, Catherine réintégra Champtocé.

– Nul maintenant ne nous séparera plus, lui dit Gilles quand, à ses côtés, elle franchit le pont-levis de la forteresse. Nous sommes liés l'un à l'autre pour toujours et jusqu'à ce que vienne la mort.

Elle lui sourit, heureuse de ces mots graves, mais il les avait dits sans sourire, sans même la regarder. Le ton enlevait toute nuance tendre à ces paroles qui eussent pu marquer un serment d'amour. Il semblait lointain, une fois de plus, détaché d'elle. Pourtant, cette nuit-là, il l'aima avec une fureur qui laissa la jeune femme brisée, heureuse mais un peu terrifiée. Elle commençait à deviner qu'en ce garçon, si beau et si étrange, se cachaient des forces mystérieuses et malfaisantes. Sa nature semblait double. Il avait parfois la grâce et le charme d'un poète, presque d'un damoiseau de cour mais, à d'autres moments, des flammes infernales jaillissaient de cette eau calme, un coin des profondeurs se montrait, ouvrant sur un abîme de cruauté sadique et d'incroyable violence. Peu à peu, l'amour fervent de Catherine se nuança de crainte.

La mode, décidément, était au mariage chez les dames de Thouars. Après Catherine, après Anne de Sillé sa grand-mère, ce fut le tour de sa mère. Veuve depuis un an, Béatrice de Montjean décida de se remarier et d'accepter l'amour et la protection d'un jeune seigneur, chambellan de la cour du Dauphin Charles, qui se nommait Jacques Meschin de la Roche Aireault. Cette protection était pour elle une nécessité autant qu'un bonheur. Elle en avait le plus grand besoin. En effet, après avoir pris Catherine, Gilles de Rais et Jean de Craon entendaient bien se faire remettre son héritage qui, selon eux, leur revenait de droit depuis que Millet de Thouars était mort. Ils convoitaient surtout les deux châteaux de Pouzauges et de Tiffauges, en Poitou, deux places fortes de tout premier plan. Mais ces châteaux appartenaient en propre à Béatrice de Montjean et celle-ci refusa tout net de les livrer, malgré la proposition que lui fit Craon de lui donner, en contrepartie, un douaire important en Limousin. Elle ignorait encore la ténacité des deux hommes et combien il était difficile de leur faire lâcher prise quand ils avaient décidé quelque chose. Elle n'allait pas tarder à l'apprendre à ses dépens.

C'est ainsi qu'elle ignorait que le capitaine de la garnison de Tiffauges, Jean de la Noé, était un homme de Jean de Craon.

Catherine était à filer la laine dans la grande salle du château quand le cortège franchit la herse et s'arrêta dans la cour. Elle avait couru à la fenêtre et, reconnaissant sa mère et sa tante, avait poussé un cri de joie. Puis elle avait voulu courir vers l'escalier pour aller à leur rencontre. Mais la main de Gilles s'était abattue sur elle, l'avait retenue.

– Demeurez...

– Mais... je vois là ma mère, ma tante Isabelle, je veux aller leur souhaiter la bienvenue.

– Demeurez, vous dis-je. Il ne saurait être question ici de bienvenue.

Sans lâcher Catherine, il s'approchait à son tour de la fenêtre, jetait un coup d'œil au-dehors. Catherine suivit et à sa profonde stupeur, vit que les deux femmes, au lieu d'être conduites vers les salles d'honneur, étaient dirigées vers les prisons. Toutes deux montraient des visages pâles et défaits, semblaient recrues de fatigue. Catherine poussa un cri qui était à la fois de colère et d'indignation. Elle arracha sa main de celle de son époux.

– C'est ma mère ! Comment osez-vous la traiter ainsi, elle, une noble dame et qui, par mariage, vous est devenue si proche ? Quelle honte, pour un chevalier !

Un lent sourire passa sur le visage sombre de Gilles, libérant l'éclair étincelant de ses dents sous la barbe sombre.

– Il ne tient qu'à elles d'être traitées selon leur rang et avec toute l'affection désirable. Je compte même sur vous pour les y engager. Votre mère, Catherine, se montre d'une incroyable obstination. Qu'elle nous cède Pouzauges et Tiffauges contre ce grand domaine limousin que nous lui offrons et tout sera dit.

– Ainsi, c'est pour une question d'intérêt que vous avez fait cela, vous, Gilles ?

Le jeune homme eut un geste d'agacement. Quelle manie avaient toujours les femmes de mettre le sentiment là où il était le moins à sa place ? Il était question ici d'affaires, non de cœur.

– C'est plus qu'une question d'intérêt. Nous sommes en guerre avec l'Anglais, ma mie, et vous semblez l'oublier. Depuis la mort du pauvre Charles VI, voilà deux ans, ils ont fait désigner comme roi, au mépris des droits de monseigneur le Dauphin, l'enfant né du feu roi Henri V et de Catherine de France. Bedford, qui tient Paris, s'est nommé régent du royaume et les Anglais pillent et ravagent nos terres. Voilà un an, Bedford nous a arraché à nous-mêmes, les châteaux d'Ambrières et de Saint-Aubin qu'il a donnés à l'un de ses fidèles. Il faut que nos terres fassent bloc, se tiennent et puissent être défendues facilement. Nous ne pouvons prendre le risque de laisser en main féminine des points stratégiques de l'importance de Pouzauges et de Tiffauges qui coupent nos domaines en deux. Le domaine que nous offrons à votre mère est riche, elle ne sera pas lésée.

– Si elle refuse, c'est qu'elle a de bonnes raisons, répliqua Catherine.

La main de Gilles s'abattit sur son épaule et la serra, de plus en plus fort. Elle vit étinceler ses yeux d'un feu dangereux, recula, prise soudain de peur.

– Je ne vous conseille pas de l'encourager dans cette voie, Catherine. Vous irez aux prisons et vous direz exactement ce que je vous dicterai.

Sinon, vous pourriez aller rejoindre votre famille. Vous ne connaissez pas les basses-fosses de Champtocé, n'est-ce pas ? C'est là que j'enverrai ces dames... et vous-même si vous n'obéissez pas.

Catherine, vaincue, au bord des larmes, baissa la tête.

– C'est bien, monseigneur. J'obéirai.

Mais c'était une femme obstinée que Béatrice de Montjean. Elle savait qu'elle ne luttait que pour le principe puisque déjà les deux hommes avaient pris Pouzauges et Tiffauges. Mais elle ne voulait pas céder. Ni les larmes de sa fille, ni les menaces, ni même les prières de son jeune mari, qui lui faisait dire de céder, n'en eurent raison. Les trois émissaires que Jacques Meschin avait envoyés à Gilles et à Craon pourrissaient dans l'une des célèbres basses-fosses de Champtocé. Les Craon ne cédaient pas non plus. Anne de Sillé, qui était absente lors de la capture de Béatrice, s'était jetée à son tour aux pieds de son terrible et vieil époux pour obtenir la libération de sa fille. En vain !

Les deux hommes poussèrent même plus loin les menaces. Un matin, Béatrice de Montjean, enchaînée, fut amenée jusqu'au bord de la Loire. Là, elle vit sur l'herbe, tout ouvert, un grand sac de cuir auprès de grosses pierres. On lui fit comprendre que, si elle s'obstinait, elle serait cousue dans ce sac, jetée au fleuve. Elle se contenta de hausser les épaules.

– Vous pouvez me tuer, vous ne pouvez me faire renoncer à mon bon droit !

On la ramena à son cachot. Quelques jours plus tard, les pleurs conjugués de Catherine et de sa grand-mère obtenaient enfin gain de cause : Béatrice de Montjean, affaiblie, mais toujours aussi tenace, fut renvoyée à son mari. Mais les forteresses ne lui furent pas rendues. Puisqu'il avait été impossible de les lui faire céder de bon gré, les ravisseurs les gardaient de force et voilà tout.

Mais, de ce jour-là, Catherine sentit que son époux se détachait d'elle chaque jour un peu plus. Il ne venait même plus la rejoindre la nuit et, comme on ne lui connaissait aucune maîtresse, qu'aucune fille du pays n'avait jamais eu à se plaindre de lui, Catherine ne comprenait pas. Ce fut Anne de Sillé qui lui ouvrit les yeux. Elle lui fit remarquer les trop jolis pages dont son époux faisait sa compagnie habituelle, qu'il couvrait de soie et d'or.

– Gilles n'aime pas les femmes, ma mie.

Catherine pleura longtemps, amèrement dans le silence et la solitude de sa chambre. Mais quel remède apporter à pareil malheur ? Gilles, elle le savait maintenant, ne l'aimait pas, ne l'avait jamais aimée. Il l'avait épousée uniquement par amour de ses terres, par tendresse pour les deux châteaux forts. Et elle n'avait même pas d'enfant pour reporter sur lui sa tendresse inemployée.

Bientôt d'ailleurs, il partit rejoindre le roi Charles VII, appelé par la belle-mère de celui-ci, Yolande d'Aragon qui était aussi, comme duchesse d'Anjou, la suzeraine des Craon. Le loyalisme de Gilles, qui demeurait entier, inflexible envers le roi, repoussait l'Anglais de toute sa haine. Cela, cette fidélité jointe à une extrême bravoure, c'était le beau côté de Gilles, celui qui aurait pu faire de lui le modèle des chevaliers. N'avait-il pas dans son sang quelques gouttes de celui de Du Guesclin dont il était le petit-neveu ? Il partit servir le roi avec d'autant plus d'ardeur qu'il savait combien le pauvre roi de Bourges, renié par sa mère, chassé par l'Anglais, avait besoin d'aide. Gilles brûlait de mettre son épée et sa fortune au service de son maître.

Catherine demeura seule, entre ses grands-parents, dans la splendeur de Champtocé. Mais les hautes salles peintes, les tapisseries splendides, brodées d'or et d'argent, les tapis épais, les soieries somptueuses, les meubles précieux et la vaisselle d'or, tout cela n'avait plus de couleurs depuis que la haute silhouette de Gilles ne s'y mêlait plus. S'il n'y avait eu l'espoir de le revoir un jour, elle eût préféré le calme d'un couvent.

Pendant ce temps, auprès du roi, Gilles allait faire une étrange rencontre qui marquerait sa vie d'une fulgurante mais fugitive lumière.

– Gentil Dauphin, j'ai nom Jeanne la Pucelle et vous mande le roi des cieux par moi que vous serez sacré et couronné en la ville de Reims et serez dès lors lieutenant du roi des cieux qui est vrai roi de France...

La voix claire passait sur les têtes des courtisans que la stupeur rendait silencieux. Elle s'en allait frapper Gilles, debout parmi les autres autour de La Trémoille qui, sous des habits somptueux, avait tenté de faire croire à Jeanne qu'il était le roi. Elle avait secoué la tête, doucement écarté les rangs des seigneurs et s'en était allée jusqu'à Charles VII. Il se tenait caché, dans les derniers rangs. Mais c'était devant lui et devant nul autre qu'elle avait mis genou en terre. Maintenant elle parlait et l'âme brumeuse de Gilles le Breton, naïvement avide de merveilleux, buvait ses paroles.

Pourtant cette fille venue des marches de Lorraine qui se tenait là, devant le roi, sans orgueil mais sans timidité, n'avait rien d'extraordinaire. Elle était grande, bien bâtie et fraîche, portait avec une grande aisance ses habits d'homme mais ni ses traits ni sa voix calme ne dénonçaient un être supraterrestre. Il y avait peut-être les yeux. Leur eau limpide avait une étrange profondeur et, quand ils se posaient sur vous, on avait l'impression qu'ils pouvaient descendre jusque dans les replis les plus sombres d'une âme.

Maintenant, le roi et Jeanne s'entretenaient dans l'embrasure d'une fenêtre. Gilles les épiait, dévoré de curiosité. Que pouvait-elle dire au roi ? Quel était ce secret qu'elle lui confiait ? Le visage pâle de Charles VII rougissait peu à peu en même temps que son regard morne s'éclairait. Un sourire enfin naquit sur la bouche lasse.

Quelques instants plus tard, Gilles se voyait confier Jeanne à qui il devait désormais servir d'escorte. Quand on la lui présenta, il ne sut que lui dire, sourit timidement, soudain envahi par un sentiment de bonheur comme il n'en avait jamais connu, joint à une extraordinaire sensation de pureté et de liberté. Jeanne, gentiment, lui rendit son sourire.

Dès lors, il ne la quitta plus. Orléans les vit combattre côte à côte. Pour elle, pour ne pas troubler sa limpidité, il s'obligeait et obligeait ses hommes à réprimer leur langage de soldats rudes, il tenait à l'écart sa cour de pages équivoques. Ce qu'il éprouvait pour Jeanne n'était pas de l'amour, tout au moins pas au sens brutal et charnel du terme. C'était, en quelque sorte, l'attrait de l'ange qu'il subissait. Pour lui, elle était l'envoyée du ciel sans qu'il fût possible d'en douter. Il l'aimait comme on aime Dieu, plus humainement seulement parce qu'elle était visible, qu'il pouvait la toucher, lui parler. Il suffisait qu'elle lui sourit, à sa manière paisible et douce, pour qu'il fût heureux. Depuis le 8 mars 1429, date de leur première rencontre, il se sentait un autre homme. Pour elle, il accomplit des prodiges de valeur. Elle allait jouer, en échange, un rôle dans la vie même de Catherine, seule depuis si longtemps.

Gilles et Jeanne ne se connaissaient que depuis quelques jours. Ils faisaient ensemble l'apprentissage du compagnonnage d'armes et commençaient à préparer la grande attaque contre Orléans, quand la Pucelle, un matin, déclara brusquement :

– Messire ! Parmi toutes les dames qui entourent la reine Marie et la reine Yolande, je n'ai point vu la dame de Rais. D'où vient qu'elle ne se tienne pas auprès de vous, surtout à cette heure du proche danger ?

Gilles s'était senti gêné. Les yeux de Jeanne le transperçaient.

– Ma femme préfère demeurer au château. Elle est... de nature tranquille, aimant peu le bruit.

Jeanne d'Arc secoua la tête, lentement.

– Elle aime peu, certainement, vous contrarier, messire Gilles, et préférerait vivre auprès de vous si vous en exprimiez seulement le désir. Il n'est pas bon que vivent séparés ceux que Dieu a unis, souvenez-vous-en !

Les paroles étaient sévères mais la voix était douce. Sous le reproche, Gilles baissa la tête comme un enfant pris en faute. Le soir même, il quittait Chinon à la tête de quelques hommes, fonçait vers Champtocé à une allure d'enfer. Le magnifique Casse-Noix, son cheval favori, était presque sur les boulets quand les tours du château furent en vue. Gilles tomba aux pieds de Catherine, stupéfaite.

– Avant la bataille, ma mie, j'ai voulu vous revoir encore, fit-il sincèrement car le pouvoir de Jeanne était tel qu'il ne se souvenait plus d'être venu presque sur un ordre. Puisqu'elle l'avait désiré, il ne pouvait pas ne pas avoir lui-même désiré ce retour.

Catherine, riant et pleurant à la fois, tomba dans les bras de cet époux retrouvé. De toute la nuit ils ne se quittèrent pas et quand, au matin, il reprit la route, Gilles laissait derrière lui une femme heureuse.

Orléans fut délivrée et la marche triomphale vers le sacre commença. Gilles ne quittait pas Jeanne. De son côté, Catherine voyait poindre enfin les prémices de la maternité et s'enfermait dans son bonheur. Son état ne lui permit pas le voyage à Reims. Elle n'assista pas au triomphe de Gilles promu maréchal de France par le roi. Elle ne le vit pas, en somptueux vêtements de velours violet, d'hermine et d'or, escorter à cheval jusqu'aux marches de l'autel l'Ampoule sainte qui allait sacrer le roi. Elle n'entendit pas sonner le sabot impatient de Casse-Noix sur les dalles de la cathédrale. Elle attendait l'enfant de Gilles sur la terre de Gilles et ne demandait rien de plus. Au mois de décembre naquit l'enfant. Ce n'était, hélas, qu'une fille que l'on nomma Marie.

Gilles guerroyait toujours. Il était près de Jeanne quand elle fut blessée sous les murs de Paris. Mais il n'était pas là quand elle fut prise devant

Compiègne par la trahison de Guillaume de Flavy... Cette capture fut pour lui un choc terrible. Il fit tout, malgré même son cousin La Trémoille à qui il avait juré fidélité et qui fut le principal artisan de la perte de Jeanne, pour la sauver. Depuis Louviers où il s'était avancé, il tenta même un coup de main sur Rouen, échoua... Le drame se poursuivit jusqu'au bout. Le 30 mai 1431, le bûcher s'allumait sur la place du Vieux-Marché.

Ces flammes qui ajoutaient la gloire du martyre à la couronne déjà légendaire de la Libératrice, Gilles n'en vit pas la splendeur tragique. Elles furent pour lui la chute verticale au fond de l'abîme dont Jeanne l'avait tiré. Brûlée comme sorcière, celle qu'il croyait fille de Dieu même ? Celle qu'il avait presque adorée ? Ainsi donc, le rêve n'était qu'un rêve, l'ange une illusion ? Il n'y avait sur terre que boue, lucre, immondices. Le ciel était trop haut, nul ne pouvait l'atteindre. Seul le Diable se laissait toucher, parfois... Tournant le dos au paradis, Gilles, par désespoir autant que par déception, se dirigea résolument vers l'enfer.

Des jours noirs, lourds d'angoisse coulaient pour Catherine derrière les murs de Champtocé. Gilles était revenu mais dans cet être sombre, avide de plaisir et de jouissance, dépensant follement son immense fortune, elle ne parvenait plus à le reconnaître. D'ailleurs, il ne semblait même pas la voir, la traitait presque en étrangère, ne regardait jamais sa fille.

Autour de lui se pressait une troupe d'hommes violents et cruels : Gilles de Sillé, cousin de Catherine, Roger de Briqueville, le jeune et trop beau Étienne Corrillaut. Des orgies se déroulaient à peu près chaque nuit dans la Tour Noire, dont parfois le silence nocturne apportait quelques échos jusqu'à la chambre où Catherine veillait sa fille.

Anne de Sillé était morte, le vieux Jean de Craon déclinait. Et, dans le pays, les gens chuchotaient à mots couverts, en regardant avec angoisse les tours muettes du château. Des enfants, pour la plupart de jeunes garçons, disparaissaient. On les voyait un jour en compagnie de l'un des hommes de Gilles et puis on ne les revoyait plus. Ou bien l'un des compagnons, Sillé ou Briqueville, venait chez les parents d'un garçon particulièrement beau, donnait des pièces d'or pour qu'on lui confiât l'enfant afin d'en faire un page. Et puis les nouvelles se faisaient rares. L'enfant, quand on s'enquérait de lui, était à Tiffauges, ou à Machecoul, ou à Saint-Étienne-de-Mer-Morte ou dans n'importe quel autre des nombreux châteaux de Gilles.

Le faste de celui-ci croissait sans cesse. Nul n'avait de serviteurs plus somptueux, une maison mieux montée. Il s'était créé une chapelle de petits chanteurs dont les voix, pures et choisies avec soin, étaient un régal pour les oreilles. La passion de Gilles pour la beauté, les choses harmonieuses et l'art semblait aller grandissant. Pour une belle reliure, pour une tapisserie parfaite, il donnait une fortune. Nul n'était plus fastueusement généreux, nul n'avait plus de goût que ce guerrier.

Le 15 novembre 1432 mourut Jean de Craon. Et là, un fait frappa Catherine. Lui qui avait aimé Gilles plus que tout au monde, qui l'avait élevé, qui en avait fait, malheureusement, ce qu'il était en lui insufflant l'esprit de lucre, la cruauté, l'orgueil sans frein, refusa à l'heure dernière de voir son petit-fils. Et ce fut à l'autre, au dédaigné, à celui qu'on ne voyait jamais, à René de la Suze enfin que le vieux chevalier laissa son épée. Catherine, qui passa de longues heures agenouillée auprès du lit où agonisait le vieux seigneur-forban, ne comprit pas non plus pourquoi, lorsque l'on parlait de Gilles, une telle épouvante s'allumait dans son regard ni pourquoi il avait ce geste dérisoire de repousser loin de lui une vision atroce... Le vieux Jean de Craon emporta son secret dans la tombe. Mais ce secret, Catherine allait le découvrir une nuit, par hasard.

C'était une nuit d'hiver où la plainte du vent tourbillonnait sans arrêt autour du donjon. On avait dû descendre les flammes de soie qui, ordinairement, couronnaient chaque tour car la tempête les arrachait les unes après les autres. Quelques tuiles s'envolaient des toits, tombant dans la cour avec fracas. Dans sa chambre, Catherine, enfermée avec ses femmes, ne savait comment calmer Marie qui hurlait. L'enfant avait peut-être peur mais surtout elle avait de la fièvre. Très rouge, elle toussait sans cesse et Catherine ne pouvait plus contenir son angoisse. À trois ans, Marie était faible et de petite constitution.

Le mire du château était mort deux jours plus tôt. Catherine ne savait plus à quel saint se vouer quand elle se souvint des hommes que Gilles faisait venir auprès de lui à grands frais et qui, pour lui, s'occupaient d'alchimie, sa dernière passion. Certains se disaient médecins, savants en toutes sortes de choses. Peut-être l'un d'eux pourrait-il guérir Marie...

Forte de cette idée, Catherine jeta une mante sur sa robe de nuit pour se préserver du froid glacial, dans les couloirs du château et, un flambeau à la main, se dirigea vers les appartements de son mari, refusant la compagnie d'une servante. Elle savait que Gilles ne voulait pas la voir rôder dans cette partie de la maison après la chute du jour, mais ce soir l'état de Marie lui donnait tous les courages, même celui de braver la colère de son redoutable époux.

Derrière la porte de Gilles, elle s'arrêta, écouta. Un tintamarre infernal se faisait entendre derrière l'épais vantail de bois : des chants, des rires... et aussi des cris aigus, affreux. Elle frappa cependant, mais le vacarme était tel qu'on ne l'entendit pas. Alors elle ouvrit, écarta doucement le vantail, recula d'épouvante, soudain vidée de son sang.

La scène d'orgie qui se dévoilait sous ses yeux était de nature si infâme qu'elle ne peut être rapportée. Mais le centre en était un enfant qui, étendu sur la table, le ventre ouvert d'un coup de dague, agonisait en poussant d'atroces gémissements. Il y avait du sang partout.

Terrifiée, Catherine poussa un cri et, sans songer à refermer la porte, s'enfuit les deux mains sur les oreilles. Elle savait maintenant à quoi son mari passait ses nuits !

Prendre sa fille dans ses bras et s'enfuir du château maudit fut sa première réaction, mais pouvait-elle emporter dans la tempête une enfant malade ? Elle demeura jusqu'au jour agenouillée au pied du lit de sa fille, priant et pleurant toutes les larmes de son corps.

Au matin, Marie allait mieux. Mais, par ordre de Gilles, Roger de Briqueville vint lui signifier d'avoir à faire préparer ses coffres. Elle devait aller vivre dorénavant à Pouzauges avec ses femmes et sa fille. Sans protester, recrue d'horreur et le cœur brisé, elle obéit, quitta Champtocé pour n'y plus revenir. Elle ne devait revoir Gilles qu'une seule fois, dans de tragiques circonstances.

Le temps passa. Installée à Pouzauges, Catherine n'avait plus de nouvelles de son mari que de loin en loin, toujours plus alarmantes. Il se ruinait peu à peu en fantaisies folles, vendant ses domaines les uns après les autres. Champtocé lui-même, le magnifique domaine était vendu, Gilles résidait maintenant à Tiffauges et toujours la même rumeur se levait sur ses pas. Là où il était, les enfants disparaissaient. Catherine et la famille de Gilles durent lutter pour sauvegarder une partie du patrimoine.

Et puis le 15 septembre 1440, le drame éclata. Ce jour-là se présentèrent au portail du château de Machecoul des hommes du duc de Bretagne ayant à leur tête le capitaine d'armes Jean Labbé, assisté du notaire

Robin Guillaumet, agissant au nom de l'évêque-chancelier Jean de Malestroit. Gilles de Rais était arrêté.

Le procès qui s'ouvrit à Nantes découvrit un monde d'horreur. Quelque trois cents enfants avaient été tués par Gilles dont les derniers avaient été sacrifiés au cours d'évocation du Diable. Les juges, peu sensibles cependant à cette rude époque, virent défiler devant eux la lamentable cohorte des parents des petites victimes dont la peur ne nouait plus la langue. Tout fut découvert des orgies nocturnes, des affreuses débauches dans lesquelles Gilles se vautrait avec délice. Avec lui, un Italien du nom de François Prelati, qui l'avait berné durant des mois avec ses invocations diaboliques, avait été arrêté ainsi que plusieurs autres complices.

Gilles nia d'abord, opposa son orgueil, son mépris même à ses accusateurs. Mais, quand on l'eut excommunié, il abandonna. Son revirement fut éclatant, démesuré comme tout ce qui venait de lui. Il avoua tout et, au milieu d'un torrent de larmes, demanda pardon à tous ceux qu'il avait fait souffrir. Et ce repentir était si sincère, si visiblement venu du tréfonds de l'âme que le jour de sa mort, ceux qui prièrent pour lui avec le plus de ferveur furent ceux-là mêmes dont il avait tué les enfants.

Le 26 octobre 1440, Gilles de Rais et deux de ses complices étaient menés au supplice. Une immense procession à laquelle toute la ville, le clergé, les notables et Catherine elle-même, toute vêtue de blanc à la demande de Gilles qui avait imploré son pardon à elle aussi, mena les condamnés vers le lieu du supplice. Ce fut peut-être la plus grande heure de triomphe de Gilles de Rais qui marcha à la mort en chantant des cantiques. On le pendit, puis le bûcher entassé sous la potence fut allumé. Gilles de Rais disparut dans les flammes.

Mais le corps fut retiré du brasier avant d'être consumé, remis à la famille qui l'enterra dans l'église de Notre-Dame-du-Mont-Carmel à Nantes. Quant à Catherine, son cœur s'était complètement détaché de Gilles. L'horrible scène surprise à Champtocé avait tué en elle tout ce qui pouvait demeurer d'amour. Elle pria pour lui à l'heure de la mort mais le vit périr sans émotion. Peu de temps après d'ailleurs, elle épousait Jean de Vendôme...

Table

Mis en pages par DV Arts Graphiques à La Rochelle,
cet ouvrage a été achevé d'imprimer sur Roto-Page
par l'Imprimerie Floch à Mayenne, en novembre 2007,
pour le compte des Éditions Bartillat

Imprimé en France
Dépôt légal : novembre 2007
N° d'impression : 69656
ISBN 978.2.84100.424.9